会社法計算書類作成ハンドブック

作成ハンドブック

有限責任監査法人トーマツ［著］

第 **19** 版

Deloitte. トーマツ.
デロイト トーマツ

◎2025年3月期決算に向けた近時の開示トピックス／会計基準等の新設・改正の動向／サステナビリティ情報の開示の動向◎会社法決算の概要(計算関係書類等の概要と決算スケジュール)◎計算関係書類◎剰余金の配当関係◎事業報告◎株主総会招集通知◎株主総会決議事項の個別記載事項◎事例・記載例一覧

中央経済社

【免責事項】
本書は読者の皆様への情報提供として一般的な情報を掲載するのみであり，有限責任監査法人トーマツを含むデロイトネットワーク（デロイト トウシュ トーマツ リミテッド（"DTTL"），そのグローバルネットワーク組織を構成するメンバーファームおよびそれらの関係法人）が本書をもって専門的な助言やサービスを提供するものではありません。皆様の財務または事業に影響を与えるような意思決定または行動をされる前に，適切な専門家にご相談ください。デロイトネットワークは，本書における情報の正確性や完全性に関して，いかなる表明，保証または確約（明示・黙示を問いません）をするものではありません。また DTTL，そのメンバーファーム，関係法人，社員・職員または代理人のいずれも，本書に依拠した人に関係して直接また間接に発生したいかなる損失および損害に対して責任を負いません。DTTLならびに各メンバーファームおよび関係法人はそれぞれ法的に独立した別個の組織体です。

序　文

　会社法ならびに，これに対応する法務省令である会社法施行規則，会社計算規則および電子公告規則は2006年5月に施行された。その後，主として，わが国の会計基準と国際財務報告基準とのコンバージェンスの流れの中で，各種の会計基準の新設・改正が行われ，会社法施行規則および会社計算規則も何度か見直しが行われている。

　『会社法計算書類作成ハンドブック』は，会社法に基づく計算書類等の作成実務の手助けとなるよう2007年3月に初版を刊行した。その後，制度改正に対応するための改訂を重ねており，このたび2025年3月決算に対応した改訂を行い，第19版を刊行することとなった。第19版では，2024年9月に公表され2027年4月1日以後開始事業年度から適用される新リース会計基準等の概要やサステナビリティ情報の開示の動向の解説を行うとともに，記載事例を最新のものに更新している。

　なお，一般社団法人日本経済団体連合会の「会社法施行規則及び会社計算規則による株式会社の各種書類のひな型」（以下「経団連ひな型」という）の記載例と記載上の注意について紹介している点は，旧版と同様である。

　本書の特徴は，制度の概要とともに，記載上の留意事項や実務に携わる方々にとって知っておくべきポイントを解説したことであり，実務上の参考となるよう，実際の記載事例を多数示している。また，会社法の下で，株主総会の開催に際して必要とされる計算関係書類以外の書類についても取り上げており，以下のような構成としている。

　第1章　2025年3月期決算に向けた近時の開示トピックス

　第2章　会社法決算の概要

　第3章　計算関係書類

　第4章　剰余金の配当関係

　第5章　事業報告

2 序　　文

第6章　株主総会招集通知

第7章　株主総会決議事項の個別記載事項

　本書は2024年12月31日現在の会社法，会社法施行規則および会社計算規則に基づいて解説している。

　2023年3月31日以後に終了する事業年度における有価証券報告書等から有価証券報告書において「サステナビリティに関する企業の取組みの開示」と「コーポレートガバナンスに関する開示」が必須記載事項とされ，これに伴い事業報告でもサステナビリティに関する記述が増加しており，第1章にて開示規制の動向や開示例について解説をしている。

　また，昨今，開示規制に関する議論が活発化しており，2023年11月の金融商品取引法の改正に伴い，四半期報告制度の見直しがなされ，上場企業については，金融商品取引法上の四半期開示義務を廃止し，取引所規則に基づく四半期決算短信に「一本化」することおよび開示義務が残る第2四半期報告書を半期報告書として提出することとなった。さらに，2024年4月には「企業情報開示のあり方に関する懇談会」が立ち上がり，6月に中間報告としてまとめられている。この中でも，制度開示書類（有価証券報告書，事業報告・計算書類等，コーポレート・ガバナンス報告書）と統合報告書の一本化について議論されるなど，制度開示書類と統合報告書の位置付けについて，今後も議論がされていくものと考えられる。

　今後，会社法に基づく計算書類等の作成実務も変化していくことも考えられるが，本書は2025年3月期決算を念頭に，計算関係書類および株主総会に際して必要となる書類全般にわたって解説し，記載事例の紹介を行ったものであり，これらの書類の作成に携わる会社の経理部門・総務部門等の担当者，会社を指導・監査する公認会計士，研究者等にとって，本書が役立つものとなれば幸いである。

2025年2月

有限責任監査法人トーマツ

目　次

第1章　2025年3月期決算に向けた近時の開示トピックス

I　会計基準等の新設・改正の動向 …………………………… 2
- 1　2024年12月末日までに公表された会計基準等の概要および適用時期等 ………………………………………… 3
- 2　新リース基準の概要 …………………………………… 12

II　サステナビリティ情報の開示の動向 ………………… 21
- 1　サステナビリティ情報の開示とは ………………………… 21
  - （1）　サステナビリティの概念 ………………………… 21
  - （2）　コーポレートガバナンス・コードの改訂 …………… 21
- 2　サステナビリティ情報の開示 ……………………………… 23
  - （1）　サステナビリティ情報の開示の状況 ……………… 23
  - （2）　法定開示におけるサステナビリティ情報の開示……24
    - ①　会社法の法定開示／24
    - ②　金融商品取引法の法定開示／25
- 3　今後のサステナビリティ情報の開示の方向性 …………… 26
  - （1）　有価証券報告書におけるサステナビリティ情報の開示 ……………………………………………… 26
  - （2）　事業報告における今後のサステナビリティ情報の開示 ……………………………………………… 27

第2章 **会社法決算の概要**
（計算関係書類等の概要と決算スケジュール）

Ⅰ **計算関係書類等の概要**………………………………………34
　1　計算関係書類の概要…………………………………………34
　　（1）計算関係書類の種類……………………………………34
　　（2）計算書類等および連結計算書類の作成期間…………36
　　（3）計算関係書類の金額の単位等…………………………36
　2　連結計算書類…………………………………………………37
　　（1）親会社および子会社の定義……………………………37
　　（2）連結計算書類の作成会社………………………………37
　　（3）米国基準および指定国際会計基準に関する特則……38
　3　会社区分ごとの作成すべき計算関係書類等………………38
　　（1）会社区分を理解するための前提となる用語の定義…38
　　（2）会社区分ごとの作成すべき計算関係書類等…………39
　4　臨時計算書類…………………………………………………44
　5　過年度事項の修正……………………………………………45
Ⅱ **決算スケジュール**……………………………………………46
　1　各事業年度における計算関係書類等の監査………………46
　2　決算スケジュール……………………………………………47

第3章 **計算関係書類**

Ⅰ **計算書類**………………………………………………………59
　1　貸借対照表……………………………………………………59
　　（1）概　　要…………………………………………………59
　　（2）記　載　例………………………………………………63

目　次　**3**

2　損益計算書……………………………………………66
（１）　概　　要………………………………………66
（２）　記 載 例………………………………………69
3　株主資本等変動計算書………………………………73
（１）　概　　要………………………………………73
（２）　記 載 例………………………………………84
4　注 記 表………………………………………………89
（１）　継続企業の前提に関する注記…………………90
（２）　重要な会計方針に係る事項に関する注記………90
　　①　資産の評価基準および評価方法／92
　　　⒜　有価証券およびデリバティブ／92
　　　⒝　棚卸資産／92
　　②　固定資産の減価償却の方法／93
　　③　引当金の計上基準／93
　　　⒜　貸倒引当金／93
　　　⒝　退職給付引当金／94
　　　⒞　役員退職慰労引当金／96
　　④　収益および費用の計上基準／97
　　⑤　その他計算書類作成のための基本となる重要な
　　　　事項／98
　　　⒜　繰延資産の処理方法／98
　　　⒝　ヘッジ会計の方法／99
　　　⒞　リース取引の処理方法／99
　　　⒟　退職給付に係る会計処理／99
（３）　会計方針の変更等に関する注記…………………100
（４）　貸借対照表に関する注記…………………………100
　　①　担保に供している資産および担保に係る債務／101
　　②　資産から直接控除した引当金／102
　　③　資産から直接控除した減価償却累計額／102
　　④　減損損失累計額の表示／102

4 目　次

⑤　保証債務等／102

⑥　関係会社に対する金銭債権・債務／103

⑦　取締役，監査役および執行役に対する金銭債権・
債務／104

⑧　親会社株式／105

⑨　土地の再評価／105

⑩　契約資産等の残高の注記／106

（5）　損益計算書に関する注記 ……………………………… 106

①　関係会社との取引高／106

②　顧客との契約から生じる収益／108

（6）　株主資本等変動計算書に関する注記 ……………… 108

（7）　税効果会計に関する注記 …………………………… 110

（8）　リースにより使用する固定資産に関する注記 …… 114

（9）　金融商品に関する注記………………………………… 117

（10）　賃貸等不動産に関する注記 ………………………… 118

（11）　持分法損益等に関する注記 ………………………… 118

（12）　関連当事者との取引に関する注記 ………………… 120

（13）　１株当たり情報に関する注記 ……………………… 129

（14）　重要な後発事象に関する注記 ……………………… 130

（15）　連結配当規制適用会社に関する注記 ……………… 131

（16）　収益認識に関する注記………………………………… 132

（17）　その他の注記…………………………………………… 138

Ⅱ　計算書類に係る附属明細書 …………………………… 140

1　計算書類に係る附属明細書の概要 ……………………… 140

2　計算書類に係る附属明細書の記載事項 ………………… 141

（1）　有形固定資産および無形固定資産の明細 ………… 141

①　概　　要／141

②　留意事項／141

③　記　載　例／145

（2） 引当金の明細……………………………………146

　① 概　　要／146

　② 留意事項／146

　③ 記 載 例／147

（3） 販売費及び一般管理費の明細……………………………148

　① 概　　要／148

　② 留意事項／148

　③ 記 載 例／149

（4） 関連当事者との取引の注記事項のうち
　　　個別注記表における記載を省略した事項……………150

（5） その他の重要な事項……………………………………150

Ⅲ　連結計算書類…………………………………………………151

1　連結貸借対照表…………………………………………151

（1） 概　　要…………………………………………………151

（2） 記 載 例…………………………………………………154

2　連結損益計算書…………………………………………157

（1） 概　　要…………………………………………………157

（2） 記 載 例…………………………………………………159

3　連結株主資本等変動計算書……………………………161

（1） 概　　要…………………………………………………161

（2） 記 載 例…………………………………………………170

4　連結注記表………………………………………………173

（1） 継続企業の前提に関する注記…………………………174

（2） 連結計算書類作成のための基本となる重要な
　　　事項に関する注記等…………………………………181

　① 連結の範囲に関する事項／181

　② 持分法の適用に関する事項／189

　③ 会計方針に関する事項／192

　　(a) 資産の評価基準および評価方法／192

(b) 固定資産の減価償却の方法／196

(c) 引当金の計上基準／200

(d) その他連結計算書類の作成のための基本となる
重要な事項／212

④ 連結の範囲または持分法の適用の範囲の変更に
関する注記／225

（3） 会計方針の変更に関する注記……………………………226

（4） 表示方法の変更に関する注記……………………………229

（5） 会計上の見積りに関する注記……………………………230

（6） 会計上の見積りの変更に関する注記…………………231

（7） 誤謬の訂正に関する注記…………………………………233

（8） 連結貸借対照表に関する注記……………………………234

① 担保に供している資産および担保に係る債務／234

② 資産から直接控除した引当金／236

③ 資産から直接控除した減価償却累計額／237

④ 減損損失累計額の表示／238

⑤ 保証債務等／239

⑥ 土地の再評価／240

（9） 連結株主資本等変動計算書に関する注記……………241

（10） 金融商品に関する注記……………………………………245

① 金融商品の状況に関する事項／245

② 金融商品の時価等に関する事項／246

③ 金融商品の時価の適切な区分ごとの内訳等に関する
事項／249

（11） 賃貸等不動産に関する注記………………………………257

（12） 1株当たり情報に関する注記……………………………258

（13） 重要な後発事象に関する注記……………………………261

（14） 収益認識に関する注記……………………………………280

① 収益の分解情報／280

② 収益を理解するための基礎となる情報／282

目　次　7

　　　　③　当年度および翌年度以降の収益の金額を理解する
　　　　　　ための情報／284
　　　（15）　その他の注記‥‥‥‥‥‥‥‥‥‥‥‥‥‥‥‥‥‥‥286
　　　　①　退職給付に関する注記／289
　　　　②　減損損失に関する注記／292
　　　　③　企業結合・事業分離に関する注記／293
　　　　④　資産除去債務に関する注記／298
　　　　⑤　圧縮記帳／299
　　　　⑥　その他／300
　　5　連結包括利益計算書および連結キャッシュ・フロー
　　　　計算書‥‥‥‥‥‥‥‥‥‥‥‥‥‥‥‥‥‥‥‥‥‥‥306

Ⅳ　臨時計算書類‥‥‥‥‥‥‥‥‥‥‥‥‥‥‥‥‥‥‥‥‥310
　　1　臨時計算書類の意義‥‥‥‥‥‥‥‥‥‥‥‥‥‥‥‥‥310
　　2　臨時計算書類の作成基準‥‥‥‥‥‥‥‥‥‥‥‥‥‥‥312
　　3　臨時決算とその後の決算との関係‥‥‥‥‥‥‥‥‥‥‥313
　　4　臨時計算書類の構成‥‥‥‥‥‥‥‥‥‥‥‥‥‥‥‥‥314
　　5　臨時計算書類の表示‥‥‥‥‥‥‥‥‥‥‥‥‥‥‥‥‥315
　　6　臨時計算書類の監査‥‥‥‥‥‥‥‥‥‥‥‥‥‥‥‥‥320

Ⅴ　監査報告書‥‥‥‥‥‥‥‥‥‥‥‥‥‥‥‥‥‥‥‥‥‥321
　　1　会計監査人の監査報告書‥‥‥‥‥‥‥‥‥‥‥‥‥‥‥321
　　（1）　会計監査人の監査対象となる会社‥‥‥‥‥‥‥‥‥321
　　（2）　会計監査人の責任‥‥‥‥‥‥‥‥‥‥‥‥‥‥‥‥321
　　　　①　株式会社に対する責任／321
　　　　　(a)　株式会社に対する責任の免除／321
　　　　　(b)　株主代表訴訟／322
　　　　②　第三者に対する責任／322
　　（3）　監査日程‥‥‥‥‥‥‥‥‥‥‥‥‥‥‥‥‥‥‥‥322
　　（4）　監査対象書類‥‥‥‥‥‥‥‥‥‥‥‥‥‥‥‥‥‥325
　　（5）　会計監査人の職務の遂行に関する事項‥‥‥‥‥‥‥325

8 目　次

（6）　指定社員制度………………………………………………… 326

（7）　監査報告書…………………………………………………… 327

　①　監査上の主要な検討事項／328

　　(a)　会社法に基づく監査の監査報告書における「監査上
　　　の主要な検討事項（Key Audit Matters）」の取扱い
　　　／328

　　(b)　監査上の主要な検討事項（KAM）／328

　　(c)　契約書における取扱い／330

　②　その他の記載内容に関連する監査人の責任／330

　　(a)　計算書類等の監査における「その他の記載内容」
　　　に対する実施事項／330

　　(b)　監査報告書における報告／331

　　(c)　監査スケジュールの検討／332

　③　監基報600「グループ監査における特別な考慮事項」が
　　適用となる場合の監査人の責任／333

　④　報酬関連情報の開示／333

　　(a)　概　要／333

　　(b)　「倫理規則」において報酬関連情報として開示が求め
　　　られる項目／334

　　(c)　会社法に基づく監査の監査報告書において報酬関連
　　　情報の開示が省略される場合／334

　　(d)　報酬関連情報における報酬金額の参照／335

　⑤　監査報告書の署名・電子化／335

　⑥　監査報告書の文例／336

　⑦　留意事項／340

　　(a)　監査報告書の日付について／340

　　(b)　取得による企業結合が行われた場合の概算額の注記
　　　について／341

（8）　連結計算書類の監査……………………………………… 341

　①　監査対象となる会社／341

　②　監査日程／341

目　　次　**9**

　　　　③　監査対象書類／343

　　　　④　監査報告書の文例／343

　　（9）　臨時計算書類の監査……………………………………………347

　　　　①　臨時計算書類の種類／348

　　　　②　臨時計算書類の監査および監査日程／348

　　　　③　臨時計算書類の監査報告書の文例／348

　　　　④　計算書類，連結計算書類，臨時計算書類の違い／352

　　（10）　事例分析…………………………………………………………352

　　　　①　計算書類／352

　　　　②　連結計算書類／357

2　監査役の監査報告………………………………………………………370

　　（1）　監査役の権限…………………………………………………370

　　　　①　業務監査と会計監査／370

　　　　②　子会社の情報収集および監査環境整備／371

　　（2）　監査役の任期等………………………………………………372

　　　　①　任　　　期／372

　　　　②　監査役の責任限定契約／372

　　　　③　補欠監査役選任の明文化／372

　　（3）　監査対象………………………………………………………372

　　　　①　留意事項／373

　　　　　(a)　内部統制システム構築の基本方針／373

　　　　　(b)　買収防衛策／374

　　（4）　監査の流れ……………………………………………………375

　　（5）　監査報告書……………………………………………………375

　　　　①　会計監査人の職務遂行／376

　　　　②　監査役会による監査報告の内容／376

　　　　③　監査役会による監査報告書のひな型／378

　　（6）　連結計算書類に係る監査報告…………………………………388

　　（7）　各種環境変化を踏まえた日本監査役協会からの

　　　　　公表資料………………………………………………………391

10 目　次

　　　　① 監査上の主要な検討事項（KAM）／391
　　　　② コロナ禍を契機とする監査の方法の変更／392
　　　　③ 自署押印／392
　　（8）事例分析 ………………………………………………… 393

第4章　剰余金の配当関係

Ⅰ　剰余金の配当手続 ………………………………………… 406
　1　株主総会決議による剰余金の配当 ……………………… 406
　2　取締役会決議による剰余金の配当 ……………………… 406

Ⅱ　剰余金および自己株式の有償取得に関する財源規制
　　………………………………………………………………… 408

Ⅲ　剰余金の額の算定 ………………………………………… 409
　1　最終事業年度の末日現在の剰余金の額 ……………… 409
　2　最終事業年度の末日後の剰余金の額の増減 ………… 410

Ⅳ　分配可能額の算定方法 …………………………………… 415
　1　分配可能額の算定 ………………………………………… 415
　2　評価差額金に係る剰余金分配規制 …………………… 424
　3　自己株式に係る剰余金分配規制 ……………………… 424
　4　のれん・繰延資産がある場合の剰余金分配規制 ……… 424
　5　連結配当規制適用会社における剰余金分配規制 ……… 425
　6　臨時計算書類作成に伴う分配可能額 ………………… 426
　7　純資産による制限 ……………………………………… 427

Ⅴ　現物配当 …………………………………………………… 428

第5章 事業報告

I 制度の規定 ……………………………………………………… 432

　1　事業報告に記載すべき項目の概要 …………………… 432

　　（1）　公開会社・非公開会社ともに記載すべき事項 ……… 434

　　（2）　公開会社で記載すべき事項 ……………………… 439

　2　株式会社の現況に関する事項 ………………………… 439

　3　株式会社の会社役員に関する事項 …………………… 441

　4　株式会社の役員等賠償責任保険契約に関する事項 ……… 445

　5　株式会社の株式に関する事項 ………………………… 445

　6　株式会社の新株予約権等に関する事項 ……………… 446

　7　社外役員等に関する特則 ……………………………… 447

　8　会計参与設置会社における会計参与に関する事項 ……… 449

　9　会計監査人設置会社における会計監査人に関する
　　事項 ………………………………………………………… 449

　10　会計監査人設置会社における剰余金の配当等の決
　　定に関する方針 ………………………………………… 451

　11　事業報告の附属明細書 ………………………………… 451

II 事業報告の記載に関する一般的留意事項 …………… 453

　1　全般的事項 ………………………………………………… 453

　2　金額単位 …………………………………………………… 453

　3　記載形式 …………………………………………………… 453

　4　記載項目の配列 ………………………………………… 454

　5　連結計算書類を作成した会社に関する取扱い ………… 456

III 事例分析 ………………………………………………………… 458

　1　当連結会計年度の事業の状況 ………………………… 458

　　（1）　事業の経過およびその成果 ……………………… 458

12 目　次

　（2）　設備投資の状況および資金調達の状況……………………462

　（3）　事業の譲渡・合併等の組織再編行為等………………………465

　（4）　対処すべき課題……………………………466

2　財産および損益の状況の推移………………………………471

3　重要な親会社および子会社の状況……………………………474

4　主要な事業内容……………………………………476

5　主要な事業所……………………………………478

6　従業員の状況……………………………………481

7　主要な借入先……………………………………482

8　その他企業集団の現況に関する重要な事項……………483

9　株式に関する事項………………………………484

10　新株予約権等に関する事項……………………488

11　会社役員に関する事項…………………………490

12　社外役員に関する事項…………………………500

13　会計監査人の状況………………………………502

14　会社の体制および方針…………………………506

第6章　株主総会招集通知

I　株主総会の招集権者…………………………………522

1　一　　般……………………………………522

　（1）　開催日時……………………………………523

　（2）　開催場所……………………………………524

　　①　場所の定めのない株主総会（バーチャルオンリー

　　　株主総会）に関する制度／525

　（3）　会議の目的事項……………………………527

　（4）　書面による議決権行使…………………………527

　（5）　インターネット等による議決権行使（電磁的な方

目　次　**13**

　　　　法による議決権行使）……………………………528
　　（6）　法務省令で定める事項……………………………529
　　2　株主による招集 ……………………………………532
Ⅱ　**株主総会の招集方法** ………………………………533
　1　株主総会の招集の時期・方法 ……………………533
　2　招集通知の電子化………………………………………534
Ⅲ　**招集通知の添付書類** ………………………………536
　1　議決権行使書面…………………………………………536
　2　株主総会参考書類 …………………………………537
　3　計算書類と事業報告 ………………………………542
　4　連結計算書類……………………………………………542
　5　インターネット開示（ウェブ開示によるみなし提供）…542
　6　株主総会資料の電子提供制度…………………………543
　　（1）　概　　要……………………………………………544
　　（2）　施行時期 ……………………………………………546
　　（3）　株主総会資料の電子提供制度の利用 …………547
　　　①　制度を利用できる会社／547
　　　②　定款の定め／547
　　（4）　株主総会資料の電子提供制度の対象となる情報……547
　　（5）　電子提供措置期間…………………………………548
　　　①　電子提供措置開始日／548
　　　②　電子提供措置の継続／549
　　　③　上場企業に求められる株主総会資料の早期提供に関する
　　　　努力義務／549
　　（6）　書面交付請求 …………………………………………550
　　（7）　電子提供措置の中断 ………………………………551
　　（8）　EDINET により電子提供措置事項を記載した
　　　　有価証券報告書を提出する場合の特例……………552
　　（9）　招集通知の記載事項 ………………………………553

14 目　次

Ⅳ　事例分析··554
1　招集通知の事例··································554
2　宛　　名·······································563
3　招集者···563
4　招集者の住所····································563
5　標　　題·······································566
6　招集通知本文····································566
7　招集日···566
8　開催場所·······································570
9　招集の決定事項··································589
10　会議の目的事項··································594
11　その他記載事項··································594
12　招集通知の訂正··································602

第7章　株主総会決議事項の個別記載事項

Ⅰ　計算書類の承認····································606
1　計算書類の承認··································606
2　記　載　例·····································606

Ⅱ　剰余金の処分······································608
1　剰余金の処分の決議······························608
2　記　載　例·····································609

Ⅲ　定款の変更··611
1　定款変更の決議··································611
（1）株主全員の同意が必要な場合··················611
（2）株主総会決議の要件が加重される場合············611
（3）種類株主総会決議を要する場合················612

（4） 株主総会決議によらないで定款変更を行うことが
できる場合……………………………………………… 612
2 記 載 例…………………………………………………… 613
（1） 商号変更………………………………………………… 613
（2） 本店所在地の変更……………………………………… 615
（3） 会社の目的の変更……………………………………… 616
（4） 異なる種類の株式に係る規定の新設………………… 618
（5） 取締役・監査役の員数の変更………………………… 621
（6） 取締役・監査役の任期の変更………………………… 622
（7） 役付取締役の新設または廃止………………………… 623
（8） 取締役会の招集者の変更……………………………… 624
（9） 責任限定契約の締結…………………………………… 625
（10） 買収防衛策の導入……………………………………… 627
（11） 剰余金の配当の決定機関の変更および配当基準日
の追加…………………………………………………… 628
（12） 株主総会資料の電子提供制度に係る定款変更……… 630
（13） 場所の定めのない株主総会に関する定款変更……… 632

Ⅳ 準備金の額の減少……………………………………………… 634

1 準備金の額の減少の決議………………………………… 634
2 記 載 例…………………………………………………… 634

Ⅴ 取締役の選任……………………………………………………… 636

1 取締役の選任決議………………………………………… 636
2 記 載 例…………………………………………………… 636

Ⅵ 監査役の選任……………………………………………………… 646

1 監査役の選任決議………………………………………… 646
2 記 載 例…………………………………………………… 646

Ⅶ 取締役または監査役の解任…………………………………… 655

1 取締役または監査役の解任の決議……………………… 655

16 目　次

Ⅷ　会計監査人の選任 ……………………………………………… 657
1　会計監査人の選任の決議 …………………………………… 657
2　記 載 例 ……………………………………………………… 657

Ⅸ　会計監査人の解任もしくは不再任 …………………………… 662
1　会計監査人の解任もしくは不再任決議 ………………… 662
2　記 載 例 ……………………………………………………… 663

Ⅹ　取締役・監査役に対する退職慰労金贈呈 ………………… 664
1　取締役・監査役に対する退職慰労金贈呈の決議 ……… 664
2　記 載 例 ……………………………………………………… 664

Ⅺ　役員賞与の支給 ………………………………………………… 667
1　役員賞与の支給の決議 ……………………………………… 667
2　記 載 例 ……………………………………………………… 667

Ⅻ　取締役・監査役の報酬改定 ………………………………… 669
1　取締役・監査役の報酬改定の決議 ……………………… 669
2　記 載 例 ……………………………………………………… 670

ⅩⅢ　新株予約権の付与 …………………………………………… 675
1　新株予約権の付与の決議 …………………………………… 675
2　記 載 例 ……………………………………………………… 675

ⅩⅣ　その他の決議 ………………………………………………… 679
1　資本金の額の減少 …………………………………………… 679
2　合併契約の承認 ……………………………………………… 680
3　会社分割計画書または会社分割契約書の承認決議 …… 682
4　株式交換契約の承認決議 …………………………………… 685
5　株式移転による完全親会社設立の承認決議 …………… 688
6　事業の譲渡・譲受け等の決議 …………………………… 692
7　自己株式の取得 ……………………………………………… 694

目　次　**17**

　　8　買収防衛策の導入 ……………………………………… 694

XV　株主提案による議案 …………………………………… 696

　　1　株主提案による議案 …………………………………… 696

　　2　記　載　例 ……………………………………………… 697

XVI　追加的記載事項 ………………………………………… 701

付　録　**事例・記載例一覧**

　第1章　2025年3月期決算に向けた近時の開示トピックス ………… 706

　第3章　計算関係書類 …………………………………………… 707

　第5章　事業報告 ………………………………………………… 723

　第6章　株主総会招集通知 ……………………………………… 726

　第7章　株主総会決議事項の個別記載事項 …………………… 728

　1）　根拠条文の表示例

　　　会社法第12条第1項第4号の場合は，（会社法12 I ④）とした。

　2）　法令名の略称例

　　　会社法施行規則→会施規

　　　会社計算規則　→会計規

18　目　　次

凡 例

正 式 名 称	本書での略称
企業会計基準第2号「1株当たり当期純利益に関する会計基準」	1株当たり当期純利益会計基準
企業会計基準第4号「役員賞与に関する会計基準」	役員賞与会計基準
企業会計基準第5号「貸借対照表の純資産の部の表示に関する会計基準」	純資産会計基準
企業会計基準第6号「株主資本等変動計算書に関する会計基準」	株主資本等変動計算書会計基準
企業会計基準第7号「事業分離等に関する会計基準」	事業分離会計基準
企業会計基準第9号「棚卸資産の評価に関する会計基準」	棚卸資産会計基準
企業会計基準第10号「金融商品に関する会計基準」	金融商品会計基準
企業会計基準第11号「関連当事者の開示に関する会計基準」	関連当事者会計基準
企業会計基準第13号「リース取引に関する会計基準」	リース会計基準
企業会計基準第17号「セグメント情報等の開示に関する会計基準」	セグメント情報等会計基準
企業会計基準第18号「資産除去債務に関する会計基準」	資産除去債務会計基準
企業会計基準第20号「賃貸等不動産の時価等の開示に関する会計基準」	賃貸等不動産会計基準
企業会計基準第21号「企業結合に関する会計基準」	企業結合会計基準
企業会計基準第22号「連結財務諸表に関する会計基準」	連結会計基準
企業会計基準第24号「会計方針の開示，会計上の変更及び誤謬の訂正に関する会計基準」	会計基準24号
企業会計基準第25号「包括利益の表示に関する会計基準」	包括利益会計基準
企業会計基準第26号「退職給付に関する会計基準」	退職給付会計基準
企業会計基準第29号「収益認識に関する会計基準」	収益認識会計基準
企業会計基準第30号「時価の算定に関する会計基準」	時価算定会計基準
企業会計基準第34号「リースに関する会計基準」	新リース会計基準

正 式 名 称	本書での略称
企業会計基準適用指針第2号「自己株式及び準備金の額の減少等に関する会計基準の適用指針」	自己株式等適用指針
企業会計基準適用指針第4号「1株当たり当期純利益に関する会計基準の適用指針」	1株当たり当期純利益適用指針
企業会計基準適用指針第8号「貸借対照表の純資産の部の表示に関する会計基準等の適用指針」	純資産適用指針
企業会計基準適用指針第9号「株主資本等変動計算書に関する会計基準の適用指針」	株主資本等変動計算書適用指針
企業会計基準適用指針第13号「関連当事者の開示に関する会計基準の適用指針」	関連当事者適用指針
企業会計基準適用指針第16号「リース取引に関する会計基準の適用指針」	リース適用指針
企業会計基準適用指針第17号「払込資本を増加させる可能性のある部分を含む複合金融商品に関する会計処理」	適用指針17号
企業会計基準適用指針第19号「金融商品の時価等の開示に関する適用指針」	金融商品時価開示適用指針
企業会計基準適用指針第21号「資産除去債務に関する会計基準の適用指針」	資産除去債務適用指針
企業会計基準適用指針第23号「賃貸等不動産の時価等の開示に関する会計基準の適用指針」	賃貸等不動産適用指針
企業会計基準適用指針第24号「会計方針の開示，会計上の変更及び誤謬の訂正に関する会計基準の適用指針」	適用指針24号
企業会計基準適用指針第25号「退職給付に関する会計基準の適用指針」	退職給付適用指針
企業会計基準適用指針第28号「税効果会計に係る会計基準の適用指針」	税効果適用指針
企業会計基準適用指針第30号「収益認識に関する会計基準の適用指針」	収益認識適用指針
企業会計基準適用指針第31号「時価の算定に関する会計基準の適用指針」	時価算定適用指針
企業会計基準適用指針第33号「リースに関する会計基準の適用指針」	新リース適用指針

20 凡 例

正 式 名 称	本書での略称
外貨建取引等会計処理基準	外貨建取引処理基準
税効果会計に係る会計基準	税効果会計基準
固定資産の減損に係る会計基準	固定資産減損会計基準
実務対応報告第30号「従業員等に信託を通じて自社の株式を交付する取引に関する実務上の取扱い」	実務対応報告30号
実務対応報告第40号「LIBORを参照する金融商品に関するヘッジ会計の取扱い」	実務対応報告40号
実務対応報告第41号「取締役の報酬等として株式を無償交付する取引に関する取扱い」	実務対応報告41号
実務対応報告第42号「グループ通算制度を適用する場合の会計処理及び開示に関する取扱い」	実務対応報告42号
実務対応報告第43号「電子記録移転有価証券表示権利等の発行及び保有の会計処理及び開示に関する取扱い」	実務対応報告43号
実務対応報告第44号「グローバル・ミニマム課税制度に係る税効果会計の適用に関する取扱い」	実務対応報告44号
実務対応報告第45号「資金決済法における特定の電子決済手段の会計処理及び開示に関する当面の取扱い」	実務対応報告45号
実務対応報告第46号「グローバル・ミニマム課税制度に係る法人税等の会計処理及び開示に関する取扱い」	実務対応報告46号
中小企業の会計に関する指針	中小企業会計指針
移管指針第2号「外貨建取引等の会計処理に関する実務指針」	外貨建取引等実務指針
移管指針第4号「連結財務諸表における資本連結手続に関する実務指針」	資本連結実務指針
移管指針第7号「持分法会計に関する実務指針」	持分法実務指針
移管指針第9号「金融商品会計に関する実務指針」	金融商品実務指針
監査・保証実務委員会実務指針第42号「租税特別措置法上の準備金及び特別法上の引当金又は準備金並びに役員退職慰労引当金等に関する監査上の取扱い」	監査・保証実務指針42号
監査・保証実務委員会実務指針第77号「追加情報の注記について」	監査・保証実務指針77号

凡　例　21

正　式　名　称	本書での略称
監査第一委員会報告第43号「圧縮記帳に関する監査上の取扱い」	監査第一委員会報告43号
財務諸表等の用語，様式及び作成方法に関する規則	財務諸表等規則（かっこ内は，財規）
「財務諸表等の用語，様式及び作成方法に関する規則」の取扱いに関する留意事項について	財務諸表等規則ガイドライン（かっこ内は，財規ガイドライン）
連結財務諸表の用語，様式及び作成方法に関する規則	連結財務諸表規則（かっこ内は，連結財規）
「連結財務諸表の用語，様式及び作成方法に関する規則」の取扱いに関する留意事項について	連結財規ガイドライン
企業内容等の開示に関する内閣府令	開示府令
会社法施行規則	会社法施行規則（かっこ内は，会施規）
会社計算規則	会社計算規則（かっこ内は，会計規）
会社法施行規則及び会社計算規則による株式会社の各種書類のひな型	経団連ひな型
国際会計基準	IAS
国際財務報告基準	IFRS
企業会計基準委員会	ASBJ
日本公認会計士協会	JICPA
監査基準報告書	監基報

第1章

2025年3月期決算に向けた近時の開示トピックス

2　第1章　2025年3月期決算に向けた近時の開示トピックス

Ⅰ 会計基準等の新設・改正の動向

　近年，IFRS とのコンバージェンスの動きを背景に，多くの会計基準等の新設や改正が行われてきた。

　本章では，当期以降に適用となる会計基準等を中心に新設・改正された会計基準等の概要について，3月31日を決算日とする会社における適用時期別に解説を行うこととする。

表1－1　新しい会計基準等

公表機関	公表日	会計基準等	概　要
ASBJ等	2024.9.13	・企業会計基準第34号「リースに関する会計基準」等	下記2参照
ASBJ	2024.7.1	・移管指針「移管指針の適用」 ・移管指針第1号から第14号[1]	2024年7月1日に，JICPA が過去に公表した実務指針等のうち，会計に関する指針のみを扱う14本の実務指針等が，「移管指針」として ASBJ に移管された。実務指針等の所管を JICPA から ASBJ に移すことを主たる目的とし，移管により実務を変更しないことを意図しているため，基本的には文書単位でそのままの形で移管することが原則とされている。そのため，「実務指針等の名称」に変更はないが，「委員会名」および「連番」（○○委員会報告第○号）は変更されている。

1　移管された実務指針等は以下のとおりである。
　・移管指針第1号（旧・会計制度委員会報告第3号）「ローン・パーティシペーションの会計処理及び表示」
　・移管指針第2号（旧・会計制度委員会報告第4号）「外貨建取引等の会計処理に関する実務指針」
　・移管指針第3号（旧・会計制度委員会報告第5号）「連結財務諸表におけるリース取引の会計処理に関する実務指針」
　・移管指針第4号（旧・会計制度委員会報告第7号）「連結財務諸表における資本連結手続に関する実務指針」
　・移管指針第5号（旧・会計制度委員会報告第7号（追補））「株式の間接所有に係る資本連結手続に関する実務指針」
　・移管指針第6号（旧・会計制度委員会報告第8号）「連結財務諸表等におけるキャッシュ・フロー計算書の作成に関する実務指針」
　・移管指針第7号（旧・会計制度委員会報告第9号）「持分法会計に関する実務指針」
　・移管指針第8号（旧・会計制度委員会報告第12号）「研究開発費及びソフトウェアの会計処理に関する実務指針」
　・移管指針第9号（旧・会計制度委員会報告第14号）「金融商品会計に関する実務指針」
　・移管指針第10号（旧・会計制度委員会報告第15号）「特別目的会社を活用した不動産の流動化に係る譲渡人の会計処理に関する実務指針」
　・移管指針第11号「研究開発費及びソフトウェアの会計処理に関するQ＆A」
　・移管指針第12号「金融商品会計に関するQ＆A」
　・移管指針第13号「特別目的会社を活用した不動産の流動化に係る譲渡人の会計処理に関する実務指針についてのQ＆A」
　・移管指針第14号「土地再評価差額金の会計処理に関するQ＆A」

1　2024年12月末日までに公表された会計基準等の概要および適用時期等

　表1—1は，2024年12月末日までに公表された会計基準等のうち，基本的に2024年4月1日以後開始する連結会計年度および事業年度以降から適用となる会計基準等を対象としている。それ以前にすでに適用開始している会計基準等については，表1—2に概要をまとめているので参照されたい。

の適用開始時期一覧

適用時期等	3月決算会社の適用時期（◎：強制適用，○：早期適用）			
	2024/ 4 / 1	2025/ 3 /31	2025/ 4 / 1	2026/ 3 /31
2027年4月1日以後開始する連結会計年度および事業年度の期首から適用する。 ただし，2025年4月1日以後開始する連結会計年度および事業年度の期首から適用することができる。			○—————	——→
公表日（2024年7月1日）以後適用する。 なお，企業会計基準第24号「会計方針の開示，会計上の変更及び誤謬の訂正に関する会計基準」第10項にかかわらず，移管指針の適用は会計方針の変更に関する注記を要しない。	◎———— （公表日（2024/ 7 / 1 ） 以後適用）	——————	——————	——→

4　第1章　2025年3月期決算に向けた近時の開示トピックス

公表機関	公表日	会計基準等	概　要
ASBJ	2024.3.22	・実務対応報告第46号「グローバル・ミニマム課税制度に係る法人税等の会計処理及び開示に関する取扱い」[2] ・補足文書「グローバル・ミニマム課税制度に係る法人税等に関する見積りについて」	わが国において，グローバル・ミニマム課税のルールのうち所得合算ルール（IIR）に係る税務上の取扱いが定められたことに対応して，グローバル・ミニマム課税制度に係る法人税等の会計処理および開示に関する取扱いが定められた。 会計処理については，対象会計年度となる連結会計年度および事業年度において，財務諸表作成時に入手可能な情報に基づき当該法人税等の合理的な金額を見積り，損益に計上することとされている。 開示については，以下のとおり定められている。 ➢　（貸借対照表）グローバル・ミニマム課税制度に係る未払法人税等のうち，貸借対照表日の翌日から起算して1年を超えて支払の期限が到来するものは，固定負債の区分に長期未払法人税等などその内容を示す科目をもって表示する。 ➢　（連結損益計算書）グローバル・ミニマム課税制度に係る法人税等は，法人税，地方法人税，住民税および事業税（所得割）を示す科目に表示し，重要な場合は，グローバル・ミニマム課税制度に係る法人税等の金額を注記することとされている。 ➢　（個別損益計算書）グローバル・ミニマム課税制度に係る法人税等は，法人税，地方法人税，住民税および事業税（所得割）を表示した科目の次にその内容を示す科目をもって区分して表示するか，法人税，地方法人税，住民税および事業税（所得割）に含めて表示し当該金額を注記することとされている。
ASBJ	2023.3.31 2024.3.22 改正	・実務対応報告第44号「グローバル・ミニマム課税に対応する法人税法の改正に係る税効果会計の適用に関する当面の取扱い」 ・改正実務対応報告第44号「グローバル・ミニマム課税制度に係る税効果会計の適用に関する取扱い」	上記と同様に，わが国においてグローバル・ミニマム課税のルールのうち所得合算ルール（IIR）に係る税務上の取扱いが定められたことに対応し，実務対応報告第44号においてグローバル・ミニマム課税制度に係る税効果の取扱いが次のとおり定められた。 ➢　実務対応報告第44号の成立日（2023年3月31日）以後に終了する連結会計年度および事業年度の決算（四半期連結決算および四半期決算を含む）における税効果会計の適用にあたっては，税効果適用指針の定めにかかわらず，グローバル・ミニマム課税制度の影響を反映しないこととされた。 ➢　グローバル・ミニマム課税制度の影響が見込まれる企業において実務対応報告第44号を適用した旨を注記することは求められていない。 改正実務対応報告第44号においても，今後の税制改正により法制化される予定の軽課税所得ルール（UTPR）および国内ミニマム課税（QDMTT）等の取扱いも含めて，国際的な動向等に変化が生じない限り，税効果適用指針の定めにかかわらず，グローバル・ミニマム課税制度の影響を反映しないとする取扱いを継続することとされた。

2　2024年12月末時点において，当該実務対応報告の公表等を受け，法務省民事局より，会社計算規則の一部改正の意見募集（意見募集期間：2024年12月6日から2025年1月17日まで）が行われている。改正案は，当該実務対応報告の取扱いと整合させる形で損益計算書と注記の取扱いを一部改正する内容となっている。改正後の会社計算規則の規定は，2024年4月1日以後開始する事業年度に係る計算書類および連結計算書類について適用する予定であるとされているため，ご留意いただきたい。

I　会計基準等の新設・改正の動向　5

適用時期等	3月決算会社の適用時期（◎：強制適用，○：早期適用）			
	2024/ 4 / 1	2025/ 3 /31	2025/ 4 / 1	2026/ 3 /31
2024年4月1日以後開始する連結会計年度および事業年度の期首から適用する。	◎――――――――――――――――――――→			
公表日（2023年3月31日，2024年3月22日改正）以後適用する。なお，改正実務対応報告第44号の取扱いは，公表時点の国際的な会計基準における取扱いと整合しており，国際的な動向等に変化が生じない限り，グローバル・ミニマム課税制度の影響を反映しないこととする取扱いを継続することとされている。	――――――――――――――――――――→			

6　第1章　2025年3月期決算に向けた近時の開示トピックス

公表機関	公表日	会計基準等	概　要
ASBJ	2022.10.28	・改正企業会計基準第27号「法人税，住民税及び事業税等に関する会計基準」 ・改正企業会計基準第25号「包括利益の表示に関する会計基準」 ・改正企業会計基準適用指針第28号「税効果会計に係る会計基準の適用指針」	本改正会計基準等では，2つの論点について，それぞれ次のような取扱いが定められた。 (1)　法人税等の計上区分（その他の包括利益に対する課税） 　法人税等をその発生源泉となる取引等に応じて，損益，株主資本およびその他の包括利益に区分して計上する。 　これに伴い，貸借対照表の純資産の部の株主資本以外の項目として表示される評価・換算差額等については，これらに関する，法人税の額および繰延税金資産または繰延税金負債の額を控除した金額を記載することとなる。 (2)　グループ法人税制が適用される場合の子会社株式等の売却に係る税効果 　連結会社間における子会社株式等の売却に伴い生じた売却損益について，税務上の要件を満たし課税所得計算において当該売却損益を繰り延べる場合，個別財務諸表において，売却損益に係る一時差異に対して繰延税金資産または繰延税金負債が計上されているときは，連結財務諸表において，当該繰延税金資産または繰延税金負債を取り崩す。
JICPA	2022.10.28	・改正会計制度委員会報告第4号（現・移管指針第2号）「外貨建取引等の会計処理に関する実務指針」 ・改正会計制度委員会報告第7号（現・移管指針第4号）「連結財務諸表における資本連結手続に関する実務指針」 ・改正会計制度委員会報告第9号（現・移管指針第7号）「持分法会計に関する実務指針」 ・改正会計制度委員会報告第14号（現・移管指針第9号）「金融商品会計に関する実務指針」および（現・移管指針第12号）「金融商品会計に関するQ&A」	ASBJにおいて，法人税等の計上区分（その他の包括利益に対する課税）およびグループ法人税制が適用される場合の子会社株式等の売却に係る税効果についての取扱いが検討され，その結果，ASBJからJICPAに対し，関連する会計制度委員会報告等の改正の検討の依頼があったことを受けて，改正を行ったもの。

（注）　2024年12月末までに公表された主要な会計基準等について掲載している。なお，このほか，「中

適用時期等	3月決算会社の適用時期（◎：強制適用，○：早期適用）			
	2024/ 4 / 1	2025/ 3 /31	2025/ 4 / 1	2026/ 3 /31
2024年4月1日以後開始する連結会計年度および事業年度の期首から適用する。ただし，2023年4月1日以後開始する連結会計年度および事業年度の期首から適用することができる。	○————————————————————→			
2024年4月1日以後開始する連結会計年度および事業年度の期首から適用する。ただし，2023年4月1日以後開始する連結会計年度および事業年度の期首から適用することができる。	○————————————————————→			

間財務諸表に関する会計基準」等が2025年3月期から適用されている。

8　第1章　2025年3月期決算に向けた近時の開示トピックス

表1－2　近年の会計基準等の

適用開始時期(注)	公表機関	公表日	会計基準等
2024年3月期	ASBJ	2024.3.22	・改正企業会計基準適用指針第2号「自己株式及び準備金の額の減少等に関する会計基準の適用指針」 ・改正企業会計基準適用指針第28号「税効果会計に係る会計基準の適用指針」
	JICPA	2024.3.22	・改正会計制度委員会報告第7号（現・移管指針第4号）「連結財務諸表における資本連結手続に関する実務指針」
	ASBJ	2023.11.17	・実務対応報告第45号「資金決済法における特定の電子決済手段の会計処理及び開示に関する当面の取扱い」 ・企業会計基準第32号「『連結キャッシュ・フロー計算書等の作成基準』の一部改正」
	JICPA	2023.11.17	・改正会計制度委員会報告第8号（現・移管指針第6号）「連結財務諸表等におけるキャッシュ・フロー計算書の作成に関する実務指針」
	ASBJ	2022.8.26	・実務対応報告第43号「電子記録移転有価証券表示権利等の発行及び保有の会計処理及び開示に関する取扱い」

Ⅰ　会計基準等の新設・改正の動向　9

主な新設・改正状況

概　要	適用時期等
令和5年度税制改正において，いわゆるパーシャルスピンオフ税制が設けられたことに関連して，保有する完全子会社株式の一部を株式数に応じて比例的に配当（按分型の配当）し子会社株式に該当しなくなった場合について，配当の効力発生日における配当財産の適正な帳簿価額をもってその他資本剰余金またはその他利益剰余金（繰越利益剰余金）を減額するという取扱いが定められた。	公表日（2024年3月22日）以後適用する。
ASBJにおいて，改正企業会計基準適用指針第2号等についての取扱いが検討され，その結果，ASBJからJICPAに対し，関連する会計制度委員会報告の改正の検討の依頼があったことを受けて，改正を行ったもの。	公表日（2024年3月22日）以後適用する。
2022年6月に成立した「安定的かつ効率的な資金決済制度の構築を図るための資金決済に関する法律等の一部を改正する法律」（令和4年法律61号）により，「資金決済に関する法律」（平成21年法律59号）が改正され，いわゆるステーブルコインのうち法定通貨の価値と連動した価格で発行され券面額と同額で払戻しを約するものおよびこれに準ずる性質を有するものが新たに「電子決済手段」と定義されるとともに，必要な規定の整備が行われた。実務対応報告第45号では，当該「電子決済手段」について，当面必要と考えられる最小限の項目に関する会計上の取扱いが定められた。なお，実務対応報告第45号の対象となる電子決済手段および電子決済手段に係る払戻義務に関して，金融商品会計基準40-2項に定める事項の注記を行うこととされている。また，実務対応報告第45号の対象となる電子決済手段は，連結キャッシュ・フロー計算書等における資金の範囲として現金に含めることとされている。	公表日（2023年11月17日）以後適用する。
ASBJにおいて，実務対応報告第45号等についての取扱いが検討され，その結果，ASBJからJICPAに対し，関連する会計制度委員会報告の改正の検討の依頼があったことを受けて，改正を行ったもの。	公表日（2023年11月17日）以後適用する。
2019年5月に成立した「情報通信技術の進展に伴う金融取引の多様化に対応するための資金決済に関する法律等の一部を改正する法律」（令和元年法律第28号）により，金融商品取引法（昭和23年法律第25号）が改正され，いわゆる投資性ICO（Initial Coin Offering。企業等がトークン（電子的な記録・記号）を発行して，投資家から資金調達を行う行為の総称である）は金融商品取引法の規制対象とされ，各種規定の整備が行われた。実務対応報告第43号では，上記の各種規定の整備において新たに定められた「電子記録移転有価証券表示権利等」を発行する場合と保有する場合の会計処理および開示の取扱いが定められた。なお，「電子記録移転有価証券表示権利等」は従来のみなし有価証券に求められる表示方法および注記事項と同様に取り扱うこととされている。	2023年4月1日以後に開始する事業年度の期首から適用する。ただし，公表日（2022年8月26日）以後終了する事業年度および四半期会計期間から適用することができる。

10　第1章　2025年3月期決算に向けた近時の開示トピックス

公表機関	公表日		会計基準等
2023年3月期	ASBJ	2021.8.12	・実務対応報告第42号「グループ通算制度を適用する場合の会計処理及び開示に関する取扱い」
	ASBJ	2021.6.17	・改正企業会計基準適用指針第31号「時価の算定に関する会計基準の適用指針」

（注）　3月31日を決算日とする会社の原則的な適用時期で区分している。

Ⅰ　会計基準等の新設・改正の動向　11

概　　要	適用時期等
2020年3月27日に成立した「所得税法等の一部を改正する法律」（令和2年法律第8号）において，連結納税制度を見直しグループ通算制度へ移行することとされた。実務対応報告第42号では，グループ通算制度を適用する場合における法人税および地方法人税ならびに税効果会計の会計処理および開示の取扱いが定められた。 また，グループ通算制度の適用により，実務対応報告第42号に従って会計処理を行っている場合には，その旨を注記することとされている。	2022年4月1日以後に開始する連結会計年度および事業年度の期首から適用する。 ただし，税効果会計に関する会計処理および開示については，2022年3月31日以後に終了する連結会計年度および事業年度の期末の連結財務諸表および個別財務諸表から適用することができる。
2019年に公表された時価算定適用指針において時価算定会計基準公表後おおむね1年をかけて検討を行うこととされていた，投資信託の時価の算定に関する取扱い，および貸借対照表に持分相当額を純額で計上する組合等への出資の時価の注記について，2021年の時価算定適用指針の改正で取扱いが定められた。	2022年4月1日以後開始する連結会計年度および事業年度の期首から適用する。 ただし，2021年4月1日以後開始する連結会計年度および事業年度の期首，または2022年3月31日以後終了する連結会計年度および事業年度における年度末に係る連結財務諸表および個別財務諸表から早期適用することができる。

12　第1章　2025年3月期決算に向けた近時の開示トピックス

2　新リース基準の概要

　ASBJは，2024年9月13日に，次の企業会計基準および企業会計基準適用指針（以下「新リース会計基準等」という）を公表した[3]。

- 企業会計基準第34号「リースに関する会計基準」（以下「新リース会計基準」という）

- 企業会計基準適用指針第33号「リースに関する会計基準の適用指針」（以下「新リース適用指針」という）

3　このほか，ASBJより，以下の企業会計基準，企業会計基準適用指針，実務対応報告および移管指針が公表されている。
- ・企業会計基準第35号「『固定資産の減損に係る会計基準』の一部改正」
- ・企業会計基準第36号「『連結キャッシュ・フロー計算書等の作成基準』の一部改正（その2）」
- ・改正企業会計基準第18号「資産除去債務に関する会計基準」
- ・改正企業会計基準第20号「賃貸等不動産の時価等の開示に関する会計基準」
- ・改正企業会計基準第29号「収益認識に関する会計基準」
- ・改正企業会計基準適用指針第6号「固定資産の減損に係る会計基準の適用指針」
- ・改正企業会計基準適用指針第10号「企業結合会計基準及び事業分離等会計基準に関する適用指針」
- ・改正企業会計基準適用指針第13号「関連当事者の開示に関する会計基準の適用指針」
- ・改正企業会計基準適用指針第15号「一定の特別目的会社に係る開示に関する適用指針」
- ・改正企業会計基準適用指針第19号「金融商品の時価等の開示に関する適用指針」
- ・改正企業会計基準適用指針第23号「賃貸等不動産の時価等の開示に関する会計基準の適用指針」
- ・改正企業会計基準適用指針第30号「収益認識に関する会計基準の適用指針」
- ・改正実務対応報告第35号「公共施設等運営事業における運営権者の会計処理等に関する実務上の取扱い」
- ・改正移管指針「移管指針の適用」
- ・改正移管指針第6号「連結財務諸表等におけるキャッシュ・フロー計算書の作成に関する実務指針」
- ・改正移管指針第9号「金融商品会計に関する実務指針」
- ・改正移管指針第10号「特別目的会社を活用した不動産の流動化に係る譲渡人の会計処理に関する実務指針」
- ・改正移管指針第13号「特別目的会社を活用した不動産の流動化に係る譲渡人の会計処理に関する実務指針についてのQ&A」
  また，JICPAより，以下の実務指針等の改正が同日付で公表されている。
- ・会計制度委員会研究報告第12号「臨時計算書類の作成基準について」
- ・業種別監査委員会報告第19号「リース業における金融商品会計基準適用に関する当面の会計上及び監査上の取扱い」
- ・業種別委員会実務指針第53号「年金基金の財務諸表に対する監査に関する実務指針」
- ・業種別委員会実務指針第65号「投資法人における監査上の取扱い」
- ・監査・保証実務委員会実務指針第90号「特別目的会社を利用した取引に関する監査上の留意点についてのQ&A」
  なお，新リース会計基準等の適用により，以下の企業会計基準，企業会計基準適用指針，実務対応報告および移管指針の適用は終了となる。
- ・企業会計基準第13号「リース取引に関する会計基準」
- ・企業会計基準適用指針第16号「リース取引に関する会計基準の適用指針」
- ・実務対応報告第31号「リース手法を活用した先端設備等投資支援スキームにおける借手の会計処理等に関する実務上の取扱い」
- ・移管指針第3号「連結財務諸表におけるリース取引の会計処理に関する実務指針」

（1）　公表の経緯・目的

　2016年1月に国際会計基準審議会（IASB）より IFRS 第16号「リース」（以下「IFRS 第16号」という）が公表され，同年2月に米国財務会計基準審議会（FASB）より FASB Accounting Standards Codification（FASB による会計基準のコード化体系）の Topic 842「リース」（以下「Topic 842」という）が公表された。IFRS 第16号および Topic 842では，借手の会計処理に関して，主に費用配分の方法が異なるものの，原資産の引渡しによりリースの借手に支配が移転した使用権部分に係る資産（使用権資産）と当該移転に伴う負債（リース負債）を計上する使用権モデルにより，オペレーティング・リースも含むすべてのリースについて資産および負債を計上することとされている。IFRS 第16号および Topic 842の公表により，改正前の我が国の会計基準である企業会計基準第13号「リース取引に関する会計基準」とは，特に負債の認識において違いが生じることとなり，国際的な比較において議論となる可能性があった。

　このような状況を踏まえ，ASBJ は，審議を重ね，財務諸表作成者および財務諸表利用者から幅広く意見を聴取したうえで，2024年9月13日に新リース会計基準等の公表に至った。

（2）　リースの定義，リースの識別，リース期間，ならびに借手のリースおよび貸手のリースの基本的な会計処理

　借手の会計処理については，日本基準を国際的に整合性のあるものとする取組みの一環として，借手のすべてのリースについて資産（使用権資産）および負債（リース負債）を認識することとされている。一方，貸手の会計処理については，IFRS 第16号および Topic 842ともに抜本的な改正が行われていないため，一部の点を除き，基本的に，改正前のリース会計基準の定めを維持することとされている。

【図　表】借手の貸借対照表のイメージ

※改正前においてはオペレーティング・リース取引はオフバランス

　リースの定義，リースの識別，リース期間，ならびに借手および貸手の基本的な会計処理は，それぞれ以下のとおり定められている。

① リースの定義
　新リース会計基準等では，リースの定義に関する定めについて，IFRS第16号の定めと整合させて，借手と貸手の双方に適用することとされている。具体的には，「リース」について，原資産を使用する権利を一定期間にわたり対価と交換に移転する契約または契約の一部分と定義されている（新リース会計基準6項およびBC25項）。

② リースの識別
　新リース会計基準等では，リースの識別に関する定めについて，基本的にIFRS第16号の定めと整合させて，借手と貸手の双方に適用することとされており，契約が特定された資産の使用を支配する権利を一定期間にわたり対価と交換に移転する場合，当該契約はリースを含むとされている。契約の当事者は，契約の締結時に，当該契約がリースを含むか否かを判断することが求められている（新リース会計基準25項および26項ならびにBC30項およびBC31項）。

③ リース期間
(a) 借手のリース期間
　新リース会計基準等では，借手のリース期間について，IFRS第16号の定め

と整合的に，借手が原資産を使用する権利を有する解約不能期間に，借手が行使することが合理的に確実であるリースの延長オプションの対象期間および借手が行使しないことが合理的に確実であるリースの解約オプションの対象期間を加えて決定することとされている（新リース会計基準31項およびBC34項からBC37項）。

(b) 貸手のリース期間

新リース会計基準等では，貸手のリース期間について，(i)借手のリース期間と同様に決定する方法（IFRS第16号と整合的な方法）と，(ii)借手が原資産を使用する権利を有する解約不能期間（事実上解約不能と認められる期間を含む）にリースが置かれている状況からみて借手が再リースする意思が明らかな場合の再リース期間を加えて決定する方法（改正前のリース会計基準のリース期間の定めを踏襲した方法）のいずれかの方法を選択して決定することとされている（新リース会計基準32項およびBC38項）。

④ 借手のリースの基本的な会計処理

新リース会計基準等では，IFRS第16号の定めと同様に，借手は，使用権資産について，リース開始日に算定されたリース負債の計上額にリース開始日までに支払った借手のリース料，付随費用および資産除去債務に対応する除去費用を加算し，受け取ったリース・インセンティブを控除した額により算定することとされている（新リース会計基準33項）。リース負債の計上額を算定するにあたっては，原則として，リース開始日において未払である借手のリース料からこれに含まれている利息相当額の合理的な見積額を控除し，現在価値により算定することとされている（新リース会計基準34項）。

⑤ 貸手のリースの基本的な会計処理

貸手の会計処理については，上述のとおり，基本的に，改正前のリース会計基準の定めが維持されている（新リース会計基準43項から48項およびBC53項）が，その例外として，新リース会計基準等では，ファイナンス・リースの会計処理について，収益認識会計基準において対価の受取時にその受取額で収益を計上

16　第1章　2025年3月期決算に向けた近時の開示トピックス

することが認められなくなったことを契機としてリースに関する収益の計上方法を見直した結果，改正前のリース適用指針で定められていた「リース料受取時に売上高と売上原価を計上する方法」を廃止することとされている（新リース適用指針BC117項）。

（3）表　　示
①　借　　手

　新リース会計基準等では，借手の会計処理をIFRS第16号と整合的なものとする中で，借手の表示についても，IFRS第16号と整合的なものとすることとされ，次のとおり定められている（新リース会計基準49項から51項およびBC58項）。

借手の表示	
使用権資産	次のいずれかの方法により，貸借対照表において表示する。 ➤　対応する原資産を自ら所有していたと仮定した場合に貸借対照表において表示するであろう科目に含める方法 ➤　対応する原資産の表示区分（有形固定資産，無形固定資産，投資その他の資産等）において使用権資産として区分する方法
リース負債	貸借対照表において区分して表示するまたはリース負債が含まれる科目および金額を注記する。
リース負債に係る利息費用	損益計算書において区分して表示するまたはリース負債に係る利息費用が含まれる科目および金額を注記する。

②　貸　　手

　貸手の会計処理と同様に，貸手の表示についても，改正前のリース会計基準を踏襲し，所有権移転ファイナンス・リースに係るリース債権と所有権移転外ファイナンス・リースに係るリース投資資産は区分することとされ，貸借対照表においてそれぞれを区分して表示するまたはそれぞれが含まれる科目および金額を注記することとされている。ただし，リース債権の期末残高が，当該期末残高およびリース投資資産の期末残高の合計額に占める割合に重要性が乏し

い場合，リース債権およびリース投資資産を合算して表示または注記すること
が認められている（新リース会計基準52項およびBC61項からBC63項）。

　また，損益計算書において，次の事項を区分して表示するまたはそれぞれが
含まれる科目および金額を注記することとされている（新リース会計基準53項）。

- ➤ ファイナンス・リースに係る販売損益（売上高から売上原価を控除した純
  額）
- ➤ ファイナンス・リースに係るリース債権およびリース投資資産に対する
  受取利息相当額
- ➤ オペレーティング・リースに係る収益（貸手のリース料に含まれるものの
  みを含める）

（4）　注記事項

①　開示目的（借手と貸手に共通）

　新リース会計基準等では，リースに関する注記における開示目的を，借手ま
たは貸手が注記において，財務諸表本表で提供される情報と併せて，リースが
借手または貸手の財政状態，経営成績およびキャッシュ・フローに与える影響
を財務諸表利用者が評価するための基礎を与える情報を開示することと定めら
れている（新リース会計基準54項）。

②　借手の注記

　借手の会計処理と同様に借手の注記事項についても，IFRS第16号と整合的
なものとされているが，新リース会計基準等は簡素で利便性が高いものを目指
していることから，取り入れなくとも国際的な比較可能性を大きく損なわせな
い内容については，必ずしもIFRS第16号に合わせる必要はないと考えられる
ため，取り入れないこととされている（新リース会計基準BC67項）。

　具体的には，借手の注記事項として次のとおり定められている。

18　第1章　2025年3月期決算に向けた近時の開示トピックス

借手の注記事項	
会計方針に関する情報 （新リース適用指針97項）	リースを構成する部分と関連するリースを構成しない部分とを合わせてリースを構成する部分として会計処理を行う選択（新リース会計基準29項）
	指数またはレートに応じて決まる借手の変動リース料に関する例外的な取扱いの選択（新リース適用指針26項参照）
	借地権の設定に係る権利金等に関する会計処理の選択（新リース適用指針27項および127項から129項参照）
リース特有の取引に関する情報 （新リース適用指針99項から101項）	貸借対照表に関する次の事項（区分して表示していない場合） ➤　使用権資産の帳簿価額について，対応する原資産を自ら所有していたと仮定した場合の表示科目ごとの金額 ➤　指数またはレートに応じて決まる借手の変動リース料に関する例外的な取扱いにより会計処理を行ったリースに係るリース負債が含まれる科目および金額 ➤　償却していない旧借地権の設定に係る権利金等または普通借地権の設定に係る権利金等が含まれる科目および金額
	損益計算書に関する次の事項（区分して表示していない場合） ➤　短期リースに係る費用の発生額が含まれる科目および当該発生額（借手のリース期間が1か月以下のリースに係る費用および少額リースに係る費用を含めることを要しない） ➤　リース負債に含めていない借手の変動リース料に係る費用の発生額が含まれる科目および当該発生額
	セール・アンド・リースバック取引およびサブリース取引に関する事項
	開示目的に照らした追加の注記（新リース適用指針94項および95項）
当期および翌期以降のリースの金額を理解するための情報 （新リース適用指針102項）	リースに係るキャッシュ・アウトフローの合計額（少額リースに係るキャッシュ・アウトフローを除く）
	使用権資産の増加額
	対応する原資産を自ら所有していたと仮定した場合に貸借対照表において表示するであろう科目ごとの使用権資産に係る減価償却の金額

③ 貸手の注記

新リース会計基準等では，貸手の注記事項について，IFRS第16号と整合的なものとされている（新リース会計基準BC68項）。

具体的には，貸手の注記事項として次のとおり定められている。

貸手の注記事項		
	ファイナンス・リースに係る事項	オペレーティング・リースに係る事項
リース特有の取引に関する情報（新リース適用指針104項および105項ならびに108項）	貸借対照表に関する次の事項（区分して表示していない場合） ➤ リース投資資産について，将来のリース料を収受する権利（以下「リース料債権」という）部分および見積残存価額部分の金額ならびに受取利息相当額 ➤ リース債権について，リース料債権部分の金額および受取利息相当額	貸手のリース料に含まれない将来の業績等により変動する使用料に係る収益が含まれる科目および金額（損益計算書において区分して表示していない場合）
	リース債権およびリース投資資産に含まれない将来の業績等により変動する使用料に係る収益が含まれる科目および金額（損益計算書において区分して表示していない場合）	
	開示目的に照らした追加の注記（新リース適用指針94項および96項）	
当期および翌期以降のリースの金額を理解するための情報（新リース適用指針106項および107項ならびに109項）	➤ リース債権およびリース投資資産の残高に重要な変動がある場合のその内容 ➤ リース債権およびリース投資資産に係るリース料債権部分について，貸借対照表日後5年以内における1年ごとの回収予定額および5年超の回収予定額	貸手のリース料について，貸借対照表日後5年以内における1年ごとの受取予定額および5年超の受取予定額

（5） 適用時期

　新リース会計基準等では，適用時期について次のとおり定められている（新リース会計基準58項および新リース適用指針112項）。

> ➤ 2027年4月1日以後開始する連結会計年度および事業年度の期首から適用する。

> ➤ ただし，2025年4月1日以後開始する連結会計年度および事業年度の期首から適用することができる。

　適用時期の検討にあたっては，次の点を踏まえ，会計基準の公表から原則的な適用時期までの期間を2年半程度とし早期適用を認めることとされている（新リース会計基準BC69項）。

> ➤ これまでにASBJが公表してきた会計基準については，会計基準の公表から原則的な適用時期までの期間が1年程度のものが多い。

> ➤ IFRS第16号の原則的な適用時期が2019年1月であり，Topic 842における公開企業の原則的な適用時期もほぼ同時期であったため，会計基準の公表から原則的な適用時期までの期間を長く設ける場合，我が国における実務が国際的な実務と整合的なものとなるまでの期間が長くなる。

> ➤ リースの識別を始め，これまでとは異なる実務を求めることとなるため，会計基準の公表から原則的な適用時期までの期間は1年程度では短い可能性がある。

> ➤ 一方，新リース会計基準等の適用開始にかかる実務上の負担への対応として，我が国の会計基準を基礎とした場合に関連すると考えられるIFRS第16号の経過措置を取り入れていることに加えて我が国特有の経過措置を設けている。

Ⅱ │ サステナビリティ情報の開示の動向

1　サステナビリティ情報の開示とは

　近年，中長期的な企業価値の向上に向けて，サステナビリティが重要な経営課題であるとの意識が世界的に高まっており，企業のサステナビリティ課題への対応やサステナビリティ情報開示のニーズが高まっている。

（1）　サステナビリティの概念

　サステナビリティの概念は，様々な主体において説明が行われている。2023年1月31日に金融庁より公表された「記述情報の開示に関する原則（別添）―サステナビリティ情報の開示について―」（注1）では，コーポレートガバナンス・コードやスチュワードシップ・コードで説明されている概念「ESG 要素を含む中長期的な持続可能性」等を引用し，以下の説明を行っている。

> 記述情報の開示に関する原則（別添）（注1）
> 　サステナビリティの概念は，様々な主体において説明が行われており，例えば，我が国のコーポレートガバナンス・コードやスチュワードシップ・コードでは，「ESG 要素を含む中長期的な持続可能性」としている（中略）。
> 　サステナビリティ情報には，国際的な議論を踏まえると，例えば，環境，社会，従業員，人権の尊重，腐敗防止，贈収賄防止，ガバナンス，サイバーセキュリティ，データセキュリティなどに関する事項が含まれ得ると考えられる。

（2）　コーポレートガバナンス・コードの改訂

　実効的なコーポレートガバナンスの実現に資する主要な原則を取りまとめた「コーポレートガバナンス・コード」の2021年6月の改訂では，企業のサステナビリティをめぐる課題への取組みのため，【基本原則2】の考え方や補充原則2－3①の改訂および補充原則2－4①，同3－1③，同4－2②の追加等

22　第1章　2025年3月期決算に向けた近時の開示トピックス

が行われている。

> **【基本原則2】の考え方**
>
> 　上場会社には，株主以外にも重要なステークホルダーが数多く存在する。これらのステークホルダーには，従業員をはじめとする社内の関係者や，顧客・取引先・債権者等の社外の関係者，更には，地域社会のように会社の存続・活動の基盤をなす主体が含まれる。上場会社は，自らの持続的な成長と中長期的な企業価値の創出を達成するためには，これらのステークホルダーとの適切な協働が不可欠であることを十分に認識すべきである。
>
> 　また，「持続可能な開発目標」（SDGs）が国連サミットで採択され，気候関連財務情報開示タスクフォース（TCFD）への賛同機関数が増加するなど，中長期的な企業価値の向上に向け，サステナビリティ（ESG要素を含む中長期的な持続可能性）が重要な経営課題であるとの意識が高まっている。こうした中，我が国企業においては，サステナビリティ課題への積極的・能動的な対応を一層進めていくことが重要である。
>
> 　上場会社が，こうした認識を踏まえて適切な対応を行うことは，社会・経済全体に利益を及ぼすとともに，その結果として，会社自身にも更に利益がもたらされる，という好循環の実現に資するものである。
>
> ※　下線部分が2021年6月の改訂部分
>
> **補充原則2−3①**
>
> 　取締役会は，気候変動などの地球環境問題への配慮，人権の尊重，従業員の健康・労働環境への配慮や公正・適切な処遇，取引先との公正・適正な取引，自然災害等への危機管理など，サステナビリティを巡る課題への対応は，リスクの減少のみならず収益機会にもつながる重要な経営課題であると認識し，中長期的な企業価値の向上の観点から，これらの課題に積極的・能動的に取り組むよう検討を深めるべきである。
>
> ※　下線部分が2021年6月の改訂部分
>
> **補充原則2−4①**
>
> 　上場会社は，女性・外国人・中途採用者の管理職への登用等，中核人材の登用等における多様性の確保についての考え方と自主的かつ測定可能な目標を示すとともに，その状況を開示すべきである。
>
> 　また，中長期的な企業価値の向上に向けた人材戦略の重要性に鑑み，多様性の確保に向けた人材育成方針と社内環境整備方針をその実施状況と併せて開示

すべきである。

補充原則3-1③

　上場会社は，経営戦略の開示に当たって，自社のサステナビリティについての取組みを適切に開示すべきである。また，人的資本や知的財産への投資等についても，自社の経営戦略・経営課題との整合性を意識しつつ分かりやすく具体的に情報を開示・提供すべきである。

　特に，プライム市場上場会社は，気候変動に係るリスク及び収益機会が自社の事業活動や収益等に与える影響について，必要なデータの収集と分析を行い，国際的に確立された開示の枠組みである TCFD またはそれと同等の枠組みに基づく開示の質と量の充実を進めるべきである。

補充原則4-2②

　取締役会は，中長期的な企業価値の向上の観点から，自社のサステナビリティを巡る取組みについて基本的な方針を策定すべきである。

　また，人的資本・知的財産への投資等の重要性に鑑み，これらをはじめとする経営資源の配分や，事業ポートフォリオに関する戦略の実行が，企業の持続的な成長に資するよう，実効的に監督を行うべきである。

2　サステナビリティ情報の開示

（1）　サステナビリティ情報の開示の状況

　サステナビリティ情報の多くは定性的な記述情報である。記述情報の開示については，平成29年度の金融審議会から公表された「ディスクロージャーワーキング・グループ報告」（2018年6月公表）において「財務情報」および「記述情報」の充実，建設的な対話の促進に向けたガバナンス情報の提供等が提言された。これを踏まえて開示府令が改正され，2020年3月期の有価証券報告書から，記述情報の開示の充実が要請されることとなった。

　また，令和3年度の金融審議会から公表された「ディスクロージャーワーキング・グループ報告」（2022年6月公表，以下「2022年ディスクロージャーワーキング・グループ報告」という）では，投資家にわかりやすく投資判断に必要な情報を提供する観点から，サステナビリティ情報を一体的に提供する枠組みとして，有価証券報告書にサステナビリティ情報開示のための記載欄を新設するこ

24　第1章　2025年3月期決算に向けた近時の開示トピックス

と等が提言された。これを踏まえて，開示府令が改正され，2023年3月期の有価証券報告書からサステナビリティ情報の開示が要請されることとなった（詳細については，次項「（2）法定開示におけるサステナビリティ情報の開示　②金融商品取引法の法定開示」を参照されたい）。

　任意開示においても，「コーポレートガバナンス・コード」の改訂等を踏まえて，サステナビリティに関する取組みとその開示が急速に進んでおり[※]，統合報告書やサステナビリティ報告書といった任意開示書類により，サステナビリティ情報の開示を行う上場企業が増加している。

[※]　「東証上場会社コーポレート・ガバナンス白書2023」（東京証券取引所，2023年3月）によると，補充原則2−3①のコンプライ率は，プライム市場上場企業は95.8%，スタンダード市場上場企業は94.0%，補充原則3−1③のコンプライ率は，プライム市場上場企業は62.3%，スタンダード市場上場企業は59.1%となっている。

（2）　法定開示におけるサステナビリティ情報の開示

　日本の上場企業の年度開示は，会社法（会社法435Ⅱ，444Ⅲ）に基づく事業報告および計算書類等（有価証券報告書を提出する大会社の場合，連結計算書類も含む）と，金融商品取引法に基づく有価証券報告書（金融商品取引法24Ⅰ）の2つの法定開示書類の作成・開示が要請されている。

①　会社法の法定開示

　サステナビリティ情報の多くは記述情報であり，そのほとんどが事業報告に記載されると思われる。「事業報告」に記載すべき内容は，会社法施行規則に規定（会施規118〜126）されているが，サステナビリティ情報の記載について，具体的に定めた規定はない。

　会社法施行規則118条1号では，「当該株式会社の状況に関する重要な事項（計算書類及びその附属明細書並びに連結計算書類の内容となる事項を除く。）」を記載しなければならない，とされているが，「会社の状況に関する重要な事項」の具体的な記載内容については，会社法施行規則上明示されていない。そのため，各社の判断により記載することになろう。ただし，公開会社については，会社法施行規則119条から124条において詳細に記載すべき内容が規定されてい

るため，これに従って記載することになる（第5章「事業報告」参照）。

　サステナビリティ情報は，その性質から「事業報告」の株式会社の現況に関する事項の「対処すべき課題」等（会施規120Ⅰ⑧⑨）の内容に該当するケースが多いと考えられる。企業が「会社の状況に関する重要な事項」に該当すると判断した場合には，ここに記載することが考えられる。

②　金融商品取引法の法定開示

　金融商品取引法に基づく有価証券報告書の開示では，記述情報に記載すべき内容は，主に開示府令に規定されている。2023年1月31日に「企業内容等の開示に関する内閣府令及び特定有価証券の内容等の開示に関する内閣府令の一部を改正する内閣府令」（令和5年内閣府令11号，以下「改正開示府令」という）等が公表され，有価証券報告書におけるサステナビリティ情報の記載についての規定が追加された。これにより，2023年3月31日以後終了する事業年度の有価証券報告書から，サステナビリティ情報の開示が求められることとなった。

　改正開示府令では，以下の内容の規定が追加されている。

- 　有価証券報告書の【経営方針，経営環境及び対処すべき課題等】の次にサステナビリティ情報の「記載欄」（【サステナビリティに関する考え方及び取組】の記載欄）を新設する。新設した「記載欄」では，「ガバナンス」および「リスク管理」については，必須記載事項とし，「戦略」および「指標及び目標」については，重要性に応じて記載を求めることとする。
- 　人材の多様性の確保を含む人材育成方針や社内環境整備の方針および当該方針に関する指標の内容等について，必須記載事項として，サステナビリティ情報の「記載欄」の「戦略」と「指標及び目標」において記載を求める。
- 　女性活躍推進法（女性の職業生活における活躍の推進に関する法律）等に基づき，「女性管理職比率」，「男性の育児休業取得率」および「男女間賃金格差」を公表している会社およびその連結子会社に対して，これらの指標を有価証券報告書の【従業員の状況】の中に記載を求める。

　なお，改正開示府令施行前の有価証券報告書の開示では，サステナビリティ情報は，その性質から有価証券報告書の第2【事業の状況】の，「1【経営方針，

26　第1章　2025年3月期決算に向けた近時の開示トピックス

経営環境及び対処すべき課題等】」や「2【事業等のリスク】」等の内容に該当するケースが多いと考えられたことから，重要性があると企業が判断した場合には，ここに記載する実務が一般的であった。

3　今後のサステナビリティ情報の開示の方向性

（1）　有価証券報告書におけるサステナビリティ情報の開示

　記述情報の開示に関しては，プリンシプルベースのガイダンスとして，「記述情報の開示に関する原則」（2019年3月19日）および「記述情報の開示に関する原則（別添）」（2023年1月31日）が，金融庁より公表されている。

　2019年に公表された「記述情報の開示に関する原則」は，経営方針・経営戦略等，経営成績等の分析，事業等のリスクを中心に，有価証券報告書における開示の考え方を整理したものであり，サステナビリティ情報の開示を直接対象にしたものではない。

　また，2023年1月に改正開示府令と同時に公表された「記述情報の開示に関する原則（別添）」では，2022年ディスクロージャーワーキング・グループ報告で提言されたサステナビリティ情報の開示についての期待等を踏まえて，サステナビリティ情報の開示における考え方および望ましい開示に向けた取組みについて取りまとめられている。しかし，サステナビリティ情報の開示についての具体的な定めはなく，「記述情報の開示に関する原則」について，「サステナビリティ情報の開示における「重要性（マテリアリティ）」の考え方を含めて，今後，国内外の動向も踏まえつつ，本原則の改訂を行うことが考えられる」とされており，今後の方向性が示されている。

　サステナビリティ情報の開示基準については，現在グローバルで議論が進んでいる。サステナビリティ情報に関し，国際的に首尾一貫した開示基準を開発することを目的として，2021年11月にIFRS財団が，国際サステナビリティ基準審議会（ISSB）を設立した。ISSBは，2023年6月26日に「サステナビリティ関連情報の開示に関する全般的要求事項」（以下「IFRS S1基準」という）および「気候関連開示」（以下「IFRS S2基準」という）を公表している。

　ISSBが策定する国際基準は，世界各国の規制当局が独自のサステナビリ

ティ情報の開示規制を導入する際の基礎（ベースライン）となることが期待されている。わが国においても，サステナビリティ基準委員会（SSBJ）において，ISSBが策定する基準と整合性のあるサステナビリティ開示基準（SSBJ基準）の策定作業が進められており，有価証券報告書のサステナビリティ記載欄の開示基準として適用されることが想定されている^(※)。

SSBJから2024年3月29日に3つの公開草案（サステナビリティ開示ユニバーサル基準公開草案「サステナビリティ開示基準の適用（案）」，サステナビリティ開示テーマ別基準公開草案第1号「一般基準（案）」，サステナビリティ開示テーマ別基準公開草案第2号「気候関連基準（案）」）が公表されており，2025年3月末までの確定基準公表が目標とされている。公開草案では適用対象企業を定めていないが，金融庁から「SSBJ基準の適用対象については，グローバルな投資家との建設的な対話を中心に据えた企業（プライム上場企業ないしはその一部）から始めることが考えられる」との方向性が示されたことを踏まえて，公開草案はプライム上場企業が適用することを想定して作成されている。

（※）　SSBJ基準が確定した場合の具体的な適用対象や適用時期等については，2024年2月に金融審議会で設置が決定された「サステナビリティ情報の開示と保証のあり方に関するワーキング・グループ」において，現在検討が行われている。本稿執筆時点（2024年12月）では，時価総額に応じた段階的な適用が提案されており，時価総額3兆円以上のプライム上場企業は2027年3月期から，時価総額1兆円以上のプライム上場企業は2028年3月期から，時価総額5千億円以上のプライム上場企業は2029年3月期から，それ以外のプライム上場企業には2030年代からSSBJ基準の適用義務化が提案されている。当該ワーキング・グループでの議論は継続中であり，今後の動向に留意が必要である。

（2）　事業報告における今後のサステナビリティ情報の開示

前述のとおり，企業によるサステナビリティ情報の開示は，量的にも質的にも急速に拡大している。最近では株主総会において，気候変動やダイバーシティに係る株主提案が複数みられるなど，株主のサステナビリティ情報に対する関心も高まっている。このような環境から，事業報告においても，サステナビリティ情報の開示を拡充することが考えられる。

いくつかの企業においては，すでに「対処すべき課題」等として，サステナビリティ情報に関する各種目標や取組み状況を開示している例があり，今後も

28　第1章　2025年3月期決算に向けた近時の開示トピックス

株主総会において株主権を行使する株主に対する情報提供の充実を図る目的で，こうした開示が拡充していくことが考えられる。

　特にわが国では，人的資本に関する記載や，GHG排出量などの気候関連の記載が有価証券報告書において開示されるサステナビリティトピックとして大きく増加しており，こうした傾向が事業報告においても反映されることも考えられる。

〈事例〉　2050年に向けた長期ビジョンと中期経営計画の取組みを関連付けて，脱炭素社会への実現への挑戦や女性活躍推進などに関して具体的な指標や目標とともに記載している事例

双日（2024年3月期）

事業報告（【7．今後の見通しと企業集団が対処すべき課題】
④サステナビリティに関する考え方及び取り組み）

---

④サステナビリティに関する考え方及び取り組み

1）　サステナビリティチャレンジ

　当社グループにとってのサステナビリティとは，「双日グループ企業理念」に基づき，ステークホルダーと共に事業を通じた「2つの価値（双日が得る価値と社会が得る価値）」の最大化を図り，当社グループと社会の持続的な成長を目指すことです。

　この「2つの価値」の最大化に向けて，当社は中長期的に取り組むべき「サステナビリティ重要課題（マテリアリティ）」を定めています。このマテリアリティの策定にあたってはパリ協定や持続可能な開発目標（SDGs）などを参照し，当社グループと社会の持続的な成長のために対処すべき普遍的な課題として「人権」「環境」「資源」「地域社会」「人材」「ガバナンス」を抽出，設定しました。

　このマテリアリティの中から，個別具体的な課題を特定し2050年に向けた長期ビジョンとして「脱炭素社会実現への挑戦」と「サプライチェーンを含む人権尊重」の2本柱からなる「サステナビリティチャレンジ」を策定し，取り組んでいます。

　「中期経営計画2023」においては，脱炭素社会の実現に向けて，CO_2排出を「リスク」と捉え削減を加速し，来る脱炭素社会への耐性を高めると共に，この社会移行を新たな「機会」と捉え，幅広い分野においてビジネス構築に進めてまいり

ました。かかる方針のもと，リスクの計測と把握に努めました。

なお，サプライチェーン上のCO_2分析は当社ウェブサイト（https://www.sojitz.com/jp/sustainability/sojitz_esg/e/climate/）をご参照ください。

サプライチェーンを含む人権尊重については，国連の「ビジネスと人権に関する指導原則」フレームワークに沿って，グローバルに展開する様々な事業に関わるサプライチェーン上のどの国・地域においても人権尊重に努め，人権リスクの把握と低減を図ってまいりました。

2024年度からスタートの「中期経営計画2026」において，この長期ビジョンは双日らしい成長ストーリーを実現する上で前提にもなっています。

「中期経営計画2026」において，引き続き，事業におけるCO_2削減を着実に実行すると共に脱炭素社会実現へ貢献する事業を拡大していきます。また，拡大する人権リスク評価の事業領域における人権の尊重の徹底，取り組みの深化を行い，さらには生物多様性・サーキュラーエコノミーなど，他の社会課題への対応も行ってまいります。

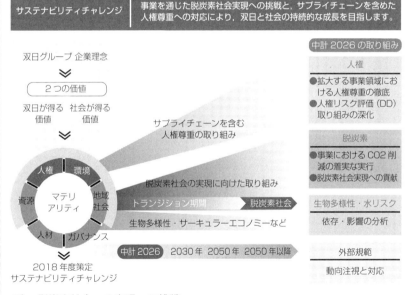

2）脱炭素社会への実現への挑戦

サステナビリティチャレンジの達成に向けて，2021年3月に脱炭素目標を策定しました。

2024年3月期における脱炭素目標に対する進捗は，Scope 1 と Scope 2 は 3 割程度削減，一般炭権益はすでに 7 割削減を達成しています。

中期経営計画2026においては，Scope 1 と Scope 2 のさらなる着実な削減に向けた脱炭素推進施策の実行や，脱炭素事業の取り組み拡大，及び Scope 3 の全量計測と把握を行います。

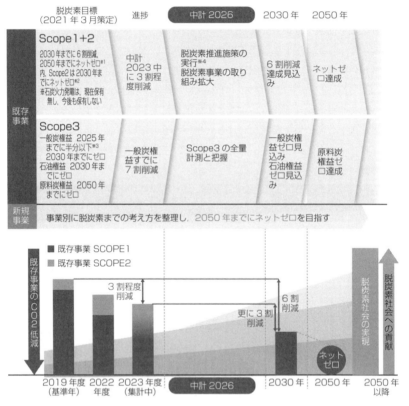

※1，2　2019年度を基準年として，単体および連結子会社が対象
※3　2018年度を基準とした権益資産の簿価ベース
※4　事業会社の脱炭素に向けた取り組み（再エネ・省エネ・電池・EV/PHV 等）を推進する施策

3）　サプライチェーンを含む人権尊重

当社グループはグローバルに様々な事業を展開していますが，その事業に関わるサプライチェーン上のどの国・地域においても人権尊重に努めるべく，人権リスクの把握及び低減を図っています。その取り組みにあたっては，「国際人権章典」，及び国際労働機関（ILO）の「労働における基本的原則及び権利に関する

Ⅱ　サステナビリティ情報の開示の動向　31

宣言」を支持し，国連の「ビジネスと人権に関する指導原則」フレームワークに沿って人権尊重への対応を行っています。

方針の策定・共有

当社グループは，「国連グローバル・コンパクト」の10の原則などを踏まえて，「双日グループ人権方針」や「双日グループサプライチェーンCSR行動指針」などの方針を策定しています。サプライヤーやグループ会社に対して，当社の方針を周知し，理解と実践を求めています。

また，サプライチェーン上の人権尊重においては，事業現場における認識と理解が重要であると考えています。

そこで，当社グループ各社からの人権尊重への理解と事業現場への認識徹底を行う旨の確認書の取得や，グループ各社の経営陣とサステナビリティ推進部（サステナビリティ委員会事務局）との間での対話を通じ，方針や取り組みの周知及び現場の対応状況の確認を行い，人権尊重意識の徹底と理解の浸透を図っています。

リスク評価

当社グループはグローバル事業を展開し，その事業の範囲は多岐に亘る上に，川上から川下までサプライチェーンに広く関わっています。そこで，リスクベースアプローチの観点より，英国NGO「ビジネスと人権リソースセンター」が保有する人権リスクの発生事例データベースをもとに，当社グループの事業の中でも特にリスクが高い事業分野を特定，見直しを行っていくと共に，サプライチェーン全体において一般的にどの位置で人権リスクが発生しやすいか，分析・確認をしています。

サプライチェーン上の人権リスクに対する双日グループの該当状況（抜粋）　■一般的にリスクが高い箇所とリスク内容　⊙一般的にリスクが小さい箇所

双日グループのリスクの高い事業分野	（川上）権益・開発	採掘・原材料栽培	原料・部品製造・加工	卸	（川下）小売・サービス
石油・天然ガス	用地取得	環境汚染	⊙	⊙	⊙
鉱物	用地取得，森林破壊	環境汚染，強制労働	⊙	⊙	⊙
木材・製紙	用地取得，森林破壊	労働安全衛生の問題（木材）	環境・水質汚染（製紙）	⊙	⊙
農産物	用地取得，森林破壊	強制労働，児童労働	⊙	⊙	⊙
繊維	⊙	強制労働，児童労働	強制労働，児童労働	⊙	⊙
水産・水産加工	⊙	労働安全衛生の問題	労働安全衛生の問題	⊙	⊙
インフラ建設	用地取得	⊙	労働安全衛生の問題	⊙	⊙
通信	⊙	⊙	⊙	⊙	情報漏洩

代表的なサプライチェーン

4） **女性活躍推進**

「中期経営計画2026」の人材戦略として掲げた基本方針の1つである「自らの意思で挑戦・成長し続ける多様な個」をもとに，当社では女性活躍推進を進めております。

ダイバーシティマネジメントの専任組織を設け，人事部と協調しながら，各種施策を実施しています。多様性をイノベーションの創出といった競争力につなげていくために，女性活躍推進を人材戦略の最重要テーマの1つと位置づけ，男女間の差がなく適所適材が実現している状態を目指しています。2030年代には，社員全体に占める女性比率を50％程度とし，組織の意思決定に関わる女性を増やしていくことを目的に，課長職に占める女性比率についても50％程度にすることを掲げ，各世代層のパイプライン形成と経験の蓄積，男女間における経験値のギャップ解消，女性特有のライフイベントを見越した「キャリアを止めない」施策に取り組んでいます。

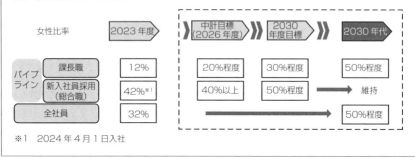

※1　2024年4月1日入社

第2章

会社法決算の概要
（計算関係書類等の概要と決算スケジュール）

34　第2章　会社法決算の概要（計算関係書類等の概要と決算スケジュール）

I｜計算関係書類等の概要

▼ポイント

☑　計算関係書類とは，成立の日における貸借対照表，各事業年度に係る計算
　　書類およびその附属明細書（以下「計算書類等」という），臨時計算書類なら
　　びに連結計算書類をいう。

☑　計算書類は，貸借対照表，損益計算書，株主資本等変動計算書および個別
　　注記表により構成される。

☑　連結計算書類は，連結貸借対照表，連結損益計算書，連結株主資本等変動
　　計算書および連結注記表により構成される。

☑　計算関係書類以外に作成すべき書類として，事業報告およびその附属明細
　　書(以下「事業報告等」という）がある。

☑　株式会社が作成すべき計算関係書類は会社区分（公開会社か非公開会社か，
　　大会社か非大会社か）や会社の機関設計によって異なる。

☑　臨時計算書類は臨時決算日における貸借対照表および臨時会計年度に係る
　　損益計算書により構成される。

1　計算関係書類の概要

（1）　計算関係書類の種類

　会社法における計算関係書類の種類を整理すると，以下のようになる。

成立の日における貸借対照表（会社法435Ⅰ，会計規58）	
各事業年度に係る計算書類（会社法435Ⅱ）	貸借対照表 損益計算書 株主資本等変動計算書（会計規59Ⅰ） 個別注記表（会計規59Ⅰ）
計算書類の附属明細書（会社法435Ⅱ）	

臨時計算書類（会社法441 I，会計規60）	臨時決算日における貸借対照表 臨時決算日の属する事業年度の初日から臨時決算日までの期間に係る損益計算書
連結計算書類（会社法444 I）	連結貸借対照表（会計規61 I） 連結損益計算書（会計規61 I） 連結株主資本等変動計算書（会計規61 I） 連結注記表（会計規61 I）

　それぞれの計算関係書類の記載方法などについては次章以降で説明するが，ここで若干補足しておく。

　会社法では，会計に関する事項と会計以外に関する事項の記載を明確に区分している。具体的には，会計に関する事項は「計算関係書類」に記載し，会計以外に関する事項については「事業報告」に記載することになっている。「事業報告」は，計算関係書類に含まれないため，会計監査人の監査対象外となる。

　また，会社法における「附属明細書」は，計算書類の「附属明細書」と，事業報告の「附属明細書」の２種類が存在しており，計算書類の「附属明細書」は会計監査人の監査の対象となり，事業報告の「附属明細書」は会計監査人の監査対象外となる，といった違いがある。

　近時，我が国では，企業内容等に関する情報の開示について，経営者による財務諸表以外の情報の開示の充実が進んでいる。今後，当該情報の開示のさらなる充実が期待される中，当該情報に対する監査人の役割の明確化，および監査報告書における情報提供の充実を図ることの必要性が高まっていた。企業会計審議会は，監査した財務諸表を含む開示書類のうち当該財務諸表と監査報告書とを除いた部分の記載内容（以下「その他の記載内容」という）について，監査人の手続を明確にするとともに，監査報告書に必要な記載を求めるため，2020年11月６日付で監査基準を改訂した。この改訂を受けて，JICPAは，2021年１月14日付で，監査基準委員会報告書720「監査した財務諸表が含まれる開示書類におけるその他の記載内容に関連する監査人の責任」を改正し，監査基準委員会報告書720「その他の記載内容に関連する監査人の責任」（2022年の新体

系への改訂で，監査基準報告書720へ表題修正）（以下「監基報720」という）として
公表した。監基報720は，2022年3月31日以後終了する事業年度に係る監査か
ら適用されている。監基報720は，財務情報または非財務情報を問わず，企業
の年次報告書に含まれる財務諸表と監査報告書とを除いた部分の記載内容に関
連する監査人の責任についての実務上の指針を提供するものである。計算関係
書類の監査における「その他の記載内容」は事業報告等となる。事業報告等は
会計監査人の監査対象外ではあるものの，会計監査人は監基報720の下で，事
業報告等を通読し，計算関係書類および会計監査人が監査の過程で得た知識と，
事業報告等の間に重要な相違があるかどうかを検討することとされている。

　「注記表」については，文言だけをみると「注記表」という「表」の作成が
イメージされるかもしれないが，実際には表形式となっている事例は稀である。
会社計算規則において，財務諸表等規則と同様の注記事項に「注記表」という
法令上の名称が付されているだけである。また，「個別注記表」，「連結注記表」と
いった表題をつける必要はなく，脚注方式で記載することもできる。

（2）　計算書類等および連結計算書類の作成期間

　計算書類等の作成期間については，「当該事業年度の前事業年度の末日の翌
日（当該事業年度の前事業年度がない場合にあっては，成立の日）から当該事
業年度の末日までの期間とする。この場合において，当該期間は，1年（事業
年度の末日を変更する場合における変更後の最初の事業年度については，1年
6箇月）を超えることができない」（会計規59Ⅱ）と規定されている。したがっ
て，決算日変更のケースを除いて，事業年度は1年を超えることはできない。
　なお，連結計算書類の作成期間は，計算書類等と同一である（会計規62）。

（3）　計算関係書類の金額の単位等

　計算関係書類に係る事項の金額は，「1円単位，1,000円単位又は100万円単位
をもって表示するものとする」（会計規57Ⅰ）と規定されており，いずれで表示
することも可能である。また，表示単位未満の端数処理の方法については特に
規定されていないため，切捨て，切上げ，四捨五入のいずれの方法も認められ
るが，どの方法を選択したのかについては，注記等で明示することが望ましい。

I 計算関係書類等の概要　37

　なお実務上は，金額が表示単位未満である場合，「0」と表示し，金額が0円である場合は「―」と表示することが一般的である。

　表示言語については，「計算関係書類は，日本語をもって表示するものとする。ただし，その他の言語をもって表示することが不当でない場合は，この限りでない」（会計規57Ⅱ）と規定されている。したがって，原則は日本語で表示することになるが，たとえば，株主等の多くが外国人であるケースなどにおいては，日本語以外の言語で表示することも許容される。

2　連結計算書類

（1）　親会社および子会社の定義

　会社法における子会社の定義は実質支配力基準であり（会社法2③），財務諸表等規則8条4項の内容と実質的に同一である。また，親会社および子会社には，会社以外の法人，法人格のない組合等も含まれる（会施規2Ⅲ②，3Ⅰ・Ⅱ）。

　なお，関連会社の定義についても財務諸表等規則8条5項の内容とほぼ同一の内容になっている（会計規2Ⅲ㉑）。

　連結計算書類作成上の子会社については，会社法の規定におけるすべての親子関係の規定が適用される。具体的には，社外取締役や社外監査役の要件，監査役の調査権の範囲，子会社による親会社株式の取得禁止規定の適用などが該当する。

（2）　連結計算書類の作成会社

　会計監査人設置会社のうち有価証券報告書を提出する大会社（事業年度末日現在）に限り，連結計算書類の作成と株主への提供が義務づけられている（会社法444Ⅲ，444Ⅶ）。この定めに従い作成された連結計算書類は，取締役会設置会社の場合には，監査役および会計監査人の監査を受けたうえで取締役会の承認を受け，定時株主総会の招集通知に添付し株主へ提供されることになる（会社法444Ⅳ，Ⅴ，Ⅵ）。

　なお，有価証券報告書提出会社である大会社に該当しない場合でも，会計監査人設置会社については，連結計算書類を任意で作成することはできる（会社法444Ⅰ）。

38　第2章　会社法決算の概要（計算関係書類等の概要と決算スケジュール）

　連結計算書類を作成できる株式会社を会計監査人設置会社に限定したのは，連結計算書類の内容が専門的であることに鑑み，必要な専門知識を有する会計監査人を設置していることが必要であると考えられたためである。このため会社法上，会計監査人設置会社に該当しない会社が連結計算書類を作成することは想定されていない。

　なお，連結の方法については，金融商品取引法に基づく連結財務諸表の定めが会社法においても斟酌されており，有価証券報告書における連結財務諸表の作成と異なるものではない。子会社の定義においても実質支配力基準という同一の考え方が導入されている点は，（1）で述べたとおりである。

　したがって，注記等の開示事項に部分的な相違はあるものの，連結計算書類と有価証券報告書における連結財務諸表の連結数値は同一であり，当然ながら連結数値を別個に集計する必要はない。

（3）　米国基準および指定国際会計基準に関する特則

　米国基準により連結財務諸表を作成している会社はそれをもって連結計算書類とすることができる（会計規120の3Ⅰ）。ただし，この場合，準拠している用語，様式および作成方法を連結計算書類に注記することが必要である（会計規120の3Ⅱ）。

　また，金融商品取引法においては，一定の要件を満たす会社に限り，指定国際会計基準または修正国際基準による作成が認められているが（連結財規1の2，1の3），これらの会社は連結計算書類を指定国際会計基準または修正国際基準に従って作成することができる（会計規120Ⅰ，120の2Ⅰ）。

3　会社区分ごとの作成すべき計算関係書類等

（1）　会社区分を理解するための前提となる用語の定義

　会社が作成すべき計算関係書類等は，会社区分（公開会社か非公開会社か，大会社か非大会社か）や会社の機関設計によって異なる。まず，会社区分に関係する用語の定義を以下に記載する。

　「公開会社」とは，「その発行する全部又は一部の株式の内容として譲渡による当該株式の取得について株式会社の承認を要する旨の定款の定めを設けてい

ない株式会社」をいう（会社法2⑤）。つまり，会社法でいう「公開会社」というのは，譲渡制限のない株式を発行している会社のことである。逆に，すべての株式について譲渡制限が付されているのであれば「非公開会社」となる。ここで注意すべき点は，「公開会社」という用語の意味が，一般的に使用する「公開会社」という用語とは異なることである。一般的に公開会社というと株式を上場している会社を意味することが多いが，会社法でいう「公開会社」は株式上場会社という意味ではなく，あくまで譲渡制限のない株式を発行している会社を意味している。

　また，「大会社」とは，以下に掲げる要件のいずれかに該当する株式会社をいう（会社法2⑥）。
　(i) 最終事業年度に係る貸借対照表に資本金として計上した額が5億円以上であること
　(ii) 最終事業年度に係る貸借対照表の負債の部に計上した額の合計額が200億円以上であること

　なお，期中で資本金等が増減した場合，その時点で直ちに「大会社」に該当することになるわけではない。その定義において「最終事業年度に係る貸借対照表に資本金として計上した額」または「最終事業年度に係る貸借対照表の負債の部に計上した額」となっているからである。したがって，期中で資本金等が増減し資本金が5億円以上または負債が200億円以上となった場合には，次の定時株主総会から「大会社」に該当することになる。

（2）　会社区分ごとの作成すべき計算関係書類等

　各事業年度に会社が作成すべき書類の概要を会社区分との関係で整理すると，以下のようになる。

40 第2章 会社法決算の概要（計算関係書類等の概要と決算スケジュール）

	公開会社		非公開会社	
	大会社	非大会社	大会社	非大会社
事業報告等	作成必要	作成必要	作成必要	作成必要
計算書類等	作成必要	作成必要	作成必要	作成必要
連結計算書類 　会計監査人設置会社 　　有報(注)提出会社	作成必要	任意に作成可能	作成必要	任意に作成可能
有報(注)提出会社以外	任意に作成可能	任意に作成可能	任意に作成可能	任意に作成可能
会計監査人設置会社以外		作成不要		作成不要

（注）　有報：有価証券報告書

　上記のとおり事業報告等，計算書類等および連結計算書類については，会社区分に応じた作成が必要とされているが，その記載項目は会社区分によって，さらに以下のように異なっている。

【事業報告等】（会施規118～126，128）

事業報告等	公開会社	非公開会社
事業報告 　会社の状況に関する重要な事項	記載必要	記載必要
業務の適正を確保するための体制等の整備・運用に関する事項	記載必要 （注1）	記載必要 （注1）
会社の支配に関する基本方針	記載必要 （注2）	記載必要 （注2）
特定完全子会社に関する事項	記載必要 （注3）	記載必要 （注3）
親会社等との取引に関する事項	記載必要 （注4）	記載必要 （注4）
会社の現況に関する事項	記載必要 （注5）	
会社役員に関する事項	記載必要	
役員等賠償責任保険契約に関する事項	記載必要	

株式に関する事項	記載必要	
新株予約権等に関する事項	記載必要	
社外役員に関する事項	記載必要	
会計参与設置会社における会計参与に関する事項	記載必要	記載必要
会計監査人設置会社における会計監査人に関する事項	記載必要	記載必要
会計監査人設置会社における剰余金の配当等の決定に関する方針	記載必要	記載必要
事業報告の附属明細書	記載必要	事業報告の内容を補足する重要事項があれば作成

(注1) 該当する決定または決議がある場合に記載する（会施規118②）。

(注2) 会社の財務および事業の方針の決定を支配する者の在り方に関する基本方針を定めている場合に記載する（会施規118③）。

(注3) 特定完全子会社がある場合に記載が必要。ただし完全親会社等がある場合は記載不要（会施規118④）。

(注4) 親会社等との取引であって，当該事業年度に係る個別注記表において関連当事者取引注記を要するものについて記載が必要（会施規118⑤）。

(注5) 連結計算書類を作成している場合は，企業集団の現況に関する事項とすることができる（会施規120Ⅱ）。

【個別注記表】（会計規98）

注記事項	会計監査人設置会社		会計監査人非設置会社	
	有報提出義務のある大会社	その他	公開会社	非公開会社
継続企業の前提	記載必要	記載必要		
重要な会計方針	記載必要	記載必要	記載必要	記載必要
会計方針の変更（注2）	記載必要	記載必要	記載必要（注1）	記載必要（注1）
表示方法の変更（注2）	記載必要	記載必要	記載必要	記載必要
会計上の見積り（注2）	記載必要	記載必要		

42　第2章　会社法決算の概要（計算関係書類等の概要と決算スケジュール）

会計上の見積りの変更	記載必要	記載必要		
誤謬の訂正	記載必要	記載必要	記載必要	記載必要
貸借対照表等	記載必要	記載必要	記載必要	
損益計算書	記載必要	記載必要	記載必要	
株主資本等変動計算書(注3)	記載必要	記載必要	記載必要	記載必要
税効果会計	記載必要	記載必要	記載必要	
リースにより使用する固定資産	記載必要	記載必要	記載必要	
金融商品(注4)	記載必要	記載必要	記載必要	
賃貸等不動産(注4)	記載必要	記載必要	記載必要	
持分法損益等(注4)	記載必要			
関連当事者との取引	記載必要	記載必要	記載必要(注1)	
1株当たり情報	記載必要	記載必要	記載必要	
重要な後発事象	記載必要	記載必要	記載必要	
連結配当規制適用会社	記載必要	記載必要		
収益認識(注2)(注5)	記載必要	記載必要(注1)	記載必要(注1)	記載必要(注1)
その他	記載必要	記載必要	記載必要	記載必要

(注1)　一部の記載は省略することができる（会計規102の2 I，112 I，115の2 I）。

(注2)　連結注記表における注記事項と同一である場合，その旨を記載したうえで一部の記載を行わないことができる（会計規102の2 II，102の3 II，102の3の2 II，115の2 IV）。

(注3)　連結注記表を作成する場合は，一部の記載を省略することができる（会計規105 I）。

(注4)　連結注記表（持分法損益等については連結計算書類）を作成する場合は，記載を要しない（会計規109 II，110 II，111 II）。

(注5)　連結計算書類を作成する場合は，一部の記載を要しない（会計規115の2 III）。

I 計算関係書類等の概要 43

【連結注記表】（会計規98）

注記事項	会計監査人設置会社		
	有報提出会社		有報提出会社以外
	大会社	その他	
継続企業の前提	記載必要	（任意に連結計算書類を作成する場合）記載必要	
連結計算書類の作成のための基本となる重要な事項（連結の範囲または持分法の適用の範囲の変更を含む）	記載必要	（任意に連結計算書類を作成する場合）記載必要	
会計方針の変更	記載必要	（任意に連結計算書類を作成する場合）記載必要	
表示方法の変更	記載必要	（任意に連結計算書類を作成する場合）記載必要	
会計上の見積り	記載必要	（任意に連結計算書類を作成する場合）記載必要	
会計上の見積りの変更	記載必要	（任意に連結計算書類を作成する場合）記載必要	
誤謬の訂正	記載必要	（任意に連結計算書類を作成する場合）記載必要	
連結貸借対照表等	記載必要	（任意に連結計算書類を作成する場合）記載必要	
連結株主資本等変動計算書	記載必要	（任意に連結計算書類を作成する場合）記載必要	
金融商品	記載必要	（任意に連結計算書類を作成する場合）記載必要	
賃貸等不動産	記載必要	（任意に連結計算書類を作成する場合）記載必要	
１株当たり情報	記載必要	（任意に連結計算書類を作成する場合）記載必要	
重要な後発事象	記載必要	（任意に連結計算書類を作成する場合）記載必要	

44　第2章　会社法決算の概要（計算関係書類等の概要と決算スケジュール）

| 収益認識 | 記載必要 | （任意に連結計算書類を作成する場合）記載必要 |
| その他 | 記載必要 | （任意に連結計算書類を作成する場合）記載必要 |

4　臨時計算書類

　株式会社は，最終事業年度の直後の事業年度に属する一定の日（以下「臨時決算日」という）における当該株式会社の財産の状況を把握するため，臨時計算書類を作成することができる（会社法441Ⅰ）。「できる」規定なので，作成は会社の任意である。臨時計算書類を作成した場合，当該事業年度の初日から臨時決算日までの期間に生じた損益等を分配可能額の計算に反映させることが可能となる。

　臨時決算日は，最終事業年度の直後の事業年度に属する一定の日とされているだけで任意に定めることができる。ただし，最終事業年度とは，通常，各事業年度に係る計算書類につき定時株主総会の承認（または定時株主総会に提出する前の取締役会の承認）を受けた場合における当該各事業年度のうち最も遅いものをいう（会社法2㉔）ことから，当該承認が未了である間は，当事業年度に属する日を臨時決算日とする臨時計算書類を作成することはできない。

　また，臨時計算書類の作成に係る期間（以下「臨時会計年度」という）は，当該事業年度の前事業年度の末日の翌日（当該事業年度の前事業年度がない場合にあっては，成立の日）から臨時決算日までの期間であること，臨時会計年度に係る会計帳簿に基づき作成しなければならないこと，最終事業年度がないときは，成立の日から最初の事業年度が終結する日までの間，当該最初の事業年度に属する一定の日を臨時決算日とみなして会社法441条の規定を適用することができることが明らかにされている（会計規60Ⅰ～Ⅲ）。

　臨時計算書類の具体的な作成基準については，各事業年度に係る計算書類と同様に規定されていない。実務を進めて行くうえでは，JICPAから会計制度委員会研究報告12号「臨時計算書類の作成基準について」が公表されているので，これを参考にすることになろう。

5　過年度事項の修正

　会計方針の変更その他の正当な理由により，過年度事項（下記参照）が，過去の定時株主総会において承認または報告をしたものと異なっているときは，計算書類等および連結計算書類のほか，事業報告における会社の現況に関する事項のうち直前3事業年度の財産および損益の状況について，修正後の過年度事項を反映して株主に提供することができる（会施規120Ⅲ，会計規133Ⅲ，134Ⅳ）。

過年度事項
- 計算書類等…当該事業年度より前の事業年度に係る貸借対照表，損益計算書または株主資本等変動計算書に表示すべき事項
- 連結計算書類…当該連結会計年度より前の連結会計年度に係る連結貸借対照表，連結損益計算書または連結株主資本等変動計算書に表示すべき事項

　上記に関連する会計基準として，会計基準24号および適用指針24号が公表されているため，過年度事項の検討にあたっては，これらの会計基準等も参考にされたい。

46　第2章　会社法決算の概要（計算関係書類等の概要と決算スケジュール）

Ⅱ 決算スケジュール

▼ポイント

☑ 事業報告等，計算書類等および連結計算書類の監査役等に対する提出期限は，定時株主総会開催日から逆算して決定されるわけではなく，会社独自で決定できる。

☑ 上述の書類の取締役会の承認は監査後に行われる。

☑ 上述の書類の監査役等に対する提出および監査の終了時期によって，定時株主総会の開催時期のある程度の早期化が可能となる。

☑ 株主総会の招集通知を電子化することで事務負担を軽減することが可能となる。

☑ 決算および監査のスケジュールは，会計監査人設置会社（指名委員会等設置会社および監査等委員会設置会社を含む），会計監査人設置会社以外の監査役ないし監査役会設置会社，それ以外の会社によって異なっている。

1　各事業年度における計算関係書類等の監査

　会社の機関設計により監査役等または会計監査人の監査対象となる書類が異なっている。監査役等・会計監査人の監査対象を要約すると，以下のようになる。

	監査役等（注）	会計監査人
監査役設置会社の場合（会計監査人設置会社を除く）	• 計算書類（貸借対照表・損益計算書・株主資本等変動計算書・個別注記表） • その附属明細書 • 事業報告 • その附属明細書	―
会計監査人設置会社の場合	• 計算書類（貸借対照表・損益計算書・株主資本等変動計算書・個別注記表） • その附属明細書	• 計算書類（貸借対照表・損益計算書・株主資本等変動計算書・個別注記表） • その附属明細書

● 事業報告 ● その附属明細書 ● 連結計算書類（連結貸借対照表・連結損益計算書・連結株主資本等変動計算書・連結注記表）	● 連結計算書類（連結貸借対照表・連結損益計算書・連結株主資本等変動計算書・連結注記表）

（注）　監査役会設置会社においては監査役会，指名委員会等設置会社においては監査委員会，監査等委員会設置会社においては監査等委員会。

2　決算スケジュール

　会計監査人設置会社における計算書類等の作成から監査・承認までの流れは，以下のとおりである。

【計算書類とその附属明細書】

(ⅰ)　計算書類等を作成する職務を担当する取締役が計算書類等を作成する（会社法435Ⅱ）。

(ⅱ)　計算書類を監査役等・会計監査人へ提出する（会計規125）。

(ⅲ)　計算書類の附属明細書を監査役等・会計監査人へ提出する（会計規125）。

(ⅳ)　会計監査人は特定監査役・特定取締役へ会計監査報告の内容を次のいずれか遅い日までに通知する（会計規130Ⅰ①）。

　(イ)　計算書類の全部を受領した日から4週間を経過した日

　(ロ)　計算書類の附属明細書を受領した日から1週間を経過した日

　(ハ)　特定取締役・特定監査役・会計監査人との間で合意により定めた日

(ⅴ)　特定監査役は特定取締役・会計監査人へ監査報告の内容を次のいずれか遅い日までに通知する（会計規132Ⅰ①）。

　(イ)　会計監査報告を受領した日から1週間を経過した日

　(ロ)　特定取締役・特定監査役との間で合意により定めた日

(ⅵ)　取締役会で承認し，株主総会日の2週間前までに招集通知を発送する（会社法299）。

　なお，会計監査人設置会社における特定取締役および特定監査役について，会社計算規則の規定を整理すると，以下のようになる。

　「特定取締役」とは，以下の者（当該株式会社が会計参与設置会社である場

48　第2章　会社法決算の概要（計算関係書類等の概要と決算スケジュール）

合にあっては，以下の者および会計参与）をいう（会計規130Ⅳ）。

上記(iv)の通知を受ける者を定めた場合	当該通知を受ける者として定められた者
上記(iv)の通知を受ける者を定めていない場合	監査を受けるべき計算関係書類の作成に関する職務を行った取締役および執行役

「特定監査役」は，以下の者になる（会計規130Ⅴ）。

監査役設置会社（監査役会設置会社を除く）	監査役が2名以上の場合において，上記(iv)の通知を受ける監査役を定めたとき	当該通知を受ける監査役として定められた監査役
	監査役が2名以上の場合において，上記(iv)の通知を受ける監査役を定めていないとき	すべての監査役
	監査役が1名の場合	監査役
監査役会設置会社	上記(iv)の通知を受ける者を定めた場合	当該通知を受ける監査役として定められた監査役
	上記(iv)の通知を受ける者を定めていない場合	すべての監査役
監査等委員会設置会社	上記(iv)の通知を受ける者を定めた場合	当該通知を受ける監査等委員として定められた監査等委員
	上記(iv)の通知を受ける者を定めていない場合	監査等委員のうちいずれかの者
指名委員会等設置会社	上記(iv)の通知を受ける者を定めた場合	当該通知を受ける監査委員として定められた監査委員
	上記(iv)の通知を受ける者を定めていない場合	監査委員のうちいずれかの者

　上記に該当するものは，監査等委員会設置会社における監査等委員または指名委員会等設置会社における監査委員であっても，「特定監査役」となる。

【事業報告とその附属明細書】

　(ⅰ)　事業報告等を作成する職務を担当する取締役が事業報告等を作成する（会社法435Ⅱ）。

　(ⅱ)　事業報告を監査役等へ提出する(注)（会施規129Ⅰ，130の2Ⅰ，131Ⅰ）。

　(ⅲ)　事業報告の附属明細書を監査役等へ提出する(注)（会施規129Ⅰ，130の2Ⅰ，

131Ⅰ）。

(iv)　特定監査役は特定取締役へ監査報告の内容を次のいずれか遅い日までに通知する（会施規132Ⅰ）。

(イ)　事業報告を受領した日から４週間を経過した日

(ロ)　事業報告の附属明細書を受領した日から１週間を経過した日

(ハ)　特定取締役・特定監査役との間で合意により定めた日

(v)　取締役会で承認し，株主総会日の２週間前までに招集通知を発送する（会社法299）。

(注)　事業報告等は監基報720の「その他の記載内容」に該当するため，実務上は，監査役等だけでなく会計監査人に対しても提出される。

【連結計算書類】

(i)　計算書類等を作成する職務を担当する取締役が連結計算書類を作成する（会社法444）。

(ii)　連結計算書類を監査役等・会計監査人へ提出する（会計規125）。

(iii)　会計監査人は特定監査役・特定取締役へ会計監査報告の内容を次の日までに通知する（会計規130Ⅰ③）。

　　連結計算書類の全部を受領した日から４週間を経過した日（特定取締役・特定監査役・会計監査人との間で合意により定めた日があるときはその日）

(iv)　特定監査役は特定取締役・会計監査人へ監査報告の内容を次の日までに通知する（会計規132Ⅰ②）。

　　会計監査報告を受領した日から１週間を経過した日（特定取締役・特定監査役との間で合意により定めた日があるときはその日）

(v)　取締役会で承認し，株主総会日の２週間前までに招集通知を発送する（会社法299）（連結計算書類に係る会計監査報告書等を招集通知に添付するかどうかは会社の自由である（会計規134Ⅱ））。なお，招集通知の電子化により（「第６章　Ⅱ　株主総会の招集方法」参照），書面の印刷や郵送等の負担を軽減することが可能である。

50　第2章　会社法決算の概要（計算関係書類等の概要と決算スケジュール）

【スケジュールにおける留意点】

（i）　監査報告の通知期限までに通知が行われるようにすること

　　　上述したとおり，会計監査人および監査役等は監査報告の内容を通知する期限が規定されているので，その期限までに通知しなければならない（会計規130Ⅰ，132Ⅰ，会施規132Ⅰ）。通知期限までに会計監査人や監査役の監査報告の内容の通知がない場合は，当該通知をすべき日に監査を受けたものとみなされる（会計規130Ⅲ，132Ⅲ，会施規132Ⅲ）。このように通知期限までに監査報告の内容の通知がないために監査を受けたとみなされた場合，その監査報告の内容は監査意見として適正意見が付されていない状態であるため，計算書類については株主総会の承認を受けなければならない（会社法438Ⅱ，439，会計規135）。

　　　実務上はこのような事態を避けるため，会社・監査役・会計監査人とのコミュニケーションを密接に図りながら，監査が通知期限までに完了するように協力しあうことが必要である。

（ii）　定時株主総会の延期および継続会について

　　　一般に，定時株主総会は決算日後3ヶ月以内に開催される。3月決算会社の株主総会は例年6月下旬に集中するが，新型コロナウイルス感染症が拡大した2020年3月期決算においては，株主総会を延期した会社や，当初予定した日程どおりに株主総会を開催したものの，継続会を行う（会社法317条に則り株主総会の延期または続行を決議する）会社があった。

　　　新型コロナウイルス感染症の流行に対応した決算業務や監査業務を行う必要があるなか，株主総会の延期や継続会の実施については新型コロナウイルス感染症の拡大前まではあまり事例がなかったことから，法務省より「定時株主総会の開催について」，および金融庁・法務省・経済産業省より「継続会（会社法317条）について」が公表され，留意点が示された。これらの公表文書の主なポイントは以下のとおりである。

（ア）　株主総会の延期に関する留意事項

- 　定時株主総会の開催時期に関する定款の定めがある場合でも，通常，天災その他の事由によりその時期に定時株主総会を開催することができない状況が生じたときまで，その時期に定時株主総会を開催するこ

とを要求する趣旨ではないと考えられる。

　　したがって，今般の新型コロナウイルス感染症に関連し，定款で定めた時期に定時株主総会を開催することができない状況が生じた場合には，その状況が解消された後合理的な期間内に定時株主総会を開催すれば足りるものと考えられる。なお，会社法は，株式会社の定時株主総会は，毎事業年度の終了後一定の時期に招集しなければならないと規定しているが（会社法296 I），事業年度の終了後3ヶ月以内に定時株主総会を開催することを求めているわけではない。

- 会社法上，基準日株主が行使することができる権利は，当該基準日から3ヶ月以内に行使するものに限られる（会社法124 II）。したがって，定款で定時株主総会の議決権行使のための基準日が定められている場合において，新型コロナウイルス感染症に関連し，当該基準日から3ヶ月以内に定時株主総会を開催できない状況が生じたときは，会社は，新たに議決権行使のための基準日を定め，当該基準日の2週間前までに当該基準日および基準日株主が行使することができる権利の内容を公告する必要がある（会社法124 III 本文）。

- 特定の日を剰余金の配当の基準日とする定款の定めがある場合でも，今般の新型コロナウイルス感染症に関連し，その特定の日を基準日として剰余金の配当をすることができない状況が生じたときは，定款で定めた剰余金の配当の基準日株主に対する配当はせず，その特定の日と異なる日を剰余金の配当の基準日と定め，当該基準日株主に剰余金の配当をすることもできる。なお，剰余金の配当の基準日を改めて定める場合には，議決権行使のための基準日の場合と同様に，当該基準日の2週間前までに公告する必要がある（会社法124 III 本文）。

(イ) 継続会に関する留意事項

- 当初の定時株主総会の時点で継続会の日時および場所が確定できない場合，これらの事項について議長に一任する決議も許容される。この場合において，継続会の日時・場所が決まり次第，事前に株主に十分な周知を図る。

- 当初の定時株主総会と継続会の間の期間については，関係者の健康と

安全に配慮しながら決算・監査の事務および継続会の開催の準備をするために必要な期間の経過後に継続会を開催することが許容されると考えられ，許容される期間の範囲について画一的に解する必要はない。

以上を要約して，会計監査人設置会社の決算スケジュールを表形式にまとめると次頁のようになる。

参考までに，会計監査人設置会社以外の決算スケジュールも記載する。

【決算日から株主総会までのスケジュール】
［①会計監査人設置会社の場合］

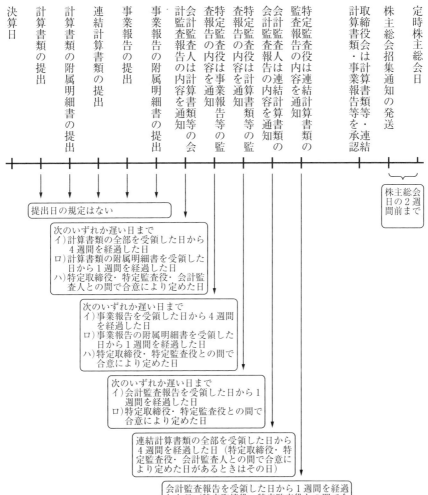

54　第2章　会社法決算の概要（計算関係書類等の概要と決算スケジュール）

[②会計監査人設置会社以外の会社で監査役・監査役会設置会社の場合]

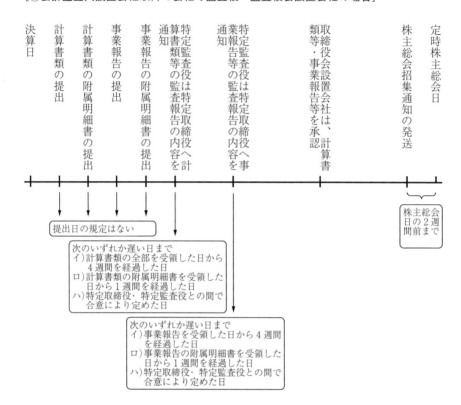

II 決算スケジュール

[③会計監査人設置会社以外の会社で監査役・監査役会設置会社以外の会社の場合]

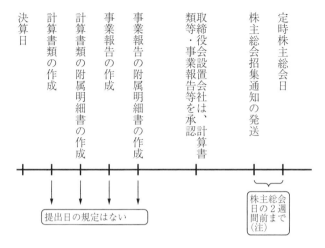

（注）非公開会社の場合は株主総会の1週間前まで、取締役会非設置会社の場合は、定款によって1週間よりもさらに短縮できる（会社法299Ⅰ）

第3章

計算関係書類

58　第3章　計算関係書類

▼ポイント

☑ 計算書類およびその附属明細書，連結計算書類の作成については，会社計算規則において規定されている。

☑ 計算書類は貸借対照表，損益計算書，株主資本等変動計算書および個別注記表で構成されている。

☑ 会社法431条は，「株式会社の会計は，一般に公正妥当と認められる企業会計の慣行に従うものとする」としている。

☑ 個別注記表は独立した表として作成せず，金融商品取引法と同様に貸借対照表等の末尾に脚注方式で表示することが可能である。

☑ 連結計算書類は，連結貸借対照表，連結損益計算書，連結株主資本等変動計算書および連結注記表で構成されている。

☑ 連結注記表は独立した表として作成せず，金融商品取引法と同様に連結貸借対照表等の末尾に脚注方式で表示することが可能である。

☑ 会社計算規則が定める計算書類の用語，様式および注記事項は財務諸表等規則や連結財務諸表規則が定めるものよりも簡便的なものとなっていることが多い。

Ⅱ ┃ 計算書類

1 貸借対照表

(1) 概　　要

　会社法435条2項の規定により作成される計算書類，すなわち，貸借対照表，損益計算書等は，会社計算規則に従って作成しなければならない。ただし，勘定科目の表示については，実務上，財務諸表等規則を参考に，有価証券報告書と同様に決定することができる。

　貸借対照表の記載方法については，会社計算規則72条から86条において規定されており，「資産」，「負債」および「純資産」に区分して表示しなければならない（会計規73Ⅰ）。同規則および経団連ひな型によれば，貸借対照表の様式は以下のとおりである。

〈「経団連ひな型」の記載例〉

貸借対照表
（○年○月○日現在）

（単位：百万円）

科　　目	金　　額	科　　目	金　　額
（資産の部）		（負債の部）	
流動資産	×××	流動負債	×××
現金及び預金	×××	支払手形	×××
受取手形	×××	買掛金	×××
売掛金	×××	短期借入金	×××
契約資産	×××	リース債務	×××
有価証券	×××	未払金	×××
商品及び製品	×××	未払費用	×××
仕掛品	×××	未払法人税等	×××
原材料及び貯蔵品	×××	契約負債	×××
前払費用	×××	前受金	×××
その他	×××	預り金	×××

60　第3章　計算関係書類

貸倒引当金	△×××	前受収益	×××
固定資産	×××	○○引当金	×××
有形固定資産	×××	その他	×××
建物	×××	固定負債	×××
構築物	×××	社債	×××
機械装置	×××	長期借入金	×××
車両運搬具	×××	リース債務	×××
工具器具備品	×××	○○引当金	×××
土地	×××	その他	×××
リース資産	×××	負債合計	×××
建設仮勘定	×××	（純資産の部）	×××
その他	×××	株主資本	×××
無形固定資産	×××	資本金	×××
ソフトウェア	×××	資本剰余金	×××
リース資産	×××	資本準備金	×××
のれん	×××	その他資本剰余金	×××
その他	×××	利益剰余金	×××
投資その他の資産	×××	利益準備金	×××
投資有価証券	×××	その他利益剰余金	×××
関係会社株式	×××	○○積立金	×××
長期貸付金	×××	繰越利益剰余金	×××
繰延税金資産	×××	自己株式	△×××
その他	×××	評価・換算差額等	×××
貸倒引当金	△×××	その他有価証券評価差額金	×××
繰延資産	×××	繰延ヘッジ損益	×××
社債発行費	×××	土地再評価差額金	×××
		株式引受権	×××
		新株予約権	×××
		純資産合計	×××
資産合計	×××	負債・純資産合計	×××

　貸借対照表の記載方法は，以下のとおりである。

【資産の部】

　資産の部は，「流動資産」，「固定資産」および「繰延資産」に区分し（会計規74Ⅰ），固定資産は，「有形固定資産」，「無形固定資産」および「投資その他の資産」に細分しなければならない（会計規74Ⅱ）。また，具体的な資産科目がどの

細分区分に属するか規定されている（会計規74Ⅲ）。

【負債の部】

負債の部は，「流動負債」および「固定負債」に区分しなければならない（会計規75Ⅰ）。また，具体的な負債科目がどの細分区分に属するか規定されている（会計規75Ⅱ）。

収益認識会計基準においては，契約資産，契約負債または顧客との契約から生じた債権を適切な科目をもって貸借対照表に表示することとされている。なお，契約資産と顧客との契約から生じた債権のそれぞれについて，貸借対照表に他の資産と区分して表示しない場合には，それぞれの残高を注記する。また，契約負債を貸借対照表において他の負債と区分して表示しない場合には，契約負債の残高を注記する（収益認識会計基準79項）。

表示科目の例としては以下が挙げられている（収益認識適用指針104-3項）。

- ●契約資産：契約資産，工事未収入金等
- ●契約負債：契約負債，前受金等
- ●顧客との契約から生じた債権：売掛金，営業債権等

なお，会社計算規則74条，75条では，「契約資産」，「契約負債」といった科目は記載されていない。これは同条は貸借対照表に特定の名称を付した項目を表示すべきことを定めるものではないことから，改正しなくとも上記勘定科目を用いることができるため，同条の改正は不要であると判断されたためである（法務省「「会社計算規則の一部を改正する省令案」に関する意見募集の結果について」の「結果概要別紙」（2020年8月12日））。

【純資産の部】

純資産の部は，会社計算規則73条1項および76条に規定されているが，より具体的な基準および適用指針として，純資産会計基準および純資産適用指針に基づき，記載することとなる。

純資産の部は，「株主資本」，「評価・換算差額等」，「株式引受権」および「新株予約権」の各項目に区分して記載する（会計規76Ⅰ）。各項目の細分は，以下のとおりとなる。

（i）株主資本に係る項目（会計規76Ⅱ）

- ●資本金

62　第3章　計算関係書類

- 新株式申込証拠金
- 資本剰余金
- 利益剰余金
- 自己株式（控除項目）
- 自己株式申込証拠金

　新株式申込証拠金および自己株式申込証拠金については，対価の払込期日または払込期間を設けた場合には出資の履行日に株主となるため（会社法209Ⅰ），それぞれ資本金および自己株式に含まれることになる。

　また，資本剰余金は「資本準備金」と「その他資本剰余金」に，利益剰余金は「利益準備金」と「その他利益剰余金」に区分する（会計規76Ⅳ，Ⅴ）。また，「その他資本剰余金」および「その他利益剰余金」は，適当な名称を付した項目に細分することができる（会計規76Ⅵ）。その他資本剰余金の細分化した項目名の例示としては，「資本金及び資本準備金減少差益」，「自己株式処分差益」等が考えられる。

　その他利益剰余金については，任意積立金のように，株主総会または取締役会の決議に基づき設定される項目については，その内容を示す科目をもって表示し，それ以外については「繰越利益剰余金」にて表示する旨が記載されている（純資産会計基準6項(2)）。

(ii)　評価・換算差額等に係る項目（会計規76Ⅶ）

- その他有価証券評価差額金
- 繰延ヘッジ損益
- 土地再評価差額金

　繰延ヘッジ損益は，資産性または負債性を有せず，純資産の部に記載することが適当であるため，純資産の部の「評価・換算差額等」の部に表示される。

　なお，「評価・換算差額等」に表示される金額は，これらに関する，当期までの期間に課税された，法人税その他利益に関連する金額を課税標準とする税金の額および繰延税金資産または繰延税金負債の額を控除した金額となる（純資産会計基準8項）。

(iii)　株式引受権に係る項目

　上場会社が取締役の報酬等として株式を無償交付する取引（会社法202の2）

のうち，契約上，株式の発行等について権利確定条件が付されており，権利確定条件が達成された場合に株式の発行等が行われる「事後交付型」の取引については，企業が取締役等から取得するサービスは，その取得に応じて費用計上し，対応する金額は，株式の発行等が行われるまでの間，貸借対照表の純資産の部の株主資本以外の項目に「株式引受権」として計上する（実務対応報告41号15項，17項）。これは，純資産の部の評価・換算差額等に係る項目の下に表示される（会計規76Ⅰ①ハ，純資産会計基準7項）。

(iv)　新株予約権に係る項目

新株予約権は，返済義務のある負債ではないことから，純資産の部の評価・換算差額等に係る項目および「株式引受権」の下に「新株予約権」として表示される。

なお，自己新株予約権は新株予約権からの直接控除を原則とするが，自己新株予約権に係る項目を控除項目として区分することができる（会計規76Ⅷ，適用指針17号13項）。

（2）　記 載 例

〈事例1〉　一般的な事例

大同メタル工業（2024年3月期）

貸 借 対 照 表
（2024年3月31日現在）

（単位：百万円）

科　　目	金　額	科　　目	金　額
（資　産　の　部）		（負　債　の　部）	
流 動 資 産	42,919	流 動 負 債	41,518
現 金 及 び 預 金	5,894	買 　掛 　金	6,575
受 　取 　手 　形	140	電 子 記 録 債 務	12,540
売 　　掛 　　金	19,462	短 期 借 入 金	9,593
電 子 記 録 債 権	3,020	1年内返済予定の長期借入金	6,150
商 品 及 び 製 品	3,226	リ ー ス 債 務	395
仕 　　掛 　　品	4,816	未 　　払 　　金	1,631
原 材 料 及 び 貯 蔵 品	2,777	未 　払 　費 　用	1,014

第3章 計算関係書類

資産の部		負債の部	
前 払 費 用	202	未 払 法 人 税 等	654
関係会社短期貸付金	1,558	未 払 消 費 税 等	65
未 収 入 金	1,624	契 約 負 債	839
そ の 他	195	預 り 金	61
貸 倒 引 当 金	△0	前 受 収 益	37
		賞 与 引 当 金	1,193
		役 員 賞 与 引 当 金	103
		営業外電子記録債務	657
固 定 資 産	75,782	そ の 他	3
有 形 固 定 資 産	19,482		
建 物	7,405	固 定 負 債	27,213
構 築 物	589	長 期 借 入 金	18,312
機 械 及 び 装 置	3,709	リ ー ス 債 務	692
車 両 運 搬 具	17	繰 延 税 金 負 債	816
工具,器具及び備品	375	退 職 給 付 引 当 金	5,101
土 地	5,065	株 式 給 付 引 当 金	83
リ ー ス 資 産	1,766	役員株式給付引当金	58
建 設 仮 勘 定	552	債 務 保 証 損 失 引 当 金	1,310
		関係会社事業損失引当金	521
		資 産 除 去 債 務	17
無 形 固 定 資 産	2,059	長 期 未 払 金	237
ソ フ ト ウ エ ア	1,269	そ の 他	62
リ ー ス 資 産	0	負 債 合 計	68,732
施 設 利 用 権	20	（純 資 産 の 部）	
そ の 他	769	株 主 資 本	48,656
		資 本 金	8,413
投資その他の資産	54,240	資 本 剰 余 金	12,238
投 資 有 価 証 券	3,342	資 本 準 備 金	8,789
関 係 会 社 株 式	29,779	その他資本剰余金	3,449
関 係 会 社 出 資 金	13,867	利 益 剰 余 金	28,295
関係会社長期貸付金	9,135	利 益 準 備 金	743
従業員に対する長期貸付金	12	その他利益剰余金	27,551
長 期 前 払 費 用	10	固定資産圧縮積立金	4,120
前 払 年 金 費 用	4,249	別 途 積 立 金	21,000
そ の 他	281	繰 越 利 益 剰 余 金	2,431
貸 倒 引 当 金	△6,436	自 己 株 式	△291
		評価・換算差額等	1,313
		その他有価証券評価差額金	1,313
		純 資 産 合 計	49,969
資 産 合 計	118,701	負 債 純 資 産 合 計	118,701

I　計算書類　65

〈事例２〉　２期併記で記載している事例

三菱製鋼（2024年3月期）

貸借対照表（2024年3月31日現在）

単位：百万円

科　　目	第100期 （2024年3月 31日現在）	（ご参考） 第99期 （2023年3月 31日現在）	科　　目	第100期 （2024年3月 31日現在）	（ご参考） 第99期 （2023年3月 31日現在）
資産の部			負債の部		
流動資産	50,203	63,925	流動負債	20,522	18,580
現金及び預金	9,901	13,129	電子記録債務	1,826	1,539
受取手形	93	251	買掛金	6,866	5,243
電子記録債権	3,783	4,600	短期借入金	9,764	8,843
売掛金	14,166	14,852	未払金	292	298
有価証券	—	5,000	未払法人税等	—	720
商品及び製品	6,184	5,945	未払費用	1,648	1,651
仕掛品	1,066	1,068	未払消費税	—	144
原材料及び貯蔵品	422	416	役員株式給付引当金	—	25
前払費用	171	150	契約負債	9	12
短期貸付金	12,863	27,713	その他	114	100
未収入金	4,413	5,093	固定負債	37,041	45,462
その他	32	12	長期借入金	35,323	43,887
貸倒引当金	△2,896	△14,309	退職給付引当金	1,575	1,530
固定資産	35,467	33,471	繰延税金負債	93	—
有形固定資産	7,623	8,285	役員株式給付引当金	5	—
建物	2,785	3,038	その他	44	44
構築物	245	262	負債合計	57,564	64,042
機械装置	2,884	3,299	純資産の部		
車両運搬具	20	5	株主資本	27,351	32,931
工具器具備品	68	74	資本金	10,003	10,003
土地	1,349	1,349	資本剰余金	3,684	3,684
建設仮勘定	270	256	資本準備金	3,684	3,684
無形固定資産	368	215	利益剰余金	15,147	20,545
ソフトウエア	262	186	利益準備金	809	809
その他	105	29	その他利益剰余金	14,337	19,735
投資その他の資産	27,475	24,970	固定資産圧縮積立金	586	675
投資有価証券	1,567	1,131	別途積立金	8,855	8,855
関係会社株式	19,100	16,178	繰越利益剰余金	4,895	10,205
出資金	186	186	自己株式	△1,484	△1,301
関係会社出資金	2,737	2,737	評価・換算差額等	755	422
長期貸付金	2,427	4,705	その他有価証券評価差額金	755	422

66 第3章 計算関係書類

前払年金費用	1,843	1,503			
繰延税金資産	—	552			
その他	177	174			
貸倒引当金	△565	△2,198	純資産合計	28,106	33,354
資産合計	85,671	97,397	負債・純資産合計	85,671	97,397

2 損益計算書

(1) 概 要

損益計算書の記載方法については，会社計算規則87条から94条において規定されている。経団連ひな型によれば，損益計算書の様式は以下のとおりである。

〈「経団連ひな型」の記載例〉

損益計算書
（自○年○月○日　至○年○月○日）

（単位：百万円）

科　　　　　目	金	額
売上高		×　×　×
売上原価		×　×　×
売上総利益		×　×　×
販売費及び一般管理費		×　×　×
営業利益		×　×　×
営業外収益		
受取利息及び配当金	×　×　×	
その他	×　×　×	×　×　×
営業外費用		
支払利息	×　×　×	
その他	×　×　×	×　×　×
経常利益		×　×　×
特別利益		
固定資産売却益	×　×　×	
その他	×　×　×	×　×　×
特別損失		
固定資産売却損	×　×　×	
減損損失	×　×　×	

その他	×××	×××
税引前当期純利益		×××
法人税，住民税及び事業税	×××	
法人税等調整額	×××	×××
当期純利益		×××

　会社計算規則においては，損益計算書は，「売上高」，「売上原価」，「販売費及び一般管理費」，「営業外収益」，「営業外費用」，「特別利益」および「特別損失」に区分して表示しなければならない。売上高については，売上高以外の名称を付すことが適当な場合には，当該名称を付した項目とする。区分された各項目について細分することが適当な場合には，適当な項目に細分することができる（会計規88Ⅰ）。

　貸借対照表と同様，具体的な項目の名称までは定められておらず，会社の状況に応じて適当な項目の名称で表示することとなる。ただし，「特別利益」および「特別損失」については，原則として固定資産売却益，固定資産売却損，減損損失等に細分しなければならないが（会計規88Ⅱ，Ⅲ），その金額が重要でないものについては細分しないこととすることができる（会計規88Ⅳ）。各段階損益については，「売上高」から「売上原価」を差し引いた額は，「売上総利益金額」または「売上総損失金額」として表示しなければならない（会計規89）。ただし，実務上は「売上総利益」または「売上総損失」と表示するのが一般的である。また，「営業利益（または営業損失）」，「経常利益（または経常損失）」，「税引前当期純利益（または税引前当期純損失）」および「当期純利益（または当期純損失）」の表示が必要である（会計規90～92，94）。

　収益認識会計基準においては，顧客との契約から生じる収益については，それ以外の収益と区分して損益計算書に表示するか，または両者を区分して損益計算書に表示しない場合には，顧客との契約から生じる収益の額を注記することとされている（収益認識会計基準78-2項）。

　「顧客との契約から生じる収益」は，収益認識会計基準3項に掲げる7項目を除く顧客との契約から生じる収益を指す（収益認識会計基準156項）ことから，

68　第3章　計算関係書類

たとえばリース会計基準の範囲に含まれるリース取引から生じる収益は，顧客との契約から生じる収益以外の収益に該当する。したがって，顧客との契約から生じる収益とリース取引から生じる収益は，区分して損益計算書に表示するか，または両者を区分して損益計算書に表示しない場合には，顧客との契約から生じる収益の額を注記する。

　顧客との契約から生じる収益の表示については，各々の業種，企業によって，これまで実態に応じて適切な表示科目が用いられてきたものと考えられ，一定の表示科目に統一することのコンセンサスを得ることは難しいものと考えられること等の理由から，表示科目を決定するための具体的な指針については，収益認識会計基準には示されていない（収益認識会計基準155項）。したがって，実態に応じて適切な表示科目を選択する必要がある。なお，収益認識適用指針104-2項では，顧客との契約から生じる収益の表示科目として，売上高，売上収益，営業収益等が例示されている。

　顧客との契約に重要な金融要素が含まれる場合，顧客との契約から生じる収益と金融要素の影響（受取利息または支払利息）を損益計算書において区分して表示する必要がある（収益認識会計基準78-3項）。金融要素の影響については，国際的な比較可能性等を考慮し，顧客との契約から生じる収益に金融要素の影響を含めて計上して当該影響を注記する方法は認められていない点に注意が必要である（収益認識会計基準157項）。

　なお，包括利益会計基準では，当面の間，個別財務諸表には適用しないこととされている（包括利益会計基準16-2項）。会社計算規則においても，計算書類として包括利益に関する計算書の作成は求められていない。

（2）　記 載 例

〈事例 1 〉　一般的な事例

ロック・フィールド（2024年 4 月期）

損 益 計 算 書
（自2023年 5 月 1 日　至2024年 4 月30日）

（単位：百万円）

科　　　　　目	金	額
売 上 高		51,077
売 上 原 価		21,518
売 上 総 利 益		29,558
販売費及び一般管理費		27,773
営 業 利 益		1,784
営 業 外 収 益		
受 取 利 息 及 び 受 取 配 当 金	12	
保 険 配 当 金	17	
保 険 返 戻 金	10	
そ の 他	21	62
営 業 外 費 用		
支 払 利 息	4	
そ の 他	2	6
経 常 利 益		1,840
特 別 利 益		
投 資 有 価 証 券 売 却 益	92	92
特 別 損 失		
減 損 損 失	73	73
税 引 前 当 期 純 利 益		1,859
法 人 税, 住 民 税 及 び 事 業 税	621	
法 人 税 等 調 整 額	△69	551
当 期 純 利 益		1,307

70　第3章　計算関係書類

〈事例2〉　売上を項目ごとに区分している事例

昭和リース（2024年3月期）

損 益 計 算 書
（2023年4月1日から
2024年3月31日まで）

（単位：百万円）

科　　　目	金　　額	
売　　　上　　　高		
リ　ー　ス　売　上　高	66,202	
割　　賦　　売　　上　　高	3,809	
営　業　貸　付　収　益	2,584	
そ　の　他　の　売　上　高	14,104	86,701
売　　　上　　　原　　　価		
リ　ー　ス　原　　価	60,833	
資　　金　　原　　価	2,216	
そ　の　他　の　売　上　原　価	11,406	74,456
売　上　総　利　益		12,245
販売費及び一般管理費		9,632
営　業　利　　益		2,612
営　業　外　収　益		
受　取　利　息　及　び　配　当　金	111	
匿　名　組　合　投　資　利　益	1,930	
為　　替　　差　　益	24	
雑　　　収　　　入	112	2,178
営　業　外　費　用		
支　　払　　利　　息	137	
そ　の　他　の　営　業　外　費　用	8	146
経　常　利　　益		4,645
特　　別　　利　　益		
固　定　資　産　売　却　益	0	0
特　　別　　損　　失		
関　係　会　社　株　式　評　価　損	2	
固　定　資　産　処　分　損	7	10
税　引　前　当　期　純　利　益		4,634
法人税，住民税及び事業税	1,268	
法　人　税　等　調　整　額	166	1,435
当　　期　　純　　利　　益		3,199

I　計算書類　71

〈事例3〉　売上高以外の科目を使用している事例

ANA ホールディングス（2024年3月期）

損益計算書（2023年4月1日から2024年3月31日まで）

（単位：百万円）

科目	金額
営業収益	199,972
賃貸収益	193,540
関係会社受取配当金	5,722
その他	710
営業原価	147,918
営業総利益	52,053
一般管理費	14,627
営業利益	37,426
営業外収益	15,841
受取利息及び配当金	4,765
為替差益	2,009
資産売却益	215
補償金	7,623
その他	1,227
営業外費用	26,446
支払利息	23,143
資産除却損	2,062
その他	1,240
経常利益	26,821
特別損失	2,785
投資有価証券評価損	504
関係会社株式評価損	2,280
税引前当期純利益	24,035
法人税，住民税及び事業税	8,513
法人税等調整額	1,892
当期純利益	13,629

72　第3章　計算関係書類

〈事例4〉　2期併記で記載している事例

サンゲツ（2024年3月期）

損益計算書　　　　　　　　　　　　　　　　　　　　　　　　（単位：百万円）

科目	第72期 2023年4月1日から 2024年3月31日まで	（ご参考）第71期 2022年4月1日から 2023年3月31日まで
売上高	150,528	140,052
売上原価	108,639	97,812
売上総利益	41,889	42,239
販売費及び一般管理費	24,490	22,513
営業利益	17,399	19,726
営業外収益	1,320	1,300
受取利息及び配当金	802	792
不動産賃貸料	427	428
その他	90	80
営業外費用	436	337
支払利息	241	157
為替差損	70	42
不動産賃貸費用	119	128
その他	5	8
経常利益	18,283	20,690
特別利益	428	616
固定資産売却益	0	0
投資有価証券売却益	227	52
貸倒引当金戻入額	—	561
関係会社清算益	199	—
その他	—	1
特別損失	252	458
固定資産除却損	14	6
投資有価証券売却損	59	148
投資有価証券評価損	11	—
減損損失	165	303
税引前当期純利益	18,458	20,848
法人税，住民税及び事業税	5,337	6,785
法人税等調整額	△213	△691
当期純利益	13,335	14,754

I 計算書類 73

3 株主資本等変動計算書

(1) 概　要

　株主資本等変動計算書は，貸借対照表の純資産の部の各項目に係る1会計期間における変動額について，変動事由を報告するために作成する書類である（株主資本等変動計算書会計基準1項参照）。記載方法については，会社計算規則96条において規定されており，具体的な様式例は，株主資本等変動計算書会計基準および株主資本等変動計算書適用指針に示されている。

　株主資本等変動計算書の表示区分は，純資産会計基準に定める貸借対照表の純資産の部の表示区分に従う（会計規96Ⅱ～Ⅵ）。その結果，各項目の当期末の残高は，貸借対照表の純資産の部における各項目の期末残高と整合することとなる（株主資本等変動計算書会計基準5項，23項）。

　株主資本等変動計算書は，「株主資本」，「評価・換算差額等」，「株式引受権」および「新株予約権」に区分しなければならない（会計規96Ⅱ）。また，株主資本については，「資本金」，「新株式申込証拠金」，「資本剰余金」，「利益剰余金」，「自己株式」および「自己株式申込証拠金」に区分しなければならず，さらに，資本剰余金および利益剰余金は，それぞれ「資本準備金」および「その他資本剰余金」，「利益準備金」および「その他利益剰余金」に区分しなければならない（会計規96Ⅲ，Ⅳ）。

　なお，「その他資本剰余金」および「その他利益剰余金」については，適当な名称を付した項目に細分することができる（会計規96Ⅳ）。また，評価・換算差額等についても，「その他有価証券評価差額金」，「繰延ヘッジ損益」，「土地再評価差額金」，その他適当な名称を付した項目に細分することができる（会計規96Ⅴ）。さらに，新株予約権については，自己新株予約権に係る項目を控除項目とすることができる（会計規96Ⅵ）。

　上記をまとめると，株主資本については，項目ごとに区分することが強制されているが，それ以外の項目についての区分は任意とされ，取扱いが異なる。

　また，株主資本を構成する資本金，資本剰余金，利益剰余金および自己株式については，それぞれ当期首残高（遡及適用，誤謬の訂正または前事業年度における企業結合に係る暫定的な会計処理の確定をした場合は当期首残高および

74　第3章　計算関係書類

これに対する影響額），当期変動額および当期末残高を記載し，当期変動額については，各変動事由ごとに当期変動額および変動事由を表示しなければならない（会計規96Ⅶ）。これに対し，評価・換算差額等，株式引受権および新株予約権については，それぞれ当期首残高（遡及適用，誤謬の訂正または前事業年度における企業結合に係る暫定的な会計処理の確定をした場合は当期首残高およびこれに対する影響額），当期変動額および当期末残高を表示しなければならないが，主要な当期変動額についてその変動事由とともに表示することを妨げない，としており（会計規96Ⅷ），株主資本のように，変動事由の記載を強制しておらず，この点についても株主資本とそれ以外の項目について，異なる取扱いとなっている。

　なお，変動事由については，株主資本等変動計算書適用指針において，例が示されている。

【株主資本の変動事由】（株主資本等変動計算書適用指針6項）
- 当期純利益または当期純損失
- 新株の発行または自己株式の処分
- 剰余金（その他資本剰余金またはその他利益剰余金）の配当
- 自己株式の取得
- 自己株式の消却
- 企業結合（合併，会社分割，株式交換，株式移転など）による増加または分割型の会社分割による減少
- 株主資本の計数の変動
  ① 資本金から準備金または剰余金への振替
  ② 準備金から資本金または剰余金への振替
  ③ 剰余金から資本金または準備金への振替
  ④ 剰余金の内訳科目間の振替

株主資本等変動計算書の様式は，以下の2通りがある。
- 純資産の各項目を横に並べる様式例（76頁）
- 純資産の各項目を縦に並べる様式例（77頁）

　有価証券報告書における財務諸表では，次世代 EDINET 導入前は純資産の各項目を縦に並べる様式のみ採用することができたが，次世代 EDINET が導

入された後は純資産の各項目を横に並べる様式に変更されている。これにあわせて，財務諸表等規則の様式第7号の株主資本等変動計算書等につき純資産の各項目を縦に並べる様式から横に並べる様式に変更されている。会社法上は，株主資本等変動計算書の様式は規定されていないため，上記2通りの様式のうちいずれかを選択することができる。株主資本等変動計算書適用指針における様式例は以下のとおりである。

76 第3章 計算関係書類

《株主資本等変動計算書適用指針の様式例①》 純資産の各項目を横に並べる様式例

（株主資本等変動計算書適用指針3項の様式を転載）

	株主資本										評価・換算差額等（＊2）			新株予約権	純資産合計（＊3）
		資本剰余金			利益剰余金										
	資本金	資本準備金	その他資本剰余金	資本剰余金合計（＊3）	利益準備金	その他利益剰余金（＊1） ××積立金	その他利益剰余金（＊1） 繰越利益剰余金	利益剰余金合計（＊3）	自己株式	株主資本合計	その他有価証券評価差額金	繰延ヘッジ損益	評価・換算差額等合計（＊3）	株式引受権 新株予約権	純資産合計（＊3）
当期首残高（＊4）	XXX	XXX		XXX	XXX	××	××	XXX	△XXX	XXX	XXX	XXX	XXX	XXX	XXX
当期変動額（＊5）															
新株の発行	XXX	XXX		XXX						XXX					XXX
剰余金の配当					XXX		△XXX	△XXX		△XXX					△XXX
当期純利益							XXX	XXX		XXX					XXX
自己株式の処分									XXX	XXX					XXX
××××××															
株主資本以外の項目の当期変動額（純額）											（＊6）	（＊6）	XXX	（＊6）	XXX
当期変動額合計	XXX	XXX		XXX	XXX	—	XXX	XXX	XXX	XXX	XXX	XXX	XXX	XXX	XXX
当期末残高	XXX	XXX		XXX	XXX	××	XXX	XXX	△XXX	XXX	XXX	XXX	XXX	XXX	XXX

（＊1） その他利益剰余金については、その内訳科目の当期首残高、当期変動額及び当期末残高、その他利益剰余金合計の当期首残高、当期変動額及び当期末残高の各金額を個別株主資本等変動計算書に記載することにより開示することができる。この場合、第4項参照。

（＊2） 評価・換算差額等については、その内訳科目の当期首残高、当期変動額及び当期末残高、評価・換算差額等合計の当期首残高、当期変動額及び当期末残高の各金額を個別株主資本等変動計算書に記載することにより開示することができる。この場合、第5項参照。

（＊3） 各合計欄の記載は省略することができる。

（＊4） 企業会計基準第24号「会計方針の変更及び誤謬の訂正に関する会計基準」（以下「企業会計基準第24号」という。）に従って遡及処理を行った場合には、表示期間のうち最も古い期間の期首残高に対する会計方針の変更による累積的影響額及び表示期間より前の期間の累積的影響額を区分表示するとともに、当該期間の期首残高に加減する。企業会計基準第24号に定められている経過的な取扱いにより、企業結合の取得企業の翌年度に、企業結合日における暫定的な会計処理の確定が企業結合年度の翌年度に行われ、当該影響額の反映後の期首残高を記載する。

（＊5） 株主資本の各項目の変動事由及びその金額並びに株主資本以外の各項目の当期変動額を純額で記載することに代えて、変動事由ごとにその金額を記載することができる（第9項から第12項参照）。また、変動事由ごとの金額を個別株主資本等変動計算書又は個別注記表に記載する場合には、概ね株主資本の各項目と同様に、変動事由ごとにその金額を記載する。

（＊6） 株主資本以外の各項目は、概ね株主資本の各項目を注記により表示する場合には、概ね株主資本の各項目に準ずる各項目に区分して表示することができる。なお、注記により表示する場合には、概ね個別貸借対照表における表示の順序による。

I 計算書類 77

〈株主資本等変動計算書適用指針の様式例②〉　純資産の各項目を縦に並べる様式例

（株主資本等変動計算書適用指針3項の様式を転載）

株主資本			
資本金	当期首残高		xxx
	当期変動額	新株の発行	xxx
	当期末残高		xxx
資本剰余金			
資本準備金	当期首残高		xxx
	当期変動額	新株の発行	xxx
	当期末残高		xxx
その他資本剰余金	当期首残高及び 当期末残高		xxx
資本剰余金合計（＊3）	当期首残高		xxx
	当期変動額		xxx
	当期末残高		xxx
利益剰余金			
利益準備金	当期首残高		xxx
	当期変動額	剰余金の配当に 伴う積立て	xxx
	当期末残高		xxx
その他利益剰余金（＊1）			
XX積立金	当期首残高及び 当期末残高		xxx
繰越利益剰余金	当期首残高		xxx
	当期変動額	剰余金の配当	△xxx
		当期純利益	xxx
	当期末残高		xxx
利益剰余金合計（＊3）	当期首残高		xxx
	当期変動額		xxx
	当期末残高		xxx
自己株式	当期首残高		△xxx
	当期変動額	自己株式の処分	xxx
	当期末残高		△xxx
株主資本合計	当期首残高		xxx
	当期変動額		xxx
	当期末残高		xxx

78　第3章　計算関係書類

評価・換算差額等（＊2）		
その他有価証券評価差額金	当期首残高	xxx
	当期変動額 (純額)（＊4）	xxx
	当期末残高	xxx
繰延ヘッジ損益	当期首残高	xxx
	当期変動額 (純額)（＊4）	xxx
	当期末残高	xxx
評価・換算差額等合計（＊3）	当期首残高	xxx
	当期変動額	xxx
	当期末残高	xxx
株式引受権	当期首残高	xxx
	当期変動額 (純額)（＊4）	xxx
	当期末残高	xxx
新株予約権	当期首残高	xxx
	当期変動額 (純額)（＊4）	xxx
	当期末残高	xxx
純資産合計（＊3）	当期首残高	xxx
	当期変動額	xxx
	当期末残高	xxx

（＊1）　その他利益剰余金については，その内訳科目の当期首残高，当期変動額及び当期末残高の各金額を注記により開示することができる。この場合，その他利益剰余金の当期首残高，当期変動額及び当期末残高の各合計額を個別株主資本等変動計算書に記載する（第4項参照）。

（＊2）　評価・換算差額等については，その内訳科目の当期首残高，当期変動額及び当期末残高の各金額を注記により開示することができる。この場合，評価・換算差額等の当期首残高，当期変動額及び当期末残高の各合計額を個別株主資本等変動計算書に記載する（第5項参照）。

（＊3）　各合計欄の記載は省略することができる。

（＊4）　株主資本以外の各項目は，変動事由ごとにその金額を記載することができる。この場合，個別株主資本等変動計算書又は注記により表示することができる（第9項から第12項参照）。

注1：期中における変動がない場合には，「当期首残高及び当期末残高」のみを表示することができる。

注2：企業会計基準第24号に従って遡及処理を行った場合には，表示期間のうち最も古い期間の期首残高に対する，表示期間より前の期間の累積的影響額を区分表示す

I 計算書類 79

るとともに，遡及処理後の期首残高を記載する。

　また，会計基準等における特定の経過的な取扱いにより，会計方針の変更による影響額を適用初年度の期首残高に加減することが定められている場合や企業結合会計基準に従って暫定的な会計処理の確定が企業結合年度の翌年度に行われ，当該年度のみの表示が行われる場合には，上記に準じて，期首残高に対する影響額を区分表示するとともに，当該影響額の反映後の期首残高を記載する。

経団連ひな型によれば，株主資本等変動計算書の様式は以下のとおりである。

〈「経団連ひな型」の記載例〉①

株主資本等変動計算書
（自○年○月○日　至○年○月○日）

（単位：百万円）

	株主資本									
		資本剰余金			利益剰余金					
						その他利益剰余金				
	資本金	資本準備金	その他資本剰余金	資本剰余金合計	利益準備金	○○積立金	繰越利益剰余金	利益剰余金合計	自己株式	株主資本合計
○年○月○日残高	×××	×××	×××	×××	×××	×××	×××	×××	△×××	×××
事業年度中の変動額										
新株の発行	×××	×××		×××						×××
剰余金の配当					×××		△×××	△×××		△×××
当期純利益							×××	×××		×××
自己株式の処分									×××	×××
○○○○○										
株主資本以外の項目の事業年度中の変動額（純額）										
事業年度中の変動額合計	×××	×××	―	×××	×××	―	×××	×××	×××	×××
○年○月○日残高	×××	×××	×××	×××	×××	×××	×××	×××	△×××	×××

| | 評価・換算差額等 | | | | 株式引受権 | 新株予約権 | 純資産合計 |
	その他有価証券評価差額金	繰延ヘッジ損益	土地再評価差額金	評価・換算差額等合計			
○年○月○日残高	×××	×××	×××	×××	×××	×××	×××

事業年度中の変動額							
新株の発行							×××
剰余金の配当							△×××
当期純利益							×××
自己株式の処分							×××
○○○○○							
株主資本以外の項目の事業年度中の変動額(純額)	×××	×××	×××	×××	×××	×××	
事業年度中の変動額合計	×××	×××	×××	×××	×××	×××	×××
○年○月○日残高	×××	×××	×××	×××	×××	×××	×××

　遡及処理を行った場合には，表示期間のうち最も古い期間の株主資本等変動計算書の期首残高に対する，表示期間より前の期間の累積的影響額を区分表示する。

　また，「当期首残高」の記載に際して，遡及適用，誤謬の訂正または当該事業年度の前事業年度における企業結合に係る暫定的な会計処理の確定をした場合には，当期首残高およびこれに対する影響額を記載する。

　経団連ひな型によれば，上記会計処理を行った場合の株主資本等変動計算書の様式は下記のとおりである。

　なお下記の記載例では，遡及適用をした場合に対応して，「会計方針の変更による累積的影響額」および「遡及処理後当期首残高」を用いているが，会計基準等における特定の経過的な取扱いにより，会計方針の変更による影響額を適用初年度の期首残高に加減することが定められている場合や，企業結合会計基準等に従って企業結合に係る暫定的な会計処理の確定が企業結合年度の翌年度に行われ，企業結合年度の翌年度のみの表示が行われる場合には，下記の記載例に準じて，期首残高に対する影響額を区分表示するとともに，当該影響額の反映後の期首残高を記載する。

　たとえば，会計基準等において，会計方針の変更による影響額を適用初年度の期首残高に加減することが定められている場合には，「遡及処理後当期首残高」を「会計方針の変更を反映した当期首残高」と記載することも考えられる。

〈「経団連ひな型」の記載例〉②　遡及処理を行った場合の記載例

株主資本等変動計算書
（自○年○月○日　至○年○月○日）

（単位：百万円）

		株主資本									
	資本金	資本剰余金			利益剰余金				自己株式	株主資本合計
		資本準備金	その他資本剰余金	資本剰余金合計	利益準備金	その他利益剰余金		利益剰余金合計		
						○○積立金	繰越利益剰余金			
○年○月○日残高	×××	×××	×××	×××	×××	×××	×××	×××	△×××	×××
会計方針の変更による累積的影響額							×××	×××		×××
遡及処理後当期首残高	×××	×××	×××	×××	×××	×××	×××	×××	△×××	×××
事業年度中の変動額										
新株の発行	×××	×××		×××						×××
剰余金の配当					×××		△×××	△×××		△×××
当期純利益							×××	×××		×××
自己株式の処分									×××	×××
○○○○○										
株主資本以外の項目の事業年度中の変動額(純額)										
事業年度中の変動額合計	×××	×××	—	×××	×××	—	×××	×××	×××	×××
○年○月○日残高	×××	×××	×××	×××	×××	×××	×××	×××	△×××	×××

| | 評価・換算差額等 | | | | 株式引受権 | 新株予約権 | 純資産合計 |
	その他有価証券評価差額金	繰延ヘッジ損益	土地再評価差額金	評価・換算差額等合計			
○年○月○日残高	×××	×××	×××	×××	×××	×××	×××
会計方針の変更による累積的影響額							×××
遡及処理後当期首残高	×××	×××	×××	×××	×××	×××	×××
事業年度中の変動額							
新株の発行							×××
剰余金の配当							△×××

82　第3章　計算関係書類

当期純利益								×××
自己株式の処分								×××
○○○○○								
株主資本以外の項目の事業年度中の変動額(純額)	×××	×××	×××	×××	×××	×××	×××	
事業年度中の変動額合計	×××	×××	×××	×××	×××	×××	×××	
○年○月○日残高	×××	×××	×××	×××	×××	×××	×××	

　なお，損益計算書の当期純利益（または当期純損失）は，その他利益剰余金またはその内訳科目である繰越利益剰余金の変動事由として表示する（株主資本等変動計算書会計基準7項）。

　圧縮積立金等の税法上の積立金は，会社法の下では法人税等の税額計算を含む決算手続として会計処理する。具体的には，税法上の積立金の積立ておよび取崩しを当期末の貸借対照表に反映させるとともに，株主資本等変動計算書に税法上の積立金の積立額と取崩額を記載する（株主資本等変動計算書適用指針25項）。

【評価・換算差額等および新株予約権の変動事由】（株主資本等変動計算書適用指針11項）

① 評価・換算差額等
　（ⅰ）　その他有価証券評価差額金
　　　● その他有価証券の売却または減損処理による増減（＊）
　　　● 純資産の部に直接計上されたその他有価証券評価差額金の増減
　（ⅱ）　繰延ヘッジ損益
　　　● ヘッジ対象の損益認識またはヘッジ会計の終了による増減
　　　● 純資産の部に直接計上された繰延ヘッジ損益の増減
② 新株予約権
　● 新株予約権の発行
　● 新株予約権の取得
　● 新株予約権の行使
　● 新株予約権の失効
　● 自己新株予約権の消却

Ⅰ　計算書類　83

- ●自己新株予約権の処分
- （＊）　その他有価証券の売却または減損処理による増減は，原則として，下記のいずれかの方法により表示する（繰延ヘッジ損益も同様）（株主資本等変動計算書適用指針12項）。
  - ａ．損益計算書に計上されたその他有価証券の売却損益等の額に，これらに関する，当期までの期間に課税された，法人税その他利益に関連する金額を課税標準とする税金（以下「法人税等」という）および税効果を調整した後の額を表示する方法
  - ｂ．損益計算書に計上されたその他有価証券の売却損益等の額を表示する方法

    この場合，評価・換算差額等に対する当期までの期間に課税された法人税等および税効果の額を，別の変動事由として表示する。また，当該評価・換算差額等に対する当期までの期間に課税された法人税等および税効果の額の表示は，評価・換算差額等の内訳科目ごとに行う方法，その他有価証券評価差額金を含む評価・換算差額等に対する当期までの期間に課税された法人税等および税効果の額の合計による方法のいずれによることもできる。

　なお，株主資本以外の各項目の変動事由については，当期変動額について主な変動事由ごとにその金額を表示することができるが，当該表示は，変動事由または金額の重要性等を勘案し，事業年度ごとに，また，項目ごとに選択することができる（株主資本等変動計算書適用指針９項）。

84　第3章　計算関係書類

（2）記載例

〈事例1〉　一般的な事例

ZOZO（2024年3月期）

株主資本等変動計算書
（2023年4月1日から
2024年3月31日まで）

（単位：百万円）

	株　主　資　本					
	資本金	資本剰余金			利益剰余金	自己株式
		資本準備金	その他資本剰余金	資本剰余金合計	その他利益剰余金 繰越利益剰余金	
当期首残高	1,359	1,328	21	1,349	118,026	△44,558
当期変動額						
剰余金の配当					△26,998	
当期純利益					44,492	
自己株式の取得			137	137		△10,137
自己株式の処分			△672	△672		1,124
自己株式の消却			△41,943	△41,943		41,943
利益剰余金から資本剰余金への振替			42,456	42,456	△42,456	
株主資本以外の項目の当期変動額（純額）						
当期変動額合計	—	—	△21	△21	△24,962	32,931
当期末残高	1,359	1,328	—	1,328	93,064	△11,627

	株主資本	評価・換算差額等			新株予約権	純資産合計
	株主資本合計	その他有価証券評価差額金	繰延ヘッジ損益	評価・換算差額等合計		
当期首残高	76,177	39	40	79	18	76,275
当期変動額						
剰余金の配当	△26,998					△26,998
当期純利益	44,492					44,492
自己株式の取得	△9,999					△9,999
自己株式の処分	452					452
自己株式の消却	—					—
利益剰余金から資本剰余金への振替	—					—
株主資本以外の項目の当期変動額（純額）		51	14	66	△18	47
当期変動額合計	7,947	51	14	66	△18	7,994
当期末残高	84,124	90	54	145	0	84,270

I 計算書類 85

〈事例２〉 新株の発行の記載がある事例

たけびし（2024年３月期）

株主資本等変動計算書（2023年４月１日から2024年３月31日まで）

（単位：百万円）

	株　主　資　本										
		資本剰余金			利益剰余金						
						その他利益剰余金					
	資本金	資本準備金	その他資本剰余金	資本剰余金合計	利益準備金	土地圧縮積立金	別途積立金	繰越利益剰余金	利益剰余金合計	自己株式	株主資本合計
当期首残高	3,384	3,886	172	4,058	111	102	5,200	16,808	22,222	△0	29,665
当期変動額											
新株の発行	21	21		21							43
剰余金の配当								△926	△926		△926
当期純利益								2,439	2,439		2,439
自己株式の取得										△0	△0
株主資本以外の項目の当期変動額（純額）											
当期変動額合計	21	21	—	21	—	—	—	1,513	1,513	△0	1,556
当期末残高	3,406	3,907	172	4,080	111	102	5,200	18,322	23,736	△0	31,222

	評　価　・　換　算　差　額　等			純資産合計
	その他有価証券評価差額金	土地再評価差額金	評価・換算差額等合計	
当期首残高	2,371	△1,140	1,230	30,896
当期変動額				
新株の発行				43
剰余金の配当				△926
当期純利益				2,439
自己株式の取得				△0
株主資本以外の項目の当期変動額（純額）	1,199	—	1,199	1,199
当期変動額合計	1,199	—	1,199	2,755
当期末残高	3,570	△1,140	2,429	33,652

86　第3章　計算関係書類

〈事例3〉　会計方針の変更による累積的影響額を区分表示している事例

かどや製油（2024年3月期）

株主資本等変動計算書
（2023年4月1日から）
（2024年3月31日まで）

（単位：百万円）

	株　主　資　本										
		資本剰余金			利益剰余金					自己株式	株主資本合計
						その他利益剰余金					
	資本金	資本準備金	その他資本剰余金	資本剰余金合計	利益準備金	固定資産圧縮積立金	別途積立金	繰越利益剰余金	利益剰余金合計		
当期首残高	2,160	3,082	△15	3,067	250	305	12,240	14,362	27,158	△1,362	31,023
会計方針の変更による累積的影響額								△85	△85		△85
会計方針の変更を反映した当期首残高	2,160	3,082	△15	3,067	250	305	12,240	14,276	27,072	△1,362	30,937
当期変動額											
別途積立金の積立							300	△300	—		—
剰余金の配当								△921	△921		△921
当期純利益								2,210	2,210		2,210
自己株式の取得										△0	△0
自己株式の処分										3	3
株主資本以外の項目の当期変動額（純額）											
当期変動額合計	—	—	—	—	—	—	300	989	1,289	3	1,292
当期末残高	2,160	3,082	△15	3,067	250	305	12,540	15,266	28,362	△1,359	32,230

| | 評価・換算差額等 | | | 純資産合計 |
	その他有価証券評価差額金	繰延ヘッジ損益	評価・換算差額等合計	
当期首残高	1,243	△4	1,238	32,262
会計方針の変更による累積的影響額				△85
会計方針の変更を反映した当期首残高	1,243	△4	1,238	32,176
当期変動額				
別途積立金の積立				—
剰余金の配当				△921
当期純利益				2,210
自己株式の取得				△0
自己株式の処分				3
株主資本以外の項目の当期変動額（純額）	96	45	141	141
当期変動額合計	96	45	141	1,434
当期末残高	1,339	40	1,380	33,610

Ⅰ　計算書類　87

〈事例４〉　欠損填補の記載がある事例

X社（2023年6月期）

株主資本等変動計算書
（2022年7月1日から　2023年6月30日まで）

（単位：千円）

| | 株　　　主　　　資　　　本 | | | | | | |
| | | 資本剰余金 | | | 利益剰余金 | | |
	資本金	資本準備金	その他資本剰余金	資本剰余金合計	その他利益剰余金 繰越利益剰余金	利益剰余金合計	株主資本合計
当期首残高	1,116,273	1,258,829	—	1,258,829	△2,052,862	△2,052,862	322,240
当期変動額							
新株の発行	294,933	294,933		294,933		—	589,866
減資	△1,361,143	△691,718	2,052,862	1,361,143		—	—
欠損填補			△2,052,862	△2,052,862	2,052,862	2,052,862	—
当期純損失（△）					△354,191	△354,191	△354,191
株主資本以外の項目の当期変動額（純額）							
当期変動額合計	△1,066,210	△396,785	—	△396,785	1,698,670	1,698,670	235,674
当期末残高	50,062	862,044	—	862,044	△354,191	△354,191	557,915

	新株予約権	純資産合計
当期首残高	800	323,040
当期変動額		
新株の発行		589,866
減資		—
欠損填補		—
当期純損失（△）		△354,191
株主資本以外の項目の当期変動額（純額）	△800	△800
当期変動額合計	△800	234,874
当期末残高	—	557,915

88　第3章　計算関係書類

〈事例5〉　株式報酬の記載がある事例

ダイセル（2024年3月期）

株主資本等変動計算書
自　2023年4月1日
至　2024年3月31日

（単位：百万円）

	株　　主　　資　　本								
	資本金	資本剰余金			利益剰余金			自己株式	株主資本合計
		資本準備金	その他資本剰余金	資本剰余金合計	利益準備金	その他利益剰余金	利益剰余金合計		
当 期 首 残 高	36,275	31,376	6	31,383	5,242	195,260	200,502	△15,716	252,445
事業年度中の変動額									
剰 余 金 の 配 当						△12,861	△12,861		△12,861
当 期 純 利 益						67,956	67,956		67,956
譲渡制限付株式報酬						134	134	294	428
自 己 株 式 の 取 得								△15,000	△15,000
自 己 株 式 の 消 却			△6	△6		△14,520	△14,520	14,526	―
株主資本以外の項目の事業年度中の変動額（純額）									
事業年度中の変動額合計			△6	△6		40,708	40,708	△179	40,523
当 期 末 残 高	36,275	31,376	―	31,376	5,242	235,969	241,211	△15,895	292,968

	評価・換算差額等		純資産合計
	その他有価証券評価差額金	評価・換算差額等合計	
当 期 首 残 高	31,474	31,474	283,919
事業年度中の変動額			
剰 余 金 の 配 当			△12,861
当 期 純 利 益			67,956
譲渡制限付株式報酬			428
自 己 株 式 の 取 得			△15,000
自 己 株 式 の 消 却			―
株主資本以外の項目の事業年度中の変動額（純額）	9,383	9,383	9,383
事業年度中の変動額合計	9,383	9,383	49,906
当 期 末 残 高	40,857	40,857	333,826

（注）その他利益剰余金の内訳

	配当準備積立金	特別償却準備金	資産買換積立金	特別積立金	繰越利益剰余金	合　　計
当 期 首 残 高	2,470	24	923	41,360	150,482	195,260
事業年度中の変動額						
特別償却準備金の取崩		△6			6	―

資産買換積立金の取崩			△57		57	—
剰 余 金 の 配 当					△12,861	△12,861
当 期 純 利 益					67,956	67,956
譲渡制限付株式報酬					134	134
自 己 株 式 の 消 却					△14,520	△14,520
事業年度中の変動額合計	—	△6	△57	–	40,771	40,708
当 期 末 残 高	2,470	18	866	41,360	191,254	235,969

4 注 記 表

注記表は，貸借対照表，損益計算書および株主資本等変動計算書に係る注記事項をまとめたものとして，作成が義務づけられている書類である。なお，これを独立した一表とする必要はなく，貸借対照表等への，脚注方式で記載することも可能である（会計規57Ⅲ）。

個別注記表に記載すべき項目は，以下のとおりである。なお，会計監査人設置会社以外の会社では，注記を一部省略することが可能である（会計規98）。

- 継続企業の前提に関する注記
- 重要な会計方針に係る事項に関する注記
- 会計方針の変更に関する注記
- 表示方法の変更に関する注記
- 会計上の見積りに関する注記
- 会計上の見積りの変更に関する注記
- 誤謬の訂正に関する注記
- 貸借対照表に関する注記
- 損益計算書に関する注記
- 株主資本等変動計算書に関する注記
- 税効果会計に関する注記
- リースにより使用する固定資産に関する注記
- 金融商品に関する注記
- 賃貸等不動産に関する注記
- 持分法損益等に関する注記
- 関連当事者との取引に関する注記

90　第3章　計算関係書類
- １株当たり情報に関する注記
- 重要な後発事象に関する注記
- 連結配当規制適用会社に関する注記
- 収益認識に関する注記
- その他の注記

（1）　継続企業の前提に関する注記

事業年度の末日において，当該株式会社が将来にわたって事業を継続するとの前提に重要な疑義を生じさせるような事象または状況が存在する場合であって，当該事象または状況を解消し，または改善するための対応をしてもなお継続企業の前提に関する重要な不確実性が認められる場合（当該事業年度の末日後に当該重要な不確実性が認められなくなった場合を除く），以下の項目について注記する（会計規100）。

(i)　当該事象または状況が存在する旨およびその内容
(ii)　当該事象または状況を解消し，または改善するための対応策
(iii)　当該重要な不確実性が認められる旨およびその理由
(iv)　当該重要な不確実性の影響を計算書類に反映しているか否かの別

なお，個別注記表の継続企業の前提に関する注記の記載方法は連結注記表とおおむね同じであるため，具体的な記載内容および事例については，「Ⅲ　連結計算書類　4　連結注記表」を参照されたい。

（2）　重要な会計方針に係る事項に関する注記

重要な会計方針に係る事項として，重要性の乏しいものを除き，以下の項目について注記する（会計規101）。

(i)　資産の評価基準および評価方法
(ii)　固定資産の減価償却の方法
(iii)　引当金の計上基準
(iv)　収益および費用の計上基準
(v)　その他計算書類の作成のための基本となる重要な事項

開示が求められている会計方針の範囲については，以下のとおり，会社計算

規則のほうが財務諸表等規則に比べて簡便的なものとなっている。しかし，会社法においても，重要性のある項目については，「その他計算書類の作成のための基本となる重要な事項」として，財務諸表等規則と同様の記載を行うことが必要である。なお，有価証券報告書提出会社については有価証券報告書と同様の記載となっている事例もみられる。

財務諸表等規則 （財規ガイドライン8の2の3）	会社計算規則（会計規101）
① 有価証券の評価基準及び評価方法	
② 棚卸資産の評価基準及び評価方法	① 資産の評価基準及び評価方法
③ 固定資産の減価償却の方法	② 固定資産の減価償却の方法
④ 繰延資産の処理方法	－
⑤ 外貨建の資産及び負債の本邦通貨への換算基準	－
⑥ 引当金の計上基準	③ 引当金の計上基準
⑦ 収益及び費用の計上基準	④ 収益及び費用の計上基準
⑧ ヘッジ会計の方法	－
⑨ キャッシュ・フロー計算書における資金の範囲	－
⑩ その他財務諸表作成のための基礎となる事項	⑤ その他計算書類の作成のための基本となる重要な事項

　重要な会計方針に関する注記の開示目的は，財務諸表を作成するための基礎となる事項を財務諸表利用者が理解するために，採用した会計処理の原則および手続の概要を示すことにある。この開示目的は，会計処理の対象となる会計事象や取引に関連する会計基準等の定めが明らかでない場合に，会計処理の原則および手続を採用するときも同じである（会計基準24号4-2項）。このため，特定の会計事象等に対して適用し得る具体的な会計基準等の定めが存在しない場合（会計基準24号4-3項）にも，重要性のある項目については，「その他計算書類の作成のための基本となる重要な事項」として記載することになる。

　さらに，会社が顧客との契約に基づく義務の履行の状況に応じて当該契約から生ずる収益を認識するときは，収益および費用の計上基準について以下の項目を注記する（会計規101Ⅱ，収益認識会計基準80-2項，80-3項，80-14項，80-18項(1)）。

92　第3章　計算関係書類

（ⅰ）　当該会社の主要な事業における顧客との契約に基づく主な義務の内容

（ⅱ）　上記に規定する義務に係る収益を認識する通常の時点

（ⅲ）　上記のほか，当該会社が重要な会計方針に含まれると判断したもの

　なお，経団連ひな型の記載例のとおり，個別注記表の会計方針に関する事項の記載方法は退職給付引当金の項目を除き連結注記表とおおむね同じであるため，具体的な記載内容および事例については，「Ⅲ　連結計算書類　4　連結注記表」を参照されたい。

①　資産の評価基準および評価方法

(a)　有価証券およびデリバティブ

〈「経団連ひな型」の記載例〉

1．資産の評価基準及び評価方法
　（1）有価証券の評価基準及び評価方法
　　　　売買目的有価証券………………………時価法（売却原価は移動平均法により算定）
　　　　満期保有目的の債券………………償却原価法（定額法）
　　　　子会社株式及び関連会社株式……移動平均法による原価法
　　　　その他有価証券
　　　　　市場価格のない株式等以外のもの……時価法（評価差額は全部純資産直入法により処理し，売却原価は移動平均法により算定）
　　　　　市場価格のない株式等……移動平均法による原価法
　（2）デリバティブの評価基準及び評価方法
　　　　デリバティブ……………時価法

(b)　棚卸資産

〈「経団連ひな型」の記載例〉

（3）棚卸資産の評価基準及び評価方法
　　　製品，原材料，仕掛品……移動平均法による原価法（貸借対照表価額は収益

性の低下による簿価切下げの方法により算定)

　　貯蔵品……………………最終仕入原価法

②　固定資産の減価償却の方法

〈「経団連ひな型」の記載例〉

2．固定資産の減価償却の方法
　(1)　有形固定資産（リース資産を除く）
　　　定率法（ただし，1998年４月１日以降に取得した建物（附属設備を除く）
　　並びに2016年４月１日以降に取得した建物附属設備及び構築物は定額法）を
　　採用しております。
　(2)　無形固定資産（リース資産を除く）
　　　定額法を採用しております。
　(3)　リース資産
　　　所有権移転ファイナンス・リース取引に係るリース資産
　　　　自己所有の固定資産に適用する減価償却方法と同一の方法を採用してお
　　ります。
　　　所有権移転外ファイナンス・リース取引に係るリース資産
　　　　リース期間を耐用年数とし，残存価額を零とする定額法を採用しており
　　ます。

③　引当金の計上基準

ⓐ　貸倒引当金

〈「経団連ひな型」の記載例〉

3．引当金の計上基準
　(1)　貸倒引当金
　　　売上債権，貸付金等の債権の貸倒れによる損失に備えるため，一般債権に
　　ついては貸倒実績率により，貸倒懸念債権等特定の債権については個別に回
　　収可能性を検討し，回収不能見込額を計上しております。

94　第3章　計算関係書類

(b)　退職給付引当金

　退職給付引当金は，使用人が退職した後に当該使用人に退職一時金，退職年金その他これらに類する財産の支給をする場合における事業年度の末日において繰り入れるべき引当金をいう（会計規6Ⅱ①）。

　会計方針の記載のほか，会計基準変更時差異，数理計算上の差異および過去勤務債務の償却年数，退職給付信託設定の旨を記載する。

　なお，退職給付に関する注記に係る明文の規定は設けられていない。しかし，2013年5月20日に公表された「『会社計算規則の一部を改正する省令案』に関する意見募集の結果について」において，「（単体の）計算書類について，退職給付の会計処理基準に関する事項や企業の採用する退職給付制度の概要が，会社の財産または損益の状態を正確に判断するために必要である場合には，退職給付の会計処理基準に関する事項については重要な会計方針に係る事項に関する注記（会計規98Ⅰ②，101Ⅰ③）として，企業の採用する退職給付制度の概要についてはその他の注記（会計規98Ⅰ⑲，116）として，これらの事項を計算書類に記載することとなる。」とされている。

　また，退職給付見込額の期間帰属方法として「期間定額基準」と「給付算定式基準」があるが，いずれの方法を選択するのかは会計方針の選択適用に当たる（退職給付会計基準19項，82項，退職給付適用指針77項）。このため，退職給付引当金に関する計上基準の記載に際しては，「期間定額基準」と「給付算定式基準」の記載の要否について，各社において適切に判断することが考えられる。

〈「経団連ひな型」の記載例〉

---

(2)　退職給付引当金

　従業員の退職給付に備えるため，当事業年度末における退職給付債務及び年金資産の見込額に基づき計上しております。

　過去勤務費用は，その発生時の従業員の平均残存勤務期間以内の一定の年数（○年）による定額法により費用処理しております。

　数理計算上の差異は，各事業年度の発生時における従業員の平均残存勤務期間以内の一定の年数（○年）による定額法により按分した額を，それぞれ発生の翌事業年度から費用処理しております。

Ⅰ 計算書類　95

〈事例1〉　一般的な事例

ZOZO（2024年3月期）

(4)　退職給付引当金

　　従業員の退職給付に備えるため，当事業年度末における退職給付債務の見込額に基づき，退職給付引当金を計上しております。

　　退職給付引当金及び退職給付費用の処理方法は以下のとおりです。

①退職給付見込額の期間帰属方法

　　退職給付債務の算定にあたり，退職給付見込額を当事業年度末までの期間に帰属させる方法については，給付算定式基準によっております。

②数理計算上の差異及び過去勤務費用の費用処理年数

　　過去勤務費用は，その発生時の従業員の平均残存勤務期間以内の一定の年数（9年）による定額法により費用処理することとしております。

　　数理計算上の差異は，各事業年度の発生時における従業員の平均残存勤務期間以内の一定の年数（9年）による定額法により按分した額をそれぞれ発生の翌事業年度から費用処理しております。

〈事例2〉　数理計算上の差異を一括費用処理している事例

パソナグループ（2024年5月期）

(6)　退職給付引当金

　　従業員の退職給付に充てるため，当事業年度末における退職給付債務及び年金資産の見込額に基づき計上しております。

①退職給付見込額の期間帰属方法

　　退職給付債務の算定にあたり，退職給付見込額を当事業年度末までの期間に帰属させる方法については，給付算定式基準によっております。

②数理計算上の差異の費用処理方法

　　数理計算上の差異は，発生年度の翌事業年度に一括損益処理しております。

96　第3章　計算関係書類

〈事例3〉　前払年金費用について記載している事例

三菱マテリアル（2024年3月期）

---

(3)　退職給付引当金

　　従業員の退職給付に備えるため，当事業年度末における退職給付債務及び年金資産の見込額に基づき，当事業年度末において発生していると認められる額を計上しております。なお，年金資産の額が退職給付債務に未認識数理計算上の差異及び未認識過去勤務費用を加減した額を超える場合は，前払年金費用に計上しております。退職給付債務の算定にあたり，退職給付見込額を当事業年度までの期間に帰属させる方法については，給付算定式基準によっております。

　　過去勤務費用については，主として10年による定額法により費用処理しております。数理計算上の差異については，主として10年による定額法によりそれぞれ発生の翌事業年度から費用処理することとしております。

〈事例4〉　簡便法を採用している事例

オプテックスグループ（2023年12月期）

---

③退職給付引当金…………………従業員の退職給付に備えるため，当事業年度末における退職給付債務の見込額に基づき計上しております。

退職給付引当金及び退職給付費用の計算に，退職給付に係る期末自己都合要支給額を退職給付債務とする方法を用いた簡便法を適用しております。

(c)　役員退職慰労引当金

〈「経団連ひな型」の記載例〉

---

(3)　役員退職慰労引当金

　　役員の退職慰労金の支給に備えるため，役員退職慰労金規程に基づく期末要支給額を計上しております。

---

④ 収益および費用の計上基準

会社が顧客との契約に基づく義務の履行の状況に応じて当該契約から生ずる収益を認識するときは，収益および費用の計上基準において，(a)主要な事業における顧客との契約に基づく主な義務の内容，(b)収益を認識する通常の時点，(c)当該会社が重要な会計方針に含まれると判断したものを含むこととされている（会計規101Ⅱ）。

ⓐ 主要な事業における主な履行義務の内容（会計規101Ⅱ①）

主要な事業における履行義務の内容（企業が顧客に移転することを約束した財またはサービスの内容）を記載する（収益認識会計基準80-14項）。

また，収益認識会計基準においては，たとえば，次の内容が契約に含まれる場合には，その内容を注記することとされている（収益認識会計基準80-14項）。

---

(1) 財またはサービスが他の当事者により顧客に提供されるように手配する履行義務（すなわち，企業が他の当事者の代理人として行動する場合）

(2) 返品，返金およびその他の類似の義務

(3) 財またはサービスに対する保証および関連する義務

履行義務の内容は，企業固有の取引内容や契約条件に基づき具体的に記載するとともに，後述する「(16) 収益認識に関する注記」との関係性が明瞭となるような記載とすることが望ましい。

ⓑ 履行義務に係る収益を認識する通常の時点（会計規101Ⅱ②）

当該項目の記載にあたっては，後述する「(16) 収益認識に関する注記」のうち「(ⅱ)収益を理解するための基礎となる情報」で記載される「(エ)履行義務の充足時点に関する情報」との整合性に注意が必要である。

また，収益認識会計基準においては，たとえば収益認識適用指針98項における代替的な取扱い（出荷基準等の取扱い）を適用した場合には，「企業が履行義務を充足する通常の時点」と「収益を認識する通常の時点」が異なる場合があり，重要な会計方針として「収益を認識する通常の時点」について注記することとされている（収益認識会計基準163項）。

98　第3章　計算関係書類

(c)　(a)(b)以外に重要な会計方針に含まれると判断したもの（会計規101Ⅱ③）

　上述したとおり，重要な会計方針として注記する内容は，上記2つの項目に限定されるものではなく，これら2つの項目以外にも，重要な会計方針に含まれると判断した内容については，重要な会計方針として注記が必要となる。

　たとえば，IFRS15号またはFASB-ASCのSubtopic 340-40「その他の資産及び繰延コスト—顧客との契約」と同様の契約コストの会計処理を選択しており，これが重要な会計方針に含まれると判断される場合には，重要な会計方針として注記することとなる（収益認識会計基準109-2項）。

〈「経団連ひな型」の記載例〉

> 4．収益及び費用の計上基準
> 　商品又は製品の販売に係る収益は，主に卸売又は製造等による販売であり，顧客との販売契約に基づいて商品又は製品を引き渡す履行義務を負っております。当該履行義務は，商品又は製品を引き渡す一時点において，顧客が当該商品又は製品に対する支配を獲得して充足されると判断し，引渡時点で収益を認識しております。
> 　保守サービスに係る収益は，主に商品又は製品の保守であり，顧客との保守契約に基づいて保守サービスを提供する履行義務を負っております。当該保守契約は，一定の期間にわたり履行義務を充足する取引であり，履行義務の充足の進捗度に応じて収益を認識しております。
> 　当社が代理人として商品の販売に関与している場合には，純額で収益を認識しております。

⑤　その他計算書類作成のための基本となる重要な事項

(a)　繰延資産の処理方法

〈「経団連ひな型」の記載例〉

> (1)　繰延資産の処理方法
> 　株式交付費…支出時に全額費用として処理しております。
> 　社債発行費…社債償還期間（〇年間）にわたり均等償却しております。

(b) ヘッジ会計の方法

〈「経団連ひな型」の記載例〉

(2) ヘッジ会計の処理

　　原則として繰延ヘッジ処理によっております。なお，振当処理の要件を満た
　している為替予約及び通貨スワップについては振当処理によっており，特例処
　理の要件を満たしている金利スワップについては特例処理によっております。

(c) リース取引の処理方法

　所有権移転外ファイナンス・リース取引もファイナンス・リース取引として，
通常の売買取引に係る方法に準じた会計処理を行う（リース会計基準9項）が，
借手は，リース取引開始日がリース会計基準適用初年度開始前であるリース取
引および個々のリース資産に重要性が乏しいと認められる場合には賃貸借処理
が許容されている（リース適用指針34項，35項，79項）。

　中小企業会計指針においても，借手は，通常の賃貸借取引に係る方法に準じ
て会計処理を行うことが許容されている（中小企業会計指針75-3項）が，その
場合の記載例が経団連ひな型で示されている。

〈「経団連ひな型」の記載例〉

(○) リース取引の処理方法

　　リース物件の所有権が借主に移転すると認められるもの以外のファイナン
　ス・リース取引については，通常の賃貸借取引に係る方法に準じた会計処理に
　よっております。

(d) 退職給付に係る会計処理

　退職給付会計基準39項により個別財務諸表における未認識数理計算上の差異
および未認識過去勤務費用の貸借対照表における取扱いは，連結財務諸表と異
なる。このため，連結財務諸表作成会社については，個別財務諸表において，
未認識数理計算上の差異及び未認識過去勤務費用の貸借対照表における取扱い
が連結と異なる旨を注記することとされている（退職給付会計基準39項(4)）。

当該注記について，有価証券報告書提出会社の個別財務諸表においては，「その他財務諸表作成のための基礎となる事項」に記載されることとされている（財規ガイドライン８の２の３－２⑽，８の２の３－３⑻②）ことから，会社法計算書類においても「その他計算書類の作成のための基本となる重要な事項」の１つとして注記することが考えられる。

〈事例〉　退職給付に係る会計処理について記載している事例

ローム（2024年３月期）

> ⑶　退職給付に係る会計処理
>
> 退職給付に係る未認識数理計算上の差異及び未認識過去勤務費用の未処理額の会計処理の方法は，連結計算書類におけるこれらの会計処理の方法と異なっております。

（３）　会計方針の変更等に関する注記

会社計算規則においては，会計方針の変更に関する注記（会計規102の２），表示方法の変更に関する注記（会計規102の３），会計上の見積りに関する注記（会計規102の３の２），会計上の見積りの変更に関する注記（会計規102の４）および誤謬の訂正に関する注記（会計規102の５）について定めている。

注記事項の記載方法については，連結注記表と同じであるため，具体的な記載内容および事例については，「Ⅲ　連結計算書類　４　連結注記表」を参照されたい。

（４）　貸借対照表に関する注記

貸借対照表に関する注記として，以下の項目が規定されている。

(i)　担保に供している資産および担保に係る債務（会計規103①）

(ii)　資産から直接控除した引当金（会計規103②）

(iii)　資産から直接控除した減価償却累計額（会計規103③）

(iv)　減損損失累計額の表示（会計規103④）

(v)　保証債務等（会計規103⑤）

(vi)　関係会社に対する金銭債権・債務（会計規103⑥）

(vii)　取締役，監査役および執行役に対する金銭債権・債務（会計規103⑦⑧）

(viii)　親会社株式（会計規103⑨）

また，「土地の再評価に関する法律」3条1項に基づき土地の再評価を行った会社において，再評価を行った事業用土地の再評価後の決算期における時価の合計額が，当該事業用土地の再評価後の帳簿価額の合計額を下回った場合，当該時価の合計額と当該再評価後の帳簿価額の合計額との差額を注記することが求められている（「土地の再評価に関する法律」10）。

上記の他，契約資産と顧客との契約から生じた債権のそれぞれについて，貸借対照表に他の資産と区分して表示しない場合には，それぞれの残高を注記する。また，契約負債を貸借対照表において他の負債と区分して表示しない場合には，契約負債の残高を注記する（収益認識会計基準79項）。

上記のうち，担保に供している資産および担保に係る債務から保証債務等までの項目および土地の再評価に関する項目の記載方法は連結注記表とおおむね同じであるため，具体的な記載内容および事例については「Ⅲ　連結計算書類　4　連結注記表」を参照されたい。

①　担保に供している資産および担保に係る債務

〈「経団連ひな型」の記載例〉

1.　担保に供している資産及び担保に係る債務

(1)　担保に供している資産

定期預金	×××百万円
建　　物	×××百万円
土　　地	×××百万円
計	×××百万円

(2)　担保に係る債務

短期借入金	×××百万円
長期借入金	×××百万円
計	×××百万円

102 第3章 計算関係書類

② 資産から直接控除した引当金

〈「経団連ひな型」の記載例〉

2. 資産から直接控除した貸倒引当金	
売掛金	×××百万円
破産更生債権等	×××百万円
長期貸付金	×××百万円

③ 資産から直接控除した減価償却累計額

〈「経団連ひな型」の記載例〉

3. 有形固定資産の減価償却累計額	×××百万円

④ 減損損失累計額の表示

〈「経団連ひな型」の記載例〉

4. 有形固定資産の減損損失累計額
貸借対照表上，減価償却累計額に含めて表示しております。

⑤ 保証債務等

〈「経団連ひな型」の記載例〉

5. 保証債務	
他の会社の金融機関等からの借入債務に対し，保証を行っております。	
株式会社○○○	×××百万円
株式会社○○○	×××百万円
そ の 他	×××百万円
計	×××百万円

⑥ **関係会社に対する金銭債権・債務**

　関係会社とは，当該株式会社の親会社，子会社および関連会社ならびに当該株式会社が他の会社等の関連会社である場合における当該他の会社等をいう（会計規2Ⅲ㉕）。

　関係会社との取引については，一般の取引と異なり，支配従属関係あるいは影響力等の観点から，通例的ではない取引が行われる可能性があり，取引が適切に行われているかどうかが問題となる。したがって，当該取引に係る債権・債務を区分して開示することは株主等利害関係者の判断に有用であるため，開示を求めることにしているものである。

　貸借対照表上，関係会社に対する金銭債権債務について，他の金銭債権債務と区分して表示していない場合には，その金銭債権債務が属する項目ごとに，または2以上の科目について一括して注記する（会計規103⑥）。したがって，項目ごとの金額を注記する例も，金銭債権と金銭債務をそれぞれ総額で注記する例もみられる。

〈「経団連ひな型」の記載例〉

6. 関係会社に対する金銭債権及び金銭債務（区分表示したものを除く）	
短期金銭債権	×××百万円
長期金銭債権	×××百万円
短期金銭債務	×××百万円
長期金銭債務	×××百万円

〈事例1〉　一般的な事例

日本郵船（2024年3月期）

④ 関係会社に対する金銭債権及び金銭債務（区分表示したものを除く）	
短期金銭債権	314,127百万円
長期金銭債権	588,001百万円
短期金銭債務	142,994百万円
長期金銭債務	1,204百万円

104 第3章 計算関係書類

〈事例2〉 科目ごとに記載している事例

KH ネオケム（2023年12月期）

2．関係会社に対する金銭債権及び金銭債務（区分表示したものを除く）

売掛金	4,973百万円
未収入金	1,441百万円
買掛金	1,369百万円
短期借入金	3,270百万円
未払金	22百万円

---

⑦ 取締役，監査役および執行役に対する金銭債権・債務

　取締役，監査役および執行役との間の取引による取締役，監査役および執行役に対する金銭債権・債務の総額を注記する（会計規103⑦⑧）。

　会社と取締役等との間の取引については，取締役等の利益のために会社に害を及ぼす可能性が高いことから，株主等利害関係者の判断に有用な情報として注記を要することとしている。もっとも，会社法はそのような取引につき取締役会の承認を要するとしたうえで（会社法365Ⅰ，356Ⅰ），当該取引により会社に損害が生じたときの責任を課しているが（会社法423Ⅲ①），当該注記はこのような規制と趣旨を同じくするものである。

　なお，取締役と会社との取引には直接取引と間接取引がある。このうち直接取引とは，取締役が会社の製品や財産を譲り受けたり，会社に対し自己の製品やその他の財産を譲り渡したり，会社から資金の貸付けを受けたりする等，自己または第三者のために直接会社と行う取引であり，間接取引とは，会社が取締役の債務を保証する等，会社と取締役以外の第三者との間の取引のうち，会社と取締役の間で利益が相反する取引である。このうち注記対象となるのは，直接取引の結果生じた債権債務であるが，直接取引の結果生じた債権債務であっても，第三者のために行う取引の結果，生じたものについては注記の対象外であることに留意する。間接取引は，関連当事者との取引に関する注記に記載される。

Ⅰ　計算書類　105

〈「経団連ひな型」の記載例〉

7．取締役，監査役（執行役）に対する金銭債権及び金銭債務

金銭債権　　　　　　　　　　　　　　　×××百万円

金銭債務　　　　　　　　　　　　　　　×××百万円

〈事例〉　一般的な事例

ヤクルト本社（2024年3月期）

4．取締役，監査役に対する金銭債権および金銭債務

短期金銭債務　　　　　　　　　　　　　　3百万円

---

⑧　親会社株式

親会社株式は，貸借対照表上，関係会社株式の項目をもって別に表示するとともに，親会社株式の各表示区分別の金額を注記する（会計規82Ⅰ，103⑨）。

〈「経団連ひな型」の記載例〉

8．親会社株式

流動資産（関係会社株式）　　　　　　　　×××百万円

〈事例〉　一般的な事例

北國銀行（2024年3月期）

12．親会社株式の金額　　　　　　　　　　532百万円

---

⑨　土地の再評価

〈「経団連ひな型」の記載例〉

9．土地の再評価

106 第3章 計算関係書類

当社は，土地の再評価に関する法律（平成10年3月31日公布法律第34号）に基づき，事業用の土地の再評価を行い，土地再評価差額金を純資産の部に計上しております。

- 再評価の方法……土地の再評価に関する法律施行令（平成10年3月31日公布政令第119号）第2条第○号に定める○○○により算出
- 再評価を行った年月日……○年○月○日
- 再評価を行った土地の当事業年度末における時価と再評価後の帳簿価額との差額　　　　　　　　　　　　　　　　　　　　　　　　　×××百万円

⑩　契約資産等の残高の注記

〈事例〉　契約資産と顧客との契約から生じた債権のそれぞれについて，貸借対照表において区分して表示せず，残高を注記する事例

学情（2023年10月）

(1)　売掛金及び契約資産のうち，顧客との契約から生じた債権及び契約資産の金額

売掛金	1,015,633千円
契約資産	727,109千円

（5）　損益計算書に関する注記

①　関係会社との取引高

関係会社との取引による取引高の総額を，営業取引によるものとそれ以外のものとに区分して注記する（会計規104）。注記の趣旨については関係会社金銭債権債務と同じである。

取引の範囲について，受取利息，支払利息，資産譲渡，資産購入などは含まれるが，貸付け，立替え，借入れ，預り等の資金貸借は注記の対象から除外されると解される。また，関係会社への出資，無償交付による保有株式の増加，組織再編行為，社債の払込みによる取得等もここでいう取引の範囲には含まれないと解される。

I 計算書類　107

〈「経団連ひな型」の記載例〉

関係会社との取引高
　営業取引による取引高
　　売上高　　　　　　　　　　　　　　　×××百万円
　　仕入高　　　　　　　　　　　　　　　×××百万円
　営業取引以外の取引による取引高　　　　×××百万円

〈事例1〉　一般的な事例①

ゼンリン（2024年3月期）

関係会社との取引高
　売上高　　　　　　　　　　　　　　7,651百万円
　仕入高　　　　　　　　　　　　　　8,486百万円
　販売費及び一般管理費　　　　　　　　562百万円

　営業取引以外の取引高　　　　　　　1,721百万円

〈事例2〉　一般的な事例②

りそなホールディングス（2024年3月期）

2．関係会社との取引高
　営業収益　　　　　　　　　　　　83,911百万円
　営業費用　　　　　　　　　　　　　　603百万円
　営業取引以外の取引高　　　　　　　　　22百万円

〈事例3〉　科目ごとに記載している事例

メディアスホールディングス（2024年6月期）

関係会社との取引高
　⑴営業取引
　　売上高　　　　　　　　　　　　2,929,076千円

108　第3章　計算関係書類

地代家賃	3,600千円
業務委託費	75,021千円
広告宣伝費	2,882千円
(2)営業取引以外の取引高	
受取利息	147千円
支払利息	20,150千円

②　顧客との契約から生じる収益

　顧客との契約から生じる収益について，それ以外の収益と区分して損益計算書に表示していない場合には，顧客との契約から生じる収益の額を注記する（収益認識会計基準78-2項）。なお，後述する「(16) 収益認識に関する注記」のうち「(i)収益の分解情報」で当該情報を開示している場合には，その旨を記載することも考えられる。

　〈事例〉　顧客との契約から生じる収益について，それ以外の収益と区分して損益
　　　　計算書に表示せず，収益認識に関する注記を参照する事例

大本組（2024年3月期）

(1)　顧客との契約から生じる収益
　　売上高については，顧客との契約から生じる収益及びそれ以外の収益を区分して記載しておりません。顧客との契約から生じる収益の金額は，「10. 収益認識に関する注記 (1) 収益の分解情報　顧客との契約から生じる収益を分解した情報」に記載のとおりであります。

（6）　株主資本等変動計算書に関する注記

　株主資本等変動計算書に関する注記として，記載が求められている注記は以下のとおりである（会計規105）。なお，連結注記表を作成している場合には，(ii)以外の事項は記載を省略することができる。

（i）　事業年度末日における発行済株式の数（種類株式発行会社にあっては，
　　　種類ごとの発行済株式の数）

Ⅰ　計算書類　109

(ⅱ)　事業年度末日における自己株式の数（種類株式発行会社にあっては，種類ごとの自己株式の数）

(ⅲ)　事業年度中に行った剰余金の配当（効力発生日が翌事業年度のものを含む）に関する次に掲げる事項その他の事項

　(イ)　配当財産が金銭である場合，当該金銭の総額

　(ロ)　配当財産が金銭以外の財産である場合における当該財産の帳簿価額の総額

(ⅳ)　事業年度末日における株式引受権に係る株式の数（種類株式発行会社にあっては，種類および種類ごとの数）

(ⅴ)　事業年度末日において発行している新株予約権（権利行使期間の初日が到来していないものを除く）の目的となる会社の株式の数（種類株式発行会社にあっては，種類および種類ごとの数）

なお，(ⅴ)については，明文の規定はないが，ストック・オプションとして付与されているものも含めて記載する点に，注意する必要がある。

また，同様に(ⅴ)については，有価証券報告書上では，権利行使期間の初日が到来していないものについて，表の中に記載したうえで行使期間の初日が到来していないものを注書きする点で異なることに留意する。

以下，個別注記表における具体的な記載内容および事例については，省略規定のない(ⅱ)の項目のみを記載する。その他の項目については連結注記表とおおむね同様であるため，「Ⅲ　連結計算書類　4　連結注記表」を参照されたい。

〈「経団連ひな型」の記載例〉

当事業年度末における自己株式の種類及び株式数 　普通株式　　　　　　　　　　　　　　　　　　　　　○○株

〈事例〉　連結注記表を作成しているため項目を省略している事例

テレビ東京ホールディングス（2024年3月期）

当事業年度末における自己株式の種類及び株式数 　普通株式　　　　　　　　　　　　　　　　　　　520,861株

110　第3章　計算関係書類

（7）　税効果会計に関する注記

　税効果会計に関する注記として，重要性の乏しいものを除き，以下について発生の主な原因を注記する（会計規107）。

(i)　繰延税金資産（その算定にあたり繰延税金資産から控除された金額がある場合における当該金額を含む）

(ii)　繰延税金負債

　財務諸表等規則8条の12に対応した規定であるが，「発生の主な原因」とされているだけで，財務諸表等規則にあるような「発生の原因別の内訳」の記載までは会社計算規則では求められていない。したがって，たとえば以下の〈「経団連ひな型」の記載例〉①のように「繰延税金資産の発生の主な原因は，○○である。」といったものでも足りる。

　しかし，税効果会計基準にて記載を求めていることや，有価証券報告書の財務諸表における記載内容との整合性から，金額の内訳開示をしている事例が多くみられる。

　また，財務諸表等規則で求められている，法定実効税率と税効果会計適用後の法人税等の負担率との間に差異がある場合の，当該差異の原因となった主な項目別の内訳の開示については，会社計算規則では要求されていないが，これについても記載をしている事例がみられる。

【グループ通算制度を採用している場合】

　グループ通算制度の適用により，実務対応報告42号に従って法人税および地方法人税ならびに税効果会計の会計処理を行っている場合には，その旨を「税効果会計に関する注記」の内容とあわせて注記する（実務対応報告42号28項，61項）。また，「税効果会計に関する注記」は，法人税および地方法人税と住民税および事業税を区分せずに，これらの税金全体で注記する（実務対応報告42号29項）。なお，通算会社が負っている連帯納付義務については，偶発債務としての注記を要しない（実務対応報告42号30項）。

〈「経団連ひな型」の記載例〉①

　繰延税金資産の発生の主な原因は，減価償却限度超過額，退職給付引当金の否

認等であり，繰延税金負債の発生の主な原因は，その他有価証券評価差額であります。

〈「経団連ひな型」の記載例〉②

[発生の原因別の内訳を記載する例]
繰延税金資産及び繰延税金負債の発生の主な原因別の内訳
　　繰延税金資産
　　　　減価償却費　　　　　　　　　　　　　×××百万円
　　　　投資有価証券評価損　　　　　　　　　×××百万円
　　　　退職給付引当金　　　　　　　　　　　×××百万円
　　　　その他　　　　　　　　　　　　　　　×××百万円
　　繰延税金資産小計　　　　　　　　　　　　×××百万円
　　評価性引当額　　　　　　　　　　　△　×××百万円
　　繰延税金資産合計　　　　　　　　　　　　×××百万円

　　繰延税金負債
　　　　その他有価証券評価差額金　　　　　　×××百万円
　　　　その他　　　　　　　　　　　　　　　×××百万円
　　繰延税金負債合計　　　　　　　　　　　　×××百万円
　　繰延税金資産の純額　　　　　　　　　　　×××百万円

〈事例１〉　発生の原因別に内訳を記載している事例

オイシックス・ラ・大地（2024年３月期）

（税効果会計に関する注記）
　　繰延税金資産及び繰延税金負債の発生の主な原因別の内訳
　　　繰延税金資産
　　　　ポイント引当金　　　　　　　　　　　26百万円
　　　　契約負債　　　　　　　　　　　　　　65百万円
　　　　貸倒引当金　　　　　　　　　　　　　97百万円

112　第3章　計算関係書類

未払事業税	149百万円
減損損失	39百万円
減価償却超過額	38百万円
リース取引に係る申告調整	117百万円
資産除去債務	198百万円
関係会社株式	918百万円
投資有価証券	86百万円
その他	36百万円
小計	1,775百万円
評価性引当額	△1,222百万円
繰延税金資産合計	553百万円
繰延税金負債	
資産除去債務に対応する除去費用	△115百万円
その他有価証券評価差額金	△99百万円
繰延税金負債合計	△215百万円
繰延税金資産の純額	338百万円

〈事例2〉　負担率に差異がある場合の項目別内訳を記載している事例

ダイセル（2024年3月期）

[税効果会計に関する注記]

1．繰延税金資産及び繰延税金負債の発生の主な原因別の内訳

繰延税金資産

未払事業税	469百万円
未払賞与	1,376百万円
未払費用	1,063百万円
退職給付引当金	2,060百万円
貸倒引当金	999百万円
環境対策引当金	31百万円
投資有価証券	3,256百万円
減価償却超過額	2,681百万円
その他	2,115百万円

Ⅰ　計算書類　113

繰延税金資産小計	14,054百万円
評価性引当額	△5,443百万円
繰延税金資産合計	8,610百万円
繰延税金負債	
その他有価証券評価差額金	17,207百万円
固定資産圧縮積立金	381百万円
その他	768百万円
繰延税金負債合計	18,358百万円
繰延税金負債の純額	9,747百万円

２．法定実効税率と税効果会計適用後の法人税等の負担率との間に重要な差異が
　あるときの，当該差異の原因となった主な項目別の内訳

法定実効税率	30.58%
（調整）	
受取配当金等永久に益金に算入されない項目	△14.01%
評価性引当額の変動	0.04%
税額控除	△3.02%
その他	2.01%
税効果会計適用後の法人税等の負担率	15.60%

３．法人税及び地方法人税の会計処理又はこれらに関する税効果会計の会計処理
　　当社は，グループ通算制度を適用しております。また，「グループ通算制
　度を適用する場合の会計処理及び開示に関する取扱い」（実務対応報告第42
　号2021年8月12日）に従って，法人税及び地方法人税の会計処理又はこれら
　に関する税効果会計の会計処理並びに開示を行っております。

〈事例3〉　主な内訳のみを文章にて記載している事例

西部ガスホールディングス（2024年3月期）

7　税効果会計に関する注記
　(1)　繰延税金資産の発生の主な原因は，投資有価証券評価損であります。なお，

114　第3章　計算関係書類

　　　繰延税金資産から控除された金額（評価性引当額）は3,219百万円であります。

(2)　繰延税金負債の発生の主な原因は，その他有価証券評価差額金であります。

（8）　リースにより使用する固定資産に関する注記

　リース資産について，その内容（主な資産の種類等）および減価償却の方法を注記する（リース会計基準19項）。また，オペレーティング・リース取引のうち解約不能のものに係る未経過リース料は，貸借対照表日後1年以内のリース期間に係るものと，貸借対照表日後1年を超えるリース期間に係るものとに区分して注記する（リース会計基準22項）。リース期間の一部分の期間について契約解除をできないこととされているものも解約不能のリース取引として取り扱い，その場合には当該リース期間の一部分に係る未経過リース料を注記する（リース適用指針74項）。ただし，重要性が乏しい場合には，これらの注記を要しない（リース会計基準19項，22項，リース適用指針71項，75項）。

　リース取引開始日がリース会計基準適用初年度開始前のリース取引で，所有権移転外ファイナンス・リース取引と判断されたものについては，通常の賃貸借取引に係る方法に準じた会計処理を引き続き適用することができる。この場合，当該リース物件の全部または一部に係る以下に掲げる事項（各リース物件について一括して注記する場合にあっては，一括して注記すべきリース物件に関する事項）を含めることを妨げないとされている（会計規108）。

(i)　当該事業年度の末日における取得原価相当額

(ii)　当該事業年度の末日における減価償却累計額相当額

(iii)　当該事業年度の末日における未経過リース料相当額

(iv)　(i)～(iii)に掲げるもののほか，当該リース物件に係る重要な事項

　そのため，注記するにあたっては，引き続き通常の賃貸借取引に係る方法に準じた会計処理を適用している旨，および改正前基準である「リース取引に係る会計基準」で必要とされていた事項を記載することも考えられる。

〈「経団連ひな型」の記載例〉①

　貸借対照表に計上した固定資産のほか，事務機器，製造設備等の一部については，所有権移転外ファイナンス・リース契約により使用しております。

〈「経団連ひな型」の記載例〉②

［取得原価相当額の金額等を記載した例］
　貸借対照表に計上した固定資産のほか，事務機器，製造設備等の一部については，所有権移転外ファイナンス・リース契約により使用しております。

1．リース物件の取得原価相当額，減価償却累計額相当額及び期末残高相当額

	取得原価相当額	減価償却累計額相当額	期末残高相当額
建　　　　　物	×××百万円	×××百万円	×××百万円
機　械　装　置	×××百万円	×××百万円	×××百万円
工 具 器 具 備 品	×××百万円	×××百万円	×××百万円
合　　　　　計	×××百万円	×××百万円	×××百万円

2．未経過リース料期末残高相当額
　　1年内　　　　　×××百万円
　　1年超　　　　　×××百万円
　　合　計　　　　　×××百万円
3．支払リース料，減価償却費相当額及び支払利息相当額
　　支払リース料　　　　×××百万円
　　減価償却費相当額　　×××百万円
　　支払利息相当額　　　×××百万円
4．減価償却費相当額の算定方法
　　リース期間を耐用年数とし，残存価額を零とする定額法によっております。
5．利息相当額の算定方法
　　リース料総額とリース物件の取得価額相当額との差額を利息相当額とし，各期への配分方法については，利息法によっております。

116 第3章 計算関係書類

〈事例1〉 概要のみを記載している事例

ワタミ（2024年3月期）

8．リースにより使用する固定資産に関する注記

　　貸借対照表に計上した固定資産のほか，店舗用設備及び不動産の一部については，所有権移転外ファイナンス・リース契約により使用しております。

〈事例2〉 取得原価相当額等の金額を記載している事例

大黒天物産（2024年5月期）

（リース取引関係）

1．リース物件の所有権が借主に移転すると認められるもの以外のファイナンス・リース取引（借主側）

　(1)　リース物件の取得価額相当額，減価償却累計額相当額，減損損失累計額相当額及び期末残高相当額

	取得価額相当額	減価償却累計額相当額	期末残高相当額
建物，土地（注）	1,383百万円	1,271百万円	112百万円
合計	1,383百万円	1,271百万円	112百万円

　　（注）　不動産に係るリース取引については，建物と土地を一体として判定しております。

　(2)　未経過リース料期末残高相当額

　　　　1年内　　　　　　　　　　　　　　　　　　　87百万円
　　　　1年超　　　　　　　　　　　　　　　　　　　54百万円
　　　　合計　　　　　　　　　　　　　　　　　　　141百万円

　(3)　支払リース料，減価償却費相当額，支払利息相当額

　　　　支払リース料　　　　　　　　　　　　　　　　89百万円
　　　　減価償却費相当額　　　　　　　　　　　　　　69百万円
　　　　支払利息相当額　　　　　　　　　　　　　　　5百万円

　(4)　減価償却費相当額の算定方法

　　　　リース期間を耐用年数とし，残存価額を零とする定額法によっております。

I 計算書類 117

⑸　利息相当額の算定方法

リース料総額とリース物件の取得価額相当額との差額を利息相当額とし，各期への配分方法については，利息法によっております。

2．オペレーティング・リース取引

未経過リース料

1年内	1,490百万円
1年超	7,070百万円
合計	8,561百万円

（9）　金融商品に関する注記

金融商品に関する注記として，重要性が乏しいものを除き，以下の事項を記載する（会計規109）。

⒤　金融商品の状況に関する事項

⒤　金融商品の時価等に関する事項

⒤　金融商品の時価の適切な区分ごとの内訳等に関する事項

金融取引をめぐる環境が変化する中で金融商品の時価等の情報に対するニーズが拡大していることを踏まえて，金融商品会計基準および金融商品時価開示適用指針において金融商品全般に係る注記が求められることとなったことに対応し，会社計算規則においても注記が要求されている。

具体的には，金融商品時価開示適用指針を参考にして記載することになるが，会社計算規則は，有価証券報告書を提出する会社のみを対象としているものではない（会社計算規則98条2項では，同項1号に規定する株式会社以外の株式会社について同規則109条の注記を必要としている）ことから，各株式会社の実情に応じて必要な限度での開示を可能とするため，同規則109条の注記事項は財務諸表等規則の注記事項に比べて概括的なものとなっている（「会社法施行規則，会社計算規則等の一部を改正する省令の解説」旬刊商事法務1862号16頁）。また，2020年3月の改正で追加された会社計算規則109条1項3号の注記事項（上記⒤）についても，109条1項1号（上記⒤）および2号（上記⒤）と同様に，金融商品時価開示適用指針における定めとは異なり，概括的に定めることとした法務省の考

118　第3章　計算関係書類

え方が示されている（「「会社計算規則の一部を改正する省令案」に関する意見募集の結果について」（2020年3月31日））。なお，連結計算書類を作成する株式会社は，計算書類における上記(i)，(ii)，(iii)の注記を要しない。

　具体的な記載内容および事例については，「Ⅲ　連結計算書類　4　連結注記表」を参照されたい。

(10)　賃貸等不動産に関する注記

　賃貸等不動産に関する注記として，重要性が乏しいものを除き，以下の事項を記載する（会計規110）。

（i）　賃貸等不動産の状況に関する事項

（ii）　賃貸等不動産の時価に関する事項

　これは，賃貸等不動産会計基準および賃貸等不動産適用指針により，賃貸等不動産の時価等の開示が求められることになったことに対応し，会社計算規則においても，金融商品に関する注記と同様に，賃貸等不動産に関する注記が要求されている。金融商品の時価の注記対象を拡大したことを踏まえて，一定の不動産については，事実上，事業投資と考えられるものでも，その時価を開示することが投資情報として一定の意義があるという意見があり，さらに，IFRSが原価評価の場合に時価を注記することとしていることとのコンバージェンスを図るという趣旨による（賃貸等不動産会計基準18項）。

　具体的には，賃貸等不動産適用指針を参考にして，各社の実情に応じて記載することとなるが，金融商品に関する注記と同様に，ここでの注記事項は財務諸表等規則の注記事項に比べて概括的なものとなっている。なお，連結計算書類を作成する株式会社は，計算書類における上記(i)，(ii)の注記を要しない。

　具体的な記載内容および事例については，「Ⅲ　連結計算書類　4　連結注記表」を参照されたい。

(11)　持分法損益等に関する注記

　持分法損益等に関する注記は，以下に掲げるものを記載する（会計規111）。

（i）　関連会社がある場合

　（イ）　関連会社に対する投資の金額

Ⅰ 計算書類　119

　　㈿　当該投資に対して持分法を適用した場合の投資の金額

　　㈧　投資利益または投資損失の金額

　㈼　開示対象特別目的会社（会施規4参照）がある場合

　　㈾　開示対象特別目的会社の概要

　　㈿　開示対象特別目的会社との取引の概要

　　㈧　開示対象特別目的会社との取引金額

　　㈡　その他の重要な事項

　持分法損益等の注記は，会計監査人設置会社で連結計算書類作成義務のある会社について記載が必要となる（会計規98Ⅱ③）。連結計算書類の作成義務があるが，重要な子会社が存在しないために連結計算書類を作成していない株式会社について，関連会社に対して持分法を適用した場合の損益等および開示対象特別目的会社がある場合のその概要等を開示させることに意味があるという考えから，規定が設けられたものである。

　なお，連結計算書類を作成する株式会社は，計算書類における上記(ⅰ)，(ⅱ)の注記を要しない。また，関連会社がある場合においては，損益および利益剰余金からみて重要性の乏しい関連会社を除外することができる。

〈「経団連ひな型」の記載例〉

関連会社に対する投資の金額	×××百万円
持分法を適用した場合の投資の金額	×××百万円
持分法を適用した場合の投資利益の金額	×××百万円

〈事例〉　一般的な事例

エニグモ（2024年1月期）

10.　持分法損益等に関する注記	
関連会社に対する投資の金額	326,949千円
持分法を適用した場合の投資の金額	△14,195千円
持分法を適用した場合の投資損失の金額	△132,777千円

120　第3章　計算関係書類

(12)　関連当事者との取引に関する注記

関連当事者については，以下のものが規定されている（会計規112Ⅳ）。

(i)　当該株式会社の親会社

(ii)　当該株式会社の子会社

(iii)　当該株式会社の親会社の子会社（当該親会社が会社でない場合にあっては，当該親会社の子会社に相当するものを含む）

(iv)　当該株式会社のその他の関係会社（当該株式会社が他の会社の関連会社である場合における当該他の会社をいう。以下この号において同じ）ならびに当該その他の関係会社の親会社（当該その他の関係会社が株式会社でない場合にあっては，親会社に相当するもの）および子会社（当該その他の関係会社が会社でない場合にあっては，子会社に相当するもの）

(v)　当該株式会社の関連会社および当該関連会社の子会社（当該関連会社が会社でない場合にあっては，子会社に相当するもの）

(vi)　当該株式会社の主要株主（自己または他人の名義をもって当該株式会社の総株主の議決権の総数の100分の10以上の議決権（次に掲げる株式に係る議決権を除く）を保有している株主をいう）およびその近親者（二親等内の親族をいう。以下この条において同じ）

　(イ)　信託業（信託業法（平成16年法律154号）2条1項に規定する信託業をいう）を営む者が信託財産として所有する株式

　(ロ)　有価証券関連業（金融商品取引法28条8項に規定する有価証券関連業をいう）を営む者が引受けまたは売出しを行う業務により取得した株式

　(ハ)　金融商品取引法156条の24第1項に規定する業務を営む者がその業務として所有する株式

(vii)　当該株式会社の役員およびその近親者

(viii)　当該株式会社の親会社の役員またはこれらに準ずる者およびその近親者

(ix)　(vi)から(viii)に掲げる者が他の会社等の議決権の過半数を自己の計算において所有している場合における当該会社等および当該会社等の子会社（当該会社等が会社でない場合にあっては，子会社に相当するもの）

(x)　従業員のための企業年金（当該株式会社と重要な取引（掛金の拠出を除く）を行う場合に限る）

I　計算書類　121

　関連当事者との間に取引がある場合には，以下の項目について関連当事者ごとに注記する（会計規112 I，Ⅲ）。なお，会計監査人設置会社以外の株式会社については，一部の項目について，注記を省略することができる（会計規112 I）。ただし，公開会社が省略した場合には，附属明細書においてその内容を記載することが必要となる（会計規117④）。

注 記 項 目	会計監査人設置会社以外の株式会社の省略の可否
①　関連当事者が会社等であるときは，次に掲げる事項 　a．名称 　b．関連当事者の総株主等の議決権の総数に占める議決権の数の割合 　c．株式会社の総株主の議決権の総数に占める関連当事者が有する議決権の数の割合	
②　関連当事者が個人であるときは，次に掲げる事項 　a．氏名 　b．株式会社の総株主の議決権の総数に占める関連当事者が有する議決権の数の割合	
③　株式会社と関連当事者との関係	
④　取引の内容	省略可能
⑤　取引の種類別の取引金額	省略可能
⑥　取引条件および取引条件の決定方針	省略可能
⑦　取引により発生した債権・債務に係る主な科目別の事業年度末日における残高	
⑧　取引条件の変更があった場合には，その旨，変更の内容および当該変更が計算書類に与えている影響の内容	省略可能

　当該注記は，連結計算書類を作成していても個別計算書類に係る注記として開示するものであり，連結上消去されるようなグループ間取引であっても，注記対象となる。

　ただし，関連当事者との間の取引のうち，以下に掲げる取引については記載

122　第3章　計算関係書類

不要である（会計規112Ⅱ）。

(i)　一般競争入札による取引ならびに預金利息および配当金の受取りその他取引の性質からみて取引条件が一般の取引と同様であることが明白な取引

(ii)　取締役，会計参与，監査役または執行役に対する報酬等の給付

(iii)　その他当該取引に係る条件につき，市場価格その他当該取引に係る公正な価格を勘案して一般の取引の条件と同様のものを決定していることが明白な場合における当該取引

　このうち(iii)については，財務諸表等規則では記載されていないものである（財規8の10Ⅲ）。計算書類の作成スケジュールの制約や実務上の事務負担の問題等に鑑み，(i)の一般競争入札による取引に限らず，一般の取引の条件と同様の条件を決定していることが明白な場合においては，開示の趣旨に照らして省略することができるとしている。

　また，財務諸表等規則では，関連当事者に対する債権が貸倒懸念債権または破産更生債権等に区分されている場合や，関連当事者との取引に関して，貸倒引当金以外の引当金が設定されている場合には，設定した引当金の期末残高等を開示することが求められている（財規8の10Ⅰ⑨・⑩，財規ガイドライン8の10-1-9，8の10-1-10）。計算書類におけるこの部分の注記については，一般に公正妥当と認められる企業会計の慣行を踏まえ（会社法431，会計規3），関連当事者会計基準および関連当事者適用指針を参考にして，記載内容を判断することが考えられる。開示に際しては，株主等への情報提供や重要性などを考慮し，たとえば，関連当事者に対する多額の貸付金が貸倒懸念債権または破産更生債権等に区分されている場合で，当該貸倒引当金繰入等に係る開示が重要であると判断されるときには，関連当事者との取引に関する注記として記載することとなると考えられる。

　さらに，財務諸表等規則では，関連当事者との取引に関する注記に加え，「親会社又は重要な関連会社に関する注記」として，財務諸表提出会社に親会社が存在する場合にはその名称等を，重要な関連会社が存在する場合にはその名称や貸借対照表および損益計算書における重要項目を開示することが求められている（財規8の10の2）。この部分の注記についても，会社計算規則において規定はないものの，注記を妨げるものではないものと考えられる。

Ⅰ　計算書類　123

〈「経団連ひな型」の記載例〉

1.　親会社及び法人主要株主等

（単位：百万円）

種　類	会社等の名称	議決権等の所有（被所有）割合	関連当事者との関係	取引の内容	取引金額	科　目	期末残高
親会社	A社	被所有 直接○％ 間接○％	当社製品の販売 役員の兼任	○○製品の販売(注1)	×××	売掛金	×××
その他の関係会社	B社	被所有 直接○％ 間接○％	B社製品の購入	原材料の購入(注2)	×××	買掛金	×××
主要株主（会社等）	C社	被所有 直接○％ 間接○％	技術援助契約の締結	技術料の支払(注3)	×××	未払費用	×××

取引条件及び取引条件の決定方針等
（注1）　価格その他の取引条件は，市場実勢を勘案して当社が希望価格を提示し，価格交渉の上で決定しております。
（注2）　原材料の購入については，B社以外からも複数の見積りを入手し，市場の実勢価格を勘案して発注先及び価格を決定しております。
（注3）　技術料の支払については，C社より提示された料率を基礎として毎期交渉の上，決定しております。

2.　子会社及び関連会社等

（単位：百万円）

種　類	会社等の名称	議決権等の所有（被所有）割合	関連当事者との関係	取引の内容	取引金額	科　目	期末残高
子会社	D社	所有 直接○％	資金の援助 役員の兼任	資金の貸付(注1) 利息の受取(注1)	××× ×××	長期貸付金 その他流動資産	××× ×××
関連会社	E社	所有 直接○％	役務の受入れ 役員の兼任	増資の引受(注2)	×××	―	―
関連会社の子会社	F社	なし	なし	債権放棄(注3)	×××	―	―

取引条件及び取引条件の決定方針等
（注1）　D社に対する資金の貸付については，市場金利を勘案して決定しており，返済条件は期間3年，半年賦返済としております。なお，担保は受け入れておりません。

124　第3章　計算関係書類

　（注2）　当社がE社の行った第三者割り当てを1株につき××円で引き受けた
　　　　　ものであります。
　（注3）　債権放棄については，経営不振のF社の清算結了により行ったもので
　　　　　あります。

3．兄弟会社等

（単位：百万円）

種　類	会社等の名称	議決権等の所有（被所有）割合	関連当事者との関係	取引の内容	取引金額	科　目	期末残高
親会社の子会社	G社	なし	事業譲渡	事業譲渡(注1) 譲渡資産合計 譲渡負債合計 譲渡対価 事業譲渡益	××× ××× ××× ×××	— — — —	— — — —
その他の関係会社の子会社	H社（B社の子会社）	被所有 直接○％	なし	旧○○工場跡地の譲渡（注2） 売却代金 売却損	××× ×××	その他流動資産 —	×××

取引条件及び取引条件の決定方針等
　（注1）　事業譲渡については，親会社の方針に基づいて○○部門の事業を譲渡
　　　　　したものであり，当社の算定した対価に基づき交渉の上，決定しており
　　　　　ます。
　（注2）　不動産鑑定士の鑑定価格を勘案して交渉により決定しており，支払条
　　　　　件は引渡時50％，残金は5年均等年賦払，金利は年○％であります。

4．役員及び個人主要株主等

（単位：百万円）

種　類	会社等の名称または氏名	議決権等の所有（被所有）割合	関連当事者との関係	取引の内容	取引金額	科　目	期末残高
主要株主（個人）及びその近親者	a	被所有 直接○％	前当社取締役 当社の外注先であるJ社の代表取締役	コンピュータ・プログラムの製作（注1）	×××	未払金	×××
役員及びその近親者	b	被所有 直接○％	当社取締役 債務保証	債務保証（注2） 保証料の受入れ(注2)	××× ×××	— —	— —
	c	被所有 直接○％	当社取締役 債務被保証	当社銀行借入に対する債務被保証（注3）	×××	—	—

Ⅰ　計算書類　125

| 主要株主（個人）及びその近親者が議決権の過半数を所有している会社等 | Ｋ　社（注４） | なし | なし | 有価証券の売却（注５）　売却代金　売却益 | ×××　××× | — | — |
| 役員及びその近親者が議決権の過半数を所有している会社等 | Ｌ社（注６） | なし | 担保の被提供 | 当社の銀行借入金に対する土地の担保提供（注７） | ××× | — | — |

取引条件及び取引条件の決定方針等

（注１）　コンピュータ・プログラムの製作については，Ｊ社から提示された価格と，他の外注先との取引価格を勘案してその都度交渉の上，決定しております。

（注２）　ｂの銀行借入（×××百万円，期限○年）につき，債務保証を行ったものであり，年率○％の保証料を受領しております。

（注３）　当社は，銀行借入に対して取締役ｃより債務保証を受けております。なお，保証料の支払は行っておりません。

（注４）　当社の主要株主ａが議決権の100％を直接所有しております。

（注５）　有価証券の売却価格は，独立した第三者による株価評価書を勘案して決定しており，支払条件は一括現金払であります。

（注６）　当社役員ｄが議決権の51％を直接保有しております。

（注７）　当社の銀行借入金に対する土地の担保提供については，Ｌ社からの原材料購入のための資金借入に対するものであります。

〈事例１〉　「親会社及び法人主要株主等」について記載している事例

雪印メグミルク（2024年３月期）

関連当事者との取引に関する注記

１．親会社及び法人主要株主等

種類	会社等の名称	住所	資本金または出資金（百万円）	主要な事業の内容	議決権の所有（被所有）割合（％）	関連当事者との関係	取引の内容（注）1	取引金額（百万円）（注）2	科目	期末残高（百万円）
主要株主	全国農業協同組合連合会	東京都千代田区	115,230	農畜産物の販売及び生産資材等の供給	被所有直接13.7	原材料等の購入	買入取引	29,318	買掛金	2,991

（注）　１．取引条件及び取引条件の決定方針等

市場の実勢価格を勘案し，毎期価格交渉のうえで決定しております。

126　第3章　計算関係書類

　　　２．取引金額には消費税等を含めておりません。期末残高には消費税等を
　　　　　含めております。

〈事例２〉　「子会社及び関連会社等」について記載している事例

ダイセル（2024年３月期）

[関連当事者との取引に関する注記]
１．子会社及び関連会社等

（単位：百万円）

属性	会社等の名称	議決権等の所有割合	関連当事者との関係	取引の内容	取引金額（注１）	科目	期末残高（注１）
子会社	協同酢酸㈱	所有 直接92%	製品の販売	メタノールの販売（注２）	1,021	売掛金	2,310
				一酸化炭素の販売（注３）	15,468	未収入金	5,287
			製品の購入	酢酸の購入（注４）	27,635	買掛金	8,110
子会社	ダイセル・セイフティ・システムズ㈱	所有 直接100%	製品の購入	自動車エアバッグ用インフレータの購入（注５）	15,391	買掛金	1,549
子会社	パイクリスタル㈱	所有 直接86.8%	資金の貸付	資金の貸付（注６，７）	667	短期貸付金	3,616
子会社	ダイセルパックシステムズ㈱	所有 直接100%	資金の貸付	貸付金の回収（注６，８）	71	短期貸付金	790
子会社	Daicel (Asia) Pte.Ltd.	所有 直接100%	製品の販売	アセテート・トウの販売（注２）	26,551	売掛金	7,595
子会社	TOPAS Advanced Polymers GmbH	所有 直接49% 間接51%	債務の保証	債務の保証（注９）	—	保証債務	18,362
子会社	DP Engineering Plastics (Nantong) Co.,Ltd	所有 間接70%	債務の保証	債務の保証（注９）	—	保証債務	14,080

（注１）　取引金額には消費税等が含まれておらず，期末残高には消費税等が含ま
　　　　　れております。
　　　　　なお，資金取引の取引金額は当事業年度の純増減額を示しております。
（注２）　販売価格については購入価格を基礎として決定しております。
（注３）　販売価格については当社において算定された製造原価を基礎として決定
　　　　　しております。
（注４）　購入価格については協同酢酸㈱において算定された製造原価を基礎とし
　　　　　て決定しております。
（注５）　価格その他の取引条件は，市場実勢を勘案して当社が希望価格を提示し，
　　　　　価格交渉の上で決定しております。

Ⅰ　計算書類　127

（注６）　貸付金利息については，市場金利を勘案して合理的に決定しております。
（注７）　貸付金に対し，3,140百万円の貸倒引当金を計上しております。
（注８）　貸付金に対し，103百万円の貸倒引当金を計上しております。
（注９）　銀行借入に対する債務保証を行ったものであり，保証料を受領しております。

〈事例３〉　「兄弟会社等」について記載している事例

東京センチュリー（2024年３月期）

３．兄弟会社等

（単位：百万円）

属性	会社等の名称	議決権等の所有（被所有）割合	関連当事者との関係	取引の内容	取引金額	科目	期末残高
その他の関係会社の子会社	株式会社ファミリーマート	―	リース取引	リース料の受取（注１）	10,126	リース投資資産	29,732
				リース物件売上高・解約金収入	464	賃貸料等未取収益	43

取引条件及び取引条件の決定方針等
（注１）　リース料は，市場金利を勘案して利率を合理的に決定しております。

〈事例４〉　「役員及び個人主要株主等」について記載している事例

Ａ社（2023年10月期）

(2)　役員及び個人主要株主等

種類	会社等の名称又は氏名	事業の内容又は職業	議決権等の所有（被所有）割合（％）	取引の内容	取引金額（百万円）	科目	期末残高（百万円）
役員及びその近親者	○○○○	当社取締役	（被所有）直接24.1	子会社株式の購入（注２）	11	―	―
				新株予約権の権利行使に伴う自己株式の処分（注３）	1,899	―	―
役員及びその近親者が議決権の過半数を所有している会社等	Ｂ社（注１）	不動産の売買・賃貸管理及び仲介業	（被所有）直接5.0	子会社株式の購入（注２）	141	―	―

取引条件及び取引条件の決定方針等
（注１）　Ｂ社は，当社取締役○○○○が議決権の100％を保有しております。
（注２）　子会社株式の購入については，公平性・妥当性を確保するため第三者算定機関による株式価値の算定結果を勘案し，決定しております。

128　第3章　計算関係書類

（注3）　新株予約権の行使は，20XX年X月X日開催の取締役会決議に基づき付
与された新株予約権のうち，当事業年度における新株予約権の行使につ
いて記載しております。なお，取引金額は，当事業年度における自己株
式処分時の当社帳簿価額を記載しております。

〈事例5〉　引当金の繰入額等を記載している事例

日本碍子（2024年3月期）

Ⅵ　関連当事者との取引に関する注記

（単位：百万円）

種類	会社等の名称	議決権等の所有（被所有）割合	関連当事者との関係	取引の内容	取引金額	科目	期末残高
子会社	NGK EUROPE GmbH（ドイツ）	所有間接100.0%	製品の販売，役員の兼任	製品の販売（注）1	21,237	売掛金	7,535
子会社	NGK（蘇州）環保陶瓷有限公司（中国）	所有直接62.0%間接38.0%	製品の購入，製品の販売，生産設備等の供給，役員の兼任	製品の販売（注）1	32,571	売掛金	4,967
子会社	NGK CERAMICS POLSKA SP. ZO.O.（ポーランド）	所有間接95.0%	製品の購入，製品の販売，生産設備等の供給	製品の販売（注）1	33,163	売掛金	6,831
子会社	NGK CERAMICS（THAILAND）CO., LTD.（タイ）	所有直接95.0%間接0.0%	製品の購入，生産設備等の供給，資金の貸付，債務保証	債務保証（注）3	22,694	―	―
子会社	エヌジーケイ・セラミックデバイス株式会社（日本）	所有直接100.0%	製品の購入，生産設備等の供給，資金の貸付，建物・設備の賃貸，役員の兼任	製品等の購入（注）2	40,388	買掛金	3,866
				資金の貸付（注）4	△7,386	長期貸付金	17,380
子会社	NGK エレクトロデバイス株式会社（日本）	所有直接100.0%	製品の購入，資金の貸付，役員の兼任	資金の貸付（注）4（注）5	3,079	長期貸付金	15,855

取引条件及び取引条件の決定方針等

（注）1．価格その他の取引条件は，市場実勢を勘案して決定しております。

　　　2．価格その他の取引条件は，総原価を勘案して交渉の上決定しております。

　　　3．NGK CERAMICS（THAILAND）CO., LTD.の金融機関からの借入に
つき，債務保証を行っております。なお，取引金額には，金融機関からの
借入金残高を記載しております。また，この債務保証に対して，被保証先
の財政状態等を勘案し，債務保証損失引当金5,278百万円を計上しており
ます。なお，当事業年度において，債務保証損失引当金を128百万円取崩し，
営業外収益のその他に計上しております。

　　　4．貸付金の利率は市場金利を勘案して決定しており，取引金額には当事業
年度における増減額（△は減少）を記載しております。

I 計算書類 129

5．NGK エレクトロデバイス株式会社への長期貸付金に対し，貸倒引当金
9,462百万円を計上しております。なお，当事業年度において，7,390百万
円の貸倒引当金繰入額を営業外費用に計上しております。

〈事例 6 〉 「親会社に関する情報」を記載している事例

セブン銀行（2024年 3 月期）

2．親会社又は重要な関連会社に関する注記
（1） 親会社情報
株式会社セブン＆アイ・ホールディングス（東京証券取引所に上場）

〈事例 7 〉 「重要な関連会社に関する情報」を記載している事例

ジャパンフーズ（2024年 3 月期）

(2) 重要な関連会社に関する注記
当事業年度において，重要な関連会社は東洋飲料（常熟）有限公司であり，
その要約財務情報は以下のとおりであります。なお，上記関連会社の決算日
（12月31日）は，当社決算日と一致しておりません。

流動資産合計	1,750,421千円
固定資産合計	7,690,060千円
流動負債合計	2,237,330千円
固定負債合計	1,335,310千円
純資産合計	5,867,840千円
売上高	7,855,230千円
税引前当期純利益	1,159,573千円
当期純利益	867,604円

（13） 1株当たり情報に関する注記

1株当たり情報の注記として，以下の項目について記載する（会計規113）。

130　第3章　計算関係書類

(ⅰ)　1株当たり純資産額

(ⅱ)　1株当たり当期純利益または当期純損失金額

(ⅲ)　株式会社が当該事業年度または当該事業年度の末日後において株式の併合または株式の分割をした場合において，当該事業年度の期首に株式の併合または株式の分割をしたと仮定して(ⅰ)，(ⅱ)に掲げる額を算定したときは，その旨

　会社計算規則では，1株当たり当期純利益または当期純損失の計算方法を規定していないことから，1株当たり当期純利益会計基準および1株当たり当期純利益適用指針に従って算定される。

　なお，経団連ひな型の記載例のとおり，記載方法は連結注記表とおおむね同じであるため，事例については「Ⅲ　連結計算書類　4　連結注記表」を参照されたい。

〈「経団連ひな型」の記載例〉①

1株当たり純資産額	×××円　××銭
1株当たり当期純利益	×××円　××銭

〈「経団連ひな型」の記載例〉②

［株式の分割をした場合の記載例］
　当社は，○年○月○日付けで株式1株につき1.××株の株式分割を行っております。当該株式分割については，当事業年度の期首に株式分割が行われたと仮定して1株当たりの当期純利益を算定しております。

(14)　重要な後発事象に関する注記

　事業年度の末日後において，当該株式会社の翌事業年度以降の財産または損益に重要な影響を及ぼす事象が発生した場合，当該事象について記載する（会計規114）。事業年度末日後の会社の状況が株主等利害関係者に何も開示されないと，株主等利害関係者は適切な判断を行うことができないため，注記を求め

ているものである。

　なお，記載方法は連結注記表とおおむね同じであるため，具体的な記載内容および事例については，「Ⅲ　連結計算書類　4　連結注記表」を参照されたい。

(15)　連結配当規制適用会社に関する注記

　連結配当規制適用会社となる場合は，事業年度末日が最終事業年度の末日となる時後，連結配当規制適用会社となる旨について注記する（会計規115）。

　連結配当規制適用会社とは，ある事業年度の末日が最終事業年度の末日となる時から当該ある事業年度の次の事業年度の末日が最終事業年度の末日となる時までの間における当該株式会社の分配可能額の算定につき会社計算規則158条4号（分配可能額算定における連結配当規制）の規定を適用する旨を当該ある事業年度に係る計算書類の作成に際して定めた株式会社である（会計規2Ⅲ�55）。分配可能額算定における連結配当規制とは，連結ベースでの剰余金等に基づいて算定された分配可能額と，個別ベースでの剰余金等に基づいて算定された分配可能額を比較し，前者が小さい場合には，分配可能額に制限を設けるということである。

　連結配当規制適用会社になるか否かについては，連結計算書類を作成する会社であれば，任意に適用ができることになっている一方，連結配当規制適用会社になるための手続については，会社法下では定められていないため，計算書類の注記にて開示することで足りると考えられる。

　なお，連結配当規制適用会社の場合には，親会社株式の取得禁止（会社法135）に対する特例（会施規23⑬）および吸収合併契約等の承認等（会社法795Ⅱ）に対する特例（会施規195Ⅲ～Ⅴ）のような恩典が設けられている。

〈「経団連ひな型」の記載例〉

　［記載例］

　　当社は，当事業年度の末日が最終事業年度の末日となる時後，連結配当規制適用会社となります。

132　第3章　計算関係書類

〈事例〉　連結配当規制適用会社に関する注記を記載している事例

ZOZO（2024年3月期）

連結配当規制適用会社に関する注記
　当社は連結配当規制適用会社であります。

---

(16)　収益認識に関する注記

　顧客との契約に基づく義務の履行の状況に応じて当該契約から生ずる収益を認識する場合，重要性が乏しいものを除き，以下の項目を収益認識に関する注記として注記する（会計規115の2）。

　(ⅰ)　当該事業年度に認識した収益を，収益およびキャッシュ・フローの性質，金額，時期および不確実性に影響を及ぼす主要な要因に基づいて区分をした場合における当該区分ごとの収益の額その他の事項（収益の分解情報）

　(ⅱ)　収益を理解するための基礎となる情報

　(ⅲ)　当該事業年度および翌事業年度以降の収益の金額を理解するための情報

　ただし，会社法444条3項の規定により連結計算書類の作成が義務付けられている株式会社以外の株式会社にあっては，上記(ⅰ)および(ⅲ)の注記を要しない（会計規115の2ただし書）。

　また，重要な会計方針に係る事項に関する注記に記載すべき事項（本章Ⅰ4(2)④参照）と同一であるときは，当該事項の注記を要しない（会計規115の2Ⅱ）。

　なお，連結計算書類を作成する株式会社は，個別注記表における上記(ⅰ)および(ⅲ)の注記を要しない（会計規115の2Ⅲ）。また，個別注記表に注記すべき事項（上記(ⅱ)の事項に限る）が連結注記表に注記すべき事項と同一である場合において，個別注記表にその旨を注記するときは，個別注記表における当該事項の注記を要しない（会計規115の2Ⅳ）。

　収益認識会計基準等では，「収益の分解情報」，「収益を理解するための基礎となる情報」および「当期及び翌期以降の収益の金額を理解するための情報」の各項目の具体的な内容について詳細に定められている一方で，会社計算規則115条の2は，「収益認識に関する注記」が概括的に規定されている。

　また，収益認識会計基準においては，収益認識に関する注記における開示目

的は顧客との契約から生じる収益およびキャッシュ・フローの性質，金額，時期および不確実性を財務諸表利用者が理解できるようにするための十分な情報を企業が開示することであるとされている（収益認識会計基準80-4項）。

収益認識に関する注記を記載するにあたり，どの注記事項にどの程度の重点を置くべきか，また，どの程度詳細に記載するのかを当該開示目的に照らして判断し，重要性に乏しい詳細な情報を大量に記載したり，特徴が大きく異なる項目を合算したりすることにより有用な情報が不明瞭とならないように，注記は集約または分解することとされている（収益認識会計基準80-6項）。

会社計算規則において，収益認識に関する注記の内容が，収益認識会計基準における定めとは異なり，概括的に定められているのは，実務上の負担等を考慮し，各社の実情に応じて必要な限度での開示を可能とするためである。一方で，注記の要否は，各社において，その実情を踏まえ，個別に判断されるべきものであるから，そのような判断を要せずに画一的に，収益認識会計基準において注記を求められる事項の一部について，注記を要しないものとする規定等は設けないこととされている。したがって，収益認識会計基準において具体的に規定された事項であったとしても，各株式会社の実情を踏まえ，計算書類においては当該事項の注記を要しないと合理的に判断される場合には，計算書類において当該事項について注記しないことも許容されると考えられる（法務省「「会社計算規則の一部を改正する省令案」に関する意見募集の結果について」の「結果概要別紙」（2020年8月12日））。

（i）収益の分解情報（会計規115の2 I ①）

会社計算規則115条の2第1項1号は，「当該事業年度に認識した収益を，収益及びキャッシュ・フローの性質，金額，時期及び不確実性に影響を及ぼす主要な要因に基づいて区分をした場合における当該区分ごとの収益の額その他の事項」を注記することを定めている。

当該項目は会社法444条3項の規定により連結計算書類の作成が義務付けられている株式会社以外の株式会社にあっては注記を要さず（会計規115の2ただし書），連結計算書類を作成する株式会社は，個別注記表における注記を要さない（会計規115の2 III）。当該注記は，実務上は連結注記表に記載される場合

134 第3章 計算関係書類

が多いと考えられることから，詳細は「本章Ⅲ4⑭①」を参照されたい。

(ⅱ) 収益を理解するための基礎となる情報（会計規115の2Ⅰ②）

　当該項目は，重要な会計方針に係る事項に関する注記（会計規101）と記載内容が同一である場合は注記を要さず（会計規115の2Ⅱ），個別注記表に注記すべき事項が連結注記表に注記すべき事項と同一である場合において，個別注記表にその旨を注記するときは，個別注記表における当該事項の注記を要しない（会計規115の2Ⅳ）。

　上述したとおり，会社計算規則においては，「収益認識に関する注記」が概括的に規定されており，各株式会社の実情に応じて必要な限度での開示を行うことになる。

　収益認識会計基準80-12項では，顧客との契約が，財務諸表に表示している項目または収益認識に関する注記における他の注記事項とどのように関連しているのかを示す基礎となる情報として，次の事項を注記することとされている。

> (ア) 契約および履行義務に関する情報
> (イ) 取引価格の算定に関する情報
> (ウ) 履行義務への配分額の算定に関する情報
> (エ) 履行義務の充足時点に関する情報
> (オ) 収益認識会計基準の適用における重要な判断

(ア) 契約および履行義務に関する情報

　収益として認識する項目がどのような契約から生じているのかを理解するための基礎となる情報を注記する。この情報には，次の事項が含まれる（収益認識会計基準80-13項）。

> (1) 履行義務に関する情報
> (2) 重要な支払条件に関する情報

　上記(1)の履行義務に関する情報については，重要な会計方針に係る事項に関する注記に含まれている（会計規101Ⅱ①）。

　重要な支払条件に関する情報を注記するにあたっては，たとえば，次の内容

Ⅰ　計算書類　135

を記載する（収益認識会計基準80-15項）。

---

(1)　通常の支払期限

(2)　対価に変動対価が含まれる場合のその内容

(3)　変動対価の見積りが収益認識会計基準54項[※]に従って通常制限される場合のその内容

(4)　契約に重要な金融要素が含まれる場合のその内容

（※）収益認識会計基準54項では，変動対価の見積りにおいて，変動対価の額に関する不確実性が事後的に解消される際に，解消される時点までに計上された収益の著しい減額が発生しない可能性が高い部分に限り，取引価格に含めることとされている。

(ｲ)　取引価格の算定に関する情報

取引価格の算定方法について理解できるよう，取引価格を算定する際に用いた見積方法，インプットおよび仮定に関する情報を注記する。たとえば，次の内容を記載する（収益認識会計基準80-16項）。

---

(1)　変動対価の算定

(2)　変動対価の見積りが収益認識会計基準54項[※]に従って制限される場合のその評価

(3)　契約に重要な金融要素が含まれる場合の対価の額に含まれる金利相当分の調整

(4)　現金以外の対価の算定

(5)　返品，返金およびその他の類似の義務の算定

（※）収益認識会計基準54項では，変動対価の見積りにおいて，変動対価の額に関する不確実性が事後的に解消される際に，解消される時点までに計上された収益の著しい減額が発生しない可能性が高い部分に限り，取引価格に含めることとされている。

(ｳ)　履行義務への配分額の算定に関する情報

取引価格の履行義務への配分額の算定方法について理解できるよう，取引価格を履行義務に配分する際に用いた見積方法，インプットおよび仮定に関する情報を注記する。たとえば，次の内容を記載する（収益認識会計基準80-17項）。

136　第3章　計算関係書類

> (1)　約束した財またはサービスの独立販売価格の見積り
> (2)　契約の特定の部分に値引きや変動対価の配分を行っている場合の取引価格の
> 　　配分

(エ)　履行義務の充足時点に関する情報

　履行義務を充足する通常の時点（収益を認識する通常の時点）の判断および当該時点における会計処理の方法を理解できるよう，次の事項を注記する（収益認識会計基準80-18項）。

> (1)　履行義務を充足する通常の時点（収益を認識する通常の時点）
> (2)　一定の期間にわたり充足される履行義務について，収益を認識するために使
> 　　用した方法および当該方法が財またはサービスの移転の忠実な描写となる根拠
> (3)　一時点で充足される履行義務について，約束した財またはサービスに対する
> 　　支配を顧客が獲得した時点を評価する際に行った重要な判断

　上記(1)の履行義務を充足する通常の時点（収益を認識する通常の時点）については，重要な会計方針に係る事項に関する注記に含まれている（会計規101Ⅱ②）。

　一定の期間にわたり充足される履行義務については，履行義務の充足に係る進捗度を見積り，当該進捗度に基づき収益を一定の期間にわたり認識する（収益認識会計基準41項）。進捗度の見積方法としてはアウトプット法とインプット法があり，その方法を決定するにあたっては，財またはサービスの性質を考慮する（収益認識適用指針15項）。収益認識会計基準80-18項(2)に関する注記にあたっては，進捗度の測定に使用した指標や当該指標を用いた方法が財またはサービスの移転の忠実な描写となる根拠を記載することが考えられる。

　一時点で充足される履行義務について，収益認識会計基準80-18項(3)では約束した財またはサービスに対する支配を顧客が獲得した時点を評価する際に行った重要な判断を注記することとされており，収益認識会計基準40項においては支配の移転を検討する際には，たとえば，次の指標を考慮することとされている。

⑴　企業が顧客に提供した資産に関する対価を収受する現在の権利を有していること

⑵　顧客が資産に対する法的所有権を有していること

⑶　企業が資産の物理的占有を移転したこと

⑷　顧客が資産の所有に伴う重大なリスクを負い，経済価値を享受していること

⑸　顧客が資産を検収したこと

㋔　収益認識会計基準の適用における重要な判断

　収益認識会計基準を適用する際に行った判断および判断の変更のうち，顧客との契約から生じる収益の金額および時期の決定に重要な影響を与えるものを注記する（収益認識会計基準80-19項）。

　IFRS15号においては，IFRS15号の適用における重要な判断および判断の変更に関して特に注記が求められる事項として，「履行義務の充足の時期」ならびに「取引価格及び履行義務への配分額」を決定する際に用いた判断および判断の変更が挙げられている。企業がこれらの事項を「収益を理解するための基礎となる情報」に掲げる事項または内容を踏まえて注記している場合には，収益認識会計基準を適用する際に行った判断および判断の変更の項目を改めて設けて記載する必要はないと考えられる（収益認識会計基準191項）。

⒤⒤⒤　当該事業年度および翌事業年度以降の収益の金額を理解するための情報（会計規115の2 Ⅰ③）

　当該項目は会社法444条3項の規定により連結計算書類の作成が義務付けられている株式会社以外の株式会社にあっては注記を要さず（会計規115の2ただし書），連結計算書類を作成する株式会社は，個別注記表における注記を要さない（会計規115の2Ⅲ）。当該注記は，実務上は連結注記表に記載される場合が多いと考えられることから，詳細は「本章Ⅲ4⒁③」を参照されたい。

138　第3章　計算関係書類

〈「経団連ひな型」の記載例〉

［記載例（連結計算書類の作成義務のある会社で，当事業年度及び翌事業年度以降の収益の金額を理解するための情報の注記を要しないと合理的に判断される場合）］

　(1)　収益の分解

　当社は，○○事業，○○事業及びその他の事業を営んでおり，各事業の主な財又はサービスの種類は，△商品，△製品及び△保守サービスであります。

　また，各事業の売上高は，×××百万円，×××百万円及び×××百万円であります。

　(2)　収益を理解するための基礎となる情報

　「重要な会計方針に係る事項に関する注記」の「収益及び費用の計上基準」に記載のとおりであります。

〈事例〉　連結計算書類を作成しているため，個別注記表において(i)収益の分解情報および(iii)当該事業年度および翌事業年度以降の収益の金額を理解するための情報の記載を要さず，(ii)収益を理解するための基礎となる情報については連結注記表に記載すべき事項と同一である事例

三菱製鋼（2024年3月期）

（収益認識に関する注記）

　顧客との契約から生じる収益を理解するための基礎となる情報は，連結計算書類の「注記事項（収益認識に関する注記）」と同一の内容を記載しているので，注記を省略しております。

---

(17)　その他の注記

　上記のほか，貸借対照表，損益計算書および株主資本等変動計算書により株式会社の財産または損益の状態を正確に判断するために必要な事項について記載する（会計規116）。会計基準で注記が要求されている事項その他の事項について，該当するかどうかを検討する。

　経団連ひな型では，以下の例示がある。

I 計算書類 139

① 退職給付に関する注記

② 減損損失に関する注記

③ 企業結合・事業分離に関する注記

④ 資産除去債務に関する注記

⑤ その他追加情報の注記

　なお，上記の各項目の記載方法は連結注記表と概ね同じであるため，具体的な記載内容および事例については「Ⅲ　連結計算書類　4　連結注記表」を参照されたい。

140 第3章 計算関係書類

Ⅱ 計算書類に係る附属明細書

1 計算書類に係る附属明細書の概要

　計算書類に係る附属明細書には，以下に掲げるもののほか，貸借対照表，損益計算書，株主資本等変動計算書および個別注記表の内容を補足する重要な事項を記載しなければならない（会計規117）。

(i)　有形固定資産および無形固定資産の明細

(ii)　引当金の明細

(iii)　販売費及び一般管理費の明細

(iv)　会社計算規則112条1項ただし書の規定により，関連当事者との取引の注記について，省略した事項があるときは，当該事項

　公開会社以外の会社は，上記(iv)については記載を要しない（会計規117）。また，関連当事者との取引の注記事項のうち，一部の記載を省略できるのは会計監査人設置会社以外の会社に限られている（会計規112Ⅰただし書）。したがって，上記(iv)の記載を要するのは，公開会社であって会計監査人設置会社でない会社のうち，関連当事者との取引の注記事項の記載を一部省略した会社のみである。

　附属明細書の作成方法ないしひな型について，会社計算規則では具体的な定めをしていないため，会社が自主的な判断を加えて明細書を作成することとなる。

　なお，JICPAから，会計監査人の監査を受ける会社（会計監査人設置会社）を主な対象として，会計制度委員会研究報告9号「計算書類に係る附属明細書のひな型」（以下「JICPAひな型」という）が公表されている。これは実務の参考に資するものとして，附属明細書のひな型の一例を示したものであり（JICPAひな型「Ⅰ　はじめに　1」），これに従って附属明細書を作成することは強制されない。JICPAひな型は，会計監査人設置会社を主として対象にしたものであるが，その他の株式会社においても，参考にされることが望ましい（JICPAひな型「Ⅰ　はじめに　2」）。

Ⅱ　計算書類に係る附属明細書　141

以下においては，主として会計監査人設置会社における附属明細書作成を念頭に置いて，主としてJICPAひな型をベースとして記載している。

2　計算書類に係る附属明細書の記載事項

（1）　有形固定資産および無形固定資産の明細

①　概　　要

貸借対照表における固定資産の残高等の記載を補足する情報として，固定資産の期首残高，当期増加額，当期減少額，期末残高，減価償却累計額や減価償却費等の情報を記載する。

②　留意事項

（ⅰ）　増減・残高の記載様式

増減・残高については，帳簿価額に基づいて記載する方法と，取得原価に基づいて記載する方法とが考えられる。

JICPAひな型は，帳簿価額による記載様式と取得原価による記載様式とを示し，会社の選択に委ねている。

帳簿価額による記載様式にあっては，「期首帳簿価額」,「当期増加額」,「当期減少額」および「期末帳簿価額」の各欄は帳簿価額によって記載し，期末帳簿価額と減価償却累計額の合計額を「期末取得原価」の欄に記載する。なお，無形固定資産については，償却額は直接減額されるため，減価償却累計額や期末取得原価をわざわざ集計する必要はないものと考えられる。

取得原価による記載様式にあっては，「期首残高」,「当期増加額」,「当期減少額」および「期末残高」の各欄は取得原価によって記載し，期末残高から期末減価償却累計額または償却累計額を控除した残高を「差引期末帳簿価額」の欄に記載する。

JICPAひな型の「取得原価による記載」様式は，財務諸表等規則　様式第十一号の二【有形固定資産等明細表】に近い様式になっているため，会社計算規則に基づいて作成した有形固定資産および無形固定資産の明細をベースにして，財務諸表等規則に基づく有形固定資産等明細表を作成することができ，作成作

142　第3章　計算関係書類

業の簡素化につながるものと考えられる。ただし，JICPA ひな型（「取得原価による記載」様式）と財務諸表等規則の様式とでは，見出し項目や並び順に差異があるので，煩雑さを回避するために，会社計算規則に基づく有形固定資産および無形固定資産の明細を財務諸表等規則の様式を使って作成することも考えられる。

（参考）　財務諸表等規則　様式第十一号の二【有形固定資産等明細表】

（単位：円）

区　分	資産の種　類	当期首残　高	当　期増加額	当　期減少額	当　期償却額	当期末残　高	減価償却累計額
有形固定資産							
	計						
無形固定資産							
	計						

(ii)　期末帳簿価額や当期増減額に重要性がない場合の記載

　有形固定資産および無形固定資産の期末帳簿価額に重要性がない場合，または有形固定資産および無形固定資産の当期増加額および当期減少額に重要性がない場合には，帳簿価額による記載様式における「期首帳簿価額」または取得原価による記載様式における「期首残高」，「当期増加額」および「当期減少額」の各欄の記載を省略した様式により作成することができる。この場合には，その旨を脚注する。

　附属明細書においては，財務諸表等規則における有形固定資産等明細表のように資産総額の1％といった数値基準は設けられていないが，重要性のない場合に期首残高・当期増加額・当期減少額の各欄の記載を省略することを認める取扱いとされている。有価証券報告書等の記載との整合性を考慮したためである。

(ⅲ) 減損損失を認識した場合の記載

固定資産減損会計基準に基づき減損損失を認識した場合には，貸借対照表の表示に応じて，以下のように記載する。

【減損損失の記載】

当期の減損損失を下記の欄に含めて記載し，その金額を内書（括弧書）として記載する。

附属明細書様式 ／ 貸借対照表表示形式	帳簿価額による記載様式	取得原価による記載様式
直接控除形式(注1)	「当期減少額」の欄に含めて記載	同　左
独立間接控除形式(注2)	「当期償却額」の欄に含めて記載	同　左
合算間接控除形式(注3)	「当期償却額」の欄に含めて記載	同　左

(注1)直接控除形式：減損処理前の取得原価から減損損失を直接控除し，控除後の金額をその後の取得原価とする形式
(注2)独立間接控除形式：減価償却を行う有形固定資産に対する減損損失累計額を取得原価から間接控除する形式
(注3)合算間接控除形式：減価償却を行う有形固定資産に対する減損損失累計額を取得原価から間接控除し，減損損失累計額を減価償却累計額に合算して表示する形式

【減損損失累計額の記載】

附属明細書様式 ／ 貸借対照表表示形式	帳簿価額による記載様式	取得原価による記載様式
直接控除形式	―	―
独立間接控除形式	「期末帳簿価額」の欄の次に，別途「減損損失累計額」の欄を設けて記載	「期末残高」の欄の次に，別途「減損損失累計額」の欄を設けて記載
合算間接控除形式	「減価償却累計額」の欄に含めて記載し，減損損失累計額が含まれている旨を脚注	「期末減価償却累計額又は償却累計額」の欄に含めて記載し，減損損失累計額が含まれている旨を脚注

なお，実務上は，直接控除形式によっているケースが多いものと思われる。

144　第3章　計算関係書類

(iv)　重要な増減等の記載

　合併，会社分割，事業の譲受けまたは譲渡，贈与，災害による廃棄，滅失等の特殊な理由による重要な増減があった場合には，その理由ならびに設備等の具体的な内容および金額を脚注する。

　上記以外の理由による重要な増減については，その設備等の具体的な内容および金額を脚注する。

　したがって，たとえば「建物の当期増加の主なものは，○○工場新築によるものであります。」といった表現では金額が明示されないため，「建物の当期増加の主なものは，○○工場新築によるもの○○千円であります。」といった表現が考えられる。

(v)　投資不動産等がある場合の記載

　投資その他の資産に減価償却資産が含まれている場合には，当該資産についても記載することが望ましい。この場合には，表題を「有形固定資産及び無形固定資産（投資その他の資産に計上された償却費の生ずるものを含む）の明細」等に適宜変更する。

　会社計算規則では，「有形固定資産及び無形固定資産の明細」とされているが，当該明細書作成の趣旨からすると，投資不動産等についても記載することが望ましいものと考えられる。

(vi)　事業報告の「設備投資」の状況との整合性

　計算書類に係る附属明細書は，事業報告の記載を補足するものとの位置づけとはされていないものの，重要な設備投資があれば，事業報告において設備投資の状況について記載することが求められているため，事業報告における設備投資の状況の記載との整合性に留意することも必要である。

Ⅱ　計算書類に係る附属明細書　145

③　記載例

〈「経団連ひな型」の記載例〉　帳簿価額による記載

（単位：百万円）

区　分	資産の種類	期首帳簿価額	当　期増加額	当　期減少額	当　期償却額	期末帳簿価額	減価償却累計額
有 形 固定 資 産	○○	×××	×××	×××（×××）	×××（×××）	×××	×××
	○○	×××	×××	×××	×××	×××	×××
	計	×××	×××	×××	×××	×××	×××
無 形 固定 資 産	○○	×××	×××	×××	×××	×××	
	○○	×××	×××	×××	×××	×××	
	計	×××	×××	×××	×××	×××	

（注）　「当期減少額」欄の（　）は内数で，当期の減損損失計上額であります
（直接控除方式の場合）。

〈記載例１〉　帳簿価額による記載

（単位：千円）

区分	資産の種類	期　首帳簿価額	当　期増加額	当　期減少額	当　期償却額	期　末帳簿価額	減価償却累計額	期　末取得原価
有形固定資産	建物	673,540	54,852	20,114	18,876	689,402	248,655	938,057
	機械装置	143,776	32,600	8,744	18,579	149,053	99,640	248,693
	工具器具備品	79,148	11,250	3,555	5,363	81,480	36,443	117,923
	土地	305,608	20,480	—	—	326,088	—	326,088
	リース資産	10,500	1,200	—	2,200	9,500	4,300	13,800
	建設仮勘定	10,332	44,680	44,896	—	10,116	—	10,116
	計	1,222,904	165,062	77,309	45,018	1,265,639	389,038	1,654,677
無形固定資産	ソフトウェア	146,540	30,460	27,580	38,662	110,758		
	のれん	24,300	4,000	—	5,450	22,850		
	計	170,840	34,460	27,580	44,112	133,608		

（注）1.　建物の当期増加は，○○工場新築によるもの○○千円等であります。
　　2.　……………

146　第3章　計算関係書類

〈記載例2〉　取得原価による記載

(単位：千円)

区分	資産の種類	期首残高	当期増加額	当期減少額	期末残高	期末減価償却累計額又は償却累計額	当期償却額	差引期末帳簿価額
有形固定資産	建物	431,225	46,720	22,498	455,447	146,548	17,754	308,899
	機械装置	34,187	1,046	6,549	28,684	21,494	4,546	7,190
	工具器具備品	5,913	4,970	544	10,339	3,254	1,837	7,085
	土地	258,540	35,650	—	294,190	—	—	294,190
	リース資産	21,500	500		22,000	7,200	4,000	14,800
	建設仮勘定	10,430	5,340	7,897	7,873	—	—	7,873
	計	761,795	94,226	37,488	818,533	178,496	28,137	640,037
無形固定資産	ソフトウェア	8,630	12,540	2,300	18,870	9,760	4,350	9,110
	のれん	32,300	—	—	32,300	12,920	6,460	19,380
	計	40,930	12,540	2,300	51,170	22,680	10,810	28,490

(注)1.　建物の当期増加は，○○工場新築によるもの○○千円等であります。
　　　2.　建物の当期減少は，○○倉庫除却によるもの○○千円等であります。
　　　3.　……………

（2）　引当金の明細

①　概　　要

　貸借対照表における引当金の残高を補足する情報として，引当金の増減・残高等の情報を記載する。引当金は，将来の特定の費用または損失であって，発生の原因が当期以前の事象に起因し，発生の可能性が高く，かつ，その金額を合理的に見積ることができる場合に計上されるものである。確定債務ではなく，見積りにより計上されるものであることから，補足情報の記載が要請されており，増減・残高の金額，主な増減の理由等を記載することとなる。

②　留意事項

(i)　「当期減少額」の欄の記載

　引当金の明細については，JICPA ひな型には「当期減少額の欄を区分する

記載」と「当期減少額の欄を区分しない記載」とがあり，いずれの様式によることもできる。「当期減少額の欄を区分する記載」による場合は，引当金の「当期減少額」は，「目的使用」と「その他」とに区分する。「当期減少額」の欄のうち，「その他」の欄には，目的使用以外の理由による減少額を記載し，その理由を脚注する。

　「当期減少額の欄を区分する記載」は，財務諸表等規則 様式第十四号の二【引当金明細表】と概ね同様の様式になっているため，会社計算規則に基づいて作成した引当金の明細をベースにして，財務諸表等規則に基づく引当金明細表を作成することができる。

(ⅱ)　退職給付引当金の記載省略

　退職給付引当金について，退職給付に関する注記（財務諸表等規則8条の13に規定された注記事項に準ずる注記）を個別注記表に記載しているときは，附属明細書にその旨を記載し，その記載を省略することができる（JICPA ひな型「Ⅲ　ひな型　2．引当金の明細」の記載上の注意5）。

　個別注記表において，財務諸表等規則に定める退職給付に関する注記を行っている場合には，附属明細書で増減・残高の明細を記載するよりも有用な情報が提供されているため，上記取扱いとされている。

(ⅲ)　その他

　期首または期末のいずれかに残高がある場合にのみ作成する。当期増加額と当期減少額は相殺せずに，それぞれ総額で記載する。

③　記 載 例

〈「経団連ひな型」の記載例〉

（単位：百万円）

科目	期首残高	当期増加額	当期減少額	期末残高
○○引当金	×××	×××	×××	×××
○○引当金	×××	×××	×××	×××

148　第3章　計算関係書類

〈記載例1〉　当期減少額の欄を区分する記載

（単位：千円）

区　　分	期首残高	当期増加額	当期減少額		期末残高
			目的使用	その他	
貸倒引当金	34,475	53,975	4,775	2,525	81,150
賞与引当金	32,720	36,970	32,720	—	36,970
役員賞与引当金	8,000	10,000	8,000	—	10,000
退職給付引当金	44,672	10,694	3,541	—	51,825
役員退職慰労引当金	32,870	3,655	—	—	36,525

（注）　貸倒引当金の当期減少額の「その他」は，………によるものであります。

〈記載例2〉　当期減少額の欄を区分しない記載

（単位：千円）

科　　目	当期首残高	当期増加額	当期減少額	当期末残高
貸倒引当金	34,475	53,975	7,300	81,150
賞与引当金	32,720	36,970	32,720	36,970
役員賞与引当金	8,000	10,000	8,000	10,000
退職給付引当金	44,672	10,694	3,541	51,825
役員退職慰労引当金	32,870	3,655	—	36,525

（3）　販売費及び一般管理費の明細

①　概　　要

　会社計算規則88条では，損益計算書において販売費及び一般管理費の細目の記載は求められておらず，損益計算書上，販売費及び一般管理費の合計金額のみが記載されることが多い。このため，その補足情報としての役割を果たすものと考えられる。

②　留意事項

（i）　科目の記載順

概ね販売費，一般管理費の順に，その内容を示す適当な科目で記載する。

Ⅱ　計算書類に係る附属明細書　149

(ⅱ)　整合性

　本明細書の賞与引当金繰入額その他の引当金繰入額については，「引当金の明細」の記載との整合性に注意する必要がある。また，減価償却費については，「有形固定資産及び無形固定資産の明細」の記載との整合性に注意する必要がある。

③　記載例

〈「経団連ひな型」の記載例〉

（単位：百万円）

科　　目	金　　額	摘　　要
○○○	×××	
○○○	×××	
計	×××	

〈記載例〉

（単位：千円）

科　　目	金　　額	摘　　要
広告宣伝費	13,230	
役員報酬	80,400	
給与手当	868,535	
賞与	210,332	
賞与引当金繰入額	88,500	
退職給付費用	22,120	
法定福利費	60,230	
福利厚生費	2,030	
旅費交通費	8,540	
水道光熱費	12,400	
賃借料	12,000	

150　第3章　計算関係書類

消耗品費	5,430	
減価償却費	25,320	
交際費	320	
寄付金	100	
雑費	4,760	
計	1,414,247	

（4）　関連当事者との取引の注記事項のうち個別注記表における記載を省略した事項

　関連当事者との取引については，以下の会社は個別注記表に記載することが求められている（会計規98）。

- 会計監査人設置会社
- 会計監査人設置会社以外の公開会社

　このうち会計監査人設置会社以外の公開会社については，「Ⅰ　計算書類　4　注記表　(12)関連当事者との取引に関する注記」の表に記載のとおり，関連当事者との取引に関する注記事項の一部につき，個別注記表への記載を省略することができる（会計規112）。当該取扱いに従い，会計監査人設置会社以外の公開会社が，個別注記表への記載を省略した場合には，当該省略した事項については，計算書類に係る附属明細書において当該事項を記載する必要がある（会計規117）。

（5）　その他の重要な事項

　附属明細書に，上記のほか，貸借対照表，損益計算書，株主資本等変動計算書および個別注記表の内容を補足する重要な事項を記載する場合の様式は，JICPAひな型に示されていない。附属明細書の他の記載との整合性を考慮に入れて適宜工夫する。

Ⅲ ▌ 連結計算書類

1 連結貸借対照表

（1） 概　要

　連結貸借対照表の様式等については，会社計算規則72条から86条において規定されている。連結貸借対照表の記載方法は貸借対照表と同様「資産」，「負債」および「純資産」に区分して表示することとされている（会計規73Ⅰ）。同規則および経団連ひな型によれば，連結貸借対照表の様式は以下のとおりである。

〈「経団連ひな型」の記載例〉

<table>
<tr><td colspan="4" align="center">連結貸借対照表
（○年○月○日現在）</td></tr>
<tr><td colspan="4" align="right">（単位：百万円）</td></tr>
<tr><td align="center">科　　目</td><td align="center">金　額</td><td align="center">科　　目</td><td align="center">金　額</td></tr>
<tr><td>（資産の部）</td><td></td><td>（負債の部）</td><td></td></tr>
<tr><td>流動資産</td><td>×××</td><td>流動負債</td><td>×××</td></tr>
<tr><td>　現金及び預金</td><td>×××</td><td>　支払手形及び買掛金</td><td>×××</td></tr>
<tr><td>　受取手形</td><td>×××</td><td>　短期借入金</td><td>×××</td></tr>
<tr><td>　売掛金</td><td>×××</td><td>　リース債務</td><td>×××</td></tr>
<tr><td>　契約資産</td><td>×××</td><td>　未払金</td><td>×××</td></tr>
<tr><td>　有価証券</td><td>×××</td><td>　未払法人税等</td><td>×××</td></tr>
<tr><td>　商品及び製品</td><td>×××</td><td>　契約負債</td><td>×××</td></tr>
<tr><td>　仕掛品</td><td>×××</td><td>　○○引当金</td><td>×××</td></tr>
<tr><td>　原材料及び貯蔵品</td><td>×××</td><td>　その他</td><td>×××</td></tr>
<tr><td>　その他</td><td>×××</td><td>固定負債</td><td>×××</td></tr>
<tr><td>　貸倒引当金</td><td>△×××</td><td>　社債</td><td>×××</td></tr>
<tr><td>固定資産</td><td></td><td>　長期借入金</td><td>×××</td></tr>
<tr><td>　有形固定資産</td><td>×××</td><td>　リース債務</td><td>×××</td></tr>
<tr><td>　　建物及び構築物</td><td>×××</td><td>　繰延税金負債</td><td>×××</td></tr>
<tr><td>　　機械装置及び運搬具</td><td>×××</td><td>　○○引当金</td><td>×××</td></tr>
<tr><td>　　土地</td><td>×××</td><td>　退職給付に係る負債</td><td>×××</td></tr>
</table>

152　第3章　計算関係書類

リース資産	×××	その他	×××
建設仮勘定	×××	負債合計	×××
その他	×××	（純資産の部）	
無形固定資産	×××	株主資本	×××
ソフトウェア	×××	資本金	×××
リース資産	×××	資本剰余金	×××
のれん	×××	利益剰余金	×××
その他	×××	自己株式	△×××
投資その他の資産	×××	その他の包括利益累計額	
投資有価証券	×××	その他有価証券評価差額金	×××
繰延税金資産	×××	繰延ヘッジ損益	×××
その他	×××	土地再評価差額金	×××
貸倒引当金	△×××	為替換算調整勘定	×××
繰延資産	×××	退職給付に係る調整累計額	×××
社債発行費	×××	株式引受権	×××
		新株予約権	×××
		非支配株主持分	×××
		純資産合計	×××
資産合計	×××	負債・純資産合計	×××

【資産の部】

　会社計算規則では，以下のとおり連結貸借対照表の資産の部の表示を計算書類と同一の規定により定めている。

　「資産」は，「流動資産」，「固定資産」および「繰延資産」に区分する（会計規74Ⅰ）。「固定資産」は，「有形固定資産」，「無形固定資産」および「投資その他の資産」に区分する（会計規74Ⅱ）。また，「流動資産」，「有形固定資産」，「無形固定資産」，「投資その他の資産」に属するべき資産が具体的に列挙されている（会計規74Ⅲ）。

　ただし，「流動資産」，「有形固定資産」，「無形固定資産」，「投資その他の資産」および「繰延資産」は適当な項目へ細分することを要求し，それぞれに属する資産を定めているものの，具体的な項目の名称まで定めているわけではない（会計規74Ⅰ，Ⅱ，Ⅲ）。したがって，細分する項目やその名称は，任意に決定すれば足りると考えられ，有価証券報告書提出会社では，連結財務諸表規則に準じた名称を付すことが可能である。

なお，連結財務諸表規則では経団連ひな型に記載の「商品及び製品」，「仕掛品」および「原材料及び貯蔵品」については，連結貸借対照表上で「棚卸資産」として一括表示し，その内訳を示す科目および金額を注記する方法が認められている。連結計算書類において，これと同じ方法を採用することも考えられる。

　また，連結財務諸表規則では経団連ひな型に記載の「受取手形」，「売掛金」および「契約資産」については，連結貸借対照表上で一括表示し，その内訳を示す科目および金額を注記する方法が認められている。連結計算書類において，これと同じ方法を採用することも考えられる。

【負債の部】

　連結貸借対照表の負債の部については，「流動負債」および「固定負債」に区分し，これらを適当な項目へ細分する旨および「流動負債」，「固定負債」に属するべき負債が定められている（会計規75 I，II）。細分する項目やその名称の考え方は，資産の部と同様である。

　なお，連結財務諸表規則では経団連ひな型に記載の「契約負債」については，連結貸借対照表上で他の項目に属する負債と一括して表示し，契約負債の金額を注記する方法が認められている。連結計算書類において，これと同じ方法を採用することも考えられる。

【純資産の部】

　連結貸借対照表の純資産の部については，「株主資本」，「評価・換算差額等またはその他の包括利益累計額」，「株式引受権」，「新株予約権」および「非支配株主持分」に区分する（会計規76 I ②）。

　なお，会社計算規則76条および96条は「評価・換算差額等」または「その他の包括利益累計額」の選択を認めているが，包括利益会計基準を適用する会社の連結計算書類においては，会社計算規則3条の規定が適用される結果，「その他の包括利益累計額」と区分することが求められる。

　「株主資本」，「評価・換算差額等またはその他の包括利益累計額」，「株式引受権」，「新株予約権」および「非支配株主持分」は，以下の方法により表示する。
● 「株主資本」は，「資本金」，「新株式申込証拠金」，「資本剰余金」，「利益剰余

154　第3章　計算関係書類

金」,「自己株式」および「自己株式申込証拠金」に区分する（会計規76Ⅱ）。
なお,貸借対照表と異なり,連結貸借対照表においては,「資本剰余金」および「利益剰余金」の内訳項目の表示は求められていない（会計規76Ⅳ,Ⅴ）。

● 「評価・換算差額等またはその他の包括利益累計額」は,「その他有価証券評価差額金」,「繰延ヘッジ損益」,「土地再評価差額金」,「為替換算調整勘定」および「退職給付に係る調整累計額」に細分する（会計規76Ⅶ）。

「繰延ヘッジ損益」は,資産性または負債性を有さず,純資産の部に記載することが適当であるため,会社計算規則においては,純資産の部の「評価・換算差額等またはその他の包括利益累計額」に表示される。

なお,「評価・換算差額等またはその他の包括利益累計額」に表示される金額は,これらに係る繰延税金資産または繰延税金負債の額を控除した金額となる（純資産会計基準8）。

● 「新株予約権」は,自己新株予約権に係る項目を控除項目として区分することができる（会計規76Ⅷ,86）。

なお,招集通知に掲載される連結貸借対照表につき,利用者の利便性を考慮し,参考情報として前期の連結貸借対照表を併記するケースがあるため,以下に事例を記載する。

（2）記 載 例

〈事例1〉　一般的な事例

伊藤園（2024年4月期）

連 結 貸 借 対 照 表
（2024年4月30日現在）

（単位：百万円）

資 産 の 部		負 債 の 部	
科　　目	金 額	科　　目	金 額
流 動 資 産	243,749	流 動 負 債	96,665
現 金 及 び 預 金	109,313	買 掛 金	31,616

Ⅲ 連結計算書類 155

受 取 手 形	78	短 期 借 入 金	14,442
売 掛 金	62,352	リ ー ス 債 務	1,682
商 品 及 び 製 品	43,603	未 払 費 用	31,667
原材料及び貯蔵品	13,752	未 払 法 人 税 等	4,972
未 収 入 金	9,711	賞 与 引 当 金	4,606
そ の 他	5,157	そ の 他	7,677
貸 倒 引 当 金	△219	固 定 負 債	74,010
固 定 資 産	110,142	社 債	10,000
有 形 固 定 資 産	74,036	長 期 借 入 金	47,306
建 物 及 び 構 築 物	22,868	リ ー ス 債 務	2,572
機械装置及び運搬具	6,044	退職給付に係る負債	7,511
工具, 器具及び備品	14,465	再評価に係る繰延税金負債	719
土 地	23,154	そ の 他	5,901
リ ー ス 資 産	4,815	負 債 合 計	170,675
建 設 仮 勘 定	2,046	（純 資 産 の 部）	
そ の 他	641	株 主 資 本	178,141
無 形 固 定 資 産	7,110	資 本 金	19,912
の れ ん	1,456	資 本 剰 余 金	18,554
ソ フ ト ウ ェ ア	3,250	利 益 剰 余 金	149,154
そ の 他	2,403	自 己 株 式	△9,480
投資その他の資産	28,995	その他の包括利益累計額	3,342
投 資 有 価 証 券	4,581	その他有価証券評価差額金	1,849
繰 延 税 金 資 産	7,411	土 地 再 評 価 差 額 金	△6,053
そ の 他	17,130	為 替 換 算 調 整 勘 定	7,046
貸 倒 引 当 金	△127	退職給付に係る調整累計額	499
		新 株 予 約 権	104
		非 支 配 株 主 持 分	1,627
		純 資 産 合 計	183,216
資 産 合 計	353,892	負債・純資産合計	353,892

（注）　記載金額は百万円未満の端数を切り捨てて表示しております。

156 第3章 計算関係書類

〈事例2〉 2期併記で記載している事例

ハリマ化成グループ（2024年3月期）

連結貸借対照表
（2024年3月31日現在）

（単位：百万円）

科　目	当期	（ご参考）前期	科　目	当期	（ご参考）前期
（資産の部）			（負債の部）		
流動資産	53,588	49,791	流動負債	47,690	41,656
現金及び預金	6,851	6,300	支払手形及び買掛金	10,725	10,292
受取手形及び売掛金	21,846	22,313	短期借入金	29,925	18,349
商品及び製品	8,593	8,280	1年内返済予定の長期借入金	1,322	7,099
原材料及び貯蔵品	14,580	10,646	リース債務	401	412
その他	1,860	2,353	未払法人税等	340	255
貸倒引当金	△143	△103	役員賞与引当金	－	96
固定資産	44,995	42,647	訴訟損失引当金	613	492
有形固定資産	28,498	27,118	その他	4,360	4,658
建物及び構築物	5,486	5,490	固定負債	10,012	9,961
機械装置及び運搬具	9,827	8,626	長期借入金	6,200	6,185
土地	8,589	8,452	リース債務	1,521	1,620
リース資産	1,496	1,684	繰延税金負債	1,141	1,020
建設仮勘定	2,457	2,327	預り保証金	489	500
その他	640	537	役員退職慰労引当金	16	14
無形固定資産	4,985	5,227	資産除去債務	39	39
顧客基盤	3,861	4,046	退職給付に係る負債	119	89
その他	1,123	1,181	その他	484	491
投資その他の資産	11,511	10,301	負債合計	57,702	51,618
投資有価証券	9,992	8,966	（純資産の部）		
退職給付に係る資産	213	－	株主資本	34,832	36,983
繰延税金資産	616	658	資本金	10,012	10,012
その他	700	690	資本剰余金	9,743	9,748
貸倒引当金	△11	△13	利益剰余金	16,836	19,015
			自己株式	△1,760	△1,793
			その他の包括利益累計額	2,385	118
			その他有価証券評価差額金	546	51
			為替換算調整勘定	1,892	150
			退職給付に係る調整累計額	△54	△83
			非支配株主持分	3,663	3,717
			純資産合計	40,881	40,820
資産合計	98,583	92,439	負債・純資産合計	98,583	92,439

（注）1．記載金額は，百万円未満を切り捨てて表示しております。
　　　2．「（ご参考）前期」は，監査対象外です。

Ⅲ　連結計算書類　157

2　連結損益計算書

（1）　概　　要

　連結損益計算書の様式等については，会社計算規則87条から94条において規定されている。同規則および経団連ひな型によれば，連結損益計算書の様式は以下のとおりである。

〈「経団連ひな型」の記載例〉

<table>
<tr><td colspan="3" align="center">連結損益計算書
（自○年○月○日　至○年○月○日）</td></tr>
<tr><td colspan="3" align="right">（単位：百万円）</td></tr>
<tr><td align="center">科　　　　　目</td><td align="center">金</td><td align="center">額</td></tr>
<tr><td>売上高</td><td></td><td>×××</td></tr>
<tr><td>売上原価</td><td></td><td>×××</td></tr>
<tr><td>　売上総利益</td><td></td><td>×××</td></tr>
<tr><td>販売費及び一般管理費</td><td></td><td>×××</td></tr>
<tr><td>　営業利益</td><td></td><td>×××</td></tr>
<tr><td>営業外収益</td><td></td><td></td></tr>
<tr><td>　受取利息及び配当金</td><td>×××</td><td></td></tr>
<tr><td>　有価証券売却益</td><td>×××</td><td></td></tr>
<tr><td>　持分法による投資利益</td><td>×××</td><td></td></tr>
<tr><td>　その他</td><td>×××</td><td>×××</td></tr>
<tr><td>営業外費用</td><td></td><td></td></tr>
<tr><td>　支払利息</td><td>×××</td><td></td></tr>
<tr><td>　有価証券売却損</td><td>×××</td><td></td></tr>
<tr><td>　その他</td><td>×××</td><td>×××</td></tr>
<tr><td>　経常利益</td><td></td><td>×××</td></tr>
<tr><td>特別利益</td><td></td><td></td></tr>
<tr><td>　固定資産売却益</td><td>×××</td><td></td></tr>
<tr><td>　その他</td><td>×××</td><td>×××</td></tr>
<tr><td>特別損失</td><td></td><td></td></tr>
<tr><td>　固定資産売却損</td><td>×××</td><td></td></tr>
<tr><td>　減損損失</td><td>×××</td><td></td></tr>
<tr><td>　その他</td><td>×××</td><td>×××</td></tr>
<tr><td>　税金等調整前当期純利益</td><td></td><td>×××</td></tr>
<tr><td>　法人税，住民税及び事業税</td><td>×××</td><td></td></tr>
<tr><td>　法人税等調整額</td><td>×××</td><td>×××</td></tr>
</table>

158　第3章　計算関係書類

当期純利益		××××
非支配株主に帰属する当期純利益		××××
親会社株主に帰属する当期純利益		××××

　連結損益計算書は,「売上高」,「売上原価」,「販売費及び一般管理費」,「営業外収益」,「営業外費用」,「特別利益」および「特別損失」に区分して表示する（会計規88Ⅰ）。これらの項目について細分することが適当な場合には,適当な項目に細分することができる（会計規88Ⅰ）。また,連結貸借対照表と同様,具体的な項目やその名称までは定められておらず,会社の状況に応じて任意に決定すれば足りると考えられる。ただし,重要性がないものを除き,「特別利益」については,固定資産売却益,負ののれん発生益その他の項目,「特別損失」については,固定資産売却損,減損損失,災害による損失その他の項目の区分に従い,細分することが求められている（会計規88Ⅱ～Ⅳ）。

　また,段階損益として「売上総利益（または売上総損失）」,「営業利益（または営業損失）」,「経常利益（または経常損失）」,「税金等調整前当期純利益（または税金等調整前当期純損失）」,「当期純利益（または当期純損失）」および「親会社株主に帰属する当期純利益（または親会社株主に帰属する当期純損失）」の表示が必要である（会計規89～92,94）。

　「売上高」の項目については,「売上高以外の名称を付すことが適当な場合には,当該名称を付した項目」とする（会計規88Ⅰ①）。顧客との契約から生じる収益については,原則として,それ以外の収益を区分して連結損益計算書に表示するか,区分して表示しない場合には,顧客との契約から生じる収益の額を注記する（収益認識会計基準78-2項）。

　グローバル・ミニマム課税制度に係る法人税等は,法人税,地方法人税,住民税及び事業税（所得割）を示す科目に表示する。グローバル・ミニマム課税制度に係る法人税等が重要な場合は,当該金額を注記する（実務対応報告46号9項,10項）。

　なお,招集通知に掲載される連結損益計算書につき,利用者の利便性を考慮し,参考情報として前期分を併記するケースがあるため,以下に事例を記載する。

（2）記載例

〈事例1〉　一般的な事例

大戸屋ホールディングス（2024年3月期）

連結損益計算書
$$\begin{pmatrix}2023年4月1日から\\2024年3月31日まで\end{pmatrix}$$

（単位：百万円）

科　目	金　額	
売　上　高		27,894
売　上　原　価		11,314
売　上　総　利　益		16,579
販売費及び一般管理費		14,933
営　業　利　益		1,646
営　業　外　収　益		
受　取　利　息	5	
為　替　差　益	29	
店　舗　売　却　益	12	
雑　収　入	33	80
営　業　外　費　用		
支　払　利　息	20	
賃　貸　費　用	3	
雑　損　失	3	27
経　常　利　益		1,699
特　別　利　益		
固　定　資　産　売　却　益	0	0
特　別　損　失		
減　損　損　失	60	
店　舗　閉　鎖　損　失	27	
関　係　会　社　株　式　評　価　損	11	
そ　の　他	16	115
税金等調整前当期純利益		1,584
法人税，住民税及び事業税	262	
法　人　税　等　調　整　額	△116	146
当　期　純　利　益		1,438
非支配株主に帰属する当期純利益		35
親会社株主に帰属する当期純利益		1,402

（注）　記載金額は百万円未満を切り捨てて表示しております。

160　第3章　計算関係書類

〈事例2〉　2期併記で記載している事例

キヤノンマーケティングジャパン（2023年12月期）

連結損益計算書		（単位：百万円）（百万円未満切捨）
科　　　目	当　期（2023年1月1日から2023年12月31日まで）	（ご参考）前期（2022年1月1日から2022年12月31日まで）
売上高	609,473	588,132
売上原価	404,980	388,842
売上総利益	204,492	199,289
販売費及び一般管理費	151,997	149,341
営業利益	52,495	49,947
営業外収益	1,291	1,225
受取利息	383	299
受取配当金	237	209
受取保険金	457	459
為替差益	―	29
その他	213	227
営業外費用	201	180
支払利息	11	12
投資事業組合運用損	31	29
為替差損	6	―
その他	152	139
経常利益	53,585	50,991
特別利益	117	733
固定資産売却益	3	3
投資有価証券売却益	113	729
その他	―	0
特別損失	645	202
固定資産売却損	479	124
関係会社株式売却損	159	―
投資有価証券売却損	2	18
投資有価証券評価損	―	57
その他	3	1
税金等調整前当期純利益	53,057	51,523
法人税，住民税及び事業税	15,493	14,244
法人税等調整額	980	1,652
当期純利益	36,583	35,626
非支配株主に帰属する当期純利益	90	74
親会社株主に帰属する当期純利益	36,493	35,552

3　連結株主資本等変動計算書

（1）概　　要

　連結株主資本等変動計算書は，連結貸借対照表の純資産の部の各項目に係る1連結会計年度における変動額について，変動事由を報告するために作成する書類である。記載方法については，株主資本等変動計算書と同じく会社計算規則96条において規定されており，具体的な様式例は，株主資本等変動計算書適用指針に示されている。

　連結株主資本等変動計算書の表示区分は，純資産会計基準に定める連結貸借対照表の純資産の部の表示区分に従う（会計規96Ⅱ②，Ⅲ②，Ⅴ，Ⅵ）。その結果，各項目の当期末の残高は，連結貸借対照表の純資産の部における各項目の期末残高と整合することとなる（株主資本等変動計算書会計基準5，23）。

　連結株主資本等変動計算書は，「株主資本」，「評価・換算差額等またはその他の包括利益累計額」，「株式引受権」，「新株予約権」および「非支配株主持分」に区分しなければならない（会計規96Ⅱ②）。また，株主資本については，「資本金」，「新株式申込証拠金」，「資本剰余金」，「利益剰余金」，「自己株式」および「自己株式申込証拠金」に区分しなければならない（会計規96Ⅲ②）。株主資本等変動計算書と異なり，「資本剰余金」および「利益剰余金」の内訳項目の表示は求められていない（会計規96Ⅳ）。

　また，「評価・換算差額等またはその他の包括利益累計額」については，「その他有価証券評価差額金」，「繰延ヘッジ損益」，「土地再評価差額金」，「為替換算調整勘定」および「退職給付に係る調整累計額」，その他適当な名称を付した項目に細分することができる（会計規96Ⅴ）。「新株予約権」については，自己新株予約権に係る項目を控除項目とすることができる（会計規96Ⅵ）。なお，「評価・換算差額等またはその他の包括利益累計額」の表示については，連結貸借対照表と表示科目の整合性を図ることが必要であり，「1　連結貸借対照表（1）　概要【純資産の部】」（157頁）を参照されたい。

　株主資本以外の各項目（評価・換算差額等またはその他の包括利益累計額，株式引受権，新株予約権および非支配株主持分）の当期変動額は，株主資本等変動計算書と同じく，主要な当期変動額についてその変動事由とともに表示す

162　第3章　計算関係書類

ることを妨げないとされている（会計規96Ⅷ）。

　変動事由については，株主資本等変動計算書適用指針において，例が示されている。為替換算調整勘定および非支配株主持分以外の変動事由については，「Ⅰ　計算書類　3　株主資本等変動計算書」（81頁）を参照されたい（ただし，連結特有の変動事由である連結範囲の変動または持分法の適用範囲の変動は株主資本の変動事由として表示する）。

【為替換算調整勘定および非支配株主持分の変動事由】（株主資本等変動計算書適用指針11項）

(1)　為替換算調整勘定
- 在外連結子会社等の株式の売却による増減
- 連結範囲の変動に伴う為替換算調整勘定の増減
- 純資産の部に直接計上された為替換算調整勘定の増減

(2)　非支配株主持分
- 非支配株主に帰属する当期純利益(または非支配株主に帰属する当期純損失)
- 連結子会社の増加（または減少）による非支配株主持分の増減
- 連結子会社株式の取得（または売却）による持分の増減
- 連結子会社の増資による非支配株主持分の増減

　連結株主資本等変動計算書の様式は，以下の2通りがある。
- 純資産の各項目を横に並べる様式例（167頁）
- 純資産の各項目を縦に並べる様式例（168頁）

　有価証券報告書における連結財務諸表では，連結財務諸表規則の様式第6号に従い，純資産の各項目を横に並べる様式で連結株主資本等変動計算書を作成することになる。会社法上は，連結株主資本等変動計算書の様式は規定されていないため，上記2通りの様式のうちいずれかを選択することができる。株主資本等変動計算書適用指針における様式例は以下のとおりである。

Ⅲ 連結計算書類

〈株主資本等変動計算書適用指針の様式例①〉　純資産の各項目を横に並べる様式例

（株主資本等変動計算書適用指針３項⑴⑵より転載）

	株主資本					その他の包括利益累計額（＊1）					株式引受権	新株予約権	非支配株主持分	純資産合計（＊2）
	資本金	資本剰余金	利益剰余金	自己株式	株主資本合計	その他有価証券評価差額金	繰延ヘッジ損益	為替換算調整勘定	退職給付に係る調整累計額	その他の包括利益累計額合計（＊2）				
当期首残高（＊3）	xxx	xxx	xxx	△xxx	xxx	xxx	xxx	xxx	xxx	xxx	xxx	xxx	xxx	xxx
当期変動額														
新株の発行	xxx	xxx			xxx									xxx
剰余金の配当			△xxx		△xxx									△xxx
親会社株主に帰属する当期純利益			xxx		xxx									xxx
×××××														
自己株式の処分				xxx	xxx									xxx
その他			xxx		xxx									xxx
株主資本以外の項目の当期変動額（純額）						（＊5）xxx	（＊5）xxx	（＊5）xxx	（＊5）xxx		（＊5）△xxx	（＊5）△xxx	（＊5）xxx	xxx
当期変動額合計	xxx	xxx	xxx	xxx	xxx	xxx	xxx	xxx	xxx	xxx	△xxx	△xxx	xxx	xxx
当期末残高	xxx	xxx	xxx	△xxx	xxx	xxx	xxx	xxx	xxx	xxx	xxx	xxx	xxx	xxx

（＊1）その他の包括利益累計額については、その内訳科目の当期首残高、当期変動額及び当期末残高の各金額を注記により開示することができる。この場合、その他の包括利益累計額の各合計額の当期首残高、当期変動額及び当期末残高の各合計額を連結株主資本等変動計算書に記載する。

（＊2）各合計欄の記載は省略することができる。

（＊3）企業会計基準第24号に従って遡及処理を行った場合には、遡及処理後の期首残高を記載する。また、企業結合に係る暫定的な会計処理の確定が企業結合年度の翌年度に行われ、当該年度の期首残高にその影響が反映される場合には、当該影響額を反映した後の期首残高を記載する。

（＊4）株主資本の各項目の変動事由及びその金額の記載に代えて、変動事由ごとにその金額を純額で記載することができる（第9項から第12項参照）。また、変動事由ごとに表示する場合には、概ね株主資本の各項目に関係する項目の次に記載する。

（＊5）株主資本以外の各項目の当期変動額は、当期変動額を純額で表示することに代えて、変動事由ごとにその金額を表示することができる（第9項から第12項参照）。また、変動事由ごとに表示する場合には、概ね株主資本以外の各項目に関係する変動事由を表示する。

164　第3章　計算関係書類

〈株主資本等変動計算書適用指針の様式例②〉　純資産の各項目を縦に並べる様式例

(株主資本等変動計算書適用指針3項(2)②より転載)

株主資本			
資本金	当期首残高		XXX
	当期変動額	新株の発行	XXX
	当期末残高		XXX
資本剰余金	当期首残高		XXX
	当期変動額	新株の発行	XXX
	当期末残高		XXX
利益剰余金	当期首残高		XXX
	当期変動額	剰余金の配当	△ XXX
		親会社株主に帰属する当期純利益	XXX
		その他	XXX
	当期末残高		XXX
自己株式	当期首残高		△ XXX
	当期変動額	自己株式の処分	XXX
	当期末残高		△ XXX
株主資本合計	当期首残高		XXX
	当期変動額		XXX
	当期末残高		XXX
その他の包括利益累計額（＊1）			
その他有価証券評価差額金	当期首残高		XXX
	当期変動額 （純額）（＊3）		XXX
	当期末残高		XXX
繰延ヘッジ損益	当期首残高		XXX
	当期変動額 （純額）（＊3）		XXX
	当期末残高		XXX
為替換算調整勘定	当期首残高		XXX
	当期変動額 （純額）（＊3）		XXX

	当期末残高	xxx
退職給付に係る調整累計額	当期首残高	xxx
	当期変動額 （純額）（＊3）	xxx
	当期末残高	xxx
その他の包括利益累計額合計 （＊2）	当期首残高	xxx
	当期変動額	xxx
	当期末残高	xxx
株式引受権	当期首残高	xxx
	当期変動額 （純額）（＊3）	xxx
	当期末残高	xxx
新株予約権	当期首残高	xxx
	当期変動額 （純額）（＊3）	xxx
	当期末残高	xxx
非支配株主持分	当期首残高	xxx
	当期変動額 （純額）（＊3）	xxx
	当期末残高	xxx
純資産合計（＊2）	当期首残高	xxx
	当期変動額	xxx
	当期末残高	xxx

（＊1）　その他の包括利益累計額については，その内訳科目の当期首残高，当期変動額及び当期末残高の各金額を注記により開示することができる。この場合，その他の包括利益累計額の当期首残高，当期変動額及び当期末残高の各合計額を連結株主資本等変動計算書に記載する。

（＊2）　各合計欄の記載は省略することができる。

（＊3）　株主資本以外の各項目は，変動事由ごとにその金額を記載することができる。この場合，連結株主資本等変動計算書又は注記により表示することができる（第9項から第12項参照）。

注1：期中における変動がない場合には，「当期首残高及び当期末残高」のみを表示することができる。

注2：企業会計基準第24号に従って遡及処理を行った場合には，表示期間のうち最も古い期間の期首残高に対する，表示期間より前の期間の累積的影響額を区分表示するとともに，遡及処理後の期首残高を記載する。

166 第3章 計算関係書類

> また，会計基準等における特定の経過的な取扱いにより，会計方針の変更による影響額を適用初年度の期首残高に加減することが定められている場合や企業結合会計基準に従って暫定的な会計処理の確定が企業結合年度の翌年度に行われ，当該年度のみの表示が行われる場合には，上記に準じて，期首残高に対する影響額を区分表示するとともに，当該影響額の反映後の期首残高を記載する。

経団連ひな型によれば，連結株主資本等変動計算書の様式は以下のとおりである。

〈「経団連ひな型」の記載例〉①

連結株主資本等変動計算書
（自○年○月○日　至○年○月○日）

（単位：百万円）

	株　　主　　資　　本				
	資本金	資本剰余金	利益剰余金	自己株式	株主資本合計
○年○月○日残高	×××	×××	×××	△×××	×××
連結会計年度中の変動額					
新株の発行	×××	×××			×××
剰余金の配当			△×××		△×××
親会社株主に帰属する当期純利益			×××		×××
○○○○○					×××
自己株式の処分				×××	×××
株主資本以外の項目の連結会計年度中の変動額（純額）					
連結会計年度中の変動額合計	×××	×××	×××	×××	×××
○年○月○日残高	×××	×××	×××	△×××	×××

	その他の包括利益累計額					
	その他有価証券評価差額金	繰延ヘッジ損益	土地再評価差額金	為替換算調整勘定	退職給付に係る調整累計額	その他の包括利益累計額合計
○年○月○日残高	×××	×××	×××	×××	×××	×××
連結会計年度中の変動額						
新株の発行						
剰余金の配当						

親会社株主に帰属する当期純利益						
○○○○○						
自己株式の処分						
株主資本以外の項目の連結会計年度中の変動額（純額）	×××	×××	×××	×××	×××	×××
連結会計年度中の変動額合計	×××	×××	×××	×××	×××	×××
○年○月○日残高	×××	×××	×××	×××	×××	×××

	株式引受権	新株予約権	非支配株主持分	純資産合計
○年○月○日残高	×××	×××	×××	×××
連結会計年度中の変動額				
新株の発行				×××
剰余金の配当				△×××
親会社株主に帰属する当期純利益				×××
○○○○○				×××
自己株式の処分				×××
株主資本以外の項目の連結会計年度中の変動額（純額）	△×××	△×××	×××	×××
連結会計年度中の変動額合計	△×××	△×××	×××	×××
○年○月○日残高	×××	×××	×××	×××

（記載上の注意）

(1)～(4)省略

(5)　「当期首残高」の記載に際して，遡及適用，誤謬の訂正または当該連結会計年度の前連結会計年度における企業結合に係る暫定的な会計処理の確定をした場合には，下記の記載例のように，当期首残高及びこれに対する影響額を記載する。

　　下記の記載例では，遡及適用をした場合に対応して，「会計方針の変更による累積的影響額」及び「遡及処理後当期首残高」を用いているが，会計基準等における特定の経過的な取扱いにより，会計方針の変更による影響額を適用初年度の期首残高に加減することが定められている場合や，企業会計基準第21号「企業結合に関する会計基準」等に従って企業結合に係る暫定的な会計処理の確定が企業結合年度の翌年度に行われ，企業結合年度の翌年度のみの表示が行わ

168　第3章　計算関係書類

れる場合には，下記の記載例に準じて，期首残高に対する影響額を区分表示するとともに，当該影響額の反映後の期首残高を記載する。

　例えば，会計基準等において，会計方針の変更による影響額を適用初年度の期首残高に加減することが定められている場合には，「遡及処理後当期首残高」を「会計方針の変更を反映した当期首残高」と記載することも考えられる。

　遡及処理を行った場合には，表示期間のうち最も古い期間の連結株主資本等変動計算書の期首残高に対する，表示期間より前の期間の累積的影響額を区分表示するとともに，遡及処理後の期首残高を記載する必要がある（株主資本等変動計算書会計基準5項）。経団連ひな型によれば，遡及処理を行った場合の連結株主資本等変動計算書の様式は以下のとおりである。

〈「経団連ひな型」の記載例〉②　遡及処理を行った場合の記載例

連結株主資本等変動計算書
（自○年○月○日　至○年○月○日）

（単位：百万円）

	株　　　　主　　　　資　　　　本				
	資本金	資本剰余金	利益剰余金	自己株式	株主資本合計
○年○月○日残高	×××	×××	×××	△×××	×××
会計方針の変更による累積的影響額			×××		×××
遡及処理後当期首残高	×××	×××	×××	△×××	×××
連結会計年度中の変動額					
新株の発行	×××	×××			×××
剰余金の配当			△×××		△×××
親会社株主に帰属する当期純利益			×××		×××
○○○○○					×××
自己株式の処分				×××	×××
株主資本以外の項目の連結会計年度中の変動額（純額）					
連結会計年度中の変動額合計	×××	×××	×××	×××	×××
○年○月○日残高	×××	×××	×××	△×××	×××

Ⅲ　連結計算書類　169

	その他の包括利益累計額					
	その他有価証券評価差額金	繰延ヘッジ損益	土地再評価差額金	為替換算調整勘定	退職給付に係る調整累計額	その他の包括利益累計額合計
○年○月○日残高	×××	×××	×××	×××	×××	×××
会計方針の変更による累積的影響額						
遡及処理後当期首残高	×××	×××	×××	×××	×××	×××
連結会計年度中の変動額						
新株の発行						
剰余金の配当						
親会社株主に帰属する当期純利益						
○○○○○						
自己株式の処分						
株主資本以外の項目の連結会計年度中の変動額（純額）	×××	×××	×××	×××	×××	×××
連結会計年度中の変動額合計	×××	×××	×××	×××	×××	×××
○年○月○日残高	×××	×××	×××	×××	×××	×××

	株式引受権	新株予約権	非支配株主持分	純資産合計
○年○月○日残高	×××	×××	×××	×××
会計方針の変更による累積的影響額				×××
遡及処理後当期首残高	×××	×××	×××	×××
連結会計年度中の変動額				
新株の発行				×××
剰余金の配当				△×××
親会社株主に帰属する当期純利益				×××
○○○○○				×××
自己株式の処分				×××
株主資本以外の項目の連結会計年度中の変動額（純額）	△×××	△×××	×××	×××
連結会計年度中の変動額合計	△×××	△×××	×××	×××
○年○月○日残高	×××	×××	×××	×××

170　第3章　計算関係書類

（2）記載例

〈事例1〉　一般的な事例（横に並べる様式）

トレンドマイクロ（2023年12月期）

連結株主資本等変動計算書
（自2023年1月1日　至2023年12月31日）

（単位：百万円）

	株　主　資　本				
	資本金	資本剰余金	利益剰余金	自己株式	株主資本合計
当期首残高	19,585	27,810	166,635	△10,291	203,738
当期変動額					
新株の発行（新株予約権の行使）	270	270			540
剰余金の配当			△21,012		△21,012
親会社株主に帰属する当期純利益			10,731		10,731
自己株式の処分		159		1,454	1,613
自己株式の取得				△24,999	△24,999
連結範囲の変動			△54		△54
株主資本以外の項目の当期変動額（純額）					
当期変動額合計	270	429	△10,335	△23,544	△33,180
当期末残高	19,855	28,239	156,299	△33,836	170,558

	その他の包括利益累計額				新株予約権	非支配株主持分	純資産合計
	その他有価証券評価差額金	為替換算調整勘定	退職給付に係る調整累計額	その他の包括利益累計額合計			
当期首残高	△1,477	24,392	122	23,037	1,884	18	228,679
当期変動額							
新株の発行（新株予約権の行使）							540
剰余金の配当							△21,012
親会社株主に帰属する当期純利益							10,731
自己株式の処分							1,613

自己株式の取得						△24,999
連結範囲の変動						△54
株主資本以外の項目の当期変動額（純額）	1,874	16,845	△316	18,402	507	14	18,924
当期変動額合計	1,874	16,845	△316	18,402	507	14	△14,255
当期末残高	396	41,237	△194	41,440	2,391	33	214,423

〈事例2〉 遡及処理を行っている事例

レゾナック・ホールディングス（2023年12月期）

連結株主資本等変動計算書
2023年1月1日から
2023年12月31日まで

（単位：百万円）

	株　　主　　資　　本				
	資　本　金	資本剰余金	利益剰余金	自　己　株　式	株主資本合計
当期首残高	182,146	108,140	163,425	△11,612	442,100
会計方針の変更の累積的影響額			2,476		2,476
会計方針の変更を反映した当期首残高	182,146	108,140	165,902	△11,612	444,576
連結会計年度中の変動額					
剰余金の配当			△11,788		△11,788
親会社株主に帰属する当期純損失			△18,955		△18,955
自己株式の取得				△4	△4
自己株式の処分		△0		23	23
連結子会社の減少に伴う増加			309		309
土地再評価差額金の取崩			1,801		1,801
株主資本以外の項目の連結会計年度中の変動額（純額）					
連結会計年度中の変動額合計	―	△0	△28,632	19	△28,613
当期末残高	182,146	108,140	137,269	△11,593	415,963

172　第3章　計算関係書類

（単位：百万円）

	その他の包括利益累計額						非支配株主持分	純資産合計
	その他有価証券評価差額金	繰延ヘッジ損益	土地再評価差額金	為替換算調整勘定	退職給付に係る調整累計額	その他の包括利益累計額合計		
当期首残高	559	1,461	27,915	72,008	6,211	108,154	24,423	574,677
会計方針の変更の累積的影響額	△204				△2,231	△2,435		41
会計方針の変更を反映した当期首残高	355	1,461	27,915	72,008	3,980	105,719	24,423	574,718
連結会計年度中の変動額								
剰余金の配当								△11,788
親会社株主に帰属する当期純損失								△18,955
自己株式の取得								△4
自己株式の処分								23
連結子会社の減少に伴う増加								309
土地再評価差額金の取崩								1,801
株主資本以外の項目の連結会計年度中の変動額（純額）	△160	△265	△1,802	27,209	6,174	31,156	1,406	32,563
連結会計年度中の変動額合計	△160	△265	△1,802	27,209	6,174	31,156	1,406	3,949
当期末残高	194	1,196	26,113	99,217	10,154	136,875	25,830	578,668

〈事例3〉　連結子会社の決算期変更がある事例

グローリー（2024年3月期）

連結株主資本等変動計算書
（2023年4月1日から
2024年3月31日まで）

（単位：百万円）

	株　　主　　資　　本				
	資　本　金	資本剰余金	利益剰余金	自己株式	株主資本合計
2023年4月1日残高	12,892	12,286	141,522	△8,161	158,540
連結会計年度中の変動額					

	資本金	資本剰余金	利益剰余金	自己株式	株主資本合計
剰余金の配当			△4,148		△4,148
親会社株主に帰属する当期純利益			29,674		29,674
自己株式の処分				63	63
連結子会社株式の取得による持分の増減		△12,286	△722		△13,008
連結子会社の決算期変更に伴う増減			762		762
株主資本以外の項目の連結会計年度中の変動額（純額）					
連結会計年度中の変動額合計	—	△12,286	25,566	63	13,343
2024年3月31日残高	12,892	—	167,088	△8,097	171,884

	その他の包括利益累計額				非支配株主持分	純資産合計
	その他有価証券評価差額金	為替換算調整勘定	退職給付に係る調整累計額	その他の包括利益累計額合計		
2023年4月1日残高	1,367	26,672	6,584	34,625	2,818	195,984
連結会計年度中の変動額						
剰余金の配当				—	△1,656	△5,805
親会社株主に帰属する当期純利益						29,674
自己株式の処分				—		63
連結子会社株式の取得による持分の増減				—		△13,008
連結子会社の決算期変更に伴う増減				—		762
株主資本以外の項目の連結会計年度中の変動額（純額）	1,390	14,389	5,585	21,366	△291	21,074
連結会計年度中の変動額合計	1,390	14,389	5,585	21,366	△1,948	32,761
2024年3月31日残高	2,758	41,062	12,170	55,991	870	228,746

（注）記載金額は，百万円未満を切り捨てて表示しております。

4　連結注記表

連結注記表に記載すべき項目は，以下のとおりである（会計規98Ⅱ④）。

● 継続企業の前提に関する注記（会計規100）

174　第3章　計算関係書類

- 連結計算書類の作成のための基本となる重要な事項に関する注記等（会計規102）
- 会計方針の変更に関する注記（会計規102の2）
- 表示方法の変更に関する注記（会計規102の3）
- 会計上の見積りに関する注記（会計規102の3の2）
- 会計上の見積りの変更に関する注記（会計規102の4）
- 誤謬の訂正に関する注記（会計規102の5）
- 連結貸借対照表に関する注記（会計規103）
- 連結株主資本等変動計算書に関する注記（会計規106）
- 金融商品に関する注記（会計規109）
- 賃貸等不動産に関する注記（会計規110）
- 1株当たり情報に関する注記（会計規113）
- 重要な後発事象に関する注記（会計規114）
- 収益認識に関する注記（会計規115の2）
- その他の注記（会計規116）

　上記の連結注記表の項目は，連結財務諸表規則で記載すべき項目との整合性に配慮したものと思われるが，連結財務諸表規則に比べ大きく項目が省略されているなど，連結財務諸表規則で要求されている内容に比べ簡略化されたものとなっている。

　また，個別注記表と比較した場合には，損益計算書に関する注記，税効果会計に関する注記，リースにより使用する固定資産に関する注記，持分法損益等に関する注記，関連当事者との取引に関する注記および連結配当規制適用会社に関する注記については表示することを要しないとされている（会計規98Ⅱ④）。

　なお，連結注記表は独立した1表とする必要はなく，脚注方式で記載することも可能である（会計規57Ⅲ）。

（1）　継続企業の前提に関する注記

　連結会計年度の末日において，会社が将来にわたって事業を継続するとの前提（継続企業の前提）に重要な疑義を生じさせるような事象または状況が存在し，当該事象または状況を解消し，または改善するための対応をしてもなお継

Ⅲ　連結計算書類　175

続企業の前提に関する重要な不確実性が認められる場合（当該連結会計年度の末日後に当該重要な不確実性が認められなくなった場合を除く）には，以下の項目を注記する（会計規100）。

(ⅰ)　当該事象または状況が存在する旨およびその内容（会計規100①）

(ⅱ)　当該事象または状況を解消し，または改善するための対応策（会計規100②）

(ⅲ)　当該重要な不確実性が認められる旨およびその理由（会計規100③）

(ⅳ)　当該重要な不確実性の影響を連結計算書類に反映しているか否かの別（会計規100④）

〈事例1〉　重要な営業損失について記載している事例

Ⅰ．継続企業の前提に関する注記

　当社グループは，当連結会計年度において○期連続で営業損失及び重要な減損損失を，○期連続で親会社株主に帰属する当期純損失を計上したことにより，継続企業の前提に重要な疑義を生じさせるような状況が存在しております。

　当該状況を解消するため，当社グループは，全社的な事業構造改革として，設備利用効率の改善，資産規模の適正化による生産性向上，及びサプライチェーンの見直し等によるコストの更なる削減に取り組んでおります。この戦略的取組みの一環として，○○年○月に生産を終了した○○工場の建物の譲渡契約を，同月末に○○○○株式会社との間で締結し，○○年○月○日付で譲渡を完了いたしました。また，○○年○月○日開催の取締役会において，○○技術と比較して○○の高性能化への対応が限定的である○○技術を採用する○○工場について，○○年○月までに生産終了することを決議いたしました。

　上記施策に加え，技術基盤を価値創造の源泉とし，脱過当競争・脱コモディティ化により収益性の抜本的な改善を図るための成長戦略「○○○○」を○○年○月○日付で発表し，引き続き事業モデルの変革を推進しております。本成長戦略における主な事業戦略として，○○年○月○日に発表した○○○○技術「○○」，○○年○月○日に発表した次世代○○「○○」のほか，車載及びＶＲ製品，並びにそれらに関連する知的財産権の積極活用等を中心に製品・事業ポートフォリオを再編し，早期の黒字体質の安定化と事業成長を図っていく方針であります。

上記「○○○○」の拡大と加速化への寄与を目的とし，○○年○月○日，株式会社○○○○の事業の一部である○○○○に関する技術開発ビジネス関連事業を当社子会社○○○○が承継する事業譲渡契約を，当社を含む３社間で締結し，○○年○月○日付で実施を完了いたしました。

また，当社は，中国の○○○○開発区と○○年○月○日付で次世代○○「○○」の事業立ち上げに関する覚書を締結後２度の延期を経て，○○年○月現在，関係当局からの許認可取得及び○○年○月までの最終契約締結に向けて協議を継続しております。

以上のように，今後も事業モデルの改革を進め，収益性の更なる向上に向けた経営資源の最適化に引き続き取り組んでまいります。

財務面では，世界的なインフレ高進やサプライチェーンにおけるリスクの継続に備えた手許資金確保の重要性に鑑み，当社は○○○○（以下「○○」といいます。）より，当連結会計年度において新規借入（○○年○月から○○年○月まで計○回，元本総額○○億円）を実施したほか，連結計算書類作成日までに，当該新規借入の一部に係る弁済期日を延長（○○年○月○日付元本総額○億円及び○○年○月○日付元本総額○億円につき○○年○月○日まで，○○年○月○日付元本総額○億円につき○○年○月○日まで，○○年○月○日付元本総額○億円及び○○年○月○日付元本総額○億円並びに○○年○月○日付元本総額○億円につき○○年○月○日まで）することについて，○○との間で合意いたしました。今後も資金需要に応じた機動的な借入実施，○○による第○回新株予約権の行使要請（調達総額最大約○○億円）のほか，低効率資産の売却及び営業債権等の流動化も含め，引き続き適時適切な資金調達策を講じてまいります。

一方で，昨今の世界的な原材料費の高騰，エネルギー費高止まりによる動力費や輸送費の負担増加，及び世界的高金利の影響等により早期の業績回復による黒字転換が遅延し，当社グループ資金繰りに重要な影響を及ぼす可能性を勘案すると，現時点では継続企業の前提に関する重要な不確実性が認められます。

なお，連結計算書類は継続企業を前提として作成しており，このような継続企業の前提に関する重要な不確実性の影響を連結計算書類に反映しておりません。

Ⅲ　連結計算書類　177

〈事例２〉　債務超過について記載している事例

Ⅰ．継続企業の前提に関する注記

　当社グループは，○○年○月期連結会計年度以降，○期連続で営業損失・経常損失・親会社株主に帰属する当期純損失を計上するに至りました。この結果，当連結会計年度の純資産残高が○○○千円の債務超過となっております。

　この状況において，当社グループは，継続企業の前提に重要な疑義を生じさせる事象又は状況であるとの認識の下，早期に是正する施策を以下のとおり実施しております。

（資金繰りについて）

　当社グループは，産業競争力強化法に基づく特定認証紛争解決手続（以下「事業再生ADR手続」といいます。）を利用して金融機関の合意のもとで，今後の事業再生に向けた強固な収益体質の確立と財務体質の抜本的な改善を目指しております。その手続の一環として，取引金融機関には借入金の残高維持を求める一時停止の要請をし，一方で手続期間中の当社の運転資金・事業資金を確保するために株式会社○○○○より○○○千円のDIPファイナンス（「XII．重要な後発事象の注記」に記載）を受ける取引基本約定書を締結し，当面の資金繰りを確保してまいります。

（自己資本の脆弱性について）

　当連結会計年度の純資産残高が△○○○千円となり，上場来初の債務超過となっております。このような事態を改善すべく，当社グループは増資等の資本政策を検討するとともに，並行して収益体質に改善させるために抜本的な事業構造の改革が必要であると判断し，事業再生ADR手続を利用して取引金融機関の合意のもとで，今後の事業再生に向けた強固な収益体質の確立と財務体質の抜本的な改善を図ってまいります。

（売上高減少や収益力の低下について）

　当社グループは，年々低下している売上高と収益力を回復させることを目的として，商品企画力の向上とブランド力強化に取り組んでまいりました。それらに加えて，株式会社○○○○の協力のもと，海外を中心とする新たな仕入チャンネ

178　第3章　計算関係書類

ルの確立や店舗並びにインターネットにおける販売力強化を実現するために，前述の事業再生 ADR 手続における事業再生計画の策定及び実行にも取り組んでまいります。

　上記のとおり，事業再生に向けた取り組みを行っているものの，これらの対応策は実施途上であり，現時点においては，継続企業の前提に関する重要な不確実性が認められます。

　なお，連結計算書類は継続企業を前提として作成しており，継続企業の前提に関する重要な不確実性の影響を，連結計算書類に反映しておりません。

〈事例3〉　財務制限条項に抵触している旨を記載している事例

（継続企業の前提に関する注記）

　当社グループは，前連結会計年度（○○年○月期）において営業損失，経常損失及び親会社株主に帰属する当期純損失を計上し，当連結会計年度（○○年○月期）におきましても，営業損失○○○百万円，経常損失○○○百万円及び親会社株主に帰属する当期純損失○○○百万円を計上したことから，2期連続して営業損失及び経常損失を計上しております。これにより，シンジケートローン契約の財務制限条項に抵触しております。また，これらの損失により純資産が過去の基準時点よりも一定割合下回っており，他の財務制限条項にも抵触しております。当該財務制限条項の抵触により，当連結会計年度末の借入金残高のうち○○○百万円について期限の利益を喪失する可能性があるなか，手元資金は当該借入金よりも少ない状況にあります。これらの状況により，継続企業の前提に重要な疑義を生じさせるような事象又は状況が存在しております。

　当社グループは，当該状況の解消又は改善を図るべく，以下のとおり，業績の回復及び安定化に向けた施策を講じるとともに，財務基盤の改善に取り組んでおります。

1．事業収支の改善について

①　○○○事業の収益性の安定化

　営業体制を変更し，適時な案件受注に向けて取り組んでまいります。

　当社グループの○○○開発におきましては，新規プロジェクトを一旦受注しま

Ⅲ　連結計算書類　179

すと，○○○の完成まである程度安定した受注を継続して確保できてきましたが，昨今，案件の大型化に伴う開発継続審議の厳格化から，発注者が開発途中で中止を意思決定することも増えており，当社グループとしましては，予期せぬ開発中止により，当該開発に携わっていた人員の余剰が発生するため，出来る限り速やかに新規案件への移行が重要な課題となっております。

　しかしながら，中止判明後に新規案件を適時に受注することは容易ではなく，開発が中止されるリスク等も勘案しながら，営業活動を進めて行くことが必要となっております。

　当社グループは，従来より案件獲得から開発管理までをプロジェクト責任者が統合的に行ってきておりましたが，このような環境変化の中，開発中も同時並行して案件獲得を推進するため，開発にプロジェクト責任者のリソースの多くが割かれている状況を踏まえ，新たに別途営業に専念できる人員を確保する体制を敷いてまいります。併せて，本営業体制変更の効果を高めるため，経営のトップもこれまで以上に積極的に新たな営業体制をまとめて率いることで，多様な営業戦略を可能にしてまいります。

　また，新規案件の獲得に関しては，受注確度及び受注時期に関する情報の把握の頻度及び精度を上げるとともに，開発中案件のうち次フェーズの開始が保留となっている案件の今後の見通しについて，開始が決定されるまでの期間の業績影響度を評価する体制を強化する取り組みを開始しております。これにより，開始に備えた待機人員等に伴って将来発生しうる損失リスクの予見性を高め，待機期間の長期化などによる損失が拡大する前に受注案件の優先順位の変更や他案件への人員配置などを判断し，リカバリー策の実行をしてまいります。

　これらの施策により，○○○事業の収益性の安定化を図ってまいります。

② 　○○○事業のリスク管理体制の強化
　当社グループは，前期に発生した○○○事業における多額の損失の発生を受け，投資経営委員会を発足しております。

　この投資経営委員会は，主に経営判断に属するリスクが生じる可能性のある事業等の開始，中止，続行等について，その判断に特段の問題がないか等について，個別及びグループ全体のリスク管理視点から審査をする機関であり，特に○○○事業における大型案件の受注や継続判断については，連結業績におけるリスクを踏まえて評価するとともに，リスク状況のモニタリングを強化し，重大な収支悪

180 第3章 計算関係書類

化の防止に向けて受注条件や受注体制に対するチェック機能を強化する取り組み
を進めております。

これにより，○○○事業の収益悪化に対するリスク管理体制を強化してまいり
ます。

③ ○○○事業の収益性の改善

○○○事業におきましては，完全分離プランや値引き規制等の法改正の施行以
降，収益性が低下しており，当期においては，損失を計上するに至りました。特
に従前より価格訴求力を中心としていた首都圏店舗において損失が拡大しており，
今後も事業環境の底打ちが見通せない状況であることから，店舗損益の回復が困
難と判断し，○○年○月○日をもって首都圏○店舗を閉店いたしました。

また，端末の長期利用ユーザーが増えるなか，携帯端末の修理需要等が伸びて
おり，首都圏エリアにおいても店舗利益が見込まれる状況になっていることから，
地域密着型の店舗戦略と併せて商圏調査を推し進め，収益機会の拡大を追求して
まいります。

これらの施策により，○○○事業の収益性の改善を図ってまいります。

2．財務基盤の改善について

① 運転資金の確保

○○○事業の不採算店舗の撤退に伴う差入保証金の返還及び棚卸資産の圧縮，
当社グループの主要事業ではなく株式保有によるシナジー効果の薄い関連会社株
式の譲渡，並びに本業に影響のない資産の売却等により，運転資金の確保に取り
組んでおります。

また，「1．事業収支の改善について」にて記載の改善策を踏まえた当社グルー
プの利益計画について，現在，各金融機関に評価いただいている過程にあります。
○○年○月に開催した各行とのミーティングにおいて，融資残高の維持の更新を
依頼し，短期での更新を継続しておりますが，出来る限り早い時期に1年単位で
の契約更新をしていただける様に全ての金融機関からの同意を得るべく協議して
まいります。

取引金融機関とは緊密に連携を行い，将来必要となる資金についてもご支援い
ただけるよう良好な関係を継続できるよう対応してまいります。

Ⅲ　連結計算書類　181

②　財務体質の抜本的な改善

　財務体質を抜本的に改善し，財務基盤の安定性を回復するため，金融機関以外からの調達についても適宜検討を進めてまいります。

　しかしながら，これらの対応策は実施途上であり，今後の事業環境の変化によっては計画どおりの改善効果が得られない可能性があること，また，金融機関と締結した借入契約の一部については，契約上の返済期限が1年未満の短期になっていることから，現在時点においては継続企業の前提に関する重要な不確実性が存在するものと認識しております。

　なお，連結計算書類は継続企業を前提として作成されており，継続企業の前提に関する重要な不確実性の影響を連結計算書類に反映しておりません。

（2）　連結計算書類作成のための基本となる重要な事項に関する注記等

連結計算書類作成のための基本となる重要な事項として，以下の項目を注記する。

- ●連結の範囲に関する事項（会計規102Ⅰ①）
- ●持分法の適用に関する事項（会計規102Ⅰ②）
- ●会計方針に関する事項（会計規102Ⅰ③）
- ●連結の範囲または持分法の適用の範囲の変更に関する注記（会計規102Ⅱ）

①　連結の範囲に関する事項

連結の範囲に関する事項として，以下の項目を記載する（会計規102Ⅰ①）。

(ⅰ)　連結子会社の数および主要な連結子会社の名称（会計規102Ⅰ①イ）

(ⅱ)　非連結子会社がある場合には，主要な非連結子会社の名称および連結の範囲から除いた理由（会計規102Ⅰ①ロ）

(ⅲ)　議決権の過半数を自己の計算において所有している会社等を子会社としなかったときは，当該会社等の名称および子会社としなかった理由（会計規102Ⅰ①ハ）

182 第3章 計算関係書類

(iv) 財務および事業の方針を決定する機関（株主総会その他これに準ずる機関をいう）に対する支配が一時的または連結の範囲に含めることにより利害関係人の判断を著しく誤らせるおそれがあると認められるため，連結の範囲から除かれた子会社の財産または損益に関する事項であって，当該企業集団の財産および損益の状態の判断に影響を与えると認められる重要なものがあるときは，その内容（会計規102 I ①ニ）

(v) 開示対象特別目的会社（会施規4参照）がある場合には，開示対象特別目的会社の概要，開示対象特別目的会社との取引の概要および取引金額その他の重要な事項（会計規102 I ①ホ）

　開示対象特別目的会社がある場合，「開示対象特別目的会社に関する注記」を設け，「連結の範囲に関する事項」では当該注記を参照する形で記載している事例が多い。経団連ひな型の記載例もこの形によっている。

　連結財務諸表規則に基づき有価証券報告書における連結財務諸表の注記として「連結決算日の変更に関する事項」「連結子会社の事業年度等に関する事項」の記載が求められるが，連結注記表にも記載している事例が多い。

〈「経団連ひな型」の記載例〉①

1．連結の範囲に関する事項
　(1)　連結子会社の数及び主要な連結子会社の名称
　　　連結子会社の数　　　　　　　　○社
　　　　主要な連結子会社の名称
　　　　○○○株式会社，○○○株式会社，○○○株式会社
　　　　　このうち，○○○株式会社については，当連結会計年度において新たに設立したことにより，また，○○○株式会社については，重要性が増したことによりそれぞれ当連結会計年度から連結子会社に含めることとし，○○○株式会社については，保有株式を売却したことにより，連結子会社から除外しております。
　(2)　主要な非連結子会社の名称等
　　　主要な非連結子会社の名称
　　　　○○○株式会社，○○○株式会社

Ⅲ 連結計算書類 183

　　　連結の範囲から除いた理由

　　　　　非連結子会社は，いずれも小規模であり，合計の総資産，売上高，当
　　　　期純損益（持分に見合う額）及び利益剰余金（持分に見合う額）等は，
　　　　いずれも連結計算書類に重要な影響を及ぼしていないためであります。

⑶　議決権の過半数を自己の計算において所有している会社等のうち子会社と
　しなかった会社の名称等

　　　会社等の名称

　　　　○○○株式会社

　　　子会社としなかった理由

　　　　　同社は，会社更生法の規定による更生手続開始の決定を受け，かつ，
　　　　有効な支配従属関係が存在しないと認められたためであります。

⑷　支配が一時的であると認められること等から連結の範囲から除かれた子会
　社の財産または損益に関する事項

　　　　　……………

⑸　開示対象特別目的会社

　　　開示対象特別目的会社の概要，開示対象特別目的会社を利用した取引の概
　要及び開示対象特別目的会社との取引金額等については，「開示対象特別目的
　会社に関する注記」に記載しております。

〈「経団連ひな型」の記載例〉②

1．開示対象特別目的会社の概要及び開示対象特別目的会社を利用した取引の概要

　　　当社では，資金調達先の多様化を図り，安定的に資金を調達することを目的
　として，リース債権，割賦債権，営業貸付金の流動化を実施しております。当
　該流動化にあたり，特別目的会社を利用しておりますが，これらには特例有限
　会社や株式会社，資産流動化法上の特定目的会社があります。当該流動化にお
　いて，当社は，前述したリース債権，割賦債権，営業貸付金を特別目的会社に
　譲渡し，譲渡した資産を裏付けとして特別目的会社が社債の発行や借入によっ
　て調達した資金を，売却代金として受領します。

　　　さらに，当社は，いくつかの特別目的会社に対し回収サービス業務を行い，
　また，譲渡資産の残存部分を留保しております。このため，当該譲渡資産が見
　込みより回収不足となった劣後的な残存部分については，○年○月末現在，適

切な評価減などにより，将来における損失負担の可能性を会計処理に反映しております。

流動化の結果，○年○月末において，取引残高のある特別目的会社は○社あり，当該特別目的会社の直近の決算日における資産総額（単純合算）は×××百万円，負債総額（単純合算）は×××百万円です。なお，いずれの特別目的会社についても，当社は議決権のある株式等は有しておらず，役員や従業員の派遣もありません。

2．開示対象特別目的会社との取引金額等

（単位：百万円）

	主な取引の金額又は当連結会計年度末残高	主な損益	
		（項目）	（金額）
譲渡資産(注1)：			
リース債権	×，×××	売却益	×××
割賦債権	×，×××	売却益	×××
営業貸付金	×，×××	売却益	×××
譲渡資産に係る残存部分(注2)	×，×××	分配益	×××
回収サービス業務(注3)	×××	回収サービス業務収益	××

(注1)　譲渡資産に係る取引の金額は，譲渡時点の帳簿価額によって記載しております。また，譲渡資産に係る売却益は，営業外収益に計上されております。

(注2)　譲渡資産に係る残存部分の取引の金額は，当期における資産の譲渡によって生じたもので，譲渡時点の帳簿価額によって記載しております。○年○月末現在，譲渡資産に係る残存部分の残高は，××，×××百万円であります。また，当該残存部分に係る分配益は，営業外収益に計上されております。

(注3)　回収サービス業務収益は，通常得べかりし収益を下回るため，下回る部分の金額は，回収サービス業務負債として固定負債「その他」に計上しております。回収サービス業務収益は，営業外収益に計上されております。

Ⅲ　連結計算書類　185

〈事例1〉　一般的な事例

アスクル（2024年5月期）

1．連結の範囲に関する事項
　(1)　連結子会社の数および主要な連結子会社の名称
　　　　連結子会社の数　　　　13社
　　　　主要な連結子会社の名称：ASKUL LOGIST 株式会社
　　　　　　　　　　　　　　　　株式会社アルファパーチェス
　　　　　　　　　　　　　　　　株式会社チャーム
　　　　　　　　　　　　　　　　ビジネスマート株式会社
　　　　　　　　　　　　　　　　嬬恋銘水株式会社
　　　　　　　　　　　　　　　　ソロエル株式会社
　　　　　　　　　　　　　　　　株式会社 AP67
　　　　　　　　　　　　　　　　フィード株式会社
　(2)　主要な非連結子会社の名称等
　　　　非 連 結 子 会 社 の 名 称：株式会社リーフ
　　　　　　　　　　　　　　　　株式会社 OJI
　　　　　　　　　　　　　　　　株式会社 plants tech
　　　　　　　　　　　　　　　　愛富思（大連）科技有限公司
　　　　連結の範囲から除いた理由
　　　　非連結子会社は，いずれも小規模であり，合計の総資産，売上高，当期純損
　　益（持分に見合う額）および利益剰余金（持分に見合う額）等は，いずれも連
　　結計算書類に重要な影響を及ぼしていないため，連結の範囲から除いておりま
　　す。

〈事例2〉　議決権の過半数を自己の計算において所有している会社等のうち子会
　　　　　　社としなかった会社がある事例①

TOPPAN ホールディングス（2024年3月期）

（2）　議決権の過半数を自己の計算において所有している会社のうち，子会社とし
　　なかった会社の名称
　ADVANCED SUBSTRATE TECHNOLOGIES PTE. LTD.

186　第3章　計算関係書類

（子会社としなかった理由）

　重要な財務及び営業又は事業の方針の決定に対し，共同支配企業の同意が必要であるため子会社に含めておりません。

〈事例3〉　議決権の過半数を自己の計算において所有している会社等のうち子会社としなかった会社がある事例②

セレンディップ・ホールディングス（2024年3月期）

③　議決権の過半数を自己の計算において所有しているにもかかわらず子会社としなかった会社等の名称等

　・当該会社等の数　　　　　2社
　・当該会社等の名称　　　　株式会社Ｔ.Ｋ.Ｒホールディングス
　　　　　　　　　　　　　　株式会社Ｔ.Ｋ.Ｒ
　・子会社としなかった理由　当社の一部の子会社が，投資育成を図りキャピタルゲイン獲得を目的とする営業取引として保有し，企業会計基準適用指針第22号の要件を満たしており，当該会社等の意思決定機関を支配していないことが明らかであると認められるためであります。

〈事例4〉　開示対象特別目的会社がある場合

鹿島建設（2024年3月期）

１．連結の範囲に関する事項
　（中略）
　（3）　開示対象特別目的会社
　　　開示対象特別目的会社の概要，開示対象特別目的会社を利用した取引の概要及び開示対象特別目的会社との取引金額等については，「開示対象特別目的会社に関する注記」として記載している。
　（中略）
開示対象特別目的会社に関する注記

1．開示対象特別目的会社の概要及び開示対象特別目的会社を利用した取引の概要

　　当社グループは，資金調達先の多様化を図るため，不動産の流動化を行っている。流動化においては，当社グループが，不動産（信託受益権を含む）を特別目的会社（特例有限会社の形態による）に譲渡し，特別目的会社が当該不動産を裏付けとして借入等によって調達した資金を，売却代金として受領している。

　　また，特別目的会社に譲渡した不動産について，当社グループが賃借を行っているものがある。さらに，特別目的会社に対しては，匿名組合契約を締結しており，当該契約に基づく出資金を有している。当社グループは，拠出した匿名組合出資金を回収する予定である。

　　当期末現在，不動産の流動化に係る出資残高のある特別目的会社は次のとおりである。なお，当社グループは，当該特別目的会社について，議決権のある出資等は有しておらず，役員の派遣もない。

特別目的会社数		1社
直近の決算日における資産総額	（百万円）	25,276
負債総額	（百万円）	25,271

2．特別目的会社との取引金額等

	主な取引の金額等（百万円）	主な損益	
		項目	金額（百万円）
匿名組合出資金（注）1	―	分配益	917
賃借取引	―	支払リース料（注）2	2,270

（注）1．当期末現在，匿名組合出資金の残高は847百万円である。また，匿名組合出資金に係る分配益は，営業外収益に計上している。
　　　2．不動産の賃貸借契約は不動産信託受託者との間で締結しており，支払リース料は，当該賃貸借契約に基づき不動産信託受託者へ支払っている金額を記載している。

188 第3章 計算関係書類

〈事例5〉 連結子会社の事業年度等に関する事項を記載している事例

日本ケミコン（2024年3月期）

3．連結子会社の事業年度等に関する事項

　　連結子会社のうち，Dong Guang KDK Aluminum Foil Manufacture Ltd.，上海貴弥功貿易有限公司，貴弥功（無錫）有限公司，Chemi-Con Electronics (Thailand) Co.,Ltd.，Chemi-Con Electronics (Korea) Co.,Ltd. 及び Chemi-Con Trading (Shenzhen) Co.,Ltd. の決算日は12月31日であります。連結計算書類の作成にあたっては同日現在の計算書類を使用し，連結決算日との間に生じた重要な取引は連結上必要な調整を行っております。また Chemi-Con Trading (Shenzhen) Co.,Ltd. については，連結決算日現在で実施した仮決算に基づく計算書類を使用しております。

　　なお，その他の連結子会社の決算日は，連結決算日と一致しております。

〈事例6〉 連結決算日の変更に関する事項を記載している事例

ギガプライズ（2024年4月期）

3．連結決算日の変更に関する事項

　　当社は，2023年6月23日開催の第27回定時株主総会の決議により，決算日を従来の3月31日から4月30日に変更しております。これに伴い，当連結会計年度は，2023年4月1日から2024年4月30日までの13ヶ月間となっております。

〈事例7〉 連結子会社の事業年度等に関する事項―連結子会社の仮決算を行う方法に変更してその影響を利益剰余金で調整している事例

フタバ産業（2024年3月期）

3．連結子会社の事業年度等に関する事項

　　従来，決算日が12月31日であった中国の在外連結子会社7社については，同日の財務諸表を使用し，連結決算日との間に生じた重要な取引について連結上必要な調整を行っておりましたが，より適切な連結計算書類の開示を行うため，当連結会計年度より連結決算日に仮決算を行う方法に変更しております。

　　この変更に伴い，当連結会計年度において2023年1月1日から2023年3月31

Ⅲ　連結計算書類　189

日までの３ヶ月分の損益については利益剰余金で調整しております。

②　持分法の適用に関する事項

持分法の適用に関する事項として，以下の項目を記載する必要がある。

(ⅰ)　持分法を適用した非連結子会社または関連会社の数およびこれらのうち主要な会社等の名称（会計規102Ⅰ②イ）

(ⅱ)　持分法を適用しない非連結子会社または関連会社があるときは，主要な会社等の名称および持分法を適用しない理由（会計規102Ⅰ②ロ）

(ⅲ)　当該株式会社が議決権の100分の20以上，100分の50以下を自己の計算において所有している会社等を関連会社としなかったときは，当該会社等の名称および関連会社としなかった理由（会計規102Ⅰ②ハ）

(ⅳ)　持分法の適用の手続について特に示す必要があると認められる事項がある場合には，その内容（会計規102Ⅰ②ニ）

〈「経団連ひな型」の記載例〉

2．持分法の適用に関する事項
　(1)　持分法を適用した非連結子会社及び関連会社の数及び主要な会社等の名称
　　　　持分法を適用した非連結子会社の数　　○社
　　　　　主要な会社等の名称　　○○○株式会社，○○○株式会社
　　　　持分法を適用した関連会社の数　　　　○社
　　　　　主要な会社等の名称　　○○○株式会社，○○○株式会社
　(2)　持分法を適用しない非連結子会社及び関連会社の名称等
　　　　主要な会社等の名称
　　　　（非連結子会社）
　　　　　○○○株式会社，○○○株式会社
　　　　（関連会社）
　　　　　○○○株式会社，○○○株式会社
　　　　持分法を適用していない理由
　　　　　持分法を適用していない非連結子会社または関連会社は，当期純損益（持分に見合う額）及び利益剰余金（持分に見合う額）等からみて，持分法の

190 第3章 計算関係書類

対象から除いても連結計算書類に及ぼす影響が軽微であり，かつ，全体として も重要性がないためであります。

(3) 議決権の100分の20以上，100分の50以下を自己の計算において所有している会社等のうち関連会社としなかった会社等の名称等

会社等の名称

○○○株式会社

関連会社としなかった理由

同社は，民事再生法の規定による再生手続開始の決定を受け，かつ，財務及び営業または事業の方針の決定に対して重要な影響を与えることができないと認められたためであります。

(4) 持分法の適用の手続について特に記載すべき事項

持分法適用会社のうち，決算日が連結決算日と異なる会社については，各社の直近の事業年度に係る計算書類を使用しております。

(5) 連結子会社の事業年度等に関する事項（注 任意的記載事項）

連結子会社の決算日は，○○○株式会社（○月○日）及び○○○株式会社（○月○日）を除き，連結決算日と一致しております。なお，○○○株式会社については，連結決算日で本決算に準じた仮決算を行った計算書類を基礎とし，また，○○○株式会社については，同社の決算日現在の計算書類を使用して連結決算を行っております。ただし，連結決算日との間に生じた○○○株式会社との重要な取引については，連結上必要な調整を行っております。

〈事例1〉 一般的な事例

三菱マテリアル（2024年3月期）

2．持分法の適用に関する事項

(1) 持分法適用非連結子会社の数 0社

(2) 持分法適用関連会社の数 12社

①主要な会社の名称

マントベルデ社，湯沢地熱㈱，エルエムサンパワー㈱，グリーンサイクル㈱，UBE三菱セメント㈱

②持分法適用の範囲の異動

当連結会計年度において，該当事項はありません。

Ⅲ　連結計算書類　191

(3)　持分法を適用していない非連結子会社及び関連会社のうち主要な会社の名称
　　　小名浜吉野石膏㈱
　　　（持分法を適用しない理由）
　　　持分法を適用していない非連結子会社及び関連会社は，それぞれ当期純損益及び利益剰余金等に及ぼす影響が軽微であり，かつ全体としても重要性がないため，持分法の適用範囲から除外しております。
(4)　持分法適用手続に関する特記事項
　　　持分法適用会社のうち，決算日が連結決算日と異なる会社については，各社の事業年度に係る計算書類を使用しております。

〈事例２〉　議決権の100分の20以上，100分の50以下を自己の計算において所有している会社等のうち関連会社としなかった会社がある事例

大和証券グループ本社（2024年３月期）

(3)　議決権の20％以上，50％以下を自己の計算において所有している会社等のうち関連会社としなかった会社等の名称等
　　当該会社等の数　　9社
　　関連会社としなかった主要な会社の名称
　　　NJT銅管株式会社
　　関連会社としなかった理由
　　　当社の一部の子会社が，投資育成や事業再生を図りキャピタルゲイン獲得を目的とする営業取引として保有し，企業会計基準適用指針第22号の要件を満たしており，当該会社等に重要な影響を与えることができないことが明らかであると認められるためであります。

〈事例３〉　持分法の適用の手続について特に記載すべき事項がある事例

イエローハット（2024年３月期）

②　持分法の適用の手続について特に記載すべき事項
　　　持分法適用会社のうち，決算日が連結決算日と異なる会社については，当該持分法適用会社の事業年度に係る計算書類を基礎として持分法を適用しております。

③ 会計方針に関する事項

連結注記表における会計方針に関する事項として，以下の事項を記載する（会計規102 I ③）。

(i) 重要な資産の評価基準および評価方法

(ii) 重要な固定資産の減価償却の方法

(iii) 重要な引当金の計上基準

(iv) その他連結計算書類の作成のための基本となる重要な事項

収益および費用の計上基準は，会社計算規則102条1項3号に掲げられていないが，重要な事項は記載する必要がある。また，退職給付に係る負債の計上基準について，重要性がある場合には，その他連結計算書類の作成のための基本となる事項に関する注記として記載する（「法務省「会社計算規則の一部を改正する省令案」に関する意見募集の結果について」（2013年5月20日））。

経団連ひな型の記載例のとおり連結注記表の会計方針に関する事項の記載方法は個別注記表と概ね同じである。連結注記表特有の記載としては，上記の「退職給付に係る負債の計上基準」のほかに，のれんまたは負ののれん（2010年3月31日以前に発生したもの）に関する事項がある。のれんまたは負ののれんに重要性がある場合には，「その他連結計算書類の作成のための重要な事項」として償却方法および償却期間を注記する事例が見受けられる。

(a) 資産の評価基準および評価方法

(i) 有価証券およびデリバティブ

有価証券に係る会計方針については，資産の評価基準および評価方法であり，会社計算規則101条1項1号において，注記することが求められている（重要性の乏しいものを除く）。

具体的には，金融商品会計基準に従い，有価証券を，①売買目的有価証券，②満期保有目的の債券，③子会社株式および関連会社株式，④その他の有価証券，に区分し，それぞれについて会計方針を記載する。

デリバティブ取引は時価評価が原則であるため，本来は記載する必要はないが，時価評価されるようなデリバティブ取引が行われている場合には，その会計方針を記載するのが実務上は一般的である。

Ⅲ　連結計算書類　193

〈「経団連ひな型」の記載例〉

3．会計方針に関する事項
　(1)　資産の評価基準及び評価方法
　　①　有価証券の評価基準及び評価方法
　　　　売買目的有価証券………時価法（売却原価は移動平均法により算定）
　　　　満期保有目的の債券……償却原価法（定額法）
　　　　その他有価証券
　　　　　市場価格のない株式等以外のもの……時価法（評価差額は全部純資産
　　　　　　　　　　　　　　　　　　　　　　直入法により処理し，売却原価
　　　　　　　　　　　　　　　　　　　　　　は移動平均法により算定）
　　　　　市場価格のない株式等……移動平均法による原価法
　　②　デリバティブの評価基準及び評価方法
　　　　デリバティブ……時価法

〈事例１〉　一般的な事例

ベネッセホールディングス（2024年3月期）

(1)　重要な資産の評価基準及び評価方法
　①　有価証券
　　イ　売買目的有価証券　　　　時価法（売却原価は移動平均法により算定）
　　ロ　満期保有目的の債券　　　償却原価法（定額法）
　　ハ　その他有価証券
　　　　市場価格のない株式等　　時価法（評価差額は全部純資産直入法により
　　　　以外のもの　　　　　　　処理し，売却原価は移動平均法により算定）
　　　　市場価格のない株式等　　移動平均法による原価法
　　　　投資事業有限責任組合　　組合契約に規定される決算報告日に応じて入
　　　　及びそれに類する組合　　手可能な最近の決算書を基礎とし，持分相当
　　　　への出資（金融商品取　　額を純額で取り込む方法によっております。
　　　　引法第2条第2項によ
　　　　り有価証券とみなされ
　　　　るもの）

194　第3章　計算関係書類

②　デリバティブ	時価法

〈事例2〉　子会社株式および関連会社株式について記載している事例

DCMホールディングス（2024年2月期）

(1)　重要な資産の評価基準及び評価方法	
①　有価証券	
イ．持分法を適用していない非連結子会社株式及び関連会社株式	移動平均法による原価法
ロ．その他有価証券	
市場価格のない株式等以外のもの	連結決算日の市場価格等に基づく時価法（評価差額は全部純資産直入法により処理し，売却原価は移動平均法により算定）
市場価格のない株式等	移動平均法による原価法 なお，市場価格のない株式等のうち外貨建てのものについては，連結決算日の直物為替相場に基づく時価法（評価差額は全部純資産直入法により処理し，売却原価は移動平均法により算定）

(ⅱ)　棚卸資産

　棚卸資産に係る会計方針については，資産の評価基準および評価方法であり，有価証券と同様に会社計算規則101条1項1号において，注記することが求められている（重要性の乏しいものを除く）。評価基準には「原価法」や「時価法」などが，評価方法としては「個別法」，「先入先出法」，「平均法」，「売価還元法」などがあるが，棚卸資産会計基準により収益性の低下した棚卸資産の簿価切下げが求められている。

　なお，不動産開発事業のための借入れに係る支払利息については，正常な開発期間に係るものであれば，取得価額に含めることが認められている（「不動産開発事業を行う場合の支払利子の監査上の取扱いについて」日本公認会計士協会

業種別監査研究部会，1974年8月20日）。ただし，支払利息を取得原価に算入した場合には，特殊な会計処理であることから，その旨を注記することが必要となる。

〈「経団連ひな型」の記載例〉

③ 棚卸資産の評価基準及び評価方法
　　製品，原材料，仕掛品……移動平均法による原価法（貸借対照表価額は収益
　　　　　　　　　　　　　　　性の低下による簿価切下げの方法により算定）
　　貯蔵品………………………最終仕入原価法

〈事例1〉　一般的な事例

GMB（2024年3月期）

①重要な資産の評価基準及び評価方法
　（中略）
　ニ．棚卸資産
　　a．製品・商品・原材料・　　総平均法による原価法（貸借対照表価額につ
　　　仕掛品　　　　　　　　　いては収益性の低下に基づく簿価切下げ法）
　　b．貯蔵品　　　　　　　　最終仕入原価法（貸借対照表価額については
　　　　　　　　　　　　　　　収益性の低下に基づく簿価切下げ法）
　　　　　　　　　　　　　　　なお，一部の在外連結子会社については，総
　　　　　　　　　　　　　　　平均法による低価法を採用しております。

〈事例2〉　建設業の記載事例

清水建設（2024年3月期）

①重要な資産の評価基準及び評価方法
　（中略）
　ロ．棚卸資産
　　販売用不動産　………個別法による原価法（貸借対照表価額は収益性の低下

196　第3章　計算関係書類

> に基づく簿価切下げの方法により算定）
> 　未成工事支出金………個別法による原価法
> 　開発事業支出金………個別法による原価法（貸借対照表価額は収益性の低下
> 　　　　　　　　　　　　　に基づく簿価切下げの方法により算定）

〈事例3〉　支払利息を原価算入している事例

長谷工コーポレーション（2024年3月期）

> ⑦支払利息の処理方法
> 　連結子会社の一部は，不動産開発事業に要した資金に対する支払利息を販売
> 用不動産等の取得原価に算入している。

(b)　固定資産の減価償却の方法

　固定資産の減価償却の方法については，会社計算規則101条1項2号において注記することが求められている。減価償却の方法としては，定率法，定額法，生産高比例法，級数法等が考えられる（企業会計原則注解（注20））。

　所有権移転外ファイナンス・リース取引もファイナンス・リース取引として売買処理を行う（リース会計基準9項）。重要性が乏しい場合を除き，リース資産については，その内容（主な資産の種類等）および減価償却の方法を注記する。

〈「経団連ひな型」の記載例〉

> (2)　固定資産の減価償却の方法
> 　①　有形固定資産（リース資産を除く）
> 　　定率法（ただし，1998年4月1日以降に取得した建物（附属設備を除く）
> 　　並びに2016年4月1日以降に取得した建物附属設備及び構築物は定額法）を
> 　　採用しております。
> 　②　無形固定資産（リース資産を除く）
> 　　定額法を採用しております。
> 　③　リース資産
> 　　所有権移転ファイナンス・リース取引に係るリース資産

自己所有の固定資産に適用する減価償却方法と同一の方法を採用しております。

所有権移転外ファイナンス・リース取引に係るリース資産

リース期間を耐用年数とし，残存価額を零とする定額法を採用しております。

ここで，所有権移転外ファイナンス・リース取引（借主側）について，リース取引開始日がリース会計基準の適用初年度開始前のリース取引で，リース適用指針79項に基づいて，引き続き通常の賃貸借取引に係る方法に準じた会計処理を適用している場合には，その旨を会計方針として注記し，平成19年改正前の「リース取引に係る会計基準」で必要とされていた事項を注記するとされている。そのため，会計方針に以下のような記載をすることが考えられる。

〈通常の賃貸借取引に係る方法に準じた会計処理を適用している場合の「経団連ひな型」の記載例〉

なお，リース物件の所有権が借主に移転すると認められるもの以外のファイナンス・リース取引のうち，リース取引開始日が企業会計基準第13号「リース取引に関する会計基準」の適用初年度開始前のリース取引については，通常の賃貸借取引に係る方法に準じた会計処理によっております。

また，減価償却方法は各資産の科目別に記載し各項目別の耐用年数についても説明することが望ましい。

〈有形固定資産の主な耐用年数の「経団連ひな型」の記載例〉

なお，主な耐用年数は次のとおりであります。
建物及び構築物　　　○年～○年
機械装置及び運搬具　○年～○年

198　第 3 章　計算関係書類

〈無形固定資産の主な耐用年数の「経団連ひな型」の記載例〉

> なお，主な耐用年数は次のとおりであります。
>
> 　自社利用のソフトウェア　　　○年～○年
> 　のれん　　　　　　　　　　　○年～○年

〈事例 1〉　一般的な事例

石原ケミカル（2024年 3 月期）

> (2)　重要な減価償却資産の減価償却の方法
> 　①　有形固定資産（リース資産除く）
> 　　　　　　　　　　　　　当社及び国内連結子会社は定率法を，在外連結子
> 　　　　　　　　　　　　　会社は定額法によっております。
> 　　　　　　　　　　　　　ただし，1998年 4 月 1 日以降に取得した建物（建
> 　　　　　　　　　　　　　物附属設備を除く）並びに2016年 4 月 1 日以降に
> 　　　　　　　　　　　　　取得した建物附属設備及び構築物については，定
> 　　　　　　　　　　　　　額法によっております。
> 　　　　　　　　　　　　　なお，主な耐用年数は以下のとおりであります。
> 　　　　　　　　　　　　　建物及び構築物　　　　10年～50年
> 　　　　　　　　　　　　　機械装置及び運搬具　　 4 年～10年
> 　②　無形固定資産（リース資産除く）
> 　　　　　　　　　　　　　定額法によっております。なお，市場販売目的の
> 　　　　　　　　　　　　　ソフトウエア，自社利用のソフトウエアについて
> 　　　　　　　　　　　　　はそれぞれ販売可能有効期間（ 3 年），社内にお
> 　　　　　　　　　　　　　ける見込利用可能期間（ 5 年）に基づく定額法に
> 　　　　　　　　　　　　　よっております。
> 　③　リース資産
> 　　　　　　　　　　　　　所有権移転外ファイナンス・リース取引に係るリ
> 　　　　　　　　　　　　　ース資産については，リース期間を耐用年数とし，
> 　　　　　　　　　　　　　残存価額を零とする定額法によっております。

Ⅲ　連結計算書類　199

〈事例２〉　貸手側のリース資産の減価償却の方法を記載している事例

イチネンホールディングス（2024年３月期）

② 重要な減価償却資産の減価償却の方法
　　イ．有形固定資産
　　　　・賃貸資産　　　　　　　　賃貸契約期間を償却年数とし，賃貸契約期間満
　　　　　　　　　　　　　　　　　了時に見込まれる賃貸資産の処分価額を残存価
　　　　　　　　　　　　　　　　　額とする定額法
　　　　　　　　　　　　　　　　　なお，主な耐用年数は以下のとおりであります。
　　　　　　　　　　　　　　　　　賃貸車両　　　　　１年～８年
　　　　　　　　　　　　　　　　　賃貸機器・設備　　１年～15年
　　　　・リース資産　　　　　　　所有権移転外ファイナンス・リース取引に係る
　　　　　　　　　　　　　　　　　リース資産
　　　　　　　　　　　　　　　　　リース期間を耐用年数とし，残存価額を零とす
　　　　　　　　　　　　　　　　　る定額法
　　　　・その他の有形固定資産　　賃貸用……定額法
　　　　　　　　　　　　　　　　　なお，主な耐用年数は以下のとおりであります。
　　　　　　　　　　　　　　　　　建物　　　　　　　７年～38年
　　　　　　　　　　　　　　　　　工具器具備品　　２年～16年
　　　　　　　　　　　　　　　　　その他……主に定率法。ただし，1998年４月１
　　　　　　　　　　　　　　　　　　　　　　日以降に取得した建物（建物附属設
　　　　　　　　　　　　　　　　　　　　　　備を除く）並びに2016年４月１日以
　　　　　　　　　　　　　　　　　　　　　　降に取得した建物附属設備及び構築
　　　　　　　　　　　　　　　　　　　　　　物並びに一部の工具器具備品につい
　　　　　　　　　　　　　　　　　　　　　　ては，定額法によっております。
　　　　　　　　　　　　　　　　　なお，主な耐用年数は以下のとおりであります。
　　　　　　　　　　　　　　　　　建物及び構築物　　２年～50年
　　ロ．無形固定資産
　　　　・ソフトウエア　　　　　　社内における利用可能期間（５年）に基づく定
　　　　　（自社利用）　　　　　　額法
　　ハ．長期前払費用　　　　　　　定額法

200　第3章　計算関係書類

〈事例3〉　定率法／定額法以外の減価償却の方法を記載している事例

住友大阪セメント（2024年3月期）

②重要な固定資産の減価償却の方法	
有　形　固　定　資　産 （リース資産を除く）	定率法（ただし赤穂工場，高知工場及び栃木工場の自家発電設備及び一部の連結子会社は定額法，原料地は生産高比例法）によっております。 また，1998年4月1日以降に取得した建物（建物附属設備を除く）並びに2016年4月1日以降に取得した建物附属設備及び構築物については定額法によっております。
無　形　固　定　資　産 （リース資産を除く）	
鉱　　業　　権	生産高比例法によっております。
そ　　の　　他	定額法によっております。ただし，ソフトウェア（自社利用分）については社内における利用可能期間（5年）に基づく定額法によっております。
リ　ー　ス　資　産 所有権移転外ファイナンス・ リース取引に係るリース資産	リース期間を耐用年数とし，残存価額を零とする定額法を採用しております。

⒞　引当金の計上基準

　引当金の計上の方法については，会社計算規則101条1項3号において注記することが求められている。

　将来の費用または損失（収益の控除を含む）の発生に備えて，その合理的な見積額のうち当該事業年度の負担に属する金額を費用または損失として繰り入れることにより計上すべき引当金については，会社計算規則上，貸借対照表の負債の部に区分掲記することとされている（会計規6Ⅱ①，75）。記載方法として，引当金の計上理由，計算の基礎やその他の設定根拠について記載する。

Ⅲ　連結計算書類　201

（ⅰ）　貸倒引当金

　　貸倒引当金の計上基準は，金融商品会計基準28項において，一般債権は過去の貸倒実績率により見積られた貸倒見積高，貸倒懸念債権は財務内容評価法またはキャッシュ・フロー見積法により見積られた貸倒見積高，破産更生債権等は債権額から担保の処分見込額および保証による回収見込額を減額し，その残額を貸倒見積高とする，と規定されている。したがって，ほとんどの会社において，上記の債権区分ごとにそれぞれ計上基準が記載されている。なお，貸倒引当金等，各資産に係る引当金は当該各資産の項目に対する控除項目として貸倒引当金その他当該引当金の設定目的を示す名称を付した項目をもって表示しなければならないが，当該各資産の金額から直接控除し，その控除残高を当該各資産の金額として表示することができる（会計規78Ⅰ，Ⅱ）。

〈「経団連ひな型」の記載例〉

（3）　引当金の計上基準

　①　貸倒引当金

　　　売上債権，貸付金等の債権の貸倒れによる損失に備えるため，一般債権については貸倒実績率により，貸倒懸念債権等特定の債権については個別に回収可能性を検討し，回収不能見込額を計上しております。

〈事例１〉　一般的な事例

アルプス物流（2024年３月期）

1）　貸倒引当金

　　売上債権等の貸倒れによる損失に備えるため，一般債権については貸倒実績率により，貸倒懸念債権等特定の債権については個別に回収可能性を勘案し，回収不能見込額を計上しております。

202　第3章　計算関係書類

〈事例2〉　その他の事例

リコーリース（2024年3月期）

イ．貸倒引当金	債権の貸倒れによる損失に備えるため，一般債権については貸倒実績率により，貸倒懸念債権等特定の債権については財務内容評価法又はキャッシュ・フロー見積法により個別に回収可能性を勘案し，回収不能見込額を計上しております。

(ii)　賞与引当金

　財務諸表の作成時において従業員への賞与支給額が確定していない場合には，支給見込額のうち当期に帰属する金額を賞与引当金として計上する（JICPAリサーチ・センター審理情報No.15「未払従業員賞与の財務諸表における表示科目について」2.）。

　他方，財務諸表の作成時において従業員への賞与支給額が確定している場合には，以下のとおりとなる（リサーチ・センター審理情報No.15　1.）。

①　支給額が支給対象期間に対応して算定されている場合には，当期に帰属する額を未払費用として計上する。

②　支給額が支給対象期間以外の臨時的な要因に基づいて算定されたものである場合には，その額を未払金として計上する。

　賞与引当金の計上基準は，支給見込額基準により計上されている会社が多い。

〈事例1〉　一般的な事例①

バッファロー（2024年3月期）

ロ．賞与引当金	従業員の賞与支給に備えるため，賞与支給見込額のうち当連結会計年度に負担すべき額を計上しております。

Ⅲ　連結計算書類　203

〈事例 2 〉　一般的な事例②

テクノ菱和（2024年 3 月期）

賞与引当金	従業員に対する賞与支給に備えるため，支給予定額のうち支給対象期間に基づく当連結会計年度対応分を計上しております。

(ⅲ)　役員賞与引当金

　役員賞与は，発生した期間の費用として処理する（役員賞与会計基準 3 項）。そのため，役員賞与に係る当期発生額を合理的に見積ることができる場合には，「役員賞与引当金」を計上することになる。

　当事業年度の職務に係る役員賞与を期末後に開催される株主総会の決議事項とする場合には，当該支給は株主総会の決議が前提となるので，当該決議事項とする額またはその見込額（当該事業年度の職務に係る額に限るものとする）を，原則として引当金に計上する（役員賞与会計基準13項）。

〈事例 1 〉　一般的な事例

アインホールディングス（2024年 4 月期）

ハ．役員賞与引当金	役員賞与の支出に備えるため，当連結会計年度における支給見込額に基づき計上しております。

〈事例 2 〉　執行役員についても記載している事例

三菱 HC キャピタル（2024年 3 月期）

③　役員賞与引当金
当社および一部の連結子会社は，役員および執行役員等の賞与支給に充てるため，翌期支給見込額のうち当連結会計年度に帰属する額を計上しています。

204　第3章　計算関係書類

(iv)　役員退職慰労引当金

　役員退職慰労引当金の計上基準は，会社の内規に基づく要支給額全額を引き当てている旨，記載されている例が多い。

　また，指名委員会等設置会社における執行役分は役員退職慰労引当金に含まれると考えられるが，指名委員会等設置会社以外の会社における執行役員の場合，役員退職慰労引当金と退職給付引当金のどちらに含めるかが問題となる。

　なお，監査・保証実務指針42号「租税特別措置法上の準備金及び特別法上の引当金又は準備金並びに役員退職慰労引当金等に関する監査上の取扱い」において，役員退職慰労引当金に関する監査上の取扱いが記載されている。主な内容は以下のとおりである。

　(イ)　役員退職慰労引当金の定義と性質

　(ロ)　役員退職慰労引当金の計上

　(ハ)　役員退職慰労金制度廃止の場合の会計処理

　(ニ)　執行役員に対する退職慰労引当金

【役員退職慰労引当金の計上】

　以下の要件を満たす場合は，各事業年度の負担相当額を役員退職慰労引当金に繰り入れなければならない（監査・保証実務指針42号3．(1)②）。

　(イ)　役員退職慰労金の支給に関する内規に基づき（在任期間・担当職務等を勘案して）支給見込額が合理的に算出されること

　(ロ)　当該内規に基づく支給実績があり，このような状況が将来にわたって存続すること（設立間もない会社等のように支給実績がない場合においては，内規に基づいた支給額を支払うことが合理的に予測される場合を含む）

【役員退職慰労金制度廃止の場合の会計処理】

　既存の役員退職慰労引当金設定会社が役員退職慰労金制度の廃止をする場合，任期中または重任予定の役員に対する廃止時点までの内規に基づく支給額につき，（甲）制度の廃止に伴い，株主総会において承認決議を行う場合と，（乙）制度は廃止するものの，当該廃止時点においては株主総会での承認決議を行わず，当該役員の退任時に承認決議を行う場合とが考えられる。

　（甲）の場合で，当該役員の退任時まで承認済みの慰労金の支給を留保するケースにおいては，当該支払留保金額は，退任時点に支払うという条件付きの

（金額確定）債務であると考えられるため，株主総会での承認決議後，実際に支払われるまでの間は，原則として長期未払金として表示されるものと考えられる。ただし，１年以内に支給されることが確実である場合には，未払金として表示される（監査・保証実務指針42号３．(1)③）。

ここで，「支払留保金額」は，退任予定の役員に係る個人別の退職慰労金の額が確定していることを前提にしていると解される。

そのため，役員退職慰労金が株主総会で個人別に決議された場合または株主総会で決議されたのが退職慰労金支給の取締役会への一任の場合で，その後に開催された取締役会決議で個人別の支給額を決議したときは，役員退職慰労引当金ではなく，未払金になるものと考えられる。

また，退職慰労金支給について取締役会へ一任する旨のみ株主総会で決議された場合には，いまだ，退任予定の役員に係る個人別の退職慰労金の額は決議されていないので，役員退職慰労金制度の廃止に伴う打切支給に係る株主総会決議だけでは，未払金とはならず，役員退職慰労引当金として表示されるものと考えられる。

役員退職慰労引当金として表示するか未払金として表示するかに関しては，各社の役員退職慰労金の内規や株主総会での決議内容などの条件も考慮して判断することに注意が必要である。

（乙）の場合は，株主総会決議を得ていないことから法律上は債務となっていないため，引き続き役員退職慰労引当金として表示される（監査・保証実務指針42号３．(1)③）。

【執行役員に対する退職慰労引当金】

執行役員は会社法上の機関には当たらないため，退職慰労金の支払に関する株主総会の承認決議は必要ではない。執行役員に対する退職慰労金制度にはさまざまな形態がみられるが，執行役員に対する退職慰労引当金として，以下の処理を行う（監査・保証実務指針42号３．(1)④）。

(イ) 制度設計上，執行役員が，従業員としての地位を失っておらず，通常の従業員の退職給付制度に含めて取り扱われる場合は，従業員に対する退職給付引当金として会計処理されるものと考えられる。

(ロ) 制度設計上，執行役員が，従業員に対するものとは別の内規を定めて運

206 第3章 計算関係書類

用されている場合は，退職給付引当金もしくは役員退職慰労引当金に含めて開示する方法，または，執行役員退職慰労引当金として区分表示する方法が考えられる。他の科目に含めて開示した場合で金額的に重要性がある場合は，執行役員に対するものを含めている旨注記することが望ましい。

〈「経団連ひな型」の記載例〉

---

② 役員退職慰労引当金
　　役員の退職慰労金の支給に備えるため，役員退職慰労金規程に基づく期末要支給額を計上しております。

〈事例1〉　一般的な事例

東海理化電機製作所（2024年3月期）

---

(6) 役員退職慰労引当金
　　役員の退職慰労金の支給に充てるため，内規に基づく期末要支給額を計上しております。

〈事例2〉　役員退職慰労金制度を廃止した事例（未払金として計上される事例）

日東富士製粉（2024年3月期）

---

④ 役員退職慰労引当金
　　役員の退職慰労金の支払に備えるため，内規に基づく期末要支給額を計上しておりましたが，当社は，2023年5月19日開催の取締役会において，2023年6月29日開催の定時株主総会終結の時をもって役員退職慰労金制度を廃止することを決議し，同株主総会において役員退職慰労金の打ち切り支給について承認可決されました。これに伴い，「役員退職慰労引当金」を取崩し，打ち切り支給額の未払金39百万円を流動負債の「その他」に含めて表示しております。
　　ただ，一部の連結子会社は，役員の退職慰労金の支出に備えるため，内規に基づく期末要支給額を計上しております。

Ⅲ 連結計算書類 207

〈事例3〉 役員退職慰労金制度を廃止した事例（役員退職慰労引当金として計上
される事例）

アルインコ（2024年3月期）

役員退職慰労引当金…………　連結計算書類作成会社は，役員の退職慰労金の支出に備えるため「役員退職慰労金規程」（内規）による連結会計年度末要支給額を計上しております。 　なお，2009年6月18日開催の定時株主総会終結の時をもって，役員退職慰労金制度を廃止したことに伴い，制度廃止までの在任期間に対応する相当額を計上しております。

〈事例4〉 執行役員分について記載のある事例

博報堂DYホールディングス（2024年3月期）

④　役員退職慰労引当金 　役員及び執行役員（退職給付制度上従業員とみなされる者を除く）の退職慰労金の支給に備えるため，内規に基づく当連結会計年度末要支給額を計上しております。

⒱　製品保証引当金（完成工事補償引当金等を含む）

　製品保証引当金とは，製品販売後一定期間内であれば無料で修理を行うという保証を付した場合に計上される引当金である。保証付きで製品を販売したとしても，将来における製品の欠陥や故障等一定の条件が発生しなければ，無料で修理を行うべき債務は発生しない。しかし，その債務の発生する可能性が高く，またその金額を合理的に見積ることができる場合には，将来において負担することが予想される製品保証費は，保証付きで製品を販売した期間の収益に対応させるべきであるため，製品の売上を計上した期に引当計上するものである。

　完成工事補償引当金は，建設業・船舶業などの業種において，請負契約に係る目的物について，その物件引渡し後，一定期間内であれば，無償で補修する

208　第3章　計算関係書類

責任（契約不適合責任）を負っている場合に計上される引当金をいい，その計上根拠は，製品保証引当金と同じである。

　なお，収益認識適用指針34項において，「約束した財又はサービスに対する保証が，当該財又はサービスが合意された仕様に従っているという保証のみである場合」，従来どおり，「当該保証について，企業会計原則注解（注18）に定める引当金として処理する」旨が定められている。

〈事例1〉　製品保証引当金について記載している事例

アズビル（2024年3月期）

> ④　製品保証引当金は，製品のアフターサービス等の費用支出に備えるため，保証期間内のサービス費用見込額等を過去の実績を基礎として計上しております。

〈事例2〉　完成工事補償引当金について記載している事例

新日本空調（2024年3月期）

> ③完成工事補償引当金
> 　完成工事に係る瑕疵担保，アフターサービス等の費用に充てるため，過去の実績等を勘案して見積った額を計上しております。

(vi)　修繕引当金（特別修繕引当金を含む）

　修繕引当金とは，企業が所有する設備や機械装置などの有形固定資産について，毎期継続的に修繕工事を行う計画があり，また実際に修繕を行っていたが，資金繰り悪化等の理由でその期に修繕が行われなかった場合に，翌期以降に生じる修繕費の支出に備えて設けられる引当金をいう。

　特別修繕引当金とは，数年に一度定期的に特別の修繕が必要であり，その費用を各期間に配分することが合理的であるとき，将来必要となる特別の修繕に備えて設けられる引当金をいう。

Ⅲ　連結計算書類　209

〈事例１〉　修繕引当金について記載している事例

KHネオケム（2023年12月期）

②　修繕引当金	製造設備の定期修繕に要する支出に備えるため，その支出見込額に基づき，当連結会計年度に負担すべき額を計上しております。

〈事例２〉　特別修繕引当金について記載している事例

日鉄鉱業（2024年３月期）

⑨　特別修繕引当金
蒸気生産輸送設備の定期修繕及び船舶安全法により定期検査が義務付けられている船舶の点検修繕に要する支出に備えるため，当該特別修繕費用の見込額に基づき計上しております。

(vii)　債務保証損失引当金

　債務保証損失引当金とは，債務保証をしている場合，主たる債務者の財政状態の悪化等により，債務不履行となる可能性があり，その結果，保証人として保証債務を履行し，その履行に伴う求償債権が回収不能となる可能性が高い場合で，かつ，これによって生ずる損失額を合理的に見積ることができる場合に計上する引当金をいう。

〈事例〉　債務保証損失引当金について記載している事例

山陽特殊製鋼（2024年３月期）

④　債務保証損失引当金
債務保証の履行による損失に備えるため，被保証先の財政状態等を勘案し，損失負担見込額を計上しております。

(viii)　工事損失引当金

　工事損失引当金とは，工事契約について，工事原価総額等（工事原価総額の

210　第3章　計算関係書類

ほか，販売直接経費がある場合にはその見積額を含めた額）が工事収益総額を超過する可能性が高く，かつ，その金額を合理的に見積ることができる場合に，その超過すると見込まれる額（以下「工事損失」という）のうち，当該工事契約に関してすでに計上された損益の額を控除した残額について計上される引当金である（収益認識適用指針90項）。

　工事損失に関しては，当期の工事損失引当金繰入額のほか，同一の工事契約に関する棚卸資産と工事損失引当金がともに計上されることになる場合には，以下のいずれかの額（該当する工事契約が複数存在する場合にはその合計額）を注記する（収益認識適用指針106-9項）。

　㈤　棚卸資産と工事損失引当金を相殺せずに両建てで表示した場合
　　　その旨および当該棚卸資産の額のうち工事損失引当金に対応する額

　㈥　棚卸資産と工事損失引当金を相殺して表示した場合
　　　その旨および相殺表示した棚卸資産の額

　なお，受注制作のソフトウェアについても，工事契約に準じて上記の取扱いが適用される（収益認識適用指針91項，106-10項）。

〈事例〉　受注工事について設定している事例

大成建設（2024年3月期）

・工事損失引当金　　…　受注工事に係る将来の損失に備えるため，当連結会計年度末における手持工事のうち，損失の発生が見込まれ，かつ，その金額を合理的に見積もることができる工事について，損失見込額を計上しております。

⒤　その他の引当金

〈事例1〉　関係会社整理損失引当金について記載している事例

田辺工業（2024年3月期）

ヘ．関係会社整理損失引当金	関係会社の事業整理等に伴い，将来負担することになる損失の発生に備えるため，当連結会計年度における損失見込額を計上しております。

Ⅲ 連結計算書類　211

〈事例2〉　関係会社事業損失引当金について記載している事例

コクヨ（2023年12月期）

> ハ．関係会社事業損失引当金
> 　当社は，関係会社に対する出資金額及び貸付金等債権を超えて当社が負担することとなる損失見込額を計上している。

〈事例3〉　株主優待引当金について記載している事例

サンリオ（2024年3月期）

> ③株主優待引当金　　　株主優待制度に基づく費用の発生に備えるため，翌連結会計年度において発生すると見込まれる額を計上しております。

〈事例4〉　店舗閉鎖損失引当金について記載している事例

ルネサンス（2024年3月期）

> ④　店舗閉鎖損失引当金
> 　施設の閉鎖に伴い発生する損失に備えるため，閉鎖の決定した施設について将来発生すると見込まれる損失額を計上しております。

〈事例5〉　訴訟損失引当金について記載している事例

日本国土開発（2024年5月期）

> (7)　訴訟損失引当金
> 　係争中の訴訟等に対する損失に備えるため，将来発生する可能性のある損失を見積り，当連結会計年度末において必要と認められる金額を計上しております。

212　第3章　計算関係書類

〈事例6〉　環境対策引当金について記載している事例

東洋紡（2024年3月期）

環境対策引当金……………　法令に基づいた有害物質の処理等，環境対策に係る
　　　　　　　　　　　　　　支出に備えるため，今後発生すると見込まれる金額を
　　　　　　　　　　　　　　引当計上しています。

〈事例7〉　株式給付引当金について記載している事例

サガミホールディングス（2024年3月期）

---

④　株式給付引当金
　役員等株式給付規程に基づく，当社グループの取締役及び執行役員への当社株
式の給付に備えるため，当連結会計年度末における株式給付債務の見込額を計
上しております。

(d)　その他連結計算書類の作成のための基本となる重要な事項

(i)　収益および費用の計上基準

　収益および費用の計上基準は，会社計算規則102条1項3号に掲げられてい
ないが，同号ニにおいて，「その他連結計算書類の作成のための重要な事項」
について注記が求められていることから，重要な事項は会計方針に関する事項
として記載する必要がある。会社が顧客との契約に基づく義務の履行の状況に
応じて当該契約から生ずる収益を認識するときは，会社計算規則101条2項に
準じて，以下の項目を注記する必要があると考えられる。詳細は「Ⅰ　計算書
類　4　注記表」を参照されたい。

- 主要な事業における顧客との契約に基づく主な義務の内容
- 上記の主な義務に係る収益を認識する通常の時点
- 上記のほか，重要な会計方針に含まれると判断したもの

　そのほか，連結財務諸表規則ガイドライン13-5-3で準用されている財務諸
表等規則ガイドライン8の2-3(6)では，ファイナンス・リース取引に係る収
益および費用の計上基準等，財務諸表について適正な判断を行うために必要が

Ⅲ　連結計算書類　213

あると認められる事項を記載するものとされており，同様の記載を行うことが考えられる。

〈「経団連ひな型」の記載例〉

---

(4)　収益及び費用の計上基準

　商品又は製品の販売に係る収益は，主に卸売又は製造等による販売であり，顧客との販売契約に基づいて商品又は製品を引き渡す履行義務を負っております。当該履行義務は，商品又は製品を引き渡す一時点において，顧客が当該商品又は製品に対する支配を獲得して充足されると判断し，引渡時点で収益を認識しております。

　保守サービスに係る収益は，主に商品又は製品の保守であり，顧客との保守契約に基づいて保守サービスを提供する履行義務を負っております。当該保守契約は，一定の期間にわたり履行義務を充足する取引であり，履行義務の充足の進捗度に応じて収益を認識しております。

　当社グループが代理人として商品の販売に関与している場合には，純額で収益を認識しております。

〈事例1〉　出荷基準等の取扱い（収益認識適用指針98項）を適用している事例
ニトリホールディングス（2024年3月期）

---

④　重要な収益及び費用の計上基準

　　当社グループは主に家具・インテリア用品・ホームセンター商品の開発・製造・販売を行っており，商品を顧客に販売することを履行義務としております。これらの商品については，商品の引渡時点において顧客が当該商品に対する支配を獲得し，履行義務が充足されると判断していることから，主に商品の引渡時点で収益を認識しております。ただし，「収益認識に関する会計基準の適用指針」第98項に定める代替的な取扱いを適用し，日本国内において，宅配業者に一時的に支配が移転する販売については出荷から顧客への引渡しまでの期間が通常の期間であるため，出荷時点で収益を認識しております。

　　また，当社グループは会員顧客向けのポイント制度を運営しており，顧客への商品販売に伴い付与したポイントは履行義務として識別し，将来の失効

214　第3章　計算関係書類

　　見込み等を考慮して算定されたポイントの独立販売価格を基礎として取引価格の配分を行うことで，契約負債の金額を算定しております。契約負債はポイントの利用時及び失効時に取り崩しを行い，収益を認識しております。

　　なお，顧客との契約に係る対価は，履行義務の充足時点から，通常1年以内に支払いを受けており，対価の金額に重要な金融要素は含まれておりません。

〈事例2〉　期間がごく短い工事契約および受注制作のソフトウェアに関する取扱い（収益認識適用指針95項）を適用している事例

日神グループホールディングス（2024年3月期）

4．重要な収益及び費用の計上基準
　（不動産事業）
　　分譲マンションの企画・販売，中古マンション及び戸建の販売，不動産証券化事業を行っております。
　　分譲マンションの企画・販売にかかる履行義務は物件が引き渡される一時点で充足されるものであり，引渡時点において収益を認識しております。取引価格は不動産売買契約等により決定され，契約締結時に売買代金の一部を手付金として受領し，物件引渡時に残代金の支払を受けております。
　　中古マンション及び戸建の販売，不動産証券化事業について収益の認識時期等は分譲マンションの企画・販売にかかる履行義務と同様です。

　（建設事業）
　　請負工事契約に基づくマンション等の建築工事及び土木工事を行っております。
　　工事契約については，主として一定期間にわたって履行義務が充足されると判断しており，顧客に提供する当該履行義務の充足に向けての進捗度を測定して収益を認識しております。進捗度は履行義務の充足を描写する方法により測定しており，履行義務の充足のために発生した費用が当該履行義務の充足のために予想される総費用に占める割合に基づいて見積っております。履行義務の充足に係る進捗度を合理的に見積ることができないが，発生する費用を回収することが見込まれる場合は原価回収基準にて収益を認識してお

ります。なお，契約における取引開始日から完全に履行義務を充足すると見込まれる時点までの期間がごく短い場合には，一定の期間にわたり収益を認識せず，完全に履行義務を充足した時点で収益を認識することとしております。

取引価格は請負工事契約等により決定され，契約に基づく支払を受けております。

（不動産管理事業）

マンションの共用部分の管理，ビル管理，賃貸物件の管理受託，これら管理業務に伴うリフォームや大規模修繕等の工事及び賃貸物件の販売を行っております。

不動産管理契約に基づき，設備管理や清掃等のサービスを提供する義務を負っており，当該履行義務は一定期間にわたり充足されるものであり，管理報告書を毎月指定日までに入手し，契約に基づいた金額を収益として認識しております。取引価格は契約により決定され，代金は当月分を翌月末に支払を受けております。

リフォームや大規模修繕等の工事について，収益の認識時期等は建設業にかかる履行義務と同様です。また，賃貸物件の販売について，収益の認識時期等は不動産販売における分譲マンションの企画・販売にかかる履行義務と同様です。

〈事例 3〉 ファイナンス・リース取引について記載している事例

安藤・間（2024年 3 月期）

② ファイナンス・リース取引に係る収益の計上基準
　リース料受取時に売上高と売上原価を計上する方法によっている。

(ii) 繰延資産の処理方法

繰延資産の処理方法の記載については，会社計算規則上は規定されていない。しかしながら，財務諸表等規則において，繰延資産の処理方法を重要な会計方針として扱っているため，計算書類においても会計方針として記載する事例がみられる。

216 第3章 計算関係書類

　繰延資産を一括償却する場合，貸借対照表上，繰延資産は計上されないこととなるが，会計方針にはその処理方法を記載することが望ましい。なお，貸借対照表に計上されるのは，償却額を控除した金額となる。

〈「経団連ひな型」の記載例〉

① 繰延資産の処理方法
株式交付費…支出時に全額費用として処理しております。
社債発行費…社債償還期間（○年間）にわたり均等償却しております。

〈事例1〉　支出時に全額費用処理している事例

北越工業（2024年3月期）

③ 重要な繰延資産の処理方法
社債発行費　　　　　支出時に全額費用として処理しております。

〈事例2〉　定額法により償却している事例

東京センチュリー（2024年3月期）

(3) 繰延資産の処理方法	
① 開業費	開業日から5年にわたり定額法により償却しております。
② 社債発行費	社債の償還までの期間にわたり利息法により償却しております。

(ⅲ)　ヘッジ会計の方法

　デリバティブ取引により生じる正味の債権および債務は，時価をもって貸借対照表価額とし，評価差額は，原則として，当期の損益として処理する（金融商品会計基準25項）。しかし，一定の要件を満たすヘッジ手段として行われたデリバティブ取引については，ヘッジ会計を適用することが認められている。例外的な処理であるヘッジ会計を適用した場合には，その内容を会計方針として記載する。

Ⅲ　連結計算書類　217

〈「経団連ひな型」の記載例〉

> ②　ヘッジ会計の処理
> 　原則として繰延ヘッジ処理によっております。なお，振当処理の要件を満たしている為替予約及び通貨スワップについては振当処理によっており，特例処理の要件を満たしている金利スワップについては特例処理によっております。

　ヘッジ会計の方法の記載については，会社計算規則では規定されていない。しかしながら，財務諸表等規則において，ヘッジ会計の方法を重要な会計方針として扱っているため，計算書類においても会計方針として記載する会社が多い。財務諸表等規則ガイドライン 8 の 2 - 2 ⑻， 3 ⑺において，①ヘッジ会計の方法，②ヘッジ手段とヘッジ対象，③ヘッジ方針，④ヘッジ有効性の評価の方法等リスク管理方針のうちヘッジ会計に係るものについて，概括的に記載するものとされている。

　なお，会社計算規則において規定がないことから，記載の詳しさについては会社によりばらつきがみられる。

〈事例 1 〉　ヘッジ会計の方法のみを記載している事例

東日本旅客鉄道（2024年 3 月期）

> ⑦　重要なヘッジ会計の方法
> 　繰延ヘッジ処理によっております。なお，振当処理の要件を満たしている通貨スワップおよび為替予約については振当処理によっております。また，特例処理の要件を満たしている金利スワップについては特例処理によっております。

〈事例 2 〉　財務諸表等規則ガイドラインに準じた記載の事例（ヘッジ有効性の評価の方法について記載している場合）

紀文食品（2024年 3 月期）

> ⑤　重要なヘッジ会計の方法
> 　イ．ヘッジ会計の方法　　　　　　繰延ヘッジ処理によっております。また，為

218　第3章　計算関係書類

	替変動リスクのヘッジについて振当処理の要件を充たしている場合には振当処理を，金利スワップについて特例処理の条件を充たしている場合には特例処理によっております。
ロ．ヘッジ手段とヘッジ対象	ヘッジ手段…金利スワップ，為替予約 ヘッジ対象…借入金，外貨建債権債務，外貨建予定取引
ハ．ヘッジ方針	デリバティブ取引に関する内規に基づき，借入金の金利変動リスクに対して金利スワップ取引，為替変動リスクに対して為替予約取引によりヘッジを行っております。
ニ．ヘッジの有効性評価の方法	ヘッジ開始時から有効性判定時点までの期間において，ヘッジ対象とヘッジ手段の相場変動の累計を比較し，両者の変動額等を基礎にして判断しております。 ただし，特例処理によっている金利スワップについては，有効性の評価を省略しております。

(iv)　退職給付に係る負債の処理方法

退職給付に係る負債の計上基準について重要性がある場合には，連結計算書類の作成の基本となる重要な事項に関する注記として記載する（法務省「「会社計算規則の一部を改正する省令案」に関する意見募集の結果について」（2013年5月20日））。退職給付見込額の期間帰属方法や数理計算上の差異および過去勤務費用の処理方法等について記載する（退職給付適用指針52項）。

〈「経団連ひな型」の記載例〉

③　退職給付に係る会計処理の方法
　　退職給付に係る負債は，従業員の退職給付に備えるため，当連結会計年度末における見込額に基づき，退職給付債務から年金資産の額を控除した額を計上

しております。なお，退職給付債務の算定にあたり，退職給付見込額を当連結
会計年度までの期間に帰属させる方法については，給付算定式基準によってお
ります。

　過去勤務費用は，主としてその発生時の従業員の平均残存勤務期間以内の一
定の年数（○年）による定額法により費用処理しております。

　数理計算上の差異は，主として各連結会計年度の発生時における従業員の平
均残存勤務期間以内の一定の年数（○年）による定額法（一部の連結子会社は
定率法）により按分した額を，それぞれ発生の翌連結会計年度から費用処理し
ております。

　未認識数理計算上の差異及び未認識過去勤務費用については，税効果を調整
の上，純資産の部におけるその他の包括利益累計額の退職給付に係る調整累計
額に計上しております。

〈事例１〉　一般的な事例

福山通運（2024年３月期）

　退職給付に係る負債の計上基準

　退職給付に係る負債は，従業員の退職給付に備えるため，当連結会計年度末
における見込額に基づき，退職給付債務から年金資産を控除した額を計上し
ております。

　退職給付債務の算定にあたり，退職給付見込額を当連結会計年度末までの期
間に帰属させる方法については，期間定額基準によっております。

　過去勤務費用は，その発生時の従業員の平均残存勤務期間以内の一定の年数
（8〜10年）による定額法により費用処理しております。

　数理計算上の差異は，各連結会計年度の発生時における従業員の平均残存勤
務期間以内の一定の年数（3〜10年）による定額法により按分した額をそれ
ぞれ発生の翌連結会計年度から費用処理しております。

　未認識数理計算上の差異及び未認識過去勤務費用については，税効果を調整
の上，純資産の部におけるその他の包括利益累計額の退職給付に係る調整累
計額に計上しております。

220　第3章　計算関係書類

〈事例2〉　数理計算上の差異を一括費用処理している事例

日本リーテック（2024年3月期）

②　退職給付に係る負債の計上基準	退職給付に係る負債は，従業員の退職給付に備えるため，当連結会計年度末における見込額に基づき，退職給付債務から年金資産の額を控除した額を計上しております。 過去勤務費用については，発生時に一括費用処理することとしております。 数理計算上の差異については，発生時の翌連結会計年度に一括費用処理しております。 なお，退職給付債務の算定にあたり，退職給付見込額を当連結会計年度末までの期間に帰属させる方法については，給付算定式基準によっております。

〈事例3〉　簡便法の採用について記載のある事例

ハウスコム（2024年3月期）

①　退職給付に係る負債の計上基準	従業員の退職給付に備えるため，当連結会計年度末における退職給付債務の見込額に基づき計上しております。 退職給付見込額の期間帰属方法 　退職給付債務の算定にあたり，退職給付見込額を当連結会計年度末までの期間に帰属させる方法については，給付算定式基準によっております。 数理計算上の差異及び過去勤務費用の費用処理方法 　過去勤務費用については，その発生時

の従業員の平均残存勤務期間以内の一
定の年数（5年）による定額法により
費用処理しております。

数理計算上の差異については，各連結
会計年度の発生時における従業員の平
均残存勤務期間以内の一定の年数（5
年）による定額法により按分した額を，
それぞれ発生の翌連結会計年度から費
用処理しております。

未認識数理計算上の差異の会計処理方法
未認識数理計算上の差異については，
税効果を調整の上，純資産の部におけ
るその他の包括利益累計額の退職給付
に係る調整累計額に計上しております。

小規模企業等における簡便法の採用
連結子会社は，退職給付に係る負債及
び退職給付費用の計算に，退職給付に
係る期末自己都合要支給額を退職給付
債務とする方法を用いた簡便法を適用
しております。

(ⅴ)　外貨建資産負債の換算基準

　外貨建資産負債の換算基準の記載について，会社計算規則上は規定されていない。しかしながら，連結財務諸表規則において，「連結財務諸表の作成の基礎となった連結会社の財務諸表の作成に当たって採用した重要な外貨建の資産及び負債の本邦通貨への換算基準」を重要な会計方針として扱っているため（連結財規ガイドライン13-5-2(6)），会社法決算においても注記している会社が多い。

　なお，連結財務諸表規則において注記を要するのは，外貨建取引処理基準に定めのない事項に関する換算基準，または外貨建取引処理基準を適用することが適当でないと認められる場合において，他の合理的な基準を採用した場合に

222　第3章　計算関係書類

おける当該他の換算基準等である（連結財規ガイドライン13-5-3，財規ガイド
ライン8の2-3⑷）。しかし，実務的には原則的な換算基準であっても重要な
外貨建資産負債がある場合には記載することが多く，計算書類においても記載
している会社がみられる。

〈事例〉　一般的な事例

横河電機（2024年3月期）

> ⑹　重要な外貨建の資産又は負債の本邦通貨への換算基準
>
> 　外貨建金銭債権債務は，連結決算日の直物為替相場により円貨に換算し，換
> 算差額は損益として処理しています。なお，在外子会社等の資産及び負債は，
> 連結決算日の直物為替相場により円貨に換算し，収益及び費用は期中平均相場
> により円貨に換算し，換算差額は純資産の部における為替換算調整勘定及び非
> 支配株主持分に含めています。

⑹　消費税等の会計処理

　消費税等の会計処理は，税抜方式と税込方式のいずれかによるため，そのど
ちらを採用したかを会計方針として記載する。収益認識会計基準において，売
上に係る消費税等は，第三者に支払うために顧客から回収する金額に該当す
ることから，取引価格には含まれないとされており（収益認識会計基準212項），
収益認識会計基準が適用される会社では，税抜方式が採用されることになる。

　また，資産に係る控除対象外消費税等について，取得資産の付随費用として
取得原価に含める方法と，発生事業年度の期間費用として処理する方法が考え
られる。

　なお，消費税等の会計処理および表示方法を規定したものとして，「消費税
の会計処理について（中間報告）」（日本公認会計士協会　消費税の会計処理に関
するプロジェクトチーム，1989年1月18日）が公表されているが，収益認識会計
基準が適用される企業においては，消費税等の取扱いに関して，収益認識会計
基準の規定が優先して適用される（2021年7月26日付の日本公認会計士協会「収
益認識基準適用に伴う『消費税の会計処理について（中間報告）』の取扱いについて

Ⅲ　連結計算書類　223

（お知らせ）」参照）。

〈事例〉　控除対象外消費税等その他の記載事例

三協立山（2024年5月期）

> ①　控除対象外消費税等の会計処理
> 　　資産に係る控除対象外消費税及び地方消費税は，当連結会計年度の費用として処理しております。

⑺　リース取引の処理方法

　所有権移転外ファイナンス・リース取引もファイナンス・リース取引として，通常の売買取引に係る方法に準じた会計処理を行う（リース会計基準9項）が，借手の場合は，リース取引開始日がリース会計基準適用初年度開始前であるリース取引および個々のリース資産に重要性が乏しいと認められる場合には賃貸借処理が許容されている（リース適用指針34項，35項，79項）。また，中小企業会計指針においても，借手は，通常の賃貸借取引に係る方法に準じて会計処理を行うことが許容されている（中小企業会計指針75-3項）。

〈事例〉　リース取引の処理方法の記載事例

ハーモニック・ドライブ・システムズ（2024年3月期）

> ③　リース取引の処理方法
> 　　所有権移転外ファイナンス・リース取引については，通常の売買取引に係る方法に準じた会計処理により，リース資産として計上しております。

⑻　その他

〈事例1〉　のれんの償却方法および償却期間の注記を記載している事例

ティーガイア（2024年3月期）

> ニ．のれんの償却方法および償却期間

224 第3章 計算関係書類

のれんは，その効果の発現する期間（5年から20年）にわたり，定額法による均等償却をしております。ただし，金額が僅少であり重要性が乏しいものは，発生時に一括償却をしております。

〈事例2〉 識別可能資産の減価償却の方法を記載している事例

タカラバイオ（2024年3月期）

② 無形固定資産（リース資産を除く）
　　　　　定額法を採用しております。
　　　　　なお，主な耐用年数は以下のとおりであります。
　　　　　技術資産　　　　　　　　7～9年（対価の算定根拠と
　　　　　　　　　　　　　　　　　　　　　なった将来の収益獲
　　　　　　　　　　　　　　　　　　　　　得期間）
　　　　　顧客関連資産　　　　　　9年（同上）
　　　　　自社利用のソフトウェア　5年（社内利用可能期間）
　　　　　商標権　　　　　　　　　10年（なお，Takara Bio USA,
　　　　　　　　　　　　　　　　　　　　　Inc. が計上した商標権に
　　　　　　　　　　　　　　　　　　　　　ついては非償却）

〈事例3〉 グループ通算制度の適用を記載している事例

積水化学工業（2024年3月期）

⑥グループ通算制度の適用
　　　当社及び一部の連結子会社は，グループ通算制度を適用している。これに伴い，法人税及び地方法人税並びに税効果会計の会計処理及び開示については，「グループ通算制度を適用する場合の会計処理及び開示に関する取扱い」（実務対応報告第42号　2021年8月12日。以下「実務対応報告第42号」という。）に従っている。

Ⅲ　連結計算書類　225

〈事例4〉　関連する会計基準等の定めが明らかでない場合に採用した会計処理を
　　　　　記載している事例

ミライト・ワン（2024年3月期）

③　関連する会計基準等の定めが明らかでない場合に採用した会計処理の原則及
び手続
　建設工事の共同企業体（ジョイントベンチャー）に係る会計処理は，主とし
て構成員の出資の割合に応じて，資産，負債，収益及び費用を認識する方法に
よっております。

④　**連結の範囲または持分法の適用の範囲の変更に関する注記**

会社計算規則102条2項は，連結の範囲または持分法の適用の範囲を変更し
た場合には，重要性の乏しいものを除き，その旨および変更の理由を注記する
ことを定めている。連結の範囲または持分法の適用の範囲の変更に関する注記
に関しては，連結の範囲に関する事項および持分法の適用に関する事項と併せ
て記載している事例が多くみられる。

〈事例1〉　連結の範囲の変更がある事例

沖電気工業（2024年3月期）

⑵　連結の範囲の変更………OKI AVIONICS ASIA PTE. LTD. は新たに設立
したことにより，持分法適用関連会社であったバン
キングチャネルソリューションズ（株）は株式を追
加取得したことにより，当連結会計年度より連結
の範囲に含めることとしております。また，（株）
OKIプロアシストは連結子会社である（株）OKI
プロサーブとの吸収合併により，沖電線ワイヤー
ハーネス（株）は連結子会社である沖電線（株）と
の吸収合併により連結の範囲から除外しております。

226　第3章　計算関係書類

〈事例2〉　持分法の適用の範囲の変更がある事例

東急（2024年3月期）

③　持分法の適用の範囲の変更
　　新規設立により Siri TK Six Co.,Ltd. を新たに持分法の適用の範囲に含めて
　おります。
　　会社清算により㈱TP コンテクストマーケティングを持分法の適用の範囲か
　ら除外しております。

（3）　会計方針の変更に関する注記

　一般に公正妥当と認められる会計方針を他の一般に公正妥当と認められる会計方針に変更した場合，重要性の乏しいものを除き，以下に掲げる事項を記載する（会計規102の2）。

(ⅰ)　当該会計方針の変更の内容

(ⅱ)　当該会計方針の変更の理由

(ⅲ)　遡及適用をした場合には，当該事業年度の期首における純資産額に対する影響額

(ⅳ)　当該事業年度より前の事業年度の全部または一部について遡及適用をしなかった場合には，次に掲げる事項（当該会計方針の変更を会計上の見積りの変更と区別することが困難なときは，(ロ)に掲げる事項を除く）

　(イ)　計算書類または連結計算書類の主な項目に対する影響額

　(ロ)　当該事業年度より前の事業年度の全部または一部について遡及適用をしなかった理由ならびに当該会計方針の変更の適用方法および適用開始時期

　(ハ)　当該会計方針の変更が当該事業年度の翌事業年度以降の財産または損益に影響を及ぼす可能性がある場合であって，当該影響に関する事項を注記することが適切であるときは，当該事項

　会計監査人設置会社以外の株式会社は，(ⅳ)の(ロ)(ハ)に掲げる事項を省略することができる。また，個別注記表に注記すべき事項（上記(ⅲ)ならびに(ⅳ)の(ロ)および(ハ)の事項に限る）が連結注記表に注記すべき事項と同一である場合において，

個別注記表にその旨を注記するときは，個別注記表における当該事項の注記を要しない。

有形固定資産等の減価償却方法，無形固定資産の償却方法を変更した場合は，会計方針の変更に該当するものの，会計基準24号および適用指針24号において，「会計方針の変更を会計上の見積りの変更と区別することが困難な場合」として取り扱われており，後述の会計上の見積りの変更と同様に会計処理を行い，その遡及適用は行わない。ただし，注記については，重要性の乏しいものを除き，会計方針の変更の内容，会計方針の変更の理由，計算書類の主な項目に対する影響額，会計方針の変更が当事業年度の翌事業年度以降の財産または損益に影響を及ぼす可能性がある場合であって，当該影響に関する事項を注記することが適切であるときは，当該事項（合理的に見積ることが困難である場合には，その旨を記載することで足りる）を記載する。

〈「経団連ひな型」の記載例〉

⑴　○○○の評価基準及び評価方法

　　○○○の評価基準及び評価方法は，従来，○○法によっておりましたが，当連結会計年度より○○法に変更いたしました。この変更は，○○○（変更理由を具体的に記載する）ために行ったものであります。当該会計方針の変更は遡及適用され，会計方針の変更の累積的影響額は当連結会計年度の期首の純資産の帳簿価額に反映されております。この結果，連結株主資本等変動計算書の利益剰余金の遡及適用後の期首残高は×××百万円増加しております。

⑵　○○○に関する会計基準の適用

　　当連結会計年度より，「○○○に関する会計基準」を適用しております。当該会計基準は遡及適用され，会計方針の変更の累積的影響額は当連結会計年度の期首の純資産の帳簿価額に反映されております。この結果，連結株主資本等変動計算書の利益剰余金の遡及適用後の期首残高は×××百万円増加しております。

228　第3章　計算関係書類

〈事例1〉　棚卸資産の評価方法を変更した事例

中国工業（2024年3月期）

棚卸資産の評価方法の変更

　従来，当社は原材料及び貯蔵品の棚卸資産の評価方法として，先入先出法による原価法を採用しておりましたが，当連結会計年度より総平均法による原価法に変更しております。

　この変更は，商流等の変更に伴う保有在庫数量の増加や鋼材価格の高騰といった経営環境の変化や購買システムの刷新を契機として，より適正な期間損益計算を行うことを目的とし，月別の総平均法による原価法に変更したものであります。

　また，製品，仕掛品の評価方法として，月別での移動平均法を採用しておりましたが，原材料及び貯蔵品の評価方法との整合性を重視し，当連結会計年度より月別の総平均法による原価法に変更しております。

　当該会計方針の変更は遡及適用され，当連結会計年度の期首における純資産額に対する影響額は利益剰余金が8百万円減少しております。

〈事例2〉　有形固定資産の減価償却の方法を変更した事例

富士電機（2024年3月期）

会計上の見積りの変更と区別することが困難な会計方針の変更に関する注記

（有形固定資産の減価償却方法の変更）

　従来，当社および国内連結子会社は，有形固定資産（リース資産を除く）の減価償却方法について，主として定率法を採用しておりましたが，当連結会計年度より定額法に変更しております。

　当社グループは2020年3月期より，2024年3月期を最終年度とする中期経営計画「令和. Prosperity2023」のもと，当社グループの成長を牽引するパワエレ事業，半導体事業の強化に向け，両事業に経営資源を傾注してまいりました。また，国内の生産拠点において，プラットフォームの共通化施策，内製化施策等の生産体制の強化・最適化を推し進めております。

　このような環境の中で，電動車向けパワー半導体の需要拡大に対応するための大規模な設備投資の実行を契機として国内の有形固定資産の使用実態を再

Ⅲ　連結計算書類　229

検討いたしました。その結果，当連結会計年度以降は堅調な需要を背景に生産量が安定し，国内の有形固定資産のより安定的な稼働が見込まれております。このことから，耐用年数にわたり平均的に費用配分する定額法が，有形固定資産の使用実態をより適切に反映できると判断いたしました。

当該変更により，従来の方法に比べて，当連結会計年度の営業利益，経常利益および税金等調整前当期純利益はそれぞれ4,874百万円増加しております。

（4）　表示方法の変更に関する注記

　一般に公正妥当と認められる表示方法を他の一般に公正妥当と認められる表示方法に変更した場合，重要性の乏しいものを除き，以下に掲げる事項を記載する（会計規102の3）。

　⒤　当該表示方法の変更の内容

　⒤⒤　当該表示方法の変更の理由

　また，個別注記表に注記すべき事項（上記⒤⒤の事項に限る）が連結注記表に注記すべき事項と同一である場合において，個別注記表にその旨を注記するときは，個別注記表における当該事項の注記を要しない。

〈「経団連ひな型」の記載例〉

（○○の表示方法の変更）

　　○○の表示方法は，従来，連結貸借対照表上，○○（前連結会計年度×××百万円）に含めて表示しておりましたが，重要性が増したため，当連結会計年度より，○○（当連結会計年度×××百万円）として表示しております。

〈事例〉　一般的な事例

ゼンリン（2024年3月期）

［表示方法の変更］

（連結損益計算書関係）

　「保険配当金」

230　第3章　計算関係書類

　　　前連結会計年度において，「営業外収益」の「その他」に含めておりまし
　　た「保険配当金」は，金額的重要性が増したため，当連結会計年度より区分
　　掲記することといたしました。
　　　なお，前連結会計年度の「保険配当金」は20百万円であります。

（5）　会計上の見積りに関する注記

　会計上の見積りに関する注記として以下に掲げる事項を記載する。（会計規
102の3の2）。

（i）　会計上の見積りにより当該事業年度に係る計算書類にその額を計上した
　　　項目であって，翌事業年度に係る計算書類に重要な影響を及ぼす可能性
　　　があるもの
（ii）　上記項目に計上した額
（iii）　上記のほか，会計上の見積りの内容に関する理解に資する情報

　また，個別注記表に注記すべき事項が連結注記表に注記すべき事項と同一で
ある場合において，個別注記表にその旨を注記するときは，個別注記表におけ
る当該事項の注記を要しない。

〈事例〉　一般的な事例

アイカ工業（2024年3月期）

（重要な会計上の見積り）
　のれん及び無形資産の評価
　(1)　当連結会計年度の連結計算書類に計上した金額
　　　　　　　　　　　　　　　　（単位：百万円）

	当連結会計年度
のれん	2,782
その他（無形固定資産）	4,651

　(2)　識別した項目に係る重要な会計上の見積りの内容に関する情報
　　①　当連結会計年度の連結計算書類に計上した金額の算出方法

Ⅲ　連結計算書類　231

　　当社グループの当連結会計年度末の連結貸借対照表においてのれん2,782百万円及びその他（無形固定資産）4,651百万円（合計7,433百万円）が計上されております。これらには，2019年12月にWilsonart LLCが保有するアジアの事業会社4社の株式及び持分取得取引において生じたのれん及び無形資産（顧客関連資産等）の他，2021年4月のマレーシアのアイカアドテック社への出資において生じたもの等，複数の企業結合にかかるのれん及び無形資産（顧客関連資産等）が含まれております。
　　当社グループは，のれんの帳簿価額を分割し帰属させる事業の単位を法人各社としております。
　　のれん及び無形資産（顧客関連資産等）を計上する法人各社については，減損の兆候を識別し，減損損失の認識の判定を行った結果，減損が必要と判断された場合，または年次で実施される減損テストにおいて，回収可能価額が帳簿価額を下回る場合には，帳簿価額を回収可能価額まで減額し，帳簿価額の減少額は減損損失として認識しております。なお，回収可能価額は主として使用価値によって算定しております。

② 当連結会計年度の連結計算書類に計上した金額の算出に用いた主要な仮定
　　使用価値の算定に用いる将来キャッシュ・フローは，各社の経営計画を基礎としており，各社の経営計画はその属する国の経済環境を踏まえたビジネスの見通しに基づき，販売数量，市場成長率及び原価率等の予測に一定の仮定をおいております。また，割引率は加重平均資本コストを使用しております。

③ 翌連結会計年度の連結計算書類に与える影響
　　将来キャッシュ・フローの見積りに用いた仮定は不確実性を有しており，経営計画との乖離が生じた場合，のれん及び無形資産の減損損失が発生する可能性があります。

（6）　会計上の見積りの変更に関する注記
　会計上の見積りの変更を行った場合，重要性の乏しいものを除き，以下に掲げる事項を記載する（会計規102の4）。

232　第3章　計算関係書類

（ⅰ）　当該会計上の見積りの変更の内容

（ⅱ）　当該会計上の見積りの変更の計算書類の項目に対する影響額

（ⅲ）　当該会計上の見積りの変更が当該事業年度の翌事業年度以降の財産または損益に影響を及ぼす可能性があるときは，当該影響に関する事項

〈「経団連ひな型」の記載例〉

> 　当社が保有する備品Xは，従来，耐用年数を10年として減価償却を行ってきましたが，当連結会計年度において，○○○（変更を行うこととした理由などの変更の内容を記載する。）により，耐用年数を6年に見直し，将来にわたり変更しております。
>
> 　この変更により，従来の方法と比べて，当連結会計年度の減価償却費が×××百万円増加し，営業利益，経常利益及び税金等調整前当期純利益が同額減少しております。

〈事例1〉　固定資産の耐用年数を変更した事例

イオン九州（2024年2月期）

> 〔会計上の見積りの変更に関する注記〕
> 　当社が保有する工具，器具及び備品のうち，冷凍冷蔵ショーケースについては，耐用年数を5年として減価償却を行ってきましたが，使用実態の検討を行い，より実態に即した経済的使用可能予測期間に基づく年数にするため，当連結会計年度の期首より耐用年数を10年に変更しております。これにより，従来の方法に比べて，当連結会計年度の減価償却費が391百万円減少し，営業利益，経常利益，税金等調整前当期純利益がそれぞれ391百万円増加しております。

〈事例2〉　退職給付に係る会計処理の数理計算上の差異の費用処理年数を変更した事例

山陽特殊製鋼（2024年3月期）

> Ⅳ．会計上の見積りの変更に関する注記

Ⅲ　連結計算書類　233

（退職給付に係る会計処理の数理計算上の差異の費用処理年数の変更）

　　従来，一部の連結子会社において，退職給付に係る会計処理の数理計算上の差異の費用処理年数を17年としておりましたが，従業員の平均残存勤務期間が短縮したため，当連結会計年度より数理計算上の差異の費用処理年数を15年に変更しております。

　　なお，この変更による当連結会計年度の損益に与える影響は軽微であります。

〈事例3〉　資産除去債務の見積りを変更した事例

幸楽苑ホールディングス（2024年3月期）

(6)　会計上の見積りの変更

　（資産除去債務）

　　店舗等の不動産賃貸借契約に基づく原状回復義務として計上していた資産除去債務について，直近の原状回復費用実績等の新たな情報の入手に伴い，見積額の変更を行っております。見積りの変更による増加額120,671千円を変更前の資産除去債務残高に加算しております。

　　この結果，当連結会計年度の営業利益は4,212千円の減少，経常損失は4,314千円の増加，税金等調整前当期純損失は10,674千円の増加となっております。

（7）　誤謬の訂正に関する注記

　誤謬の訂正を行った場合，重要性の乏しいものを除き，以下に掲げる事項を記載する（会計規102の5）。

（ⅰ）　当該誤謬の内容

（ⅱ）　当該事業年度の期首における純資産額に対する影響額

（記載例）　誤謬の訂正に関する注記の記載例

［誤謬の訂正に関する注記］

　　当連結会計年度において，過年度の退職給付債務の会計上の見積りに誤り（過

234　第3章　計算関係書類

大計上）があることが判明したことから，誤謬の訂正を行いました。当該誤謬の訂正による累積的影響額は，当連結会計年度の期首の純資産の帳簿価額に反映しております。

　この結果，連結株主資本等変動計算書の期首残高は，利益剰余金が○○千円増加しております。

（8）　連結貸借対照表に関する注記

連結貸借対照表に関する事項として，以下の項目を注記する（会計規103）。

(ⅰ)　担保に供している資産および担保に係る債務

(ⅱ)　資産から直接控除した引当金

(ⅲ)　資産から直接控除した減価償却累計額

(ⅳ)　減損損失累計額を減価償却累計額に合算して減価償却累計額の項目をもって表示した場合には，減価償却累計額に減損損失累計額が含まれている旨

(ⅴ)　保証債務等

　また，「土地の再評価に関する法律」3条1項に基づき土地の再評価を行った会社において，再評価を行った事業用土地の再評価後の決算期における時価の合計額が，当該事業用土地の再評価後の帳簿価額の合計額を下回った場合は，当該時価の合計額と当該再評価後の帳簿価額の合計額との差額を注記する（「土地の再評価に関する法律」10）。

①　担保に供している資産および担保に係る債務

資産が担保に供されているときは，以下の内容を注記する（会計規103①）。

(ⅰ)　資産が担保に供されていること

(ⅱ)　上記資産の内容およびその金額

(ⅲ)　担保に係る債務の金額

　これは，債権者保護の観点から，貸借対照表には明示されていない会社の資産に対する担保権の設定状況を開示するために規定されたものである。

〈「経団連ひな型」の記載例〉

1. 担保に供している資産及び担保に係る債務
   (1) 担保に供している資産
       定 期 預 金　　　　　　　　　　×××百万円
       建　　　物　　　　　　　　　　×××百万円
       土　　　地　　　　　　　　　　×××百万円
          計　　　　　　　　　　　　×××百万円
   (2) 担保に係る債務
       短 期 借 入 金　　　　　　　　×××百万円
       長 期 借 入 金　　　　　　　　×××百万円
          計　　　　　　　　　　　　×××百万円

〈事例1〉　一般的な事例

阪急阪神ホールディングス（2024年3月期）

2. 担保に供している資産及び担保に係る債務
   (1) 担保に供している資産
       （有形固定資産）
       建物及び構築物　　　　　239,090百万円
       機械装置及び運搬具　　　　50,496百万円
       土　　　地　　　　　　　300,383百万円
       そ　の　他　　　　　　　　2,947百万円
       （無形固定資産）
       無形固定資産　　　　　　　　109百万円
       （投資その他の資産）
       投資有価証券　　　　　　　9,593百万円
       そ　の　他　　　　　　　　　652百万円
          合計　　　　　　　　603,273百万円

   なお，上記のほか，第三者の借入金等に対して，投資有価証券537百万円を担保に供しております。

236 第3章 計算関係書類

（2）担保に係る債務
（流動負債）
短 期 借 入 金	14,697百万円
そ の 他	9,628百万円

（固定負債）
長 期 借 入 金	159,738百万円
合計	184,064百万円

〈事例２〉 工場財団設定分について記載している事例

チッソ（2024年3月期）

（1）担保に供している資産及び担保に係る債務

担保に供している資産

受取手形，売掛金及び契約資産	13,950百万円	（ 一百万円）
建物及び構築物	33,710百万円	（32,646百万円）
機械装置及び運搬具	20,857百万円	（20,396百万円）
土地	18,593百万円	（15,900百万円）
投資有価証券	4,682百万円	（ 一百万円）
その他	878百万円	（ 一百万円）
計	92,673百万円	（68,944百万円）

担保に係る債務

短期借入金	25,475百万円	（15,893百万円）
長期借入金	47,547百万円	（42,339百万円）
その他	300百万円	（ 一百万円）
計	73,322百万円	（58,232百万円）

（注）（ ）内書は，工場財団抵当並びに当該債務を示しております。

② 資産から直接控除した引当金

　金銭債権に対する貸倒引当金等，各資産に係る引当金の記載については，貸借対照表上，各資産の金額から貸倒引当金等を控除した残額のみを表示することができる（会計規78）。この表示方法を採用した場合には，貸倒引当金等を注

記する（会計規103②）。

　注記すべき内容は，各資産の資産科目別の引当金の金額（一括して注記することが適当な場合にあっては，流動資産，有形固定資産，無形固定資産，投資その他の資産または繰延資産ごとに一括した引当金の金額）である。

　しかし，実務上は資産に係る引当金を間接控除により表示することが多い。

〈「経団連ひな型」の記載例〉

2．資産から直接控除した貸倒引当金	
受取手形	×××百万円
売掛金	×××百万円
破産更生債権等	×××百万円
長期貸付金	×××百万円

〈事例〉　一般的な事例

日本エコシステム（2023年9月期）

2．資産から直接控除した貸倒引当金	
（1）流動資産	
受取手形，売掛金及び契約資産	351千円
（2）固定資産	
破産更生債権等	39,095千円
差入保証金	18,500千円

③　資産から直接控除した減価償却累計額

　固定資産の部に計上される有形固定資産に係る減価償却累計額の表示については，貸借対照表上，資産が属する科目ごとに控除する形式で記載することとされているが，減価償却累計額を控除した残額のみを記載する方法が認められている（会計規79）。この表示方法を採用した場合には，減価償却累計額を注記する（会計規103③）。

　注記すべき内容は，各資産の資産科目別の減価償却累計額（一括して注記す

238　第3章　計算関係書類

ることが適当な場合にあっては，各資産について一括した減価償却累計額）となる。

　実務上は，直接控除方式により表示し減価償却累計額を注記することが多い。

　なお，無形固定資産に係る減価償却累計額については，償却額を控除した残額を記載しなければならない（会計規81）。

〈「経団連ひな型」の記載例〉

3．有形固定資産の減価償却累計額	×××百万円

〈事例1〉　一般的な事例

キャリアリンク（2024年3月期）

資産から直接控除した減価償却累計額	
建物	218,182千円
車両運搬具	27,755千円
工具，器具及び備品	254,535千円

〈事例2〉　各資産について一括した減価償却累計額を開示した事例

ラクーンホールディングス（2024年4月期）

(3)　有形固定資産の減価償却累計額	172,834千円

④　減損損失累計額の表示

　固定資産の部に計上される有形固定資産に係る減損損失累計額の記載について表示方法は3通りあり，各有形固定資産の金額から直接控除して表示する方法，各有形固定資産の項目に対する控除項目または有形固定資産に対する一括控除項目として減損損失累計額の項目をもって表示する方法のほか，減価償却累計額に合算して表示することも認められている（会計規80Ⅰ，Ⅱ，Ⅲ）。この表示方法を採用した場合には，減価償却累計額に減損損失累計額が含まれている

旨を注記する（会計規103④）。実務上は直接控除方式により表示することが多い。

〈「経団連ひな型」の記載例〉

> 4. 有形固定資産の減損損失累計額
>   連結貸借対照表上，減価償却累計額に含めて表示しております。

〈事例〉　一般的な事例

明電舎（2024年3月期）

> ⑷　減価償却累計額には，減損損失累計額が含まれております。

⑤　保証債務等

保証債務，手形遡求債務，重要な係争事件に係る損害賠償義務その他これらに準ずる債務（負債の部に計上したものを除く）があるときは，当該債務の内容および金額を注記する（会計規103⑤）。

このような債務は，債務保証損失引当金等が，貸借対照表の負債の部に計上される場合以外は，貸借対照表からはわからないため，偶発債務として注記を求めるものである。

保証債務については，保証類似行為（保証予約または経営指導念書等の差入れ）についても債務保証の注記対象とすることが，監査・保証実務委員会実務指針61号「債務保証及び保証類似行為の会計処理及び表示に関する監査上の取扱い」に明示されている。

〈「経団連ひな型」の記載例〉

> 5. 保証債務
>   他の会社の金融機関等からの借入債務に対し，保証を行っております。
>   株式会社○○○　　　　　　　　　　　　　　　　×××百万円
>   株式会社○○○　　　　　　　　　　　　　　　　×××百万円

240　第3章　計算関係書類

| その　他 | ×××百万円 |
| 計 | ×××百万円 |

〈事例〉　一般的な事例

中山製鋼所（2024年3月期）

(5)　保証債務
　　　関係会社の金融機関借入金等について保証しております。

NS 北海製線㈱	828百万円
日鉄ボルテン㈱	450
㈱サンマルコ	100
合計	1,378

　　　（注）　保証極度額を記載しております。

⑥　土地の再評価

　「土地の再評価に関する法律」3条1項に基づき土地の再評価を行った会社は，再評価を行った事業用土地の再評価後の決算期における時価の合計額が，当該事業用土地の再評価後の帳簿価額の合計額を下回った場合，当該時価の合計額と当該再評価後の帳簿価額の合計額との差額を注記する（「土地の再評価に関する法律」10）。

〈「経団連ひな型」の記載例〉

6．土地の再評価
　　　当社及び一部の国内連結子会社は，土地の再評価に関する法律（平成10年3月31日公布法律第34号）に基づき，事業用の土地の再評価を行い，土地再評価差額金を純資産の部に計上しております。
　　●再評価の方法……土地の再評価に関する法律施行令（平成10年3月31日公布政令第119号）第2条第○号に定める○○○により算出
　　●再評価を行った年月日……○年○月○日

Ⅲ　連結計算書類　241

> ●再評価を行った土地の当連結会計年度末における時価と再評価後の帳簿価額
> との差額　　　　　　　　　　　　　　　　　　　×××百万円

〈事例〉　一般的な事例

サカイ引越センター（2024年3月期）

> ⑸　土地の再評価に関する注記
> 　　「土地の再評価に関する法律」（平成10年3月31日公布　法律第34号）に基
> づき，事業用の土地の再評価を行っております。
> 　　なお，再評価差額については，当該再評価差額に係る税金相当額を「再評
> 価に係る繰延税金負債」として負債の部に計上し，これを控除した金額を
> 「土地再評価差額金」として純資産の部に計上しております。
> 　　再評価の方法
> 　　「土地の再評価に関する法律施行令」（平成10年3月31日公布　政令第
> 119号）第2条第4号に定める地価税法（平成3年法律第69条）に規定す
> る地価税の課税価格の計算の基礎となる土地の価額を算定するために国税
> 庁長官が定めて公表した方法により算定した価額又は第2条第3号に定め
> る固定資産税評価額に合理的な調整を行って算出する方法によっておりま
> す。
> 　　再評価を行った年月日　　　　　　　　　　　　　2002年3月31日
> 　　再評価を行った土地の当連結会計年度の末日における時価と再評価後の帳
> 簿価額との差額　　　　　　　　　　　　　　　　△2,674百万円

（9）　連結株主資本等変動計算書に関する注記

連結株主資本等変動計算書に関する事項として，以下の項目を注記する（会
計規106）。

⒤　発行済株式の総数

⒤⒤　剰余金の配当に関する事項

⒤⒤⒤　株式引受権に係る株式の数

⒤v　新株予約権の目的となる株式の数

なお，個別注記表においては，上記のほか，自己株式の数の注記が求められ

242　第3章　計算関係書類

ており（会計規105②），連結注記表においても自己株式に関する事項を注記する事例が見られる。

〈「経団連ひな型」の記載例〉

1．当連結会計年度末の発行済株式の種類及び総数
　　　　普　通　株　式　　　　　　　　　　　　　　　　　○○株
2．配当に関する事項
　⑴　配当金支払額

決　　議	株式の種類	配当金の総額（百万円）	1株当たり配当額（円）	基準日	効力発生日
○年○月○日定時株主総会	普通株式	×××	×××	○年○月○日	○年○月○日
○年○月○日取締役会	普通株式	×××	×××	○年○月○日	○年○月○日
計		×××			

　⑵　基準日が当連結会計年度に属する配当のうち，配当の効力発生日が翌期となるもの
　　　○年○月○日開催の定時株主総会の議案として，普通株式の配当に関する事項を次のとおり提案しております。
　　①　配当金の総額　　　　　　　　　×××百万円
　　②　1株当たり配当額　　　　　　　　×××円
　　③　基準日　　　　　　　　　　　　○年○月○日
　　④　効力発生日　　　　　　　　　　○年○月○日
　　なお，配当原資については，利益剰余金とすることを予定しております。
3．当連結会計年度末の株式引受権に係る株式の種類及び総数
　　　　普　通　株　式　　　　　　　　　　　　　　　　　○○株
4．当連結会計年度末の新株予約権（権利行使期間の初日が到来していないものを除く。）の目的となる株式の種類及び数
　　　　普　通　株　式　　　　　　　　　　　　　　　　　○○株

Ⅲ　連結計算書類　243

〈事例１〉　一般的な事例

ゼビオホールディングス（2024年３月期）

〔連結株主資本等変動計算書に関する注記〕

１．発行済株式の総数に関する事項

株式の種類	当連結会計年度期首	増加	減少	当連結会計年度末
普通株式（千株）	47,911	―	―	47,911

２．配当に関する事項

　(1)　配当金支払額等

　　①　2023年４月18日開催の取締役会決議による配当に関する事項

　　　・配当金の総額　　　　　663百万円

　　　・１株当たりの配当額　　15.00円

　　　・基準日　　　　　　　　2023年３月31日

　　　・効力発生日　　　　　　2023年６月14日

　　②　2023年11月10日開催の取締役会決議による配当に関する事項

　　　・配当金の総額　　　　　663百万円

　　　・１株当たりの配当額　　15.00円

　　　・基準日　　　　　　　　2023年９月30日

　　　・効力発生日　　　　　　2023年12月11日

　(2)　基準日が当連結会計年度に属する配当のうち，配当の効力発生日が翌連結
　　会計年度となるもの

　　　2024年４月16日開催の取締役会において次のとおり決議いたしました。

　　　・配当金の総額　　　　　663百万円

　　　・１株当たりの配当額　　15.00円

　　　・基準日　　　　　　　　2024年３月31日

　　　・効力発生日　　　　　　2024年６月12日

　　なお，配当原資については，利益剰余金とすることを予定しております。

３．当連結会計年度末の新株予約権（権利行使期間の初日が到来していないもの
　　を除く。）の目的となる株式の種類及び数

244　第3章　計算関係書類

普通株式　　　　　　　　　790千株

〈事例2〉　自己株式に関する事項を記載している事例

サカタインクス（2023年12月期）

Ⅶ　連結株主資本等変動計算書に関する注記

　1．発行済株式に関する事項

株式の種類	当連結会計年度期首	増　加	減　少	当連結会計年度末
普通株式㈱	54,172,361	―	―	54,172,361

　2．自己株式に関する事項

株式の種類	当連結会計年度期首	増　加	減　少	当連結会計年度末
普通株式㈱	4,143,541	194	16,186	4,127,549

（変動事由の概要）

自己株式の増加数及び減少数の内訳は，次の通りであります。

　単元未満株式の買取による増加　　　　　　　　　普通株式　　　194株
　譲渡制限付株式報酬としての自己株式の処分による減少　普通株式　16,186株

　3．配当に関する事項

　　(1)　配当金支払額

決　　議	株式の種類	配当金の総額（百万円）	1株当たり配当額（円）	基準日	効力発生日
2023年3月29日定時株主総会	普通株式	750	15	2022年12月31日	2023年3月30日
2023年8月10日取締役会	普通株式	750	15	2023年6月30日	2023年9月1日

　　(2)　基準日が当連結会計年度に属する配当のうち，配当の効力発生日が翌連
　　　　結会計年度となるもの

　　　　2024年3月27日開催の定時株主総会の議案として，普通株式の配当に

Ⅲ　連結計算書類　245

関する事項を次の通り提案しております。

① 配当金の総額　　　　　　　　　　　　　1,000百万円
② １株当たり配当額　　　　　　　　　　　　　　20円
③ 基準日　　　　　　　　　　　　　　2023年12月31日
④ 効力発生日　　　　　　　　　　　　　2024年3月28日

なお，配当原資については，利益剰余金とすることを予定しております。

(10)　金融商品に関する注記

金融商品に関する注記として，重要性が乏しいものを除き，以下の事項を記載する（会計規109Ⅰ）。

(ⅰ)　金融商品の状況に関する事項

(ⅱ)　金融商品の時価等に関する事項

(ⅲ)　金融商品の時価の適切な区分ごとの内訳等に関する事項

金融取引をめぐる環境が変化する中で，金融商品の時価等の情報に対するニーズが拡大していることを踏まえて金融商品会計基準および金融商品時価開示適用指針において金融商品全般に係る注記が求められることとなったことに対応し，会社計算規則においても注記が要求されている。

ただし，会社計算規則109条の注記事項は，連結財務諸表規則の注記事項に比べて，概括的なものとなっており，金融商品時価開示適用指針を参考に，各社の実情に応じて記載する。

以下，「金融商品の状況に関する事項」，「金融商品の時価等に関する事項」および「金融商品の時価の適切な区分ごとの内訳等に関する事項」に分けて事例を紹介する。

①　金融商品の状況に関する事項

〈「経団連ひな型」の記載例〉

1．金融商品の状況に関する事項

当社グループは，資金運用については短期的な預金等に限定し，銀行等金融

246　第3章　計算関係書類

機関からの借入により資金を調達しております。

　受取手形及び売掛金に係る顧客の信用リスクは，与信管理規程に沿ってリスク低減を図っております。また，投資有価証券は主として株式であり，上場株式については四半期ごとに時価の把握を行っています。

　借入金の使途は運転資金（主として短期）及び設備投資資金（長期）であり，一部の長期借入金の金利変動リスクに対して金利スワップ取引を実施して支払利息の固定化を実施しております。なお，デリバティブは内部管理規程に従い，実需の範囲で行うこととしております。

〈事例〉　一般的な事例

東急不動産ホールディングス（2024年3月期）

1．金融商品の状況に関する事項

　当社グループは，資金運用については短期的な預金等に限定し，銀行等金融機関からの借入等により資金を調達しております。

　また，投資有価証券は主として株式であり，上場株式については四半期ごとに時価の把握を行っております。

　借入金の使途は運転資金（主として短期）及び設備投資資金（長期）であり，一部の長期借入金の金利変動リスクに対して金利スワップ取引を実施して支払利息の固定化を実施しております。

　なお，デリバティブ取引は，為替の変動リスクに対するヘッジを目的とした為替予約及び金利スワップ取引，金利キャップ取引等であり，内部管理規程に従い，実需の範囲で行うこととしております。

② **金融商品の時価等に関する事項**

〈「経団連ひな型」の記載例〉

2．金融商品の時価等に関する事項

　○年○月○日（当期の連結決算日）における連結貸借対照表計上額，時価及びこれらの差額については，次のとおりであります。なお，市場価格のない株式等（連結貸借対照表計上額×××百万円）は，「その他有価証券」には含め

Ⅲ　連結計算書類　247

ておりません。

　また，現金は注記を省略しており，預金は短期間で決済されるため時価が帳簿価額に近似することから，注記を省略しております。

（単位：百万円）

	連結貸借対照表計上額（＊）	時価（＊）	差額
(1)　受取手形	×××	×××	×××
(2)　売掛金	×××	×××	×××
(3)　投資有価証券 　　その他有価証券	×××	×××	×××
(4)　支払手形及び買掛金	（×××）	（×××）	―
(5)　短期借入金	（×××）	（×××）	―
(6)　長期借入金	（×××）	（×××）	×××
(7)　デリバティブ取引	―	―	―

（＊）負債に計上されているものについては，（　）で示しております。

〈事例１〉　一般的な事例

不二製油グループ本社（2024年3月期）

(2)　金融商品の時価等に関する事項

　2024年3月31日における連結貸借対照表計上額，時価及びこれらの差額については，次の通りです。

　なお，「現金及び預金」，「受取手形及び売掛金」，「支払手形及び買掛金」，「短期借入金」，「コマーシャル・ペーパー」は，現金であること，及び短期間で決済されるため時価が帳簿価額に近似することから，注記を省略しております。

（単位：百万円）

	連結貸借対照表計上額	時価	差額
①　投資有価証券 　　その他有価証券（※１）	4,292	4,292	―

248　第3章　計算関係書類

②	社債（※2）	41,000	40,956	△43
③	長期借入金（※3）	51,312	49,802	△1,509
④	リース債務（※4）	6,832	6,632	△200
⑤	デリバティブ取引（※5）	137	137	―
	ヘッジ会計が適用されていないもの	(835)	(835)	―
	ヘッジ会計が適用されているもの	972	972	―

（注）脚注は掲載を省略している。

〈事例2〉　売掛金の時価を帳簿価額と近似しているものとせず開示している事例

新東工業（2024年3月期）

2．金融商品の時価等に関する事項

　2024年3月31日における連結貸借対照表計上額，時価及びこれらの差額については，次のとおりであります。なお，非上場株式（連結貸借対照表計上額7,196百万円）及び投資事業有限責任組合出資金（連結貸借対照表計上額17百万円）は，市場価格等がないため，投資有価証券には含めておりません。また，現金及び預金，支払手形及び買掛金，短期借入金，未払法人税等は，短期間で決済されるため，時価は帳簿価額にほぼ等しいことから，注記を省略しております。

（単位：百万円）

	連結貸借対照表計上額（＊1）	時価（＊1）	差　額
(1)　受取手形及び売掛金	32,192		
貸倒引当金（＊2）	△416		
	31,775	31,775	―
(2)　有価証券	9,375	9,375	―
(3)　投資有価証券	27,012	27,012	―
(4)　長期借入金	(12,993)	(12,877)	△115
(5)　リース債務	(491)	(490)	△0

（※1）　負債に計上されているものについては，（　　）で示しております。

（注）（※1）以外の脚注は掲載を省略している。

Ⅲ　連結計算書類　249

③　金融商品の時価の適切な区分ごとの内訳等に関する事項

〈「経団連ひな型」の記載例〉

3．金融商品の時価のレベルごとの内訳等に関する事項

　　金融商品の時価を，時価の算定に用いたインプットの観察可能性及び重要性に応じて，以下の3つのレベルに分類しております。

　レベル1の時価：同一の資産又は負債の活発な市場における（無調整の）相場
　　　　　　　　　価格により算定した時価

　レベル2の時価：レベル1のインプット以外の直接又は間接的に観察可能なイ
　　　　　　　　　ンプットを用いて算定した時価

　レベル3の時価：重要な観察できないインプットを使用して算定した時価

　　時価の算定に重要な影響を与えるインプットを複数使用している場合には，それらのインプットがそれぞれ属するレベルのうち，時価の算定における優先順位が最も低いレベルに時価を分類しております。

(1)　時価をもって連結貸借対照表計上額とする金融資産及び金融負債

（単位：百万円）

区分	時価			
	レベル1	レベル2	レベル3	合計
投資有価証券 　その他有価証券 　　株式	×××	－	－	×××

(2)　時価をもって連結貸借対照表計上額としない金融資産及び金融負債

（単位：百万円）

区分	時価			
	レベル1	レベル2	レベル3	合計
受取手形	－	×××	－	×××
売掛金	－	×××	－	×××
支払手形及び買掛金	－	×××	－	×××
短期借入金	－	×××	－	×××
長期借入金	－	×××	－	×××

250　第3章　計算関係書類

(注) 時価の算定に用いた評価技法及びインプットの説明

投資有価証券

　　上場株式は相場価格を用いて評価しております。上場株式は活発な市場で取引されているため，その時価をレベル1の時価に分類しております。

デリバティブ取引

　　金利スワップの特例処理によるものは，ヘッジ対象とされている長期借入金と一体として処理されているため，その時価は，当該長期借入金の時価に含めて記載しております（下記「長期借入金」参照）。

受取手形及び売掛金

　　これらの時価は，一定の期間ごとに区分した債権ごとに，債権額と満期までの期間及び信用リスクを加味した利率を基に割引現在価値法により算定しており，レベル2の時価に分類しております。

支払手形及び買掛金，並びに短期借入金

　　これらの時価は，一定の期間ごとに区分した債務ごとに，その将来キャッシュ・フローと，返済期日までの期間及び信用リスクを加味した利率を基に割引現在価値法により算定しており，レベル2の時価に分類しております。

長期借入金

　　これらの時価は，元利金の合計額と，当該債務の残存期間及び信用リスクを加味した利率を基に，割引現在価値法により算定しており，レベル2の時価に分類しております。なお，変動金利による長期借入金は金利スワップの特例処理の対象とされており（上記「デリバティブ取引」参照），当該金利スワップと一体として処理された元利金の合計額を用いて算定しております。

〈事例1〉　レベルごとの時価の合計額と，時価の算定に用いた評価技法およびインプットを注記している事例

ヒガシマル（2024年3月期）

3．金融商品の時価のレベルごとの内訳等に関する事項

　　金融商品の時価を，時価の算定に用いたインプットの観察可能性及び重要性

に応じて，以下の３つのレベルに分類しております。

レベル１の時価：同一の資産又は負債の活発な市場における（無調整の）相場
　　　　　　　　価格により算定した時価

レベル２の時価：レベル１のインプット以外の直接又は間接的に観察可能なイ
　　　　　　　　ンプットを用いて算定した時価

レベル３の時価：重要な観察できないインプットを使用して算定した時価

　時価の算定に重要な影響を与えるインプットを複数使用している場合には，それらのインプットがそれぞれ属するレベルのうち，時価の算定における優先順位が最も低いレベルに時価を分類しております。

(1)　時価で連結貸借対照表に計上している金融商品

（単位：百万円）

| 区分 | 時価（百万円） | | | |
	レベル１	レベル２	レベル３	合計
投資有価証券				
その他有価証券				
株式	796	—	—	796
債権	—	62	—	62
デリバティブ取引	—	57	—	57
資産計	796	119	—	916

(注)　時価の算定に関する会計基準の適用指針第24-２項に従い，基準価額を時価とみなした投資信託は上記に含めておりません。当該投資信託の連結貸借対照表計上額は249百万円であります。

(2)　時価で連結貸借対照表に計上している金融商品以外の金融商品

（単位：百万円）

| 区分 | 時価 | | | |
	レベル１	レベル２	レベル３	合計
長期借入金	—	3,317	—	3,317
リース債務	—	993	—	993
負債計	—	4,311	—	4,311

252　第3章　計算関係書類

（注）時価の算定に用いた評価技法及び時価の算定に係るインプットの説明

投資有価証券

　　　上場株式及び債券は相場価格を用いて評価しております。上場株式は活発な市場で取引されているため，その時価をレベル1の時価に分類しております。一方で，当社が保有している債券は，市場での取引頻度が低く，活発な市場における相場価格とは認められないため，その時価をレベル2の時価に分類しております。

長期借入金及びリース債務

　　　これらの時価は，元利金の合計額と，当該債務の残存期間及び信用リスクを加味した利率を基に，割引現在価値法により算定しており，レベル2の時価に分類しております。

デリバティブ取引

　　　デリバティブ取引の時価は，取引先金融機関から提示された価格に基づいて算定しており，レベル2の時価に分類しております。

〈事例2〉　金融商品時価開示適用指針5-2項(4)に定められた注記をしている事例

セコム（2024年3月期）

3．金融商品の時価のレベルごとの内訳等に関する事項

　金融商品の時価を，時価の算定に係るインプットの観察可能性および重要性に応じて，以下の3つのレベルに分類しております。

　　レベル1の時価：観察可能な時価の算定に係るインプットのうち，活発な市場において形成される当該時価の算定の対象となる資産又は負債に関する相場価格により算定した時価

　　レベル2の時価：観察可能な時価の算定に係るインプットのうち，レベル1のインプット以外の時価の算定に係るインプットを用いて算定した時価

　　レベル3の時価：観察できない時価の算定に係るインプットを使用して算定した時価

　時価の算定に重要な影響を与えるインプットを複数使用している場合には，それらのインプットがそれぞれ属するレベルのうち，時価の算定における優先順位が最も低いレベルに時価を分類しております。

(1) 時価で連結貸借対照表に計上している金融商品

(単位：百万円)

区分	時価			
	レベル1	レベル2	レベル3	合計
有価証券及び投資有価証券				
その他有価証券				
株式	80,008	—	—	80,008
国債・地方債等	11,874	25,425	—	37,299
社債	—	70,507		70,507
その他	43,789	10,675	42,377	96,843
資産計	135,672	106,608	42,377	284,659

(2) 時価で連結貸借対照表に計上している金融商品以外の金融商品

(単位：百万円)

区分	時価			
	レベル1	レベル2	レベル3	合計
有価証券及び投資有価証券				
満期保有目的の債券				
国債・地方債等	11,015	—	—	11,015
社債	—	—	609	609
その他	—	389	—	389
関係会社株式	142,899	—	—	142,899
リース債権及びリース投資資産	—	39,899	—	39,899
長期貸付金	—	6,283	7,584	13,867
敷金及び保証金	—	18,943	—	18,943
資産計	153,914	65,515	8,193	227,623
社債	—	3,081	—	3,081
長期借入金	—	10,918	—	10,918
長期預り保証金	—	23,681	—	23,681
負債計	—	37,681	—	37,681

254　第3章　計算関係書類

（注1）時価の算定に用いた評価技法及び時価の算定に係るインプットの説明

資　産

有価証券及び投資有価証券

　　株式は取引所の価格によっており，債券および投資信託等は取引所の価格または取引金融機関から提示された価格を用いて評価しております。上場株式，国債および上場投資信託は活発な市場で取引されているため，その時価をレベル1の時価に分類しております。それ以外の債券等は，市場での取引頻度が低く，活発な市場における相場価格とは認められないため，その時価をレベル2の時価に分類しております。また，市場における取引価格が存在しない投資信託について，解約又は買戻請求に関して市場参加者からリスクの対価を求められるほどの重要な制限がない場合には基準価格を時価とし，レベル2の時価に分類しております。重要な観察できないインプットを用いて，現在価値技法等の評価技法によって時価を算定している場合はレベル3の時価に分類しております。

リース債権及びリース投資資産

　　元利金の合計額を，新規に同様のリース取引を行った場合に想定される利率で割り引いた現在価値により算定しており，レベル2の時価に分類しております。

長期貸付金

　　貸付金の種類および内部格付，期間に基づく区分ごとに，元利金の合計額を同様の新規貸し付けを行った場合に想定される利率で割り引いた現在価値により算定しており，レベル2の時価に分類しております。また，貸倒懸念債権等特定の債権については，見積キャッシュ・フローの割引現在価値，または，個別に回収可能性を検討した上で，それらの債権に係る回収不能見込額等に基づいて貸倒見積高を算定しているため，時価は連結決算日における貸借対照表価額から現在の貸倒見積高を控除した金額に近似しており，当該価額をもって時価としており，レベル3の時価に分類しております。なお，一部の連結子会社では，将来キャッシュ・フローを残存期間に応じ，国債の利回り等適切な指標に信用スプレッドを上乗せした利率で割り引いた現在価値により算定しており，レベル2の時価に分類しております。

Ⅲ　連結計算書類　255

敷金及び保証金

　将来のキャッシュ・フローを無リスクの利率で割り引いた現在価値により
算定しており，レベル2の時価に分類しております。

負　債

社債

　元利金の合計額を当該社債の残存期間に応じて新規に同様の社債を発行し
た場合に想定される利率で割り引いた現在価値により算定しており，レベ
ル2の時価に分類しております。

長期借入金

　元利金の合計額を，新規に同様の借入を行った場合に想定される利率で割
り引いた現在価値により算定しており，レベル2の時価に分類しておりま
す。

長期預り保証金

　将来のキャッシュ・フローを無リスクの利率で割り引いた現在価値により
算定しており，レベル2の時価に分類しております。

（注2）　時価をもって連結貸借対照表計上額とする金融資産及び金融負債のうち
　　　　レベル3の時価に関する情報

⑴　重要な観察できないインプットに関する定量的情報

区分	評価技法	重要な観察できないインプット	インプットの範囲
有価証券及び投資有価証券			
その他有価証券			
その他	現在価値技法	割引率	20%-30%
		売却時期	2024年-2025年
		EBITDA倍率	5倍-7.5倍

⑵　期首残高から期末残高への調整表，当期の損益に認識した評価損益

（単位：百万円）

256　第3章　計算関係書類

	有価証券及び 投資有価証券
	その他有価証券
	その他
期首残高	25,310
当期の損益又はその他の包括利益	
損益に計上（※1）	14,439
その他の包括利益に計上	1,861
購入，売却，発行及び決済の純額	766
期末残高	42,377
当期の損益に計上した額のうち連結貸借対照表日において保有する金融資産及び金融負債の評価損益（※1）	14,644

（※1）　連結損益計算書の投資事業組合運用損益に含まれております。

(3)　時価の評価プロセスの説明

　　当社グループは適切な権限者にて承認された時価の算定に関する方針および手続きを定めております。算定された時価は，時価の算定に用いられた評価技法およびインプットの妥当性ならびに時価のレベルの分類の適切性を検証しております。検証結果については適切な権限者に報告され，時価の算定の方針および手続きに関する適正性が確保されております。

　　時価の算定にあたっては，個々の資産の性質，特性およびリスクを最も適切に反映できる評価モデルを用いております。また，第三者から入手した相場価格を利用する場合においても，利用されている評価技法およびインプットの確認や類似の金融商品の時価との比較等の適切な方法により価格の妥当性を検証しております。

(4)　重要な観察できないインプットを変化させた場合の時価に対する影響に関する説明

　　重要な観察できないインプットには割引率や売却時期およびEBITDA倍率が含まれており，一般的に公正価値は割引率の上昇や売却時期の延長およびEBITDA倍率の減少によって時価は下落し，割引率の低下や売却時期の短縮およびEBITDA倍率の増加によって時価は上昇します。

Ⅲ　連結計算書類　257

(11)　賃貸等不動産に関する注記

　賃貸等不動産に関する注記として，重要性が乏しい場合を除き，以下の事項を記載する（会計規110Ⅰ）。

⒤　賃貸等不動産の状況に関する事項

⒤　賃貸等不動産の時価に関する事項

　一定の不動産については，事実上，事業投資と考えられるものでも，その時価を開示することが投資情報として一定の意義があるという意見があり，さらに，IFRSが原価評価の場合に時価の注記を要求していることとしていることとのコンバージェンスを図る観点から開示が要求されているものである。

　金融商品に関する注記と同様に，会社計算規則110条の注記事項は，連結財務諸表規則の注記事項に比べて，概括的なものとなっており，賃貸等不動産適用指針を参考に，各社の実情に応じて記載する。

〈「経団連ひな型」の記載例〉

1．賃貸等不動産の状況に関する事項

　　当社及び一部の子会社では，東京都その他の地域において，賃貸用のオフィスビル（土地を含む。）を有しております。

2．賃貸等不動産の時価に関する事項

（単位：百万円）

連結貸借対照表計上額	時価
×××	×××

（注1）　連結貸借対照表計上額は，取得原価から減価償却累計額及び減損損失累計額を控除した金額であります。

（注2）　当期末の時価は，主として「不動産鑑定評価基準」に基づいて自社で算定した金額（指標等を用いて調整を行ったものを含む。）であります。

〈事例〉　賃貸等不動産の連結貸借対照表の期中増減額を記載している事例

イエローハット（2024年3月期）

8．賃貸等不動産に関する注記

(1)　賃貸等不動産の状況に関する事項

　　当社は，国内において主にグループ企業等に対して賃貸用店舗建物及び店舗設備等を有しております。2024年3月期における当該賃貸等不動産に関する賃貸損益は14億71百万円（賃貸収益は「売上高」に，主な賃貸費用は「売上原価」及び「販売費及び一般管理費」に計上）であります。

(2)　賃貸等不動産の時価に関する事項

（単位：百万円）

連結貸借対照表計上額			当連結会計 年度末の時価
当連結会計 年度期首残高	当連結会計 年度増減額	当連結会計 年度末残高	
23,832	1,766	25,599	22,997

(注)1．記載金額は百万円未満を切り捨てて表示しております。
　　2．連結貸借対照表計上額は，取得原価から減価償却累計額及び減損損失累計額を控除した金額であります。
　　3．当連結会計年度の主な増加額は賃貸設備投資に伴う増加額16億10百万円及び，用途変更に伴う増加額8億4百万円であり，主な減少額は減価償却に伴う減少額5億84百万円であります。
　　4．当連結会計年度末の時価は，主として不動産鑑定評価によるものであります。なお一部の重要性がない不動産につきましては，「不動産鑑定評価基準」に基づいて自社で算定した金額（指標等を用いて調整を行ったものを含む。）であります。

(12)　1株当たり情報に関する注記

1株当たり情報に関する事項として，以下の項目を注記する（会計規113）。

(i)　1株当たり純資産

(ii)　1株当たりの親会社株主に帰属する当期純利益または当期純損失

(iii)　株式会社が当該連結会計年度または当該連結会計年度の末日後に，株式の併合または株式の分割をした場合において，連結会計年度の期首に株式の併合または株式の分割をしたと仮定して(i)，(ii)を算定したときは，その旨

連結計算書類に関する「1株当たり当期純利益」は，1株当たりの親会社株

主に帰属する当期純利益金額または当期純損失金額として算定することに留意する。「1株当たり親会社株主に帰属する当期純利益」と記載することもできる（経団連ひな型Ⅳ第4 13.）。

〈「経団連ひな型」の記載例〉①

1株当たり純資産額	×××円　××銭
1株当たり当期純利益	×××円　××銭

〈「経団連ひな型」の記載例〉②

〔株式の分割をした場合の記載例〕
　当社は，○年○月○日付けで株式1株につき1.××株の株式分割を行っております。当該株式分割については，当連結会計年度の期首に株式分割が行われたと仮定して1株当たりの純資産額および1株当たりの当期純利益金額を算定しております。

〈事例1〉　一般的な事例

住江織物（2024年5月期）

1株当たり情報に関する注記
1．1株当たり純資産額	4,742円69銭
2．1株当たり当期純利益	132円22銭

〈事例2〉　潜在株式調整後1株当たり当期純利益を記載している事例

大紀アルミニウム工業所（2024年3月期）

1株当たり情報に関する注記
1 株当たり純資産額	1,758円69銭
1 株当たり当期純利益	80円10銭
潜在株式調整後1株当たり当期純利益	78円90銭

260　第3章　計算関係書類

〈事例3〉　算定上の基礎を記載している事例

アルプス物流（2024年3月期）

5．1株当たり情報に関する注記

1株当たり純資産額	1,710円41銭
1株当たり当期純利益	100円71銭
潜在株式調整後1株当たり当期純利益	100円51銭

（注）1．1株当たり純資産額の算定上の基礎は，次のとおりであります。

純資産の部の合計額（百万円）	65,506
純資産の部の合計額から控除する金額（百万円）	4,854
（うち新株予約権（百万円））	(44)
（うち非支配株主持分（百万円））	(4,809)
普通株式に係る期末の純資産額（百万円）	60,652
1株当たりの純資産額の算定に用いられた期末の普通株式の数（千株）	35,460

（注）2．1株当たり当期純利益及び潜在株式調整後1株当たり当期純利益の算定上の基礎は，次のとおりであります。

1株当たり当期純利益	
親会社株主に帰属する当期純利益（百万円）	3,570
普通株主に帰属しない金額（百万円）	—
普通株式に係る親会社株主に帰属する当期純利益（百万円）	3,570
普通株式の期中平均株式数（千株）	35,452
潜在株式調整後1株当たり当期純利益	
親会社株主に帰属する当期純利益調整額（百万円）	—
普通株式増加数（千株）	72
（うち新株予約権（千株））	(72)
希薄化効果を有しないため，潜在株式調整後1株当たり当期純利益の算定に含まれなかった潜在株式の概要	—

Ⅲ　連結計算書類　261

〈事例4〉　期中に株式の分割をした事例

ヤクルト本社（2024年3月期）

（1株当たり情報に関する注記）
　　1株当たり純資産額　　　　　　　　　　　　　　　　　　1,811円97銭
　　1株当たり当期純利益金額　　　　　　　　　　　　　　　　164円52銭
　（注）2023年10月1日付で，普通株式1株につき2株の割合で株式分割を
　　　　行っています。当連結会計年度の期首に当該株式分割が行われたと
　　　　仮定して，1株当たり当期純利益金額を算定しています。

(13)　重要な後発事象に関する注記

　連結会計年度の末日後，連結会社ならびに持分法が適用される非連結子会社
および関連会社の翌事業年度以降の財産または損益に重要な影響を及ぼす事象
が発生した場合にその内容について注記する（会計規114Ⅱ）。

　なお，決算日が連結決算日と異なる子会社および関連会社の正規の決算を基
礎として連結決算を行っている場合（連結会計基準（注4），持分法実務指針4
項），当該子会社および関連会社の決算日後に発生した後発事象についても注
記する。

　監基報560実務指針1号「後発事象に関する監査上の取扱い」の付表2では，
後発事象およびその開示内容の例示として，以下のものを挙げている。

―開示後発事象の開示内容の例示―

事象	事象発生の時期	開示する事項
1．会社が営む事業に関する事象		
①　重要な事業 　　の譲受	合意成立又は事 実の公表のとき	1．その旨及び目的 2．譲り受ける相手会社の名称 3．譲り受ける事業の内容 4．譲り受ける資産・負債の額 5．譲受の時期 6．その他重要な特約等がある場合にはそ 　　の内容

262　第 3 章　計算関係書類

②	重要な事業の譲渡	合意成立又は事実の公表のとき	1．その旨及び理由 2．譲渡する相手会社の名称 3．譲渡する事業の内容，規模（直近期の売上高，生産高等） 4．譲渡する資産・負債の額 5．譲渡の時期 6．譲渡価額 7．その他重要な特約等がある場合にはその内容
③	重要な合併	合意成立又は事実の公表のとき	1．その旨及び目的 2．合併する相手会社の名称 3．合併の方法，合併後の会社の名称 4．合併比率，合併交付金の額，合併により発行する株式の種類及び数，増加すべき資本・準備金・その他利益剰余金等の額，引き継ぐ資産・負債の額 5．相手会社の主な事業の内容，規模（直近期の売上高，当期純利益，資産・負債及び純資産の額，従業員数等） 6．合併の時期 7．配当起算日 8．その他重要な特約等がある場合にはその内容
④	重要な会社分割	取締役会等の決議があったとき	1．その旨及び理由 2．会社分割する事業内容，規模（直近期の売上高，生産高等） 3．会社分割の形態 4．会社分割に係る分割会社又は承継会社の名称，当該会社の資産・負債及び純資産の額，従業員数等 5．会社分割の時期 6．その他重要な事項がある場合にはその内容
⑤	現物出資等による重要な部門の分離	取締役会等の決議があったとき	1．その旨及び理由 2．部門分離の形態 3．現物出資する資産等の内容 4．現物出資等により設立する会社の名称，

			事業内容，資産・負債及び純資産の額，従業員数等
			5．現物出資等の時期
			6．その他重要な事項がある場合にはその内容
⑥	重要な事業からの撤退	取締役会等の決議があったとき	1．その旨及び理由 2．撤退する事業の内容，規模（直近期の売上高，生産高等） 3．撤退の時期 4．撤退が営業活動等へ及ぼす重要な影響 5．その他重要な事項がある場合にはその内容
⑦	重要な事業部門の操業停止	取締役会等の決議があったとき	1．その旨及び理由 2．操業停止する部門の事業の内容，規模（直近期の売上高，生産高等） 3．操業停止の時期，期間 4．操業停止が営業活動等へ及ぼす重要な影響 5．その他重要な事項がある場合にはその内容
⑧	重要な資産の譲渡	合意成立又は事実の公表のとき	1．その旨及び理由 2．譲渡する相手会社の名称 3．譲渡資産の種類，譲渡前の使途 4．譲渡の時期 5．譲渡価額 6．その他重要な特約等がある場合にはその内容
⑨	重要な契約の締結又は解除	取締役会等の決議があったとき	1．その旨及び目的又は理由 2．契約の相手会社の名称 3．締結又は解除の時期 4．契約の内容 5．契約の締結又は解除が営業活動等へ及ぼす重要な影響 6．その他重要な事項があればその内容
⑩	大量の希望退職者の募集	取締役会等の決議があったとき	1．その旨及び理由 2．希望退職募集の対象者，募集人員 3．募集期間

264　第3章　計算関係書類

			4．希望退職による損失の見込額 5．その他重要な特約等がある場合にはその内容
⑪	主要な取引先の倒産	倒産の事実を認知したとき	1．その旨及び倒産の原因 2．当該取引先の名称，当該取引先との取引内容 3．当該取引先の状況，負債総額 4．当該取引先に対する債権の額 5．当該取引先に対する保証債務の額 6．当該倒産が営業活動等へ及ぼす重要な影響 7．その他重要な事項がある場合にはその内容
⑫	主要な取引先に対する債権放棄	取締役会等の決議があったとき	1．その旨及び債権放棄に至った経緯 2．当該取引先の名称，当該取引先との取引内容 3．当該取引先の状況 4．債権放棄の時期 5．当該取引先に対する債権放棄の額 6．当該債権放棄が営業活動等へ及ぼす重要な影響 7．その他重要な事項がある場合にはその内容
⑬	重要な設備投資	取締役会等の決議があったとき	1．その旨及び目的 2．設備投資の内容 3．設備の導入時期（着工，完成時期等） 4．当該設備が営業・生産活動に及ぼす重要な影響 5．その他重要な事項がある場合にはその内容
⑭	新規事業に係る重要な事象（出資，会社設立，部門設置等）	取締役会等の決議があったとき	1．その旨 2．新規事業の内容 3．新規事業開始の時期 4．当該新規事業が営業活動に及ぼす重要な影響 5．その他重要な事項がある場合にはその内容

Ⅲ　連結計算書類　265

2．資本の増減等に関する事象			
①	重要な新株の発行（新株予約権等の行使・発行を含む。）	取締役会等の決議があったとき	1．その旨 2．募集等の方法 3．発行する株式の種類及び数，発行価額，発行総額，発行価額のうち資本へ組入れる額 4．発行のスケジュール 5．新株の配当起算日 6．資金の使途 7．その他重要な事項がある場合にはその内容
②	重要な資本金又は準備金の減少	取締役会等の決議があったとき	1．その旨及び目的 2．資本金又は準備金の減少の方法 3．減少する資本金又は準備金の額，減少する発行済株式数 4．減資等のスケジュール 5．その他重要な事項がある場合にはその内容
③	重要な株式交換，株式移転	取締役会等の決議があったとき	1．その旨及び目的 2．株式交換又は株式移転の方法及び内容 3．株式交換又は株式移転の時期 4．その他重要な事項がある場合にはその内容
④	重要な自己株式の取得	取締役会等の決議があったとき	1．その旨及び理由 2．取得の方法，取得する株式の数，取得価額 3．取得の時期 4．その他重要な事項がある場合にはその内容
⑤	重要な自己株式の処分（ストック・オプション等を含む。）	取締役会等の決議があったとき	1．その旨及び理由 2．処分の方法，処分する株式の数，処分価額 3．処分の時期，期間 4．その他重要な事項がある場合にはその内容

266　第3章　計算関係書類

⑥	重要な自己株式の消却	取締役会等の決議があったとき	1．その旨及び理由 2．消却の方法，消却する株式の数 3．消却の時期 4．その他重要な事項がある場合にはその内容
⑦	重要な株式併合又は株式分割	取締役会等の決議があったとき	1．その旨及び目的 2．株式併合又は株式分割の割合 3．株式併合又は株式分割の時期 4．一株当たり情報に及ぼす影響 5．その他重要な事項がある場合にはその内容

3．資金の調達又は返済等に関する事象

①	多額な社債の発行	取締役会等の決議があったとき	1．その旨 2．発行する社債の種類及び数，発行価額，発行総額，利率，償還方法，償還期間 3．新株予約権付社債の新株予約権の内容 4．発行の時期 5．担保の内容 6．資金の使途 7．その他重要な特約等がある場合にはその内容
②	多額な社債の買入・償還又は繰上償還（デット・アサンプションを含む。）	取締役会等の決議があったとき	1．その旨及び目的 2．償還する社債の種類，銘柄，償還額 3．償還の方法，償還の時期 4．償還のための資金調達の方法 5．社債の減少による支払利息の減少見込額 6．その他重要な特約等がある場合にはその内容
③	借換え又は借入条件の変更による多額な負担の増減	合意成立又は事実の公表のとき	1．その旨及び目的 2．借入先の名称 3．借換え又は条件変更の内容（金利，期間等） 4．借換え又は条件変更の実施時期又は期間

Ⅲ　連結計算書類　267

			5．借換え又は条件変更による影響（借入利息の増減見込額等） 6．その他重要な特約等がある場合にはその内容
④	多額な資金の借入	合意成立又は事実の公表のとき	1．その旨及び使途 2．借入先の名称 3．借入金額，借入条件（利率，返済条件等） 4．借入の実施時期，返済期限 5．担保提供資産又は保証の内容 6．その他重要な特約等がある場合にはその内容

4．子会社等に関する事象

①	子会社等援助のための多額な負担の発生	取締役会等の決議があったとき	1．その旨及び理由 2．援助する相手会社の名称 3．援助の内容（債権放棄，金利たな上げ，増資払込み，債務肩代り等），金額，及び実施時期 4．その他重要な事項がある場合にはその内容
②	重要な子会社等の株式の売却	合意成立又は事実の公表のとき	1．その旨及び理由 2．売却する相手会社の名称 3．売却の時期 4．当該子会社等の名称，事業内容及び会社との取引内容 5．売却する株式の数，売却価額，売却損益及び売却後の持分比率 6．その他重要な特約等がある場合にはその内容
③	重要な子会社等の設立	取締役会等の決議があったとき	1．その旨及び目的 2．設立する会社の名称，事業内容，規模 3．設立の時期 4．取得する株式の数，取得価額及び取得後の持分比率等 5．その他重要な事項がある場合にはその内容

268　第3章　計算関係書類

④	株式取得による会社等の買収	合意成立又は事実の公表のとき	1. その旨及び目的 2. 株式取得の相手会社の名称 3. 買収する会社の名称，事業内容，規模 4. 株式取得の時期 5. 取得する株式の数，取得価額及び取得後の持分比率 6. 取得価値額が多額な場合には，支払資金の調達及び支払方法 7. その他重要な特約等がある場合にはその内容
⑤	重要な子会社等の解散・倒産	取締役会等の決議があったとき又は解散・倒産の事実を認知したとき	1. その旨及び理由 2. 当該子会社等の名称，事業内容，持分比率等 3. 解散・倒産時期 4. 子会社等の状況，負債総額 5. 当該解散・倒産による会社の損失見込額 6. 当該解散・倒産が営業活動等へ及ぼす重要な影響

5. 会社の意思にかかわりなく蒙ることとなった損失に関する事象

①	火災，震災，出水等による重大な損害の発生	火災，震災，出水等による損害の発生を認知したとき	1. その旨 2. 被害の状況 3. 損害額 4. 復旧の見通し 5. 当該災害が営業活動等に及ぼす重要な影響 6. その他重要な事項がある場合にはその内容
②	外国における戦争の勃発等による重大な損害の発生	戦争の勃発等による損害の発生を認知したとき	1. その旨及び戦争の状況 2. 被害の状況 3. 損害額 4. 当該戦争が営業活動等に及ぼす重要な影響 5. その他重要な事項がある場合にはその内容

III 連結計算書類 269

③	不祥事等を起因とする信用失墜に伴う重大な損失の発生	不祥事等を起因とする信用失墜に伴う損失が生ずる可能性を認知したとき	1．その旨 2．信用失墜の状況 3．損失の程度 4．営業活動等に及ぼす重要な影響 5．その他重要な事項がある場合にはその内容

6．その他

①	重要な経営改善策又は計画の決定（デット・エクイティ・スワップを含む。）	取締役会等の決議があったとき	1．その旨 2．計画の内容 3．計画の実施時期 4．当該計画が営業活動等に及ぼす重要な影響 5．その他重要な事項がある場合にはその内容
②	重要な係争事件の発生又は解決	訴えが提起されたとき又は解決したとき	1．その旨 2．事件の内容，相手の名 3．損害賠償請求額，その他の要求の内容 4．事件に対する会社の意見 5．裁判又は交渉の進展状況 6．判決，和解，示談の成立等があった場合にはその内容 7．その他重要な事項がある場合にはその内容
③	重要な資産の担保提供	合意成立又は事実の公表のとき	1．その旨及び理由 2．担保提供の目的，提供期間 3．担保提供資産の種類及び簿価 4．その他重要な特約等がある場合にはその内容
④	投資に係る重要な事象（取得，売却等）	取締役会等の決議があったとき又は発生原因となる事実を認知したとき	1．その旨 2．その内容 3．損益に及ぼす重要な影響 4．その他重要な事項がある場合にはその内容

270　第3章　計算関係書類

　なお，企業結合や事業分離に関する重要な後発事象を注記する場合においては，企業結合会計基準や事業分離会計基準で求められている注記事項を参考に記載することになると考えられる。

〈「経団連ひな型」の記載例〉

（新株発行の決議）

　当社は，○年○月○日開催の当社取締役会において，○年○月○日を払込期日として，普通株式○○株を一般募集の方法によって発行することを決議しました。

　払込価額，払込価額中の資本に組み入れる額，その他の新株式発行に必要な一切の事項は，○年○月中旬開催の取締役会において決定する予定であります。

〈事例1〉　重要な合併の事例

川本産業（2024年3月期）

（重要な後発事象に関する注記）

（連結子会社の吸収合併）

　当社は，2024年5月8日開催の取締役会において，2024年6月30日を効力発生日として，当社100％出資の連結子会社であるニシキ株式会社を吸収合併することを決議し，同日付で合併契約を締結いたしました。

　1．取引の概要

　⑴　被結合企業の名称及びその事業の内容

　被結合企業の名称　ニシキ株式会社

　事業の内容　　　　介護用品，育児用品，衣料品等の製造販売及び仕入販売

　⑵　企業結合日（効力発生日）

　2024年6月30日

　⑶　企業結合の法的形式

　当社を存続会社，ニシキ株式会社を消滅会社とする吸収合併

　⑷　結合後企業の名称

　川本産業株式会社

Ⅲ　連結計算書類　271

(5)　その他取引の概要に関する事項

本合併は，より効率的なグループ経営を目的としており，統合後は，調達や生産，販売等において経営資源の有効活用や業務の効率化を図ってまいります。

2．実施する会計処理の概要

「企業結合に関する会計基準」（企業会計基準第21号 2019年1月16日）及び「企業結合会計基準及び事業分離等会計基準に関する適用指針」（企業会計基準適用指針第10号 2019年1月16日）に基づき，共通支配下の取引として処理する予定であります。

〈事例2〉　重要な会社分割の事例

スカパー JSAT ホールディングス（2024年3月期）

8．重要な後発事象に関する注記

（新設分割）

当社の連結子会社であるスカパー JSAT㈱は，2024年3月5日開催のスカパー JSAT㈱取締役会決議に基づき，2024年4月1日付で新設分割により㈱スカパー・ピクチャーズを設立し「グローバル IP 事業」（アニメを中心とした映像コンテンツの企画・製作投資・販売，及び周辺事業）に関する権利義務を承継させました。

⑴　目的

スカパー JSAT㈱は，2020年にメディア事業部門における次期主要戦略の一つとして有料放送プラットフォーム「スカパー！」の枠を超えてグローバルにビジネスを展開する「グローバル IP 事業」を立ち上げ，活動を続けて参りましたが，今後はアニメ製作の企画立ち上げや国内外への展開を目指し，伊藤忠商事㈱をパートナーとして当該事業を事業会社化するものであります。

⑵　会社分割の概要

272　第3章　計算関係書類

対象となった事業の内容	アニメを中心とした映像コンテンツの企画・製作投資・販売，及び周辺事業
会社分割の法的方式	スカパーJSAT㈱を分割会社とし，㈱スカパー・ピクチャーズを承継会社とする新設分割
新設会社の名称	㈱スカパー・ピクチャーズ
会社分割の時期	2024年4月1日
資本金等の額	20億円（資本金及び資本剰余金の額）
実施する会計処理の概要	「企業結合に関する会計基準」及び「企業結合会計基準及び事業分離等会計基準に関する適用指針」に基づき，共通支配下の取引として処理いたします。

〈事例3〉　重要な資産の譲渡の事例

レゾナック・ホールディングス（2023年12月期）

（重要な後発事象に関する注記）

1．固定資産の譲渡

　　当社は，2023年11月21日開催の取締役会において，当社が保有する固定資産を譲渡することを決議し，同日付で譲渡契約を締結し，2024年1月22日付で譲渡しております。

⑴　譲渡の理由

　　当社は，中長期的にROIC10％を達成することを経営目標に定めており，資産のスリム化を推進しております。その一環として，本社移転に伴い余剰となった旧本社の固定資産（遊休資産）を譲渡するものであります。今後も資本効率改善に努めてまいります。

⑵　譲渡資産の内容

　　資産の内容及び所在地：土地・地上権（計2,829.99㎡）・建物3棟，東京都港区芝大門1-13-9他

　　譲渡益：18,821百万円

Ⅲ 連結計算書類 273

※譲渡価額については，譲渡先の意向により開示を控えておりますが，市場価格を反映した公正妥当な価額となっております。

(3) 譲渡先の概要

譲渡先は譲渡先の意向により公表は控えております。なお，当社と譲渡先との間には，資本関係，人的関係，取引関係及び関連当事者として特記すべき事項はありません。

(4) 譲渡の日程

契約締結日　2023年11月21日

引渡日　　　2024年 1 月22日

(5) 当該事象の損益及び連結損益に与える影響額

当該固定資産譲渡に伴い，2024年12月期第 1 四半期連結会計期間において固定資産売却益として18,821百万円を特別利益に計上する予定でおります。

〈事例 4 〉　重要な新株の発行の事例

ソラコム（2024年 3 月期）

（重要な後発事象に関する注記）

　当社は，2024年 3 月26日に東京証券取引所グロース市場に株式を上場しました。上場にあたり，2024年 2 月20日，2024年 3 月 6 日及び2024年 3 月14日開催の取締役会において，オーバーアロットメントによる売出しに関連して，みずほ証券株式会社を割当先とする第三者割当による新株式の発行を決議し，2024年 4 月24日に払込が完了しました。

(1) 募集方法　　　　　　　　：第三者割当（オーバーアロットメントによる売出し）

(2) 発行する株式の種類及び数：普通株式 1,620,700株

(3) 割当価格　　　　　　　　：1 株につき 804.75円

(4) 割当価格の総額　　　　　：1,304,258,325円

(5) 増加した資本金の額　　　：増加した資本金の額 652,129,163円

　　増加した資本準備金　　　　増加した資本準備金の額 652,129,162円

274　第3章　計算関係書類

```
(6)　払込期日　　　　　　：2024年4月24日
(7)　割当先　　　　　　　：みずほ証券株式会社
(8)　資金の使途　　　　　：事業拡大のための人件費及び採用費，広告宣
　　　　　　　　　　　　　　伝・販売促進等のマーケティング投資及びIoT
　　　　　　　　　　　　　　プラットフォーム「SORACOM」の拡充のた
　　　　　　　　　　　　　　めの開発費に充当する予定であります。
```

〈事例5〉　重要な新株予約権の発行の事例

瑞光（2024年2月期）

```
②　第三者割当による第6回新株予約権の発行
　1. 第三者割当による行使価額修正条項付第6回新株予約権の発行
　　(1)　募集の概要
　　当社は，2024年2月26日開催の取締役会及び3月4日付の取締役会において
　決議いたしました第三者割当による第6回新株予約権（以下「本新株予約権」
　といいます。）の発行に関し，3月21日に本新株予約権に係る発行価額の総額
　（29,600,000円）の払込手続きが完了いたしました。
　　なお，募集の概要は以下のとおりです。
```

(1)	割当日	2024年3月21日
(2)	発行新株予約権数	40,000個
(3)	発行価額	総額　29,600,000円
(4)	当該発行による潜在株式数	4,000,000株（本新株予約権1個につき100株）本新株予約権については，下記「(6)行使価額及び行使価額の修正条件」に記載のとおり行使価額が修正される場合がありますが，上限行使価額はありません。下限行使価額は1,061円ですが，下限行使価額においても，本新株予約権に係る潜在株式数は4,000,000株です。
(5)	調達資金の額	6,399,100,000円（注）
(6)	行使価額及び行使価額の修正条件	当初行使価額　1,594円本新株予約権の行使価額は，本新株予約権の各行使

		請求の効力発生日の直前取引日の株式会社東京証券取引所における当社普通株式の普通取引の終値（同日に終値がない場合には，その直前の終値とします。）の91％に相当する金額に修正されます。但し，修正後の金額が下限行使価額を下回ることとなる場合には，下限行使価額を修正後の行使価額とします。下限行使価額は1,061円とします。
(7)	募集又は割当方法	第三者割当の方法によります。
(8)	割当先	モルガン・スタンレー MUFG 証券株式会社（以下「割当先」といいます。）
(9)	その他	当社は，割当先との間で，金融商品取引法に基づく届出の効力発生を条件として，本新株予約権に関する第三者割当契約（以下「本第三者割当契約」といいます。）を締結しております。本第三者割当契約において，割当先は，当社が本新株予約権の行使を許可した場合に限り，当該行使許可に示された60取引日を超えない特定の期間において，当該行使許可に示された数量の範囲内でのみ本新株予約権を行使できる旨定められております。 割当先は，本第三者割当契約の規定により，本新株予約権を第三者に譲渡する場合には，当社取締役会の承認を要します。

(注) 調達資金の額は，本新株予約権の発行価額の総額に本新株予約権の行使に際して出資される財産の価額の総額を合算した額から，本新株予約権の発行に係る諸費用の概算額を差し引いた金額です。なお，本新株予約権の行使に際して出資される財産の価額の総額は，当初行使価額で全ての本新株予約権が行使されたと仮定した場合の金額です。行使価額が修正又は調整された場合には，調達資金の額は増加又は減少する可能性があります。また，本新株予約権の行使期間内に全部若しくは一部の本新株予約権の行使が行われない場合又は当社が取得した本新株予約権を消却した場合には，調達資金の額は減少します。

276　第3章　計算関係書類

(2) 資金の使途

具体的な使途	金額（百万円）	支出予定時期
① Delta S.r.l. の持分取得及び第三者割当増資の引受	546	2024年3月〜2024年4月
② M&A，資本・業務提携	4,000	2024年3月〜2027年3月
③ 研究開発	1,853	2024年3月〜2027年3月
合計	6,399	—

〈事例6〉　重要な自己株式の取得の事例

イリソ電子工業（2024年3月期）

9．重要な後発事象に関する注記
　　（自己株式の取得）
　　当社は，2024年5月8日開催の取締役会において，会社法第165条第3項の規定により読み替えて適用される同法第156条の規定に基づき，自己株式を取得することを決議いたしました。

(1) 自己株式の取得を行う理由
　　資本効率の向上を図り，株主への一層の利益還元を行い，株主価値の向上を図るため。

(2) 取得に係る事項の内容
①取得する株式の種類：当社普通株式
②取得する株式の数　：1,200,000株（上限）
③株式取得価格の総額：3,600,000,000円（上限）
④自己株式取得の期間：2024年5月15日から2024年11月30日まで
⑤取得方法　　　　　：東京証券取引所における市場買付

III　連結計算書類　277

〈事例7〉　重要な自己株式の消却の事例

ヨータイ（2024年3月期）

---

10. 重要な後発事象に関する注記
　　（自己株式の消却）
　　　当社は，2024年4月19日開催の取締役会において，会社法第178条の規定に基づき，自己株式を消却することを決議いたしました。

　⑴　自己株式の消却を行う理由
　　　中長期的な株主価値の向上を図るためであります。

　⑵　消却に係る事項の内容
　　　①消却する株式の種類　　当社普通株式
　　　②消却する株式の数　　　1,070,000株
　　　③消却日　　　　　　　　2024年4月30日
　　　④消却後の発行済株式数　19,594,000株
　　　⑤消却後の自己株式数　　979,069株

〈事例8〉　重要な株式分割の事例

コスモス薬品（2024年5月期）

（重要な後発事象に関する注記）
　株式分割及び株式分割に伴う定款の一部変更
　　　当社は，2024年7月12日開催の取締役会において株式分割による新株式の発行及び株式分割に伴う定款の一部変更を行う旨の決議をしております。当該株式分割及び定款の一部変更の内容は下記のとおりであります。

　⑴　株式分割の目的
　　　当社株式の投資単位当たりの金額を引き下げ，当社株式の流通性の向上と投資家層の拡大を図ることを目的としております。
　⑵　株式分割の概要
　　　①　分割の方法

278　第3章　計算関係書類

　　　　2024年8月31日を基準日として，同日最終の株主名簿に記載又は登録された株主の所有する普通株式を1株につき2株の割合をもって分割いたします。

②　分割により増加する株式数

　　株式分割前の発行済株式総数　　　　40,000,800株
　　株式分割により増加する株式数　　　40,000,800株
　　株式分割後の発行済株式総数　　　　80,001,600株
　　株式分割後の発行可能株式総数　　238,400,000株

③　分割の日程

　　基準日公告日　　　　　　　　2024年8月16日
　　基準日　　　　　　　　　　　2024年8月31日
　　効力発生日　　　　　　　　　2024年9月1日

④　1株当たり情報に及ぼす影響

　　当連結会計年度の期首に当該株式分割が行われたと仮定した場合における1株当たり情報の各数値は，1株当たり純資産額2,920円13銭，1株当たり当期純利益308円61銭であります。

〈事例9〉　多額な社債の発行の事例

マルハニチロ（2024年3月期）

11．重要な後発事象に関する注記

（社債の発行）

　当社は，2024年3月25日に開催した取締役会の決議に基づき，2024年4月25日を払込期日とする第3回国内無担保普通社債を発行しております。

　その概要は次のとおりであります。

1．名称　　　　：マルハニチロ株式会社　第3回無担保社債（社債間限定同順位特約付）
2．社債総額　　：金15,000百万円
3．発行価格　　：各社債の金額100円につき金100円
4．利率　　　　：年0.951％
5．償還期限　　：2029年4月25日

Ⅲ　連結計算書類　279

6．払込期日　　：2024年4月25日
7．償還方法　　：満期償還（但し，払込期日の翌日以降いつでも買入消却できる）
8．担保　　　　：本社債には担保及び保証は付されておらず，また本社債のため
　　　　　　　　　に特に留保されている資産はない。
9．資金使途　　：借入金返済資金

〈事例10〉　株式取得による重要な買収の事例

リゾートトラスト（2024年3月期）

重要な後発事象に関する注記
（取得による企業結合）
　当社は，2024年4月16日開催の取締役会において，大浜リゾート開発株式会社
の株式を取得して子会社化することを決議しました。また，2024年4月25日付で
株式を取得したことにより子会社化しました。
(1)　企業結合の概要
　①　被取得企業の名称及びその事業の内容
　　　被取得企業の名称　大浜リゾート開発株式会社
　　　事業の内容　　　　ゴルフ場の経営
　②　企業結合を行った主な理由
　　　会員制ホテル用地としてゴルフ場の一部土地を取得しておりましたが，ゴ
　　　ルフ場の運営会社を取得してホテルとゴルフ場の一体経営をするため。
　③　企業結合日
　　　2024年4月25日（株式取得日）
　④　企業結合の法的形式
　　　現金を対価とした株式取得
　⑤　結合後企業の名称
　　　大浜リゾート開発株式会社
　⑥　取得した議決権比率
　　　93.7%
　⑦　取得企業を決定するに至った主な根拠
　　　当社が現金を対価として株式を取得したためであります。
(2)　被取得企業の取得原価及び対価の種類ごとの内訳

280　第3章　計算関係書類

取得の対価	現金	222百万円
取得原価		222百万円

(14)　収益認識に関する注記

　顧客との契約に基づく義務の履行の状況に応じて当該契約から生ずる収益を認識する場合，重要性が乏しいものを除き，以下の項目を収益認識に関する注記として注記する（会計規115の2Ⅰ）。なお，以下の項目が重要な会計方針に係る事項として注記すべき内容と同一であるときは当該項目の記載を要しない（会計規115の2Ⅱ）とされていることから，(ii)の注記については記載を省略している事例がみられる。

- (i)　当年度に認識した収益を，収益およびキャッシュ・フローの性質，金額，時期および不確実性に影響を及ぼす主要な要因に基づいて区分をした場合における当該区分ごとの収益の額その他の事項（収益の分解情報）
- (ii)　収益を理解するための基礎となる情報
- (iii)　当年度および翌年度以降の収益の金額を理解するための情報

①　収益の分解情報

　会社計算規則115条の2第1項1号は，「当該事業年度に認識した収益を，収益及びキャッシュ・フローの性質，金額，時期及び不確実性に影響を及ぼす主要な要因に基づいて区分をした場合における当該区分ごとの収益の額その他の事項」を注記することを定めているが，当該項目は会社法444条3項の規定により連結計算書類の作成が義務付けられている株式会社以外の株式会社にあっては，省略することが認められている（会計規115の2Ⅰただし書）。

　「本章Ⅰ4(16)」に記載したとおり，会社計算規則においては，「収益認識に関する注記」が概括的に規定されており，各株式会社の実情に応じて必要な限度での開示を行うことになる。

　本注記が求められる株式会社においては有価証券報告書での開示を見据え，収益の分解情報の記載内容を検討することが考えられる。

　収益を分解する程度については，企業の実態に即した事実および状況に応じ

て決定する。その結果，複数の区分に分解する必要がある企業もあれば，単一の区分のみで足りる企業もある（収益認識適用指針106-3項）。

収益の分解に用いる区分を検討する際に，次のような情報において，企業の収益に関する情報が他の目的でどのように開示されているのかを考慮する（収益認識適用指針106-4項）。

(1) 財務諸表外で開示している情報（たとえば，決算発表資料，年次報告書，投資家向けの説明資料）
(2) 最高経営意思決定機関が事業セグメントに関する業績評価を行うために定期的に検討している情報
(3) 他の情報のうち，上記(1)および(2)で識別された情報に類似し，企業または企業の財務諸表利用者が，企業の資源配分の意思決定または業績評価を行うために使用する情報

また，収益認識適用指針106-5項では，収益を分解するための区分の例として次のものが挙げられている。

(1) 財またはサービスの種類（たとえば，主要な製品ライン）
(2) 地理的区分（たとえば，国または地域）
(3) 市場または顧客の種類（たとえば，政府と政府以外の顧客）
(4) 契約の種類（たとえば，固定価格と実費精算契約）
(5) 契約期間（たとえば，短期契約と長期契約）
(6) 財またはサービスの移転の時期（たとえば，一時点で顧客に移転される財またはサービスから生じる収益と一定の期間にわたり移転される財またはサービスから生じる収益）
(7) 販売経路（たとえば，消費者に直接販売される財と仲介業者を通じて販売される財）

なお，計算書類および連結計算書類においてはセグメント情報等の開示は要求されていないものの，有価証券報告書においては，収益の分解情報と，セグメント情報等会計基準に従って各報告セグメントについて開示する売上高との間の関係を財務諸表利用者が理解できるようにするための十分な情報を注記す

282　第3章　計算関係書類

る（収益認識会計基準80-11項）こととされている点に注意が必要である。

〈事例〉　財またはサービスの種類および地理的区分で収益を分解している事例

三菱製鋼（2024年3月期）

（収益認識に関する注記）

　1．顧客との契約から生じる収益の分解情報

（単位：百万円）

区分	報告セグメント					その他	合計
	特殊鋼鋼材	ばね	素形材	機器装置	計		
売上高							
日本	57,596	24,486	4,299	8,716	95,098	1,505	96,604
北米	216	32,052	376	235	32,879	—	32,879
アジア	21,154	9,385	3,516	247	34,303	—	34,303
欧州	—	4,575	1,024	500	6,100	—	6,100
その他	3	40	12	—	56	—	56
顧客との契約から生じる収益	78,969	70,540	9,228	9,700	168,438	1,505	169,943
外部顧客への売上高	78,969	70,540	9,228	9,700	168,438	1,505	169,943

（注）　「その他」の区分は，報告セグメントに含まれない事業セグメントであり，
　　　流通及びサービス事業等を含んでおります。

②　収益を理解するための基礎となる情報

　当該項目は，重要な会計方針に係る事項に関する注記により注記すべき事項
（本章Ⅲ4(2)③(d)参照）と同一であるときは，当該事項の注記を要しない（会計
規115の2Ⅱ）。

　詳細は「本章Ⅰ4(16)(ii)」を参照されたい。

Ⅲ　連結計算書類　283

〈事例〉　重要な会計方針に係る事項を参照せず，注記を行っている事例

ブラス（2024年7月期）

---

(2)　顧客との契約から生じる収益を理解するための基礎となる情報

　　当社グループは，主として国内の顧客に対してウエディング事業を行っており，顧客との契約に基づき挙式の施行及びそれに付随する商品及びサービスの提供を行う義務を負っております。その対価には変動対価に該当するものはなく，商品及びサービスに関する保証等の義務もありません。

　　取引価格は，契約により定める商品及び役務の対価の額に基づいており，各商品及び役務ごとに定められている独立の価格を基に算出しております。

　　通常，挙式に関する対価は挙式日前に前受金として受領しておりますが，挙式日後の受領に関しても，受注後概ね1ヶ月以内に受領しており，当該顧客との契約に基づく債権について，重要な金融要素は含まれておりません。

　　履行義務の充足時点については，基本的に挙式日の時点としております。これは挙式の施行により，商品の引き渡し及びサービスの提供が完了し，顧客から取引対価の支払を受ける権利を得ていると判断しているためであります。但し，映像商品やアルバムなど一部の商品については納品が挙式日後となることから，納品の時において充足するとしております。

---

③　当年度および翌年度以降の収益の金額を理解するための情報

　当該項目は会社法444条3項の規定により連結計算書類の作成が義務付けられている株式会社以外の株式会社にあっては，省略することが認められている（会計規115の2Ⅰただし書）。

　「本章Ⅰ4⒃」に記載したとおり，会社計算規則においては，「収益認識に関する注記」が概括的に規定されており，各株式会社の実情に応じて必要な限度での開示を行うことになる。

　収益認識会計基準80-20項では，履行義務の充足とキャッシュ・フローの関係を理解できるよう，契約資産および契約負債の残高等に関する情報として，次の事項を注記することとされている。

---

(1)　顧客との契約から生じた債権，契約資産および契約負債の期首残高および期末残高（区分して表示していない場合）

284　第3章　計算関係書類

(2)　当期に認識した収益の額のうち期首現在の契約負債残高に含まれていた額
(3)　当期中の契約資産および契約負債の残高の重要な変動がある場合のその内容
(4)　履行義務の充足の時期が通常の支払時期にどのように関連するのかならびに
それらの要因が契約資産および契約負債の残高に与える影響の説明
　また，過去の期間に充足（または部分的に充足）した履行義務から，当期に認
識した収益（たとえば，取引価格の変動）がある場合には，当該金額を注記する。

　また，収益認識会計基準80-21項では，履行義務の充足とキャッシュ・フロー
の関係を理解できるよう，残存履行義務に配分した取引価格に関する情報とし
て，次の事項を注記することとされている。

(1)　当期末時点で未充足（または部分的に未充足）の履行義務に配分した取引価
格の総額
(2)　(1)に従って注記した金額を，企業がいつ収益として認識すると見込んでいる
のか，次のいずれかの方法により注記する。
　①　残存履行義務の残存期間に最も適した期間による定量的情報を使用した方法
　②　定性的情報を使用した方法

　なお，次のいずれかの条件に該当する場合には，収益認識会計基準80-21項
の注記に含めないことができるとする，実務上の便法が認められている（収益
認識会計基準80-22項）。

(1)　履行義務が，当初に予想される契約期間が1年以内の契約の一部である。
(2)　履行義務の充足から生じる収益を収益認識適用指針19項[※]に従って認識し
ている。
(3)　次のいずれかの条件を満たす変動対価である。
　①　売上高または使用量に基づくロイヤルティ
　②　収益認識会計基準72項の要件に従って，完全に未充足の履行義務（あるい
は収益認識会計基準32項(2)に従って識別された単一の履行義務に含まれる1
つの別個の財またはサービスのうち，完全に未充足の財またはサービス）に
配分される変動対価

（※）収益認識適用指針19項においては，履行義務の充足に係る進捗度としてアウトプット

Ⅲ　連結計算書類　285

法による場合について，「提供したサービスの時間に基づき固定額を請求する契約等，現在までに企業の履行が完了した部分に対する顧客にとっての価値に直接対応する対価の額を顧客から受け取る権利を有している場合には，請求する権利を有している金額で収益を認識することができる。」と定められている。

当該実務上の便法を適用し，収益認識会計基準80-21項の注記に含めていないものがある場合には，収益認識会計基準80-22項のいずれの条件に該当しているか，および80-21項の注記に含めていない履行義務の内容を注記する。

前段の定めに加え，収益認識会計基準80-22項(3)のいずれかの条件に該当するため，収益認識会計基準80-21項の注記に含めていないものがある場合には，次の事項を注記する（収益認識会計基準80-24項）。

---

(1)　残存する契約期間
(2)　収益認識会計基準80-21項の注記に含めていない変動対価の概要（たとえば，変動対価の内容およびその変動性がどのように解消されるのか）

また，顧客との契約から受け取る対価の額に，取引価格に含まれない変動対価の額等，取引価格に含まれず，結果として収益認識会計基準80-21項の注記に含めていないものがある場合には，その旨を注記する（収益認識会計基準80-23項）。

〈事例〉　実務上の便法（収益認識会計基準80-22項(1)）を適用している事例

日本道路（2024年3月期）

(3)　当期及び翌期以降の収益の金額を理解するための情報
　　①　契約資産及び契約負債の残高等

	当連結会計年度
顧客との契約から生じた債権（期首残高）	26,780百万円
顧客との契約から生じた債権（期末残高）	28,837
契約資産（期首残高）	20,422
契約資産（期末残高）	17,865

契約負債（期首残高）	1,489
契約負債（期末残高）	1,347

　当連結会計年度に認識した収益の額のうち期首現在の契約負債残高に含まれていた額は1,443百万円であります。

②　過去の期間に充足した履行義務から認識した収益額

　過去の期間に充足（又は部分的に充足）した履行義務から，当連結会計年度に認識した収益の総額は519百万円であります。

③　残存履行義務に配分した取引価格

　残存履行義務に配分した取引価格の総額は78,729百万円であり，概ね1年以内に収益の認識を見込んでおります。

　なお，当社グループでは，残存履行義務に配分した取引価格は，舗装，土木，建築工事，その他建設工事全般の工事請負契約のうち，期末時点で収益未計上分でありますが，当初に予想される契約期間が3ヶ月以内の契約については注記の対象に含めておりません。

(15)　その他の注記

　上記の注記のほか，連結貸借対照表，連結損益計算書および連結株主資本等変動計算書等により企業集団の財産または損益の状態を正確に判断するために必要な事項について記載する（会計規116）。会計基準で注記が要求されている事項その他の事項について，該当するかどうかを検討する。

　その他の注記は，財務諸表等規則8条の5および連結財務諸表規則15条に規定する追加情報の注記と同様の趣旨の規定であると解される（監査・保証実務指針77号19項）。金融商品取引法と会社法では財務諸表の開示目的，体系の面で必ずしも同一ではないため，金融商品取引法に基づいて作成される財務諸表等では規則等で注記が義務づけられているが，会社法上は会社計算規則では明記されていないものがある。しかし，会社計算規則で明記されていないものであっても，計算書類または連結計算書類の利用者が会社または企業集団の財産または損益の状況に関する適正な判断を行うために必要と認められるもの（会計基準等が要求している注記事項，規則等が求めている注記事項を含む）については，会社計算規則116条に規定する注記が必要と考えられる。

Ⅲ　連結計算書類　287

　監査・保証実務指針77号の「Ⅲ　追加情報の分類」では，注記すべき追加情報として，以下のものが挙げられている。
(i)　会計方針の記載に併せて注記すべき追加情報
　　　会計処理の対象となる新たな事実の発生に伴い新たな会計処理を採用した場合
　　　(例)新たに開始した倉庫業に係る流通倉庫の減価償却方法について，既存事業の有形固定資産の減価償却方法とは異なる方法の採用
(ii)　財務諸表等の特定の科目との関連を明らかにして注記すべき追加情報
　(イ)　資産の使用・運用状況等について特に説明を要する場合
　　　(例)重要な遊休または一時休止の固定資産
　(ロ)　特殊な勘定科目等（一般的には使用頻度の少ない特殊な勘定科目）に関して，その内容について特に説明を要する場合
　　　(例)● 損益計算書における特別損益科目の説明
　　　　　● 業種特有の科目の説明
　(ハ)　会計基準等で注記を求めている事項(規則等で規定しているものは除く)
　　　(例)● 企業会計基準委員会による会計基準等による注記事項
　　　　　● 監査・保証実務指針61号「債務保証及び保証類似行為の会計処理及び表示に関する監査上の取扱い」による注記事項
　　　　　● 移管指針9号「金融商品会計に関する実務指針」による注記事項
　　　　　● 監査・保証報告69号「販売用不動産等の評価に関する監査上の取扱い」による注記事項
　　　　　● 監査第一委員会報告43号「圧縮記帳に関する監査上の取扱い」による注記事項
(iii)　その他
　(イ)　期間比較上説明を要する事項
　　　(例)● 期末日が休日のため，財政状態が通常の期末日の状況と異なる場合
　　　　　● 新規事業の開始，取引形態の変更
　(ロ)　後発事象に該当しないが説明を要する事項
　　　(例)● 新株式の発行について，当該事業年度中に取締役会の承認決議は

288　第3章　計算関係書類

あったが，いまだ払込期日が到来していない場合
- 過年度に後発事象として開示した事項で，開示した内容を更改または補正し，あるいは経過等を引き続き開示する場合

　上記で例示した事項は，その他の注記として記載すべき追加情報を網羅的に示したものではない。たとえば，借入金や社債等に付された財務制限条項が計算書類または連結計算書類に重要な影響を及ぼすと認められる場合など，計算書類または連結計算書類の利用者が会社または企業集団の財産または損益の状態を正確に判断するために必要な事項は，その他の注記として記載しなければならない。

〈「経団連ひな型」の記載例〉

その他の注記

　　［記載例］
　　……………

（記載上の注意）
(1)　上記の連結注記表に記載すべき事項のほか，連結貸借対照表，連結損益計算書及び連結株主資本等変動計算書により企業集団の財産または損益の状態を正確に判断するために必要な事項を記載する。
(2)　例えば，以下のような会計基準で注記すべきとされている事項や有価証券報告書提出会社が有価証券報告書で開示する事項について，重要性を勘案のうえ，記載することができる。
　　①　退職給付に関する注記
　　②　減損損失に関する注記
　　③　企業結合・事業分離に関する注記
　　④　資産除去債務に関する注記
　　⑤　その他追加情報の注記

　上記のほか，連結固有の追加情報として，以下のようなものが挙げられる（監査・保証実務指針77号12項）。
- 連結決算手続上，親子会社間の会計処理の統一を図るために，親会社の個

Ⅲ　連結計算書類　289

　別財務諸表の会計処理を連結財務諸表上修正している場合
以下に一般的な事例を紹介する。

①　退職給付に関する注記

〈事例〉　退職給付に関する注記をしている事例

森永製菓（2024年3月期）

（退職給付会計に関する注記）

１．採用している退職給付制度の概要

　当社及び連結子会社（一部を除く）は，従業員の退職給付に充てるため，積立型，非積立型の確定給付制度を採用しております。また，当社は確定給付企業年金制度として市場金利連動型のキャッシュ・バランス・プランを導入しております。

　確定給付企業年金制度には，退職給付信託が設定されております。退職一時金制度（非積立型制度でありますが，退職給付信託を設定した結果，積立型制度となっているものがあります。）では，退職給付として，給与と勤務期間に基づいた一時金を支給しております。

　なお，連結子会社（一部を除く）が有する退職一時金制度は，簡便法により退職給付に係る負債及び退職給付費用を計算しております。

２．確定給付制度

（1）退職給付債務の期首残高と期末残高の調整表（簡便法を適用した制度を除く。）

退職給付債務の期首残高	18,280百万円
勤務費用	840百万円
利息費用	156百万円
数理計算上の差異の発生額	△26百万円
退職給付の支払額	△756百万円
その他	21百万円
退職給付債務の期末残高	18,515百万円

（2）年金資産の期首残高と期末残高の調整表（簡便法を適用した制度を除く。）

290　第3章　計算関係書類

年金資産の期首残高	20,633百万円
期待運用収益	309百万円
数理計算上の差異の発生額	2,769百万円
事業主からの拠出額	640百万円
退職給付の支払額	△303百万円
その他	20百万円
年金資産の期末残高	24,070百万円

(3)　簡便法を適用した制度の，退職給付に係る負債の期首残高と期末残高の調整表

退職給付に係る負債の期首残高	1,387百万円
退職給付費用	141百万円
退職給付の支払額	△61百万円
退職給付に係る負債の期末残高	1,467百万円

(4)　退職給付債務及び年金資産の期末残高と連結貸借対照表に計上された退職給付に係る負債及び退職給付に係る資産の調整表

積立型制度の退職給付債務	18,515百万円
年金資産	△24,070百万円
	△5,554百万円
非積立型制度の退職給付債務	1,467百万円
連結貸借対照表に計上された負債と資産の純額	△4,086百万円
退職給付に係る負債	2,677百万円
退職給付に係る資産	△6,764百万円
連結貸借対照表に計上された負債と資産の純額	△4,086百万円

（注）簡便法を適用した制度を含めております。

(5)　退職給付費用及びその内訳項目の金額

勤務費用	840百万円
利息費用	156百万円
期待運用収益	△309百万円

数理計算上の差異の費用処理額	△331百万円
簡便法で計算した退職給付費用	141百万円
確定給付制度に係る退職給付費用	497百万円

(6) 退職給付に係る調整額

　　退職給付に係る調整額に計上した項目（税効果控除前）の内訳は次のとおりであります。

数理計算上の差異	2,464百万円

(7) 退職給付に係る調整累計額

　　退職給付に係る調整累計額に計上した項目（税効果控除前）の内訳は次のとおりであります。

末認識数理計算上の差異	△4,791百万円

(8) 年金資産に関する事項

　①年金資産の主な内訳

　　年金資産合計に対する主な分類ごとの比率は，次のとおりであります。

国内債券	7.5%
国内株式	35.5%
外国債券	2.5%
外国株式	5.5%
現金及び預金	2.3%
保険資産（一般勘定）	12.9%
投資信託受益証券	22.4%
その他	11.4%
合計	100.0%

（注）年金資産合計には，退職給付信託が58.1％含まれております。

　②長期期待運用収益率の設定方法

　　年金資産の長期期待運用収益率を決定するため，現在及び予想される年金資産の配分と，年金資産を構成する多様な資産からの現在及び将来期待される長期の収益率を考慮しております。

292 第3章 計算関係書類

(9) 数理計算上の計算基礎に関する事項

当連結会計年度末における主要な数理計算上の計算基礎（加重平均で表しております。）

割引率	0.8%~0.9%
長期期待運用収益率	1.5%

なお，当社はポイント制を採用しているため，退職給付債務の算定に際して予想昇給率を使用しておりません。

② 減損損失に関する注記

〈事例〉 減損損失に関する注記をしている事例

大王製紙（2024年3月期）

13. 減損損失に関する注記

当連結会計年度において，当社グループは主に以下の資産グループについて減損損失を計上しました。

場所	用途	種類	金額 （百万円）
中華人民共和国江蘇省南通市	事業用資産	機械装置及び運搬具他	1,306
新潟県長岡市他	遊休資産	建物及び構築物，土地	5

当社グループは管理会計上で継続的に収支を把握している事業単位にてグルーピングを行っております。なお，事業の用に直接供していない資産（遊休資産，賃貸資産及びその他の資産）については個別物件ごとにグルーピングを行っております。

中華人民共和国江蘇省南通市の事業用資産については，同国経済の低迷や出生人口の減少といった事業環境の悪化に加え，生活者の購買動向や市場形態の変化への対応が遅れたことで収益性が低下したことから，帳簿価額を回収可能価額まで減額しております。事業用資産の回収可能価額は，正味売却価額と使用価値のいずれか高い方の金額をもって測定しており，当該事業用資産の回収可能価額は使用価値によって測定しております。なお，使用価値については将来キャッシュ・フローを9.51％で割り引いて算定しております。

遊休資産については，帳簿価額を回収可能価額まで減額しており，その内訳

Ⅲ　連結計算書類　293

は，建物及び構築物3百万円，土地2百万円です。なお，遊休資産の回収可能
価額は正味売却価額によって測定しており，主に売却見込額で評価しておりま
す。

③　企業結合・事業分離に関する注記

〈事例1〉　取得による企業結合の事例

森下仁丹（2024年3月期）

企業結合に関する注記

　取得による企業結合

1．企業結合の概要

（1）被取得企業の名称及びその事業の内容

　　　　被取得企業の名称　株式会社MJ滋賀

　　　　事業の内容　　　　医薬品・健康食品製造業

（2）企業結合を行った主な理由

　　　MJ滋賀はワダカルシウム製薬の製造部門として創業来100年以上にわ
　　たって積み重ねてきた錠剤医薬品製造のノウハウ，そしてGMP適合医薬
　　品製造所として混合，造粒・乾燥，打錠，充填，包装，検査の一貫製造を
　　行ってきた豊かな経験と高い技術を有しております。当社グループにMJ
　　滋賀が加わることにより，食品，医薬品製造にかかる品質管理面，生産能
　　力面において当社グループの持続的な成長および企業価値最大化に資する
　　と判断し，全株式を取得して子会社化することといたしました。

（3）企業結合日

　　　2023年12月1日

（4）企業結合の法的形式

　　　現金を対価とする株式取得

（5）結合後企業の名称

　　　株式会社MJ滋賀

（6）取得した議決権比率

　　　100％

（7）取得企業を決定するに至った主な根拠

　　　当社が現金を対価として株式を取得することによるものです。

294　第3章　計算関係書類

2．連結計算書類に含まれる被取得企業の業績の期間

2024年1月1日から2024年3月31日まで

3．被取得企業の取得原価及び対価の種類ごとの内訳

取得の対価	現金	500百万円
取得原価		500

4．主要な取得関連費用の内容及び金額

アドバイザリー費用等　23百万円

5．発生した負ののれん発生益の金額及び発生原因

(1)　発生した負ののれん発生益の金額

5百万円

(2)　発生原因

企業結合時における時価純資産が取得原価を上回ったため，その差額を負ののれん発生益として処理しております。

6．企業結合日に受け入れた資産及び引き受けた負債の額並びにその主な内訳

流動資産	29百万円
固定資産	588
資産合計	618百万円
流動負債	36百万円
固定負債	77
負債合計	113百万円

（備考）百万円未満の単数は切り捨てて表示しております。

〈事例2〉　取得による企業結合の事例（追加取得）

ウィザス（2024年3月期）

2．企業結合等関係

共通支配下の取引等

（子会社株式の追加取得）

1．取引の概要

⑴　結合当事企業の名称及びその事業の内容

　　結合当事企業の名称　　株式会社テラス1

　　事業の内容　　幼児，児童，学生，社会人を対象とした学力増進及び能力開発講座の経営並びにこれに関するノウハウの販売及び業務受託等

⑵　企業結合日

　　2023年10月31日（みなし取得日2023年10月1日）

⑶　企業結合の法的形式

　　非支配株主からの株式取得

⑷　結合後企業の名称

　　変更ありません。

⑸　その他取引の概要に関する事項

　　追加取得した株式の議決権比率は22.6％であり，当該取引により当社の株式会社テラス1に対する議決権比率は100.0％となりました。当該追加取得は，組織再編による経営基盤の強化を目的としております。

2．実施した会計処理の概要

　　「企業結合に関する会計基準」（企業会計基準第21号　2019年1月16日）及び「企業結合会計基準及び事業分離等会計基準に関する適用指針」（企業会計基準適用指針第10号　2019年1月16日）に基づき，共通支配下の取引等のうち，非支配株主との取引として処理しております。

3．子会社株式の追加取得に関する事項

　　被取得企業の取得原価及び対価の種類ごとの内訳

　　取得の対価　　現金及び預金　　580,368千円

　　取得原価　　　　　　　　　　　580,386千円

4．非支配株主との取引に係る当社の持分変動に関する事項

⑴　資本剰余金（利益剰余金含む）の主な変動要因

　　子会社株式の追加取得

⑵　非支配株主との取引によって減少した資本剰余金の金額

　　資本剰余金　　236,115千円

296 第3章 計算関係書類

〈事例3〉 企業結合に係る暫定的な会計処理の確定の事例

メディパルホールディングス（2024年3月期）

（企業結合に係る暫定的な会計処理の確定）

　2023年3月31日に行われた住友ファーマフード＆ケミカル株式会社（現ＭＰ五協フード＆ケミカル株式会社）との企業結合について前連結会計年度は暫定的な会計処理を行っておりましたが，当連結会計年度に確定いたしました。

　この暫定的な会計処理の確定に伴い，取得原価の当初配分額に重要な見直しが行われており，前連結会計年度末の連結貸借対照表で暫定的に算定されたのれんの金額24,677百万円は，会計処理の確定により13,126百万円減少し，11,551百万円となっております。のれんの金額の減少は，無形固定資産である顧客関連資産が18,914百万円，繰延税金負債が5,787百万円それぞれ増加したことによるものです。

　なお，のれん及びのれん以外の無形固定資産に配分された顧客関連資産は効果の及ぶ期間（いずれも15年）で均等償却しています。

〈事例4〉 事業分離の事例

SBテクノロジー（2024年3月期）

（企業結合等関係）

　（事業分離）

　　当社は，2023年7月19日付の取締役会決議によって，当社の連結子会社であるフォントワークス㈱の全株式（以下「当該株式」）をMonotype㈱に譲渡すること，及びフォントワークス㈱の事業に係る無形固定資産（以下「当該無形固定資産」）をMonotype Imaging Inc.に譲渡することについて決議し，2023年9月1日に実行いたしました。これによりフォントワークス㈱を2023年9月30日に当社の連結子会社から除外しております。

　(1)　事業分離の概要

　　①　分離先企業の名称

　　　Monotype㈱

　　　Monotype Imaging Inc.

② 分離事業の内容

デジタルフォント（書体）の企画・開発・販売及びソフトウエアの開発，テクニカルサービス，OEM 等

③ 事業分離を行った主な理由

当社グループは「大きく成長する」ことを経営方針に掲げ，2013年6月に，デジタルフォント（書体）の企画・開発・販売及びソフトウエアの開発，テクニカルサービス，OEM 等の提供を行うフォントワークス㈱を連結子会社化しました。フォントワークス㈱は当社グループの EC 領域の事業拡大に貢献してまいりましたが，デジタルフォント事業や EC 領域における当社とのシナジーによる事業成長は一巡し，また当社グループの戦略は「クラウド・セキュリティへの注力」へシフトしております。このような状況の中，フォントワークス㈱の更なる成長とグローバル展開も含めた事業シナジーを追求できる環境として，Monotype Imaging Inc. 及び Monotype㈱の下での事業運営が双方にとって有益であると判断し，合意したものであります。

④ 事業分離日

2023年9月1日（みなし売却日　2023年9月30日）

⑤ 法的形式を含むその他取引の概要に関する事項

受取対価を現金及び未収入金とする株式及び無形固定資産譲渡

(2) 実施した会計処理の概要

① 移転損益の金額

事業分離における移転利益　6,600百万円

② 移転した事業に係る資産及び負債の適正な帳簿価額並びにその主な内訳

流動資産	817百万円
固定資産	814百万円
資産合計	1,631百万円

298　第3章　計算関係書類

流動負債	1,161百万円
固定負債	127百万円
負債合計	1,288百万円

　③　会計処理

　　　当該株式及び当該無形固定資産の連結上の帳簿価額と譲渡価額との差額
　を「事業分離における移転利益」として特別利益に計上しております。

　⑶　分離した事業が含まれていた報告セグメント

　　　当社グループは単一セグメントであり，ICT サービス事業に含まれてお
　ります。

　⑷　当連結会計年度の連結損益計算書に計上されている分離した事業に係る損
　益の概算額

売上高	1,091百万円
営業利益	355百万円

　　（注）　取得原価配分によって識別したのれん及び顧客関連資産の償却費を含
　　　んでおります。

④　資産除去債務に関する注記

　資産除去債務会計基準では，重要性が乏しい場合を除き，以下の注記が求め
られている（資産除去債務会計基準16項）。

　⒤　資産除去債務の内容についての簡潔な説明

　⒤⒤　支出発生までの見込期間，適用した割引率等の前提条件

　⒤⒤⒤　資産除去債務の総額の期中における増減内容

　⒤ⅴ　資産除去債務の見積りを変更したときは，その変更の概要および影響額

　ⅴ　資産除去債務は発生しているが，その債務を合理的に見積ることができ
　　　ないため，貸借対照表に資産除去債務を計上していない場合には，当該資
　　　産除去債務の概要，合理的に見積ることができない旨およびその理由

　また，資産除去債務適用指針において注記例が示されており，注記する場合
に参考とすることが考えられる。

〈事例〉 資産除去債務に関する注記をしている事例

AOKI ホールディングス（2024年 3 月期）

8．資産除去債務に関する注記

資産除去債務のうち連結貸借対照表に計上しているもの

(1) 当該資産除去債務の概要

店舗等の建物の不動産賃貸借契約に伴う原状回復義務等です。

(2) 当該資産除去債務の金額の算定方法

使用見込期間を取得から20年又は契約期間と見積り，割引率は0.0％から1.5％を使用して資産除去債務の金額を算定しております。

(3) 当連結会計年度における当該資産除去債務の総額の増減

期首残高	8,029百万円
有形固定資産の取得に伴う増加額	192 〃
見積りの変更による増加額	353 〃
時の経過による調整額	69 〃
資産除去債務の履行による減少額	△253 〃
連結除外に伴う減少額	△12 〃
期末残高	8,379百万円

⑤ 圧縮記帳

固定資産の圧縮記帳について，会社計算規則では特に規定されていないが，監査第一委員会報告43号に基づき，収用等により資産を譲渡した後，新たに取得した資産が譲渡した資産と同一種類，同一用途である等，取得資産の価額として譲渡資産の帳簿価額を付すことが適当と認められる場合，譲渡益相当額をその取得価額から控除することも，当面の間，監査上妥当なものとして取り扱われる。この場合には，取得資産について，圧縮記帳を行った旨および圧縮額の注記が必要である（監査第一委員会報告43号 Ⅲ 5）。

また，国庫補助金，工事負担金等により取得した固定資産について，国庫補助金，工事負担金等に相当する金額をその取得価額から控除した場合にも，監査上妥当なものとして扱われる。この場合には，企業会計原則注解（注24）に基づき，注記することとなる。

300　第3章　計算関係書類

〈事例〉　国庫補助金等により取得した固定資産の圧縮記帳について記載している
　　　　事例

岩谷産業（2024年3月期）

3．圧縮記帳額

　　　国庫補助金等による圧縮記帳額は7,998百万円であり，連結貸借対照表計
　　上額はこの圧縮記帳額を控除しております。なお，内訳は次のとおりです。

建物及び構築物	824百万円
貯蔵設備	424 〃
機械装置及び運搬具	6,401 〃
工具，器具及び備品	86 〃
土地	68 〃
ソフトウエア（無形固定資産「その他」）	7 〃
借地権（無形固定資産「その他」）	185 〃
合計	7,998百万円

---

⑥　その他

〈事例1〉　期末日が休日の場合の手形の処理について記載している事例①

小森コーポレーション（2024年3月期）

4．期末日満期手形等の会計処理については，手形交換日をもって決済処理して
　　おります。なお，連結会計年度末日が金融機関の休日であったため，次の期
　　末日満期手形等が，期末残高に含まれております。

受取手形	27百万円
電子記録債権	116
支払手形	342
電子記録債務	521

Ⅲ　連結計算書類　301

〈事例2〉　期末日が休日の場合の手形の処理について記載している事例②

ナカバヤシ（2024年3月期）

3．期末日満期手形等

　　期末日手形等の会計処理については，満期日に決済が行われたものとして処理しております。なお，連結会計年度末日が金融機関休業日であるため，次の期末日満期手形等は満期日に交換が行われたものとみなして処理しております。

受取手形	80百万円
流動資産の「その他」（電子記録債権）	73百万円
支払手形	20百万円
流動負債の「その他」（電子記録債務）	496百万円

〈事例3〉　棚卸資産と工事損失引当金の表示について記載している事例

古河機械金属（2024年3月期）

4-7　棚卸資産及び工事損失引当金の表示

　　損失が見込まれる工事契約に係る仕掛品は，これに対応する工事損失引当金1,093百万円を相殺表示しております。

〈事例4〉　財務制限条項について記載している事例

エノモト（2024年3月期）

⑷　財務維持要件

　　2021年3月30日に締結した当社のシンジケートローン契約（当連結会計年度末残高　長期借入金996,000千円，1年内返済予定の長期借入金182,000千円）については，財務制限条項が付されており，以下のいずれかの条項に抵触した場合，本契約上の全ての債務について期限の利益を喪失する可能性があります。

①各事業年度の末日における借入人の，貸借対照表における純資産の部の金額を，当該決算期の直前の決算期の末日における借入人の貸借対照表における純資産の部の金額の75％以上にそれぞれ維持すること。

②各事業年度にかかる連結損益計算書上の経常損益に関して，2期連続して経常損失としないこと。

302　第3章　計算関係書類

〈事例5〉　コミットメントライン契約（財務制限条項を含む）について記載している事例

アステナホールディングス（2023年11月期）

---

(2)　当座借越契約及びコミットメントライン契約

　　当社は，運転資金の効率的な調達を行うため取引銀行5行と当座借越契約及び取引銀行3行とコミットメントライン契約を締結しております。これら契約に基づく借入未実行残高は次のとおりであります。

当座借越極度額及びコミットメントラインの総額	24,000,000千円
借入実行残高	11,000,000
差引額	13,000,000

　　上記のコミットメントライン契約について，以下の財務制限条項が付されております（契約ごとに条項は異なりますが，主なものを記載しております）。

①　年度決算期末における連結貸借対照表の純資産の部の金額が，直前の年度決算期末及び2021年11月決算期末における連結貸借対照表の純資産の部の金額の75%を，それぞれ下回らないこと。

②　年度決算期末における連結損益計算書の経常損益の額が2期連続して損失とならないこと。

〈事例6〉　研究開発費について記載している事例

内外テック（2024年3月期）

9．研究開発費に関する注記

一般管理費及び当期製造費用に含まれる研究開発費	190,749千円

〈事例7〉　科目の内訳を説明している事例①

NTN（2024年3月期）

---

(5)　災害による損失

　　当連結会計年度において，災害による損失726百万円を特別損失に計上しております。その内訳は，「令和6年能登半島地震」の発生に伴う，建物等の

Ⅲ　連結計算書類　303

復旧に係る引当金繰入額405百万円，操業・営業停止期間中の固定費158百万円，その他163百万円です。

〈事例8〉　科目の内訳を説明している事例②

ミツウロコグループホールディングス（2024年3月期）

(2)　固定資産売却益の内訳

建物及び構築物	7百万円
機械装置及び運搬具	2百万円
その他	15百万円
計	24百万円

(3)　固定資産売却損の内訳

機械装置及び運搬具	0百万円
土地	36百万円
計	37百万円

(4)　固定資産除却損の内訳

建物及び構築物	35百万円
機械装置及び運搬具	7百万円
除去に伴う撤去費用等	31百万円
その他	39百万円
計	115百万円

〈事例9〉　従業員等に信託を通じて自社の株式を交付する取引について記載している事例

ホソカワミクロン（2023年9月期）

7．追加情報

（従業員等に信託を通じて自社の株式を交付する取引）

当社は，2022年8月10日の取締役会決議に基づき，当社従業員（以下「従

304　第3章　計算関係書類

業員」という。）に対する福利厚生制度を拡充させるとともに，従業員の帰属意識を醸成し，経営参画意識を持たせ，さらに当社業績や株価上昇への意識を高めることにより，当社の中長期的な企業価値向上を図ることを目的として，従業員向けインセンティブ・プラン（従業員向け株式交付信託（RS信託））を導入しております。

(1)　取引の概要

　本制度は，当社が設定する信託の受託者が，当社が信託する金銭を原資として当社の普通株式（以下「当社株式」という。）の取得を行ったうえで，当社が付与するポイントに応じた数の当社株式を従業員に交付する，というインセンティブ・プランです。当該ポイントは，当社取締役会が定める株式交付規程に従って，従業員の職位・勤続年数等に応じて付与されるものであり，各従業員に交付される当社株式の数は，付与されるポイント数により定まります。また，交付される当社株式については，当社と各従業員との間で譲渡制限契約を締結することにより，退職までの譲渡制限を付すものとします。

(2)　信託に残存する自社の株式

　信託に残存する当社株式を，信託における帳簿価額（付随費用の金額を除く。）により，純資産の部に自己株式として計上しております。当連結会計年度末における当該自己株式の帳簿価額及び株式数は，162百万円及び59,000株であります。

(3)　総額法の適用により計上された借入金の帳簿価額

　該当事項はありません。

〈事例10〉　ストック・オプションに関する注記をしている事例

北洋銀行（2024年3月期）

（ストック・オプション等関係）
1．ストック・オプションにかかる費用計上額及び科目名
　該当事項はありません。

Ⅲ　連結計算書類　305

2．ストック・オプションの内容，規模及びその変動状況

（1）　ストック・オプションの内容

	2015年ストック・オプション	2016年ストック・オプション	2017年ストック・オプション
付与対象者の区分及び人数	社外取締役を除く当行取締役11名	社外取締役を除く当行取締役11名	社外取締役を除く当行取締役10名
株式の種類別のストック・オプションの数（注）	当行普通株式139,800株	当行普通株式224,100株	当行普通株式141,900株
付与日	2015年7月15日	2016年7月15日	2017年7月14日
権利確定条件	権利確定条件は定めていない	権利確定条件は定めていない	権利確定条件は定めていない
対象勤務期間	対象勤務期間は定めていない	対象勤務期間は定めていない	対象勤務期間は定めていない
権利行使期間	2015年7月16日～2045年7月15日	2016年7月16日～2046年7月15日	2017年7月15日～2047年7月14日

（注）株式数に換算して記載しております。

（2）　ストック・オプションの規模及びその変動状況

　　　当連結会計年度（2024年3月期）において存在したストック・オプションを対象とし，ストック・オプションの数については，株式数に換算して記載しております。

　　①ストック・オプションの数

	2015年ストック・オプション	2016年ストック・オプション	2017年ストック・オプション
権利確定前（株）			
前連結会計年度末	18,600	35,800	25,000
付与	—	—	—
失効	—	—	—
権利確定	—	—	—
未確定残	18,600	35,800	25,000

権利確定後（株）			
前連結会計年度末	—	—	—
権利確定	—	—	—
権利行使	—	—	—
失効	—	—	—
未行使残	—	—	—

②単価情報

	2015年ストック・オプション	2016年ストック・オプション	2017年ストック・オプション
権利行使価格（円）	1	1	1
行使時平均株価（円）	—	—	—
付与日における公正な評価単価（円）	533	267	348

3．ストック・オプションの公正な評価単価の見積方法

　　当連結会計年度において付与されたストック・オプションはありません。

4．ストック・オプションの権利確定数の見積方法

　　将来の失効数の合理的な見積りが困難であるため，実績の失効数のみ反映させる方法を採用しております。

5　連結包括利益計算書および連結キャッシュ・フロー計算書

　連結財務諸表規則では連結包括利益計算書および連結キャッシュ・フロー計算書の作成が求められているが，会社計算規則においては，これらの作成は求められていない。

　2010年9月30日付で公表された平成22年法務省令33号「会社計算規則の一部を改正する省令」では，連結計算書類において，包括利益に関する計算書の作成を求めるものとするかどうかについては，包括利益に関する情報の株主・債

Ⅲ　連結計算書類　307

権者にとっての有用性の程度等が明らかとなった将来において，改めて検討する予定とされており，連結計算書類として，連結包括利益計算書の作成は義務づけられていない。ただし，会社が任意に参考資料として連結包括利益計算書を作成し，開示することは禁止されていない。なお，連結包括利益計算書は会社計算規則61条で定める連結計算書類には含まれないため，監査の対象とはならない。

　また，連結キャッシュ・フロー計算書についても，現時点では，連結計算書類として作成は義務づけられていないが，会社が任意に参考資料として連結キャッシュ・フロー計算書を作成し，開示することは禁止されていない。なお，連結キャッシュ・フロー計算書は会社計算規則61条で定める連結計算書類には含まれないため，監査の対象とはならない。

　連結包括利益計算書および連結キャッシュ・フロー計算書につき，参考情報として招集通知に記載されるケースがあるため，以下に事例を記載する。

〈事例１〉　参考資料として連結包括利益計算書を開示している事例

森永乳業（2024年3月期）

（ご参考）

連結包括利益計算書（2023年4月1日から2024年3月31日まで）

（単位：百万円）

科　　目	金　　額
当期純利益	61,347
その他の包括利益	
その他有価証券評価差額金	3,369
繰延ヘッジ損益	98
為替換算調整勘定	940
退職給付に係る調整額	2,021
持分法適用会社に対する持分相当額	13
その他の包括利益合計	6,443
包括利益	67,790

（内訳）

308　第3章　計算関係書類

親会社株主に係る包括利益	68,161
非支配株主に係る包括利益	△370

〈事例2〉 参考資料として連結キャッシュ・フロー計算書を開示している事例

東京精密（2024年3月期）

連結キャッシュ・フロー計算書（ご参考）

単位：百万円

	当期 （2023年4月1日から 2024年3月31日まで）	前期 （2022年4月1日から 2023年3月31日まで）
営業活動によるキャッシュ・フロー		
税金等調整前当期純利益	27,255	33,301
減価償却費	4,673	3,832
のれん償却額	54	42
株式報酬費用	259	148
退職給付に係る負債の増減額（△は減少）	△109	86
役員退職慰労引当金の増減額（△は減少）	△12	11
貸倒引当金の増減額（△は減少）	△27	16
受取利息及び受取配当金	△183	△307
支払利息	105	40
補助金収入	△141	—
受取補償金	△68	△188
投資有価証券売却損益（△は益）	△23	△25
投資事業組合運用益（△は益）	△160	△189
関係会社清算益	—	△71
固定資産減損損失	—	184
訴訟損失引当金の増減額（△減少）	△953	1,914
売上債権の増減額（△は増加）	1,625	△4,387
棚卸資産の増減額（△は増加）	△13,433	△12,894
仕入債務の増減額（△は減少）	△5,529	△8,033
契約負債の増減額（△は減少）	1,072	△1,805
その他	1,122	△3,493
小計	15,524	8,181
利息及び配当金の受取額	184	308
利息の支払額	△81	△37
補助金の受取額	141	—

補償金の受取額	68	188
法人税等の支払額又は還付額（△は支払）	△10,922	△7,640
その他	△21	—
営業活動によるキャッシュ・フロー	4,892	1,000
投資活動によるキャッシュ・フロー		
定期預金の預入による支出	△75	△91
定期預金の払戻による収入	75	74
有形固定資産の取得による支出	△9,845	△8,054
有形固定資産の売却による収入	112	161
無形固定資産の取得による支出	△1,007	△932
のれんの取得による支出	—	△78
投資有価証券の取得による支出	△3	△3
投資有価証券の売却による収入	57	128
投資事業組合への出資による支出	△161	△14
投資事業組合からの分配による収入	274	404
関係会社清算による収入	—	91
貸付けによる支出	△0	△1
貸付金の回収による収入	0	0
敷金及び保証金の差入による支出	△29	△114
敷金及び保証金の回収による収入	49	8
その他	△10	△1
投資活動によるキャッシュ・フロー	△10,563	△8,421
財務活動によるキャッシュ・フロー		
長期借入れによる収入	15,000	10,000
長期借入金の返済による支出	△4,000	△2,000
リース債務の返済による支出	△311	△157
ストックオプションの行使による収入	529	106
配当金の支払額	△8,678	△8,540
自己株式の取得による支出	△922	△1,583
財務活動によるキャッシュ・フロー	1,616	△2,174
現金及び現金同等物に係る換算差額	755	625
現金及び現金同等物の増減額（△は減少）	△3,299	△8,970
現金及び現金同等物の期首残高	40,036	49,006
現金及び現金同等物の期末残高	36,736	40,036

（注）記載金額は，百万円未満を切り捨てて表示しております。

Ⅳ 臨時計算書類

1 臨時計算書類の意義

　会社法では，会社は，最終事業年度の直後の事業年度に属する一定の日（以下「臨時決算日」という）における当該株式会社の財産の状況を把握するため，臨時計算書類を作成することができることを定めている（会社法441Ⅰ）。

　臨時計算書類とは，臨時決算日における貸借対照表，および臨時決算日の属する事業年度の初日から臨時決算日までの期間に係る損益計算書をいう。臨時計算書類を作成した場合，当該事業年度の初日から臨時決算日までの期間に生じた損益等を分配可能額の計算に反映させることが可能となる点に特徴がある（会社法461Ⅱ②⑤）。

　臨時計算書類を作成しない場合と，臨時計算書類を作成する場合の分配可能額の算定方法を比較すると，以下のとおりである。

【臨時計算書類を作成しない場合】

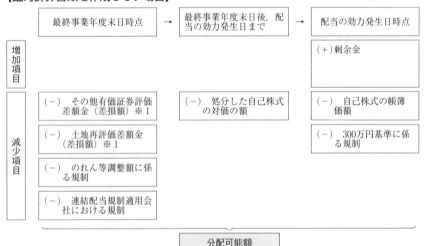

（注）　上記の図においては分配可能額の計算に影響する主な項目を記載しているが，すべてを網羅しているわけではない。
※1　「その他有価証券評価差額金（差損額）」および「土地再評価差額金（差損額）」につい

ては，正（プラス）の値として上記算式を記載している。

【臨時計算書類を作成する場合】

(注) 上記の図においては分配可能額の計算に影響する主な項目を記載しているが，すべてを網羅しているわけではない。
※1 「その他有価証券評価差額金（差損額）」および「土地再評価差額金（差損額）」については，正（プラス）の値として上記算式を記載している。

臨時計算書類を作成する場合には，
(i) 臨時計算書類の当期純利益（または当期純損失）が分配可能額の計算にあたって加算（または減算）される
(ii) 分配可能額の計算にあたって減額されるその他有価証券評価差額金（差損額），土地再評価差額金（差損額）およびのれん等調整額については，最終の臨時計算期間の末日時点の金額となる

という点で，臨時計算書類を作成しない場合と比較して，分配可能額が異なることがわかる。

なお，四半期配当等をする場合に臨時計算書類の作成が必要ということではない点に注意する必要がある。すなわち，臨時計算書類を作成しない場合における剰余金の分配可能額の範囲内で剰余金の分配をするのであれば，あえて臨時計算書類を作成する必要はないということになる。

臨時計算書類を作成した場合，当該事業年度の初日から臨時決算日までの期間に生じた損益等を分配可能額の計算に反映させることが可能となることが，臨時計算書類作成の重要な意義であるといえる。

2 臨時計算書類の作成基準

臨時計算書類の作成基準として，JICPAより公表されている会計制度委員会研究報告12号「臨時計算書類の作成基準について」（以下「研究報告12号」という）が実務上参考になる。

臨時計算書類についても，原則として年度決算に適用される会計処理の原則および手続に準拠して作成することになるが，研究報告12号においては，臨時計算書類特有の会計処理も示されている。研究報告12号に示されている臨時計算書類特有の会計処理等について整理すると，以下のとおりである。

項　目	臨 時 計 算 書 類 で の 処 理
臨時計算書類作成の一般原則	臨時計算書類は，実績主義に基づいて，臨時会計年度を事業年度と並ぶ一会計期間とみたうえで，原則として，年度決算に適用される会計処理の原則および手続に準拠して作成する。 ●法令および定款に従い臨時会計年度に係る会社の財産および損益の状況を正しく表示するものでなければならない。 ●前事業年度において採用した会計処理の原則および手続は，臨時会計年度においてこれを継続して適用し，みだりに変更してはならない。
臨時計算書類の作成基準（総論）	原則として「中間財務諸表作成基準」に準じて作成する。
臨時決算特有の会計処理	原則として年度決算に適用される会計処理の原則および手続に準拠して作成しなければならないが，費用配分について簡便な決算手続によることができる。
●たな卸高の算定	適切な帳簿記録がなされている場合： 　前事業年度に係る実地たな卸高を基礎として，合理的な方法により算定することができる。
●減価償却費	定率法を採用している場合： 　事業年度に係る減価償却費の額を期間按分する方法により減価償却費を計上することができる。

● 退職給付費用	事業年度の合理的な見積額を期間按分する方法により計上することができる。
● 税金計算 （法人税，住民税および事業税）	臨時会計年度を事業年度と並ぶ一会計期間とみなして，臨時会計年度を含む事業年度の法人税，住民税および事業税の計算に適用される税率に基づき，年度決算と同様に税効果会計を適用して計算する。 ただし，臨時会計年度を含む事業年度の税引前当期純利益に対する税効果会計適用後の実効税率を合理的に見積り，臨時会計年度の税引前純利益に当該見積実効税率を乗じて計算する方法によることができる。

3　臨時決算とその後の決算との関係

　臨時決算とその後の決算との関係を整理すると，以下のとおりである（研究報告12号4.(4)）。

項　　目	取　扱　い
一般的事項	臨時決算後の四半期決算・中間決算・年度決算や，臨時決算が複数回行われた場合における2回目以降の臨時決算では，それらより前に行われた臨時決算における会計処理にかかわらず，会計期間全体を対象として改めて会計処理を行う。
固定資産の減損	臨時会計年度において減損処理を行った場合には，その後の決算までに新たな減損の兆候があり追加的に減損損失を認識すべきと判定される場合を除き，その後の決算において，会計期間全体を対象として改めて会計処理を行わない。

314　第3章　計算関係書類

有価証券の減損	臨時決算において減損処理（時価を把握することが極めて困難と認められる株式について，入手された直近の財務諸表等をもとに行う減損処理や，時価のある債券について，格付の著しい低下など信用リスクの増大に起因して時価が著しく下落したときに行う減損処理）をした場合には，その後の決算において財政状態の改善等が明らかになっている場合を除き，臨時決算において行った減損処理をその後の決算で戻入処理することは慎重でなければならない。

4　臨時計算書類の構成

臨時計算書類の構成について整理すると，以下のとおりである。

構　成	内　　容	条　文
臨時貸借対照表	臨時決算日における貸借対照表	会社法441条1項
臨時損益計算書	臨時決算日の属する事業年度の初日から臨時決算日までの期間に係る損益計算書	
注記	少なくとも以下の事項についての記載が必要。 ● 継続企業の前提に関する注記 ● 重要な会計方針に係る事項（会計方針の変更を含む）に関する注記 ● 重要な偶発事象に関する注記 ● 重要な後発事象に関する注記	―

会社法が規定する臨時計算書類は，臨時貸借対照表と臨時損益計算書であるが，臨時計算書類が会計監査人の監査の対象となることを踏まえ，二重責任の原則から，研究報告12号では，少なくとも上記に掲げた注記が必要とされている。

（注）　その後の会計基準等の制定，改正を踏まえて，上記以外の項目の注記の要否についても検討する必要があると考えられる。

なお，臨時計算書類は臨時決算日までの期間に生じた損益等を分配可能額の計算に反映させることに意義があるため，臨時計算書類は，連結ベースではなく，個別ベースで作成することになる。

IV 臨時計算書類 315

5 臨時計算書類の表示

　臨時貸借対照表および臨時損益計算書の表示については，原則として事業年度に係る貸借対照表および損益計算書に準じて記載することになる。ただし，臨時決算による分配可能額の算定に影響がない科目等については，簡便な表示方法を認めても差し支えないものと考えられるとされている（研究報告12号 6）。

　なお，臨時計算書類の記載例は，研究報告12号に示されているが，2009年12月 8 日の最終改正後，会計基準の制定・改正を受けた見直しが行われていない。このため，利用にあたっては，その後の会計基準等の制定・改正を踏まえて，記載内容を適宜検討する必要がある。

【参考資料 1 ：臨時計算書類の例示】（日本公認会計士協会公表物より転載）

Ⅰ　臨時貸借対照表

臨 時 貸 借 対 照 表
（平成××年××月××日現在）＊1

（金額単位：千円）

資 産 の 部		負 債 の 部	
科　目	金　額	科　目	金　額
流 動 資 産	××××	流 動 負 債	××××
現 金 及 び 預 金	××××	支 払 手 形	××××
受 取 手 形	××××	買 掛 金	××××
売 掛 金	××××	短 期 借 入 金	××××
有 価 証 券	××××	リ ー ス 債 務	××××
商 品 及 び 製 品	××××	未 払 金	××××
仕 掛 品	××××	未 払 費 用	××××
原 材 料 及 び 貯 蔵 品	××××	未 払 法 人 税 等	××××
前 渡 金	××××	前 受 金	××××
前 払 費 用	××××	引 当 金	××××
繰 延 税 金 資 産	××××	資 産 除 去 債 務	××××
・ ・ ・ ・ ・ ・		・ ・ ・ ・ ・ ・	××××
・ ・ ・ ・ ・ ・	××××	固 定 負 債	××××

316　第3章　計算関係書類

		社　　　　　　　債	×××××
貸　倒　引　当　金	△××××	長　期　借　入　金	×××××
固　　定　　資　　産	×××××	リ　ー　ス　債　務	×××××
有　形　固　定　資　産	×××××	退　職　給　付　引　当　金	×××××
建　　　　　　　物	×××××	資　産　除　去　債　務	×××××
構　　　築　　　物	×××××	負債の部合計	×××××
機　械　及　び　装　置	×××××	純　資　産　の　部	
・　・　・　・　・	×××××		
・　・　・　・　・	×××××	株　　主　　資　　本	×××××
・　・　・　・　・	×××××	資　　　本　　　金	×××××
土　　　　　　　地	×××××	資　本　剰　余　金	×××××
リ　ー　ス　資　産	×××××	資　本　準　備　金	×××××
建　設　仮　勘　定	×××××	その他資本剰余金	×××××
無　形　固　定　資　産	×××××	利　益　剰　余　金	×××××
の　　　れ　　　ん	×××××	利　益　準　備　金	×××××
借　　地　　権	×××××	その他利益剰余金　*2	
・　・　・　・　・	×××××	任　意　積　立　金	×××××
投　資　そ　の　他　の　資　産	×××××	繰　越　利　益　剰　余　金	×××××
投　資　有　価　証　券	×××××	（臨時期間純損益）	(×××××)
関　係　会　社　株　式	×××××	自　　己　　株　　式	△××××
出　　　資　　　金	×××××	評価・換算差額等	×××××
長　期　貸　付　金	×××××	その他有価証券評価差額金	×××××
繰　延　税　金　資　産	×××××	繰　延　ヘ　ッ　ジ　損　益	×××××
・　・　・　・　・	×××××	土　地　再　評　価　差　額　金	×××××
貸　倒　引　当　金	△××××	新　株　予　約　権	×××××
繰　　延　　資　　産	×××××	純資産の部合計	×××××
資産の部合計	×××××	負債・純資産の部合計	×××××

（＊1）　臨時決算日時点の財政状態について記載する。
（＊2）　株主資本等変動計算書を作成しないため，その他利益剰余金の内訳を記載することが望ましい。
　　　　また，臨時期間純損益も付記することが望ましい。

Ⅱ　臨時損益計算書

臨　時　損　益　計　算　書

$\begin{bmatrix} 自　平成××年××月××日 \\ 至　平成××年××月××日 \end{bmatrix}$　*1

（金額単位：千円）

IV 臨時計算書類 317

科　　目	金　　額
売上高	××××
売上原価	××××
売上総利益	××××
販売費及び一般管理費	××××
営業利益	××××
営業外収益	××××
受取利息	××××
・・・・・	××××
営業外費用	××××
支払利息	××××
・・・・・	××××
経常利益	××××
特別利益	××××
固定資産売却益	××××
・・・・・・	××××
特別損失	××××
固定資産売却損	××××
・・・・・・	××××
税引前臨時期間純損益　＊2	××××
法人税等	××××
法人税等調整額	××××
臨時期間純損益　＊2	××××

（＊1）　臨時決算日の属する事業年度の初日から臨時決算日までの期間について作成する。

（＊2）　当該損益の表示については，適当な名称を付すことができるとされている（会社計算規則第92条第3項及び第94条第3項）。本例示においては参考として「税引前臨時期間純損益」「臨時期間純損益」と付している。

　注記例

1．継続企業の前提に関する注記（前事業年度において重要な不確実性が認められた場合であって，当臨時会計年度も継続している場合の記載例）

318　第3章　計算関係書類

　　当社は，当臨時会計年度においても，前事業年度に引き続き，〇〇〇千円の債務超過になっております。これにより，当社には継続企業の前提に重要な疑義を生じさせるような状況が存在しております。

　　当社は，当該状況を解消すべく，…………………………………………。

　　しかしながら，………のため，現時点では継続企業の前提に関する重要な不確実性が認められます。

　　なお，臨時計算書類は継続企業を前提として作成しており，継続企業の前提に関する重要な不確実性の影響を臨時計算書類に反映しておりません。

＊　臨時決算日において，継続企業の前提に重要な疑義を生じさせるような事象又は状況が存在する場合であって，当該事象又は状況を解消し，又は改善するための対応をしてもなお継続企業の前提に関する重要な不確実性が認められる場合（当該臨時決算日後に当該重要な不確実性が認められなくなった場合を除く。）には，各事業年度に係る計算書類に準じて会社計算規則第100条に規定されている事項を注記する。

２．重要な会計方針に係る事項に関する注記
　(1)　資産の評価基準及び評価方法
　　①　有価証券の評価基準及び評価方法
　　　　子会社株式及び関連会社株式
　　　　　　　　　　　…　移動平均法による原価法
　　　　その他有価証券
　　　　　時価のあるもの…　臨時決算日の市場価格等に基づく時価法（評価差額は全部純資産直入法により処理し，売却原価は移動平均法により算定）
　　　　　時価のないもの…　移動平均法による原価法
　　②　たな卸資産の評価基準及び評価方法
　　　　商品　　　　　…　移動平均法による原価法（貸借対照表価額については収益性の低下に基づく簿価切下げの方法）
　(2)　固定資産の減価償却の方法
　　①　有形固定資産　…　定率法
　　　　　　　　　　　　なお，主な耐用年数は以下のとおり
　　　　　　　　　　　　建物　　　　　5〜40年

工具器具備品　3～15年

② 無形固定資産　…　定額法

ソフトウェア（自社利用）については，社内における利用可能期間（5年）による定額法

(3) 引当金の計上基準

① 貸倒引当金　…　売上債権等の貸倒損失に備えるため，一般債権については貸倒実績率により，貸倒懸念債権等特定の債権については個別に回収可能性を勘案し，回収不能見込額を計上している。

② 賞与引当金　…　従業員の賞与支給に備えるため，支給見込額の当臨時会計年度負担額を計上している。

③ 退職給付引当金　…　従業員の退職給付に備えるため，当事業年度末における退職給付債務及び年金資産の見込額に基づき，当臨時決算日において発生していると認められる額を計上している。数理計算上の差異は各事業年度の発生時における従業員の平均残存勤務期間以内の一定の年数（10年）による定額法により按分した額をそれぞれ発生の翌事業年度から費用処理している。

(4) その他臨時計算書類の作成のための基本となる重要な事項

消費税等の会計処理　…　税抜方式

＊1　会計処理の原則又は手続や表示方法を変更した場合には，その旨，変更の理由，当該変更が臨時計算書類に与えている影響の内容を注記する。

＊2　臨時決算は，原則として年度決算に準ずる会計処理を行うが，簡便な方法を採用するなど臨時決算特有の処理方法を採用した場合には，重要でないものを除き会計方針の注記に特有の処理方法の内容を注記する。

3．債務保証

次の会社について，金融機関からの借入に対して債務保証を行っている。

保証先	金額（千円）	内容
□□□	○○○	借入債務

320 第3章 計算関係書類

△△△	○○○	借入債務
計	○○○	

＊ 偶発債務（債務の保証（債務の保証と同様の効果を有するものを含む。），係争事件に係る賠償義務その他現実に発生していない債務で，将来において事業の負担となる可能性のあるものをいう。）がある場合には，重要性の乏しいものを除き，その内容及び金額を注記する。

4．重要な後発事象

当社は，平成○年○月○日開催の取締役会において，生産効率向上のため，平成○年○月末を目処に○○工場を閉鎖し，その生産を○○工場に集約することを決定いたしました。現在，工場跡地の利用については未定であるため，工場閉鎖に伴う損失は未確定であります。

＊ 臨時決算日後，当該臨時決算日を含む事業年度以降の財産又は損益に重要な影響を及ぼす事象が発生した場合には，その事象を注記する。

6　臨時計算書類の監査

臨時計算書類については，監査役設置会社または会計監査人設置会社においては，会社計算規則第4編で定めるところにより，以下のとおり監査を受けなければならない（会社法441Ⅱ，会計規121Ⅰ）。

区　分	監　査
監査役設置会社	監査役
会計監査人設置会社	監査役および会計監査人
監査等委員会設置会社	監査等委員および会計監査人
指名委員会等設置会社	監査委員および会計監査人

Ⅴ ▌ 監査報告書

1 会計監査人の監査報告書

(1) 会計監査人の監査対象となる会社

会計監査人の設置義務がある会社は以下のとおりであるが，これ以外の場合においても，定款の定めにより任意で会計監査人を設置することができる（会社法326Ⅱ）。

- 監査等委員会設置会社（会社法327Ⅴ）
- 指名委員会等設置会社（会社法327Ⅴ）
- 大会社（公開会社（注）および非公開会社ともに）（会社法328）

なお，会計監査人を置く会社はその旨と会計監査人の氏名または名称を登記することが必要となる（会社法911Ⅲ⑲）。

> (注)　その発行する全部または一部の株式の内容として譲渡による当該株式の取得について株式会社の承認を要する旨の定款の定めを設けていない株式会社（会社法2⑤）

(2) 会計監査人の責任

① 株式会社に対する責任

会計監査人が任務を怠った結果，会社に損害が生じた場合には，当該会計監査人はその損害を賠償する責任を負う（会社法423）。

ⓐ 株式会社に対する責任の免除

会計監査人の会社に対する任務懈怠責任の免除の可否および責任の一部免除に必要とされる手続等については，原則として，取締役の責任の免除についてのものと同様で，会社法424条から427条までに規定されている。会計監査人は責任の一部免除の限度額を算定する際には1年当たりの報酬の額を2倍した額が基礎となり，すべての会計監査人が責任限定契約を締結できる（会社法425Ⅰ①ハ）。

322　第3章　計算関係書類

なお，会計監査人と株式会社との間で責任限定契約を締結した場合には，当該契約の内容の概要を事業報告に記載しなければならない（会施規126⑦）。

(b)　株主代表訴訟

会社法において，会計監査人の株式会社に対する責任は，株主代表訴訟の対象となっている（会社法847，423）。

株主代表訴訟の対象となる責任は，会社法に基づく任務懈怠責任に限定されず，会社が会計監査人に対して有する一切の債権となる。このため，会計監査人である公認会計士が会社法に基づく監査のみならず，金融商品取引法に基づく監査等を提供している場合には，当該公認会計士が金融商品取引法に基づき会社に対して負うことになった責任についても株主代表訴訟の対象となる点に注意が必要である。

②　第三者に対する責任

会計監査人が会計監査報告に記載し，または記録すべき重要な事項について虚偽の記載または記録をしたときは，自らが注意を怠らなかったことを証明しない限り，これにより第三者に生じた損害を賠償する責任を負うことになる（会社法429Ⅱ④）。

（3）　監査日程

会計監査人設置会社（監査等委員会設置会社および指名委員会等設置会社を含む），会計監査人設置会社以外の監査役（会）設置会社，それ以外の会社により，決算および監査のスケジュールの規定が異なる。

会計監査人設置会社における監査のスケジュールを時系列に掲げると，以下のようになる。

V 監査報告書 323

	会　　社	会計監査人	監査役会・監査等委員会・監査委員会
日付の規定なし	➤計算書類，事業報告，附属明細書を作成し，監査役（会），監査等委員会設置会社にあっては監査等委員会，指名委員会等設置会社にあっては監査委員会へ提出。 ➤計算書類およびその附属明細書を会計監査人へ提出（会社法436Ⅱ）。		
		➤計算書類受領から4週間を経過した日，または計算書類の附属明細書を受領した日から1週間を経過した日のいずれか遅い日（※）に会計監査報告の内容を特定監査役および特定取締役に通知（会計規130Ⅰ）。 ➤また，会計監査人の職務の遂行に関する事項も通知（会計規131）。	
			➤会計監査報告を受領した日から1週間を経過した日（※）に特定監査役は特定取締役および会計監査人へ計算書類についての監査報告の内容を通知（会計規132Ⅰ）。

324 第3章 計算関係書類

			➤事業報告を受領した日から4週間を経過した日，または附属明細書を受領した日から1週間を経過した日のいずれか遅い日に（※）特定監査役は特定取締役へ事業報告についての監査報告の内容を通知（会施規132 I）。
	➤取締役会は計算書類および事業報告ならびにこれらの附属明細書を承認（会社法436Ⅲ）。		
株主総会日の2週間前まで	➤株主総会招集通知の発送（会社法299）。 ➤計算書類，事業報告（会計監査報告，監査役監査報告を含む）を株主に提供（会社法437）。		
株主総会日	株主総会で計算書類および事業報告を提出（会社法438）。		

（※）　当事者間で別途，合意により定めた日がある場合には，その日。

○　**留意事項**

●会計監査報告の内容の通知をしない場合の効力（会計規130Ⅲ）

　上記スケジュールに記載したとおり，会計監査人による会計監査報告の内容通知期限は，以下のいずれか遅い日までとされている。

　(i)　計算書類の全部を受領した日から4週間を経過した日

　(ii)　計算書類の附属明細書を受領した日から1週間を経過した日

(ⅲ) 当事者間で合意により定められた日

　ここで留意すべきポイントは，会計監査人が上記通知期限までに，会計監査
報告の内容を報告しない場合，当該通知をすべき日に計算関係書類の監査を受
けたものとみなされるが（会計規130Ⅲ），適正意見が付されたという効果は生じ
ないという点である。したがって，実務上は会社，監査役（会），監査等委員
会設置会社にあっては監査等委員会，指名委員会等設置会社にあっては監査委
員会（以下「監査役等」という）および会計監査人との間で，監査報告の内容を
通知すべき日までに円滑に監査が終了するように，協力体制を整えることが必
要である。

（4）　監査対象書類

　会社法では，会計監査人の監査対象は，以下の計算書類およびその附属明細
書となっている（会社法435Ⅱ，会社法436Ⅱ①，会計規59Ⅰ）。

計算書類	貸借対照表
	損益計算書
	株主資本等変動計算書
	個別注記表
附属明細書	計算書類に係る附属明細書

　なお，事業報告およびその附属明細書については監査役等が監査を行うこと
になっている（会社法436Ⅱ②）。また，剰余金の配当に関する議案等も監査役等
が調査を行う（会社法384）。

（5）　会計監査人の職務の遂行に関する事項

　会社法において会計監査人は，特定監査役に対する会計監査報告の内容の通
知に際して，会計監査人の職務の遂行に関する事項，つまり会計監査人の内部
統制に関する以下の事項を通知しなければならない（ただし，監査役等がすで
に当該事項を知っている場合は除く）（会計規131）。

　これは，会計監査人の独立性の強化についての強い社会的な要請に対処し，
会計監査人設置会社の監査役等の監査報告書に「会計監査人の職務の遂行が適

326　第3章　計算関係書類

正に実施されることを確保するための体制に関する事項」を記載する（会計規
127④，128の2 I ②，129 I ②）ことに対応したものである。

(i)　独立性に関する事項その他監査に関する法令および規程の遵守に関する
　　事項

(ii)　監査，監査に準ずる業務およびこれらに関する業務の契約の受任および
　　継続の方針に関する事項

(iii)　会計監査人の職務の遂行が適正に行われることを確保するための体制に
　　関するその他の事項

（6）　指定社員制度

　監査法人は，特定の証明について業務を担当する社員（指定社員）を指定す
ることができ，当該指定証明に関しては指定社員のみが業務を執行し，法人を
代表する。また，被監査会社等に対する責任については，当該業務において生
じた監査法人の損害賠償債務をその財産で完済できない場合には，各社員が連
帯して弁済するのではなく，当該指定社員のみが無限責任を負うこととなって
いる。ただし，被監査会社等以外の善意の第三者（たとえば，株主）からの損
害賠償請求に係る債務については，従来どおり，監査法人の財産で完済できな
い場合は，各社員が連帯して弁済しなければならない。

［指定社員制度のポイント］

● 被監査会社等から監査法人に対する損害賠償債務を保険および監査法人の財産
　で完済できない場合において，指定社員のみが無限責任を負う。

● 被監査会社等以外の第三者からの損害賠償債務については，従来どおり各社員
　が無限連帯責任を負う。

● 対象となる業務は公認会計士法2条1項の財務諸表の監査証明に限定される。

● 指定社員制度の採用は任意選択規定である。

● 従来の「関与社員」が「業務執行社員」という呼称に統一されている。このた
　め，監査報告書において，従来，「代表社員　関与社員」または「関与社員」と
　記載していたが，指定社員制度を採用した場合には，「指定社員　業務執行社員」
　と記載することになっている。

V　監査報告書　327

（7）　監査報告書

　会社法に基づく計算書類の監査報告書の記載内容は，会社計算規則126条に規定されているが，別途，JICPA から公表されている監基報700実務指針１号「監査報告書の文例」に記載内容が示されている。

【会社計算規則126条１項】

一　会計監査人の監査の方法及びその内容

二　計算関係書類が当該株式会社の財産及び損益の状況を全ての重要な点において適正に表示しているかどうかについての意見があるときは，その意見（当該意見が次のイからハまでに掲げる意見である場合にあっては，それぞれ当該イからハまでに定める事項)

　イ　無限定適正意見　監査の対象となった計算関係書類が一般に公正妥当と認められる企業会計の慣行に準拠して，当該計算関係書類に係る期間の財産及び損益の状況を全ての重要な点において適正に表示していると認められる旨

　ロ　除外事項を付した限定付適正意見　監査の対象となった計算関係書類が除外事項を除き一般に公正妥当と認められる企業会計の慣行に準拠して，当該計算関係書類に係る期間の財産及び損益の状況を全ての重要な点において適正に表示していると認められる旨，除外事項並びに除外事項を付した限定付適正意見とした理由

　ハ　不適正意見　監査の対象となった計算関係書類が不適正である旨及びその理由

三　前号の意見がないときは，その旨及びその理由

四　継続企業の前提に関する注記に係る事項

五　第２号の意見があるときは，事業報告及びその附属明細書の内容と計算関係書類の内容又は会計監査人が監査の過程で得た知識との間の重要な相違等について，報告すべき事項の有無及び報告すべき事項があるときはその内容

六　追記情報

七　会計監査報告を作成した日

（注）　2024年９月に監基報700および監基報700実務指針１号「監査報告書の文例」は改正されている。当該改正は2025年４月１日以後開始する連結会計年度および事業年度に係る監査から適用される（ただし，早期適用を除く）ため，2025年３月期決算での利用を想定する本書は，改正内容について反映していない。

328　第3章　計算関係書類

① **監査上の主要な検討事項**

⒜ **会社法に基づく監査の監査報告書における「監査上の主要な検討事項（Key Audit Matters）」の取扱い**

　会社法監査において監査上の主要な検討事項（以下「KAM」という）の記載を求めるか否かについては，企業会計審議会の監査部会において重要な論点として取り上げられた。KAMの導入の初期段階においては，記載内容に関する監査人と会社との間の協議に一定の時間を要することが想定され，現行の株主総会のスケジュールを前提とすると，KAMを会社法上の監査報告書に記載することに実務的な負荷が大きいと考えられる。そのため，当面，金融商品取引法上の監査報告書においてのみ記載を求め，会社法上の監査報告書に記載することは求められていない。

　ただし，会社法上の監査報告書に任意でKAMを記載することは可能であるため，KAMの導入後何年か経過した後は，株主からの要請により，会社法上の監査報告書にKAMを記載することも考えられる（監基報700 実務ガイダンス1号「監査報告書に係るQ&A（実務ガイダンス）」Q2－1解説(2)）。

⒝ **監査上の主要な検討事項（KAM）**

● **KAMの決定プロセス**

　監査人は，監査の過程で監査役等と協議した事項の中から，下記の項目等について考慮したうえで特に注意を払った事項を決定する（監基報701「独立監査人の監査報告書における監査上の主要な検討事項の報告」8項）。

- 監基報315「重要な虚偽表示リスクの識別と評価」に基づき決定された特別な検討を必要とするリスクまたは重要な虚偽表示リスクが高いと評価された領域
- 見積りの不確実性の程度が高い会計上の見積りを含む，経営者の重要な判断を伴う財務諸表の領域に関連する監査人の重要な判断
- 当年度に発生した重要な事象または取引が監査に与える影響

　当該決定を行った事項の中からさらに，当年度の財務諸表の監査において，職業的専門家として特に重要であると判断した事項を絞り込み，KAMとして決定することとなる。

監査人は，リスク・アプローチに基づく監査計画の策定段階から監査の過程を通じて監査役等と協議を行うなど，適切な連携を図ることが求められており，KAMは，そのような協議を行った事項の中から絞込みが行われ，決定されることになる。

●KAMの記載内容

監査人はKAMであると決定した事項について，監査報告書に「監査上の主要な検討事項」の区分を設け，以下の事項を記載する（監基報701 12項）。

- ・関連する財務諸表における注記事項がある場合は，当該注記事項への参照
- ・個々の監査上の主要な検討事項の内容
- ・財務諸表監査において特に重要であるため，当該事項を監査上の主要な検討事項に決定した理由
- ・当該事項に対する監査上の対応

監査上の主要な検討事項の内容，当該事項が監査において特に重要であると判断された理由および当該事項に対する監査上の対応は，過度に専門的な監査用語の使用を避け，想定される財務諸表の利用者が理解できるように簡潔に記載されることが想定されている。監査人により提供される情報の内容および範囲は，経営者と監査人のそれぞれの責任（二重責任の原則）を踏まえて決定される。すなわち，監査人は，企業に関する未公表の情報を不適切に提供することを避け，簡潔かつ理解可能な様式で有用な情報を提供する必要がある（監基報701 A34項）。

●KAMと企業による開示との関係

企業に関する情報を開示する責任は経営者にあり，監査人によるKAMの記載は，経営者による開示を代替するものではない。したがって，監査人がKAMを記載するにあたり，企業に関する未公表の情報を含める必要があると判断した場合には，経営者に追加の情報開示を促すとともに，必要に応じて監査役等と協議を行うことが適切であるとされている。この際，企業に関する情報の開示に責任を有する経営者には，監査人からの要請に積極的に対応することが期待されている。また，経営者の職務の執行を監視する責任を有する監査

330　第3章　計算関係書類

役等には，経営者に追加の開示を促す役割を果たすことが期待されている（監
基報701 A36項）。

(c)　契約書における取扱い

監査人と会社との間の協議に基づき任意で監査上の主要な検討事項を記載す
る場合，その旨を契約条件の合意として，監査契約書に記載することになる。

また，当初の監査業務の契約条件の合意後に，監査上の主要な検討事項を監
査報告書において報告することについて合意した場合は，契約条件の変更とし
て覚書等の書面を取り交わすこととなる（監基報700 実務ガイダンス1号Q2―
1解説(3)）。

②　その他の記載内容に関連する監査人の責任

(a)　計算書類等の監査における「その他の記載内容」に対する実施事項

● その他の記載内容の特定および入手（監基報720 12項）

その他の記載内容とは，監査した財務諸表を含む開示書類のうち当該財務諸
表と監査報告書とを除いた部分の記載内容をいう。その他の記載内容は，通常，
財務諸表およびその監査報告書を除く，企業の年次報告書に含まれる財務情報
および非財務情報であるとされている（監基報720 11項(1)）。計算書類等の監査
において，「年次報告書」とは事業報告および計算書類ならびにそれらの附属
明細書となり，「その他の記載内容」は事業報告およびその附属明細書となる
（会計規126 I ⑤）。監査人はその他の記載内容の一部または全部を未入手の場合
でも監査報告書の発行は可能であるが，企業の年次報告書が，法令等または慣
行により，単一の文書として期末日後速やかに発行される場合，監査人は，年
次報告書を監査報告書日以前に通常入手できるとされている（監基報720 A16
項）。その入手時期により，必要な対応や監査報告書の記載が異なるため，経
営者と発行時期の予定を協議する必要がある。

なお，その他の記載内容に関する監査人の責任は，監査報告書における報告
責任を除き，監査人がその他の記載内容を監査報告書日以前に入手したか監査
報告書日より後に入手したかにかかわらず同じである（監基報720 6項）。監査
報告書日より後に入手する文書に関しては，企業が発行前に監査人に提供し監

V 監査報告書 331

査人が必要な手続を実施できるよう，経営者に対し経営者確認書への記載を含めるよう要請することとされている。

● その他の記載内容の通読および検討（監基報720 13項，14項）
　入手したその他の記載内容について，監査人は通読および通読の過程で以下の検討を実施する。
　(i)　その他の記載内容と「計算書類等」との間に重要な相違があるかどうかの検討
　(ii)　その他の記載内容と「監査人が監査の過程で得た知識」との間に重要な相違があるかどうかの検討
　(iii)　計算書類等または監査人が監査の過程で得た知識に関連しないその他の記載内容について，重要な誤りがあると思われる兆候に注意を払う

● 重要な相違があると思われる場合またはその他の記載内容の重要な誤りへの対応（監基報720 15項〜18項）
　重要な相違または重要な誤りがあると思われるその他の記載内容に気づいた場合においては，監査人は経営者と協議し，以下に該当するかどうかを判断するために，必要に応じてその他の手続を実施することになる。
　・その他の記載内容に重要な誤りがあること
　・計算書類等に重要な虚偽表示があること
　・監査人の企業および企業環境に関する理解を更新する必要があること
　これらの手続の結果，その他の記載内容に重要な誤りがあると判断した場合には，監査人は経営者にその他の記載内容の修正を要請し，修正の確認を行うが，経営者が修正に同意しない場合には，監査役等への報告および修正要請等の追加措置を講じることが必要となる。

(b)　監査報告書における報告（監基報720 20項，21項）
　その他の記載内容に関しては，監査報告書に「その他の記載内容」等の適切な見出しを付した独立した区分を新たに設け，報告を行うこととされている。当該報告においては，その他の記載内容を特定したうえで，経営者，監査役等

332　第3章　計算関係書類

および監査人の責任ならびに監査人の作業の結果等が記載される。

　その他の記載内容を監査報告書日現在ですべて入手し，その他の記載内容に重要な誤りを識別していない場合には，以下の内容を記載する（監基報700 実務指針1号文例11）。

項　目	内　容
その他の記載内容の特定	その他の記載内容は，事業報告およびその附属明細書である。
経営者および監査役等の責任	経営者の責任は，その他の記載内容を作成し開示することにある。また，監査役および監査役会の責任は，その他の記載内容の報告プロセスの整備および運用における取締役の職務の執行を監視することにある。
監査意見の対象にはその他の記載内容は含まれておらず，監査人はその他の記載内容に対して意見を表明するものではない旨	当監査法人の計算書類等に対する監査意見の対象にはその他の記載内容は含まれておらず，当監査法人はその他の記載内容に対して意見を表明するものではない。
監査人の責任	計算書類等の監査における当監査法人の責任は，その他の記載内容を通読し，通読の過程において，その他の記載内容と計算書類等または当監査法人が監査の過程で得た知識との間に重要な相違があるかどうか検討すること，また，そのような重要な相違以外にその他の記載内容に重要な誤りの兆候があるかどうか注意を払うことにある。
監査人が報告すべき事項はない旨	当監査法人は，実施した作業に基づき，その他の記載内容に重要な誤りがあると判断した場合には，その事実を報告することが求められている。その他の記載内容に関して，当監査法人が報告すべき事項はない。

(c)　監査スケジュールの検討

　事業報告およびその附属明細書は，会計監査人の監査対象ではないが，監査人は監査意見を表明しない場合を除き，「その他の記載内容」に対する作業の結果を監査報告書に記載しなければならない。このため，会社法監査において会計監査人は，監査報告書日までに，監査対象となる計算書類等に対する監査

V 監査報告書 333

手続のみならず,「その他の記載内容」に対する作業等を完了できるように,事業報告およびその附属明細書の入手時期および手続も考慮した上で監査スケジュールを検討する必要がある。

③ 監基報600「グループ監査における特別な考慮事項」が適用となる場合の監査人の責任

2023年1月に監基報600「グループ監査における特別な考慮事項」が改正され,当該監基報を適用した場合の監査人の責任に関する記載が以下のとおり変更されている（監基報700 36項(3),監基報700実務指針1号「監査報告書の文例」20項）。

改正前	財務諸表に対する意見を表明するために,財務諸表に含まれる構成単位の財務情報に関する十分かつ適切な監査証拠を入手する。監査人は,構成単位の財務情報に関する監査の指示,監督及び実施に関して責任がある。監査人は,単独で監査意見に対して責任を負う。
改正後	財務諸表に対する意見表明の基礎となる,財務諸表に含まれる構成単位の財務情報に関する十分かつ適切な監査証拠を入手するために,財務諸表の監査を計画し実施する。監査人は,構成単位の財務情報の監査に関する指揮,監督及び査閲に関して責任がある。監査人は,単独で監査意見に対して責任を負う。

④ 報酬関連情報の開示

(a) 概　要

JICPAの「倫理規則」では,社会的影響度の高い事業体[※]の監査業務の報酬関連情報の開示が求められている（「倫理規則」R410.31項）。また,倫理規則実務ガイダンス1号「倫理規則に関するQ&A（実務ガイダンス）」（以下「倫理規則に関するQ&A」という）において,基本的には,会計事務所等が監査報告書において「倫理規則」で求められる報酬関連情報全体の開示を行うことが適切と考えられる旨が記載されている（「倫理規則に関するQ&A」Q410-13-1）。

(※) 公認会計士法における大会社等および会計事務所等が追加的に社会的影響度の高い事業体として扱うこととした事業体をいう（「倫理規則」400.8項）。

334 第3章 計算関係書類

(b) 「倫理規則」において報酬関連情報として開示が求められる項目

報酬関連情報として以下の内容の開示が求められている（「倫理規則」R410.31項）。

開示項目	具体的な内容
監査報酬	重要性にかかわらず，会計事務所等およびネットワーク・ファームに支払われた，または支払われるべき監査報酬（「倫理規則」R410.31項(1)）
非監査報酬	重要性にかかわらず，会計事務所等またはネットワーク・ファームが監査業務の依頼人およびその連結子会社（独立性の評価に関連することを知っている場合またはそのように信じるに足る理由がある場合，非連結子会社を含む）に提供する非監査業務に係る報酬（「倫理規則」R410.31(2)，(3)）
報酬依存度	2年連続して報酬依存度が15％を超える場合または超える可能性が高い場合，その事実および当該状況が最初に生じた年（「倫理規則」R410.31(4)）

(c) 会社法に基づく監査の監査報告書において報酬関連情報の開示が省略される場合

社会的影響度の高い事業体の監査業務であっても，以下の会社法に基づく監査の監査報告書における報酬関連情報の開示は省略することが認められている（「倫理規則」R410.32項，「倫理規則に関するQ&A」Q410-15-1，Q410-16-1）。

・連結財務諸表に係る監査報告書に報酬関連情報が記載される場合の当該会社の財務諸表に係る監査報告書

・完全親会社の連結財務諸表に係る監査報告書に報酬関連情報が記載される場合の完全子会社の（連結）財務諸表に係る監査報告書

また，金商法に基づく監査を受けている場合，その監査報告書では報酬関連情報は必須の記載事項となり，会社法に基づく監査の監査報告書においては報酬関連情報の記載を省略することができると考えられる（監基報700実務ガイダンス1号Q1-11）。

V 監査報告書 335

(d) 報酬関連情報における報酬金額の参照

会計監査人の報酬金額については，会社法施行規則に基づく事業報告の開示が要請されている（会施規126Ⅲ，Ⅷ）。事業報告の開示と「倫理規則」に基づく報酬関連情報の開示においては，金額集計範囲において差が生じる場合がある（「倫理規則に関するQ&A」Q410-13-1）。

それぞれの報酬金額に差がある場合には，監査報告書において「倫理規則」に基づく報酬金額を記載し，会社の開示箇所は参照しないこととなる。ただし，監査役等との協議の結果，事業報告の報酬の開示箇所に，「倫理規則」に基づく報酬金額の開示が追加される場合には，上記一致している場合と同様に，監査報告書において報酬金額を記載する方法のほかに，監査報告書において会社の開示箇所を参照する方法が考えられる（「倫理規則に関するQ&A」Q410-13-1）。

なお，事業報告における会計監査人の報酬金額の具体的な記載内容については，第5章の「Ⅰ　制度の規定　9　会計監査人設置会社における会計監査人に関する事項」および「Ⅲ　事例分析　13　会計監査人の状況」を参照されたい。

⑤　監査報告書の署名・電子化

公認会計士法において，監査報告書等（監査報告書，中間監査報告書または四半期レビュー報告書。以下「監査報告書等」という）への自署，押印は求められておらず，署名のみ求められている。さらに監査報告書等の交付を署名された書面に代えて，電子署名を付した電子化された監査報告書等によって行うことができるとされている（公認会計士法34の12）。

会社法の監査報告書についても，会社計算規則126条において会計監査人会計監査報告の内容について規定されているが，監査報告書の媒体や署名および押印に関する会社法上の規定はなく，公認会計士法および公認会計士法施行規則により電子文書による監査報告書の作成が可能となっている。

なお，会社法の監査報告書と金融商品取引法の監査報告書について，その媒体，署名および押印を紙媒体または電子文書の一方に揃える必要があるかについては，会社法，金融商品取引法または公認会計士法のいずれにも定められていない。そのため，監査報告書の媒体も紙媒体または電子文書をそれぞれ選択することができると考えられる，とされている（監基報700 実務ガイダンス1号

336 第3章 計算関係書類

Q 3 —10 (解説))。

⑥ 監査報告書の文例

日本公認会計士協会 監基報700 実務指針 1 号「監査報告書の文例」
Ⅱ 無限定適正意見を表明する場合の監査報告書の文例
《Ⅲ 会社法監査》

文例11 計算書類

独立監査人の監査報告書

×年×月×日

○○株式会社
  取締役会 御中

○○監査法人
○○事務所 (注1)

指 定 社 員 公認会計士 ○○○○
業務執行社員

指 定 社 員 公認会計士 ○○○○
業務執行社員

(注2)(注3)

＜計算書類等監査＞(注4)

監査意見

  当監査法人(注5)は，会社法第436条第2項第1号の規定に基づき，○○株式会社の×年×月×日から×年×月×日までの第×期事業年度の計算書類，すなわち，貸借対照表，損益計算書，株主資本等変動計算書及び個別注記表(注6)並びにその附属明細書(以下「計算書類等」という。)について監査を行った。

  当監査法人(注5)は，上記の計算書類等が，我が国において一般に公正妥当と認められる企業会計の基準(注7)に準拠して，当該計算書類等に係る期間の財産及び損益の状況を，全ての重要な点において適正に表示しているものと認める。

監査意見の根拠

当監査法人（注5）は，我が国において一般に公正妥当と認められる監査の基準に準拠して監査を行った。監査の基準における当監査法人（注5）の責任は，「計算書類等の監査における監査人の責任」に記載されている。当監査法人（注5）は，我が国における職業倫理に関する規定に従って，会社から独立しており，また，監査人としてのその他の倫理上の責任を果たしている。当監査法人（注5）は，意見表明の基礎となる十分かつ適切な監査証拠を入手したと判断している。

その他の記載内容

その他の記載内容は，事業報告及びその附属明細書である。経営者の責任は，その他の記載内容を作成し開示することにある。また，監査役及び監査役会（注8）の責任は，その他の記載内容の報告プロセスの整備及び運用における取締役の職務の執行を監視することにある（注9）。

当監査法人（注5）の計算書類等に対する監査意見の対象にはその他の記載内容は含まれておらず，当監査法人（注5）はその他の記載内容に対して意見を表明するものではない。

計算書類等の監査における当監査法人（注5）の責任は，その他の記載内容を通読し，通読の過程において，その他の記載内容と計算書類等又は当監査法人（注5）が監査の過程で得た知識との間に重要な相違があるかどうか検討すること，また，そのような重要な相違以外にその他の記載内容に重要な誤りの兆候があるかどうか注意を払うことにある。

当監査法人（注5）は，実施した作業に基づき，その他の記載内容に重要な誤りがあると判断した場合には，その事実を報告することが求められている。

その他の記載内容に関して，当監査法人（注5）が報告すべき事項はない。（注10）

計算書類等に対する経営者並びに監査役及び監査役会（注8）の責任

経営者の責任は，我が国において一般に公正妥当と認められる企業会計の基準（注7）に準拠して計算書類等を作成し適正に表示することにある。これには，不正又は誤謬による重要な虚偽表示のない計算書類等を作成し適正に表示するために経営者が必要と判断した内部統制を整備及び運用することが含まれる。

338　第3章　計算関係書類

　　計算書類等を作成するに当たり，経営者は，継続企業の前提に基づき計算書類等を作成することが適切であるかどうかを評価し，我が国において一般に公正妥当と認められる企業会計の基準（注7）に基づいて継続企業に関する事項を開示する必要がある場合には当該事項を開示する責任がある。

　　監査役及び監査役会（注8）の責任は，財務報告プロセスの整備及び運用における取締役の職務の執行を監視することにある（注11）。

計算書類等の監査における監査人の責任

　　監査人の責任は，監査人が実施した監査に基づいて，全体としての計算書類等に不正又は誤謬による重要な虚偽表示がないかどうかについて合理的な保証を得て，監査報告書において独立の立場から計算書類等に対する意見を表明することにある。虚偽表示は，不正又は誤謬により発生する可能性があり，個別に又は集計すると，計算書類等の利用者の意思決定に影響を与えると合理的に見込まれる場合に，重要性があると判断される。

　　監査人は，我が国において一般に公正妥当と認められる監査の基準に従って，監査の過程を通じて，職業的専門家としての判断を行い，職業的懐疑心を保持して以下を実施する。（注12）

・　不正又は誤謬による重要な虚偽表示リスクを識別し，評価する。また，重要な虚偽表示リスクに対応した監査手続を立案し，実施する。監査手続の選択及び適用は監査人の判断による。さらに，意見表明の基礎となる十分かつ適切な監査証拠を入手する。

・　計算書類等の監査の目的は，内部統制の有効性について意見表明するためのものではないが，監査人は，リスク評価の実施に際して，状況に応じた適切な監査手続を立案するために，監査に関連する内部統制を検討する。

・　経営者が採用した会計方針及びその適用方法の適切性，並びに経営者によって行われた会計上の見積りの合理性及び関連する注記事項の妥当性を評価する。

・　経営者が継続企業を前提として計算書類等を作成することが適切であるかどうか，また，入手した監査証拠に基づき，継続企業の前提に重要な疑義を生じさせるような事象又は状況に関して重要な不確実性が認められるかどうか結論付ける。継続企業の前提に関する重要な不確実性が認められる場合は，監査報告書において計算書類等の注記事項に注意を喚起するこ

V 監査報告書　339

と，又は重要な不確実性に関する計算書類等の注記事項が適切でない場合
は，計算書類等に対して除外事項付意見を表明することが求められている。
監査人の結論は，監査報告書日までに入手した監査証拠に基づいているが，
将来の事象や状況により，企業は継続企業として存続できなくなる可能性
がある。

・　計算書類等の表示及び注記事項が，我が国において一般に公正妥当と認
められる企業会計の基準（注7）に準拠しているかどうかとともに，関連
する注記事項を含めた計算書類等の表示，構成及び内容，並びに計算書類等
が基礎となる取引や会計事象を適正に表示しているかどうかを評価する。
　監査人は，監査役及び監査役会（注8）に対して，計画した監査の範囲と
その実施時期，監査の実施過程で識別した内部統制の重要な不備を含む監査
上の重要な発見事項，及び監査の基準で求められているその他の事項につい
て報告を行う。
　監査人は，監査役及び監査役会（注8）に対して，独立性についての我が
国における職業倫理に関する規定を遵守したこと，並びに監査人の独立性に
影響を与えると合理的に考えられる事項，及び阻害要因を除去するための対
応策を講じている場合又は阻害要因を許容可能な水準にまで軽減するための
セーフガードを適用している場合はその内容について報告を行う。（注13）

＜報酬関連情報＞（注4）（注14）（注15）（注16）
　当監査法人及び当監査法人と同一のネットワークに属する者（注5）に対
する，当事業年度の会社及び子会社（注17）の監査証明業務に基づく報酬及
び非監査業務に基づく報酬の額は，それぞれ XX 百万円及び XX 百万円で
ある。

利害関係
　会社と当監査法人又は業務執行社員（注5）との間には，公認会計士法の
規定により記載すべき利害関係はない。

以　上

（※）以下，注書は省略

（日本公認会計士協会公表物より転載）

340 第3章 計算関係書類

　上記の監基報700実務指針1号において，除外事項付き意見を表明する場合の監査報告書の文例として以下の文例も示されている。

Ⅲ　除外事項付意見を表明する場合の監査報告書の文例
《Ⅲ　会社法監査（計算書類）》
　　文例24　重要な虚偽表示による不適正意見
　　文例28　継続企業の前提に関する注記が何ら行われていないことによる不適正
　　　　　意見

　また，監基報700実務指針1号の以下の文例は金融商品取引法監査において使用する監査報告書の文例であるが，該当する場合，文中の「（連結）財務諸表」とあるのを「（連結）計算書類」と読み替えることにより会社法監査報告書においても使用することができる。

Ⅱ　無限定適正意見を表明する場合の監査報告書の文例
《Ⅰ　金融商品取引法監査（年度監査）》
　　文例5　継続企業の前提に関する重要な不確実性が認められ，財務諸表における注記が適切な場合の無限定適正意見の監査報告書
　　　　　（参考となる区分）継続企業の前提に関する不確実性区分

Ⅳ　追記情報を記載する場合の監査報告書の文例
　　文例31　重要な訴訟により他社に対する損害賠償支払の可能性が生じている場合
　　文例32　会計基準の早期適用を行っている場合
　　文例34　監査報告書日前に開示後発事象が発生した場合

---

⑦　**留意事項**

（a）　監査報告書の日付について

　会社法監査においては，会社計算規則130条で定められた通知期限内（詳細については「（3）　監査日程」を参照）であれば監査報告書日付の制約は特にない。このため，監査報告書の日付は関連する審査を完了した日以降とすることになる。

V　監査報告書　341

(b)　取得による企業結合が行われた場合の概算額の注記について

　連結財務諸表規則では，取得による企業結合が行われた場合において，当該企業結合が連結会計年度の期首に完了したと仮定したときの当該連結会計年度の連結損益計算書に与える影響の概算額およびその算定方法（以下「概算額の注記」という）を注記する旨を定めている（連結財務諸表規則15の12Ⅰ⑫）。この概算額の注記について，金融商品取引法と会社法では監査上の取扱いが異なっている。

　金融商品取引法監査においては，当該概算額の注記については，監査されていない旨を併せて記載することにより監査証明の対象から除くこととされている。一方，会社法では計算書類の注記表に記載された事項について監査の対象から除くという解釈はないとされているため，会社法の計算関係書類に記載された注記事項は，すべて監査の対象としなければならない。そのため，会社が会社法の計算関係書類へ概算額の注記を行った場合，監査の対象としなければならない（監基報700 実務指針1号29項）。

　上記のように，金融商品取引法監査と会社法監査では概算額の注記を行った場合の監査上の取扱いが異なるため，会社法の計算関係書類に概算額の注記を行い，会計監査人が当該注記について監査対象とすることは事実上困難である。

（8）　連結計算書類の監査

①　監査対象となる会社

　会社法においては，事業年度の末日に大会社であって有価証券報告書の提出義務がある会社は連結計算書類を作成しなければならない（会社法444Ⅲ）。

　なお，有価証券報告書提出会社以外の会社であっても会計監査人設置会社であれば，連結計算書類を作成することができる（会社法444Ⅰ）。この場合，会社法444条3項に基づき連結計算書類を作成する場合と同様，連結計算書類について，監査，承認，報告の一連の手続を行う必要がある。

②　監査日程

　連結計算書類の監査日程を時系列に示すと，以下のとおりである。

342　第3章　計算関係書類

	会　　社	会計監査人	監査役会・監査等委員会・監査委員会
日付の規定なし	➤連結計算書類を作成し，会計監査人，監査役（会），監査等委員会設置会社にあっては監査等委員会，指名委員会等設置会社にあっては監査委員会へ提出。		
		➤連結計算書類受領から4週間を経過した日（※）に会計監査報告の内容を特定監査役および特定取締役に通知（会計規130Ⅰ③）。	
			➤会計監査報告を受領した日から1週間を経過した日（※）に特定監査役は特定取締役および会計監査人へ連結計算書類についての監査報告の内容を通知（会計規132Ⅰ②）。
	取締役会は連結計算書類を承認（会社法444Ⅴ）		
株主総会日の2週間前まで	株主総会招集通知の発送連結計算書類を株主に提供（会社法444Ⅵ）		

（※）　当事者間で別途，合意により定めた日がある場合には，その日。

V 監査報告書 343

③ 監査対象書類

会社法では，会計監査人の監査対象となる連結計算書類の種類は，以下のようになっている（会社法444 I，Ⅳ，会計規61）。

連結計算書類	連結貸借対照表
	連結損益計算書
	連結株主資本等変動計算書
	連結注記表

④ 監査報告書の文例

連結計算書類についての会計監査人の監査報告書記載内容は会社計算規則126条に規定されているが，別途，JICPAから公表されている監基報700 実務指針1号において記載内容が示されている。

文例12　連結計算書類

独立監査人の監査報告書

×年×月×日

○○株式会社
　取締役会　御中

○○監 査 法 人
○○事務所（注1）

指 定 社 員
業務執行社員　公認会計士　○○○○

指 定 社 員
業務執行社員　公認会計士　○○○○

（注2）（注3）

＜連結計算書類監査＞（注4）

監査意見

　当監査法人（注5）は，会社法第444条第4項の規定に基づき，○○株式会社の×年×月×日から×年×月×日までの連結会計年度の連結計算書類，すなわち，連結貸借対照表，連結損益計算書（注6），連結株主資本等変動計

算書及び連結注記表（注7）について監査を行った。

当監査法人（注5）は，上記の連結計算書類が，我が国において一般に公正妥当と認められる企業会計の基準（注8）に準拠して，○○株式会社及び連結子会社からなる企業集団の当該連結計算書類に係る期間の財産及び損益の状況を，全ての重要な点において適正に表示しているものと認める。

監査意見の根拠

当監査法人（注5）は，我が国において一般に公正妥当と認められる監査の基準に準拠して監査を行った。監査の基準における当監査法人（注5）の責任は，「連結計算書類の監査における監査人の責任」に記載されている。当監査法人（注5）は，我が国における職業倫理に関する規定に従って，会社及び連結子会社から独立しており，また，監査人としてのその他の倫理上の責任を果たしている。当監査法人（注5）は，意見表明の基礎となる十分かつ適切な監査証拠を入手したと判断している。

その他の記載内容

その他の記載内容は，事業報告及びその附属明細書である。経営者の責任は，その他の記載内容を作成し開示することにある。また，監査役及び監査役会（注9）の責任は，その他の記載内容の報告プロセスの整備及び運用における取締役の職務の執行を監視することにある（注10）。

当監査法人（注5）の連結計算書類に対する監査意見の対象にはその他の記載内容は含まれておらず，当監査法人（注5）はその他の記載内容に対して意見を表明するものではない。

連結計算書類の監査における当監査法人（注5）の責任は，その他の記載内容を通読し，通読の過程において，その他の記載内容と連結計算書類又は当監査法人（注5）が監査の過程で得た知識との間に重要な相違があるかどうか検討すること，また，そのような重要な相違以外にその他の記載内容に重要な誤りの兆候があるかどうか注意を払うことにある。

当監査法人（注5）は，実施した作業に基づき，その他の記載内容に重要な誤りがあると判断した場合には，その事実を報告することが求められている。

その他の記載内容に関して，当監査法人（注5）が報告すべき事項はない。（注11）

連結計算書類に対する経営者並びに監査役及び監査役会（注9）の責任

　経営者の責任は，我が国において一般に公正妥当と認められる企業会計の基準（注8）に準拠して連結計算書類を作成し適正に表示することにある。これには，不正又は誤謬による重要な虚偽表示のない連結計算書類を作成し適正に表示するために経営者が必要と判断した内部統制を整備及び運用することが含まれる。

　連結計算書類を作成するに当たり，経営者は，継続企業の前提に基づき連結計算書類を作成することが適切であるかどうかを評価し，我が国において一般に公正妥当と認められる企業会計の基準（注8）に基づいて継続企業に関する事項を開示する必要がある場合には当該事項を開示する責任がある。

　監査役及び監査役会（注9）の責任は，財務報告プロセスの整備及び運用における取締役の職務の執行を監視することにある（注10）。

連結計算書類の監査における監査人の責任

　監査人の責任は，監査人が実施した監査に基づいて，全体としての連結計算書類に不正又は誤謬による重要な虚偽表示がないかどうかについて合理的な保証を得て，監査報告書において独立の立場から連結計算書類に対する意見を表明することにある。虚偽表示は，不正又は誤謬により発生する可能性があり，個別に又は集計すると，連結計算書類の利用者の意思決定に影響を与えると合理的に見込まれる場合に，重要性があると判断される。

　監査人は，我が国において一般に公正妥当と認められる監査の基準に従って，監査の過程を通じて，職業的専門家としての判断を行い，職業的懐疑心を保持して以下を実施する。

・　不正又は誤謬による重要な虚偽表示リスクを識別し，評価する。また，重要な虚偽表示リスクに対応した監査手続を立案し，実施する。監査手続の選択及び適用は監査人の判断による。さらに，意見表明の基礎となる十分かつ適切な監査証拠を入手する。

・　連結計算書類の監査の目的は，内部統制の有効性について意見表明するためのものではないが，監査人は，リスク評価の実施に際して，状況に応じた適切な監査手続を立案するために，監査に関連する内部統制を検討する。

・　経営者が採用した会計方針及びその適用方法の適切性，並びに経営者に

よって行われた会計上の見積りの合理性及び関連する注記事項の妥当性を評価する。

・　経営者が継続企業を前提として連結計算書類を作成することが適切であるかどうか，また，入手した監査証拠に基づき，継続企業の前提に重要な疑義を生じさせるような事象又は状況に関して重要な不確実性が認められるかどうか結論付ける。継続企業の前提に関する重要な不確実性が認められる場合は，監査報告書において連結計算書類の注記事項に注意を喚起すること，又は重要な不確実性に関する連結計算書類の注記事項が適切でない場合は，連結計算書類に対して除外事項付意見を表明することが求められている。監査人の結論は，監査報告書日までに入手した監査証拠に基づいているが，将来の事象や状況により，企業は継続企業として存続できなくなる可能性がある。

・　連結計算書類の表示及び注記事項が，我が国において一般に公正妥当と認められる企業会計の基準（注8）に準拠しているかどうかとともに，関連する注記事項を含めた連結計算書類の表示，構成及び内容，並びに連結計算書類が基礎となる取引や会計事象を適正に表示しているかどうかを評価する。

・　連結計算書類に対する意見表明の基礎となる，会社及び連結子会社の財務情報に関する十分かつ適切な監査証拠を入手するために，連結計算書類の監査を計画し実施する。監査人は，連結計算書類の監査に関する指揮，監督及び査閲に関して責任がある。監査人は，単独で監査意見に対して責任を負う。

監査人は，監査役及び監査役会（注9）に対して，計画した監査の範囲とその実施時期，監査の実施過程で識別した内部統制の重要な不備を含む監査上の重要な発見事項，及び監査の基準で求められているその他の事項について報告を行う。

監査人は，監査役及び監査役会（注9）に対して，独立性についての我が国における職業倫理に関する規定を遵守したこと，並びに監査人の独立性に影響を与えると合理的に考えられる事項，及び阻害要因を除去するための対応策を講じている場合又は阻害要因を許容可能な水準にまで軽減するためのセーフガードを適用している場合はその内容について報告を行う。（注13）

＜報酬関連情報＞（注４）（注14）（注15）（注16）

当監査法人及び当監査法人と同一のネットワークに属する者（注５）に対する，当連結会計年度の会社及び子会社の監査証明業務に基づく報酬及び非監査業務に基づく報酬の額は，それぞれ XX 百万円及び XX 百万円である。

利害関係

会社及び連結子会社と当監査法人又は業務執行社員（注５）との間には，公認会計士法の規定により記載すべき利害関係はない。

以　上

（※）以下，注書は省略

（日本公認会計士協会公表物より転載）

監基報700実務指針１号には以下の文例も示されている。

Ⅱ　無限定適正意見を表明する場合の監査報告書の文例
《Ⅲ　会社法監査》
　　文例13　連結計算書類（会社計算規則第120条第１項前段の規定により定められた指定国際会計基準又は同規則第120条の２第１項の規定により定められた修正国際基準に準拠して連結計算書類が作成されている場合）
　　文例14　連結計算書類（会社計算規則第120条第１項後段の規定により指定国際会計基準又は同規則第120条の２第３項において準用する同規則第120条第１項後段の規定により修正国際基準で求められる開示項目の一部を省略して連結計算書類が作成されている場合）

（9）　臨時計算書類の監査

会社法では，計算書類および連結計算書類のほかに，臨時計算書類を作成することができるとしている（会社法441）。期中に行う剰余金の分配可能額には，原則として，期中の期間損益は反映できないが，期中の一定の日（臨時決算日）における臨時計算書類を決算に準じた手続により作成した場合には，期首

から臨時決算日までの期間損益を分配可能額に反映することができるとしている（会社法461Ⅱ②）。

　この制度を利用するニーズとしては，分配可能額が前期末においてマイナスか少額の場合，あるいは企業再編直後で分配可能額がない場合などが考えられる。

①　臨時計算書類の種類

　臨時計算書類として会社法で定められている種類は，以下の2つである（会社法441）。

- 臨時決算日における貸借対照表
- 臨時決算日の属する事業年度の初日から臨時決算日までの期間（臨時会計年度）に係る損益計算書

②　臨時計算書類の監査および監査日程

　臨時計算書類の作成は決算手続に準ずるため，監査役（監査等委員会設置会社にあっては監査等委員会，指名委員会等設置会社にあっては監査委員会）あるいは会計監査人の監査が必要となる。

　会計監査人は，以下のいずれか遅い日までに，特定監査役および特定取締役に対して会計監査報告の内容を通知しなければならない（会計規130Ⅰ②）。

- 当該臨時計算書類の全部を受領した日から4週間を経過した日
- 特定取締役，特定監査役および会計監査人の間で合意により定めた日があるときは，その日

③　臨時計算書類の監査報告書の文例

　臨時計算書類についての会計監査人の監査報告書記載内容は会社計算規則126条に規定されているが，別途，JICPAから公表されている監基報700 実務指針1号「監査報告書の文例」において記載内容が示されている。

V 監査報告書 349

文例15 臨時計算書類

独立監査人の監査報告書

×年×月×日

○○株式会社

取締役会 御中

○ ○ 監 査 法 人

○○事務所（注1）

指 定 社 員
業務執行社員 　公認会計士 ○○○○

指 定 社 員
業務執行社員 　公認会計士 ○○○○

（注2）（注3）

監査意見

当監査法人（注4）は，会社法第441条第2項の規定に基づき，○○株式会社の×年×月×日から×年×月×日までの臨時会計年度の臨時計算書類，すなわち，臨時貸借対照表，臨時損益計算書，重要な会計方針及びその他の注記について監査を行った。

当監査法人（注4）は，上記の臨時計算書類が，我が国において一般に公正妥当と認められる企業会計の基準（注5）に準拠して，当該臨時計算書類に係る期間の財産及び損益の状況を，全ての重要な点において適正に表示しているものと認める。

監査意見の根拠

当監査法人（注4）は，我が国において一般に公正妥当と認められる監査の基準に準拠して監査を行った。監査の基準における当監査法人（注4）の責任は，「臨時計算書類の監査における監査人の責任」に記載されている。当監査法人（注4）は，我が国における職業倫理に関する規定に従って，会社から独立しており，また，監査人としてのその他の倫理上の責任を果たしている。当監査法人（注4）は，意見表明の基礎となる十分かつ適切な監査証拠を入手したと判断している。

350 第3章 計算関係書類

その他の記載内容

　その他の記載内容は，監査した臨時計算書類を含む開示書類に含まれる情報のうち，臨時計算書類及びその監査報告書以外の情報である。

　当監査法人（注4）は，その他の記載内容が存在しないと判断したため，その他の記載内容に対するいかなる作業も実施していない。

臨時計算書類に対する経営者並びに監査役及び監査役会（注6）の責任

　経営者の責任は，我が国において一般に公正妥当と認められる企業会計の基準（注5）に準拠して臨時計算書類を作成し適正に表示することにある。これには，不正又は誤謬による重要な虚偽表示のない臨時計算書類を作成し適正に表示するために経営者が必要と判断した内部統制を整備及び運用することが含まれる。

　臨時計算書類を作成するに当たり，経営者は，継続企業の前提に基づき臨時計算書類を作成することが適切であるかどうかを評価し，我が国において一般に公正妥当と認められる企業会計の基準（注5）に基づいて継続企業に関する事項を開示する必要がある場合には当該事項を開示する責任がある。

　監査役及び監査役会（注6）の責任は，財務報告プロセスの整備及び運用における取締役の職務の執行を監視することにある（注7）。

臨時計算書類の監査における監査人の責任

　監査人の責任は，監査人が実施した監査に基づいて，全体としての臨時計算書類に不正又は誤謬による重要な虚偽表示がないかどうかについて合理的な保証を得て，監査報告書において独立の立場から臨時計算書類に対する意見を表明することにある。虚偽表示は，不正又は誤謬により発生する可能性があり，個別に又は集計すると，臨時計算書類の利用者の意思決定に影響を与えると合理的に見込まれる場合に，重要性があると判断される。

　監査人は，我が国において一般に公正妥当と認められる監査の基準に従って，監査の過程を通じて，職業的専門家としての判断を行い，職業的懐疑心を保持して以下を実施する。（注8）

・　不正又は誤謬による重要な虚偽表示リスクを識別し，評価する。また，重要な虚偽表示リスクに対応した監査手続を立案し，実施する。監査手続の選択及び適用は監査人の判断による。さらに，意見表明の基礎となる十

分かつ適切な監査証拠を入手する。

・　臨時計算書類の監査の目的は，内部統制の有効性について意見表明するためのものではないが，監査人は，リスク評価の実施に際して，状況に応じた適切な監査手続を立案するために，監査に関連する内部統制を検討する。

・　経営者が採用した会計方針及びその適用方法の適切性，並びに経営者によって行われた会計上の見積りの合理性及び関連する注記事項の妥当性を評価する。

・　経営者が継続企業を前提として臨時計算書類を作成することが適切であるかどうか，また，入手した監査証拠に基づき，継続企業の前提に重要な疑義を生じさせるような事象又は状況に関して重要な不確実性が認められるかどうか結論付ける。継続企業の前提に関する重要な不確実性が認められる場合は，監査報告書において臨時計算書類の注記事項に注意を喚起すること，又は重要な不確実性に関する臨時計算書類の注記事項が適切でない場合は，臨時計算書類に対して除外事項付意見を表明することが求められている。監査人の結論は，監査報告書日までに入手した監査証拠に基づいているが，将来の事象や状況により，企業は継続企業として存続できなくなる可能性がある。

・　臨時計算書類の表示及び注記事項が，我が国において一般に公正妥当と認められる企業会計の基準（注5）に準拠しているかどうかとともに，関連する注記事項を含めた臨時計算書類の表示，構成及び内容，並びに臨時計算書類が基礎となる取引や会計事象を適正に表示しているかどうかを評価する。

　監査人は，監査役及び監査役会（注6）に対して，計画した監査の範囲とその実施時期，監査の実施過程で識別した内部統制の重要な不備を含む監査上の重要な発見事項，及び監査の基準で求められているその他の事項について報告を行う。

　監査人は，監査役及び監査役会（注6）に対して，独立性についての我が国における職業倫理に関する規定を遵守したこと，並びに監査人の独立性に影響を与えると合理的に考えられる事項，及び阻害要因を除去するための対応策を講じている場合又は阻害要因を許容可能な水準にまで軽減するためのセーフガードを適用している場合はその内容について報告を行う。（注9）

352　第3章　計算関係書類

> 利害関係
>
>   会社と当監査法人又は業務執行社員（注4）との間には，公認会計士法の規定により記載すべき利害関係はない。
>
> 　　　　　　　　　　　　　　　　　　　　　　　　　　　　以　上

（※）以下，注書は省略

（日本公認会計士協会公表物より転載）

④　計算書類，連結計算書類，臨時計算書類の違い

計算書類，連結計算書類および臨時計算書類の相違点は，以下のとおりである。

	計算書類	連結計算書類	臨時計算書類
内容	●貸借対照表 ●損益計算書 ●株主資本等変動計算書 ●個別注記表	●連結貸借対照表 ●連結損益計算書 ●連結株主資本等変動計算書 ●連結注記表	●臨時貸借対照表 ●臨時損益計算書
附属明細書	あり	なし	なし
作成義務	義務	有価証券報告書提出大会社は義務 その他の会計監査人設置会社は任意	任意
作成時期	毎事業年度終了後	毎事業年度終了後	随時（事業年度途中の臨時決算日終了後）

(10)　事例分析

①　計算書類

〈事例1〉　無限定適正意見の事例

ヤマトホールディングス（2024年3月期）

<u>独立監査人の監査報告書</u>

2024年5月9日

ヤマトホールディングス株式会社

　取　締　役　会　御中

有限責任監査法人　トーマツ

東　京　事　務　所

指定有限責任社員 業務執行社員	公認会計士	○	○	○	○
指定有限責任社員 業務執行社員	公認会計士	○	○	○	○
指定有限責任社員 業務執行社員	公認会計士	○	○	○	○

監査意見

　当監査法人は，会社法第436条第2項第1号の規定に基づき，ヤマトホールディングス株式会社の2023年4月1日から2024年3月31日までの第159期事業年度の計算書類，すなわち，貸借対照表，損益計算書，株主資本等変動計算書及び個別注記表並びにその附属明細書（以下「計算書類等」という。）について監査を行った。

　当監査法人は，上記の計算書類等が，我が国において一般に公正妥当と認められる企業会計の基準に準拠して，当該計算書類等に係る期間の財産及び損益の状況を，全ての重要な点において適正に表示しているものと認める。

監査意見の根拠

　当監査法人は，我が国において一般に公正妥当と認められる監査の基準に準拠して監査を行った。監査の基準における当監査法人の責任は，「計算書類等の監査における監査人の責任」に記載されている。当監査法人は，我が国における職業倫理に関する規定に従って，会社から独立しており，また，監査人としてのその他の倫理上の責任を果たしている。当監査法人は，意見表明の基礎となる十分かつ適切な監査証拠を入手したと判断している。

その他の記載内容

　その他の記載内容は，事業報告及びその附属明細書である。経営者の責任は，その他の記載内容を作成し開示することにある。また，監査役及び監査役会の責任は，その他の記載内容の報告プロセスの整備及び運用における取締役の職務の執行を監視することにある。

354 第3章 計算関係書類

当監査法人の計算書類等に対する監査意見の対象にはその他の記載内容は含まれておらず，当監査法人はその他の記載内容に対して意見を表明するものではない。

計算書類等の監査における当監査法人の責任は，その他の記載内容を通読し，通読の過程において，その他の記載内容と計算書類等又は当監査法人が監査の過程で得た知識との間に重要な相違があるかどうか検討すること，また，そのような重要な相違以外にその他の記載内容に重要な誤りの兆候があるかどうか注意を払うことにある。

当監査法人は，実施した作業に基づき，その他の記載内容に重要な誤りがあると判断した場合には，その事実を報告することが求められている。

その他の記載内容に関して，当監査法人が報告すべき事項はない。

計算書類等に対する経営者並びに監査役及び監査役会の責任

経営者の責任は，我が国において一般に公正妥当と認められる企業会計の基準に準拠して計算書類等を作成し適正に表示することにある。これには，不正又は誤謬による重要な虚偽表示のない計算書類等を作成し適正に表示するために経営者が必要と判断した内部統制を整備及び運用することが含まれる。

計算書類等を作成するに当たり，経営者は，継続企業の前提に基づき計算書類等を作成することが適切であるかどうかを評価し，我が国において一般に公正妥当と認められる企業会計の基準に基づいて継続企業に関する事項を開示する必要がある場合には当該事項を開示する責任がある。

監査役及び監査役会の責任は，財務報告プロセスの整備及び運用における取締役の職務の執行を監視することにある。

計算書類等の監査における監査人の責任

監査人の責任は，監査人が実施した監査に基づいて，全体としての計算書類等に不正又は誤謬による重要な虚偽表示がないかどうかについて合理的な保証を得て，監査報告書において独立の立場から計算書類等に対する意見を表明することにある。虚偽表示は，不正又は誤謬により発生する可能性があり，個別に又は集計すると，計算書類等の利用者の意思決定に影響を与えると合理的に見込まれる場合に，重要性があると判断される。

監査人は，我が国において一般に公正妥当と認められる監査の基準に従って，

監査の過程を通じて，職業的専門家としての判断を行い，職業的懐疑心を保持して以下を実施する。

- ・不正又は誤謬による重要な虚偽表示リスクを識別し，評価する。また，重要な虚偽表示リスクに対応した監査手続を立案し，実施する。監査手続の選択及び適用は監査人の判断による。さらに，意見表明の基礎となる十分かつ適切な監査証拠を入手する。
- ・計算書類等の監査の目的は，内部統制の有効性について意見表明するためのものではないが，監査人は，リスク評価の実施に際して，状況に応じた適切な監査手続を立案するために，監査に関連する内部統制を検討する。
- ・経営者が採用した会計方針及びその適用方法の適切性，並びに経営者によって行われた会計上の見積りの合理性及び関連する注記事項の妥当性を評価する。
- ・経営者が継続企業を前提として計算書類等を作成することが適切であるかどうか，また，入手した監査証拠に基づき，継続企業の前提に重要な疑義を生じさせるような事象又は状況に関して重要な不確実性が認められるかどうか結論付ける。継続企業の前提に関する重要な不確実性が認められる場合は，監査報告書において計算書類等の注記事項に注意を喚起すること，又は重要な不確実性に関する計算書類等の注記事項が適切でない場合は，計算書類等に対して除外事項付意見を表明することが求められている。監査人の結論は，監査報告書日までに入手した監査証拠に基づいているが，将来の事象や状況により，企業は継続企業として存続できなくなる可能性がある。
- ・計算書類等の表示及び注記事項が，我が国において一般に公正妥当と認められる企業会計の基準に準拠しているかどうかとともに，関連する注記事項を含めた計算書類等の表示，構成及び内容，並びに計算書類等が基礎となる取引や会計事象を適正に表示しているかどうかを評価する。

監査人は，監査役及び監査役会に対して，計画した監査の範囲とその実施時期，監査の実施過程で識別した堕部統制の重要な不備を含む監査上の重要な発見事項，及び監査の基準で求められているその他の事項について報告を行う。

監査人は，監査役及び監査役会に対して，独立性についての我が国における職業倫理に関する規定を遵守したこと，並びに監査人の独立性に影響を与えると合理的に考えられる事項，及び阻害要因を除去するための対応策を講じている場合又は阻害要因を許容可能な水準にまで軽減するためのセーフガードを適用してい

356　第3章　計算関係書類

る場合はその内容について報告を行う。

利害関係

　会社と当監査法人又は業務執行社員との間には，公認会計士法の規定により記載すべき利害関係はない。

以　上

〈事例2〉　継続企業の前提に関する重要な不確実性が認められ，計算書類における注記が適切な場合の事例

A社（2023年12月期）

継続企業の前提に関する重要な不確実性

　継続企業の前提に関する注記に記載されているとおり，会社は継続的に営業損失及び営業キャッシュ・フローのマイナスを計上していることから，継続企業の前提に重要な疑義を生じさせるような事象又は状況が存在しており，現時点では継続企業の前提に関する重要な不確実性が認められる。なお，当該事象又は状況に対する対応策及び重要な不確実性が認められる理由については当該注記に記載されている。計算書類等は継続企業を前提として作成されており，このような重要な不確実性の影響は計算書類等に反映されていない。

　当該事項は，当監査法人の意見に影響を及ぼすものではない。

〈事例3〉　強調事項（会計方針の変更）の記載がある事例

ニチコン（2024年3月期）

強調事項

　会計上の見積りの変更と区別することが困難な会計方針の変更に記載されているとおり，会社は，有形固定資産（リース資産を除く）の減価償却方法について，従来，定率法（ただし，1998年4月1日以降に取得した建物（建物附属設備は除く）並びに2016年4月1日以降に取得した建物附属設備及び構築物については，定額法）を採用していたが，当事業年度より定額法に変更している。

　当該事項は，当監査法人の意見に影響を及ぼすものではない。

V 監査報告書 357

〈事例4〉 強調事項（重要な後発事象）の記載がある事例

協和キリン（2023年12月期）

強調事項

　個別注記表の重要な後発事象に関する注記に記載のとおり，会社は2024年2月7日開催の取締役会において自己株式の取得及び自己株式の消却を行うことを決議している。

　当該事項は，当監査法人の意見に影響を及ぼすものではない。

---

② 連結計算書類

〈事例1〉 無限定適正意見の事例

ヤマトホールディングス（2024年3月期）

独立監査人の監査報告書

2024年5月9日

ヤマトホールディングス株式会社

　取　締　役　会　御中

有限責任監査法人　トーマツ
東　京　事　務　所

指定有限責任社員　　公認会計士　　○　○　○　○
業　務　執　行　社　員

指定有限責任社員　　公認会計士　　○　○　○　○
業　務　執　行　社　員

指定有限責任社員　　公認会計士　　○　○　○　○
業　務　執　行　社　員

監査意見

　当監査法人は，会社法第444条第4項の規定に基づき，ヤマトホールディングス株式会社の2023年4月1日から2024年3月31日までの連結会計年度の連結計算書類，すなわち，連結貸借対照表，連結損益計算書，連結株主資本等変動計算書及び連結注記表について監査を行った。

　当監査法人は，上記の連結計算書類が，我が国において一般に公正妥当と認められる企業会計の基準に準拠して，ヤマトホールディングス株式会社及び連結子

358　第3章　計算関係書類

会社からなる企業集団の当該連結計算書類に係る期間の財産及び損益の状況を，全ての重要な点において適正に表示しているものと認める。

監査意見の根拠

当監査法人は，我が国において一般に公正妥当と認められる監査の基準に準拠して監査を行った。監査の基準における当監査法人の責任は，「連結計算書類の監査における監査人の責任」に記載されている。当監査法人は，我が国における職業倫理に関する規定に従って，会社及び連結子会社から独立しており，また，監査人としてのその他の倫理上の責任を果たしている。当監査法人は，意見表明の基礎となる十分かつ適切な監査証拠を入手したと判断している。

その他の記載内容

その他の記載内容は，事業報告及びその附属明細書である。経営者の責任は，その他の記載内容を作成し開示することにある。また，監査役及び監査役会の責任は，その他の記載内容の報告プロセスの整備及び運用における取締役の職務の執行を監視することにある。

当監査法人の連結計算書類に対する監査意見の対象にはその他の記載内容は含まれておらず，当監査法人はその他の記載内容に対して意見を表明するものではない。

連結計算書類の監査における当監査法人の責任は，その他の記載内容を通読し，通読の過程において，その他の記載内容と連結計算書類又は当監査法人が監査の過程で得た知識との間に重要な相違があるかどうか検討すること，また，そのような重要な相違以外にその他の記載内容に重要な誤りの兆候があるかどうか注意を払うことにある。

当監査法人は，実施した作業に基づき，その他の記載内容に重要な誤りがあると判断した場合には，その事実を報告することが求められている。

その他の記載内容に関して，当監査法人が報告すべき事項はない。

連結計算書類に対する経営者並びに監査役及び監査役会の責任

経営者の責任は，我が国において一般に公正妥当と認められる企業会計の基準に準拠して連結計算書類を作成し適正に表示することにある。これには，不正又は誤謬による重要な虚偽表示のない連結計算書類を作成し適正に表示するために

経営者が必要と判断した内部統制を整備及び運用することが含まれる。

連結計算書類を作成するに当たり，経営者は，継続企業の前提に基づき連結計算書類を作成することが適切であるかどうかを評価し，我が国において一般に公正妥当と認められる企業会計の基準に基づいて継続企業に関する事項を開示する必要がある場合には当該事項を開示する責任がある。

監査役及び監査役会の責任は，財務報告プロセスの整備及び運用における取締役の職務の執行を監視することにある。

連結計算書類の監査における監査人の責任

監査人の責任は，監査人が実施した監査に基づいて，全体としての連結計算書類に不正又は誤謬による重要な虚偽表示がないかどうかについて合理的な保証を得て，監査報告書において独立の立場から連結計算書類に対する意見を表明することにある。虚偽表示は，不正又は誤謬により発生する可能性があり，個別に又は集計すると，連結計算書類の利用者の意思決定に影響を与えると合理的に見込まれる場合に，重要性があると判断される。

監査人は，我が国において一般に公正妥当と認められる監査の基準に従って，監査の過程を通じて，職業的専門家としての判断を行い，職業的懐疑心を保持して以下を実施する。

・不正又は誤謬による重要な虚偽表示リスクを識別し，評価する。また，重要な虚偽表示リスクに対応した監査手続を立案し，実施する。監査手続の選択及び適用は監査人の判断による。さらに，意見表明の基礎となる十分かつ適切な監査証拠を入手する。

・連結計算書類の監査の目的は，内部統制の有効性について意見表明するためのものではないが，監査人は，リスク評価の実施に際して，状況に応じた適切な監査手続を立案するために，監査に関連する内部統制を検討する。

・経営者が採用した会計方針及びその適用方法の適切性，並びに経営者によって行われた会計上の見積りの合理性及び関連する注記事項の妥当性を評価する。

・経営者が継続企業を前提として連結計算書類を作成することが適切であるかどうか，また，入手した監査証拠に基づき，継続企業の前提に重要な疑義を生じさせるような事象又は状況に関して重要な不確実性が認められるかどうか結論付ける。継続企業の前提に関する重要な不確実性が認められる場合は，

360　第3章　計算関係書類

　　監査報告書において連結計算書類の注記事項に注意を喚起すること，又は重
　要な不確実性に関する連結計算書類の注記事項が適切でない場合は，連結計
　算書類に対して除外事項付意見を表明することが求められている。監査人の
　結論は，監査報告書日までに入手した監査証拠に基づいているが，将来の事
　象や状況により，企業は継続企業として存続できなくなる可能性がある。
・連結計算書類の表示及び注記事項が，我が国において一般に公正妥当と認め
　られる企業会計の基準に準拠しているかどうかとともに，関連する注記事項
　を含めた連結計算書類の表示，構成及び内容，並びに連結計算書類が基礎と
　なる取引や会計事象を適正に表示しているかどうかを評価する。
・連結計算書類に対する意見を表明するために，会社及び連結子会社の財務情
　報に関する十分かつ適切な監査証拠を入手する。監査人は，連結計算書類の
　監査に関する指示，監督及び実施に関して責任がある。監査人は，単独で監
　査意見に対して責任を負う。
　監査人は，監査役及び監査役会に対して，計画した監査の範囲とその実施時期，
監査の実施過程で識別した内部統制の重要な不備を含む監査上の重要な発見事項，
及び監査の基準で求められているその他の事項について報告を行う。
　監査人は，監査役及び監査役会に対して，独立性についての我が国における職
業倫理に関する規定を遵守したこと，並びに監査人の独立性に影響を与えると合
理的に考えられる事項，及び阻害要因を除去するための対応策を講じている場合
又は阻害要因を許容可能な水準にまで軽減するためのセーフガードを適用してい
る場合はその内容について報告を行う。

利害関係
　会社及び連結子会社と当監査法人又は業務執行社員との間には，公認会計士法
の規定により記載すべき利害関係はない。

以　上

〈事例2〉　強調事項（誤謬の訂正）の記載がある事例

A社（2024年3月期）

強調事項
　連結注記表の誤謬の訂正に関する注記に記載されているとおり，会社は当連結

会計年度において，長期契約を含むライセンス取引の収益認識の会計処理等に関する過年度における誤謬の訂正を行い，期首の利益剰余金を修正している。

当該事項は，当監査法人の意見に影響を及ぼすものではない。

〈事例3〉　強調事項（追加情報）の記載がある事例

B社（2024年3月期）

強調事項

連結注記表（追加情報）に記載されているとおり，会社は，2022年12月21日開催の取締役会において，会社のその他の関係会社である○○株式会社による会社の普通株式に対する公開買付けに関して，賛同の意見を表明するとともに，会社の株主に対して，本公開買付けへの応募を推奨することを決議している。

当該事項は，当監査法人の意見に影響を及ぼすものではない。

〈事例4〉　会社法上の会計監査人の監査報告書にKAMの記載がある事例

三菱UFJフィナンシャル・グループ（2024年3月期）

監査上の主要な検討事項

監査上の主要な検討事項とは，当連結会計年度の連結計算書類の監査において，監査人が職業的専門家として特に重要であると判断した事項である。監査上の主要な検討事項は，連結計算書類全体に対する監査の実施過程及び監査意見の形成において対応した事項であり，当監査法人は，当該事項に対して個別に意見を表明するものではない。

当連結会計年度の連結計算書類の監査において，当監査法人は，後述する「貸出業務における貸倒引当金の算定」について，以下の四点を監査上の主要な検討事項とした。

- (1)　特定の取引先の内部信用格付の決定
- (2)　特定の取引先債権へのキャッシュ・フロー見積法の適用
- (3)　過去実績を基に算定した損失率への将来見込み等による調整
- (4)　在外子会社における貸倒引当金の算定

なお，「(2)特定の取引先債権へのキャッシュ・フロー見積法の適用」は，会社

の主要な国内銀行連結子会社において当該見積方法を適用する債権の金額的重要性が高まったことから，見積りの不確実性，経営者による主観的な判断の程度，及び連結計算書類に与える影響の程度を考慮し，当連結会計年度の連結計算書類の監査における監査上の主要な検討事項とした。

貸出業務における貸倒引当金の算定

　会社は，株式会社三菱UFJ銀行をはじめとする銀行子会社を傘下に有しており，中核的な事業の一つとして貸出業務を行っている。貸出業務には，取引先の倒産等により貸し付けた資金の全部又は一部が回収できなくなること等により損失を被るリスクが存在する。会社は，このような貸倒れによる損失の発生に備えるため貸倒引当金を計上している。当連結会計年度末の連結貸借対照表における貸倒引当金の計上額は，1兆5,352億円である。なお，会社による貸倒引当金の計上基準の詳細は，連結注記表の「連結計算書類の作成のための基本となる重要な事項に関する注記5．会計方針に関する事項(6)貸倒引当金の計上基準」，及び「重要な会計上の見積りに関する注記1．貸倒引当金の算定」に記載されている。

　貸倒引当金は，内部規程として予め定めている資産の自己査定基準及び償却・引当基準に則して算定され，経営会議傘下の与信委員会等の審議を経て決定されている。

　主要な国内銀行連結子会社における貸倒引当金の算定プロセスには，取引先の債務償還能力を評価・分類した内部信用格付の決定，取引先から差し入れられた担保の価値の評価，キャッシュ・フロー見積法を適用する場合における将来キャッシュ・フローの見積り，及び過去実績を基に算定した損失率への将来見込み等による調整といった種々の見積りが含まれている。主要な国内銀行連結子会社である株式会社三菱UFJ銀行の当事業年度末の貸借対照表における貸倒引当金の計上額及び貸出金の残高は，それぞれ，8,415億円，103兆4,449億円である。このうち，過去実績を基に算定した損失率への将来見込み等による調整の額は，424億円である。

　在外子会社のうち，主要な海外銀行連結子会社における貸倒引当金は，米国財務会計基準審議会会計基準コーディフィケーション（ASC）326「金融商品 - 信用損失」（以下，「CECL」という。）を適用し，貸出金等の残存契約期間に亘って予想信用損失を見積もることにより算定されている。なお，当連結会計年度末の連結貸借対照表におけるCECLによる貸倒引当金の計上額及び貸出金の残高

V 監査報告書　363

は，それぞれ，5,297億円，7兆7,529億円である。

監査上の主要な検討事項の内容及び決定理由

(1)　特定の取引先の内部信用格付の決定

　　貸倒引当金の算定における重要な要素である内部信用格付は，取引先が業績不振や財務的な困難に直面しており，将来の業績回復見込や事業の継続可能性の判断に高度に依存して決定される場合がある。このような特定の取引先の将来の業績回復見込や事業の継続可能性は，各国の経済・物価情勢と金融政策，地政学的な状況の変化等，取引先企業内外の経営環境の変化による影響を受けるため，見積りの不確実性や経営者による主観的な判断の程度が高い。

(2)　特定の取引先債権へのキャッシュ・フロー見積法の適用

　　キャッシュ・フロー見積法に基づく貸倒引当金の算定における重要な要素である将来キャッシュ・フローの見積りは，取引先の将来の業績回復見込や事業の継続可能性の判断に高度に依存して決定される場合がある。特に，経営破綻に陥る可能性が大きいと認められる破綻懸念先に対する債権の回収可能性の判断においては，客観的な情報を入手することが困難である場合，見積りの不確実性や経営者による主観的な判断の程度が高い。

(3)　過去実績を基に算定した損失率への将来見込み等による調整

　　「重要な会計上の見積りに関する注記1．貸倒引当金の算定」に記載されている過去実績を基に算定した損失率への将来見込み等による調整は，過去実績を基に算定した損失率では捕捉されない要因により見込まれる追加予想損失額を考慮する等により，必要と認められる場合に実施されている。この損失率への将来見込み等による調整には，特に，ロシア・ウクライナ情勢を踏まえ，当連結会計年度末に保有する貸出金等の回収について，より不確実性が高まっているとの仮定が置かれている。このような損失率への将来見込み等による調整は，客観的な情報を入手することが困難な見積りに基づいているため，見積りの不確実性や経営者による主観的な判断の程度が高く，また，採用する見積方法の決定について経営者による主観的な判断が介在する可能性がある。

(4)　在外子会社における貸倒引当金の算定

364 第3章 計算関係書類

　CECL による予想信用損失は，定量モデルにより，マクロ経済変数を含む経済予測シナリオを用いて将来予測を反映して算定される。マクロ経済変数には，過去の貸倒損失の発生と相関関係のある失業率及び GDP 等がある。経済予測シナリオの不確実性に鑑み，定量モデルによる予想信用損失は，複数の経済予測シナリオ毎に算定され，各シナリオに一定のウエイト比率を適用して加重平均することにより算定される。さらに，定量モデルによる予想信用損失の算定結果には，定量モデルでは捕捉されない定性的要因による調整（以下，「定性的要因による調整」という。）が加えられる場合がある。この点，複数の経済予測シナリオに係る特定のマクロ経済変数及びそれぞれの経済予測シナリオに適用されるウエイト比率の決定には，直近の経済状態や将来の経済状態に係る会社内外のエコノミストの見解等の種々の要素が考慮されるが，これらには，経済・物価情勢と金融政策，地政学的な状況の変化等の予測が含まれている。また，定性的要因による調整の決定には，物価情勢や政府支援の動向等が定量モデルによる予想信用損失に与える影響の予測が含まれている。これらの予測は，客観的な情報を入手することが困難な見積りに基づいているため，見積りの不確実性や経営者による主観的な判断の程度が高い。

　上記(1)から(4)に関する経営者の重要な見積りや当該見積りに用いた仮定が，貸出業務に内包される信用リスクを適切に反映していない場合には，結果として貸倒引当金が適切に算定されないリスクが潜在的に存在している。したがって，これらの重要な見積りや当該見積りに用いた仮定の妥当性は，当監査法人の監査上の主要な検討事項である。

<u>監査上の対応</u>

　当該監査上の主要な検討事項について，当監査法人は，主に以下の監査手続を実施した。

(1)　特定の取引先の内部信用格付の決定
　　・内部信用格付が内部規程に基づき適切に決定されることを確保するための社内における査閲と承認に係る内部統制の有効性を評価した
　　・当該内部統制において利用される取引先の情報等の重要な基礎データについては，その正確性と網羅性を確保するための内部統制の有効性を評価した

V 監査報告書 365

・内部信用格付が取引先の将来の業績見込の判断に高度に依存して決定される
特定の取引先を検討対象とし，その内部信用格付の決定の基礎となる取引先
の情報の適切性を評価した
・経営者が取引先の業績見込に適用した重要な仮定を識別し，当該仮定につ
いて，信用リスク評価に係る内部専門家（当監査法人又はネットワーク・
ファームに所属する専門家をいう。以下同様。）を利用し，利用可能な企業
外部の情報との比較を行うことを含めてその合理性を評価した

(2) 特定の取引先債権へのキャッシュ・フロー見積法の適用
・将来キャッシュ・フローの見積りが内部規程に基づき適切に決定されること
を確保するための社内における査閲と承認に係る内部統制の有効性を評価し
た
・当該内部統制において利用される取引先の情報等の重要な基礎データについ
ては，その正確性と網羅性を確保するための内部統制の有効性を評価した
・将来キャッシュ・フローの見積りが取引先の将来の業績回復見込や事業の継
続可能性の判断に高度に依存して決定される特定の破綻懸念先債権を検討対
象とし，その将来キャッシュ・フローの見積りの算定の基礎となる取引先の
情報の適切性を評価した
・経営者が取引先の業績回復見込や事業の継続可能性の判断等に適用した重要
な仮定を識別し，当該仮定について，信用リスク評価及び企業価値評価に係
る内部専門家を利用し，経営者が適用した重要な仮定について，利用可能な
企業外部の情報との比較を行うことを含めてその合理性を評価した

(3) 過去実績を基に算定した損失率への将来見込み等による調整
・過去実績を基に算定した損失率への将来見込み等による調整が内部規程に基
づき適切に決定されることを確保するための社内における査閲と承認に係る
内部統制の有効性を評価した
・当該内部統制において利用される重要な基礎データについては，その正確性
と網羅性を確保するための内部統制の有効性を評価した
・信用リスク評価に係る内部専門家を利用し，将来見込み等を踏まえて損失率
を調整することの合理性を評価するとともに，経営者が適用した重要な仮定
について，利用可能な企業外部の情報との比較を行うことを含めてその合理

366　第3章　計算関係書類

性を評価した

(4)　在外子会社における貸倒引当金の算定
・CECLによる貸倒引当金の算定が内部規程に基づき適切に決定されることを確保するための以下の内部統制の有効性を評価した
　　―予想信用損失の測定に用いる定量モデルの査閲と承認
　　―経済予測シナリオに係る特定のマクロ経済変数及びそれぞれの経済予測シナリオに付与されるウエイト比率の査閲と承認
　　―定性的要因による調整の査閲と承認
・当該内部統制において利用される重要な基礎データについては，その正確性と網羅性を確保するための内部統制の有効性を評価した
・予想信用損失の測定に用いる定量モデルについて，信用リスク評価に係る内部専門家を利用し，定量モデルに係る文書を査閲してモデルが概念的に健全であるかどうかを評価するとともに，会社による定量モデルの精度の検証について再実施を行い，その適切性を評価した
・経済予測シナリオに係る失業率及びGDP等の特定のマクロ経済変数及びそれぞれの経済予測シナリオに付与されるウエイト比率について，信用リスク評価に係る内部専門家を利用し，利用可能な企業外部の経済予測等との比較を行うことを含めてその合理性を評価した
・信用リスク評価に係る内部専門家を利用し，定性的要因を踏まえて定量モデルによる予想信用損失を調整することの合理性を評価するとともに，経営者が適用した重要な仮定について，利用可能な企業外部の情報との比較を行うことを含めてその合理性を評価した

〈事例5〉　指定国際会計基準による無限定適正意見の事例

ニコン（2024年3月期）

独立監査人の監査報告書

2024年5月15日

株式会社　ニコン
　取　締　役　会　御中

有限責任監査法人　トーマツ
東 京 事 務 所

指定有限責任社員
業 務 執 行 社 員　公認会計士　○　○　○　○

指定有限責任社員
業 務 執 行 社 員　公認会計士　○　○　○　○

指定有限責任社員
業 務 執 行 社 員　公認会計士　○　○　○　○

監査意見

　当監査法人は，会社法第444条第4項の規定に基づき，株式会社ニコンの2023年4月1日から2024年3月31日までの連結会計年度の連結計算書類，すなわち，連結財政状態計算書，連結損益計算書，連結持分変動計算書及び連結注記表について監査を行った。

　当監査法人は，上記の連結計算書類が，会社計算規則第120条第1項後段の規定により定められた，指定国際会計基準で求められる開示項目の一部を省略した会計の基準に準拠して，株式会社ニコン及び連結子会社からなる企業集団の当該連結計算書類に係る期間の財産及び損益の状況を，全ての重要な点において適正に表示しているものと認める。

監査意見の根拠

　当監査法人は，我が国において一般に公正妥当と認められる監査の基準に準拠して監査を行った。監査の基準における当監査法人の責任は，「連結計算書類の監査における監査人の責任」に記載されている。当監査法人は，我が国における職業倫理に関する規定に従って，会社及び連結子会社から独立しており，また，監査人としてのその他の倫理上の責任を果たしている。当監査法人は，意見表明の基礎となる十分かつ適切な監査証拠を入手したと判断している。

その他の記載内容

　その他の記載内容は，事業報告及びその附属明細書である。経営者の責任は，その他の記載内容を作成し開示することにある。また，監査等委員会の責任は，その他の記載内容の報告プロセスの整備及び運用における取締役の職務の執行を監視することにある。

当監査法人の連結計算書類に対する監査意見の対象にはその他の記載内容は含まれておらず，当監査法人はその他の記載内容に対して意見を表明するものではない。

連結計算書類の監査における当監査法人の責任は，その他の記載内容を通読し，通読の過程において，その他の記載内容と連結計算書類又は当監査法人が監査の過程で得た知識との間に重要な相違があるかどうか検討すること，また，そのような重要な相違以外にその他の記載内容に重要な誤りの兆候があるかどうか注意を払うことにある。

当監査法人は，実施した作業に基づき，その他の記載内容に重要な誤りがあると判断した場合には，その事実を報告することが求められている。

その他の記載内容に関して，当監査法人が報告すべき事項はない。

連結計算書類に対する経営者及び監査等委員会の責任

経営者の責任は，連結計算書類を会社計算規則第120条第1項後段の規定により定められた，指定国際会計基準で求められる開示項目の一部を省略した会計の基準により作成し，適正に表示することにある。これには，不正又は誤謬による重要な虚偽表示のない連結計算書類を作成し適正に表示するために経営者が必要と判断した内部統制を整備及び運用することが含まれる。

連結計算書類を作成するに当たり，経営者は，継続企業の前提に基づき連結計算書類を作成することが適切であるかどうかを評価し，会社計算規則第120条第1項後段の規定により定められた，指定国際会計基準で求められる開示項目の一部を省略した会計の基準に基づいて継続企業に関する事項を開示する必要がある場合には当該事項を開示する責任がある。

監査等委員会の責任は，財務報告プロセスの整備及び運用における取締役の職務の執行を監視することにある。

連結計算書類の監査における監査人の責任

監査人の責任は，監査人が実施した監査に基づいて，全体としての連結計算書類に不正又は誤謬による重要な虚偽表示がないかどうかについて合理的な保証を得て，監査報告書において独立の立場から連結計算書類に対する意見を表明することにある。虚偽表示は，不正又は誤謬により発生する可能性があり，個別に又は集計すると，連結計算書類の利用者の意思決定に影響を与えると合理的に見込

まれる場合に，重要性があると判断される。

　監査人は，我が国において一般に公正妥当と認められる監査の基準に従って，監査の過程を通じて，職業的専門家としての判断を行い，職業的懐疑心を保持して以下を実施する。

・不正又は誤謬による重要な虚偽表示リスクを識別し，評価する。また，重要な虚偽表示リスクに対応した監査手続を立案し，実施する。監査手続の選択及び適用は監査人の判断による。さらに，意見表明の基礎となる十分かつ適切な監査証拠を入手する。

・連結計算書類の監査の目的は，内部統制の有効性について意見表明するためのものではないが，監査人は，リスク評価の実施に際して，状況に応じた適切な監査手続を立案するために，監査に関連する内部統制を検討する。

・経営者が採用した会計方針及びその適用方法の適切性，並びに経営者によって行われた会計上の見積りの合理性及び関連する注記事項の妥当性を評価する。

・経営者が継続企業を前提として連結計算書類を作成することが適切であるかどうか，また，入手した監査証拠に基づき，継続企業の前提に重要な疑義を生じさせるような事象又は状況に関して重要な不確実性が認められるかどうか結論付ける。継続企業の前提に関する重要な不確実性が認められる場合は，監査報告書において連結計算書類の注記事項に注意を喚起すること，又は重要な不確実性に関する連結計算書類の注記事項が適切でない場合は，連結計算書類に対して除外事項付意見を表明することが求められている。監査人の結論は，監査報告書日までに入手した監査証拠に基づいているが，将来の事象や状況により，企業は継続企業として存続できなくなる可能性がある。

・連結計算書類の表示及び注記事項が，会社計算規則第120条第1項後段の規定により定められた，指定国際会計基準で求められる開示項目の一部を省略した会計の基準に準拠しているかどうかとともに，関連する注記事項を含めた連結計算書類の表示，構成及び内容，並びに連結計算書類が基礎となる取引や会計事象を適正に表示しているかどうかを評価する。

・連結計算書類に対する意見を表明するために，会社及び連結子会社の財務情報に関する十分かつ適切な監査証拠を入手する。監査人は，連結計算書類の監査に関する指示，監督及び実施に関して責任がある。監査人は，単独で監査意見に対して責任を負う。

　監査人は，監査等委員会に対して，計画した監査の範囲とその実施時期，監査

370　第3章　計算関係書類

の実施過程で識別した内部統制の重要な不備を含む監査上の重要な発見事項，及び監査の基準で求められているその他の事項について報告を行う。

　監査人は，監査等委員会に対して，独立性についての我が国における職業倫理に関する規定を遵守したこと，並びに監査人の独立性に影響を与えると合理的に考えられる事項，及び阻害要因を除去するための対応策を講じている場合又は阻害要因を許容可能な水準にまで軽減するためのセーフガードを適用している場合はその内容について報告を行う。

利害関係

　会社及び連結子会社と当監査法人又は業務執行社員との間には，公認会計士法の規定により記載すべき利害関係はない。

以　上

2　監査役の監査報告

(1)　監査役の権限

　会社法では，監査役をコーポレートガバナンスのための重要な機関と位置づけており，監査役の権限について，以下のように定めている。

権限	原則：会社の規模にかかわらず，業務監査権限および会計監査権限 例外：大会社以外の非公開会社は，定款で，監査役の権限を会計監査権限に限定することが可

①　業務監査と会計監査

　会社法では，会社の規模にかかわらず，適正なガバナンス体制を義務づけることは必要であるため，株式会社の監査役は原則として業務監査権限および会計監査権限を有するものと規定されている（会社法381Ⅰ）。

(i)　資本金や負債の額にかかわらず（資本金の額が1億円以下の会社も含む）監査役は原則として，業務監査権限を有するものとしている。

(ii)　大会社以外の非公開会社については，定款で，監査役の権限を会計監査権限に限定することができる（会社法389Ⅰ）ものとしたうえで，その場合

には監査役に代わり株主が直接業務を監査することができるように，以下のとおり株主に権限を与えている。

- 株主の違法行為差し止めが容易になる（会社法360）。
- 一定の場合には株主に取締役会の招集請求権・出席権が認められる（会社法367）。
- 株主は，その権利を行使するため必要があるときは裁判所の許可を得て取締役会の議事録を閲覧することができる（会社法371Ⅱ，Ⅲ）。
- 取締役は，会社に著しい損害を及ぼすおそれのある事実を発見したときは，直ちに当該事実を株主に報告しなければならない（会社法357Ⅰ）。

このように会社法においては，監査役の権限を原則として拡大する一方，監査役の権限拡大を望まない会社に対しては株主の権限を強化することにより，コーポレートガバナンスの強化を図っているのである。また，会社法において子会社の定義が支配力基準（会施規3Ⅰ）とされたことで連結対象の子会社すべてに対して監査役の会計監査権限と業務監査権限が及ぶことになっている。

② 子会社の情報収集および監査環境整備

上記のほかにも会社法では，監査役がコーポレートガバナンスを充実させる役割を十分に果たすために，以下のような規定を定めている。

- 監査役はその職務を適切に遂行するため，子会社の取締役，会計参与，執行役等との意思疎通を図り，情報の収集および監査の環境整備に努めなければならない（会施規105Ⅱ）。
- 上記において，取締役または取締役会は，監査役の職務執行のために必要な体制の整備に留意しなければならない（同上）。
- 上記規定は，監査役が公正不偏の態度および独立の立場を保持することができなくなるおそれのある関係の創設および維持を認めるものと解してはならない（会施規105Ⅲ）。

このように会社法では，監査役がその権限を適切に行使することを期待し，関係者とのコミュニケーションを円滑に図ることを求めつつ，このような関係が監査役の独立性を害することのないよう警鐘を鳴らしている。

372　第3章　計算関係書類

（2）　監査役の任期等

①　任　期

　会社法では，監査役の任期について，選任後4年以内に終了する事業年度のうち最終のものに関する定時株主総会の終結の時まで（会社法336Ⅰ）としつつ，非公開会社の場合には定款の定めにより任期を10年まで伸長できることとしている（会社法336Ⅱ）。

　なお，監査等委員会設置会社における監査等委員の任期は，選任後2年以内に終了する事業年度のうち最終のものに関する定時株主総会の終結の時まで，指名委員会等設置会社における監査委員の任期は，選任後1年以内に終了する事業年度のうち最終のものに関する定時株主総会の終結の時までとしている（会社法332）。

②　監査役の責任限定契約

　会社法では，監査役が職務を行うにつき善意でかつ重大な過失がないときは，定款で定めた額の範囲内であらかじめ株式会社が定めた額と最低責任限度額とのいずれか高い額を限度とする旨の責任限定契約を締結できる旨を定款で定めることができるとされている（会社法427Ⅰ）。

③　補欠監査役選任の明文化

　補欠監査役制度とは，期中において死亡・辞任・解任等により監査役が法令または定款に定める員数を欠いた場合に備えて，あらかじめ定款の規定に従って定時株主総会で補欠の監査役を選任しておく制度である。会社法では，補欠の役員を選任することができることが明文化されている（会社法329Ⅲ）。

　補欠監査役を予選しておけば，任期途中で急に監査役が辞任して欠員が生じた場合でも，新たな監査役を選任するための臨時株主総会を開催する必要がなく，スムーズに交代できる。

（3）　監査対象

　監査役の監査対象書類は，以下のとおりである。

計算書類および その附属明細書	会計監査人からの監査結果を踏まえて計算書類およびその附属明細書の監査を行う（会社法436Ⅱ①）。
事業報告および その附属明細書	これらの書類は会計監査人の監査対象となっていない。監査役は取締役から受領して監査を行う（会社法436Ⅱ②）。

① 留意事項

事業報告とその附属明細書は監査役による監査対象書類であるため，以下の事項については，当然に監査役の監査対象となる。

- 内部統制システム構築の基本方針
- 買収防衛策

なお，内部統制システム構築の基本方針は，大会社であれば必ず決議あるいは決定しなければならない（会社法348Ⅲ④，362Ⅳ⑥）ため，大会社の事業報告書では記載が必要である。

一方，買収防衛策は，会社が当該対応策を定めている場合に，事業報告書に記載が必要となる（会施規118③）。

⒜ 内部統制システム構築の基本方針

> 大会社には内部統制システム構築の基本方針の決定が義務づけられ，決定した基本方針の概要は事業報告に記載することが必要である。このため，監査役は当該内容についても監査することが必要である。

会社法においては，取締役会が決定すべき業務の適正を確保する体制について，以下の事項が規定されている（会社法362Ⅳ⑥，会施規100Ⅰ）。

【業務の適正を確保する体制の内容】

- 取締役の職務の執行に係る情報の保存および管理に関する体制
- 損失の危険の管理に関する規程その他の体制
- 取締役の職務の執行が効率的に行われることを確保するための体制
- 使用人の職務の執行が法令および定款に適合することを確保するための体制
- 当該株式会社ならびにその親会社および子会社からなる企業集団における

374　第3章　計算関係書類
業務の適正を確保するための体制

なお，監査役設置会社以外の株式会社である場合には，上記の体制には，取締役が株主に報告すべき事項の報告をするための体制を含む（会施規100Ⅱ）。

また，監査役設置会社である場合には上記のほか，監査役の監査が実効的に行われることを確保するための体制についても取締役会が決定しなければならない（会施規100Ⅲ）。

なお，取締役会が決定した上記の事項の内容は事業報告に記載しなければならず（会施規118②），事業報告に業務の適正を確保する体制に関する事項についての決定または決議の内容が記載された場合で，監査役がその内容を相当でないと認めるときはその旨およびその理由を監査報告書に記載しなければならない（会施規129Ⅰ⑤）。

(b)　買収防衛策

> 会社法においては，会社の財務および事業の方針の決定を支配する者のあり方に関する基本方針を定めている場合には，その基本方針の内容と，その方針に照らして不適切な者が支配権を獲得することを防止するための取組み（いわゆる買収防衛策）の具体的内容などを事業報告への記載事項として定めた（会施規118③）。このため，監査役は当該内容についても監査することが必要である（会施規129Ⅰ⑥）。

最近における敵対的買収の防衛策への関心の高まりや，会社法の下では防衛策が多様化することが予想されることなどもあり，株主や投資家，あるいは買収者の予見可能性を高めることが重要であるとの認識から，会社法では会社が定めた買収防衛策を事業報告に記載することを求めている（会施規118③）。

具体的には，
(ⅰ)　会社の財務および事業の方針の決定を支配する者のあり方に関する基本方針
(ⅱ)　基本方針を実現するための具体的な取組みと買収防衛策
(ⅲ)　買収防衛策の合理性に対する経営陣の評価と意見
などを記載することになる。

V　監査報告書　375

さらに，監査役は上記買収防衛策に関する事項についての意見を監査報告書に記載することが必要とされている。

（4）　監査の流れ

会社が監査役会設置会社か，または監査等委員会設置会社か，指名委員会等設置会社かにより監査の流れは異なる。

監査役会設置会社の場合の監査役監査の流れは，以下のとおりである。

```
①　監査役（個人）が監査役監査報告を作成（会計規127）
```

```
②　①で作成された監査役監査報告に基づいて，監査役会としての監査役会監査
　　報告を作成（会計規128）
```

監査役会としての監査役会監査報告を作成するにあたっては，以下のいずれかの方法で1回以上の審議を行うことが必要とされている（会計規128Ⅲ）。

- 会議を開催する方法
- 情報の送受信により同時に意見の交換をすることができる方法

監査役会の特定取締役および会計監査人に対する監査報告期限については，「1　会計監査人の監査報告書（3）監査日程」を参照されたい。

なお，監査等委員会設置会社の場合は監査等委員会，指名委員会等設置会社の場合は監査委員会がその決議によって，（監査等委員会あるいは監査委員会の）監査報告書を作成することになる（会計規128の2，129，会施規130の2，131）。

（5）　監査報告書

監査報告書に記載する内容のうち，内部統制システム構築の基本方針および買収防衛策については前述のとおりである。それ以外の監査報告書の記載内容に関する留意事項を以下に記載する。

376 第3章 計算関係書類

① 会計監査人の職務遂行

会計監査人設置会社の監査役の監査報告書に「会計監査人の職務の遂行が適正に実施されることを確保するための体制に関する事項」の記載が必要となる（会計規127④）。

この規定の主旨は，会計監査人の独立性の強化についての強い社会的な要請に対処したものである。これに対応するため，会計監査人は，監査役に対して会計監査報告の内容の通知に際して，以下の事項を通知しなければならない（監査役がすでに当該事項を知っている場合は除く）（会計規131）。

- 独立性に関する事項その他監査に関する法令および規程の遵守に関する事項
- 監査，監査に準ずる業務およびこれらに関する業務の契約の受任および継続の方針に関する事項
- 会計監査人の職務の遂行が適正に行われることを確保するための体制に関するその他の事項

なお，同様の主旨で，事業報告において「会計監査人の解任又は不再任の決定の方針」や「会計監査人の辞任に関する事項」などを開示することが要求されている（会施規126）。

② 監査役会による監査報告の内容

監査役が作成した監査役監査報告に基づいて，監査役会が作成する監査役会監査報告の記載内容は，計算書類（その附属明細書を含む）および事業報告（その附属明細書を含む）のそれぞれについて，以下のように定められている（会計規128，会施規130）。

なお，監査等委員会設置会社の場合は監査等委員会，指名委員会等設置会社の場合は監査委員会が，その決議によって，監査等委員会または監査委員会の監査報告を作成することになり，その記載内容は計算書類（その附属明細書を含む）および事業報告（その附属明細書を含む）のそれぞれについて会社計算規則128条の2，129条および会社法施行規則130条の2，131条に定められている。

V 監査報告書 377

【計算書類（およびその附属明細書）についての監査役会監査報告】

① 監査役および監査役会の監査の方法およびその内容
② 会計監査人の監査の方法・結果を相当でないと認めたときは，その旨およびその理由（※1）
③ 重要な後発事象（※2）
④ 会計監査人の職務の遂行が適正に実施されることを確保するための体制に関する事項
⑤ 監査のために必要な調査ができなかったときは，その旨およびその理由
⑥ 監査役会監査報告を作成した日

（※1） 会計監査人から会計監査報告を受領していない場合は，その旨。
（※2） 会計監査報告の内容となっているものを除く。
（※3） 監査役は，監査役が作成した監査役監査報告と，監査役会が作成した監査役会監査報告の内容が異なる場合，その事項についての監査役監査報告の内容を付記することができる。

【事業報告（およびその附属明細書)についての監査役会監査報告】

① 監査役および監査役会の監査の方法およびその内容
② 事業報告およびその附属明細書が法令または定款に従い，その会社の状況を正しく示しているかどうかについての意見
③ 取締役の職務の遂行に関し，不正の行為または法令もしくは定款に違反する重大な事実があったときは，その事実
④ 監査のため必要な調査ができなかったときは，その旨および理由
⑤ 業務の適正を確保する体制（いわゆる内部統制システム）についての決議事項（※1）の内容が相当でないと認めるときは，その旨および理由
⑥ 会社の支配に関する基本方針(いわゆる買収防衛策)に関する事項(※2)，親会社等との間の取引に関する事項についての意見
⑦ 監査役会監査報告を作成した日

（※1） 大会社を前提としているため，内部統制システムについての取締役会決議があるものと想定している（会社法362V）。
（※2） いわゆる買収防衛策を導入している場合には，事業報告において「会社の支配に関する基本方針」として開示することが求められている（会施規118③)

378 第3章 計算関係書類

（※3） 監査役は，監査役が作成した監査役監査報告と，監査役会が作成した監査役会監査報告の内容が異なる場合，その事項についての監査役監査報告の内容を付記することができる。

③ 監査役会による監査報告書のひな型

計算書類および事業報告に係る監査役会の監査報告書については，（公社）日本監査役協会からひな型が公表されている。

監査役（会）監査報告のひな型

公益社団法人　日本監査役協会

1994年4月6日制定

（中略）

2023年8月17日最終改定

（中略）

Ⅰ　株主に対して提供される監査報告書

1．機関設計が「取締役会＋監査役会＋会計監査人」の会社の場合（注1）

○○○○年○月○日

○○○○株式会社

代表取締役社長○○○○殿（注2）

監 査 役 会（注3）

監査報告書の提出について

　当監査役会は，会社法第390条第2項第1号の規定に基づき監査報告書を作成いたしましたので，別紙のとおり（注4）提出いたします。

以 上

監 査 報 告 書

　当監査役会は，○○○○年○月○日から○○○○年○月○日までの第○○期事業年度における取締役の職務の執行に関して，各監査役が作成した監査報告書に基づき，審議の上（注5），本監査報告書を作成し，以下のとおり報告

いたします。

1. 監査役及び監査役会の監査の方法及びその内容 (注6)
   (1) 監査役会は，監査の方針 (注7)，職務の分担 (注8) 等を定め，各監査役から監査の実施状況及び結果について報告を受けるほか，取締役等及び会計監査人からその職務の執行状況について報告を受け，必要に応じて説明を求めました。
   (2) 各監査役は，監査役会が定めた監査役監査の基準に準拠し (注9)，監査の方針，職務の分担 (注10) 等に従い，取締役，内部監査部門 (注11) その他の使用人等と意思疎通を図り，情報の収集及び監査の環境の整備に努めるとともに (注12)，以下の方法で監査を実施いたしました。
   ① 取締役会その他重要な会議に出席し，取締役及び使用人等からその職務の執行状況について報告を受け (注13)，必要に応じて説明を求め，重要な決裁書類等を閲覧し，本社及び主要な事業所において業務及び財産の状況を調査いたしました。また，子会社については，子会社の取締役及び監査役等と意思疎通及び情報の交換を図り，必要に応じて子会社から事業の報告を受けました。(注14)
   ② 事業報告に記載されている取締役の職務の執行が法令及び定款に適合することを確保するための体制その他株式会社及びその子会社から成る企業集団の業務の適正を確保するために必要なものとして会社法施行規則第100条第1項及び第3項に定める体制の整備に関する取締役会決議の内容及び当該決議に基づき整備されている体制（内部統制システム）(注15，16) について，取締役及び使用人等からその構築及び運用の状況について定期的に報告を受け，必要に応じて説明を求め，意見を表明いたしました。(注17，18)
   ③ 事業報告に記載されている会社法施行規則第118条第3号イの基本方針及び同号ロの各取組み (注19) 並びに会社法施行規則第118条第5号イの留意した事項及び同号ロの判断及び理由 (注20) については，取締役会その他における審議の状況等を踏まえ，その内容について検討を加えました。
   ④ 会計監査人が独立の立場を保持し，かつ，適正な監査を実施しているかを監視及び検証するとともに，会計監査人からその職務の執行状

況について報告を受け，必要に応じて説明を求めました。また，会計監査人から「職務の遂行が適正に行われることを確保するための体制」（会社計算規則第131条各号に掲げる事項）を「監査に関する品質管理基準」（企業会計審議会）等に従って整備している旨の通知を受け，必要に応じて説明を求めました（注21, 22）。

　以上の方法に基づき，当該事業年度に係る事業報告及びその附属明細書，計算書類（貸借対照表，損益計算書，株主資本等変動計算書及び個別注記表（注23））及びその附属明細書**並びに連結計算書類（連結貸借対照表，連結損益計算書，連結株主資本等変動計算書及び連結注記表）**について検討いたしました。

2．監査の結果（注24）
　(1)　事業報告等の監査結果
　　①　事業報告及びその附属明細書は，法令及び定款に従い，会社の状況を正しく示しているものと認めます。
　　②　取締役の職務の執行（注25）に関する不正の行為又は法令若しくは定款に違反する重大な事実は認められません。（注26）
　　③　内部統制システムに関する取締役会決議の内容は相当であると認めます。（注27）また，当該内部統制システムに関する事業報告の記載内容及び取締役の職務の執行についても，指摘すべき事項は認められません。（注28）
　　④　事業報告に記載されている会社の財務及び事業の方針の決定を支配する者の在り方に関する基本方針については，指摘すべき事項は認められません。事業報告に記載されている会社法施行規則第118条第3号ロの各取組みは，当該基本方針に沿ったものであり，当社の株主共同の利益を損なうものではなく，かつ，当社の会社役員の地位の維持を目的とするものではないと認めます。（注29）
　　⑤　事業報告に記載されている親会社等との取引について，当該取引をするに当たり当社の利益を害さないように留意した事項（注30）及び当該取引が当社の利益を害さないかどうかについての取締役会の判断及びその理由（注31）について，指摘すべき事項は認められません。

V 監査報告書　381

(2)　計算書類及びその附属明細書の監査結果

会計監査人○○○○ ^(注32) の監査の方法及び結果は相当であると認めます。^(注33)

(3)　**連結計算書類の監査結果**

会計監査人○○○○ ^(注34) **の監査の方法及び結果は相当であると認めます。**^(注35)

3．監査役○○○○の意見（異なる監査意見がある場合）^(注36)

4．後発事象（重要な後発事象がある場合）^(注37)

○○○○年○月○日^(注38)

○○○○株式会社　監査役会

常勤監査役 ^(注39)	○ ○ ○ ○	印
常勤監査役（社外監査役）^(注40)	○ ○ ○ ○	印
社外監査役 ^(注41)	○ ○ ○ ○	印
監査役	○ ○ ○ ○	印

（自　署）^(注42)

(注1)　本ひな型は「事業報告等に係る監査報告書」，「計算書類等に係る監査報告書」及び「連結計算書類に係る監査報告書」のすべてを一体化して作成する場合のものである。「連結計算書類に係る監査報告書」を別途独立して作成することとする場合には，本ひな型本文の下線部分を削除する。

(注2)　会社法において，監査報告書の提出先は，「特定取締役」とされている（会社法施行規則第132条第1項，会社計算規則第132条第1項。「特定取締役」の定義は会社法施行規則第132条第4項及び会社計算規則第130条第4項参照）。したがって，送り状の宛先には，特定取締役の肩書・氏名を記載することが考えられる。ただし，本ひな型では，①株主に対して監査報告書を提供する義務を負っているのは代表取締役であること，②監査報告書を備え置く義務は会社，すなわち代表取締役が負っていること等の理由により，代表取締役社長を宛先としている（場合によっては，代表取締役社長と特定取締役を併記することも考えられる。）。送り状の宛先については，各社の実状に応じて検討されたい。

(注3)　送り状の監査役会の印の取扱いについては，各社の内規による。

(注4)　本送り状は，監査報告書を書面により提出した場合を想定したものである。監査報告書を電磁的方法により特定取締役に対し通知する場合などにおいては，「別紙のとおり」とあるのを「別添のとおり」など所要の修正を行うこととなる。

382　第3章　計算関係書類

(注5) 「審議の上」の箇所については，「審議の結果，監査役全員の一致した意見として」など，適宜な表現とすることも考えられる。

(注6) 「1．監査役及び監査役会の監査の方法及びその内容」については，「概要」ではなく，実際に行った監査について，より具体的な方法・内容の記載を要することに留意すべきである(会社法施行規則第129条第1項第1号，会社計算規則第128条第2項第1号ほか)。具体的な方法・内容を記載することにより，監査報告の利用者の理解を得ることも期待され，特に当期における特別の監査事項がある場合，例えば，監査上の重要課題として設定し重点を置いて実施した監査項目(重点監査項目)がある場合には，「監査役会は，監査の方針，職務の分担等を定め，○○○○を重点監査項目として設定し，各監査役から・・・」などと具体的に記載することが望ましい。

(注7) 「監査の方針」の箇所については，当該監査対象期間における監査方針に従った旨を明確に表す場合には，「当期の監査方針」と記載することが考えられる。また，当期の監査の方針を監査報告に明記することも考えられる。

(注8) 各監査役の職務の分担を含めた監査計画を策定している場合には，監査上の重要性を勘案し，「職務の分担」に代えて，「監査計画」と記載することが考えられる。

(注9) 監査役会において監査役監査基準を定めていない場合には，「監査役監査の基準に準拠し，」の部分は省く。

(注10) 「監査の方針」の箇所について注7，「職務の分担」の箇所について注8参照。

(注11) 「内部監査部門」との表現については，適宜な部門名等を各社の実状に合わせて記載されたい。

(注12) 会社法施行規則第105条第2項及び第4項参照。会社に親会社がある場合には，「・・・取締役，内部監査部門その他の使用人，親会社の監査役その他の者と意思疎通を図り，・・・」とすることが考えられる。

(注13) 会社法施行規則第100条第3項第4号により取締役会において決議されている自社及び子会社の取締役及び使用人等が監査役に報告をするための体制その他の監査役への報告に関する体制に基づいて，監査役が報告を受けた事項について言及している。監査の態様によっては，「取締役及び使用人等からその職務の執行状況について報告を受け・・・」の「使用人」の箇所を「内部監査部門」等と明記することも考えられる。

(注14) 子会社の取締役及び監査役等との意思疎通及び情報交換については，会社法施行規則第105条第2項及び第4項参照。子会社の取締役及び監査役等との意

V　監査報告書　383

思疎通や情報交換において監査に影響を与える事項があった場合は，具体的に記載し，その後の対応を「2．監査の結果」で記載することも考えられる。

　なお，会社法第381条第3項に定める子会社に対する業務・財産状況調査権を行使した場合には，「・・・子会社に対し事業の報告を求め，その業務及び財産の状況を調査いたしました。」などと記載することが考えられる。

（注15）　本ひな型では，会社法第362条第4項第6号による取締役会決議に基づいて現に整備されている体制を「内部統制システム」と記載している。事業報告における具体的な表題・頁数等に言及して記載することも考えられる。

（注16）　会社法施行規則第100条第1項第5号においては，「当該株式会社並びにその親会社及び子会社から成る企業集団」とされ，企業集団に親会社も含まれるが，会社法第362条第4項第6号では，取締役会が決定すべき業務執行事項として挙げられている企業集団の内部統制システムは当該会社と子会社に限定されていることから，本ひな型では当該会社と子会社に限定している。なお，企業集団の内部統制システムに親会社が含まれるのは取引の強要等，親会社による不当な圧力に関する予防・対処等を念頭に置いたもので（内部統制システムに係る監査の実施基準第13条第1項第3号参照），監査において当該リスクを特に勘案しなければいけない事情がある場合は，企業集団を，親会社を含めたものとした上で，具体的な監査方法や監査結果を記載することも考えられる。

（注17）　内部統制システムに係る監査役監査の実施基準を定め，それに従って監査を実施した旨を表す場合には，「・・・体制（内部統制システム）について，監査役会が定めた内部統制システムに係る監査役監査の実施基準に準拠し，取締役及び使用人等からその構築及び運用の状況について定期的に報告を受け，必要に応じて説明を求め，意見を表明いたしました。」などと記載することが考えられる。また，監査報告の利用者の理解の点から，説明を求めた事項や，意見を表明した事項のうち重要なものについては，具体的に記載し，執行側の対応を「2．監査の結果」で記載することも考えられる。

　なお，内部統制システムに関する取締役会決議は，大会社の場合には義務であるが，それ以外の会社については任意である。なお，注27及び注28も参照されたい。

（注18）　本記載における「取締役及び使用人等」は，当該会社の取締役及び使用人等を指している。子会社については，企業団体の内部統制システムの構築及び運用に関し親会社としてどのように対応しているかのチェックが主になるが，子会社から構築及び運用の状況について報告を受けた場合などは，「子会社の取締役及び使用人等からも必要に応じてその構築及び運用の状況について報告を受け，

384　第3章　計算関係書類

説明を求めました。」などの記載をすることも考えられる。

(注19)　会社がいわゆる買収防衛策等を策定している場合の記載である。事業報告に
会社法施行規則第118条第3号に掲げる事項が記載されていない場合には記載
することを要しない。なお，注29も参照されたい。

(注20)　会社法施行規則第118条第5号の事項についての記載が事業報告にない場合
には，監査報告に記載する必要はない（会社法施行規則第130条第2項第2号，
第129条第1項第6号）。

(注21)　監査役及び監査役会は，監査報告書において「会計監査人の職務の遂行が適
正に実施されることを確保するための体制に関する事項」（会社計算規則第128
条第2項第2号，第127条第4号。以下，「会計監査人の職務遂行の適正確保体
制」という。）を記載しなければならない。監査役及び監査役会は，会計監査
人からその職務遂行の適正確保体制に関する事項（会社計算規則第131条。条文
の文言は「会計監査人の職務の遂行が適正に行われることを確保するための体
制に関する事項」）の通知を受けた上で（通知を受ける者は特定監査役である。），
当該体制が一定の適正な基準に従って整備されていることについて確認を行う
こととなる。本ひな型では，会計監査人の職務遂行の適正確保体制に係る通知
事項とそれに対する確認の方法について，「会計監査人から・・・に従って整
備している旨の通知を受け，必要に応じて説明を求めました。」と記載している。
「一定の適正な基準」として，本ひな型では「監査に関する品質管理基準」（企
業会計審議会）を挙げているが，ほかに日本公認会計士協会の実務指針（品質
管理基準報告書第1号「監査事務所における品質管理」，監査基準報告書220「監
査業務における品質管理」）等も重要である。

　なお，会計監査人の職務遂行の適正確保体制に係る監査役及び監査役会の確
認結果については，本ひな型では，独立の事項として記載されるのではなく，
「2．監査の結果」の「(2)計算書類及びその附属明細書の監査結果」及び「(3)
連結計算書類の監査結果」における「会計監査人の監査の方法及び結果は相当
である」と認めた旨の記載に含まれている。会計監査人の職務遂行の適正確保
体制について特に強調すべき事項又は明らかにしておくことが適切であると考
えられる事項がある場合には，「1．監査役及び監査役会の監査の方法及びその
内容」又は「2．監査の結果」の「(2)計算書類及びその附属明細書の監査結果」
若しくは「(3)連結計算書類の監査結果」において具体的に記載されたい。

(注22)　監査役等の監査報告における監査上の主要な検討事項（Key Audit Matters
（KAM））に関する記載の要否及び記載する場合の文例については，当協会が
公表した「監査上の主要な検討事項（KAM）及びコロナ禍における実務の変

V 監査報告書 385

化等を踏まえた監査役等の監査報告の記載について」（2021年2月26日）を参照されたい。

（注23）「個別注記表」を独立した資料として作成していない場合には、「・・・当該事業年度に係る事業報告及びその附属明細書，計算書類（貸借対照表，損益計算書及び株主資本等変動計算書）及びその附属明細書・・・」と記載する。「連結注記表」についても同様である（会社計算規則第57条第3項参照）。

（注24）「監査の結果」の項に関して指摘すべき事項がある場合には，その旨とその事実について明瞭かつ簡潔に記載する。なお，監査のために必要な調査ができなかったときは，その旨及びその理由を該当する項に記載する。また，「1．監査役及び監査役会の監査の方法及びその内容」において，重点監査項目についての言及がある場合には，「監査の結果」において当該重点監査項目の監査結果等を記載することも考えられる。「1．監査役及び監査役会の監査の方法及びその内容」に，内部統制システムに関して，説明を求めた事項や意見を表明した事項について記載した場合並びに子会社の取締役及び監査役等との意思疎通や情報交換において知り得た，監査に影響を与える事項を記載した場合も同様である。

　　　「監査の結果」の記載に当たっては，継続企業の前提に係る事象又は状況，重大な事故又は損害，重大な係争事件など，会社の状況に関する重要な事実がある場合には，事業報告などの記載を確認の上，監査報告書に記載すべきかを検討し，必要あると認めた場合には記載するものとする。

（注25）「職務の執行」の箇所は，法令上の文言に従って「職務の遂行」と記載することも考えられる（会社法施行規則第130条第2項第2号，第129条第1項第3号参照）。本ひな型は「職務の執行」で用語を統一している。

（注26）取締役の職務の執行に関する不正の行為又は法令若しくは定款に違反する重大な事実を認めた場合には，その事実を具体的に記載する。

　　　なお，例えば期中に第三者割当が行われ有利発行該当性に関する監査役意見が公表された場合など，監査役がその職務において対外的に公表した意見がある場合には，必要に応じてその概要を記載することも考えられる。

（注27）内部統制システムに関する取締役会決議の内容が「相当でないと認めるとき」（会社法施行規則第130条第2項第2号，第129条第1項第5号）は，その旨及びその理由を具体的に記載することが求められる。

　　　特に，監査役の職務を補助すべき使用人に関する事項，取締役及び使用人が監査役に報告をするための体制その他の監査役への報告に関する体制，監査役に報告をした者が当該報告をしたことを理由として不利な取扱いを受けないことを確保するための体制及び監査役の職務の執行について生ずる費用の前払

386 第3章 計算関係書類

又は償還の手続その他の当該職務の執行について生ずる費用又は債務の処理に
係る方針に関する事項など，監査役の監査が実効的に行われることを確保する
ための体制（会社法施行規則第100条第3項各号に掲げる事項）に係る取締役会
決議の内容については，監査役による実効的な監査の前提をなすものとしても
重要であり，監査役が求めた補助使用人等の配置が決議されていないなど何ら
かの問題等が認められる場合には，積極的にその旨を記載することとなる。

(注28)　事業報告に記載されている内部統制システムの運用状況の概要が「相当でな
いと認めるとき」（会社法施行規則第130条第2項第2号，第129条第1項第5
号）は，その旨及びその理由を具体的に記載することが求められる。

　　　なお，期中あるいは直前期において重大な企業不祥事が生じた場合には，
その事実及び原因究明並びに再発防止策の状況は，多くの場合，事業報告に
おいても記載すべき重要な事項であると考えられる。監査役としては，①事業
報告における記載内容が適切であるか，②再発防止に向けた業務執行の状況が
取締役の善管注意義務に照らして問題等が認められないかなどについて，意見
を述べる。

(注29)　いわゆる買収防衛策等及びそれに対する取締役会の判断についての意見の記
載である（会社法施行規則第130条第2項第2号，第129条第1項第6号。当該事
項が事業報告の内容となっていない場合には，本号の記載は要しない。）。買収防
衛策の適正さに関する監査役の判断・役割が重視されつつあることに鑑み，指
摘すべき事項があれば具体的に記載することが望ましい。なお，「事業報告に記
載されている会社の財務及び事業の方針の決定を支配する者の在り方に関する
基本方針」や「事業報告に記載されている会社法施行規則第118条第3号ロの
各取組み」の箇所は，事業報告における具体的な表題・頁数等に言及して記載
することも考えられる。

(注30)　親会社等との取引であって，計算書類の個別注記表に関連当事者との取引に
関する注記を要するものについては，事業報告に当該取引をするに当たり会社
の利益を害さないように留意した事項及び取締役会の判断及びその理由を記載
しなければならない（会社法施行規則第118条第5号）。また，事業報告に記載
されている場合には，当該事項についての監査役会の意見を監査報告に記載し
なければならない（会社法施行規則第130条第2項第2号，第129条第1項第6
号）。なお，事業報告に会社の利益を害さないように留意した事項がない旨記
載されている場合でも当該判断が適切かどうかについて監査役は意見を述べる
ことになる。

(注31)　社外取締役を置く会社において，取締役会の判断が社外取締役の意見と異な

V　監査報告書　387

　　　る場合には，社外取締役の意見も事業報告に記載しなければならない（会社法
　　　施行規則第118条第5号ハ）。取締役会の判断と社外取締役の意見が異なる場合
　　　には，取締役会の判断及びその理由並びに社外取締役の意見を勘案し，必要に
　　　応じて代表取締役や社外取締役と意見交換を行う等により，監査役及び監査役
　　　会として指摘すべき事項がないかどうか，十分検討することが必要である。

（注32）　監査法人の名称又は公認会計士の事務所名及び氏名を記載する。

（注33）　会計監査人の監査の方法又は結果を相当でないと認めたときは，その旨及び
　　　　その理由を具体的に記載する。

（注34）　注32に同じ。

（注35）　注33に同じ。なお，連結経営が進展している状況に鑑み，事業報告における
　　　　連結情報の記載の在り方等も踏まえると，「連結計算書類の監査結果」を「計
　　　　算書類及びその附属明細書の監査結果」より前に記載することも考えられる。

（注36）　監査役会と異なる意見がある場合には，当該監査役の氏名を記載し，異なる
　　　　意見とその理由を明瞭かつ簡潔に記載する。

（注37）　法令上，監査役（会）の監査報告書に記載すべき後発事象は，計算関係書類に
　　　　関するものに限られる（ただし，会計監査人の監査報告書の内容となっている
　　　　ものを除く。会社計算規則第127条第3号）。記載すべき事項があれば具体的に
　　　　記載する。

　　　　　なお，事業年度の末日後に財産・損益に影響を与えない重要な事象が生じた
　　　　場合には，株式会社の現況に関する重要な事項として事業報告に記載しなけれ
　　　　ばならないので（会社法施行規則第120条第1項第9号参照），留意を要する。

（注38）　監査報告書作成日は，法定記載事項とされていることに留意する（会社法施
　　　　行規則第130条第2項第3号，会社計算規則第128条第2項第3号参照）。

（注39）　常勤の監査役は，その旨を表示することが望ましい。なお，常勤の監査役の
　　　　表示は，「監査役（常勤）○○○○」とすることも考えられる。

（注40）　会社法第2条第16号及び第335条第3項に定める社外監査役は，その旨を表示
　　　　することが望ましい。なお，「常勤監査役（社外監査役）○○○○」の箇所は，
　　　　「常勤社外監査役○○○○」とすることも考えられる。

　　　　　また，社外監査役の表示方法については，署名欄における表示に代えて，監査
　　　　報告書の末尾に脚注を付し，「（注）監査役○○○○及び監査役○○○○は，会社
　　　　法第2条第16号及び第335条第3項に定める社外監査役であります。」と記載す
　　　　ることも考えられる。

（注41）　「社外監査役○○○○」の箇所は，「監査役（社外監査役）○○○○」とする
　　　　ことも考えられる。

（注42）　監査報告書の真実性及び監査の信頼性を確保するためにも，各監査役は自署
した上で押印することが望ましい。なお，監査報告書を電磁的記録により作成
した場合には，電子署名する。近時の動向を踏まえた自署押印及び電子署名の
考え方については，当協会が公表した「監査上の主要な検討事項（KAM）及
びコロナ禍における実務の変化等を踏まえた監査役等の監査報告の記載につい
て」（2021年2月26日）を参照されたい。

〈その他〉

期中に監査役が欠けた場合等は，監査報告書にその事実を具体的に注記する。

（（公社）日本監査役協会「監査役（会）監査報告のひな型」より転載）

（6）　連結計算書類に係る監査報告

　会社法において連結計算書類を作成しなければならない会社は，大会社のう
ちの有価証券報告書提出会社であるが（会社法444Ⅲ），有価証券報告書提出会社
以外の会社であっても会計監査人設置会社であれば，連結計算書類を作成し，
監査，承認，報告の一連の手続の適用を受けることは可能である（会社法444Ⅰ）。

　連結計算書類は，監査役（監査等委員会設置会社にあっては監査等委員会，
指名委員会等設置会社にあっては監査委員会）および会計監査人の監査を受け
なければならない（会社法444Ⅳ）。また，会計監査人設置会社が取締役会設置会
社である場合には，監査を受けた連結計算書類は，取締役会の承認を受けなけ
ればならず（会社法444Ⅴ），その後，取締役は定時株主総会の招集の通知に際し
て，株主に対し取締役会の承認を受けた連結計算書類を提供することになる（会
社法444Ⅵ）。

　なお，連結計算書類の監査日程および監査対象書類については，「1　会計監
査人の監査報告書　（8）連結計算書類の監査」を参照されたい。

　連結計算書類に係る監査役会の監査報告書については，日本監査役協会から
ひな型が公表されている。「事業報告等に係る監査報告」，「個別の計算書類等に
係る監査報告」および「連結計算書類に係る監査報告」とをまとめて1つの監
査報告書として作成することも可能であり，「連結計算書類に係る監査報告」を
独立させ，「事業報告等に係る監査報告」を「個別の計算書類等に係る監査報告」
と一体化させる形で作成することも可能である。また，「事業報告等に係る監査

報告」を独立させ、「連結計算書類に係る監査報告」を「個別の計算書類等に係る監査報告」と一体化させる形で作成することや3つの独立した監査報告書として作成することも可能となっている。

【パターン1】

「事業報告等に係る監査報告」
「個別の計算書類等に係る監査報告」
「連結計算書類に係る監査報告」

【パターン2】

【パターン3】

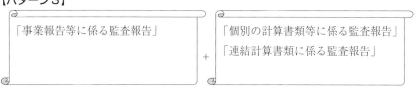

【パターン4】

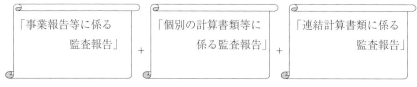

390　第3章　計算関係書類

参考資料

株主に対して提供される監査報告書

A　機関設計が「取締役会＋監査役会＋会計監査人」の会社の場合の「連結計算書類に係る監査報告書」

○○○○年○月○日

○○○○株式会社

代表取締役社長○○○○殿

監　査　役　会

連結計算書類に係る監査報告書の提出について

　当監査役会は，会社法第390条第2項第1号の規定に基づき監査報告書を作成いたしましたので，別紙のとおり提出いたします。

以　上

連結計算書類に係る監査報告書

　当監査役会は，○○○○年○月○日から○○○○年○月○日までの第○○期事業年度に係る連結計算書類（連結貸借対照表，連結損益計算書，連結株主資本等変動計算書及び連結注記表）に関して，各監査役が作成した監査報告書に基づき，審議の上，本監査報告書を作成し，以下のとおり報告いたします。

1.　監査役及び監査役会の監査の方法及びその内容

　監査役会は，監査の方針，職務の分担等を定め，各監査役から監査の実施状況及び結果について報告を受けるほか，取締役等及び会計監査人からその職務の執行状況について報告を受け，必要に応じて説明を求めました。

　各監査役は，監査役会が定めた監査の方針，職務の分担等に従い，連結計算書類について取締役及び使用人等から報告を受け，必要に応じて説明を求めました。また，会計監査人が独立の立場を保持し，かつ，適正な監査を実施しているかを監視及び検証するとともに，会計監査人からその職務の執行状況について報告を受け，必要に応じて説明を求めました。また，会計監査

人から「職務の遂行が適正に行われることを確保するための体制」（会社計算規則第131条各号に掲げる事項）を「監査に関する品質管理基準」（企業会計審議会）等に従って整備している旨の通知を受け，必要に応じて説明を求めました。以上の方法に基づき，当該事業年度に係る連結計算書類について検討いたしました。

2．監査の結果

会計監査人○○○○の監査の方法及び結果は相当であると認めます。

3．監査役○○○○の意見（異なる監査意見がある場合）

4．後発事象（重要な後発事象がある場合）

○○○○年○月○日

○○○○株式会社　監査役会

常勤監査役	○○○○	印
常勤監査役（社外監査役）	○○○○	印
社外監査役	○○○○	印
監査役	○○○○	印
	（自　署）	

（（公社）日本監査役協会「監査役（会）監査報告のひな型」より転載）

（7）　各種環境変化を踏まえた日本監査役協会からの公表資料

（公社）日本監査役協会から，2021年2月26日付で近年の各種環境変化を踏まえた対応として「監査上の主要な検討事項（KAM）及びコロナ禍における実務の変化等を踏まえた監査役等の監査報告の記載について」が公表され，下記の3つの論点について，検討の際のポイントおよび文例が紹介されている。

①　監査上の主要な検討事項（KAM）

②　コロナ禍を契機とする監査の方法の変更

③　自署押印

①　監査上の主要な検討事項（KAM）

会社計算規則は，監査役等の監査報告に最低限含めなければならない事項のみを定めているため，記載が明示的に求められていない事項についても，監査

392　第3章　計算関係書類

報告の趣旨に沿っている限り追加的に記載することができる。このため，会社法上の会計監査人の監査報告へのKAMの記載の有無にかかわらず，監査役等の監査報告において監査人とKAMについて協議した旨，ならびにその概要に言及することは可能であると考えられる。一方で，監査役等による会計監査人の監査の方法を評価する際の一要素として，現行のひな型の記載の範囲に含まれると考えることも可能であることから，必ずしも記載を追加する必要があるわけではないとの考え方もあるが，監査報告の利用者からの期待に応え，説明責任を果たすべく，監査役等の監査報告において明示的にKAMについて言及することは十分に検討に値する旨コメントされている。

②　コロナ禍を契機とする監査の方法の変更

コロナ禍以降，各社における対応として，在宅勤務体制の導入，対面での会議や出張に代えてオンライン会議ツール等を活用した新たな監査手法（リモート監査）を導入するなど，様々な代替手段を講じることにより監査活動が実施されており，こうした変化に対応した検討の際のポイントおよび文例が紹介されている。

③　自署押印

監査役等の監査報告については，法令上の署名義務はなく，また，コロナ禍以降，監査報告作成のための監査役会等の審議もオンライン形式に移行し，監査役等が現実に一堂に会しての審議を行い，その場で自署押印を行うという従来の流れが実務上困難となるケースもあることを踏まえ，自署押印に係る対応を検討する場合についての対応方法が紹介されている。

（対応1）　全員が郵送回付等により自署押印を行う方法
（対応2）　常勤の監査役等，監査役会等の議長ほか，監査報告の作成を担当する監査役等のみが自署押印し，他の監査役等は記名のみとする方法
（対応3）　自署押印を行わない方法

また，電子署名を行う場合については，会社法上監査役会等の議事録が電磁

V　監査報告書　393

的記録（会施規224）をもって作成された場合に署名または記名押印に代わる措置として求められる電子署名（会施規225）と同様に検討することが必要であるとコメントされている。

（8）　事例分析

　監査役会の監査報告書の事例としてはパターン1「事業報告等に係る監査報告」，「個別の計算書類等に係る監査報告」および「連結計算書類に係る監査報告」をまとめて1つの監査報告書として作成している事例がみられる。

○　「事業報告等に係る監査報告」，「個別の計算書類等に係る監査報告」および「連結計算書類に係る監査報告」とをまとめている監査報告書の事例

〈事例1〉　指摘事項がない場合の事例

ヤマトホールディングス（2024年3月期）

監査役会の監査報告

監 査 報 告 書

　当監査役会は，2023年4月1日から2024年3月31日までの第159期事業年度における取締役の職務の執行に関して，各監査役が作成した監査報告書に基づき，審議の上，本監査報告書を作成し，以下のとおり報告いたします。

1．監査役及び監査役会の監査の方法及びその内容
　⑴　監査役会は，監査の方針，職務の分担等を定め，各監査役から監査の実施状況及び結果について報告を受けるほか，取締役等及び会計監査人からその職務の執行状況について報告を受け，必要に応じて説明を求めました。

　⑵　各監査役は，監査役会が定めた監査役監査の基準に準拠し，監査の方針，職務の分担等に従い，取締役，内部監査部門その他の使用人等と意思疎通を図り，情報の収集及び監査の環境の整備に努めるとともに，以下の方法で監査を実施いたしました。
　　①取締役会その他重要な会議に出席し，取締役及び使用人等からその職務

の執行状況について報告を受け，必要に応じて説明を求め，重要な決裁書類等を閲覧し，業務及び財産の状況を調査いたしました。また，子会社については，子会社の取締役及び監査役等と意思疎通及び情報の交換を図り，必要に応じて子会社から事業の報告を受けました。

②事業報告に記載されている取締役の職務の執行が法令及び定款に適合することを確保するための体制その他当社及びその子会社から成る企業集団の業務の適正を確保するために必要なものとして会社法施行規則第100条第1項及び第3項に定める体制の整備に関する取締役会決議の内容及び当該決議に基づき整備されている体制（内部統制システム）について，取締役及び使用人等からその構築及び運用の状況について定期的に報告を受け，必要に応じて説明を求め，意見を表明いたしました。

③会計監査人が独立の立場を保持し，かつ，適正な監査を実施しているかを監視及び検証するとともに，会計監査人からその職務の執行状況について報告を受け，必要に応じて説明を求めました。また，会計監査人から「職務の遂行が適正に行われることを確保するための体制」（会社計算規則第131条各号に掲げる事項）を「監査に関する品質管理基準」（企業会計審議会）等に従って整備している旨の通知を受け，必要に応じて説明を求めました。なお，監査上の主要な検討事項については，会計監査人との協議を行うとともに，その監査の実施状況について報告を受け，必要に応じて説明を求めました。

以上の方法に基づき，当該事業年度に係る事業報告及びその附属明細書，計算書類（貸借対照表，損益計算書，株主資本等変動計算書及び個別注記表）及びその附属明細書並びに連結計算書類（連結貸借対照表，連結損益計算書，連結株主資本等変動計算書及び連結注記表）について検討いたしました。

２．監査の結果

　(1)　事業報告等の監査結果

　　　①事業報告及びその附属明細書は，法令及び定款に従い，会社の状況を正しく示しているものと認めます。

　　　②取締役の職務の執行に関する不正の行為又は法令若しくは定款に違反する重大な事実は認められません。

　　　③内部統制システムに関する取締役会決議の内容は相当であると認めます。

また，当該内部統制システムに関する事業報告の記載内容及び取締役の職務の執行についても，指摘すべき事項は認められません。

⑵　計算書類及びその附属明細書の監査結果
会計監査人有限責任監査法人トーマツの監査の方法及び結果は相当であると認めます。

⑶　連結計算書類の監査結果
会計監査人有限責任監査法人トーマツの監査の方法及び結果は相当であると認めます。

2024年5月9日

ヤマトホールディングス株式会社　監査役会
常勤監査役　○　○　○　○　㊞
常勤監査役　○　○　○　○　㊞
社外監査役　○　○　○　○　㊞
社外監査役　○　○　○　○　㊞
社外監査役　○　○　○　○　㊞

〈事例2〉　会計監査人の監査報告日以降の後発事象を記載している事例

りそなホールディングス（2024年3月期）

3．重要な後発事象
2024年5月14日開催の取締役会において，2024年5月15日から2024年6月21日までを取得期間とする当社普通株式（総数30,000,000株，総額200億円をそれぞれ上限とする）の取得枠を設定することが決議されました。また，会社法第178条の規定に基づき，自己株式の消却を行うことが決定されました。

396　第3章　計算関係書類

〈事例3〉　監査の結果に財務報告に係る内部統制についての記載がある事例

エーザイ（2024年3月期）

③　内部統制システムに関する取締役会の決議の内容は相当であると認めます。また，当該内部統制システムに関する事業報告の記載内容並びに取締役及び執行役の職務の執行についても，指摘すべき事項は認められません。

〈事例4〉　監査の結果に会社の財務および事業の方針の決定を支配する者の在り方に関する基本方針についての記載がある事例

キーコーヒー（2024年3月期）

④　事業報告に記載されている会社の財務及び事業の方針の決定を支配する者の在り方に関する基本方針は相当であると認めます。事業報告に記載されている会社法施行規則第118条第3号ロの各取組みは，当該基本方針に沿ったものであり，当社の株主共同の利益を損なうものではなく，かつ，当社の会社役員の地位の維持を目的とするものではないと認めます。

〈事例5〉　会計監査人の「職務の遂行が適正に行われることを確保するための体制」や監査上の主要な検討事項についての記載がある事例

ローム（2024年3月期）

③会計監査人が独立の立場を保持し，かつ，適正な監査を実施しているかを監視及び検証するとともに，会計監査人からその職務の執行状況について報告を受け，必要に応じて説明を求めました。また，会計監査人から「職務の遂行が適正に行われることを確保するための体制」（会社計算規則第131条各号に掲げる事項）を「監査に関する品質管理基準」（企業会計審議会）等に従って整備している旨の通知を受け，必要に応じて説明を求めました。なお，監査上の主要な検討事項については，会計監査人と協議を行うとともに，その監査の実施状況について報告を受け，必要に応じて説明を求めました。

V　監査報告書　397

〈事例6〉　期中で就任した監査等委員について記載のある事例

フジ・メディア・ホールディングス（2024年3月期）

　当監査等委員会は，2023年4月1日から2024年3月31日までの第83期事業年度における取締役の職務の執行を監査いたしました。その方法及び結果について以下のとおり報告いたします。なお，2023年6月28日をもって監査等委員○○○○氏と○○○○氏が退任いたしました。また，監査等委員○○○○氏と○○○○氏は2023年6月28日付で就任いたしましたが，就任前の期間における監査事項につきましては在任の監査等委員より説明を聞くとともに重要な決裁書類等を閲覧し，取締役等及び会計監査人の報告を受け，監査いたしました。

〈事例7〉　監査役の意見が付記されている事例

X社（2022年12月期）

監　査　報　告　書

　当監査役会は，2022年1月1日から2022年12月31日までの第97期事業年度の取締役の職務の執行に関して，各監査役が作成した監査報告書に基づき，審議の上，本監査報告書を作成し，以下のとおり報告いたします。

1．監査役及び監査役会の監査の方法及びその内容
　⑴　監査役会は，当期の監査の方針，監査計画並びに重点監査項目等を定め，各監査役から監査の実施状況及び結果について報告を受けるほか，取締役等及び会計監査人からその職務の執行状況について報告を受け，必要に応じて説明を求めました。
　⑵　各監査役は，監査役会が定めた監査役監査の基準に準拠し，監査の方針，2022年度の監査計画等に従い，取締役，内部監査部門その他の使用人等と意思疎通を図り，情報の収集及び監査の環境の整備に努めるとともに，以下の方法で監査を実施しました。
　　①　取締役会，その他重要な会議に出席し，取締役及び使用人等からその職務の執行状況について報告を受け，必要に応じて説明を求め，重要な決裁書類等を閲覧し，本社及び主要な事業所において業務及び財産の状況

を調査いたしました。また，子会社については，子会社の取締役及び監査役等と意思疎通及び情報の交換を図り，必要に応じて子会社から事業の報告を受けました。

② 事業報告に記載されている取締役の職務の執行が法令及び定款に適合することを確保するための体制その他株式会社及びその子会社から成る企業集団の業務の適正を確保するために必要なものとして会社法施行規則第100条第1項及び第3項に定める体制の整備に関する取締役会決議の内容及び当該決議に基づき整備されている体制（内部統制システム）について，取締役及び使用人等からその構築及び運用の状況について定期的に報告を受け，必要に応じて説明を求め，意見を表明いたしました。

③ 事業報告に記載されている会社法施行規則第118条第3号イの基本方針及び同号ロの各取組みについては，取締役会その他における審議の状況等を踏まえ，その内容について検討を加えました。

④ 会計監査人が独立の立場を保持し，かつ，適正な監査を実施しているかを監視及び検証するとともに，会計監査人からその職務の執行状況について報告を受け，必要に応じて説明を求めました。また，会計監査人から「職務の遂行が適正に行われることを確保するための体制」（会社計算規則第131条各号に掲げる事項）を「監査に関する品質管理基準」（平成17年10月28日企業会計審議会）等に従って整備している旨の通知を受け，必要に応じて説明を求めました。なお，監査上の主要な検討事項については，○○○○監査法人と協議を行うとともに，その監査の実施状況について報告を受け，必要に応じて説明を求めました。

　以上の方法に基づき，当該事業年度に係る事業報告及びその附属明細書，計算書類（貸借対照表，損益計算書，株主資本等変動計算書及び個別注記表）及びその附属明細書並びに連結計算書類（連結貸借対照表，連結損益計算書，連結株主資本等変動計算書及び連結注記表）について検討いたしました。

2．監査の結果
(1) 事業報告等の監査結果
　① 事業報告及びその附属明細書は，法令及び定款に従い，会社の状況を正しく示しているものと認めます。

V 監査報告書 399

② 取締役の職務の執行に関する不正の行為又は法令若しくは定款に違反する重大な事実は認められません。

③ 内部統制システムに関する取締役会決議の内容及びその運用状況は相当であると認めます。また、当該内部統制システムに関する事業報告の記載内容及び取締役の職務の執行についても、指摘すべき事項は認められません。

④ 事業報告に記載されている会社の財務及び事業の方針の決定を支配する者の在り方に関する基本方針については、指摘すべき事項は認められません。事業報告に記載されている会社法施行規則第118条第3号ロの各取組みは、当該基本方針に沿ったものであり、当社の株主共同の利益を損なうものではなく、かつ、当社の会社役員の地位の維持を目的とするものではないと認めます。

⑤ 事業報告に記載されている親会社等との取引について、当該取引をするに当たり当社の利益を害さないように留意した事項及び当該取引が当社の利益を害さないかどうかについての取締役会の判断及びその理由について、指摘すべき事項は認められません。

(2) 計算書類及びその附属明細書の監査結果

会計監査人○○○○監査法人の監査の方法及び結果は相当であると認めます。

(3) 連結計算書類の監査結果

会計監査人○○○○監査法人の監査の方法及び結果は相当であると認めます。

(中略)

3．付記事項について

当監査役会で審議決議した監査の結果は以上のとおりでありますが、1名の監査役は(1)事業報告等の監査結果に関してこれとは異なる報告でありましたので、会社法施行規則第130条第2項に従い、その監査役の報告を次項に付記いたします。

4．付記事項）監査役○○○○の意見

(1) 事業報告等の監査結果

400　第3章　計算関係書類

　（中略）

2023年○月○日

　　　　　　　　　　　　　　　　　○○○○株式会社　監査役会
　　　　　　　　　　　　　　　常勤監査役　○　○　○　○　㊞
　　　　　　　　　　　　　　　監査役　　　○　○　○　○　㊞
　　　　　　　　　　　　　　　社外監査役　○　○　○　○　㊞
　　　　　　　　　　　　　　　社外監査役　○　○　○　○　㊞

〈事例8〉　監査等委員会の監査報告の事例

アキレス（2024年3月期）

監 査 報 告 書

　当監査等委員会は，2023年4月1日から2024年3月31日までの第104期事業年度における取締役の職務の執行を監査いたしました。その方法及び結果について，以下のとおり報告いたします。

1．監査の方法及びその内容

　　　監査等委員会は，会社法第399条の13第1項第1号ロ及びハに掲げる事項に関する取締役会決議の内容並びに当該決議に基づき整備されている体制（内部統制システム）について取締役及び使用人等からその構築及び運用の状況について定期的に報告を受け，必要に応じて説明を求め，意見を表明するとともに，下記の方法で監査を実施いたしました。

　①　監査等委員会が定めた監査の方針，監査実施計画，職務の分担等に従い，会社の内部統制部門と連携の上，重要な会議に出席し，取締役及び使用人等からその職務の執行に関する事項の報告を受け，必要に応じて説明を求め，重要な決裁書類等を閲覧し，本社及び主要な事業所において業務及び財産の状況を調査いたしました。また，子会社については，子会社の取締役等と意思疎通及び情報の交換を図り，子会社に対し事業の報告を求め，必要に応じて子会社に赴き，業務及び財産の状況を調査いたしました。

　②　事業報告に記載されている株式会社の支配に関する基本方針及び各取組

みについては，取締役会等における審議の状況等を踏まえ，その内容について検討を加えました。

③ 会計監査人が独立の立場を保持し，かつ，適正な監査を実施しているかを監視及び検証するとともに，会計監査人からその職務の執行状況について報告を受け，必要に応じて説明を求めました。また，会計監査人から「職務の遂行が適正に行われることを確保するための体制」（会社計算規則第131条各号に掲げる事項）を「監査に関する品質管理基準」（企業会計審議会）等に従って整備している旨の通知を受け，必要に応じて説明を求めました。

　以上の方法に基づき，当該事業年度に係る事業報告及びその附属明細書，計算書類（貸借対照表，損益計算書，株主資本等変動計算書及び個別注記表）及びその附属明細書並びに連結計算書類（連結貸借対照表，連結損益計算書，連結株主資本等変動計算書及び連結注記表）について検討いたしました。

2．監査の結果
(1) 事業報告等の監査結果
　① 事業報告及びその附属明細書は，法令及び定款に従い，会社の状況を正しく示しているものと認めます。
　② 取締役の職務の執行に関する不正の行為又は法令若しくは定款に違反する重大な事実は認められません。
　③ 内部統制システムに関する取締役会決議の内容は相当であると認めます。また，当該内部統制システムに関する事業報告の記載内容及び取締役の職務の執行についても，指摘すべき事項は認められません。
　④ 事業報告に記載されている株式会社の支配に関する基本方針及び各取組みについては，指摘すべき事項は認められません。
(2) 計算書類及びその附属明細書の監査結果
　会計監査人有限責任監査法人トーマツの監査の方法及び結果は相当であると認めます。
(3) 連結計算書類の監査結果
　会計監査人有限責任監査法人トーマツの監査の方法及び結果は相当であると認めます。

402　第3章　計算関係書類

2024年5月22日

アキレス株式会社　監査等委員会

常勤監査等委員　　○　○　○　○　㊞

常勤監査等委員　　○　○　○　○　㊞

社外監査等委員　　○　○　○　○　㊞

社外監査等委員　　○　○　○　○　㊞

社外監査等委員　　○　○　○　○　㊞

〈事例9〉　監査役会による監査報告（指定国際会計基準）の事例

小野薬品工業（2024年3月期）

監査報告書

　当監査役会は，2023年4月1日から2024年3月31日までの第76期事業年度における取締役の職務の執行に関して，各監査役が作成した監査報告書に基づき，審議の上，本監査報告書を作成し，以下のとおり報告いたします。

1．監査役及び監査役会の監査の方法及びその内容

　(1)　監査役会は，監査の方針，職務の分担等を定め，各監査役から監査の実施状況及び結果について報告を受けるほか，取締役等及び会計監査人からその職務の執行状況について報告を受け，必要に応じて説明を求めました。

　(2)　各監査役は，監査役会が定めた監査役監査の基準に準拠し，当期の監査方針及び監査計画，職務分担等に従い，取締役，内部監査部門その他の使用人等と意思疎通を図り，情報の収集及び監査の環境の整備に努めるとともに，以下の方法で監査を実施いたしました。

　　①　取締役会その他重要な会議に出席し，取締役及び使用人等からその職務の執行状況について報告を受け，必要に応じて説明を求め，重要な決裁書類等を閲覧し，本社及び主要な事業所において業務及び財産の状況を調査いたしました。また，子会社については，子会社の取締役及び監査役等と意思疎通及び情報の交換を図り，必要に応じて子会社から事業の

V 監査報告書 403

報告を受けました。

② 取締役の職務の執行が法令及び定款に適合することを確保するための体制その他株式会社及びその子会社から成る企業集団の業務の適正を確保するために必要なものとして会社法施行規則第100条第1項及び第3項に定める体制の整備に関する取締役会決議の内容及び当該決議に基づき整備されている体制（内部統制システム）について，取締役及び使用人等からその構築及び運用の状況について定期的に報告を受け，必要に応じて説明を求め，意見を表明いたしました。

③ 会計監査人が独立の立場を保持し，かつ，適正な監査を実施しているかを監視及び検証するとともに，会計監査人からその職務の執行状況について報告を受け，必要に応じて説明を求めました。また，会計監査人から「職務の遂行が適正に行われることを確保するための体制」（会社計算規則第131条各号に掲げる事項）を「監査に関する品質管理基準」（企業会計審議会）等に従って整備している旨の通知を受け，必要に応じて説明を求めました。

以上の方法に基づき，当該事業年度に係る事業報告及びその附属明細書，計算書類（貸借対照表，損益計算書，株主資本等変動計算書及び個別注記表）及びその附属明細書並びに連結計算書類（連結財政状態計算書，連結損益計算書，連結持分変動計算書及び連結注記表）について検討いたしました。

2. 監査の結果

(1) 事業報告等の監査結果

① 事業報告及びその附属明細書は，法令及び定款に従い，会社の状況を正しく示しているものと認めます。

② 取締役の職務の執行に関する不正の行為又は法令若しくは定款に違反する重大な事実は認められません。

③ 内部統制システムに関する取締役会決議の内容は相当であると認めます。また，当該内部統制システムに関する取締役の職務の執行についても，指摘すべき事項は認められません。

(2) 計算書類及びその附属明細書の監査結果

会計監査人有限責任監査法人トーマツの監査の方法及び結果は相当である

と認めます。

(3) 連結計算書類の監査結果

会計監査人有限責任監査法人トーマツの監査の方法及び結果は相当である
と認めます。

2024年5月9日

小野薬品工業株式会社　監査役会

常勤監査役　　○　○　○　○　㊞

常勤監査役　　○　○　○　○　㊞

社外監査役　　○　○　○　○　㊞

社外監査役　　○　○　○　○　㊞

第4章

剰余金の配当関係

406　第4章　剰余金の配当関係

I 剰余金の配当手続

1　株主総会決議による剰余金の配当

　会社法の下では，株式会社は，いつでも株主総会の決議により，株主に対して剰余金の配当をすることができることとされている（会社法453, 454 I）。会社法では，株主総会決議で剰余金の配当を行う際には，株主総会に剰余金の処分に関する議案を出して承認を得ることになる。

　剰余金の配当をする場合，株主総会において，以下の内容（剰余金の配当に関する事項）を決議する必要がある（会社法454 I）。

(i)　配当財産の種類および帳簿価額の総額

(ii)　株主に対する配当財産の割当てに関する事項

(iii)　剰余金の配当が効力を生ずる日

　剰余金の配当は，配当の効力発生日における分配可能額の範囲内で行わなければならない（会社法461 I）。

2　取締役会決議による剰余金の配当

　会計監査人設置会社は，一定の場合，剰余金の配当を取締役会の決議により行うことができる旨を定款に定めることができ，最終の事業年度に係る計算書類が法令および定款に従い株式会社の財産および損益の状況を正しく示しているものとして法務省令で定める要件に該当する場合には，この定款の効力が認められ，取締役会の決議により剰余金の配当を行うことができる（会社法459 I, II, 会計規155）。ただし，金銭以外の財産を分配し，かつ，株主に対して金銭分配請求権を与えないこととする場合には，例外的に株主総会の特別決議を要する（会社法309 II ⑩, 459 I ④ただし書）。

　ここでの要件を整理すると，以下の(i)〜(vii)のすべてを満たす会社となる。

(i)　取締役会設置会社かつ会計監査人設置会社（監査等委員会設置会社および指名委員会等設置会社以外の場合は，監査役会設置会社に限る）

(ii)　取締役の任期を1年に短縮（取締役（監査等委員会設置会社にあっては

監査等委員である取締役以外の取締役）の任期が選任後1年以内に終了する最終の事業年度に関する定時株主総会の終結のときまで）

(iii)　定款をもって剰余金の配当を取締役会決議により決定できる旨を規定している

(iv)　前期の計算書類に会計監査人の適正意見が付されている

(v)　前期の会計監査報告に係る監査役会，監査等委員会または監査委員会の監査報告の内容として会計監査人の監査の方法または結果を相当でないと認める意見がないこと

(vi)　前期の会計監査報告に係る監査役会，監査等委員会または監査委員会の監査報告に付記された内容について，会計監査人の監査の方法または結果を相当でないと認める意見がないこと

(vii)　分配特則規定に規定する計算関係書類が会社計算規則132条3項の規定により監査を受けたものとみなされたものでないこと

なお，取締役会設置会社は，1事業年度の途中において1回に限り取締役会決議によって剰余金の配当をすることができる旨を定款で定めることができることとされており（会社法454Ⅴ），中間配当の制度も残されている。この場合の分配可能額は中間配当の効力発生日時点のものとなる。

Ⅱ 剰余金および自己株式の有償取得に関する財源規制

　会社法では，剰余金の配当と，株主に対して剰余金を払い戻す行為である自己株式の有償取得とを合わせて統一した財源規制（分配可能額）を設けている（会社法461）。

　これは，剰余金の配当と自己株式の有償取得は，株主に対する会社の剰余金の分配方法の点では異なっているものの，いずれの行為も会社の「剰余金」を払い戻す行為であるという点において共通しているため，その点で両者を区別する必要性がないことによる。

　会社法では，剰余金の配当はいつでも株主総会決議等により行うことができるため，配当の効力発生日における分配可能額を算出することが必要となる。分配可能額は，配当の効力発生日時点における剰余金の額に，所定の調整を行って算出することになる（会社法461Ⅱ）。

　近時，剰余金の配当や自己株式の有償取得が財源規制に違反する事例がみられる。分配可能額を正しく算定するための内部統制の整備運用状況については改めて確認されたい。財源規制に違反して剰余金の配当や自己株式の有償取得が実施された場合，当該行為に関する職務を行った業務執行者等は，会社に対し，連帯して会社が交付した金銭等の帳簿価額相当額を支払う義務を負う点にも留意が必要である（会社法462Ⅰ）。

III 剰余金の額の算定

　会社法の下では，株主総会等の決議に基づき，いつでも剰余金の配当を行うことができる。このため，剰余金の配当を行う際には，配当の効力発生日におけるその他資本剰余金およびその他利益剰余金の額を計算し，これに所定の調整を加えることによって，当該時点の分配可能額を計算することになる。

　剰余金の額は，最終事業年度の貸借対照表における剰余金を基礎として，最終事業年度の末日後の剰余金の額の増減を反映させることによって算定される。最終事業年度の末日後の剰余金の額の変動要因としては，資本金・準備金から剰余金への振替，剰余金から資本金・準備金への振替，配当による減少，自己株式の処分，自己株式の消却等が挙げられる。

　剰余金の額の算定方法は，会社法446条および会社計算規則149条，150条で規定されており，当該算式を整理すると，以下のとおりとなる。

1　最終事業年度の末日現在の剰余金の額

　剰余金の額の算定については，会社法446条に定めがあるが，その一部が法務省令に委任されている。当該法務省令に委任された事項は，会社計算規則149条および150条に定めが置かれている。

　剰余金の額の計算の中で，会社法446条1号では，最終事業年度の末日の以下の額の計算が求められている。

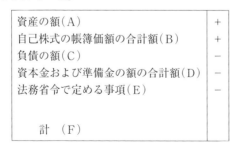

　しかし，このうち法務省令で定める事項（上記E）については，会社計算規則149条に定めがあり，これを加味すると，結局，上表の金額の合計（上記F）は，

410　第4章　剰余金の配当関係

最終事業年度の末日におけるその他資本剰余金の額とその他利益剰余金の額の合計額ということになる。なお，資本準備金および利益準備金は，分配可能額算定の基礎となる剰余金の額に含まれていない。

2　最終事業年度の末日後の剰余金の額の増減

　配当の効力発生日における剰余金の額は，「最終事業年度の末日現在の剰余金の額」に，「最終事業年度の末日後の剰余金の額の増減」を調整することによって算定されるが，「最終事業年度の末日後の剰余金の額の増減」の主なものとしては，会社法および法務省令によれば，(i)資本金・準備金から剰余金への振替，(ii)剰余金から資本金・準備金への振替，(iii)剰余金の配当およびそれに伴う準備金の積立，(iv)自己株式処分差損益，(v)自己株式の消却，(vi)吸収型再編に伴う剰余金の増減，等が挙げられている。ただし，これらの調整は剰余金規定と分配可能額規定とを合わせて理解する必要のあるものが含まれている。さまざまな変動要因があるので，剰余金の配当に際しては，「最終事業年度の末日後の剰余金の額の増減」を正しく把握する必要がある。

　(i)　資本金・準備金から剰余金への振替

　最終事業年度の末日後に資本金・準備金から剰余金への振替を行えば，その分だけ剰余金は増加することになる。

　(ii)　剰余金から資本金・準備金への振替

　最終事業年度の末日後に剰余金から資本金・準備金への振替を行えば，その分だけ剰余金は減少することになる。

　(iii)　剰余金の配当およびそれに伴う準備金の積立

　最終事業年度の末日後に剰余金の配当を行えば，その分だけ剰余金が減少し，これに合わせて準備金の積立を行えば，その分だけ剰余金は減少することになる。

　(iv)　自己株式処分差損益

　最終事業年度の末日後に自己株式を処分した場合，自己株式処分差益であれば剰余金の増加項目，自己株式処分差損であれば剰余金の減少項目となる。

　(v)　自己株式の消却

　最終事業年度の末日後に自己株式の消却が行われると，当該自己株式の帳簿

価額の分だけ剰余金が減少することになる。

　(vi)　吸収型再編に伴う剰余金の増減

　最終事業年度の末日後に吸収型再編を行い剰余金を引き継げば，その分だけ剰余金は増加し，負の剰余金を引き継げば，その分だけ剰余金は減少することになる。

【剰余金の額の算定方法】

項　　目	計算 過程	内　　容	条　文
最終事業年度末 日現在の剰余金			
	＋	資産の額（A）	会社法446①イ
	＋	自己株式の帳簿価額の合計額（B）	会社法446①ロ
	－	負債の額（C）	会社法446①ハ
	－	資本金・準備金の額の合計額（D）	会社法446①ニ
	－	上記A	会社法446①ホ 会計規149①
	－	上記B	会社法446①ホ 会計規149①
	＋	上記C	会社法446①ホ 会計規149②
	＋	上記D	会社法446①ホ 会計規149②
●その他資本剰余 　金	＋	その他資本剰余金の額	会社法446①ホ 会計規149③
●その他利益剰余 　金	＋	その他利益剰余金の額	会社法446①ホ 会計規149④
最終事業年度末 日後の剰余金の 増減			
●自己株式の処分 　による増減（自 　己株式処分差損 　益）	＋ －	処分した自己株式の対価の額 処分した自己株式の帳簿価額	会社法446② 　〃

412　第4章　剰余金の配当関係

項　　目	計算過程	内　　容	条　文
●資本金からの振替による増加	+	資本金の減少額（減少額のうち準備金とする額を除く）	会社法446③
●準備金からの振替による増加	+	準備金の減少額（減少額のうち資本金とする額を除く）	会社法446④
●自己株式の消却による減少	−	消却した自己株式の帳簿価額	会社法446⑤
●配当等による減少	−	配当財産の帳簿価額（金銭分配請求権を行使した株主への割当分を除く）	会社法446⑥イ
	−	金銭分配請求権を行使した株主に交付した金銭の額	会社法446⑥ロ
	−	基準未満株式の株主に対して支払った金銭の額	会社法446⑥ハ
●資本金・準備金への振替による減少	−	剰余金から資本金・準備金への振替額	会社法446⑦ 会計規150Ⅰ①
●配当に係る準備金積立による減少	−	剰余金の配当に係る準備金増加額	会社法446⑦ 会計規150Ⅰ②
●吸収型再編に係る自己株式の処分による増減	−	吸収型再編に際して処分する自己株式処分差損益 　（処分した自己株式の対価の額－処分した自己株式の帳簿価額）	会社法446⑦ 会計規150Ⅰ③
●吸収分割会社または新設分割会社となる吸収分割または新設分割に際しての剰余金減少額	−	分割に際しての剰余金減少額	会計規150Ⅰ④

Ⅲ　剰余金の額の算定　413

項　　目	計算過程	内　　　容	条　文
●吸収型再編に係る増減	＋	吸収型再編に係るその他資本剰余金増減額 　（吸収型再編後その他資本剰余金額－吸収型再編直前その他資本剰余金額）	会社法446⑦ 会計規150Ⅰ⑤イ
	＋	吸収型再編に係るその他利益剰余金増減額 　（吸収型再編後その他利益剰余金額－吸収型再編直前その他利益剰余金額）	会計規150Ⅰ⑤ロ
●出資不足の支払	＋	最終事業年度末日後の出資（設立・募集株式発行・新株予約権行使）不足額の支払	会社法446⑦ 会計規150Ⅰ⑥
●取締役の報酬等としての株式無償交付	＋	その他資本剰余金の変動額・自己株式の増加額	会社法446⑦ 会計規150Ⅰ⑦，⑧

(注)1.　上表は簡略化した表現によっているため，実際の条文を参照する必要がある。
　　2.　上表は会社設立2年目以降の場合について示している。

414　第4章　剰余金の配当関係

【剰余金の額の算定方法（主なもの）】

| 最終事業年度末日時点 | → | 最終事業年度末日後の剰余金の増減 |

増加項目

- （＋）その他資本剰余金
- （＋）その他利益剰余金

- （＋）自己株式処分差益
- （＋）資本金からの振替
- （＋）準備金からの振替
- （＋）吸収型再編に係る増加
- （＋）吸収型再編に係る自己株式処分差損

減少項目

- （－）自己株式処分差損
- （－）消却した自己株式の帳簿価額
- （－）配当財産の帳簿価額
- （－）配当に係る準備金積立
- （－）資本金への振替
- （－）準備金への振替
- （－）吸収型再編に係る減少
- （－）吸収型再編に係る自己株式処分差益

剰余金の額

Ⅳ 分配可能額の算定方法

1 分配可能額の算定

　剰余金の配当等においては，交付する金銭等の帳簿価額の総額が，当該行為がその効力を生ずる日（効力発生日）における分配可能額を超えてはならないとされているが，ここでの分配可能額の算定は前述の効力発生日における剰余金の額に所定の調整を行うことによって算定される。

　分配可能額の算定方法は，会社法461条2項および会社計算規則156条～158条で規定されており，当該算式を整理すると，以下のとおりとなる。

416 第4章 剰余金の配当関係

【分配可能額の算定方法】

項　　　目	加　算　項　目	条　　　文
配当の効力発生日時点 • 剰余金	剰余金（「Ⅲ　剰余金の額の算定」での算定結果）	会社法461Ⅱ①
• 自己株式 • 300万円基準に係る規制		
最終事業年度末日 • その他有価証券評価差額金 • 土地再評価差額金		
• のれん等調整額に係る規制		
• 連結配当規制適用会社における規制		

IV　分配可能額の算定方法　417

減 算 項 目	条　文
自己株式の帳簿価額	会社法461Ⅱ③
次の額	会社法461Ⅱ⑥
	会計規158⑥
300万円 −（①＋②＋③＋④）（零以上）	
①資本金・準備金の額（効力発生日時点）	
②株式引受権の額（効力発生日時点）	
③新株予約権の額（効力発生日時点）	
④最終事業年度末日（※1）の評価・換算差額等の合計額（零以上）	
最終事業年度末日（※1）のその他有価証券評価差額金（差損額）（※2）	会社法461Ⅱ⑥
	会計規158②
最終事業年度末日（※1）の土地再評価差額金（差損額）（※2）	会社法461Ⅱ⑥
	会計規158③
最終事業年度末日（※1）におけるのれん等調整額がイ〜ハに該当する場合のイ〜ハの額	会社法461Ⅱ⑥
	会計規158①

※のれん等調整額＝資産の部ののれんの額÷2＋繰延資産の額

ケース	金額
イ）「のれん等調整額≦資本金・準備金」	零
ロ）「資本金・準備金＜のれん等調整額≦資本金・準備金・その他資本剰余金」	のれん等調整額−資本金・準備金
ハ）「のれん等調整額＞資本金・準備金・その他資本剰余金」	
•「のれんの額÷2≦資本金・準備金・その他資本剰余金」	のれん等調整額−資本金・準備金
•「のれんの額÷2＞資本金・準備金・その他資本剰余金」	その他資本剰余金＋繰延資産

次の額	会社法461Ⅱ⑥
	会計規158④

418 第4章 剰余金の配当関係

項　　目	加　算　項　目	条　　文
最終事業年度末日後，配当の効力発生日まで		
・自己株式の処分		
・自己株式の取得	最終事業年度末日（※1）後の自己株式の取得（株主に会社の株式を交付	会社法461Ⅱ⑥ 会計規158⑨

Ⅳ　分配可能額の算定方法　419

減　算　項　目	条　　文

A－B－C　（零以上）
A）最終事業年度末日の貸借対照表の次の金額

＋	ⅰ）株主資本の額	
－	ⅱ）その他有価証券評価差額金（差損額）（※2）	
－	ⅲ）土地再評価差額金（差損額）（※2）	
－	ⅳ）次の額	

ケース	金額
・「のれん等調整額≦資本金・資本剰余金・利益準備金」	のれん等調整額
・「のれん等調整額＞資本金・資本剰余金・利益準備金」	資本金・資本剰余金・利益準備金

B）最終事業年度末日後に子会社から当該株式会社の自己株式を取得した場合における子会社側の帳簿価額（持分相当額）
C）最終事業年度末日の連結貸借対照表の次の額

＋	ⅴ）株主資本の額	
－	ⅵ）その他有価証券評価差額金（差損額）（※2）	
－	ⅶ）土地再評価差額金（差損額）（※2）	
－	ⅷ）次の額	

ケース	金額
・「のれん等調整額≦資本金・資本剰余金」	のれん等調整額
・「のれん等調整額＞資本金・資本剰余金」	資本金・資本剰余金

減　算　項　目	条　　文
最終事業年度末日後に処分した自己株式の対価の額	会社法461Ⅱ④

420　第4章　剰余金の配当関係

項　　目	加　算　項　目	条　　文
	する場合に限る）の場合の，次の額 　⑥−（⑦＋⑧） 　　　⑥取得した自己株式の帳簿価 　　　　額 　　　⑦取得に際して株主に交付す 　　　　る財産の帳簿価額 　　　⑧取得に際して株主に交付す 　　　　る社債等の帳簿価額	
● 出資不足額の支払		
● 取締役の報酬等として 　の株式無償交付		
● 吸収型再編等における 　自己株式の処分	最終事業年度末日後，効力発生日ま での吸収型再編または特定募集にお いて処分する自己株式の対価の額	会社法461Ⅱ⑥ 会計規158⑩
最終事業年度末日後， 臨時計算期間末まで （※3）		
● 臨時計算書類の当期純 　利益 ● 臨時計算書類の当期純 　損失	臨時計算書類の当期純利益	会社法461Ⅱ②イ 会計規156
● 自己株式の処分	臨時計算期間内に処分した自己株式 の対価の額	会社法461Ⅱ②ロ
● 吸収型再編等における 　自己株式の処分		

(注)1.　臨時計算書類を作成している場合は，上表中の※1の「最終事業年度末日」は「最
　　　終の臨時計算期間末日」と読み替える。
　　2.　上表中の※2の「その他有価証券評価差額金（差損額）」および「土地再評価差額
　　　金（差損額）」は正（プラス）の値として算式を記載している。

Ⅳ 分配可能額の算定方法 421

減 算 項 目	条 文
最終事業年度末日(※1)後の出資(設立・募集株式発行・新株予約権行使)不足額の支払により増加したその他資本剰余金の額	会社法461Ⅱ⑥ 会計規158⑧イ
その他資本剰余金の変動額	会社法461Ⅱ⑥ 会計規158⑧ロ
臨時計算書類の当期純損失	会社法461Ⅱ⑤ 会計規157
最終事業年度末日後,臨時計算期間末までの吸収型再編または特定募集において処分する自己株式の対価の額	会社法461Ⅱ⑥ 会計規158⑦

3. 上表中の※3については,最終事業年度末日後に2以上の臨時計算書類を作成した場合には,最終の臨時計算書類(事業年度の初日から最終の臨時決算日)以外にかかるものは含まない(会計規158⑤)。
4. 上表は会社設立2年目以降の場合について示している。
5. 上表は簡略化した表現によっているため,実際の条文を参照する必要がある。

この表における分配可能額の計算過程について，臨時計算書類を作成しない場合と作成する場合に分けて，主なものを図解すると，概ね以下のとおりとなる。

【臨時計算書類を作成しない場合】

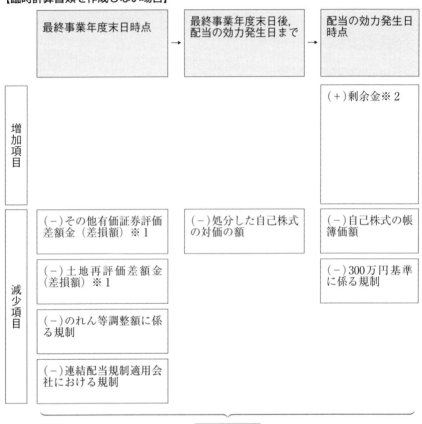

(注) 上記の図においては分配可能額の計算に影響する主な項目を記載しているが，すべてを網羅しているわけではない。
※1 「その他有価証券評価差額金（差損額）」および「土地再評価差額金（差損額）」については，正（プラス）の値として上記算式を記載している。
※2 ここでは，「Ⅲ 剰余金の額の算定」に記載のとおり，「1 最終事業年度の末日現在の剰余金の額」に，「2 最終事業年度の末日後の剰余金の額の増減」を反映させて算出されたものの意味で使用している。最終事業年度の末日後，配当の効力発生日までの損益を反映させたものではない。

IV　分配可能額の算定方法　423

【臨時計算書類を作成する場合】

	最終事業年度末日時点	→	最終事業年度末日後,最終の臨時計算期間末日まで	→	最終の臨時計算期間末日時点	→	最終事業年度末日後,配当の効力発生日まで	→	配当の効力発生日時点
増加項目			(＋)臨時計算書類の当期純利益 (＋)処分した自己株式の処分の対価の額						(＋)剰余金※2
減少項目	(－)連結配当規制適用会社における規制		(－)臨時計算書類の当期純損失		(－)のれん等調整額に係る規制 (－)その他有価証券評価差額金(差損額)※1 (－)土地再評価差額金(差損額)※1		(－)処分した自己株式の対価の額		(－)自己株式の帳簿価額 (－)300万円基準に係る規制

分配可能額

424　第4章　剰余金の配当関係

2　評価差額金に係る剰余金分配規制

　その他有価証券評価差額金および土地再評価差額金については，評価差益の場合は分配可能額を構成せず，また評価差損の場合は分配可能額の算定過程において分配可能額から減額される。

　その他有価証券評価差額金および土地再評価差額金については，臨時計算書類を作成しない場合には最終事業年度末日時点の帳簿価額，臨時計算書類を作成する場合には臨時計算期間末日時点の帳簿価額が，分配可能額の計算過程で分配可能額から減額される。なお，繰延ヘッジ損益は適正な期間損益対応のための調整勘定にすぎないと考えられるため，分配可能額に影響を与えない。

3　自己株式に係る剰余金分配規制

　自己株式については，剰余金分配の効力発生日時点の帳簿価額が，分配可能額の計算過程で減額される。

　なお，最終事業年度の末日後に自己株式を取得，処分，消却した場合における分配可能額への影響を整理すると，以下のとおりである。

ケース	分配可能額への影響
最終事業年度の末日後の自己株式の取得	取得価額相当分だけ分配可能額が減少する。
最終事業年度の末日後の自己株式の処分	原則として分配可能額には影響しない。
最終事業年度の末日後の自己株式の消却	分配可能額には影響しない。

4　のれん・繰延資産がある場合の剰余金分配規制

　会社法においては，貸借対照表ののれんおよび繰延資産の残高に対して，一定の剰余金分配規制をかけている。

　のれんおよび繰延資産に係る剰余金分配規制においては，まずのれん等調整額を計算することになる。ここで，のれん等調整額とは，以下により計算される金額をいう。

$$\text{のれん等調整額} = \text{のれん} \div 2 + \text{繰延資産}$$

のれん等調整額に係る剰余金分配規制は，具体的には会社計算規則158条1号において定められている。ここでの剰余金分配規制は，のれん等調整額が資本金・準備金の合計額を上回る場合に，当該上回る部分の金額について規制をかけるものである。ただし，のれんについては無制限に剰余金分配規制をかけてはおらず，のれんの2分の1に相当する部分に係る分配規制が資本金・準備金・その他資本剰余金の合計額の範囲に収まるように上限が設定されている。

企業結合会計基準等の適用に伴い，企業結合における会計処理についてはパーチェス法が適用され，のれんの計上額が多額になることも多い。このような中で，のれんがある場合には，剰余金分配について一定の規制をかけたものと考えられる。

5　連結配当規制適用会社における剰余金分配規制

会社法においては，連結配当規制の考え方を一部取り入れた規定が置かれている。連結配当規制適用会社となる場合には，連結ベースの剰余金等に基づいて計算される金額と個別ベースの剰余金等に基づいて計算される金額を比較し，前者のほうが小さい場合に，剰余金分配可能額に制限を加えるものとなっている。このため，連結配当規制適用会社となった場合の剰余金分配可能額が，適用しない場合より増加することはない。

連結配当規制については，適用するか否かは任意の扱いとなっているため，連結配当規制を適用しないことも可能であるが，連結配当規制適用会社の場合には，会社法135条（親会社株式の取得禁止）に対する特例（会施規23⑬），会社法795条2項（吸収合併契約等の承認等）に対する特例（会施規195Ⅲ～Ⅴ）といった若干の特典が設けられている。

なお，連結配当規制適用会社となることを決定する手続について会社計算規則等に特段の定めは置かれていないが，連結配当規制適用会社については「当該事業年度の末日が最終事業年度の末日となる時後，連結配当規制適用会社となる旨」を注記表に記載することが求められている（会計規115）。

426 第4章 剰余金の配当関係

【連結配当規制適用会社における剰余金分配規制の額の計算】

連結配当規制適用会社では，以下により計算される金額が剰余金分配可能額から控除される。

①最終事業年度末日の貸借対照表における次の額 （＋）株主資本 （－）その他有価証券評価差額金（差損額）（※1） （－）土地再評価差額金（差損額）（※1） （－）のれん等調整額（※2）	会計規158④イ
②最終事業年度末日の連結貸借対照表における次の額 （＋）株主資本 （－）その他有価証券評価差額金（差損額）（※1） （－）土地再評価差額金（差損額）（※1） （－）のれん等調整額（※3）	会計規158④ハ
③最終事業年度末日後に子会社から取得した親会社の自己株式 （※4）	会計規158④ロ
剰余金分配可能額から控除される額＝①－②－③	

（※1）　「その他有価証券評価差額金（差損額）」および「土地再評価差額金（差損額）」について，正（プラス）の値として上記算式を記載している。
（※2）　資本金・資本剰余金・利益準備金の合計額が上限
（※3）　資本金・資本剰余金の合計額が上限
（※4）　取得直前の子会社における帳簿価額のうち，親会社の持分相当額

6　臨時計算書類作成に伴う分配可能額

株式会社は，最終事業年度の直後の事業年度に属する一定の日（臨時決算日）におけるその株式会社の財産の状況を把握するため，法務省令で定めるところにより，臨時計算書類を作成することができる旨が規定されている（会社法441）。

ここで，臨時計算書類とは，

（i）　臨時決算日における貸借対照表
（ii）　臨時決算日の属する事業年度の初日から臨時決算日までの期間に係る損益計算書

のことを指す。

IV　分配可能額の算定方法　427

　この臨時計算書類を作成して，所定の承認を受けた場合には，剰余金の分配可能額に臨時決算日までの期間利益または期間損失を反映することができるため，期中の業績を反映させた剰余金の分配が可能である。

　なお，監査役設置会社または会計監査人設置会社（監査等委員会設置会社および指名委員会等設置会社含む）は，臨時計算書類の監査を受けなければならないとされており，取締役会設置会社にあっては，取締役会の承認を受けなければならないとされている。

　臨時計算書類を作成する場合における剰余金の分配可能額については，臨時計算書類を作成しない場合と比べ，主に以下の点で異なる扱いがされている。

(i)　最終事業年度の末日後，最終の臨時計算期間末日までの当期純損益を反映することになる。

(ii)　最終の臨時計算期間末日までに処分した自己株式の処分の対価の額が分配可能額に加算される。

(iii)　剰余金の分配可能額の計算にあたり，のれん等調整額，その他有価証券評価差額金，土地再評価差額金について，最終事業年度の末日時点のものではなく，最終の臨時計算期間の末日時点のものになる。

7　純資産による制限

　会社法においては，最低資本金制度が設けられていないが，債権者より劣後にある株主に無条件の分配を認めると，債権者の利益を害することとなる。そこで，会社法では，純資産額が300万円を下回る場合には，剰余金があってもこれを株主に分配することはできないこととしている（会社法458，会計規158⑥）。

　具体的には，配当の効力発生日時点における資本金・準備金の額，株式引受権の額，新株予約権の額，評価・換算差額等の額（評価差益の場合）が300万円以下の場合には，当該差額分だけ分配可能額の計算過程で分配可能額から減額されることとなっている。

V 現物配当

　会社法では，剰余金の配当に関する事項を株主総会で決議する際に，配当財産を金銭以外の財産として定めることにより，株式会社は現物配当を行うことができることとしている（会社法454Ⅳ）。なお，その配当財産に代えて金銭の交付を株式会社に請求することのできる権利（金銭分配請求権）を株主に与えることができるが，その際には，その旨および金銭分配請求権を行使することのできる期間を株主総会の決議によって定め（会社法454Ⅳ①），その期間の末日の20日前までに株主に対し，その旨および権利行使できる期間を通知することになる（会社法455Ⅰ）。

　また，現物配当の場合には，一定の数未満の数の株式（基準未満株式）を有する株主に対して，配当財産を割り当てないことも認められており，その場合には，その旨およびその数についても株主総会の決議により定めなければならない（会社法454Ⅳ②）。

　この場合，基準未満株式を有する株主に対し，基準株式を有する株主が割当を受ける配当財産の価額に一定割合を乗じて得た額に相当する金銭を支払わなければならない（会社法456）。

　これらの内容を株主総会で決議する場合は，株主に金銭分配請求権が与えられていれば，その株主総会の決議は普通決議で足りるが，株主に金銭分配請求権が与えられない場合には株主総会の特別決議により定めなければならない（会社法309Ⅱ⑩）。

　なお，含み損益のある「金銭以外の財産」を分配する際における企業会計上の取扱いに関して，自己株式等適用指針によれば，配当の効力発生日における配当財産の時価と適正な帳簿価額との差額は，配当の効力発生日の属する期の損益として，配当財産の種類等に応じた表示区分に計上し，配当財産の時価をもって，その他資本剰余金またはその他利益剰余金（繰越利益剰余金）を減額する旨が示されている。

　ただし，この場合，(i)分割型の会社分割（按分型），(ii)保有する子会社株式のすべてを株式数に応じて比例的に配当（按分型の配当）する場合，（ⅱ-ⅱ）

保有する完全子会社株式の一部を株式数に応じて比例的に配当（按分型の配当）し子会社株式に該当しなくなった場合，(iii)企業集団内の企業へ配当する場合，(iv)市場価格がないことなどにより公正な評価額を合理的に算定することが困難と認められる場合には，配当の効力発生日における配当財産の適正な帳簿価額をもって減額することになる（自己株式等適用指針10項）。

第5章

事業報告

432　第5章　事業報告

Ⅰ　制度の規定

1　事業報告に記載すべき項目の概要

「事業報告」に記載すべき内容については，会社法施行規則に以下のように規定されている。なお，株主総会資料の電子提供制度に関する事項は「第6章　株主総会招集通知　Ⅲ　招集通知の添付書類　6　株主総会資料の電子提供制度」を参照されたい。

会社法施行規則

（事業報告の内容）

第118条

事業報告は，次に掲げる事項をその内容としなければならない。

一　当該株式会社の状況に関する重要な事項（計算書類及びその附属明細書並びに連結計算書類の内容となる事項を除く。）

二　法第348条第3項第4号，第362条第4項第6号，第399条の13第1項第1号ロ及びハ並びに第416条第1項第1号ロ及びホに規定する体制の整備についての決定又は決議があるときは，その決定又は決議の内容の概要及び当該体制の運用状況の概要

三　株式会社が当該株式会社の財務及び事業の方針の決定を支配する者の在り方に関する基本方針（以下この号において「基本方針」という。）を定めているときは，次に掲げる事項

イ　基本方針の内容の概要

ロ　次に掲げる取組みの具体的な内容の概要

　(1)　当該株式会社の財産の有効な活用，適切な企業集団の形成その他の基本方針の実現に資する特別な取組み

　(2)　基本方針に照らして不適切な者によって当該株式会社の財務及び事業の方針の決定が支配されることを防止するための取組み

ハ　ロの取組みの次に掲げる要件への該当性に関する当該株式会社の取締役（取締役会設置会社にあっては，取締役会）の判断及びその理由（当該理由が社外役員の存否に関する事項のみである場合における当該事項を除く。）

Ⅰ　制度の規定　433

　　(1)　当該取組みが基本方針に沿うものであること。

　　(2)　当該取組みが当該株式会社の株主の共同の利益を損なうものではない
　　　　こと。

　　(3)　当該取組みが当該株式会社の会社役員の地位の維持を目的とするもの
　　　　ではないこと。

四　当該株式会社（当該事業年度の末日において，その完全親会社等があるも
　のを除く。）に特定完全子会社（当該事業年度の末日において，当該株式会社
　及びその完全子会社等（法第847条の３第３項の規定により当該完全子会社
　等とみなされるものを含む。以下この号において同じ。）における当該株式
　会社のある完全子会社等（株式会社に限る。）の株式の帳簿価額が当該株式会
　社の当該事業年度に係る貸借対照表の資産の部に計上した額の合計額の５分
　の１（法第847条の３第４項の規定により５分の１を下回る割合を定款で定
　めた場合にあっては，その割合）を超える場合における当該ある完全子会社
　等をいう。以下この号において同じ。）がある場合には，次に掲げる事項

　イ　当該特定完全子会社の名称及び住所

　ロ　当該株式会社及びその完全子会社等における当該特定完全子会社の株式
　　　の当該事業年度の末日における帳簿価額の合計額

　ハ　当該株式会社の当該事業年度に係る貸借対照表の資産の部に計上した額
　　　の合計額

五　当該株式会社とその親会社等との間の取引（当該株式会社と第三者との間
　の取引で当該株式会社とその親会社等との間の利益が相反するものを含む。）
　であって，当該株式会社の当該事業年度に係る個別注記表において会社計算
　規則第112条第１項に規定する注記を要するもの（同項ただし書の規定によ
　り同項第４号から第６号まで及び第８号に掲げる事項を省略するものを除
　く。）があるときは，当該取引に係る次に掲げる事項

　イ　当該取引をするに当たり当該株式会社の利益を害さないように留意した
　　　事項（当該事項がない場合にあってはその旨）

　ロ　当該取引が当該株式会社の利益を害さないかどうかについての当該株式
　　　会社の取締役（取締役会設置会社にあっては，取締役会。ハにおいて同じ。）
　　　の判断及びその理由

　ハ　社外取締役を置く株式会社において，ロの取締役の判断が社外取締役の
　　　意見と異なる場合には，その意見

434　第 5 章　事業報告

（公開会社の特則）

第119条

　株式会社が当該事業年度の末日において公開会社である場合には，次に掲げる事項を事業報告の内容に含めなければならない。

　一　株式会社の現況に関する事項

　二　株式会社の会社役員に関する事項

　二の二　株式会社の役員等賠償責任保険契約に関する事項

　三　株式会社の株式に関する事項

　四　株式会社の新株予約権等に関する事項

　つまり，すべての会社で記載すべき事項と公開会社である場合に記載すべき事項に区分して規定している。以下では上記条文の内容を説明する。

（1）　公開会社・非公開会社ともに記載すべき事項

(i)　会社の状況に関する重要な事項

　　すべての会社において会社の状況に関する重要な事項を記載しなければならない（会施規118）。具体的な記載内容については会社法施行規則上明示されていない。各社の判断により記載することになろう。ただし，公開会社については会社法施行規則119条から124条において詳細に記載すべき内容が規定されているため，これらに従って記載することになる。

(ii)　取締役・執行役の職務の執行が法令定款に適合することを確保するための体制その他会社の業務の適正を確保するための体制の整備につき取締役の決定または取締役会の決定・決議があるときはその内容の概要および当該体制の運用状況の概要

　　ここでの記載内容は，「その決定又は決議の内容の概要及び当該体制の運用状況の概要」であるから，会社がいわゆる「内部統制システムの整備」に係る決定または決議を行った場合には，その内容の概要および当該体制の運用状況の概要を事業報告に記載することになる。具体的に記載すべき事項は規定されていないため，各社で判断して記載することになる。なお，会社法施行規則98条・100条・110条の 4・112条に「業務の適正を確保するための体制」の内容が具体的に規定されている。したがって，事業報告の

記載に際してもこれを考慮することになると思われる。

「当該体制の運用状況の概要」は，各社の状況に応じた合理的な記載をすることで足りる。そのため，客観的な運用状況を記載すればよく，運用状況の評価の記載まで求めるものではないが，運用状況の評価を記載することも妨げられない。

また，会社法施行規則では，「当該株式会社並びにその親会社及び子会社から成る企業集団における業務の適正を確保するための体制」について「次に掲げる体制その他の」と例示する形で，子会社の内部統制に関する規定が置かれている（会施規98 I ⑤，100 I ⑤，110の4 II ⑤，112 II ⑤）。

この会社法施行規則100条1項5号に基づく決議の対象となる体制は，子会社における体制そのものではなく，「当該株式会社における体制」，すなわち親会社である事業報告作成会社における体制である。また，業務の適正を確保するための体制として，監査役などの監査機関の監査体制の強化に関する規定も置かれている。

参考までに，取締役会設置会社について定めた会社法施行規則100条を紹介する。

会社法施行規則

（業務の適正を確保するための体制）

第100条

法第362条第4項第6号に規定する法務省令で定める体制は，当該株式会社における次に掲げる体制とする。

一　当該株式会社の取締役の職務の執行に係る情報の保存及び管理に関する体制

二　当該株式会社の損失の危険の管理に関する規程その他の体制

三　当該株式会社の取締役の職務の執行が効率的に行われることを確保するための体制

四　当該株式会社の使用人の職務の執行が法令及び定款に適合することを確保するための体制

五　次に掲げる体制その他の当該株式会社並びにその親会社及び子会社から成る企業集団における業務の適正を確保するための体制

436　第5章　事業報告

　　イ　当該株式会社の子会社の取締役，執行役，業務を執行する社員，法第598
　　　条第1項の職務を行うべき者その他これらの者に相当する者（ハ及びニに
　　　おいて「取締役等」という。）の職務の執行に係る事項の当該株式会社への
　　　報告に関する体制
　　ロ　当該株式会社の子会社の損失の危険の管理に関する規程その他の体制
　　ハ　当該株式会社の子会社の取締役等の職務の執行が効率的に行われること
　　　を確保するための体制
　　ニ　当該株式会社の子会社の取締役等及び使用人の職務の執行が法令及び定
　　　款に適合することを確保するための体制
2　監査役設置会社以外の株式会社である場合には，前項に規定する体制には，
　取締役が株主に報告すべき事項の報告をするための体制を含むものとする。
3　監査役設置会社（監査役の監査の範囲を会計に関するものに限定する旨の定
　款の定めがある株式会社を含む。）である場合には，第1項に規定する体制には，
　次に掲げる体制を含むものとする。
　一　当該監査役設置会社の監査役がその職務を補助すべき使用人を置くことを
　　求めた場合における当該使用人に関する事項
　二　前号の使用人の当該監査役設置会社の取締役からの独立性に関する事項
　三　当該監査役設置会社の監査役の第1号の使用人に対する指示の実効性の確
　　保に関する事項
　四　次に掲げる体制その他の当該監査役設置会社の監査役への報告に関する体
　　制
　　イ　当該監査役設置会社の取締役及び会計参与並びに使用人が当該監査役設
　　　置会社の監査役に報告をするための体制
　　ロ　当該監査役設置会社の子会社の取締役，会計参与，監査役，執行役，業
　　　務を執行する社員，法第598条第1項の職務を行うべき者その他これらの
　　　者に相当する者及び使用人又はこれらの者から報告を受けた者が当該監査
　　　役設置会社の監査役に報告をするための体制
　五　前号の報告をした者が当該報告をしたことを理由として不利な取扱いを受
　　けないことを確保するための体制
　六　当該監査役設置会社の監査役の職務の執行について生ずる費用の前払又は
　　償還の手続その他の当該職務の執行について生ずる費用又は債務の処理に係
　　る方針に関する事項

七　その他当該監査役設置会社の監査役の監査が実効的に行われることを確保
　　するための体制

(iii)　株式会社が当該株式会社の財務および事業の方針の決定を支配する者の
　在り方に関する基本方針を定めているときには，それに関する事項
　　　株式会社が当該株式会社の財務および事業の方針の決定を支配する者の
　在り方に関する基本方針，いわゆる「敵対的買収防衛策」についての基本
　方針を定めている場合には，以下に掲げる事項を事業報告に記載する。
　㈠　基本方針の内容の概要
　㈡　次に掲げる取組みの具体的な内容の概要
　　●当該株式会社の財産の有効な活用，適切な企業集団の形成その他の基
　　　本方針の実現に資する特別な取組み
　　●基本方針に照らして不適切な者によって当該株式会社の財務および事
　　　業の方針の決定が支配されることを防止するための取組み
　㈢　㈡の取組みの次に掲げる要件への該当性に関する当該株式会社の取締
　　役（取締役会設置会社にあっては，取締役会）の判断およびその理由（当
　　該理由が社外役員の存否に関する事項のみである場合における当該事項
　　を除く）
　　●当該取組みが基本方針に沿うものであること
　　●当該取組みが当該株式会社の株主の共同の利益を損なうものではない
　　　こと
　　●当該取組みが当該株式会社の会社役員の地位の維持を目的とするもの
　　　ではないこと

(iv)　特定完全子会社に関する事項
　　　株式会社が特定完全子会社（各事業年度の末日の数値を基準として一定
　の要件を満たす完全子会社）を有する場合，以下の内容を記載する必要が
　ある。
　㈠　特定完全子会社の名称および住所
　㈡　事業報告作成会社およびその完全子会社等における当該特定完全子会
　　社の株式の当該事業年度の末日における帳簿価額の合計額

438　第5章　事業報告

　(ハ)　事業報告作成会社の当該事業年度に係る貸借対照表上の総資産額

　　　記載方法としては，独立した項目を設ける方法のほか，「重要な親会社及び子会社の状況」の一項目として記載することも考えられる。

(ⅴ)　親会社等との間の取引に関する事項

　　会社法施行規則では，会計監査人設置会社の事業報告において，親会社等との間の取引（第三者との間の取引で事業報告作成会社とその親会社等との間の利益が相反するものを含む）のうち，当該事業年度に係る個別注記表において関連当事者取引注記を要するものについて，以下の記載を行うことを求めている。

　(イ)　当該取引をするにあたり当該株式会社の利益を害さないように留意した事項（当該事項がない場合にあっては，その旨）

　(ロ)　当該取引が当該株式会社の利益を害さないかどうかについての当該株式会社の取締役（取締役会設置会社にあっては，取締役会）の判断およびその理由

　(ハ)　社外取締役を置く株式会社において(ロ)の取締役（取締役会設置会社にあっては，取締役会）の判断が社外取締役の意見と異なる場合には，その意見

　　　「取締役会」の「判断及びその理由」については，事業報告への記載の対象となる取引について，個別にまたは取引の時点で判断をすることまで求めるものではなく，取引の類型ごとに包括的に判断し，また，当該判断の内容が記載された事業報告の承認をもって取締役会の判断とすることも許容される。

　　　記載方法としては，独立した項目を設ける方法のほか，「重要な親会社及び子会社の状況」の一項目として記載することも考えられる。

　　　なお，会計監査人設置会社以外の公開会社においても，関連当事者取引注記のうち取引の内容等の会社計算規則112条1項4号から6号までおよび8号に掲げる事項の全部または一部を個別注記表において記載する場合には，事業報告において，以上と同様の開示をすることが必要となる。

（2）　公開会社で記載すべき事項

　公開会社では事業報告において，以下の内容を記載しなければならない（会施規119）。

- ●株式会社の現況に関する事項（会施規120）
- ●株式会社の会社役員に関する事項（会施規121）
- ●株式会社の役員等賠償責任保険契約に関する事項（会施規121の2）
- ●株式会社の株式に関する事項（会施規122）
- ●株式会社の新株予約権等に関する事項（会施規123）

　上記の5項目の詳細については，会社法施行規則で規定されているので後述する。また，上記の5項目以外に，社外役員を設けた場合など一定の場合には追加で記載しなければならない事項がある。具体的には，以下の事項である。なお非公開会社でも，社外役員に関する事項を除き，該当する場合は記載が必要である。

- ●社外役員を設けた場合の社外役員に関する事項（会施規124）
- ●会計参与設置会社において会計参与に関する事項（会施規125）
- ●会計監査人設置会社において会計監査人に関する事項（会施規126）
- ●会計監査人設置会社において剰余金の配当等の決定に関する方針（会施規126⑩）

　公開会社で記載しなければならない上記の9項目の内容については，次項以降で説明する。

2　株式会社の現況に関する事項

　事業報告に記載すべき「株式会社の現況に関する事項」の具体的な内容は，以下のとおりである（会施規120）。なお，当該株式会社の事業が2以上の部門に分かれている場合，部門別に区別することが困難である場合を除き，その部門別に区別された事項を記載する。

- （i）　当該事業年度の末日における主要な事業内容
- （ii）　当該事業年度の末日における主要な営業所および工場ならびに使用人の状況
- （iii）　当該事業年度の末日において主要な借入先があるときは，その借入先お

440　第5章　事業報告

　　および借入額

(iv)　当該事業年度における事業の経過およびその成果

(v)　当該事業年度における次に掲げる事項についての状況（重要なものに限る）

　　㈠　資金調達

　　㈡　設備投資

　　㈢　事業の譲渡，吸収分割または新設分割

　　㈣　他の会社（外国会社を含む）の事業の譲受け

　　㈤　吸収合併（会社以外の者との合併（当該合併後当該株式会社が存続するものに限る）を含む）または吸収分割による他の法人等の事業に関する権利義務の承継

　　㈥　他の会社（外国会社を含む）の株式その他の持分または新株予約権等の取得または処分

(vi)　直前3事業年度（当該事業年度の末日において3事業年度が終了していない株式会社にあっては，成立後の各事業年度）の財産および損益の状況

　　　なお，当該事業年度より前の事業年度に係る貸借対照表，損益計算書または株主資本等変動計算書に表示すべき事項が会計方針の変更その他の正当な理由により当該事業年度より前の事業年度に係る定時株主総会において承認または報告をしたものと異なっているときは，「修正後の過年度事項を反映した事項とすることを妨げない」とされている。

(vii)　重要な親会社および子会社の状況（当該親会社と当該株式会社との間に当該株式会社の重要な財務および事業の方針に関する契約等が存在する場合には，その内容の概要を含む）

(viii)　対処すべき課題

(ix)　上記(i)から(viii)のほか，株式会社の現況に関する重要な事項

　なお，会社が連結計算書類を作成している場合には，上記(i)から(ix)の事項については当該株式会社およびその子会社から成る企業集団の現況に関する事項とすることができる。また，これらの事項が連結計算書類の内容となっているときは，当該事項を事業報告の内容としないことができる。

3 株式会社の会社役員に関する事項

　事業報告に記載すべき「株式会社の会社役員に関する事項」の具体的内容は，以下のとおりである（会施規121）。ただし，当該事業年度の末日において監査役会設置会社（公開会社であり，かつ，大会社であるものに限る）であって金融商品取引法24条１項の規定によりその発行する株式について有価証券報告書を内閣総理大臣に提出しなければならないもの，監査等委員会設置会社または指名委員会等設置会社でない株式会社にあっては，(xiii)に掲げる事項を省略することができる。

(i)　会社役員（直前の定時株主総会の終結の日の翌日以降に在任していた者に限る）の氏名（会計参与にあっては，氏名または名称）

(ii)　会社役員（直前の定時株主総会の終結の日の翌日以降に在任していた者に限る）の地位および担当

(iii)　会社役員（直前の定時株主総会の終結の日の翌日以降に在任していた者に限る）（取締役または監査役に限る）と当該株式会社との間で会社法427条１項の契約（責任限定契約）を締結しているときは，当該契約の内容の概要（当該契約によって当該会社役員の職務の執行の適正性が損なわれないようにするための措置を講じている場合にあっては，その内容を含む）。

(iv)　会社役員（直前の定時株主総会の終結の日の翌日以降に在任していた者に限る）（取締役，監査役または執行役に限る）と当該株式会社との間で補償契約を締結しているときは，次に掲げる事項

　(イ)　当該会社役員の氏名

　(ロ)　当該補償契約の内容の概要（当該補償契約によって当該会社役員の職務の執行の適正性が損なわれないようにするための措置を講じている場合にあっては，その内容を含む）

(v)　当該株式会社が会社役員（取締役，監査役または執行役に限り，当該事業年度の前事業年度の末日までに退任した者を含む）に対して補償契約に基づき会社法430条の２第１項１号に掲げる費用（いわゆる防御費用）を補償した場合において，当該株式会社が，当該事業年度において，当該会社役員が同号の職務の執行に関し法令の規定に違反したことまたは責任を負

442 第5章 事業報告

うことを知ったときは，その旨

(vi) 当該株式会社が会社役員（取締役，監査役または執行役に限り，当該事業年度の前事業年度の末日までに退任した者を含む）に対して補償契約に基づき会社法430条の2第1項2号に掲げる損失（いわゆる賠償金や和解金）を補償したときは，その旨および補償した金額

(vii) 当該事業年度に係る会社役員の報酬等について，次の(イ)から(ハ)までに掲げる場合の区分に応じ，当該(イ)から(ハ)までに定める事項

　(イ) 会社役員の全部につき取締役（監査等委員会設置会社にあっては，監査等委員である取締役またはそれ以外の取締役。(イ)および(ハ)において同じ），会計参与，監査役または執行役ごとの報酬等の総額（当該報酬等が業績連動報酬等または非金銭報酬等を含む場合には，業績連動報酬等の総額，非金銭報酬等の総額およびそれら以外の報酬等の総額。(イ)および(ハ)ならびに後述7「社外役員を設けた場合の社外役員に関する事項」(v)の(イ)および(ハ)において同じ）を掲げることとする場合　取締役，会計参与，監査役または執行役ごとの報酬等の総額および員数

　(ロ) 会社役員の全部につき当該会社役員ごとの報酬等の額（当該報酬等が業績連動報酬等または非金銭報酬等を含む場合には，業績連動報酬等の額，非金銭報酬等の額およびそれら以外の報酬等の額。(ロ)および(ハ)ならびに後述7「社外役員を設けた場合の社外役員に関する事項」(v)の(ロ)および(ハ)において同じ）を掲げることとする場合　当該会社役員ごとの報酬等の額

　(ハ) 会社役員の一部につき当該会社役員ごとの報酬等の額を掲げることとする場合　当該会社役員ごとの報酬等の額ならびにその他の会社役員についての取締役，会計参与，監査役または執行役ごとの報酬等の総額および員数

(viii) 当該事業年度において受け，または受ける見込みの額が明らかとなった会社役員の報酬等（上記(vii)により当該事業年度に係る事業報告の内容とする報酬等および当該事業年度前の事業年度に係る事業報告の内容とした報酬等を除く）について，上記(vii)(イ)から(ハ)までに掲げる場合の区分に応じ，当該(イ)から(ハ)までに定める事項

I 制度の規定　443

(ix)　(vii)および(viii)の会社役員の報酬等の全部または一部が業績連動報酬等である場合には，次に掲げる事項

　(イ)　当該業績連動報酬等の額または数の算定の基礎として選定した業績指標の内容および当該業績指標を選定した理由

　(ロ)　当該業績連動報酬等の額または数の算定方法

　(ハ)　当該業績連動報酬等の額または数の算定に用いた(イ)の業績指標に関する実績

(x)　(vii)および(viii)の会社役員の報酬等の全部または一部が非金銭報酬等である場合には，当該非金銭報酬等の内容

(xi)　会社役員の報酬等についての定款の定めまたは株主総会の決議による定めに関する次に掲げる事項

　(イ)　当該定款の定めを設けた日または当該株主総会の決議の日

　(ロ)　当該定めの内容の概要

　(ハ)　当該定めに係る会社役員の員数

(xii)　会社法361条7項の方針（取締役会による取締役の個人別の報酬等の内容についての決定に関する方針）または会社法409条1項の方針（報酬委員会による執行役等の個人別の報酬等の内容に係る決定に関する方針）を定めているときは，次に掲げる事項

　(イ)　当該方針の決定の方法

　(ロ)　当該方針の内容の概要

　(ハ)　当該事業年度に係る取締役（監査等委員である取締役を除き，指名委員会等設置会社にあっては，執行役等）の個人別の報酬等の内容が当該方針に沿うものであると取締役会（指名委員会等設置会社にあっては，報酬委員会）が判断した理由

(xiii)　各会社役員の報酬等の額またはその算定方法に係る決定に関する方針（(xii)の方針を除く）を定めているときは，当該方針の決定の方法およびその方針の内容の概要

(xiv)　株式会社が当該事業年度の末日において取締役会設置会社（指名委員会等設置会社を除く）である場合において，取締役会から委任を受けた取締役その他の第三者が当該事業年度に係る取締役（監査等委員である取締役

444　第5章　事業報告

を除く）の個人別の報酬等の内容の全部または一部を決定したときは，その旨および次に掲げる事項

(イ)　当該委任を受けた者の氏名ならびに当該内容を決定した日における当該株式会社における地位および担当

(ロ)　(イ)の者に委任された権限の内容

(ハ)　(イ)の者に(ロ)の権限を委任した理由

(ニ)　(イ)の者により(ロ)の権限が適切に行使されるようにするための措置を講じた場合にあっては，その内容

(xv)　辞任した会社役員または解任された会社役員（株主総会または種類株主総会の決議によって解任されたものを除く）があるときは，次に掲げる事項（当該事業年度前の事業年度に係る事業報告の内容としたものを除く）

(イ)　辞任・解任した役員の氏名（会計参与にあっては，氏名または名称）

(ロ)　監査等委員である取締役，監査役，会計参与が，辞任または解任について株主総会で意見を述べるときは，その意見の内容

(ハ)　辞任した監査等委員である取締役，監査役，会計参与が，株主総会に出席して，辞任した旨およびその理由を述べる場合は，その理由

(xvi)　当該事業年度に係る当該株式会社の会社役員（直前の定時株主総会の終結の日の翌日以降に在任していた者に限る）（会計参与を除く）の重要な兼職の状況

(xvii)　会社役員（直前の定時株主総会の終結の日の翌日以降に在任していた者に限る）のうち監査役，監査等委員または監査委員が財務および会計に関する相当程度の知見を有しているものであるときは，その事実

(xviii)　次の(イ)または(ロ)に掲げる場合の区分に応じ，当該(イ)または(ロ)に定める事項

(イ)　株式会社が当該事業年度の末日において監査等委員会設置会社である場合　常勤の監査等委員の選定の有無およびその理由

(ロ)　株式会社が当該事業年度の末日において指名委員会等設置会社である場合　常勤の監査委員の選定の有無およびその理由

(xix)　上記(i)から(xviii)に掲げるもののほか，株式会社の会社役員に関する重要な事項

4 株式会社の役員等賠償責任保険契約に関する事項

　事業報告に記載すべき「株式会社の役員等賠償責任保険契約に関する事項」
の具体的な内容は，以下のとおりである（会施規121の 2 ）。

（ⅰ）　当該役員等賠償責任保険契約の被保険者の範囲

（ⅱ）　当該役員等賠償責任保険契約の内容の概要（被保険者が実質的に保険料
　　　を負担している場合にあってはその負担割合，塡補の対象とされる保険事
　　　故の概要および当該役員等賠償責任保険契約によって被保険者である役員
　　　等（当該株式会社の役員等に限る）の職務の執行の適正性が損なわれない
　　　ようにするための措置を講じている場合にあってはその内容を含む）

5 株式会社の株式に関する事項

　事業報告に記載すべき「株式会社の株式に関する事項」の具体的な内容は，
以下のとおりである（会施規122）。

（ⅰ）　当該事業年度の末日において発行済株式（自己株式を除く）の総数に対
　　　するその有する株式の数の割合が高いことにおいて上位となる10名の株主
　　　の氏名または名称および当該株主の有する株式の数（種類株式発行会社に
　　　あっては，株式の種類および種類ごとの数を含む）および当該株主の有す
　　　る株式に係る当該割合

（ⅱ）　当該事業年度中に当該株式会社の会社役員（会社役員であった者を含む）
　　　に対して当該株式会社が交付した当該株式会社の株式（職務執行の対価と
　　　して交付したものに限り，当該株式会社が会社役員に対して職務執行の対
　　　価として募集株式と引換えにする払込みに充てるための金銭を交付した場
　　　合において，当該金銭の払込みと引換えに当該株式会社の株式を交付した
　　　ときにおける当該株式を含む。以下(ⅱ)において同じ）があるときは，次に
　　　掲げる者（次に掲げる者であった者を含む）の区分ごとの株式の数（種類
　　　株式発行会社にあっては，株式の種類および種類ごとの数）および株式の
　　　交付を受けた者の人数

　　（イ）　当該株式会社の取締役（監査等委員である取締役および社外役員を除
　　　　き，執行役を含む）

446　第5章　事業報告

　　㈠　当該株式会社の社外取締役（監査等委員である取締役を除き，社外役員に限る）

　　㈢　当該株式会社の監査等委員である取締役

　　㈣　当該株式会社の取締役（執行役を含む）以外の会社役員

　(iii)　上記(i)(ii)のほかに株式会社の株式に関する重要な事項

6　株式会社の新株予約権等に関する事項

　事業報告に記載すべき「株式会社の新株予約権等に関する事項」の具体的な内容は，以下のとおりである（会施規123）。

　(i)　当該事業年度の末日において当該株式会社の会社役員（当該事業年度の末日において在任している者に限る。以下(i)から(iii)において同じ）が当該株式会社の新株予約権等（職務執行の対価として当該株式会社が交付したものに限り，当該株式会社が会社役員に対して職務執行の対価として募集新株予約権と引換えにする払込みに充てるための金銭を交付した場合において，当該金銭の払込みと引換えに当該株式会社の新株予約権を交付したときにおける当該新株予約権を含む。以下(i)および(ii)において同じ）を有しているときは，次に掲げる者の区分ごとの当該新株予約権等の内容の概要および新株予約権等を有する者の人数

　　㈎　当該株式会社の取締役（監査等委員であるものおよび社外役員を除き，執行役を含む）

　　㈡　当該株式会社の社外取締役（監査等委員であるものを除き，社外役員に限る）

　　㈢　当該株式会社の監査等委員である取締役

　　㈣　当該株式会社の取締役（執行役を含む）以外の会社役員

　(ii)　当該事業年度中に次に掲げる者に対して当該株式会社が交付した新株予約権等があるときは，次に掲げる者の区分ごとの当該新株予約権等の内容の概要および交付した者の人数

　　㈎　当該株式会社の使用人（当該株式会社の会社役員を兼ねている者を除く）

　　㈡　当該株式会社の子会社の役員および使用人（当該株式会社の会社役員

I 制度の規定 447

または(イ)に掲げる者を兼ねている者を除く）

(iii) 上記(i)(ii)に掲げるもののほか，当該株式会社の新株予約権等に関する重
要な事項

7 社外役員等に関する特則

会社役員のうち社外役員である者が存する場合には，株式会社の会社役員に
関する事項には，会社法施行規則121条に規定する事項（「株式会社の会社役員
に関する事項」）のほか，以下に掲げる事項を含むものとする（会施規124）。

(i) 社外役員（直前の定時株主総会の終結の日の翌日以降に在任していた者
に限る。以下(ii)から(iv)までにおいて同じ）が他の法人等の業務執行者であ
ることが会社法施行規則121条8号に定める重要な兼職に該当する場合は，
当該株式会社と当該他の法人等と関係

(ii) 社外役員が他の法人等の社外役員その他これに類する者を兼任してい
ることが会社法施行規則121条8号に定める重要な兼職に該当する場合は，
当該株式会社と当該他の法人等との関係

(iii) 社外役員が次に掲げる者の配偶者，三親等以内の親族その他これに準ず
る者であることを当該株式会社が知っているときは，その事実（重要でな
いものを除く）

(イ) 当該株式会社の親会社等（自然人であるものに限る）

(ロ) 当該株式会社または当該株式会社の特定関係事業者の業務執行者また
は役員（業務執行者であるものを除く）

(iv) 各社外役員の当該事業年度における主な活動状況（次に掲げる事項を含
む）

(イ) 取締役会（当該社外役員が次に掲げる者である場合にあっては，次に
定めるものを含む。(ロ)において同じ）への出席の状況

● 監査役会設置会社の社外監査役　監査役会

● 監査等委員会設置会社の監査等委員　監査等委員会

● 指名委員会等設置会社の監査委員　監査委員会

(ロ) 取締役会における発言の状況

(ハ) 当該社外役員の意見により当該株式会社の事業の方針または事業その

他の事項に係る決定が変更されたときは，その内容（重要でないものを
除く）

㈡ 当該事業年度中に当該株式会社において法令または定款に違反する事
実その他不当な業務の執行（当該社外役員が社外監査役である場合にあ
っては，不正な業務の執行）が行われた事実（重要でないものを除く）
があるときは，各社外役員が当該事実の発生の予防のために行った行為
および当該事実の発生後の対応として行った行為の概要

㈭ 当該社外役員が社外取締役であるときは，当該社外役員が果たすこと
が期待される役割に関して行った職務の概要（㈠から㈡までに掲げる事
項を除く）

(v) 当該事業年度に係る社外役員の報酬等について，次の㈠から㈢までに掲
げる場合の区分に応じ，当該㈠から㈢までに定める事項

㈠ 社外役員の全部につき報酬等の総額を掲げることとする場合　社外役
員の報酬等の総額および員数

㈡ 社外役員の全部につき当該社外役員ごとの報酬等の額を掲げることと
する場合　当該社外役員ごとの報酬等の額

㈢ 社外役員の一部につき当該社外役員ごとの報酬等の額を掲げることと
する場合　当該社外役員ごとの報酬等の額ならびにその他の社外役員に
ついての報酬等の総額および員数

(vi) 当該事業年度において受け，または受ける見込みの額が明らかとなった
社外役員の報酬等（(v)の規定により当該事業年度に係る事業報告の内容と
する報酬等および当該事業年度前の事業年度に係る事業報告の内容とした
報酬等を除く）について，上記(v)㈠から㈢までに掲げる場合の区分に応じ，
当該㈠から㈢までに定める事項

(vii) 社外役員が次の㈠または㈡に掲げる場合の区分に応じ，当該㈠または㈡
に定めるものから当該事業年度において役員としての報酬等を受けている
ときは，当該報酬等の総額（社外役員であった期間に受けたものに限る）

㈠ 当該株式会社に親会社等がある場合　当該親会社等または当該親会社
等の子会社（当該株式会社を除く）

㈡ 当該株式会社に親会社等がない場合　当該株式会社の子会社

I 制度の規定 449

(ⅷ) 社外役員についての上記(ⅰ)から(ⅶ)に掲げる事項の内容に対して当該社外役員の意見があるときは，その意見の内容

8 会計参与設置会社における会計参与に関する事項

会計参与設置会社において，会計参与と当該株式会社との間で会社法427条１項の契約（責任限定契約）を締結している場合には，事業報告に以下の事項を記載する（会施規125）。

(ⅰ) 会計参与と当該株式会社との間で会社法427条１項の契約を締結しているときは，当該契約の内容の概要（当該契約によって当該会計参与の職務の執行の適正性が損なわれないようにするための措置を講じている場合にあっては，その内容を含む）

(ⅱ) 会計参与と当該株式会社との間で補償契約を締結しているときは，次に掲げる事項

　(イ) 当該会計参与の氏名または名称

　(ロ) 当該補償契約の内容の概要（当該補償契約によって当該会計参与の職務の執行の適正性が損なわれないようにするための措置を講じている場合にあっては，その内容を含む）

(ⅲ) 当該株式会社が会計参与（当該事業年度の前事業年度の末日までに退任した者を含む。以下(ⅲ)(ⅳ)において同じ）に対して補償契約に基づき会社法430条の２第１項１号に掲げる費用（いわゆる防御費用）を補償した場合において，当該株式会社が，当該事業年度において，当該会計参与が同号の職務の執行に関し法令の規定に違反したことまたは責任を負うことを知ったときは，その旨

(ⅳ) 当該株式会社が会計参与に対して補償契約に基づき会社法430条の２第１項２号に掲げる損失（いわゆる賠償金や和解金）を補償したときは，その旨および補償した金額

9 会計監査人設置会社における会計監査人に関する事項

会計監査人設置会社においては，事業報告に以下の事項を記載する。ただし，非公開会社である場合には，以下の（＊）を付した項目は記載しなくてもよい

450　第5章　事業報告

（会施規126）。

(i)　会計監査人の氏名または名称

(ii)　当該事業年度に係る各会計監査人の報酬等の額および当該報酬等について監査役が会社法399条1項の同意をした理由（＊）

(iii)　会計監査人に対して公認会計士法2条1項の業務以外の業務（非監査業務）の対価を支払っているときは，その非監査業務の内容（＊）

(iv)　会計監査人の解任または不再任の決定の方針（＊）

(v)　会計監査人が現に業務の停止の処分を受け，その停止の期間を経過しない者であるときは，当該処分に係る事項

(vi)　会計監査人が過去2年間に業務の停止の処分を受けた者である場合における当該処分に係る事項のうち，当該株式会社が事業報告の内容とすることが適切であるものと判断した事項

(vii)　会計監査人と当該株式会社との間で責任限定契約（会社法427I）を締結しているときは，当該契約の内容の概要（当該契約によって当該会計監査人の職務の執行の適正性が損なわれないようにするための措置を講じている場合にあっては，その内容を含む）

(viii)　会計監査人と当該株式会社との間で補償契約を締結しているときは，次に掲げる事項

　(イ)　当該会計監査人の氏名または名称

　(ロ)　当該補償契約の内容の概要（当該補償契約によって当該会計監査人の職務の執行の適正性が損なわれないようにするための措置を講じている場合にあっては，その内容を含む）

(ix)　当該株式会社が会計監査人（当該事業年度の前事業年度の末日までに退任した者を含む。以下(ix)および(x)において同じ）に対して補償契約に基づき会社法430条の2第1項1号に掲げる費用（いわゆる防御費用）を補償した場合において，当該株式会社が，当該事業年度において，当該会計監査人が同号の職務の執行に関し法令の規定に違反したことまたは責任を負うことを知ったときは，その旨

(x)　当該株式会社が会計監査人に対して補償契約に基づき会社法430条の2第1項2号に掲げる損失（いわゆる賠償金や和解金）を補償したときは，そ

I 制度の規定　451

の旨および補償した金額

(xi)　株式会社が有価証券報告書提出大会社であるときは，次に掲げる事項

　(イ)　当該株式会社の会計監査人である公認会計士または監査法人に当該株式会社およびその子会社が支払うべき金銭その他の財産上の利益の合計額（当該事業年度に係る連結損益計算書に計上すべきものに限る）

　(ロ)　当該株式会社の会計監査人以外の公認会計士または監査法人が当該株式会社の子会社（重要なものに限る）の計算関係書類の監査をしているときは，その事実

(xii)　辞任した会計監査人または解任された会計監査人（株主総会の決議によって解任されたものを除く）があるときは，次に掲げる事項（当該事業年度前の事業年度に係る事業報告の内容としたものを除く）

　(イ)　当該会計監査人の氏名または名称

　(ロ)　監査役等による会計監査人の解任があった場合の解任の理由

　(ハ)　会計監査人の解任または辞任についての意見の内容

　(ニ)　会計監査人が辞任した旨および理由または解任についての意見を述べた場合その理由または意見

10　会計監査人設置会社における剰余金の配当等の決定に関する方針

　剰余金の配当等を取締役会が決定する旨の定款の定め（会社法459Ⅰの規定による定款の定め）があるときは，当該定款の定めにより取締役会に与えられた権限の行使に関する方針を記載する（会施規126⑩）。

11　事業報告の附属明細書

　会社法施行規則128条において，事業報告に係る附属明細書が規定されている。具体的には，以下のように規定されている（会施規128）。

会社法施行規則

（事業報告の附属明細書）

第128条

452　第5章　事業報告

　　事業報告の附属明細書は，事業報告の内容を補足する重要な事項をその内容と
するものでなければならない。

2　　株式会社が当該事業年度の末日において公開会社であるときは，他の法人等
　　の業務執行取締役，執行役，業務を執行する社員又は法第598条第1項の職務を
　　行うべき者その他これに類する者を兼ねることが第121条第8号の重要な兼職
　　に該当する会社役員（会計参与を除く。）［筆者注：直前の定時株主総会の終結
　　の日の翌日以降に在任していた者に限る（会施規121①）］についての当該兼職
　　の状況の明細（重要でないものを除く。）を事業報告の附属明細書の内容とし
　　なければならない。この場合において，当該他の法人等の事業が当該株式会社
　　の事業と同一の部類のものであるときは，その旨を付記しなければならない。

3　　当該株式会社とその親会社等との間の取引（当該株式会社と第三者との間の
　　取引で当該株式会社とその親会社等との間の利益が相反するものを含む。）で
　　あって，当該株式会社の当該事業年度に係る個別注記表において会社計算規則
　　第112条第1項に規定する注記を要するもの（同項ただし書の規定により同項
　　第4号から第6号まで及び第8号に掲げる事項を省略するものに限る。）があ
　　るときは，当該取引に係る第118条第5号イからハまでに掲げる事項を事業報
　　告の附属明細書の内容としなければならない。

Ⅱ 事業報告の記載に関する一般的留意事項

1 全般的事項

　事業報告においては，会社法施行規則118条から126条までに規定されている各事項を記載することになる。ここで留意すべき点として，具体的に列挙されている事項ばかりでなく，漠然と「株式会社の現況に関する重要な事項」も記載することとされているため（会施規120Ⅰ⑨），重要な事項に該当するかどうかについては会社が慎重に判断し，重要事項と判断した場合には，適宜記載項目を追加することになる。また，その作成にあたっては，正確かつわかりやすい情報を提示するよう配慮することが望まれる。

2 金額単位

　事業報告に記載する金額の単位については，会社法施行規則で特段の規定がない。したがって，会社が自己の判断で金額単位を決定することになる。

　記載単位未満金額の端数処理の取扱いについても会社法施行規則上は特段の規定がない。そのため，切捨て処理，四捨五入，切上げ処理のいずれの処理によっているかは会社によって異なっている。いずれの方法によって処理したのかに関して，表示単位未満の金額についての端数処理方法を事業報告の末尾に記載している事例もある。

3 記載形式

　会社法施行規則においては記載すべき事項は規定されているが，記載事項の配列や記載形式については規定されていないため，各社が明瞭性の観点から適宜工夫を凝らし作成しているのが実情である。最近では，文章や表による記載ばかりでなく，表やグラフ，イラストを用いて視覚的に表現している事例もある。

454　第5章　事業報告

4　記載項目の配列

　記載項目の配列として規定があるわけではないので，各社によって配列は異なっている。ここでは，経団連ひな型による配列を紹介する。

〈「経団連ひな型」の記載例〉

　1．株式会社の現況に関する事項
　　1－1．事業の経過及びその成果
　　1－2．資金調達等についての状況（重要なものに限る。）
　　1－3．直前三事業年度の財産及び損益の状況
　　1－4．対処すべき課題
　　1－5．主要な事業内容
　　1－6．主要な営業所及び工場並びに使用人の状況
　　1－7．重要な親会社及び子会社の状況
　　1－8．主要な借入先及び借入額
　　1－9．剰余金の配当等を取締役会が決定する旨の定款の定めがあるときの権
　　　　　限の行使に関する方針
　　1－10．その他会社の現況に関する重要な事項
　2．株式に関する事項
　　2－1．上位10名の株主の状況
　　2－2．事業年度中に会社役員（会社役員であったものを含む）に対して職務
　　　　　執行の対価として交付された株式に関する事項
　　2－3．その他株式に関する重要な事項
　3．新株予約権等に関する事項
　　3－1．会社役員が有する新株予約権等のうち，職務執行の対価として交付さ
　　　　　れたものに関する事項
　　3－2．事業年度中に使用人等に対して職務執行の対価として交付された新株
　　　　　予約権等に関する事項
　　3－3．その他新株予約権等に関する重要な事項
　4．会社役員に関する事項
　　4－1．氏名
　　4－2．地位及び担当

Ⅱ 事業報告の記載に関する一般的留意事項　455

4―3．重要な兼職の状況

4―4．辞任した会社役員又は解任された会社役員に関する事項

4―5．財務及び会計に関する相当程度の知見

4―6．常勤で監査を行う者の選定の有無及びその理由

4―7．責任限定契約に関する事項

4―8．補償契約に関する事項

4―9．補償契約に基づく補償に関する事項

4―10．役員等賠償責任保険契約に関する事項

4―11．取締役，会計参与，監査役又は執行役ごとの報酬等の総額（業績連動報酬等，非金銭報酬等，それら以外の報酬等の総額）

4―12．業績連動報酬等に関する事項

4―13．非金銭報酬等に関する事項

4―14．報酬等に関する定款の定め又は株主総会決議に関する事項

4―15．各会社役員の報酬等の額又はその算定方法に係る決定方針に関する事項

4―16．各会社役員の報酬等の額の決定の委任に関する事項

4―17．その他会社役員に関する重要な事項

（社外役員に関する事項）

4―18．他の法人等の業務執行者との重要な兼職に関する事項

4―19．他の法人等の社外役員等との重要な兼職に関する事項

4―20．自然人である親会社等，事業報告作成会社又は事業報告作成会社の特定関係事業者の業務執行者又は役員との親族関係（会社が知っているもののうち，重要なものに限る。）

4―21．各社外役員の主な活動状況

4―22．社外役員の報酬等の総額（業績連動報酬等，非金銭報酬等，それら以外の報酬等の総額）

4―23．親会社等，親会社等の子会社等，又は子会社等からの役員報酬等の総額

4―24．記載内容についての社外役員の意見

5．会計監査人に関する事項

5―1．氏名又は名称

5―2．辞任した又は解任された会計監査人に関する事項

456　第5章　事業報告

　5－3．現在の業務停止処分に関する事項
　5－4．過去2年間の業務停止処分に関する事項のうち，会社が事業報告の内
　　　　容とすべきと判断した事項
　5－5．責任限定契約に関する事項
　5－6．補償契約に関する事項
　5－7．補償契約に基づく補償に関する事項
　5－8．各会計監査人の報酬等の額及び当該報酬等について監査役会が同意し
　　　　た理由
　5－9．公認会計士法第2条第1項の業務以外の業務（非監査業務）の内容
　5－10．企業集団全体での報酬等
　5－11．解任又は不再任の決定の方針
6．業務の適正を確保するための体制等の整備に関する事項
　6－1．決議の内容の概要
　6－2．体制の運用状況の概要
7．株式会社の支配に関する基本方針に関する事項
8．特定完全子会社に関する事項
9．親会社等との間の取引に関する事項
10．株式会社の状況に関する重要な事項

5　連結計算書類を作成した会社に関する取扱い

　会社が連結計算書類を作成している場合には，以下の事項については当該株式会社およびその子会社から成る企業集団の現況に関する事項とすることができる。この場合において，当該事項に相当する事項が連結計算書類の内容となっているときは，当該事項を事業報告の内容としないことができる（会施規120Ⅱ）。

　(i)　当該事業年度の末日における主要な事業内容
　(ii)　当該事業年度の末日における主要な営業所および工場ならびに使用人の
　　　状況
　(iii)　当該事業年度の末日において主要な借入先があるときは，その借入先お
　　　よび借入額
　(iv)　当該事業年度における事業の経過およびその成果

Ⅱ　事業報告の記載に関する一般的留意事項　457

(v)　当該事業年度における次に掲げる事項についての状況（重要なものに限る）

(イ)　資金調達

(ロ)　設備投資

(ハ)　事業の譲渡，吸収分割または新設分割

(ニ)　他の会社（外国会社を含む）の事業の譲受け

(ホ)　吸収合併（会社以外の者との合併（当該合併後当該株式会社が存続するものに限る）を含む）または吸収分割による他の法人等の事業に関する権利義務の承継

(ヘ)　他の会社（外国会社を含む）の株式その他の持分または新株予約権等の取得または処分

(vi)　直前3事業年度（当該事業年度の末日において3事業年度が終了していない株式会社にあっては，成立後の各事業年度）の財産および損益の状況

(vii)　重要な親会社および子会社の状況（当該親会社と当該株式会社との間に当該株式会社の重要な財務および事業の方針に関する契約等が存在する場合には，その内容の概要を含む）

(viii)　対処すべき課題

(ix)　上記(i)から(viii)に掲げるもののほか，当該株式会社の現況に関する重要な事項

Ⅲ 事例分析

ここでは，株式を上場している会社の事業報告の事例を記載例として紹介する。

1 当連結会計年度の事業の状況

（1） 事業の経過およびその成果

事業の経過および成果の記載は，「当連結会計年度におけるわが国経済は～」の記述で書き始める例が圧倒的に多い。この他には，世界経済から書き始めている事例もある。事例の傾向としては，事業の経過および成果として記載されるのは，以下のような内容である。

（i） わが国経済の動向

（ii） 会社が属する業界の動向

（iii） 当社グループの業績

（iv） 事業セグメント別の状況（各部門別の業績）

上記のうち(i)(ii)については一般的な説明が多く，記載ぶりは概ね各社とも似ている。(iii)(iv)については記載内容に各社ごとの独自性が表れやすい。(iii)の当期業績についての典型的な記載例としては，業績を文章で説明したうえで，「以上の結果，当連結会計年度の売上高は×百万円（前連結会計年度比○％増），経常利益は×百万円（前連結会計年度比○％増），当期純利益は×百万円（前連結会計年度比○％増）となりました」といった記載が多い。(iv)の部門別業績については記載パターンはさまざまであるが，傾向としては製品群を中心とした記載の事例がみられる。

〈事例〉　一般的な事例

ヤクルト本社（2024年3月期）

1 企業集団の現況に関する事項

(1) 事業の経過およびその成果

　　当連結会計年度におけるわが国経済は，各種政策の効果もあり，緩やかに回復しているものの，世界的な金融引き締め，中国経済の先行き懸念等による景気の下振れリスクや，物価上昇等による影響に十分注意を要する状況で推移しました。

　　このような状況の中で，当社グループは，事業の根幹であるプロバイオティクスの啓発・普及活動を展開し，商品の優位性を訴求してきました。また，長期ビジョン「Yakult Group Global Vision 2030」に立脚し，世界の人々の健康に貢献し続けるヘルスケアカンパニーを目指し，企業活動を推進し，業績の向上に努めました。

　　この結果，当連結会計年度の連結売上高は503,079百万円（前期比4.1％増）となりました。利益面においては，営業利益は63,399百万円（前期比4.0％減），経常利益は79,300百万円（前期比1.7％増），親会社株主に帰属する当期純利益は51,006百万円（前期比0.7％増）となりました。

連結売上高	**503,079**百万円	前期比	**4.1**％増
営業利益	**63,399**百万円	前期比	**4.0**％減
経常利益	**79,300**百万円	前期比	**1.7**％増
親会社株主に帰属する 当期純利益	**51,006**百万円	前期比	**0.7**％増

　　主な部門別の状況は，次のとおりであります。

　　なお，従来，部門別の状況として説明しておりました「医薬品製造販売事業部門」については，当連結会計年度から「その他事業部門」に含めて説明しております。

飲料および食品製造販売事業部門（国内）

　　乳製品につきましては，当社独自の「乳酸菌シロタ株」や「ビフィズス菌

BY株」などの科学性を広く普及するため，エビデンスを活用し，地域に根ざした「価値普及」活動を積極的に展開しました。

宅配チャネルにおいては，乳製品乳酸菌飲料「Yakult（ヤクルト）1000」および昨年9月にリニューアル発売した「ヤクルト400W」を中心に，新規のお客さまづくりを実施するとともに，既存のお客さまへの継続飲用の促進を図りました。また，インターネット注文サービス「ヤクルト届けてネット」については，「Yakult（ヤクルト）1000」および「ヤクルト400W」の新規申し込みを昨年8月から再開し，売り上げの増大に努めました。さらに，宅配組織の強化を図るため，ヤクルトレディの採用活動および働きやすい環境づくりを推進しました。

店頭チャネルにおいては，乳製品乳酸菌飲料「Y1000」を中心に，視認性の高い売り場を展開したほか，乳製品乳酸菌飲料「Newヤクルト」シリーズについて，プロモーションスタッフを活用した「価値普及」活動を展開し，売り上げの増大に努めました。

商品別では，「Yakult（ヤクルト）1000」および「Y1000」について，それぞれ生産体制を増強しました。また，「Newヤクルト」シリーズについては，原材料費の上昇や物流費等の急激な高騰を受け，昨年9月に価格改定を行いました。さらに，期間限定アイテムとして販売していたハードタイプヨーグルト「ソフールレモン」については，昨年7月から通年販売を開始しました。

このような取り組みを中心に販売強化に努めた結果，乳製品全体では前期を上回る実績となりました。

一方，清涼飲料につきましては，栄養ドリンク「タフマン」シリーズおよび乳酸菌はっ酵果汁飲料「ヤクルトのおいしいはっ酵果実」を中心に販売促進策を実施し，売り上げの増大に努めました。

これらの結果，飲料および食品製造販売事業部門（国内）の連結売上高は252,179百万円（前期比4.9％増）となりました。

飲料および食品製造販売事業部門（海外）

海外につきましては，1964年3月の台湾ヤクルト株式会社の営業開始をかわきりに，現在28の事業所および1つの研究所を中心に，39の国と地域で主として乳製品乳酸菌飲料「ヤクルト」の製造，販売を行っており，本年3月の一日当たり平均販売本数は約2,606万本となっています。

アジア・オセアニア地域では，中国において，販売エリアの拡大に向け，昨

年6月，9月および11月にそれぞれ支店を設立し，同支店内の店頭チャネルで「ヤクルト」「ヤクルトライト」および「ヤクルト500億ライト」の販売を開始しました。これにより，中国の販売拠点は53か所となりました。しかしながら，同国経済の回復の遅れや消費の鈍化等により，売り上げに影響を受けました。今後も，短期的・中期的な視点でそれぞれ施策を展開し，実績回復に取り組んでいきます。

米州地域では，米国において，広告活動等による販売支援を強化するとともに，積極的な新規開拓活動等を実施した結果，取引店舗数が増加し，販売実績は順調に推移しました。

ヨーロッパ地域では，健康志向の高まりを契機とした各国の市場特性に合った販売活動の展開により，持続的成長を目指しました。

これらの結果，飲料および食品製造販売事業部門（海外）の連結売上高は225,812百万円（前期比5.0%増）となりました。

その他事業部門

その他事業部門には，化粧品の製造販売，医薬品の製造販売およびプロ野球興行などがあります。

化粧品につきましては，当社が創業以来培ってきた乳酸菌研究から生まれたオリジナル保湿成分「S.E.（シロタエッセンス）」の「価値普及」活動に重点をおき，お客さまの「内外美容」の実現と化粧品愛用者数の増大に努めました。

具体的には，基礎化粧品「ラクトデュウ」シリーズから，昨年4月に「ラクトデュウ S.E. ローション1」をリニューアル発売しました。また，高機能基礎化粧品「パラビオ」シリーズから，昨年11月および本年1月に，リニューアル品を中心にスキンケア商品計7品を導入しました。さらに，両シリーズについて，森高千里さん，IKKO さんを起用したテレビCM を放映し，商品認知の向上を目指しました。

その結果，化粧品全体としては，前期を上回る実績となりました。

医薬品につきましては，がんおよびその周辺領域に特化した当社製品等の啓発活動や適正使用を推奨する活動を推進しました。しかしながら，主力製品である抗悪性腫瘍剤「エルプラット」について，後発医薬品へ切り替える医療機関が増加傾向にあることに加え，昨年4月に実施された薬価改定において大半の当社製品の薬価が引き下げられたことにより，売り上げに影響を受けました。

その結果，医薬品全体としては，前期を下回る実績となりました。

462 第5章 事業報告

　なお，当社は，昨年10月に，がん関連医療用医薬品について，高田製薬株式会社への販売移管・製造販売承認の承継に関する基本合意書を締結しました。「エルプラット」等の販売移管・製造販売承認の承継について，患者さまや関係各所に十分配慮しながら計画的に準備を進めています。

　プロ野球興行につきましては，各種イベントやさまざまな情報発信を行うなど，積極的なファンサービスに取り組んだ結果，入場者数が増加しました。

　これらの結果，その他事業部門の連結売上高は36,256百万円（前期比5.1%減）となりました。

事業部門別売上高

区　　分		第71期 (2022.4.1〜2023.3.31)	第72期 （当連結会計年度） (2023.4.1〜2024.3.31)	増　　減	
				金　　額	前期比
国　　内		240,455百万円	252,179百万円	11,724百万円	4.9%増
海　　外		215,109百万円	225,812百万円	10,702百万円	5.0%増
飲料および食品製造販売事業部門計		455,565百万円	477,992百万円	22,426百万円	4.9%増
その他事業部門		38,208百万円	36,256百万円	△1,951百万円	5.1%減
（調　整　額）		△10,703百万円	△11,169百万円	△466百万円	－
合　　計		483,071百万円	503,079百万円	20,008百万円	4.1%増

（注）1．「調整額」は，事業部門間売上高の消去金額です。
　　　2．従来，区分記載していました「医薬品製造販売事業部門」については，「その他事業部門」に含めて記載する方法に変更しています。なお，第71期については，変更後の区分により作成したものを記載しています。

（2）　設備投資の状況および資金調達の状況

　記載事例を見ると，「設備投資および資金調達の状況」として一括して記載しているパターンと，「設備投資の状況」と「資金調達の状況」をそれぞれ別個に記載しているパターンに分けられる。

　「設備投資の状況」の記載は，営業設備または生産設備等で重要なものについて記載することになるが，事例を見る限り，必ずしも重要な設備投資に限定していないようである。一般的な事例として，設備投資の総額を記載してその

Ⅲ　事例分析　463

主たるものを説明している例も多い。

　「資金調達の状況」については，増資・社債の発行等の特別な資金調達について記載している事例の他，貸出コミットメントについて記載している事例もある。

(i)　資金調達
〈「経団連ひな型」の記載例〉①

　○月には，公募により○○○○万株の時価発行（払込金額 1 株につき○○○円）をいたしました。

〈「経団連ひな型」の記載例〉②

　○年○月には，当社において，公募により○○○○万株の時価発行（払込金額 1 株につき○○○円）をいたしました。同年□月には，△△社において，無担保普通社債（○億円）の発行をいたしました。

(ii)　設備投資
〈「経団連ひな型」の記載例〉①

---

① 　当事業年度中に完成した主要設備
　　　○○工場（○○部門）　　○○設備の新設
② 　当事業年度において継続中の主要設備の新設・拡充
　　　○○工場（○○部門）　　○○設備の新設

〈「経団連ひな型」の記載例〉②

---

① 　当連結会計年度中に完成した主要設備
　　　当社○○工場（○○セグメント）　　　　　　○○設備の新設
② 　当連結会計年度において継続中の主要設備の新設・拡充
　　　○○株式会社○○工場（○○セグメント）　　○○設備の新設

464　第5章　事業報告

〈事例1〉　設備投資の総額を記載したうえで，その主なものを挙げている事例

PEGASUS（2024年3月期）

(2)　設備投資の状況

　当連結会計年度における設備投資の総額は26億19百万円であり，その主なもの
は以下のとおりであります。

会社名	内容	設備投資額
PEGASUS VIETNAM SEWING MACHINE CO.LTD.	新工場の建設等	1,390百万円
PEGASUS AUTO PARTS MONTERREY S.A. DE C.V.	工場拡張及びダイカストマシン等生産関連設備の増強	781百万円
ペガサス（天津）ミシン有限公司	生産関連設備の増強，太陽光発電システム設置	170百万円
南通ペガサス自動車部品製造有限公司	ダイカストマシン等生産関連設備の新設	100百万円

〈事例2〉　設備投資の状況および資金調達の状況をまとめて記載している事例

愛三工業（2024年3月期）

(2)　設備投資および資金調達の状況

　当連結会計年度の設備投資は，主力製品の生産能力増強や新製品対応，新規
事業への対応などに122億8千5百万円の投資を行いました。なお，これらの
所要資金につきましては，主として自己資金より充当いたしました。

〈事例3〉　設備投資をセグメント別に記載している事例

パソナグループ（2024年5月期）

3．設備投資の状況

　当連結会計年度の設備投資の総額は20,171百万円であり，その内容は地方創
生ソリューションにおける商業施設や全社セグメントでの事業所設備の開設，
各事業での業務システム開発などによるものであります。

（百万円）

セグメントの名称	建物・構築物・リース資産	土地	ソフトウエア	計
エキスパートサービス（人材派遣），BPO サービス（委託・請負）他	718	—	1,149	1,867
キャリアソリューション（人材紹介，再就職支援）	2	—	123	125
アウトソーシング	171	—	2,837	3,008
ライフソリューション	11	—	3	15
地方創生ソリューション	6,921	—	23	6,945
全社	7,032	715	460	8,208
計	14,858	715	4,596	20,171

（3） 事業の譲渡・合併等の組織再編行為等

「事業の譲渡・吸収分割・新設分割の状況」，「他の会社の事業の譲受けの状況」，「吸収合併または吸収分割による他の法人等の事業に関する権利義務の承継」，「他の会社の株式その他の持分または新株予約権等の取得または処分の状況」については，その記載はさまざまである。

〈「経団連ひな型」の記載例〉

① ○○社は，○年○月○日をもって会社分割により，当社の○○事業を承継し，設立された会社です。

② 当社は，○年○月○日をもって○○社を吸収合併いたしました。

③ 当社は，○年○月○日をもって，△△社の発行済株式の全てを取得し，100％子会社といたしました。

④ 当社は，○年○月○日をもって，△△社の発行した第○回新株予約権○○個（目的たる株式の総数○株）の割当を受けました。

466　第5章　事業報告

〈事例1〉　「重要な企業再編等の状況」を記載している事例

ユーグレナ（2023年12月期）

---

④　重要な企業再編等の状況

　当社の連結子会社である株式会社 Q-Partners（以下，「（現）Q-Partners」という。）は，2023年12月26日付で，同社，キューサイ株式会社（以下，「（現）キューサイ」という。）とその子会社2社を対象とした組織再編を行うため，株式移転を通じて新会社（新）株式会社 Q-Partners を設立しました。

　なお，2024年1月1日付で以下の組織再編を実施しております。

　ⅰ）（現）キューサイが CQ ベンチャーズ株式会社を吸収合併する。

　ⅱ）（現）キューサイの販売・管理機能を吸収分割し，（現）Q-Partners が継承する。

　ⅲ）（現）Q-Partners は「キューサイ株式会社」に商号変更する。

　ⅳ）（現）キューサイ株式会社が「キューサイプロダクツ株式会社」に商号変更する。

　※詳細は，2023年10月30日付で公表いたしました「キューサイ・グループの組織再編に伴う連結子会社の異動（連結子会社における株式移転）及び連結子会社の商号変更に関するお知らせ」をご参照ください。

〈事例2〉　「他の会社の株式その他の持分または新株予約権等の取得または処分の状況」を記載している事例

電気興業（2024年3月期）

---

(5)　他の会社の株式その他の持分又は新株予約権等の取得又は処分の状況

　当社は，2023年9月29日付で，株式会社サイバーコアの第三者割当により発行した新株式150千株を引受け，同社を連結子会社としております。

（4）　対処すべき課題

　記載の仕方は，会社によってさまざまであるが，総括的に記載している事例や課題ごとに分けて記載している事例がある。

　サステナビリティ情報は，その性質から「対処すべき課題」に記載している事例がある。開示の動向については，「第1章　2025年3月期決算に向けた近

Ⅲ　事例分析　467

時の開示トピックス　Ⅱ　サステナビリティ情報の開示の動向」を参照された
い。

〈事例1〉　総括的な記載をしている事例

ビーアールホールディングス（2024年3月期）

---

(4)　対処すべき課題

　当社グループを取り巻く事業環境において，橋梁・道路などの社会インフラ
はリニューアルの時期を迎えた補修と中長期的な災害対応による需要の増加，
地球環境問題や強靭化対応のための技術の高度化が求められ，競争も激しさを
増しています。

　このように社会インフラへの要請が高まっている中，それを支えることがで
きる高度な技術人材が求められています。一方で，建設業界における就業につ
いては，従来の3Kを払拭し，「給与がいい」「休暇がとれる」「希望が持てる」
の新3Kを実現し，人材の層を厚くすることで業界全体の魅力を高める必要が
あります。

　当社グループにおいても，新3Kを実現し，優秀な人材を獲得，育成し，働
き甲斐のある環境を整備していくことが，強靭で良質な社会のインフラを世の
中に提供し，事業を拡大していくためには必要不可欠であり，当社グループの
企業価値の源泉と考えています。

　当社グループは「人財確保の推進と育成の強化」を経営上の重要課題（マテ
リアリティ）と定め，「優秀な人材の獲得・定着・育成」の基本方針のもと，「社
員教育改革」「働き方改革」「人事制度改革」の3つの改革を進め，高度な社会
インフラを支える人材を育成し，社員と会社の健全な未来の実現に取り組んで
まいります。

　一方，地球環境を巡る課題の中でも，とくに気候変動と資源循環は，建設業
界にとって最も重要な取り組むべき課題と認識しています。

　リスクと機会の観点から，当社グループの事業活動による負荷の削減と，当
社グループ独自の環境負荷削減技術による社会の負荷低減によって，企業価値
の向上に努めてまいります。

　株主の皆様におかれましては，何卒一層のご理解とご支援を賜りますようお
願い申しあげます。

468　第5章　事業報告

〈事例2〉　課題ごとに記載している事例

日本国土開発（2024年5月期）

(4)　対処すべき課題

①土木・建築事業の業績改善について

2023年5月期以前に入手した複数の大型建設工事において，資機材の調達遅れ，品質不良による工程遅延，材料費・労務費の高騰も相まって，大幅な赤字が発生したため，2期連続で土木・建築事業の業績が著しく低下しました。

このような状況を受け，土木・建築事業それぞれに社長が本部長となる業績管理対策本部を設置し，両事業の取り組みについて計画の妥当性確認と実行状況の検証を行い，取締役会，経営会議にて進捗状況を適宜報告する体制を整備しました。また，本支店の管理体制の大幅な見直しを行い，施工支援や技術指導を行う部署を新設し，業務プロセスの見直しや管理基準の平準化を図ります。さらに，重点管理現場を中心に工程進捗・原価進捗のモニタリングを強化し，新たな損失や赤字工事の発生を防止すべく，土木・建築事業の業績改善に努めていきます。

対策	受注プロセスにおける対策：審査項目の厳格化，選別受注（取組案件の選別，契約条件の精査），工程遅延防止
	設計プロセスにおける対策：顧客要求事項の図面照査，図面の充実による見積精度向上，経済性・施工効率性の検証
	施工プロセスにおける対策：施工管理体制の強化，品質管理体制の強化，運営管理ミス・施工ミスの防止

②「資本コストや株価を意識した経営の実現」に向けた対応

当社グループの株価純資産倍率（PBR）は1倍を下回って推移しています。これは，ここ数年の営業利益率と自己資本利益率（ROE）の低下，業績悪化による株価の下落などがあげられるほか，当社グループの成長戦略を十分にお示ししていないことが要因であると認識しています。

ROEについては2030年に継続的に10％以上に引き上げることを目標に掲げています。なお，当社グループの株主資本コストは概ね6.0％程度と認識しています。

今後はROEの改善と株価収益率（PER）向上を目指して，安定性・収益性・将来性・関係性の観点から市場評価と資本収益性の改善に向けた次の取り組みを実行し，PBRの向上に努めていきます。

Ⅲ　事例分析　469

■PBR向上に向けた取り組み

ROE改善	安定性	事業・財務リスクの低減	・管理体制・業務プロセス見直し（安全/品質/工程/原価管理を強化） ・健全な財務基盤の構築（効率的な資本運用を実現する） ・ESG経営の取り組み（脱炭素・人財確保と育成・ガバナンス）	PBR向上
	収益性	利益回復と「稼ぐ力」の追求	・継続的な利益向上（ROE 8.0～10.0%） ・成長投資（現中期経営計画3カ年で370億円を投資） ・ストック収益拡大（2030年に再エネ売電収入55億円）	
PER向上	将来性	新たな事業基盤の確立	・新規事業の収益化（まちづくり事業・地域共創事業など） ・機械化・DXの推進（自動化技術や生成AIの導入など） ・政策保有株式の縮減（企業価値向上に向けた投資へ）	
	関係性	ステークホルダーエンゲージメントの向上	・安定的な株主配当を実施（DOE 2.5～3.0%の維持） ・適時適切な自己株式の取得（今期：400万株・23億円／上限） ・投資家との積極的な対話（IR・SR面談の充実） ・全ステークホルダーへの開示・発信の充実（広報・IR活動の強化）	

(5)　「中期経営計画2024」の進捗

　当社グループでは，経営理念である「わが社はもっと豊かな社会づくりに貢献する」を掲げ，2030年までの長期ビジョンとして「社会課題を解決する『先端の建設企業』」を目指すべき姿と位置づけています。立ち向かう社会課題として「気候変動問題」「2030年問題」を設定し，脱炭素社会の実現や人口減少による担い手不足などの諸問題に対して当社グループが持つノウハウや知見を生かし，社会課題解決の貢献を目指しています。2022年7月に策定した「中期経営計画2024」では，「『独自の強み』を創る」をミッションに掲げ，「建設を『人』から『機械』へ」「新たな事業領域を構築する」に取り組んでいます。

①　「建設を『人』から『機械』へ」

　機械化・DX（Digital Transformation）を推進しています。機械化については，2024年から自動化施工システムを導入して建設現場において実証実験を開始しています。また，当社が独自開発した「回転式破砕混合工法（通称ツイスター）」の自走型機の開発を進めており，2023年11月に行われた実証実験では土砂改良効果を確認しています。

　DXについては，企業活動の各種業務のDXに取り組んでおり，2024年6月に日本国土開発版「生成AI利活用ガイドライン」を策定したほか，同年5月に経済産業省の「DX認定事業者」に選定されています。

②「新たな事業領域を構築する」

　2024年6月に新たに本部格組織として「戦略事業推進室」を設置しました。まちづくり事業や脱炭素事業など地域共創に資する新規事業を立ち上げ，「中

期経営計画2024」で掲げた「地域の課題解決パートナー」を目指していきます。具体的な取り組みとしては，福島県南相馬市において鉄筋コンクリート構造物の劣化防止や長寿命化に活用される機能性吸着材製造工場の建設を進めており，インフラリニューアル市場に向けて素材面から参入を行っていきます。

土木・建築に次ぐ第3の柱として注力してきた関連事業において，再生可能エネルギー事業が順調に推移しており，2024年5月期において売電収入は34億円に達するなどストック収益が拡大しています。また，不動産開発事業では新規投資を積極的に実施しており，効率的な資本運用を推進しています。

③非財務目標の取り組み

脱炭素の取り組みにおいて，2023年2月に当社のCO_2削減目標がSBTイニシアチブから「パリ協定における『産業革命前と比較して気温上昇を1.5℃未満に抑える水準と整合した目標』」として認定を取得しています。また，直近4年間で3度「健康経営銘柄」に選定されるなど，建設業の「2024年問題」について働き方改革・健康経営・女性活躍推進などに注力しており，引き続き積極的に取り組んでいきます。企業統治については，2023年5月期より，女性取締役1名を含む社外取締役の割合が過半数以上を維持しており，適切な助言・監督をいただいています。

■健康経営・働き方改革・女性活躍推進の重点指標

	中期経営計画目標	2023年5月期実績	2024年5月期実績
定期健康診断受診率	100.0%	100.0%	100.0%
二次健康診断受診率	100.0%	98.3%	99.4%
特定保健指導受診率	80.0%	67.4%	64.1%
ストレスチェック受検率	97.0%	99.0%	98.8%
現場従業員 週休二日の実現	100.0%	77.0%	76.9%
男性育児休業取得率	100.0%	75.0%	95.7%
女性の新卒・中途採用比率	20.0%	22.8%	23.1%
女性管理職比率	3.0%	1.9%	2.5%

④計数目標見直し

「中期経営計画2024」の最終年度にある2025年5月期は，土木・建築事業において管理体制強化と再発止策を実行するとともに業績の黒字回復に取り組んでいますが，単年での大幅な改善が困難であることから，「中期経営計画2024」の利益目標等に届かない見通しとなりました。このことから下記のとおり，計数目標の見直しを行います。

Ⅲ　事例分析　471

■ 2025年5月期までの計数目標

	（見直し前）		（見直し後）
ROE	10％水準		5 ％水準
営業利益	110億円		40億円
土木事業のセグメント利益	38億円		13億円
建築事業のセグメント利益	38億円		6億円
3カ年の投資額	630億円		370億円

※上記以外の2025年5月期までの計数目標およびKPIについては見直しは行いません。

2　財産および損益の状況の推移

　事業報告において，直前3事業年度の財産および損益の状況の推移を記載しなければならない。財産および損益の状況として記載している項目としては，以下の事項を記載している事例が多い。

- 売上高
- 経常利益
- 親会社株主に帰属する当期純利益（当期純利益）
- 1株当たり当期純利益
- 総資産
- 純資産

また，表形式で記載しているケースが一般的であり，表の脚注に業績の推移についての説明などを記載している事例が多い。

〈「経団連ひな型」の記載例〉①

（財産及び損益の状況）				
区　　分	第○期	第○期	第○期	第○期 （当事業年度）
売　　上　　高（十億円） 当 期 純 利 益（十億円） 一株当たり当期純利益(円) 総資産又は純資産（十億円）				

472　第5章　事業報告

〈「経団連ひな型」の記載例〉②

（企業集団の財産及び損益の状況）

区　分	第○期	第○期	第○期	第○期 (当連結会計年度)
売　上　高（十　億　円）				
親会社株主に帰属する 当期純利益（十億円）				
一株当たり当期純利益（円）				
総資産又は純資産（十億円）				

（事業報告作成会社の財産及び損益の状況）

区　分	第○期	第○期	第○期	第○期 (当事業年度)
売　上　高（十　億　円）				
当　期　純　利　益（十億円）				
一株当たり当期純利益(円)				
総資産又は純資産（十億円）				

〈事例1〉　一般的な事例

シーティーエス（2024年3月期）

① 企業集団の財産及び損益の状況

区　分　　　　　期　別	第31期 (2020年4月1日から 2021年3月31日まで)	第32期 (2021年4月1日から 2022年3月31日まで)	第33期 (2022年4月1日から 2023年3月31日まで)	第34期 (2023年4月1日から 2024年3月31日まで)
売　上　高（百万円）	9,968	10,542	10,797	11,090
経　常　利　益（百万円）	2,127	2,535	2,722	2,785
親会社株主に帰属 する当期純利益（百万円）	1,456	1,731	1,758	1,858
1株当たり当 期純利益金額（円）	34.14	40.80	41.51	43.86
総　資　産（百万円）	13,115	14,361	14,741	16,710
純　資　産（百万円）	8,789	9,743	10,582	12,230

（注）1.「収益認識に関する会計基準」（企業会計基準第29号　2020年3月31日）

Ⅲ　事例分析　473

等を第32期の期首から適用しており，第32期以降に係る各数値について
は，当該会計基準等を適用した後の数値となっております。
2．1株当たり当期純利益金額は，期中平均発行済株式総数により算出して
おります。

〈事例2〉　受注高の推移についても記載している事例

横河電機（2024年3月期）

① 企業集団の財産及び損益の状況

（単位：百万円）

区　　分	2020年度 第145期	2021年度 第146期	2022年度 第147期	2023年度 第148期（当期）
受　　注　　高	355,828	420,496	518,389	541,961
売　　上　　高	374,206	389,901	456,479	540,152
営　業　利　益	31,599	30,668	44,409	78,800
経　常　利　益	34,107	35,739	48,608	84,098
親会社株主に帰属する当期純利益	19,219	21,267	38,920	61,685
1株当たり当期純利益	72円00銭	79円67銭	145円81銭	234円83銭
総　　資　　産	519,081	555,968	618,637	672,866
純　　資　　産	314,770	340,340	386,825	444,763

（注）　2022年度（第147期）において企業結合に係る暫定的な会計処理の確定を
行っており，2021年度（第146期）の関連する数値について，暫定的な会計処
理の確定の内容を反映させています。

〈事例3〉　会計方針の変更を脚注で記載している事例

古河電気工業（2024年3月期）

■1　当社グループの財産および損益の状況の推移

区　　分	第199期 2020年度	第200期 2021年度	第201期 2022年度	第202期（当期） 2023年度
売上高　　　　（百万円）	811,600	930,496	1,066,326	1,056,528

474　第5章　事業報告

営業利益	（百万円）	8,429	11,428	15,441	11,171
経常利益	（百万円）	5,189	19,666	17,258	10,267
親会社株主に帰属する当期純利益	（百万円）	10,001	10,093	15,894	6,508
1株当たり当期純利益	（円）	141.88	143.40	225.80	92.40
総資産	（百万円）	832,044	935,876	933,469	985,007
純資産	（百万円）	291,617	314,062	329,095	358,038

（注）1．第200期より「収益認識に関する会計基準」（企業会計基準第29号2020年
　　　　3月31日）等を適用しており，第200期以降に係る当社グループおよび
　　　　単独の各数値については，当該会計基準等を適用した後の数値となって
　　　　おります。
　　　2．当社の持分法適用関連会社である㈱UACJは，第202期より従来の日本
　　　　基準に替えて国際財務報告基準（IFRS）を適用しており，第201期の関
　　　　連する各数値については，当該会計方針の変更を反映した遡及適用後の
　　　　数値となっております。

3　重要な親会社および子会社の状況

　「親会社との関係」で記載されている事項は，親会社の名称，親会社の当社
に対する議決権比率，当社と親会社との関係などである。

　「子会社の状況」で記載されている事項は，重要な子会社の名称・資本金・
議決権比率・事業内容である。また，「企業結合の経過」という区分も追加して
記載している事例も見受けられた。

〈「経団連ひな型」の記載例〉

重要な親会社及び子会社の状況
①　親会社の状況
　　当社の親会社は○○株式会社であり，同社は当社の株式を○○株（出資比率
　○％）保有しています。当社は親会社から主として○○などの仕入れを行うと
　ともに，親会社へ主として××などを販売するなどの取引を行っています。
②　子会社の状況

名　　称	出資比率	主要な事業内容
○○株式会社		
××株式会社		

〈事例1〉　一般的な事例

九州旅客鉄道（2024年3月期）

(8)　重要な親会社及び子会社の状況

１ 親会社の状況

　該当事項はありません。

２ 子会社の状況

会 社 名	資本金	当社の 出資比率	主な事業内容
JR九州駅ビルホールディングス株式会社	100百万円	100.0%	不動産賃貸業
株式会社 JR博多シティ	1,150	―（100.0）	不動産賃貸業
JR Kyushu Business Development（Thailand）Co., Ltd.	375百万THB	49.0（73.0）	ホテル業
JR九州リテール株式会社	490百万円	100.0	物品販売業
JR九州建設グループホールディングス株式会社	100	100.0	建設業
九鉄工業株式会社	216	―（100.0）	土木，建築，軌道の建設工事業
キャタピラー九州株式会社	100	100.0	建設機械販売・レンタル事業
JR九州ビジネスパートナーズ株式会社	100	100.0	財務関連業務の受託

（注）（　）内の数字は，当社の子会社の持株数を含めた出資比率であります。

〈事例2〉　「企業結合等の状況」を区分して記載している事例

三菱HCキャピタル（2024年3月期）

(6)　企業結合の状況

476　第5章　事業報告

2023年4月に株式会社センターポイント・ディベロップメントの全株式を取得したことにより，同社を当社の子会社としました。

また，2024年1月にディー・エフ・エル・リース株式会社および首都圏リース株式会社の全株式を譲渡したことにより，両社を当社の子会社から除外しています。

4　主要な事業内容

「主要な事業内容」の記載事例としては，概ね以下の3つのパターンが多い。
- 文章で記載しているパターン
- 部門や事業区分別に事業内容を記載しているパターン
- 事業ごとに主要商品や製品，サービスを記載しているパターン

〈事例1〉　事業内容を文章で記載している事例

ビューティガレージ（2024年4月期）

⑾　主要な事業内容（2024年4月30日現在）

当社は，理美容室・エステサロン等のビューティサロンに対し，プロ向け美容器具・機器・化粧品等をインターネットや店舗，法人営業を通じて販売する物販事業を中心としてビューティサロンの開業準備から開業後の経営に関わる各種サービスを提供する周辺ソリューション事業を展開しております。

主な周辺ソリューション事業として「店舗リース・サブリース」，「開業プロデュース」，「集客支援」，「システム導入サポート」等を当社が提供しております。

また，主なグループ会社では㈱タフデザインプロダクトが「店舗設計・工事施工監理」，㈱アイラッシュガレージがプロ向けアイラッシュ（まつ毛エクステンション）商材卸販売，㈱BGパートナーズが美容サロンの店舗リース・転貸・設備リース事業，居抜き物件仲介，M&A仲介サービス，㈱足立製作所が金属器具・用品の製造販売，㈱松風はプロ用まつ毛エクステンション関連製品の企画・製造・販売，㈱BGリユースは中古理美容機器の買取・販売を行い，海外子会社であるBEAUTY GARAGE SINGAPORE PTE. LTD.はシンガポールにおける美容商材卸販売を展開しております。

Ⅲ 事例分析 477

　その他では，㈱ジムガレージがフィットネス機器用品の販売，㈱女性モード社が美容師向け雑誌，書籍，動画コンテンツ，電子書籍の発行を行っております。

　当社の主要顧客は理美容室，エステサロン，リラクゼーションサロン，ネイルサロン，アイラッシュサロン，鍼灸院・整骨院，フィットネス / スポーツジム等美容と健康に携わるプロフェッショナルであります。

〈事例2〉　部門別に事業内容を記載している事例

エイベックス（2024年3月期）

❼　主要な事業内容

　当社は，持株会社としてグループ各社の株式を保有することにより，当該会社の事業活動を支配・管理し，各社の事業の特色を打ち出しつつ，各事業間のシナジーを最大限に発揮できるグループ全体の経営戦略の策定を主な事業としております。事業区分別の主な事業内容は以下のとおりです。

事業区分	主な事業内容
音楽事業	音楽コンテンツの企画・制作・販売，音楽配信，音楽出版，アーティスト・タレント・クリエイターのマネジメント，マーチャンダイジング，コンサート・イベントの企画・制作・運営・チケット販売及び EC サイトの企画・開発・運営
アニメ・映像事業	アニメ・映像コンテンツの企画・制作・販売・宣伝，アーティストのマネジメント，映画配給，ゲームソフト等の企画・制作及び映像配信サービスに対するアニメ作品の供給
デジタル事業	ファンクラブ運営，デジタルコンテンツの企画・制作・販売・配信
その他	海外事業，その他事業

〈事例3〉　事業ごとに主要製品を記載している事例

ロック・フィールド（2024年4月期）

⑺　主要な事業内容

478　第5章　事業報告

業　態　別	主　要　製　品
Ｒ　　Ｆ　　１	たっぷり海の幸の美味サラダ，みんな大好き！小海老のフライ，乳酸菌＆オリゴ糖　野菜たっぷりのポテトサラダ，牛肉のグリル　霜降りひらたけロースト添え，ローストビーフと揚げごぼうのサラダ
グ リ ー ン ・グ 　ル 　メ	甘さに驚き　とうもろこし「甘々娘」のサラダ，旬を楽しむ無花果と燻製ハムのサラダ，菜の花入り　海老と揚げじゃこのサラダ，涼を味わう　きすのみぞれ添え，迎春　美味十五楽膳
い 　と 　は 　ん	アボカドと沖縄島豆腐の和さらだ　柚子胡椒風味，牛肉の山椒炙り焼き　たまり醤油だれ　焼き野菜添え，みょうが香るセロリと大根の塩昆布和え，無花果と燻製チキンの和さらだ，富山県特産　白海老の磯辺揚げ
神戸コロッケ	ジューシーミンチカツ，宮崎県産新ごぼうのコロッケ，旨み堪能　牛肉コロッケ，にゃんこロッケ，濃厚チーズのグラタンコロッケ
融　　　　　合	冷やしトムヤムヌードル，たっぷり野菜と鶏のサラダフォー，鰹とみょうがの生春巻き，鶏肉と生姜の揚げ春巻き，煮込み肉団子　獅子頭（シーズートウ）旨うま醤油ソース
ベ ジ テ リ ア	緑の健康バランス30品目，フレッシュケール＆紅ほっぺ，ビタミンＣサポート　アセロラ＆ベリー，にっぽんの桃，紫の果実と野菜＆カスピ海ヨーグルト
外 販 （ 卸 ）	＜冷凍食品＞黒毛和牛のビーフコロッケ　3個入り，グリルハンバーグ　濃厚あめ色玉ねぎソース，まろやか蟹とウニのグラタン ＜キットサラダ＞ローストビーフと揚げごぼうのサラダ　旨みソース，島豆腐とひじきのサラダ，めざめのサラダグラノーラ　チキンとオーツ麦＆色どり野菜

5　主要な事業所

「主要な事業所」の記載事例としては，本社・営業所・工場等ごとに名称と

Ⅲ　事例分析　479

所在地を記載している例が多い。小売業などの一部の業種にあっては都道府県
別店舗数を記載している例や，子会社の所在地を記載している例がある。加え
て，地図を示して出店している都道府県や国・エリアを示している例もある。

〈「経団連ひな型」の記載例〉①

①　営業所：大阪，名古屋，九州（福岡），札幌，中国（広島），仙台，四国支店 　　　　　　（高松） ②　工　場：大阪，粟津，川崎，小山

〈「経団連ひな型」の記載例〉②

①　営　業　所：東京，大阪，アメリカ ②　生産拠点：○○ Inc.（カナダ），ドイツ△△ GmbH，□□有限公司（中国）

〈事例1〉　一般的な事例

タクミナ（2024年3月期）

(6)　主要な営業所及び工場（2024年3月31日現在） 　　①　当社 　　本　　　　　社：大阪市中央区 　　営　　業　　所：札幌支店，仙台支店，千葉支店，東京支店，横浜支店，名古 　　　　　　　　　　屋支店，金沢支店，大阪支店，倉敷支店，広島支店，高松支 　　　　　　　　　　店，福岡支店 　　工場・研究所：兵庫県朝来市生野町 　　②　子会社 　　　TACMINA USA CORPORATION（アメリカ合衆国） 　　　TACMINA KOREA CO.,LTD.（大韓民国）

480　第5章　事業報告

〈事例2〉　都道府県別店舗数も記載している事例

大戸屋ホールディングス（2024年3月期）

---

(4)　主要な営業所及び店舗

本　　　部　神奈川県横浜市西区北幸一丁目1番8号

山梨事務所　山梨県山梨市下栗原1309-2

店　　　舗　419店舗（うちFC店261店舗）

（単位：店舗）

地域名	直営店	FC店	合計
東　京　都	61	26	87
神　奈　川　県	26	23	49
埼　玉　県	17	6	23
千　葉　県	14	5	19
そ　の　他　関　東	7	6	13
北　海　道	5	2	7
東　　北	1	13	14
甲　信　越	5	11	16
北　　陸	−	3	3
東　　海	2	21	23
近　　畿	10	10	20
中　国・四　国	−	11	11
九　州・沖　縄	1	22	23
国　内　計	149	159	308
海　　外	9	102	111
合　　計	158	261	419

(注)1.　「その他関東」には，東京都，神奈川県，埼玉県，千葉県は含まれておりません。

　　2.　店舗数につきましては，3月末時点となります。

Ⅲ　事例分析　481

6　従業員の状況

「従業員の状況」の記載としては，従業員数・対前期末増減数・平均年齢・平均勤続年数を記載している例が多い。最近では連結グループの従業員数を事業区分別に記載している事例も増えている。

出向者やパートなどの人数を従業員数に含めているかどうかなどについて，脚注で説明している例も多い。

〈「経団連ひな型」の記載例〉

```
使用人の状況
　使用人数　○○○○名（前事業年度末比○○名増）
　平均年齢　○○歳　平均勤続年数　○○年
```

〈事例〉　一般的な事例

TOA（2024年3月期）

❽　従業員の状況（2024年3月31日現在）

（1）当社グループの従業員数

	従業員数	前期末比増減
当　　　　　　　　　社	789名	5名減
国　内　生　産　拠　点	274名	12名増
国内エンジニアリング等拠点	143名	5名減
海　外　販　売　拠　点	467名	14名増
海　外　生　産　拠　点	1,352名	103名減
合　　　　　　　　　計	3,025名	87名減

（注）　従業員数には，契約社員，パートタイマー，嘱託契約の従業員を含み，派遣社員を除いております。

（2）当社の従業員数

482　第5章　事業報告

従業員数	前期末比増減	平均年齢	平均勤続年数
789名	5名減	43.1歳	16.1年

(注)1．従業員数は，当社から子会社への出向者を除いた就業人員数であります。
　　2．従業員数には，契約社員，パートタイマー，嘱託契約の従業員を含み，派遣社員を除いております。

7　主要な借入先

　主要な借入先については，借入先と借入金額を表形式で記載している例が一般的であり，それ以外の形式はあまり見受けられない。

〈「経団連ひな型」の記載例〉

借　　入　　先	借　入　残　高
	（億円）

〈事例〉　一般的な事例

エスクリ（2024年3月期）

(9)　主要な借入先及び借入額（2024年3月31日現在）

借　　入　　先	借　入　額
株 式 会 社 三 井 住 友 銀 行	2,220,578千円
株 式 会 社 三 菱 U F J 銀 行	1,210,376千円
株 式 会 社 商 工 組 合 中 央 金 庫	1,175,671千円
株 式 会 社 中 京 銀 行	990,110千円
株 式 会 社 み ず ほ 銀 行	971,400千円
株 式 会 社 千 葉 銀 行	593,664千円

（注）1．上記金額には，社債の未償還残高を含めております。

2．当社及び当社グループにおいては，運転資金等の柔軟な調達を行うため，金融機関と当座貸越契約及びコミットメントライン契約を締結しておりますが，当該契約には一定の財務制限条項が付されております。これらの契約に基づく当連結会計年度末の借入未実行残高は次のとおりであります。

当座貸越極度額及びコミットメントライン契約の総額	1,150,000千円
借入実行残高	642,120千円
差引額	507,880千円

8　その他企業集団の現況に関する重要な事項

その他企業集団の現況に関する重要な事項として記載されている事項はさまざまであるが，合併・増資・訴訟などに関する事項が記載されている事例が見受けられた。

〈事例1〉　買収契約締結について記載している事例

小野薬品工業（2024年3月期）

⑽　その他企業集団の現況に関する重要な事項

米国Deciphera Pharmaceuticals, Inc.買収契約締結

当社は，がんを対象とした革新的な医薬品の研究・開発・販売に注力し，自社で創製した経口キナーゼ阻害剤からなる豊富なパイプラインを有する米国のバイオ医薬品企業Deciphera Pharmaceuticals, Inc.との間で，当社が本買収のために新たに設立した完全子会社を通じて，現金を対価として同社を買収することで合意し，2024年4月29日（日本時間）に契約を締結いたしました。なお，本買収の完了は，議決権ベースで50%超の同社の既存株主が当社の株式公開買付に応じることや独占禁止法関連の当局の承認およびその他の買収完了（クロージング）条件の充足を前提としております。

484　第5章　事業報告

〈事例2〉　重要な訴訟案件等について記載している事例

A社（2024年3月期）

---

(7)　その他企業集団の現況に関する重要な事項

　　当社は，元役員及び使用人による競合他社の営業秘密に係る不正競争防止法違反の疑いに関して，○○年○月○日に元役員及び使用人と共に同法の両罰規定に基づき起訴されており，元役員については，○○年○月○日に有罪判決が言い渡され，同判決が確定しております。当社及び使用人に対しては，○○年○月○日に東京地方裁判所より有罪判決（当社罰金○百万円，使用人罰金○百万円）が言い渡されましたが，当社及び使用人は，これを不服とし東京高等裁判所に控訴しております。

　　また，当社を被告として，株式会社○○○○から，○○年○月○日付けで，東京地方裁判所に，○百万円の損害賠償の支払いを求める等の訴訟が提起されております。

9　株式に関する事項

事例を分析したところ，以下の項目を記載している事例が多かった。

(i)　発行可能株式総数

(ii)　発行済株式の総数

(iii)　株主数

(iv)　株式所有数上位10名の株主の氏名・名称および当該株主の有する当該株式会社の株式の数

また，上記項目以外に「その他株式に関する重要な事項」というタイトルで，会社が重要と判断している事項を記載している事例もある。記載している例では，自己株式の取得や自己株式の消却，株式分割，株式給付信託の導入などについて記載しているものが見られた。

〈「経団連ひな型」の記載例〉

---

①　発行可能株式総数　　○○○○株

② 発行済株式の総数　○○○○株（自己株式○○株を除く）

③ 当事業年度末の株主数　○○○○名

④ 上位10名の株主

株 主 名	持 株 数	持株比率

⑤ 当事業年度中に当社役員に対して職務執行の対価として交付された株式の状況

	株式の種類及び数	交付された者の人数
取締役（社外取締役を除く）	当社普通株式○○株	○名
社外取締役	当社普通株式○○株	○名
監査役	当社普通株式○○株	○名

〈事例１〉　一般的な事例

レアジョブ（2024年３月期）

２．会社の株式に関する事項（2024年３月31日現在）

　(1)　発行可能株式総数　　　　　　　28,816,000株

486　第5章　事業報告

(2)　発行済株式の総数　　　　　　9,456,949株（自己株式388,651株を除く。）
(3)　当事業年度末の株主数　　　9,474名
(4)　大株主の状況

株　主　名	持株数	持株比率
○○○○	2,008,495株	21.24%
三井物産株式会社	1,828,100株	19.33%
株式会社増進会ホールディングス	480,000株	5.08%
日本マスタートラスト信託銀行株式会社（信託口）	309,500株	3.27%
株式会社 ZuittJP	233,800株	2.47%
株式会社 SBI 証券	218,291株	2.31%
株式会社 RISO	204,545株	2.16%
○○○○	202,200株	2.14%
株式会社日本カストディ銀行（信託口）	156,700株	1.66%
au カブコム証券株式会社	153,100株	1.62%

(注)　当社は自己株式388,651株を保有しておりますが，上記大株主から除いて
　　　おります。また，持株比率は自己株式を控除して計算しております。

(5)　当事業年度中に職務執行の対価として会社役員に交付した株式の状況
　　　当事業年度中に交付した株式報酬の内容は以下のとおりです。

株式報酬の内容	譲渡制限付株式報酬
払込期日	2023年8月18日
株式の種類及び株式数	当社普通株式　22,842株
処分価額	1株につき985円
割当先	当社取締役（監査等委員を除く）2名
譲渡制限期間	対象役員については，2023年8月18日から当社又は当社子会社の取締役又は従業員のいずれも退任又は退職するまでの間。
譲渡制限の解除条件	対象役員が，払込期日の直前の当社定時株主総会の日から翌年に開催される当社定時株主総会の日までの期

間の間，継続して，当社又は当社子会社の取締役又は従業員の地位にあったことを条件として，譲渡制限期間の満了時において，本割当株式の全部につき，譲渡制限を解除する。

取締役，その他役員に交付した株式報酬の区分別合計

区　分	株　式　数	交付対象者数
当社取締役（監査等委員を除く）	22,842株	2名
当社社外取締役（監査等委員を除く）	0株	0名
当社社外取締役（監査等委員）	0株	0名

(6)　その他株式に関する重要な事項

当社は，2023年6月8日開催の取締役会において，会社法第165条第3項の規定により読み替えて適用される同法第156条の規定に基づき，自己株式の取得を決議し，2023年6月9日に東京証券取引所の自己株式立会外買付取引（ToSTNeT-3）において，306,400株の自己株式を総額299,965,600円で取得しております。

〈事例2〉　株式分布状況を記載している事例

セリア（2024年3月期）

2　会社の株式に関する事項

1　発行可能株式総数　　200,000,000株

2　発行済株式の総数　　75,840,000株（自己株式600,441株を含む）

3　株主数　　　　　　　16,336名

4　大株主

株　主　名	持株数 (株)	持株比率 (%)
株式会社ヒロコーポレーション	25,135,800	33.4
SSBTC CLIENT OMNIBUS ACCOUNT	3,685,724	4.9
ジェーピー モルガン チェース バンク 385151	1,991,500	2.6
○○○○	1,900,000	2.5

ステート ストリート バンク アンド トラスト カンパニー 505103	1,870,600	2.5
株式会社日本カストディ銀行（信託口）	1,820,200	2.4
株式会社大垣共立銀行	1,395,000	1.9
日本マスタートラスト信託銀行株式会社（信託口）	1,351,400	1.8
○○○○	1,180,000	1.6
GOVERNMENT OF NORWAY	1,172,979	1.6

（注）　持株比率は自己株式（600,441株）を控除して計算しております。

■ 株式分布状況

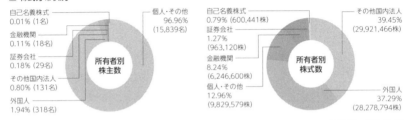

10　新株予約権等に関する事項

事例を分析したところ，記載様式に一定の傾向が見受けられず，統一的な開示パターンは認識できなかった。各社がそれぞれ工夫して記載している様子が窺えた。

〈「経団連ひな型」の記載例〉

当社の新株予約権等に関する事項		
①　当事業年度の末日に当社役員が有する職務執行の対価として交付された新株予約権等の内容の概要		
名　　称		第○回新株予約権
新株予約権の数		○個
保有人数 　当社取締役（社外役員を除く）		○名

Ⅲ　事例分析　489

当社社外取締役（社外役員に限る） 当社監査役	○名 ○名
新株予約権の目的である株式の種類及び数	当社普通株式　○○株
新株予約権の発行価額	
新株予約権の行使に際して出資される財産の価額	
新株予約権の行使期間	
新株予約権の主な行使条件	

②　当事業年度中に当社使用人，子会社役員及び使用人に対して職務執行の対価として交付された新株予約権の内容の概要

名　　　称	第○回新株予約権
発行決議の日	○年○月○日
新株予約権の数	○個
交付された者の人数 　当社使用人（当社の役員を兼ねている者を除く。） 　当社の子会社の役員及び使用人（当社の役員又は使用人を兼ねている者を除く。）	 ○名 ○名
新株予約権の目的である株式の種類及び数	当社普通株式　○○株
新株予約権の発行価額	
新株予約権の行使に際して出資される財産の価額	
新株予約権の行使期間	
新株予約権の主な行使条件	

〈事例〉　発行決議日ごとに区分して記載している事例

カチタス（2024年3月期）

(3)　新株予約権等の状況

　　当事業年度の末日において当社役員が保有している職務執行の対価として交付された新株予約権の状況

490　第5章　事業報告

	第4回新株予約権	第6回新株予約権
発行決議日	2017年3月30日	2017年9月22日
新株予約権の数	1,293個	49,560個
新株予約権の目的と なる株式の種類と数	普通株式　　　　77,580株 （新株予約権1個につき60株）	普通株式　　　　99,120株 （新株予約権1個につき2株）
新株予約権の払込金 額	新株予約権と引き換えに払い 込みは要しない	新株予約権と引き換えに払い 込みは要しない
新株予約権の行使に 際して出資される財 産の価額	新株予約権1個当たり10,020円 （1株当たり167円）	新株予約権1個当たり334円 （1株当たり167円）
権利行使期間	2022年3月31日から 2027年3月30日まで	2022年9月23日から 2027年9月22日まで
行使の条件	（注）	（注）
役員保有状況 　取締役（社外取締 　役除く）	新株予約権の数　　　1,293個 目的となる株式数　77,580株 保有者数　　　　　　　1人	新株予約権の数　　49,560個 目的となる株式数　99,120株 保有者数　　　　　　　1人

(注) 1．新株予約権の行使の条件は以下のとおりであります。
　　　①　新株予約権者は，当社または当社の子会社の取締役，監査役または従
　　　　業員たる地位をいずれも失ったときは，新株予約権を行使することが
　　　　できない。ただし，取締役会の決議により当該地位の喪失につき正当
　　　　な理由があると認められた場合はこの限りではない。
　　　②　新株予約権者が死亡した場合，その相続人は新株予約権を行使するこ
　　　　とができないものとする。ただし取締役会の決議により認められた場
　　　　合はこの限りではない。
　　　③　各新株予約権の一部行使はできないものとする。
　　　2．2017年9月22日付で普通株式1株につき30株の割合で株式分割を，また，
　　　　2020年4月1日付で普通株式1株につき2株の割合で株式分割を行って
　　　　いるため，株式分割による調整後の株式数を記載しております。

11　会社役員に関する事項

　会社役員に関する事項のうち取締役・監査役の状況については，地位・氏名・
担当等を表形式で記載している事例が一般的である。

Ⅲ　事例分析　491

　報酬等の総額の記載については，事例を分析したところ，基本的には各社とも支給人員・支給額を表形式で記載している。しかしながら，どこまで詳細に記載するかという点においては，若干各社でバラツキが見受けられた。

　責任限定契約に関する記載の方法としては，会社役員に関する事項に注記する方法や，責任限定契約に関する事項として，別項目を立てて記載する方法が考えられる。また，役員等賠償責任保険契約に関する記載の方法としては，会社役員に関する事項に注記する方法や，役員等賠償責任保険契約に関する事項として，別項目を立てて記載する方法が考えられる。

〈「経団連ひな型」の記載例〉

当社の会社役員に関する事項

氏名	地位及び担当	重要な兼職の状況
	代表取締役会長 ○○担当	
	代表取締役社長 ○○担当	
	代表取締役副社長 ○○担当	
	専務取締役 ○○担当	
	常務取締役 ○○担当	
	取締役 ○○担当	
××××	取締役	○○株式会社代表取締役
●●	常勤監査役	
○○	監査役	
△△	監査役	

　注１．取締役××××氏は，会社法第２条第15号に定める社外取締役であります。

492　第5章　事業報告

注2．監査役○○氏及び△△氏は，会社法第2条第16号に定める社外監査役であります。

注3．常勤監査役●●氏は，○年間当社の経理業務を担当しており，財務及び会計に関する相当程度の知見を有するものであります。
　　　監査役○○氏は，公認会計士の資格を有しており，財務及び会計に関する相当程度の知見を有するものであります。

注4．取締役○○○○氏は，○年○月○日辞任いたしました。

注5．監査役△△△△氏は，○年○月○日辞任いたしました。当該辞任に関し，△△△△氏より，次のとおり辞任の理由が述べられております。
　　　・・・・・・・・・・・・・・・・・・・

注6．当事業年度の末日後に◎◎氏が当社取締役（××担当）として就任しております。

注7．○○株式会社は，当社と○○という関係にあります。

注8．当社の親会社である●●の代表取締役は，社外取締役××××氏の三親等内の親族であります。

注9．社外監査役△△氏の甥は，当社の経理部長として勤務しております。

注10．当社は社外取締役○○氏，監査役●●氏及び社外監査役××氏との間で，その職務を行うにつき善意でありかつ重大な過失がなかったときは，金○○円又は会社法第425条第1項に定める最低責任限度額のいずれか高い額をその責任の限度とする旨の契約を締結しております。

注11．当社は取締役○○氏，監査役●●氏との間で，会社法第430条の2第1項に規定する補償契約を締結しております。当該補償契約では，同項第1号の費用及び同項第2号の損失を法令の定める範囲内において当社が補償することとしております。

注12．当社は当社及び当社子会社である○○株式会社の取締役及び監査役の全員を被保険者とする会社法第430条の3第1項に規定する役員等賠償責任保険契約を保険会社との間で締結しております。当該保険契約では，被保険者が会社の役員等の地位に基づき行った行為（不作為を含みます。）に起因して損害賠償請求がなされたことにより，被保険者が被る損害賠償金や訴訟費用等が填補されることとなります。

（別項目を立てて記載する際の例）
（責任限定契約の内容の概要）
　当社は，○年○月○日開催の第○回定時株主総会で定款を変更し，取締役（業務執行取締役等を除く）及び監査役の責任限定契約に関する規定を設けております。当該定款に基づき当社が取締役○○○○氏及び監査役の全員と締結した責任

限定契約の内容の概要は次のとおりであります。

①　取締役の責任限定契約

　取締役は，本契約締結後，会社法第423条第1項の責任について，その職務を行うにつき善意でありかつ重大な過失がなかったときは，金○○円又は会社法第425条第1項に定める最低責任限度額のいずれか高い額を限度として損害賠償責任を負担するものとする。

②　監査役の責任限定契約

　監査役は，本契約締結後，会社法第423条第1項の責任について，その職務を行うにつき善意でありかつ重大な過失がなかったときは，金○○円又は会社法第425条第1項に定める最低責任限度額のいずれか高い額を限度として損害賠償責任を負担するものとする。

(別項目を立てて記載する際の例)

(役員等賠償責任保険契約の内容の概要)

①被保険者の範囲

　当社および当社のすべての子会社のすべての取締役，執行役および監査役。

②保険契約の内容の概要

　被保険者が①の会社の役員としての業務につき行った行為（不作為を含む。）に起因して損害賠償請求がなされたことにより，被保険者が被る損害賠償金や争訟費用等を補償するもの。ただし，贈収賄などの犯罪行為や意図的に違法行為を行った役員自身の損害等は補償対象外とすることにより，役員等の職務の執行の適正性が損なわれないように措置を講じている。保険料は全額当社が負担する。

---

(1)　当事業年度に係る役員の報酬等の総額等

区分	支給人数	報酬等の種類別の額			計	摘要
		基本報酬	業績連動報酬等	非金銭報酬等		
取締役	人	円	円	円	円	
監査役	人	円	円	円	円	
計	人	円	円	円	円	

　注1．上記業績連動報酬等の額には，第○回定時株主総会において決議予定の役員賞与○○円（取締役××円，監査役△△円）を含めております。

494 第5章 事業報告

注2. 上記のほか，当事業年度に退任した取締役○名に対し業績連動報酬等と
非金銭報酬等以外の報酬等である退職慰労金○円を支給しております。
注3. 上記業績連動報酬等は，○○（業績連動報酬等に関する事項を記載する）
注4. 上記非金銭報酬等は，○○（非金銭報酬等に関する事項を記載する）
(2) 取締役および監査役の報酬等についての株主総会の決議に関する事項
(3) 取締役の個人別の報酬等の内容に係る決定方針に関する事項
(4) 取締役の個人別の報酬等の決定に係る委任に関する事項

〈事例〉　一般的な事例

日本 KFC ホールディングス（2024年3月期）

Ⅳ　会社役員に関する事項

1．取締役の氏名等（2024年3月31日現在）

会社における地位	氏名	担当及び重要な兼職の状況
代表取締役社長	○○○○ コンプラ	CEO 兼　日本ケンタッキー・フライド・チキン株式会社 　　代表取締役社長 兼　Fast Restaurant International Pte.Ltd. 取締役 兼　Bamboo（Thailand）Holding Pte. Ltd. 取締役
取締役専務執行役員	○○○○ 指名 コンプラ	CFO，CRO，CCO 兼　コーポレート本部長兼ガバナンス本部長 兼　日本ケンタッキー・フライド・チキン株式会社 　　取締役
取締役専務執行役員	○○○○ コンプラ	CIO 兼　日本ケンタッキー・フライド・チキン株式会社 　　取締役専務執行役員　商品本部長
取締役	○○○○ コンプラ	日本ケンタッキー・フライド・チキン株式会社 取締役常務執行役員　運営本部長 株式会社ケイ・アド代表取締役社長
取締役	○○○○ 社外 報酬	三菱商事株式会社　畜産部長 兼　株式会社ジャパンファーム非常勤取締役
取締役監査等委員	○○○○ 社外 指名 コンプラ	日本ケンタッキー・フライド・チキン株式会社監査役 兼　株式会社ケイ・アド監査役 兼　ケイ・フーズ株式会社監査役

取締役監査 等委員	○○○○ 社外 独立 指名 報酬	○○公認会計士事務所代表 兼　税理士法人アンサーズトラスト社員
取締役監査 等委員	○○○○ 社外 独立 指名 報酬	株式会社ボヌールマネジメントコンサルティング 代表取締役

指名　…指名諮問委員会：役員の選解任に係る取締役会機能の独立性・客観性
　　　　を高め，CEO の後継者及び指名，ならびに，取締役の指名及び育成
　　　　に関する取締役会諮問機関として設置しております。

報酬　…報酬諮問委員会：役員報酬の体系及び水準の妥当性・客観性を確保・
　　　　強化する目的で取締役会諮問機関として設置しております。

コンプラ…コンプライアンス委員会：当社グループ全社におけるコンプライアン
　　　　スに関する方針や施策の立案及びモニタリングを行っております。

(注) 1. ○○○○氏，○○○○氏，○○○○氏及び○○○○氏は，会社法施行規則
　　　　第2条第3項第5号に規定する社外役員に該当する社外取締役であります。
　　 2. 社外取締役である○○○○氏は，三菱商事株式会社において畜産関連の業
　　　　務に従事し，豊富な経験及び幅広い知見を有しております。
　　 3. 社外取締役監査等委員である○○○○氏は，三菱商事株式会社においてリ
　　　　スクマネジメント，食糧全般に関わる業務に従事していたことから，これ
　　　　らに関する豊富な経験と知見を有しております。
　　 4. 社外取締役監査等委員である○○○○氏は，公認会計士・税理士として培
　　　　われた会計監査，財務，内部統制に関する専門的知識を有しております。
　　 5. 社外取締役監査等委員である○○○○氏は，株式会社 ampm ジャパン常
　　　　務取締役，株式会社乃村工藝社常務取締役を歴任，また株式会社ボヌール
　　　　マネジメントコンサルティングの設立など，多業種における専門的な知識
　　　　及び経営に関する幅広い知見を有しております。
　　 6. 社外取締役監査等委員である○○○○氏及び○○○○氏は，株式会社東京
　　　　証券取引所の定めに基づき届け出た独立役員であります。
　　 7. 事業及び経営に関する情報や社内出身の取締役候補者の適格性に関する情
　　　　報の収集において効率性・実効性が高いことや，内部統制システムの構築・
　　　　運用の状況を日常的に監督し検証すること等により監査の実効性が高めら
　　　　れると考えたため，○○○○氏を常勤の監査等委員に選定しております。
　　 8. 取締役○○○○氏は，2023年6月20日開催の第54期定時株主総会にて任期
　　　　満了により退任いたしました。取締役監査等委員○○○○氏は，2023年6
　　　　月20日開催の第54期定時株主総会の終結の時に辞任いたしました。

(ご参考) コーポレート・ガバナンス体制図

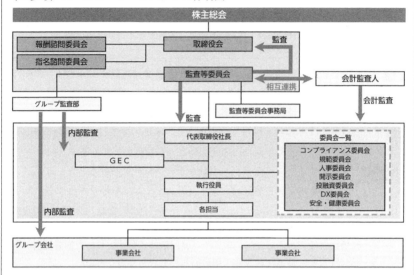

2．役員等賠償責任保険契約の内容の概要

　当社は，会社法第430条の３に規定する役員等賠償責任保険契約を保険会社との間で締結しております。その契約の概要等は，以下のとおりであります。
(1) 被保険者の範囲
　当社及び当社の全ての子会社の全ての取締役，取締役監査等委員及び監査役，執行役員，管理職従業員，社外派遣役員，退任役員。

(2) 保険契約の内容の概要
①被保険者の実質的保険料負担割合
　保険料は特約部分も含め会社負担としており，被保険者の実質的な保険料負担はありません。
②填補の対象となる保険事故の概要
　役員が行った行為（不作為を含む。）に起因して役員が損害賠償責任を負担することによって被る損害，会社補償によって会社が被る損害，会社が発行する有価証券の売買等に起因して会社が損害賠償責任を負担することによって被る損害，その他各種費用等を総合的に補償します。但し，被保険者の犯罪行為や法令に違反することを被保険者が認識しながら行った行為に起

因する対象事由等は補償対象外とすることにより，役員等の職務の執行の適正性が損なわれないように措置を講じております。

3．取締役の報酬等の額

(1) 当事業年度に係る取締役の報酬等の総額及び員数

役員区分	員数 （人）	報酬等 の総額 （百万円）	報酬等の種類別の総額（百万円）		
			基本 報酬	業績連動 報酬等	非金銭 報酬等
取締役（取締役監査等 委員を除く） （うち社外取締役）	6 (2)	277 (1)	131 (1)	109 (－)	36 (－)
取締役監査等委員	4	38	38	－	－

(注) 1．当社取締役の金銭報酬の額は，2022年6月22日開催の第53期定時株主総会において，年額300百万円以内（役員賞与含む。）と決議しております。当該定時株主総会終結時点の取締役の員数は5名であります。

2．取締役監査等委員の金銭報酬の額は，2016年6月17日開催の第47期定時株主総会決議にて年額50百万円以内と決議をいただいております。当該定時株主総会終結時点の対象となる取締役監査等委員の員数は3名（いずれも社外取締役）であります。

3．2017年6月27日開催の第48期定時株主総会において，金銭報酬とは別枠で業績連動型株式報酬制度を導入することを決議いただいております。当該定時株主総会終結時点の対象となる取締役の員数は4名であります。

4．当事業年度末日現在における在籍人員は8名でありますが，上記報酬額には2023年6月20日付をもって退任した取締役1名，及び辞任した社外取締役監査等委員1名を含めております。

(2) 報酬の構成

社外取締役，取締役監査等委員を除く取締役の報酬については，固定報酬，業績連動型の賞与及び長期インセンティブ報酬としての業績連動型株式報酬から構成され，業務執行から独立した立場である社外取締役及び取締役監査等委員の報酬は，固定報酬のみで構成されております。

イメージ：基本報酬＋業績連動型報酬（金銭報酬75％，非金銭報酬25％）

498 第5章 事業報告

　　基本報酬　　　＋　　　業績連動型報酬（金銭報酬75％，非金銭報酬25％）

(3)　業績連動報酬等に関する事項

　短期の業績目標達成及び中期経営計画の達成により，企業価値の向上を意識した報酬体系とするため，親会社株主に帰属する当期純利益を業績評価指標と掲げ，取締役としての役割と役位に応じて算出された額を賞与として毎年一定の時期に支給することとしております。当事業年度における業績連動報酬に係る指標の実績は，43億3千2百万円となりました。

(4)　非金銭報酬等の内容

　中長期的な視点での株主の皆さまとの利益意識を共有し，中長期的な視野での業績や株価を意識した報酬体系とするため，業績連動型の賞与の一定部分を当社普通株式に置き換えて支給します。株式報酬の割合は，業績連動型の賞与のうち25％としており，退任後に交付されることで，中長期的視点に立った経営を促すことを図ります。当事業年度における株式交付状況は，Ⅱ．会社の株式に関する事項に記載のとおりであります。

(5)　取締役の個人別の報酬等の内容についての決定に関する方針に関する事項

　当社は，役員の報酬等の額の決定に関する方針を取締役会の決議により定めており，基本的には以下のとおりであります。

　　　①経営計画の達成に向けた健全なインセンティブ付けを行うこと
　　　②持続的な成長及び企業価値の増大への重点的な取り組みを促進すること
　　　③株主との利益の共有を図ること
　　　④報酬水準の妥当性と決定プロセスの透明性を確保すること

　これらの基本方針により，役員の報酬等は，定時株主総会において決定された報酬総額の限度額内で，本人の能力，経歴等を第一義とし，外部調査機関による役員報酬調査データにて，当社と規模や業種，業態の類似する他企業及び同業他社との水準を勘案した上で決定しております。これらの決定手続に際しては，決定プロセスの客観性及び透明性を確保する観点から，社外取締役を委員長とし，社外取締役3名（うち，監査等委員である取締役2名）で構成する報酬諮問委員会の審議，答申を踏まえて取締役会の決議により決定しておりま

す。役員の個人別の報酬等の内容の決定にあたっては，報酬諮問委員会において，基本方針との整合性を含めた検討及び確認を行っているため，取締役会においても基本的にその答申を尊重し，基本方針に沿うものであると判断しております。

4．社外役員に関する事項

(1) 重要な兼職先である法人等と当社との関係

　社外取締役である○○○○氏の兼職先である三菱商事株式会社は当社の主要株主であり，株式会社ジャパンファームは当社子会社との間に商取引がありますが，社外取締役個人が直接利害関係を有するものではありません。

　社外取締役監査等委員である○○○○氏の兼職先である日本ケンタッキー・フライド・チキン株式会社，株式会社ケイ・アド，ケイ・フーズ株式会社は当社の子会社であります。

　社外取締役監査等委員である○○○○氏及び○○○○氏が兼職している他の法人等と当社との間には，重要な関係はありません。

(2) 主な活動状況

氏名	地位	出席状況		主な活動状況
		取締役会	監査等委員会	
○○○○	取締役	100% 11回／ 11回中	―	畜産関係の業務に関する豊富な経験及び幅広い知見を活かし，当社の経営上有用な指摘及び意見を積極的に述べております。また，報酬諮問委員会の委員として，当事業年度に開催された委員会の全てに出席し，客観的立場から適宜意見を述べております。
○○○○	取締役監査等委員	100% 14回／ 14回中	100% 12回／ 12回中	常勤の立場を活用し，コンプライアンス委員会・規範委員会・人事委員会等の各種委員会及びその他社内の重要な会議等にも出席し，内部統制システムの構築・維持や社内の意思決定の妥当性・適切性を確保するための助言・提言等を行っております。また，代表取締役との面談を毎月実施し，意見交換を行うとともに，指名諮問委員会の委員として，当事業年度に開催された委員会の全てに出席し，適宜意見を述べております。

500　第5章　事業報告

○○○○	取締役 監査等委員	100% 14回／ 14回中	100% 12回／ 12回中	公認会計士・税理士としての専門的見地から，特に会計・税務・内部統制に関する意見及び助言等を行うとともに，当社意思決定の透明性の向上及び監査監督機能の強化に有益な助言等を行っております。また，指名諮問委員会及び報酬諮問委員会の委員長として，当事業年度に開催された委員会の全てに出席し，客観的立場から適宜意見を述べております。
○○○○	取締役 監査等委員	100% 11回／ 11回中	100% 10回／ 10回中	企業経営に関する豊富な経験と幅広い見識に基づき，客観的な観点から当社の経営上有用な意見及び助言等を行っております。また，指名諮問委員会ならびに報酬諮問委員会の委員として，当事業年度に開催された委員会の全てに出席することなどにより，独立的な客観的立場から経営の監督強化向上に努めております。

(注) 1．取締役○○○○氏及び取締役監査等委員○○○○氏につきましては，2023年6月20日就任後の状況を記載しております。

　　 2．上記の取締役会の開催回数のほか，会社法第370条及び当社定款第25条の規定に基づき，取締役会決議があったものとみなす書面決議が5回ありました。

5．社外取締役との責任限定契約について

　当社は，社外取締役との間で，会社法第423条第1項の賠償責任を限定する契約を締結しており，当該契約に基づく賠償責任限度額は金500万円と法令の定める最低限度とのいずれか高い額となります。

12　社外役員に関する事項

　記載事例を分析すると，各社記載方法はまちまちであるが，比較的多く見受けられる事例としては，兼務状況や主な活動状況を表形式で記載しているパターンである。また，主な活動状況の内容としては，取締役会への出席回数が記載されているパターンが比較的多い。具体的な記載事例は，「11　会社役員に関する事項」を参照されたい。

〈「経団連ひな型」の記載例〉

（社外役員の主な活動状況）

区　分	氏　名	主な活動状況
取　締　役		当事業年度開催の取締役会のほぼ全回に出席し、主に○○の観点から、議案・審議等につき必要な発言を適宜行っております。また、上記のほか、当社の経営陣幹部の人事などを審議する指名諮問委員会の委員長を務め、当事業年度開催の委員会の全て（○回）に出席することなどにより、独立した客観的立場から会社の業績等の評価を人事に反映させるなど、経営陣の監督に務めております。
監　査　役		当事業年度開催の取締役会及び監査役会の全てに出席し、必要に応じ、主に弁護士としての専門的見地から、当社のコンプライアンス体制の構築・維持についての発言を行っております。
監　査　役		当事業年度開催の取締役会のうち8割に、また、当事業年度開催の監査役会のうち9割に出席し、必要に応じ、主に公認会計士としての専門的見地から、監査役会の場において、当社の経理システムの変更・当社監査基準の改定についての発言を行っております。

（他の法人等の業務執行取締役等との重要な兼職の状況）

区　分	氏　名	兼職先	兼職の内容	関　係
取締役			業務執行取締役	
			代表取締役	
監査役			業務執行社員	
			業務執行社員	

（社外役員の報酬等の総額等）

支給人数	報酬等の種類別の額			計	親会社等又は当該親会社等の子会社等からの役員報酬等
	基本報酬	業績連動報酬等	非金銭報酬等		
人	円	円	円	円	円

502　第5章　事業報告

13　会計監査人の状況

　会計監査人の状況の記載については，名称・報酬を箇条書き形式で記載している例が一般的である。

　この他，以下の事項が記載され，項目のみを設けて，該当事項なしとしている事例もある。

- ・辞任したまたは解任された会計監査人に関する事項
- ・現在の業務停止処分に関する事項
- ・過去２年間の業務停止処分に関する事項のうち，会社が事業報告の内容とすべきと判断した事項
- ・責任限定契約に関する事項
- ・補償契約に関する事項
- ・補償契約に基づく補償に関する事項
- ・各会計監査人の報酬等の額および当該報酬等について監査役会が同意した理由
- ・公認会計士法２条１項の業務以外の業務（非監査業務）の内容
- ・企業集団全体での報酬等
- ・解任または不再任の決定の方針

〈「経団連ひな型」の記載例〉

①	報酬等の額	○万円
②	当社及び当社子会社が支払うべき金銭その他の財産上の利益の合計額	○万円

注１．当社監査役会は，日本監査役協会が公表する「会計監査人との連携に関する実務指針」を踏まえ，○○などを確認し，検討した結果，会計監査人の報酬等につき，会社法第399条第１項の同意を行っております。

注２．当社は，会計監査人に対して，公認会計士法第２条第１項の業務以外の業務である，○○についての対価を支払っております。

注３．当社の子会社である○○社は，当社の会計監査人以外の公認会計士（又は監査法人）の監査を受けております。

〈事例1〉 一般的な事例

アクシアル リテイリング（2024年3月期）

V 会計監査人の状況

1．名称

有限責任監査法人トーマツ

2．報酬等の額

区分	支払額
当期に係る会計監査人の報酬等の額	44百万円
当社及び子会社が会計監査人に支払うべき金銭その他の財産上の利益の合計額	54百万円

(注)1　当社の子会社である株式会社原信についても，有限責任監査法人トーマツが会社法に基づく監査の会計監査人となっております。

2　当社と会計監査人との間の監査契約において，会社法に基づく監査と金融商品取引法に基づく監査の監査報酬等の額を明確に区分しておらず，実質的にも区分できませんので，会計監査人に支払うべき報酬等の額にはこれらの合計額を記載しております。なお，非監査業務に係る報酬等はありません。

3．非監査業務の内容

該当事項はありません。

4．監査役会が会計監査人の報酬等の額について同意した理由

会計監査人である有限責任監査法人トーマツから説明を受けた当事業年度の監査計画に係る監査時間，配員計画から見積もられた報酬額の算出根拠等について確認し，審議した結果，監査業務と報酬との対応関係が適切であると判断し，これに同意いたしました。

5．会計監査人の解任又は不再任の決定の方針

監査役会は，会計監査人の職務の執行に支障がある場合等，その必要があると判断した場合は，株主総会に提出する会計監査人の解任又は不再任に関する議案

504　第5章　事業報告

の内容を決定いたします。

　また，会計監査人が会社法第340条第1項各号に定める項目に該当すると認められる場合は，監査役全員の同意に基づき，会計監査人を解任いたします。この場合，監査役会が選定した監査役は，解任後最初に招集される株主総会において，会計監査人を解任した旨とその理由を報告いたします。なお，取締役会が，会計監査人の職務の執行に支障がある場合等，その必要があると判断した場合は，会計監査人の解任又は不再任を株主総会の会議の目的とすることを監査役会に請求し，監査役会はその適否を判断したうえで，株主総会に提出する議案の内容を決定いたします。

6．責任限定契約の内容の概要

　当社は，会社法第427条第1項の規定に基づく会計監査人の損害賠償責任を限定する事項を定款に定めておらず，該当事項はありません。

7．補償契約の内容の概要

　当社は，会社法第430条の2第1項の規定に基づく会計監査人との補償契約を締結しておらず，該当事項はありません。

8．会計監査人が現に受けている業務停止処分

　該当事項はありません。

9．会計監査人が過去2年間に受けた業務停止処分

　該当事項はありません。

〈事例2〉　連結子会社の監査を記載している事例

伊藤忠商事（2024年3月期）

4．会計監査人に関する事項

(1)　会計監査人の名称……………………………………有限責任監査法人トーマツ

(2)　当該事業年度に係る会計監査人に対する報酬等の額

❶　当社が支払うべき公認会計士法第2条第1項の業務（監査または

Ⅲ　事例分析　505

証明業務）についての報酬等の額　　　　　　　　　　　740百万円

❷　当社及び当社の子会社が会計監査人に支払うべき報酬等の
　　合計額　　　　　　　　　　　　　　　　　　　　　　2,481百万円

(注1)　当社と会計監査人との間の監査契約において，会社法に基づく監査と金
　　　　融商品取引法に基づく監査の報酬等の額を区分していませんので，上記
　　　　❶の報酬等の額には金融商品取引法に基づく監査の報酬及び国際会計基
　　　　準（IFRS）に基づく英文財務諸表に係る監査の報酬を含めています。

(注2)　当社及び当社の子会社は，会計監査人に対して，公認会計士法第2条第
　　　　1項の業務以外に，内部管理体制評価等についての対価を支払っており，
　　　　それらは上記❷の報酬等の合計額に含めています。

(注3)　監査役会は，会計監査人の監査計画の内容を確認し，従前の事業年度に
　　　　おける職務執行状況や監査品質，報酬見積りの算出根拠について確認し，
　　　　検討した結果，会計監査人の報酬等の額につき，会社法第399条第1項
　　　　の同意を行っています。

(注4)　「1．当社グループの現況に関する事項　⑷重要な企業結合の状況　❶
　　　　重要な子会社及び関連会社の状況」に記載されている重要な子会社及び
　　　　関連会社のうち，プリマハム（株），（株）ヤナセ及び（株）オリエント
　　　　コーポレーションはEY新日本有限責任監査法人，不二製油グループ本
　　　　社（株）及び（株）デサントは有限責任あずさ監査法人，大建工業（株）
　　　　は仰星監査法人，海外の子会社及び関連会社は外国の法令に基づいた会
　　　　計監査人としての資格を有する現地の監査法人の監査を受けています。

⑶　会計監査人の解任または不再任の決定の方針

　　監査役会は，会計監査人が会社法第340条第1項各号のいずれかに該当したと
きは，監査役全員の同意に基づき，会計監査人を解任します。この場合，監査役
会が選定した監査役は，解任後最初に招集される株主総会において，会計監査人
を解任した旨とその理由を報告します。

　　また，監査役会は，会計監査人の品質管理，当社からの独立性等の監査役会が
定める評価基準に基づく評価結果及びその他考慮すべき事項を総合的に勘案した
結果，会計監査人の解任または不再任が妥当であると判断した場合には，株主総
会に提出する会計監査人の解任または不再任及び新たな会計監査人の選任に関す
る議案の内容を決定します。

506 第5章 事業報告

14 会社の体制および方針

　事例を分析すると，「業務の適正を確保するための体制」と「会社の支配に関する基本方針」と「剰余金の配当等の決定に関する方針」の3項目に分けて記載している例が多く見受けられ，「業務の適正を確保するための体制」として，内部統制システムの整備および運用状況の概要を記載している例が多く見られた。「会社の支配に関する基本方針」は，特に定めていない旨の記載も散見されるが，自社の考えや対応方針，買収防衛策について記載する例も見られる。

　記載内容はその性格から各社各様である。

〈「経団連ひな型」の記載例〉 ―剰余金の配当等の方針―

　当社では，株主に対する利益の還元を経営上重要な施策の一つとして位置付けております。

　当社は，将来における安定的な企業成長と経営環境の変化に対応するために必要な内部留保資金を確保しつつ，経営成績に応じた株主への利益還元を継続的に行うことを基本方針としております。

　なお，配当性向については，年間約〇パーセントを目途としております。今期については，〇年〇月〇日に中間配当として1株あたり〇円を実施しており，期末配当×円と合計で1株あたり△円の利益配当を予定しております。

〈事例1〉 会社の体制および方針として業務の適正を確保するための体制について記載している事例

日清製粉グループ本社 （2024年3月期）

業務の適正を確保するための体制及び当該体制の運用状況

　当社の内部統制システムは，業務執行組織における指揮命令系統の確立及び権限と責任の明確化，業務執行組織における長又は組織管理者による統制，組織間（例えば業務部門と経理部門）の内部牽制を基盤とし，取締役会において決議した基本方針に基づき，整備・運用しております。基本方針の内容及び運用状況の概要は，次のとおりです。

Ⅲ　事例分析　507

❶当社及びその子会社の取締役及び使用人の職務の執行が法令及び定款に適合することを確保するための体制

1）　日清製粉グループでは，「日清製粉グループの企業行動規範及び社員行動指針」を策定しており，当社及び子会社社長並びに取締役は「企業行動規範」及び「社員行動指針」の実現が自らの役割であることを認識し，率先垂範の上関係者に周知徹底する。また，社内外の声を常時把握し，実効ある社内体制の整備を行うとともに，企業倫理の徹底を図る。

2）　当社監査等委員会及び子会社監査役は，それぞれの取締役の職務の執行を監査し，また，取締役が内部統制システムを適切に構築・運用しているかを監視し検証する。

3）　当社監査等委員会直轄の組織である内部監査部は，日清製粉グループの内部統制システムの整備・運用を指導する。また，内部監査部は，独立組織として，日清製粉グループの内部統制システムの評価及び業務に係る内部監査を行う。

4）　日清製粉グループ横断的なCSR（企業の社会的責任）については，当社の「社会委員会」が，企業倫理・コンプライアンスを含めたCSR全般にわたる協議を行い，日清製粉グループでの実践に向けた施策を促進し，法令・定款・社会規範遵守の周知徹底を図る。

5）　日清製粉グループでは，市民社会の秩序や安全に脅威を与えるような反社会的な勢力からの不当な要求には屈することなく，外部の専門機関と連携して，組織的に対応する。

6）　当社は，日清製粉グループの社員等からの通報を受け，違反行為を早期に発見・対応すべく設置した「コンプライアンス・ホットライン制度」を維持・整備する。

（運用状況）

1）　日清製粉グループでは，「日清製粉グループの企業行動規範及び社員行動指針」を，グループ共通の統制基盤として海外を含むグループ各社に導入し，周知徹底を図っております。

2）　社員に対しては，人事研修制度を利用して「日清製粉グループの企業行動規範及び社員行動指針」や「コンプライアンス・ホットライン制度」の啓発を行っております。

3）　当社の内部監査部は，グループ各社の内部統制評価及び内部監査を行い，

508　第5章　事業報告

これらの周知状況や社内ルールの遵守状況を確認しております。

4）　当社では，「社会委員会」を当期は3回開催し，コンプライアンスを含む
CSR全般の協議を行い，日清製粉グループの施策を促進しております

5）　また，「規範倫理委員会」を開催し，反社会的勢力等への不正な支出がな
いことや寄付金の審査を行っております。

❷当社及びその子会社の損失の危険の管理に関する規程その他の体制

1）　日清製粉グループでは，事業活動に係る案件については，その重要性・
影響度等に応じて決裁ないしは報告手続を定め，実施前にリスク判断も
含めた検討を行う。

2）　日清製粉グループでは，「日清製粉グループリスクマネジメント規程」に
基づき，リスク評価とリスク対策レビューを実施するとともに，当社の
「リスクマネジメント委員会」は，子会社が評価したリスクに対し適切
なコントロールが構築されているか，リスクの漏れがないか等について，
確認・指導し，日清製粉グループ全体のリスクマネジメントを統括する。

3）　日清製粉グループでは，「日清製粉グループクライシスコントロール規
程」に基づき，社員等は，クライシスが発生したとき又はそのおそれが
生じたときは，損失の危険を早期に発見・対応すべく，指定された日清
製粉グループの連絡先に通報する。

また，クライシスが発生した場合，当社は，速やかに対策本部を設置し，
適切な対応を行うことによって，損害を最小限にとどめる。

4）　当社監査等委員会及び子会社監査役は，それぞれの取締役が会社に著し
い損害又は重大な事故を招くおそれがあると認めたとき，取締役に対し
助言・勧告等必要な措置を講ずる。

（運用状況）

1）　日清製粉グループ各社では，「日清製粉グループリスクマネジメント規
程」に基づいて，リスク評価とリスク対策レビューを実施しております。
また，当社の「リスクマネジメント委員会」の下部組織である企画部会は，
各社の見直し結果についてグループ横断的な確認を行い「リスクマネジ
メント委員会」に報告，同委員会にて協議しております。

2）　日清製粉グループの社員等がクライシスの発生やそのおそれを認識した
とき通報窓口に通報を行うよう，「日清製粉グループクライシスコント

ロール規程」に基づいて通報制度を設けております。

3） 日清製粉グループでは，新型コロナウイルス感染症の5類移行に伴い，「新型コロナウイルス感染症対策本部」を2023年5月に終了しましたが，今後も感染状況の変化等に迅速かつ的確に対応するため，対策会議が開催可能な体制を維持しております。また，ウクライナ情勢については，各事業への影響把握と対応策の検討・指示等を行ってきており，慎重に状況を見極めながら，様々なリスクに迅速かつ適切に対応しております。

❸当社及びその子会社の取締役の職務の執行が効率的に行われることを確保するための体制

1） 当社及び子会社は，取締役会における決議事項・報告事項，稟議等における社長・取締役・各本部を所管する執行役員等による決裁事項等により責任と権限を明確化しており，取締役は適正かつ迅速な職務執行を行う。

2） 日清製粉グループでは，事業戦略及びその方向性を明確化し，各子会社の利益計画もこれに沿って単年度ごとに策定，取締役（監査等委員である取締役を除く。）の任期も1年とし，責任を明確化する。さらに，取締役会は毎月業績をレビューし，改善策を検討・実施する。

（運用状況）

1） 監査等委員会設置会社である当社は，業務執行取締役への権限移譲を進め，経営の意思決定を迅速化し，業務執行の機動性向上を図っております。

2） 日清製粉グループ各社は，「日清製粉グループ　中期経営計画2026」の事業戦略に沿って当期の利益計画を策定するとともに，各社の取締役会において毎月業績のレビューをした上で改善策を実施しております。

❹当社及びその子会社からなる企業集団における業務の適正を確保するための体制

1） 日清製粉グループは持株会社制度を採用しており，持株会社である当社が常に子会社を株主の視点から評価・監督する。

2） 子会社の事業活動に係る重要案件に関しては，当社の取締役会に付議ないし報告すべき基準を定める。

3） 日清製粉グループでは，「日清製粉グループの企業行動規範及び社員行動

510　第5章　事業報告

指針」を定め，「企業理念」・「経営基本方針」・「ステークホルダーに対する基本姿勢」・「企業行動規範」・「社員行動指針」を明示するとともに，その周知徹底を図る。

4）　日清製粉グループでは，連結財務諸表等の財務報告の信頼性を確保するために，各業務の手順・方法等を定め，不正・誤謬を排除する体制を整備・運用する。

5）　当社監査等委員及び子会社監査役は定期的に「日清製粉グループ監査連絡会」を開催し，監査事例等についての意見交換を行い，各課題の共有化を図る。

6）　当社は，設備・安全監査，環境監査，品質保証監査等の専門監査を日清製粉グループを対象として行う。

7）　当社監査等委員会直轄の組織である内部監査部は，日清製粉グループの内部統制システムの整備・運用を指導する。また，内部監査部は，独立組織として，日清製粉グループの内部統制システムの評価及び業務に係る内部監査を行う。

8）　日清製粉グループの各子会社は，社長を委員長とする内部統制委員会を設置し，内部統制システムの整備・運用を推進する。

（運用状況）

1）　子会社の事業活動に係る重要案件に関しては，「取締役会決議事項及び報告事項」並びに「子会社に関する取締役会付議基準及び報告基準」に基づいて，当社取締役会への付議又は報告が行われております。

2）　財務報告の信頼性確保を目的とした内部統制については，日清製粉グループ統一方針のもとで，グループ各社の業務手順を文書化し，有効な統制が存在することを確認するとともに，内部監査部がその整備状況・運用状況を評価しております。

3）　業務全般については，内部監査部が内部監査を，専門部署が設備・安全，環境保全，品質保証等の監査を行うことで，各業務が適正に運用されていることを確認しております。

❺当社の取締役の職務の執行に係る情報の保存及び管理に関する体制

取締役会議事録・稟議書を始めとする職務の執行に係る文書その他の情報については，機密情報として規程に従い適切に保存・管理する。

Ⅲ　事例分析　511

（運用状況）

　　当社の取締役会議事録及び稟議書等については，機密情報として「機密情報管理規程」に従い適切に保存・管理しております。

❻当社の監査等委員会の職務を補助すべき使用人に関する事項，当該使用人の取締役（監査等委員である取締役を除く。）からの独立性に関する事項及び監査等委員会の当該使用人に対する指示の実効性の確保に関する事項

　1）　監査等委員会の職務を補助するため，監査等委員会事務局を置き，監査等委員会監査に当たって監査等委員会事務局は監査等委員会の命を受け業務を補佐する。監査等委員会事務局員の人事異動等に関しては監査等委員会の同意を得て行う。

　2）　取締役（監査等委員である取締役を除く。）は監査等委員会事務局の業務執行に対して不当な制約を行うことにより，その独立性を阻害することがないよう留意するものとする。

（運用状況）

　　監査等委員会監査機能の充実のため，取締役（監査等委員である取締役を除く。）から独立した監査等委員会事務局が，監査等委員会の職務を補助しております。また，監査等委員会事務局の業務執行に対しては，取締役（監査等委員である取締役を除く。）が不当な制約を行うことにより，その独立性を阻害することがないように十分に留意しております。

❼当社の取締役（監査等委員である取締役を除く。）及び使用人並びにその子会社の取締役，監査役及び使用人又はこれらの者から報告を受けた者が当社の監査等委員会に報告をするための体制

　1）　当社監査等委員会は取締役会のほか重要な会議（「グループ運営会議」・「債権管理委員会」・「規範倫理委員会」等）に，監査等委員を出席させ，当該監査等委員は，上記重要な会議において適宜意見を述べる。

　2）　当社監査等委員会は，必要に応じて，会計監査人・取締役・内部監査部等に対して報告を求める。

　3）　当社及び子会社の取締役は会社に著しい損害又は重大な事故を招くおそれがあると認めたとき，速やかに当該会社の監査等委員会又は監査役に報告するとともに，各子会社の監査役は当社監査等委員会にも報告する。

4） 子会社の監査役によって実施された監査結果は，当社監査等委員会に報告される。

5） 当社内部監査部による内部統制評価結果及び内部監査結果は，当社監査等委員会に報告される。

6） 当社による設備・安全監査，環境監査，品質保証監査等の専門監査の結果は，当社監査等委員会に報告される。

7） 「コンプライアンス・ホットライン」による情報は，速やかに当社監査等委員会に報告される。

8） 当社の本部長及び子会社社長の交代の際の引継書は当社監査等委員会にも提出される。

9） 当社及び子会社の稟議は，すべて当該会社の監査等委員又は監査役に回付される。

（運用状況）

1） 当社監査等委員は取締役会のほか「グループ運営会議」，「債権管理委員会」等の重要な会議に出席し，適宜意見を述べております。

2） 当社監査等委員会及び内部監査部は，監査結果等をその都度相互に報告し，また，主要事業子会社監査役及び専門監査スタッフは，監査結果を当社監査等委員会及び内部監査部に報告することを通じて，相互の連携を図っております。

3） 当社監査等委員は，主要事業子会社監査役及び内部監査部と，「日清製粉グループ監査連絡会」を当期は２回開催し，監査事例等について意見交換を行い，問題意識の共有化とグループ全体の監査品質の向上に努めております。

❽当社の監査等委員会へ報告をした者が当該報告をしたことを理由として不利な取扱いを受けないことを確保するための体制

「コンプライアンス・ホットライン」の通報者を含む前項の報告者は，当該報告等を行ったことをもって人事制度上その他いかなる意味においても不利益な取扱いはされない。

（運用状況）

「コンプライアンス・ホットライン」にて通報を行った者が不利益な取扱いをされない旨を「コンプライアンス・ホットライン規程」にて定め，これを

社内イントラネットに掲載して周知を図っております。

❾当社の監査等委員の職務の執行について生ずる費用の前払又は償還の手続その他の当該職務の執行について生ずる費用又は債務の処理に係る方針に関する事項

　監査等委員の職務の執行について生ずる費用に関しては予算化し，予算外の費用についても，会社法第399条の2第4項に基づいて，当該監査等委員の職務の執行に必要ではないと認められる場合を除き，速やかに当該費用又は債務を処理する。

（運用状況）

　当社監査等委員の職務の執行について生ずる費用に関しては予算化しているほか，予算外の費用についても，会社法第399条の2第4項に基づいて速やかに処理しております。

❿その他当社の監査等委員会の監査が実効的に行われることを確保するための体制

　監査等委員会は，代表取締役と定期的に会合を持ち，会社が対処すべき課題，会社を取り巻くリスクのほか，監査等委員会監査の環境整備の状況，監査上の重要課題等について意見を交換する。

（運用状況）

　当社監査等委員会は，代表取締役と定期的に会合を持ち，監査上の重要課題等について意見交換を実施しております。

〈事例2〉　会社の体制および方針として「会社の支配に関する基本方針」を記載している事例

京三製作所（2024年3月期）

6　会社の支配に関する基本方針

⑴　基本方針の内容

　京三製作所は1917年，大正6年9月3日，東京神田に創立され，その後現社名に改称，横浜鶴見に本社を移し現在に至っておりますが，創立以来100年超にわたり鉄道事業，交通事業，電気通信・電力事業の各分野に立脚するメーカーとし

てさまざまな製品を開発，製造してまいりました。これら製品の中に国産初，世界初と称されるものが数多くありますように，当社グループは創業以来優れた技術と確かな対応力で社会性，公共性の高い，社会の根幹に寄与する分野において信頼と実績を築きあげてまいりました。

当社は社会性・公共性の高い業種に属していることから，顧客の信頼に応えて，安全・高品質・高付加価値の製品を迅速かつ安価に提供し続け，企業価値・株主共同の利益を確保・向上させていくためには，①顧客事業の根幹にかかわる製品の安定供給責任を全うするための長期的視点に立脚した安定的経営を持続すること，②安全の確保・増進に向けた不断の先行的な研究開発投資，設備投資ならびにこれを可能とする一定の内部留保水準を維持・確保すること，③高度の技術・技能を維持，継承していくための雇用を安定・確保すること，④社会の公共性，公益性，安全性に深くかかわる事業に携わる者としての社員の誇りと責任意識の高い水準の保持＝京三製作所の企業文化・価値観を持続すること，等が必要不可欠であります。

これらが当社の株式の大量買付を行う者により中長期的に確保され，向上させられるのでなければ，当社の企業価値・株主共同の利益は著しく毀損されることになります。また，外部者である買収者からの大量買付の提案を受けた際には，上記事項の他，当社の有形無形の経営資源，将来を見据えた施策の潜在的効果その他当社の企業価値を構成する事項等さまざまな事項を適切に把握したうえ，当該買付が当社の企業価値・株主共同の利益に及ぼす影響を適切に判断する必要があります。

当社は，株式の大量買付であっても，当社の企業価値・株主共同の利益に資するものであれば，これを一概に否定するものではありません。また，株式会社の支配権の移転を伴う買収提案についての判断は，最終的には株主全体の意思に基づき行われるべきものと考えております。

しかしながら，株式の大量買付の中には，その目的等から見て企業価値・株主共同の利益に対する明白な侵害をもたらすもの，株主に株式の売却を事実上強要するおそれがあるもの，対象会社の取締役会や株主による株式の大量買付の内容等に関する検討あるいは対象会社の取締役会による代替案提案のための十分な時間や情報を提供しないもの，対象会社が買収者の提示した条件よりも有利な条件をもたらすために買収者との交渉を必要とするもの等，企業価値・株主共同の利益に資さないものも少なくありません。

Ⅲ　事例分析　515

　これらの事情に鑑み，当社取締役会は，当社株式に対する大量買付が行われた際に，当該大量買付に応じるべきか否かを株主の皆様が判断し，あるいは当社取締役会が株主の皆様に代替案を提案するために必要な情報や時間を確保したり，株主の皆様のために交渉を行うこと等を可能とすることにより，当社の企業価値・株主共同の利益に反する大量買付を抑止するための枠組みが必要不可欠であると考えます。

⑵　具体的取り組み

　①　基本方針の実現に資する特別な取り組み

　　　当社は，企業ビジョンとして《KYOSAN VISION》を策定しております。《KYOSAN VISION》は，めざす企業像として「信頼度ナンバーワンKYOSAN」を掲げ，「安全性・信頼性」「地球環境保全」をキーワードに先進の技術と高い品質で「社会の発展と快適性向上」に貢献することを企業理念とし，「京三グループの永続的成長」「共に歩む人々の幸せ」「ステークホルダーへの適切なリターン」を経営目的としております。

　　　その実現に向け，「誠実さと高い倫理観」「強い責任感と当事者意識」「ダイバーシティ」を行動規範とし，「スピード」「チャレンジ」「イノベーション」を行動指針として定め，全社および事業の具体的戦略からなる中期経営計画を策定し，その達成に向けて積極的に取り組みを推進しております。

　②　基本方針に照らして不適切な者が支配を獲得することを防止するための取り組み

　　　当社は，基本方針に基づいて買収防衛策を導入しており，大量買付ルールが遵守されなかった場合や，大量買付ルールが遵守されている場合でも，当該大量買付行為が当社の企業価値や，当社株主共同の利益を著しく損なう場合には，独立委員会（大量買付ルールに則った手続の進行に関する客観性および合理性を担保するため，当社取締役会から独立した組織としての社外有識者で構成する委員会）の検討・勧告を受け，当社取締役会は，当社株主共同の利益を守るために適切と考える方策として新株予約権の無償割当て等，会社法その他の法律および当社定款が認める措置をとることがあります。

516　第5章　事業報告

大量買付ルールの概要は次のとおりです。

「買付説明書」および「必要情報」の提出

大量買付者が大量買付を行おうとする場合には，当社宛に大量買付ルールに沿った当社が要求する「買付説明書」および「必要情報」を日本語で提出していただくこととします。

大量買付情報の検討とその開示

大量買付者が現れ，大量買付者等から買付説明書および必要情報等が提出された場合には，独立委員会はその内容を検討します。独立委員会が不十分であると判断した場合には追加的に情報を提供することを求めます。その内容が適切と判断する事項について，独立委員会が適切と判断する時点で情報開示を行います。

独立委員会による検討作業等

独立委員会は，大量買付情報を受領した後，対価を現金（円貨）のみとする公開買付による当社全株式の買付等の場合は最大60日間，その他の買付等の場合は最大90日間が経過するまでに，買付等の内容検討と取締役会の事業計画等に関する比較検討および取締役会の提供する代替案の検討等を行います。ただし，所定の手続きを踏むことで原則として30日間を上限に検討期間を延長できるものとします。検討期間満了時までに独立委員会は，当社の企業価値・株主共同の利益の確保・向上という観点から，当該買付者等と協議・交渉を行い，または取締役会等による代替案の株主等に対する提示等を行います。

独立委員会による勧告等および取締役会の決議

独立委員会は当該買付者からの提出情報および取締役会からの代替案等を検討した結果，買収防衛策の発動または不発動または延期の勧告を取締役会に行います。取締役会は独立委員会の勧告を最大限尊重して新株予約権の無償割当ての実施または不実施等を決議します。ただし，独立委員会は，一旦本新株予約権の無償割当ての不実施を勧告した後も，当該勧告の判断の前提となった事実関係等に変動が生じた場合には，本新株予約権の無償

割当ての勧告を含む新たな判断を行い，当社取締役会に勧告することができるものとします。

なお，独立委員会から，株主総会を招集し，新株予約権の無償割当ての実施に関する議案を付議する旨の勧告がなされた場合には，当社取締役会は，実務上可能な限り最短の期間ですみやかに株主総会を招集し，新株予約権の無償割当ての実施に関する議案を付議し，株主の皆様の意思を確認するものとします。

なお，当社買収防衛策につきましては，ホームページ上で開示しております。

(3) 具体的取り組みに対する当社取締役会の判断およびその理由

前記(2)①に記載いたしました《KYOSAN VISION》および中期経営計画につきましては，当社の企業価値・株主共同の利益を継続的かつ持続的に向上させるための具体的方策として作成されたものであり，当社の基本方針に沿うものであります。

また，前記(2)②に記載いたしました買収防衛策につきましては，当社の企業価値・株主共同の利益の確保・向上のために導入したものであり，当社の基本方針に沿うものです。この買収防衛策は，株主総会決議による株主意思に基づくものであること，合理的な客観的要件が設定されていること，独立委員会の設置とその判断を重視すること等により，その公正性・客観性が担保されており，企業価値・株主共同の利益に資する合理性の高いものであります。

〈事例3〉　会社の体制および方針として「剰余金の配当等の決定に関する方針」を記載している事例

フジシールインターナショナル（2024年3月期）

(7) 剰余金の配当等の決定に関する方針

当社は，パッケージングを通じ，すべての人が笑顔で安心して暮らせる循環型社会・持続的社会の実現に貢献し，企業価値を高めることを目指しております。株主の皆様への各期の連結業績に応じた利益還元を行うことと同時に，利益還元を継続的かつ安定的に実施することが，経営の最重要課題と位置付けております。

このようなことから，利益配分に関する当社の考え方は，次のとおりであります。

① 継続的な成長のための投資（技術開発，人財育成，設備投資，M&A）を行う。
② 連結配当性向の目標を原則として30％とするとともに，DOE（株主資本配当率）の水準，事業環境の変化等を総合的に勘案し，1株当たり配当額の安定的かつ継続的な増加を目指す。
③ 有事に備えた安定的な財務基盤の構築および機動的な自己株式の取得と処分を行う。

2024年3月期は，国際情勢の不安定化が継続する中で，企業収益や雇用情勢に改善の動きが見られたものの，物価高による個人消費の弱含みや世界経済の減速懸念などの影響を受け，当社グループを取り巻く経営環境は引き続き厳しい状態となりました。そのような状況の中，継続してきた価格改定，構造改革，生産性向上施策，事業ポートフォリオ入替施策等が寄与し，連結売上高，営業利益，親会社株主に帰属する当期純利益が全て過去最高を更新し，当初の業績予想を上回りました。これもひとえに日頃からの株主の皆様の当社に対するご理解，ご支援の賜物と考えております。

このような状況と上記の配当方針を鑑みて，2024年3月期における期末配当金につきましては，2024年5月20日開催の取締役会において，1株当たり43円とさせていただきました。これにより中間配当金（1株当たり17円）を加えました2024年3月期の年間配当金は1株当たり60円となり，連結配当性向は32.0％となります。

2025年3月期につきましては，上記の基本方針も踏まえ，1株当たり年間配当金は，60円とさせていただく予定であります。これによる2025年3月期予想連結配当性向は30.7％となります。

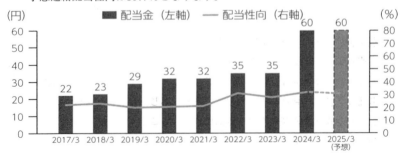

以上の本事業報告中の記載数字は，金額および株式数については表示単位未満
を切捨て，比率等については四捨五入しております。

第6章

株主総会招集通知

522　第6章　株主総会招集通知

Ⅰ ▎ 株主総会の招集権者

1 　一　　般

株主総会の招集について，会社法では以下のように規定されている（会社法296）。

会社法

（株主総会の招集）

第296条　定時株主総会は，毎事業年度の終了後一定の時期に招集しなければならない。

2　株主総会は，必要がある場合には，いつでも，招集することができる。

3　株主総会は，次条第4項の規定により招集する場合（筆者注：第297条第4項の規定による裁判所の許可を得た株主による招集の場合）を除き，取締役が招集する。

株主総会は，取締役が招集を行う。取締役全員が招集する必要はなく，取締役の1名が招集を行えばよい。取締役会設置会社においては，取締役会で招集を決定し，その決定を代表取締役が執行する形で招集することになる。

株主総会を招集する場合，以下に掲げる事項を定めなければならないとされている（会社法298）。

会社法

（株主総会の招集の決定）

第298条　取締役（前条第4項の規定により株主が株主総会を招集する場合にあっては，当該株主。次項本文及び次条から第302条までにおいて同じ。）は，株主総会を招集する場合には，次に掲げる事項を定めなければならない。

一　株主総会の日時及び場所

二　株主総会の目的である事項があるときは，当該事項

三　株主総会に出席しない株主が書面によって議決権を行使することができることとするときは，その旨

四　株主総会に出席しない株主が電磁的方法によって議決権を行使することが
　　できることとするときは，その旨
五　前各号に掲げるもののほか，法務省令で定める事項
2　取締役は，株主（株主総会において決議をすることができる事項の全部につ
　き議決権を行使することができない株主を除く。次条から第302条までにおい
　て同じ。）の数が1,000人以上である場合には，前項第3号に掲げる事項を定め
　なければならない。ただし，当該株式会社が金融商品取引法第2条第16項に規
　定する金融商品取引所に上場されている株式を発行している株式会社であって
　法務省令で定めるものである場合は，この限りでない。
3　取締役会設置会社における前項の規定の適用については，同項中「株主総会
　において決議をすることができる事項」とあるのは，「前項第2号に掲げる事項」
　とする。
4　取締役会設置会社においては，前条第4項の規定により株主が株主総会を招
　集するときを除き，第1項各号に掲げる事項の決定は，取締役会の決議によら
　なければならない。

上記条文で記載されている各項目について補足する。

（1）　開催日時

　先に記載したとおり，「定時株主総会は，毎事業年度の終了後一定の時期に招
集しなければならない」（会社法296Ⅰ）と規定されている。ここで，「一定の時期」
とは具体的にどの時期を指すのだろうか。実務的には毎事業年度の終了後3ヶ
月以内に定時株主総会を開催するが，3ヶ月以内に開催することが直接的に義
務づけられているわけではない。ただし，下記のように会社法124条において，
基準日を定めている場合には，基準日は権利行使をする日から3ヶ月以内の日
でなければならない。

　したがって，定時株主総会で議決権行使することができる株主または当該事
業年度に係る剰余金の分配を受ける株主を，当該事業年度の一定の日において
株主名簿に記載されている株主と定める旨の基準日を定めている場合には，当
該事業年度の終了後3ヶ月以内に株主総会を開催しなければならない。

524 第6章 株主総会招集通知

会社法

（基準日）

第124条 株式会社は，一定の日（以下この章において「基準日」という。）を定めて，基準日において株主名簿に記載され，又は記録されている株主（以下この条において「基準日株主」という。）をその権利を行使することができる者と定めることができる。

2 基準日を定める場合には，株式会社は，基準日株主が行使することができる権利（基準日から3箇月以内に行使するものに限る。）の内容を定めなければならない。

3～5 （省略）

なお，新型コロナウイルス感染症に関連し，当初予定した時期に定時株主総会を開催することができない状況が生じた場合の取扱いが法務省から「定時株主総会の開催について」として示されている。詳細については，「第2章Ⅱ 2 決算スケジュール【スケジュールにおける留意点】」を参照されたい。

また，会社法施行規則63条1号イにおいて，今回の開催日が前事業年度に係る定時株主総会の日に応当する日と著しく離れた日である場合にはその日時を決定した理由を定めなければならないとされている（会社法施行規則63条は以下の（6）に記載したので参照のこと）。さらに，会社法施行規則63条1号ロにおいて，公開会社において株主総会の開催日がいわゆる"集中日"である場合には，その日時を決定したことについて特に理由があるときはその理由を開示しなければならないとされている。なお，株主総会の開催日が"集中日"であっても，特段の理由がなければ，開催日決定の理由は開示事項とはならない。

（2） 開催場所

株主総会の招集にあたっては，株主総会の日時および場所を決定し，株主に通知しなければならない（会社法298Ⅰ①，299Ⅳ）とされている。会社法においては，定款に定めがない場合でも招集地を自由に定めることができ，株主の分布状況や出席状況をみながら柔軟な開催場所の選定が可能である。

ただし，招集地が自由であるといっても，株主が出席困難であるような場所

をあえて招集地として選定した場合には，招集手続が著しく不公正であるとの理由で株主総会決議の取消事由となり得るので注意を要する（会社法831Ⅰ①）。

　また，会社法施行規則63条2号において，株主総会の開催場所が過去に開催した株主総会のいずれの場所とも著しく離れた場所である場合は，そのような場所を決定した理由を定めなければならないとされている。

①　場所の定めのない株主総会（バーチャルオンリー株主総会）に関する制度

　株主総会の「場所」とは，株主が質問し説明を受ける機会を確保するため，株主が出席可能な会場を設けることと解されており，物理的な会場を用意しない株主総会は，会社法上認められないと解されていた。

　しかし，2021年6月16日施行の産業競争力強化法の改正等（「産業競争力強化法等の一部を改正する等の法律」（令和3年法律70号）および「産業競争力強化法に基づく場所の定めのない株主総会に関する省令」（令和3年法務省・経済産業省令1号））により，会社法の特例として「場所の定めのない株主総会」に関する制度が創設された。株主総会を「場所の定めのない株主総会」とすることができる旨の定款の定めがある上場会社は，「省令要件」[※]の該当性について，経済産業大臣および法務大臣の「確認」を受けた場合，バーチャルオンリー株主総会の開催が可能とされている（産業競争力強化法66Ⅰ・Ⅱ，産業競争力強化法に基づく場所の定めのない株主総会に関する省令1・2）。

［※］　「省令要件」として，以下のいずれにも該当することとされている（経済産業省「産業競争力強化法に基づく場所の定めのない株主総会　制度説明資料」2024年4月）。

　　ⅰ　通信の方法に関する事務（ⅱ，ⅲの方針に基づく対応に係る事務を含む）の責任者の設置

　　ⅱ　通信の方法に係る障害に関する対策についての方針の策定（「通信障害に関する対策方針」）

　　ⅲ　通信の方法としてインターネットを使用することに支障のある株主の利益の確保に配慮することについての方針の策定（「インターネットを使用することに支障のある株主の利益確保に関する配慮方針」）

　　ⅳ　株主名簿に記載・記録されている株主の数が100人以上であること

　経済産業省が2020年2月に公表した「ハイブリッド型バーチャル株主総会の

実施ガイド」では，上場会社が開催することが可能な株主総会を，次のように定義・分類している。

現行会社法上は開催可能	リアル株主総会（現行の株主総会）		取締役や株主等が一堂に会する物理的な場所において開催される株主総会
	ハイブリッド型バーチャル株主総会	参加型	リアル株主総会の開催に加え，リアル株主総会の開催場所に在所しない株主が，株主総会への法律上の「出席」[※]を伴わずに，インターネット等の手段を用いて審議等を確認・傍聴できる株主総会
		出席型	リアル株主総会の開催に加え，リアル株主総会の場所に在所しない株主が，インターネット等の手段を用いて，株主総会に会社法上の「出席」[※]をすることができる株主総会
産業競争力強化法に特例のよる会社法	バーチャルオンリー型株主総会		リアル株主総会を開催することなく，取締役や株主等が，インターネット等の手段を用いて株主総会に会社法上の「出席」[※]をする株主総会

（※）会社法上の「出席」とは，株主総会における議決権の行使，質問，動議の提出といった株主としての会社法上の権利行使を伴う株主総会への参加形態をいう。
（出所：「ハイブリッド型バーチャル株主総会の実施ガイド」（2020年2月26日，経済産業省）「1．用語の定義等」をもとに作成）

　ハイブリッド型バーチャル株主総会の招集通知における「株主総会の場所」の記載にあたっては，会社法施行規則72条3項1号の規定を準用し，「リアル株主総会の開催場所と共に，株主総会の状況を動画配信するインターネットサイトのアドレスや，インターネット等の手段を用いた議決権行使の具体的方法等，株主がインターネット等の手段を用いて株主総会に出席し，審議に参加し，議決権を行使するための方法を明記すればよいものと考えられる」（「ハイブリッド型バーチャル株主総会の実施ガイド」（経済産業省））。

　また，バーチャルオンリー型株主総会の招集通知においては，株主総会の「場所」に代えて「株主総会を場所の定めのない株主総会とする旨」を記載す

る（産業競争力強化法66Ⅱによる読み替え後の会社法298Ⅰ①）とされており，招集通知に，「産業競争力強化法に基づく場所の定めのない株主総会に関する省令」（令和3年法務省・経済産業省令1号）4条各号に定める事項を記載することとされている。

なお，株主総会を場所の定めのない株主総会とすることができる旨の定款の定めを設けるには，株主総会の特別決議による定款変更が必要である。

（3） 会議の目的事項

取締役会設置会社においては，株主総会は，会社法298条1項2号に掲げる事項（招集者が決定した会議の目的事項）以外の事項については，決議をすることができない（会社法309Ⅴ）。そのため，当該事項を必ず決定しておくことが必要である。

ただし，取締役会設置会社以外の会社においては，「株主総会は，会社法298条1項2号に掲げる事項（筆者注：招集者が決定した会議の目的事項）以外の事項については，決議をすることができない」（会社法309Ⅴ）という規定がないため，会議の目的を決定しないで株主総会を招集するということもあり得るだろう。

なお，会社法施行規則63条7号において，書面による議決権行使，インターネット等による議決権行使を採用しない場合，会議の目的のうち一定事項については当該事項に係る議案の概要を定めなければならないとされている。

また，株主提案による議案がある場合の記載事項および記載例については，「第7章 XV 株主提案による議案」を参照されたい。

（4） 書面による議決権行使

会社法298条2項において，株主が1,000人以上の場合には書面投票制度が義務づけられている。

ただし，会社法298条2項のただし書において「金融商品取引所に上場されている株式を発行している株式会社であって法務省令で定めるものである場合は，この限りでない」と規定されており，この「法務省令で定めるもの」とは，会社法施行規則64条に規定されている。この規定があるため，上場会社において招集者が委任状の勧誘を行う場合には，株主が1,000人以上でも，書面投票の

528　第6章　株主総会招集通知

採用は義務づけられないことになる。

　また，書面投票制度の採用が義務づけられていない会社においても，任意に書面投票制度を採用することが認められている（会社法298Ⅰ③）。

（5）　インターネット等による議決権行使（電磁的な方法による議決権行使）

　会社法298条1項4号において，株主総会に出席しない株主が，書面による議決権行使のほか，インターネット等によって議決権を行使することができる旨を定めることができるとされている。当該定めをした場合には，招集通知にインターネット等によって議決権を行使することができる旨を記載したうえで，株主総会参考書類を交付しなければならない（会社法302Ⅰ，会施規65）。

　インターネットにより議決権行使をできることとした場合，招集通知には，インターネットによって議決権を行使できる旨の記載と併せて，インターネットによる議決権行使に際しての案内文書を添付するのが一般的である。

　また，機関投資家向けに株式会社ICJが運営する「議決権電子行使プラットフォーム」を採用している場合は，当該プラットフォームを用いた議決権行使は，厳密には，通常のインターネットによる議決権行使とは異なるものとして位置づけられるため，招集通知の議決権行使の方法として単に「インターネット」と標記するのではなく「電磁的方法（インターネット等）」等と標記したうえで，議決権行使の案内に「議決権電子行使プラットフォーム」を採用している旨が記載される。

〈「経団連ひな型」の記載例〉

議決権電子行使プラットフォームについてのご案内

　管理信託銀行等の名義株主様（常置代理人様を含みます。）につきましては，株式会社東京証券取引所等により設立された合弁会社株式会社ICJが運営する議決権電子行使プラットフォームのご利用を事前に申し込まれた場合には，当社株主総会における電磁的方法による議決権行使の方法として，上記のインターネットによる議決権行使以外に，当該プラットフォームをご利用いただくことができます。

Ⅰ　株主総会の招集権者　529

　なお，インターネット等による議決権行使を採用している場合には，株主が同一の議案について書面による議決権行使とインターネット等による議決権行使で，重複して議決権を行使し，かつ，その内容が異なるものとなる場合が考えられるため，その場合の取扱いについて，あらかじめ決定できることになっている（会施規63④ロ）。

（6）　法務省令で定める事項

　会社法298条1項5号における「前各号に掲げるもののほか法務省令で定める事項」は，会社法施行規則63条で，以下のように規定されている。

会社法施行規則

（招集の決定事項）

第63条　法第298条第1項第5号に規定する法務省令で定める事項は，次に掲げる事項とする。

　一　法第298条第1項第1号に規定する株主総会が定時株主総会である場合において，同号の日が次に掲げる要件のいずれかに該当するときは，その日時を決定した理由（ロに該当する場合にあっては，その日時を決定したことにつき特に理由がある場合における当該理由に限る。）

　　イ　当該日が前事業年度に係る定時株主総会の日に応当する日と著しく離れた日であること。

　　ロ　株式会社が公開会社である場合において，当該日と同一の日において定時株主総会を開催する他の株式会社（公開会社に限る。）が著しく多いこと。

　二　法第298条第1項第1号に規定する株主総会の場所が過去に開催した株主総会のいずれの場所とも著しく離れた場所であるとき（次に掲げる場合を除く。）は，その場所を決定した理由

　　イ　当該場所が定款で定められたものである場合

　　ロ　当該場所で開催することについて株主総会に出席しない株主全員の同意がある場合

　三　法第298条第1項第3号又は第4号に掲げる事項を定めたときは，次に掲げる事項（定款にロからニまで及びへに掲げる事項についての定めがある場合又はこれらの事項の決定を取締役に委任する旨を決定した場合における当該事項を除く。）

イ　次款の規定により株主総会参考書類に記載すべき事項（第85条の2第3号，第85条の3第3号，第86条第3号及び第4号，第87条第3号及び第4号，第88条第3号及び第4号，第89条第3号，第90条第3号，第91条第3号，第91条の2第3号並びに第92条第3号に掲げる事項を除く。）

ロ　特定の時（株主総会の日時以前の時であって，法第299条第1項の規定により通知を発した日から2週間を経過した日以後の時に限る。）をもって書面による議決権の行使の期限とする旨を定めるときは，その特定の時

ハ　特定の時（株主総会の日時以前の時であって，法第299条第1項の規定により通知を発した日から2週間を経過した日以後の時に限る。）をもって電磁的方法による議決権の行使の期限とする旨を定めるときは，その特定の時

ニ　第66条第1項第2号の取扱いを定めるときは，その取扱いの内容

ホ　第94条第1項の措置をとることにより株主に対して提供する株主総会参考書類に記載しないものとする事項

ヘ　一の株主が同一の議案につき次に掲げる場合の区分に応じ，次に定める規定により重複して議決権を行使した場合において，当該同一の議案に対する議決権の行使の内容が異なるものであるときにおける当該株主の議決権の行使の取扱いに関する事項を定めるとき（次号に規定する場合を除く。）は，その事項

⑴　法第298条第1項第3号に掲げる事項を定めた場合　法第311条第1項

⑵　法第298条第1項第4号に掲げる事項を定めた場合　法第312条第1項

ト　株主総会参考書類に記載すべき事項のうち，法第325条の5第3項の規定による定款の定めに基づき同条第2項の規定により交付する書面（第95条の4において「電子提供措置事項記載書面」という。）に記載しないものとする事項

四　法第298条第1項第3号及び第4号に掲げる事項を定めたときは，次に掲げる事項（定款にイからハまでに掲げる事項についての定めがある場合における当該事項を除く。）

イ　法第299条第3項の承諾をした株主の請求があった時に当該株主に対して法第301条第1項の規定による議決権行使書面（法第301条第1項に規定する議決権行使書面をいう。以下この節において同じ。）の交付（当該交付に代えて行う同条第2項の規定による電磁的方法による提供を含む。）を

することとするときは，その旨

ロ　一の株主が同一の議案につき法第311条第1項又は第312条第1項の規定により重複して議決権を行使した場合において，当該同一の議案に対する議決権の行使の内容が異なるものであるときにおける当該株主の議決権の行使の取扱いに関する事項を定めるときは，その事項

ハ　電子提供措置をとる旨の定款の定めがある場合において，法第299条第3項の承諾をした株主の請求があった時に議決権行使書面に記載すべき事項（当該株主に係る事項に限る。第66条第3項において同じ。）に係る情報について電子提供措置をとることとするときは，その旨

五　法第310条第1項の規定による代理人による議決権の行使について，代理権（代理人の資格を含む。）を証明する方法，代理人の数その他代理人による議決権の行使に関する事項を定めるとき（定款に当該事項についての定めがある場合を除く。）は，その事項

六　法第313条第2項の規定による通知の方法を定めるとき（定款に当該通知の方法についての定めがある場合を除く。）は，その方法

七　第3号に規定する場合以外の場合において，次に掲げる事項が株主総会の目的である事項であるときは，当該事項に係る議案の概要（議案が確定していない場合にあっては，その旨）

イ　役員等の選任

ロ　役員等の報酬等

ハ　全部取得条項付種類株式の取得

ニ　株式の併合

ホ　法第199条第3項又は第200条第2項に規定する場合における募集株式を引き受ける者の募集

ヘ　法第238条第3項各号又は第239条第2項各号に掲げる場合における募集新株予約権を引き受ける者の募集

ト　事業譲渡等

チ　定款の変更

リ　合併

ヌ　吸収分割

ル　吸収分割による他の会社がその事業に関して有する権利義務の全部又は一部の承継

ヲ　新設分割

ワ　株式交換

カ　株式交換による他の株式会社の発行済株式全部の取得

ヨ　株式移転

タ　株式交付

2　株主による招集

　株主総会の招集者は，先に記述した取締役だけでなく一定の株主にも株主総会の招集が認められている。具体的には，会社法297条において，以下のように株主による招集が規定されている。

> 会社法
>
> （株主による招集の請求）
>
> 第297条　総株主の議決権の100分の3（これを下回る割合を定款で定めた場合にあっては，その割合）以上の議決権を6箇月（これを下回る期間を定款で定めた場合にあっては，その期間）前から引き続き有する株主は，取締役に対し，株主総会の目的である事項（当該株主が議決権を行使することができる事項に限る。）及び招集の理由を示して，株主総会の招集を請求することができる。
>
> 2　公開会社でない株式会社における前項の規定の適用については，同項中「6箇月（これを下回る期間を定款で定めた場合にあっては，その期間）前から引き続き有する」とあるのは，「有する」とする。
>
> 3　第1項の株主総会の目的である事項について議決権を行使することができない株主が有する議決権の数は，同項の総株主の議決権の数に算入しない。
>
> 4　次に掲げる場合には，第1項の規定による請求をした株主は，裁判所の許可を得て，株主総会を招集することができる。
>
> 　一　第1項の規定による請求の後遅滞なく招集の手続が行われない場合
>
> 　二　第1項の規定による請求があった日から8週間（これを下回る期間を定款で定めた場合にあっては，その期間）以内の日を株主総会の日とする株主総会の招集の通知が発せられない場合

II ┃ 株主総会の招集方法

1 株主総会の招集の時期・方法

　株主総会の招集方法については会社法299条に規定されており，公開会社および書面による議決権行使，電磁的方法による議決権行使ができる旨を定めている会社については，取締役は株主総会の日の2週間前までに，株主に対してその通知を発しなければならない。非公開会社（すべての株式に譲渡制限が付されている会社）の場合，書面による議決権行使，電磁的方法による議決権行使ができる旨を定めているときを除き，1週間前までに株主に対してその通知を発すれば足りるとされ，さらに非公開会社のうち取締役会設置会社以外の株式会社である場合，定款でこの期間を短縮することが可能である。

　また，招集通知は，招集者が書面または電磁的方法によって議決権行使ができる旨を定めた場合や取締役会設置会社である場合には書面（または，2で述べる電磁的方法）でしなければならないが，それ以外の場合には会社法上特段の規定がないため，書面によらない招集通知が可能である。したがって，非公開会社のうち取締役会設置会社以外の会社で，かつ書面または電磁的方法によって議決権行使ができる旨を定めていない場合には，招集通知は口頭や電話等でも足りる。

【株主総会の招集】

会社の種別	株主総会招集の通知方法
• 招集者が書面（会社法298Ⅰ③）または電磁的方法（会社法298Ⅰ④）により議決権行使ができる旨を定めている（＊1） または • 取締役会設置会社	原則：書面（会社法299Ⅰ，Ⅱ）
	例外：<u>個々の株主の事前の承諾を得た場合，電磁的方法による通知も可能（会社法299Ⅲ）</u>
上記以外	会社法上特段の規定がないため，書面によらない招集の通知が可能

534　第6章　株主総会招集通知

（＊1）　議決権を行使できる株主が1,000人以上の会社は，原則として株主に書面
投票を認めなければならないとされている（会社法298Ⅱ）。なお上場会社
は，東京証券取引所の有価証券上場規程435条で，議決権を行使できる株主
が1,000人以上いるか否かを問わず，原則として書面投票の採用が義務づけ
られている。

会社法

（株主総会の招集の通知）

第299条　株主総会を招集するには，取締役は，株主総会の日の2週間（前条第
1項第3号又は第4号に掲げる事項を定めたときを除き，公開会社でない株式
会社にあっては，1週間（当該株式会社が取締役会設置会社以外の株式会社で
ある場合において，これを下回る期間を定款で定めた場合にあっては，その期
間））前までに，株主に対してその通知を発しなければならない。

2　次に掲げる場合には，前項の通知は，書面でしなければならない。

一　前条第1項第3号又は第4号に掲げる事項を定めた場合

二　株式会社が取締役会設置会社である場合

3　取締役は，前項の書面による通知の発出に代えて，政令で定めるところによ
り，株主の承諾を得て，電磁的方法により通知を発することができる。この場
合において，当該取締役は，同項の書面による通知を発したものとみなす。

4　前2項の通知には，前条第1項各号に掲げる事項を記載し，又は記録しなけ
ればならない。

2　招集通知の電子化

　株主への招集通知は，書面にて提供することが原則とされている（会社法
299Ⅱ）。しかし，株主から事前に個別の承諾を得た場合は，書面による招集通
知の発送に代えて電磁的方法により通知を発することができるとされており，
書面による招集通知を発送したものとみなされる（会社法299Ⅲ）。なお，この
場合には，事業報告および計算書類などについても，電磁的方法により提供し
なければならない（会施規133Ⅱ②，会計規133Ⅱ②，134Ⅰ②）。電磁的方法による
通知とは，具体的には，株主が会社に通知した宛先（メールアドレス等）に電

子メールを送付する方法等が考えられる。

　しかし，上場会社においてはすべての株主の個別の承諾を得ることは，実務上困難であることなどから，この方法はほとんど採用されていない。そのため，株主総会に関する手続の合理化として，株主の個別の承諾を得なくとも，インターネットを利用して株主総会参考書類（本章Ⅲ2「株主総会参考書類」参照）や計算書類，事業報告などの株主総会資料を株主に提供できるようにすることができる制度が，2019年12月11日公布の「会社法の一部を改正する法律」（令和元年法律70号）において設けられた。詳細については，本章Ⅲ6「株主総会資料の電子提供制度」を参照されたい。

536 第6章 株主総会招集通知

Ⅲ 招集通知の添付書類

招集者が書面または電磁的方法によって議決権行使ができる旨を定めた場合，招集通知に際して，株主に対し議決権の行使について「株主総会参考書類」および「議決権行使書面」を交付しなければならない（会社法301，302，会施規65，66，73から94）。

1 議決権行使書面

株主総会に出席しない株主が書面または電磁的方法によって議決権を行使することができる旨を定めた場合，法務省令で定めるところにより，株主が議決権を行使するための書面を交付しなければならない。この書面を「議決権行使書面」という。「議決権行使書面」は，会社法施行規則66条において具体的に規定されている。

会社法施行規則

（議決権行使書面）

第66条　法第301条第1項の規定により交付すべき議決権行使書面に記載すべき事項又は法第302条第3項若しくは第4項の規定により電磁的方法により提供すべき議決権行使書面に記載すべき事項は，次に掲げる事項とする。

一　各議案（次のイからハまでに掲げる場合にあっては，当該イからハまでに定めるもの）についての賛否（棄権の欄を設ける場合にあっては，棄権を含む。）を記載する欄

イ　2以上の役員等の選任に関する議案である場合　各候補者の選任

ロ　2以上の役員等の解任に関する議案である場合　各役員等の解任

ハ　2以上の会計監査人の不再任に関する議案である場合　各会計監査人の不再任

二　第63条第3号ニに掲げる事項についての定めがあるときは，第1号の欄に記載がない議決権行使書面が株式会社に提出された場合における各議案についての賛成，反対又は棄権のいずれかの意思の表示があったものとする取扱

いの内容

三　第63条第3号ヘ又は第4号ロに掲げる事項についての定めがあるときは，当該事項

四　議決権の行使の期限

五　議決権を行使すべき株主の氏名又は名称及び行使することができる議決権の数（次のイ又はロに掲げる場合にあっては，当該イ又はロに定める事項を含む。）

　　イ　議案ごとに当該株主が行使することができる議決権の数が異なる場合　議案ごとの議決権の数

　　ロ　一部の議案につき議決権を行使することができない場合　議決権を行使することができる議案又は議決権を行使することができない議案

2　第63条第4号イに掲げる事項についての定めがある場合には，株式会社は，法第299条第3項の承諾をした株主の請求があった時に，当該株主に対して，法第301条第1項の規定による議決権行使書面の交付（当該交付に代えて行う同条第2項の規定による電磁的方法による提供を含む。）をしなければならない。

3　第63条第4号ハに掲げる事項についての定めがある場合には，株式会社は，法第299条第3項の承諾をした株主の請求があった時に，議決権行使書面に記載すべき事項に係る情報について電子提供措置をとらなければならない。ただし，当該株主に対して，法第325条の3第2項の規定による議決権行使書面の交付をする場合は，この限りでない。

4　同一の株主総会に関して株主に対して提供する招集通知の内容とすべき事項のうち，議決権行使書面に記載している事項がある場合には，当該事項は，招集通知の内容とすることを要しない。

5　同一の株主総会に関して株主に対して提供する議決権行使書面に記載すべき事項（第1項第2号から第4号までに掲げる事項に限る。）のうち，招集通知の内容としている事項がある場合には，当該事項は，議決権行使書面に記載することを要しない。

2　株主総会参考書類

　株主総会に出席しない株主が書面または電磁的方法によって議決権を行使することができる旨を定めた場合，法務省令で定めるところにより，株主に対し

538　第6章　株主総会招集通知

議決権の行使について参考となるべき事項を記載した書類を交付しなければならない。この書類を「株主総会参考書類」という。「株主総会参考書類」については，会社法施行規則65条において，以下のように規定されている。

会社法施行規則

（株主総会参考書類）

第65条　法第301条第1項又は第302条第1項の規定により交付すべき株主総会参考書類に記載すべき事項は，次款の定めるところによる。

2　法第298条第1項第3号及び第4号に掲げる事項を定めた株式会社が行った株主総会参考書類の交付（当該交付に代えて行う電磁的方法による提供を含む。）は，法第301条第1項及び第302条第1項の規定による株主総会参考書類の交付とする。

3　取締役は，株主総会参考書類に記載すべき事項について，招集通知（法第299条第2項又は第3項の規定による通知をいう。以下この節において同じ。）を発出した日から株主総会の前日までの間に修正をすべき事情が生じた場合における修正後の事項を株主に周知させる方法を，当該招集通知と併せて通知することができる。

「株主総会参考書類」の記載事項は，個々の決議事項ごとに会社法施行規則「第2款　株主総会参考書類」の73条から94条において具体的に規定されている。議案に関する記載事項および記載例については，「第7章　株主総会決議事項の個別記載事項」を参照されたい。

会社法施行規則

第2款　株主総会参考書類

第1目　通則

第73条　株主総会参考書類には，次に掲げる事項を記載しなければならない。

一　議案

二　提案の理由（議案が取締役の提出に係るものに限り，株主総会において一定の事項を説明しなければならない議案の場合における当該説明すべき内容を含む。）

三　議案につき法第384条，第389条第３項又は第399条の５の規定により株主総会に報告をすべきときは，その報告の内容の概要

2　株主総会参考書類には，この節に定めるもののほか，株主の議決権の行使について参考となると認める事項を記載することができる。

3　同一の株主総会に関して株主に対して提供する株主総会参考書類に記載すべき事項のうち，他の書面に記載している事項又は電磁的方法により提供する事項がある場合には，これらの事項は，株主に対して提供する株主総会参考書類に記載することを要しない。この場合においては，他の書面に記載している事項又は電磁的方法により提供する事項があることを明らかにしなければならない。

4　同一の株主総会に関して株主に対して提供する招集通知又は法第437条の規定により株主に対して提供する事業報告の内容とすべき事項のうち，株主総会参考書類に記載している事項がある場合には，当該事項は，株主に対して提供する招集通知又は法第437条の規定により株主に対して提供する事業報告の内容とすることを要しない。

第２目　役員の選任

（取締役の選任に関する議案）

第74条（省略）

（監査等委員である取締役の選任に関する議案）

第74条の３（省略）

（会計参与の選任に関する議案）

第75条（省略）

（監査役の選任に関する議案）

第76条（省略）

（会計監査人の選任に関する議案）

第77条（省略）

第３目　役員の解任等

（取締役の解任に関する議案）

第78条（省略）

（監査等委員である取締役の解任に関する議案）

第78条の２（省略）

（会計参与の解任に関する議案）

540　第6章　株主総会招集通知

第79条（省略）

（監査役の解任に関する議案）

第80条（省略）

（会計監査人の解任又は不再任に関する議案）

第81条（省略）

第4目　役員の報酬等

（取締役の報酬等に関する議案）

第82条（省略）

（監査等委員である取締役の報酬等に関する議案）

第82条の2（省略）

（会計参与の報酬等に関する議案）

第83条（省略）

（監査役の報酬等に関する議案）

第84条（省略）

（責任免除を受けた役員等に対し退職慰労金等を与える議案等）

第84条の2（省略）

第5目　計算関係書類の承認

第85条（省略）

第5目の2　全部取得条項付種類株式の取得

第85条の2（省略）

第5目の3　株式の併合

第85条の3（省略）

第6目　合併契約等の承認

（吸収合併契約の承認に関する議案）

第86条（省略）

（吸収分割契約の承認に関する議案）

第87条（省略）

（株式交換契約の承認に関する議案）

第88条（省略）

（新設合併契約の承認に関する議案）

第89条（省略）

（新設分割計画の承認に関する議案）

Ⅲ　招集通知の添付書類　541

第90条（省略）

（株式移転計画の承認に関する議案）

第91条（省略）

（株式交付計画の承認に関する議案）

第91条の2（省略）

（事業譲渡等に係る契約の承認に関する議案）

第92条（省略）

第7目　株主提案の場合における記載事項

第93条（省略）

第8目　株主総会参考書類の記載の特則

第94条　株主総会参考書類に記載すべき事項（次に掲げるものを除く。）に係る
　　情報を，当該株主総会に係る招集通知を発出する時から当該株主総会の日から
　　3箇月が経過する日までの間，継続して電磁的方法により株主が提供を受ける
　　ことができる状態に置く措置（第222条第1項第1号ロに掲げる方法のうち，イ
　　ンターネットに接続された自動公衆送信装置（公衆の用に供する電気通信回線
　　に接続することにより，その記録媒体のうち自動公衆送信の用に供する部分に
　　記録され，又は当該装置に入力される情報を自動公衆送信する機能を有する装
　　置をいう。以下同じ。）を使用する方法によって行われるものに限る。第3項
　　において同じ。）をとる場合には，当該事項は，当該事項を記載した株主総会参
　　考書類を株主に対して提供したものとみなす。ただし，この項の措置をとる旨
　　の定款の定めがある場合に限る。

　一　議案

　二　第133条第3項第1号に掲げる事項を株主総会参考書類に記載することと
　　　している場合における当該事項

　三　次項の規定により株主総会参考書類に記載すべき事項

　四　株主総会参考書類に記載すべき事項（前各号に掲げるものを除く。）につき
　　　この項の措置をとることについて監査役，監査等委員会又は監査委員会が異
　　　議を述べている場合における当該事項

　2　前項の場合には，株主に対して提供する株主総会参考書類に，同項の措置を
　　とるために使用する自動公衆送信装置のうち当該措置をとるための用に供する
　　部分をインターネットにおいて識別するための文字，記号その他の符号又はこ
　　れらの結合であって，情報の提供を受ける者がその使用に係る電子計算機に入

力することによって当該情報の内容を閲覧し、当該電子計算機に備えられたファイルに当該情報を記録することができるものを記載しなければならない。

3 第1項の規定は、同項各号に掲げる事項に係る情報についても、電磁的方法により株主が提供を受けることができる状態に置く措置をとることを妨げるものではない。

3 計算書類と事業報告

取締役会設置会社においては、取締役は、定時株主総会の招集の通知に際して、法務省令で定めるところにより、株主に対し、取締役会の承認を受けた計算書類および事業報告（監査役設置会社では監査報告、会計監査人設置会社では会計監査報告を含む）を提供しなければならない（会社法437、会計規133）。

4 連結計算書類

事業年度の末日において大会社であって有価証券報告書を提出しなければならない会社は当該事業年度に係る連結計算書類を作成しなければならないとされており（会社法444Ⅲ）、それ以外の会計監査人設置会社は連結計算書類の作成は任意とされている（会社法444Ⅰ）。

連結計算書類を作成した取締役会設置会社においては、取締役は、定時株主総会の招集の通知に際して、法務省令で定めるところにより、株主に対し、監査役および会計監査人の監査を受け、取締役会の承認を受けた連結計算書類を提供しなければならない（会社法444ⅣからⅥ）。

5 インターネット開示（ウェブ開示によるみなし提供）

招集通知の添付書類については、株主の個別の承諾を得なくても、定款に定めることにより、株主総会参考書類および事業報告に記載すべき事項の一部、ならびに計算書類などについて、招集通知を発送する日から、その定時株主総会の日から3ヶ月が経過する日までの間、継続してインターネットで開示することをもって、書面による提供を省略することができるとされている（会施規94Ⅰ、133Ⅲ、会計規133Ⅳ、134Ⅴ）。

Ⅲ　招集通知の添付書類　543

　ただし，インターネット開示を行う場合であっても，以下の事項については，必ず書面に記載しなければならない。

（ⅰ）　株主総会参考書類（会施規94Ⅰ）

- ●議案
- ●事業報告記載事項のうちインターネット開示を行えない事項について，株主総会参考書類に記載することとしている場合における当該事項
- ●インターネット開示について監査役，監査等委員会または監査委員会が異議を述べている場合における当該事項

（ⅱ）　事業報告（会施規133Ⅲ）

- ●事業報告の内容のうち，株式会社の現況に関する事項，会社役員に関する事項など一定の事項

　なお，インターネット開示を行う場合には，インターネット開示のためのウェブサイトのアドレスを株主に通知するとともに，インターネット開示により株主総会参考書類等に記載しないものとする事項を，招集通知に記載しなければならない（会施規63③ホ，94Ⅱ，133Ⅳ，会計規133Ⅴ，134Ⅵ）。

　株主総会資料の電子提供制度（詳細については，本章Ⅲ 6「株主総会資料の電子提供制度」を参照）の創設に伴い，2022年12月26日に「会社法施行規則等の一部を改正する省令」（令和4年法務省令43号）が公布された。本省令により，2023年2月28日までの時限措置とされていたインターネット開示（ウェブ開示によるみなし提供）の対象事項の拡大が時限措置の失効後も継続されることとなった（会施規133，会計規133Ⅳ）。

6　株主総会資料の電子提供制度

　株主総会資料の電子提供制度とは，株主総会資料を自社のホームページ等のウェブサイトに掲載し，株主に対し，そのウェブサイトのアドレス等を書面により通知することによって，株主総会資料を提供することができる制度である。令和元年改正会社法により創設された制度であり，上場会社においては2023年3月1日以降に開催される株主総会から，株主総会資料の電子提供制度が義務づけられている。

（1）概　要

2019年12月11日に「会社法の一部を改正する法律」（令和元年法律70号）が公布され，改正後の会社法において電子提供措置に関する条文が新設されている（会社法325の2～会社法325の7）。またそれに合わせて2020年11月27日，「会社法施行規則等の一部を改正する省令」（令和2年法務省令52号）が公布され，会社法施行規則および会社計算規則の一部が改正されている。

電子提供措置とは，電磁的方法により株主（種類株主総会を招集する場合にあっては，ある種類の株主に限る）が情報の提供を受けることができる状態に置く措置であって，法務省令で定めるものをいう（会社法325の2，会施規95の2）。電子提供措置の新設に伴い，株主総会資料の電子提供が可能になった（株主総会資料の電子提供制度の創設）。

株主総会資料の電子提供制度とは，電子提供措置をとる旨の定款の定めに基づき，取締役が株主総会資料を自社のホームページ等のウェブサイトに掲載し，株主に対し当該ウェブサイトのアドレス等を株主総会の招集の通知に記載等して通知した場合には，株主の個別の承諾を得ていないときであっても，取締役は株主に対し株主総会資料を適法に提供したものとする制度である（会社法325の4Ⅲ）。

株主総会資料をウェブサイトに掲載開始する日（電子提供措置開始日）は，株主総会の日の3週間前の日または招集の通知を発した日のいずれか早い日とされている（会社法325の3Ⅰ）。

上場会社など振替株式を発行する会社は，電子提供措置をとる旨を定款で定めなければならないとされ（社債，株式等の振替に関する法律（平成13年法律75号）159の2Ⅰ），改正後の会社法施行後は，株主総会資料の電子提供制度の利用が義務づけられている。

株主総会資料の電子提供制度の利用により，株主総会資料の株主への発送は原則として不要になり，株主総会資料の印刷・郵送等の時間や費用の削減が可能となった。また，これに伴い，従来よりも早期に充実した情報を株主に提供できるようになることが期待されている。

ただし，株主から書面交付請求があった場合，取締役は，当該株主総会に係る電子提供措置事項を記載した書面をその株主に交付しなければならない（会

Ⅲ　招集通知の添付書類　545

社法325の５Ⅰ・Ⅱ）。

　また，金融商品取引法24条１項により，有価証券報告書の提出義務がある上場会社等の株式会社が，電子提供措置開始日までに電子提供措置事項を記載した有価証券報告書の提出手続を EDINET を使用して行う場合には，当該電子提供措置事項に係る情報につき，電子提供措置をとることを要しないという特例が定められている（会社法325の３Ⅲ）。

　なお，株主総会資料の電子提供制度を利用する場合でも，株主総会の招集通知は，株主総会の日の２週間前までに株主に発出する必要がある（会社法325の４Ⅰ）ので留意されたい。

会社法

（電子提供措置をとる旨の定款の定め）

第325条の２　株式会社は，取締役が株主総会（種類株主総会を含む。）の招集の手続を行うときは，次に掲げる資料（以下この款において「株主総会参考書類等」という。）の内容である情報について，電子提供措置（電磁的方法により株主（種類株主総会を招集する場合にあっては，ある種類の株主に限る。）が情報の提供を受けることができる状態に置く措置であって，法務省令で定めるものをいう。以下この款，第911条第３項第12号の２及び第976条第19号において同じ。）をとる旨を定款で定めることができる。この場合において，その定款には，電子提供措置をとる旨を定めれば足りる。

　一　株主総会参考書類
　二　議決権行使書面
　三　第437条の計算書類及び事業報告
　四　第444条第６項の連結計算書類

（電子提供措置）

第325条の３　電子提供措置をとる旨の定款の定めがある株式会社の取締役は，第299条第２項各号に掲げる場合には，株主総会の日の３週間前の日又は同条第１項の通知を発した日のいずれか早い日（以下この款において「電子提供措置開始日」という。）から株主総会の日後３箇月を経過する日までの間（以下こ

の款において「電子提供措置期間」という。），次に掲げる事項に係る情報について継続して電子提供措置をとらなければならない。

一　第298条第1項各号に掲げる事項
二　第301条第1項に規定する場合には，株主総会参考書類及び議決権行使書面に記載すべき事項
三　第302条第1項に規定する場合には，株主総会参考書類に記載すべき事項
四　第305条第1項の規定による請求があった場合には，同項の議案の要領
五　株式会社が取締役会設置会社である場合において，取締役が定時株主総会を招集するときは，第437条の計算書類及び事業報告に記載され，又は記録された事項
六　株式会社が会計監査人設置会社（取締役会設置会社に限る。）である場合において，取締役が定時株主総会を招集するときは，第444条第6項の連結計算書類に記載され，又は記録された事項
七　前各号に掲げる事項を修正したときは，その旨及び修正前の事項

2　前項の規定にかかわらず，取締役が第299条第1項の通知に際して株主に対し議決権行使書面を交付するときは，議決権行使書面に記載すべき事項に係る情報については，前項の規定により電子提供措置をとることを要しない。

3　第1項の規定にかかわらず，金融商品取引法第24条第1項の規定によりその発行する株式について有価証券報告書を内閣総理大臣に提出しなければならない株式会社が，電子提供措置開始日までに第1項各号に掲げる事項（定時株主総会に係るものに限り，議決権行使書面に記載すべき事項を除く。）を記載した有価証券報告書（添付書類及びこれらの訂正報告書を含む。）の提出の手続を同法第27条の30の2に規定する開示用電子情報処理組織（以下この款において単に「開示用電子情報処理組織」という。）を使用して行う場合には，当該事項に係る情報については，同項の規定により電子提供措置をとることを要しない。

（2）　施行時期

改正後の会社法は2021年3月1日から施行されているが，株主総会資料の電子提供制度の創設に関する改正規定については，2022年9月1日からの施行とされている（「会社法の一部を改正する法律の一部の施行期日を定める政令」（令和3年政令334号），2021年12月17日公布）。

株主総会資料の電子提供にあたっては，振替機関，口座管理機関および株主

名簿管理人において，システム改修等が必要となるため，他の改正規定より準備期間を確保する必要があるとして，「会社法の一部を改正する法律」の公布の日から起算して3年6ヶ月を超えない範囲内において政令で定める日から施行するとされたためである（「会社法の一部を改正する法律」（令和元年法律70号）附則1ただし書，「会社法の一部を改正する法律の施行に伴う関係法律の整備等に関する法律」（令和元年法律71号）附則③）。

（3） 株主総会資料の電子提供制度の利用

① 制度を利用できる会社

上場会社など振替株式を発行する会社は，電子提供措置をとる旨を定款で定めなければならないとされ（社債，株式等の振替に関する法律（平成13年法律75号）159の2Ⅰ），2023年3月1日以降に開催される株主総会より，株主総会資料の電子提供制度の利用が義務づけられている。

振替株式を発行しない非上場会社であっても，定款を変更することにより（詳細は以下②参照），株主総会資料の電子提供制度を利用することができる。

② 定款の定め

株主総会資料の電子提供制度を利用するには定款の定めを設けなければならない。この場合，定款には「電子提供措置をとる旨」を定めれば足りるとされている（会社法325の2）。

定款に電子提供措置をとる旨を定めた場合，会社法325条の2各号に掲げる以下株主総会参考書類等の全部に関して，電子提供措置をとることになる。

(ⅰ) 株主総会参考書類
(ⅱ) 議決権行使書面
(ⅲ) 会社法437条の計算書類および事業報告
(ⅳ) 会社法444条6項の連結計算書類

（4） 株主総会資料の電子提供制度の対象となる情報

電子提供措置をとる旨の定款の定めがある株式会社の取締役は，会社法299条2項各号に掲げる場合（株主が書面または電磁的方法によって議決権行使が

548　第6章　株主総会招集通知

できる旨を定めている場合，または，株式会社が取締役会設置会社である場合）には，次に掲げる事項に係る情報について継続して電子提供措置をとらなければならない（会社法325の3Ⅰ）。

【電子提供措置事項】（会社法325の3Ⅰ）

① 会社法298条1項各号の事項（株主総会の招集時の決定事項）

② 議決権行使書面に記載すべき事項

③ 株主総会参考書類の内容

④ 株主提案に係る議案の要領

⑤ 会社法437条の計算書類および事業報告[*1]

⑥ 会社法444条6項の連結計算書類[*2]

⑦ 電子提供措置事項を修正した旨および修正前の事項

（＊1） 会社法436条1項または同2項の規定を適用している会社（監査役設置会社または会計監査人設置会社）の取締役は，定時株主総会の招集の通知に際して，計算書類および事業報告に加えて，監査報告または会計監査報告を株主に提供しなければならないこととされている（会社法437）ことから，監査報告または会計監査報告に記載され，または記録された事項に係る情報についても電子提供措置をとらなければならない。

（＊2） 連結計算書類に係る会計監査報告または監査報告があり，かつその内容をも株主に対して提供することを定款に定めたときは，当該会計監査報告または監査報告に記載され，または記録された事項に係る情報について電子提供措置をとることができる規定が定められている（会計規134Ⅲ）。

（5）　電子提供措置期間

① 電子提供措置開始日

　株主総会資料の電子提供制度を利用する場合，株主総会資料をウェブサイトに掲載開始する日（電子提供措置開始日）は，株主総会の日の3週間前の日または招集の通知を発した日のいずれか早い日とされている（会社法325の3Ⅰ）。

　株主総会資料の電子提供制度を利用しない場合，公開会社（会社法2条5号に定める，発行する株式の全部または一部について譲渡制限をしていない株式会社）の株主総会の招集通知の発出の期限は，株主総会の2週間前までとされている（会社法299Ⅰ）。株主総会資料の電子提供制度の利用により，株主総会資料の株主への発送は原則として不要になり，株主総会資料の印刷・郵送等の

時間の削減ができるようになることから，電子提供措置を開始する日が従来（株主総会の日の2週間前）より早くなっている。

② 電子提供措置の継続

　株主総会資料の電子提供制度を利用する場合，電子提供措置開始日から株主総会の日後3ヶ月を経過する日まで継続して電子提供措置をとらなければならない（会社法325の3Ⅰ）。これは，株主総会決議取消しの訴えの提訴期間である株主総会決議の日から3ヶ月以内（会社法831Ⅰ）を考慮したものである。

③ 上場企業に求められる株主総会資料の早期提供に関する努力義務

　2019年12月11日に公布された「会社法の一部を改正する法律」（令和元年法律70号）の検討に際し，「会社法制（企業統治等関係）の見直しに関する要綱案」が法制審議会において決議された（2019年1月16日決定）。同時に，株主総会資料の電子提供制度について，法制審議会において以下の附帯決議がされている。附帯決議1項および3項において，金融商品取引所の規則において電子提供措置を株主総会日の3週間前よりも早期に開始するよう努める旨の規律を設けることが求められている。

（附帯決議）
1．株主総会資料の電子提供制度に関する規律については，これまでの議論及び株主総会の招集の手続に係る現状等に照らし，現時点における対応として，本要綱案に定めるもののほか，金融商品取引所の規則において，上場会社は，株主による議案の十分な検討期間を確保するために電子提供措置を株主総会の日の3週間前よりも早期に開始するよう努める旨の規律を設ける必要がある。
2．（略）
3．1及び2の規律の円滑かつ迅速な実現のため，関係各界において，真摯な協力がされることを要望する。

　これを受けて，東京証券取引所から「令和元年会社法改正に伴う上場制度の整備に係る有価証券上場規程等の一部改正について」が公表（2021年2月12日），施行（2021年3月1日）され，株主による議案の十分な検討期間を確保するため，

550　第6章　株主総会招集通知

電磁的方法による株主総会資料の早期提供に関する努力義務が，上場会社に求められている（有価証券上場規程施行規則437③）。

2．電磁的方法による株主総会資料の早期提供に関する努力義務
- 上場会社は，招集通知，株主総会参考書類，計算書類・連結計算書類及び事業報告等を，株主総会の日の3週間前よりも早期に，電磁的方法により提供するよう努めるものとします。

（6）　書面交付請求

インターネットを利用することが困難である株主の利益に配慮し，株主総会資料の電子提供制度を利用している場合でも，株主は株式会社に対し，株主総会資料に記載すべき事項を記載した書面の交付を請求することができる。株主から株式会社に書面交付請求があった場合，取締役は電子提供措置事項を記載した書面をその株主に交付しなければならない（会社法325の5 Ⅰ，Ⅱ）。なお，電子提供措置事項のうち，法務省令で定めるものの全部または一部については，電子提供措置事項記載書面に記載することを要しない旨を定款で定めることができる（会社法325の5 Ⅲ，会施規95の4）。

【電子提供措置事項記載書面に記載が欠かせない事項】

書類名	事　　項	規　　定
株主総会参考書類	議案	会施規95の4 Ⅰ①イ，会施規73 Ⅰ①
	電子提供措置事項書面に記載しないことについて，監査役，監査等委員会または監査委員会が異議を述べている場合における当該事項	会施規94 Ⅰ④，会施規95の4 Ⅰ①ロ
事業報告	重要な資金調達・設備投資，企業結合等の状況	会施規95の4 Ⅰ②イ，会施規120 Ⅰ⑤
	重要な親会社および子会社の状況	会施規95の4 Ⅰ②イ，会施規120 Ⅰ⑦
	会社役員の氏名，地位および担当	会施規95の4 Ⅰ②イ，会施規121①②

会社役員の報酬等，報酬等の決定に係る方針等	会施規95の4Ⅰ②イ，会施規121④〜⑥の3
電子提供措置事項書面に記載しないことについて，監査役，監査等委員会または監査委員会が異議を述べている場合における当該事項	会施規95の4Ⅰ②ロ，会施規133Ⅲ②

（※）会社法上の公開会社かつ会計監査人設置会社の場合

　株主は書面交付を受けるには，当該株主総会の招集通知が発出されるまで(株主総会における議決権行使の基準日を定めている場合には，当該基準日まで)に，書面交付請求をしなければならない（会社法325の5Ⅱ）。

（7）　電子提供措置の中断

　株主総会資料の電子提供制度とは，電子提供措置をとる旨の定款の定めに基づき，取締役が株主総会資料を自社のホームページ等のウェブサイトに掲載し，株主に対し当該ウェブサイトのアドレス等を株主総会の招集の通知に記載等して通知した場合には，株主の個別の承諾を得ていないときであっても，取締役は株主に対し株主総会資料を適法に提供したものとする制度である。そのため，自社のホームページ等のウェブサイトに使用するサーバーのダウンや，ハッカーやウイルス感染等による改ざん等が生じた場合，電子提供措置の中断が生じてしまう可能性がある。

　そこで改正会社法では，325条の6において，電子提供措置の中断が生じた場合の規定を設けている。株式会社が善意でかつ重大な過失がないことや，電子提供措置の中断が生じた時間の合計が一定の範囲内であることなどの要件を満たす場合には，その電子提供措置の中断は，当該電子提供措置の効力に影響を及ぼさない。

会社法
（電子提供措置の中断）
第325条の6　第325条の3第1項の規定にかかわらず，電子提供措置期間中に電

子提供措置の中断（株主が提供を受けることができる状態に置かれた情報がその状態に置かれないこととなったこと又は当該情報がその状態に置かれた後改変されたこと（同項第7号の規定により修正されたことを除く。）をいう。以下この条において同じ。）が生じた場合において，次の各号のいずれにも該当するときは，その電子提供措置の中断は，当該電子提供措置の効力に影響を及ぼさない。

一　電子提供措置の中断が生ずることにつき株式会社が善意でかつ重大な過失がないこと又は株式会社に正当な事由があること。

二　電子提供措置の中断が生じた時間の合計が電子提供措置期間の10分の1を超えないこと。

三　電子提供措置開始日から株主総会の日までの期間中に電子提供措置の中断が生じたときは，当該期間中に電子提供措置の中断が生じた時間の合計が当該期間の10分の1を超えないこと。

四　株式会社が電子提供措置の中断が生じたことを知った後速やかにその旨，電子提供措置の中断が生じた時間及び電子提供措置の中断の内容について当該電子提供措置に付して電子提供措置をとったこと。

（8）　EDINETにより電子提供措置事項を記載した有価証券報告書を提出する場合の特例

金融商品取引法24条1項により，有価証券報告書の提出義務がある上場会社等の株式会社が，電子提供措置開始日までに電子提供措置事項（定時株主総会に係るものに限り，議決権行使書面に記載すべき事項を除く）を記載した有価証券報告書の提出の手続をEDINETを使用して行う場合には，当該電子提供措置事項に係る情報については，電子提供措置をとることを要しないという特例が定められている（会社法325の3Ⅲ）。

EDINETとは，金融商品取引法27条の30の2に規定する開示用電子情報処理組織をいう。EDINETを使用して電子提供措置事項を記載した有価証券報告書の提出の手続を行う場合，実務上，有価証券報告書はインターネット上において広く公衆に開示されるため，これに重ねて電子提供措置をとることは要しないと考えられたためである。また，議決権行使書面に記載すべき事項は，広く公衆に開示することは相当でないため，除外されている。

Ⅲ　招集通知の添付書類　553

（9）　招集通知の記載事項

　株主総会資料の電子提供制度を利用する場合でも，株主総会の招集通知は，株主総会の日の2週間前までに株主に発出する必要がある（会社法325の4Ⅰ）。この場合の株主総会の招集通知には，会社法298条1項で定める事項（本章「Ⅰ　株主総会の招集権者　1　一般」参照）に加え，電子提供措置をとっている旨や株主総会資料を掲載したウェブサイトのアドレス等を記載する必要がある。

【電子提供制度を利用する場合の招集通知の記載事項】

①　会社法298条1項各号の事項（株主総会の招集時の決定事項）

②　電子提供措置をとっているときは，その旨（会社法325の4Ⅱ①）

③　定時株主総会に係る電子提供措置事項を記載した有価証券報告書の提出の手続をEDINETを使用して行ったときは，その旨（会社法325の4Ⅱ②）

④　法務省令で定める事項[※]（会社法325の4Ⅱ③，会施規95の3）

　　（※）電子提供措置事項に係る情報を掲載するウェブサイトのアドレス等

554 第6章 株主総会招集通知

Ⅳ 事例分析

1 招集通知の事例

　経団連ひな型の記載例および一般的な事例は，以下のとおりである。上場会社では，2023年3月以降に開催される株主総会において，株主総会資料の電子提供制度が義務づけられたこと等から，下記の経団連ひな型の記載例についても2022年11月1日付で改訂されているので留意されたい。

〈「経団連ひな型」の記載例〉

（証券コード　○○○○）

○年○月○日

株　主　各　位

東京都○○区○○　○丁目○○番○○号

○　○　○　○　株　式　会　社

取締役社長　○　○　○　○

第○回定時株主総会招集ご通知

　拝啓　平素は格別のご高配を賜り厚く御礼申し上げます。

　さて，当社第○回定時株主総会を下記により開催いたしますので，ご出席くださいますようご通知申しあげます。

　なお，当日ご出席願えない場合は，インターネット又は書面により議決権を行使することができますので，お手数ながら後記のとおりインターネット上の当社ウェブサイト（https://www.○○○○）に掲載しております株主総会参考書類をご検討のうえ，○年○月○日（○曜日）午後○時までに議決権を行使してくださいますようお願い申しあげます。

　［インターネットによる議決権の行使の場合］

　　当社指定の議決権行使ウェブサイト（https://www.○○○○）にアクセスし

ていただき，同封の議決権行使書用紙に表示された「議決権行使コード」及び「パスワード」をご利用のうえ，画面の案内にしたがって，議案に対する賛否をご入力ください。

　インターネットによる議決権行使に際しましては，○頁の「インターネットによる議決権行使のご案内」をご確認くださいますようお願い申しあげます。

［書面による議決権行使の場合］
　同封の議決権行使書用紙に議案に対する賛否をご表示のうえ，上記の行使期限までに到着するようご返送ください。

敬　具

記

1.　日　　　時　　○年○月○日（○曜日）　午前10時
2.　場　　　所　　東京都○○区○○　○丁目○○番○○号
　　　　　　　　　　当社本店
3.　目的事項
　　報告事項　　　第○期（○年○月○日から○年○月○日まで）事業報告，計算
　　　　　　　　　書類，連結計算書類並びに会計監査人及び監査役会の連結計算
　　　　　　　　　書類監査結果報告の件

　　決議事項
　　（会社提案）
　　　　第1号議案　剰余金の処分の件
　　　　第2号議案　定款一部変更の件
　　　　第3号議案　取締役○名選任の件
　　　　第4号議案　監査役○名選任の件
　　　　第5号議案　補欠監査役○名選任の件
　　　　第6号議案　会計監査人選任の件
　　　　第7号議案　取締役の報酬等の額改定の件
　　　　（株主提案）
　　　　第8号議案　取締役○名選任の件
4.　電子提供措置に関する事項
　　当社は，法令及び当社定款第○条の規定に基づき，株主総会資料につき，電

556　第6章　株主総会招集通知

子提供措置をとっております。電子提供措置に関する事項は以下のとおりです。

　　電子提供措置をとっている媒体のアドレス
　　（https://www.○○○○）

５．その他（各社が定めた招集の決定事項を任意に記載することも考えられる）

　　　　　　　　　　　　　　　　　　　　　　　　　　　　　以　上
◎当日ご出席の際は，お手数ながら同封の議決権行使書用紙を会場受付にご提出
　くださいますようお願い申しあげます。
◎株主総会参考書類並びに事業報告，連結計算書類及び計算書類に修正が生じた
　場合は，インターネット上の当社ウェブサイト（https://www.○○○○）に
　掲載させていただきます。
　　　　　　　　インターネットによる議決権行使のご案内
　　　　　　　　　　　　　＜　略　＞

　　株主総会資料の電子提供制度を利用している場合，書面交付請求を行った株主に対しては，招集通知に加えて電子提供措置事項を記載した書面を株主に送付しなければならない（本章「Ⅲ　招集通知の添付書類　6　株主総会資料の電子提供制度（6）書面交付請求」参照）。招集通知と電子提供措置事項は，記載すべき事項が一部重複しているため，招集通知の記載内容に電子提供措置事項のうち会社法298条１項の記載部分を網羅した，招集通知と電子提供措置事項記載書面の一体型の招集通知のモデルが全国株懇連合会から公表されている。

〈全国株懇連合会「電子提供制度における招集通知モデル」（電子提供措置事項の一部を含んだ一体型アクセス通知）の記載例〉

　　　　　　　　　　　　　　　　　　　　　　　（証券コード ○○○○）
　　　　　　　　　　　　　　　　　　　　　　　　　○年○月○日
株主各位
　　　　　　　　　　　　　　　東京都○○区△△○丁目○○番○○号
　　　　　　　　　　　　　　　○　○　○　○　株　式　会　社

取締役社長 ○ ○ ○ ○

第○回定時株主総会招集ご通知

拝啓 平素は格別のご高配を賜り，厚くお礼申しあげます。

　さて，当社第○回定時株主総会を下記のとおり開催いたしますので，ご通知申しあげます。

　本株主総会の招集に際しては，株主総会参考書類等の内容である情報（電子提供措置事項）について電子提供措置をとっており，インターネット上の当社ウェブサイトに「第○回定時株主総会招集ご通知」として掲載しておりますので，以下の当社ウェブサイトにアクセスのうえ，ご確認くださいますようお願い申しあげます。

　当社ウェブサイト　https://www.○○○○.co.jp/agm.html　二次元コード

　電子提供措置事項は，上記ウェブサイトのほか，東京証券取引所（東証）のウェブサイトにも掲載しておりますので，以下の東証ウェブサイト（東証上場会社情報サービス）にアクセスして，銘柄名（会社名）または証券コードを入力・検索し，「基本情報」，「縦覧書類／ＰＲ情報」を選択のうえ，ご確認くださいますようお願い申しあげます。

　東証ウェブサイト（東証上場会社情報サービス）　二次元コード
https://www2.jpx.co.jp/tseHpFront/JJK010010Action.do?Show=Show

　なお，当日ご出席されない場合は，インターネットまたは書面により議決権を行使することができますので，お手数ながら株主総会参考書類をご検討のうえ，○年○月○日（○曜日）午後○時までに議決権を行使してくださいますようお願い申しあげます。

［インターネットによる議決権行使の場合］

　当社指定の議決権行使ウェブサイト（https://www.○○○○）にアクセスしていただき，同封の議決権行使書用紙に表示された「議決権行使コード」および「パスワード」をご利用のうえ，画面の案内にしたがって，議案に対する賛否をご入力ください。

　インターネットによる議決権行使に際しましては，○頁の「インターネットによる議決権行使のご案内」をご確認くださいますようお願い申しあげます。

558　第6章　株主総会招集通知

［郵送による議決権行使の場合］

　同封の議決権行使書用紙に議案に対する賛否をご表示のうえ，上記の行使期限までに到着するようご返送ください。

敬　具

記

1．日時　　　　○年○月○日（○曜日）　午前10時
2．場所　　　　東京都○○区△△○丁目○○番○○号
　　　　　　　　当社本店
3．目的事項
　　報告事項　1．第○期（○年○月○日から○年○月○日まで）事業報告の内容，連結計算書類の内容ならびに会計監査人および監査役会の連結計算書類監査結果報告の件
　　　　　　　2．第○期（○年○月○日から○年○月○日まで）計算書類の内容報告の件
　　決議事項
　　　（会社提案）
　　　第1号議案　　定款一部変更の件
　　　第2号議案　　取締役○名選任の件
　　　第3号議案　　監査役○名選任の件
　　　第4号議案　　補欠監査役○名選任の件
　　　第5号議案　　会計監査人選任の件
　　　第6号議案　　取締役の報酬額改定の件
　　　（株主提案）
　　　第7号議案　　取締役○名選任の件
　　　第8号議案　　取締役○○○○解任の件
4．招集にあたっての決定事項
　(1)　電子提供措置事項のうち，次の事項につきましては，法令および当社定款の規定に基づき，書面交付請求をいただいた株主様に対して交付する書面には記載しておりません。なお，監査役および会計監査人は次の事項を含む監査対象書類を監査しております。
　　①　株主総会参考書類の以下の事項

Ⅳ　事例分析　559

　　　　　……（各社が定めた事項を記載する）

②　事業報告の以下の事項

　　　　　……（各社が定めた事項を記載する）

③　………………………

④　………………………

(2)　インターネットによる方法と議決権行使書と重複して議決権を行使された
　場合は，インターネットによる議決権行使を有効なものといたします。また，
　インターネットによる方法で複数回議決権を行使された場合は，最後に行わ
　れたものを有効なものといたします。

(3)　ご返送いただいた議決権行使書において，各議案につき賛否の表示をされ
　ない場合は，会社提案については賛，株主提案については否の表示があった
　ものとして取り扱います。

(4)　…………（各社が定めた招集の決定事項を記載する）

以　　上

………………………………………………………………………………………………

◎当日ご出席の際は，お手数ながら同封の議決権行使書用紙を会場受付にご提出
　くださいますようお願い申しあげます。

◎電子提供措置事項に修正が生じた場合は，上記インターネット上の当社ウェブ
　サイトおよび東証ウェブサイトにその旨，修正前の事項および修正後の事項を
　掲載させていただきます。

〈事例〉　一般的な事例（招集通知に電子提供措置事項（会社法298条1項の記載部
　　　　分）を一体として記載した事例）

東海旅客鉄道（2024年3月期）

（証券コード　9022）

令和6年5月31日

（電子提供措置の開始日　令和6年5月22日）

株　主　各　位

名古屋市中村区名駅一丁目1番4号

東 海 旅 客 鉄 道 株 式 会 社

代表取締役社長　○　○　○　○

第37回定時株主総会招集ご通知

拝啓　平素は格別のご高配を賜り，厚く御礼申しあげます。

　さて，当社第37回定時株主総会を下記のとおり開催いたしますので，ご通知申しあげます。

　本株主総会の招集に際しては，株主総会参考書類等の内容である情報（電子提供措置事項）について電子提供措置をとっており，インターネット上の以下の各ウェブサイトに掲載しておりますので，いずれかのウェブサイトにアクセスのうえ，ご確認くださいますようお願い申しあげます。

【当社ウェブサイト】

https://company.jr-central.co.jp/ir/stockholders/general-meeting.html

【電子提供措置事項　掲載ウェブサイト】

https://d.sokai.jp/9022/teiji/

　なお，当日ご出席されない場合は，電磁的方法（インターネット等）または書面により議決権を行使することができますので，お手数ながら後記の株主総会参考書類をご検討いただき，令和6年6月20日（木曜日）午後5時30分までに議決権をご行使くださいますようお願い申しあげます。

敬　具

記

1．日　　　時　　令和6年6月21日（金曜日）午前10時
2．場　　　所　　名古屋市中村区名駅一丁目1番4号

　　　　　　　　名古屋マリオットアソシアホテル　16階「タワーズボールルーム」（末尾の「株主総会会場ご案内図」をご参照ください。）

3．株主総会の目的事項

　　報告事項　　1．第37期（令和5年4月1日から令和6年3月31日まで）事

業報告ならびに連結計算書類および計算書類の内容報告の件

2．会計監査人および監査役会の連結計算書類監査結果報告の件

決議事項

第1号議案　剰余金の処分の件

第2号議案　取締役12名選任の件

第3号議案　監査役1名選任の件

4．その他招集にあたっての決定事項

⑴　電磁的方法（インターネット等）と書面の双方で議決権を行使された場合は，電磁的方法（インターネット等）によるものを有効な議決権行使として取り扱わせていただきます。

⑵　電磁的方法（インターネット等）により，複数回，議決権を行使された場合は，最後に行われたものを有効な議決権行使として取り扱わせていただきます。

⑶　ご返送いただいた議決権行使書において，各議案につき賛否の表示をされない場合は，賛成の表示があったものとして取り扱わせていただきます。

以　上

・電子提供措置事項のうち，次の事項につきましては，法令および当社定款の規定に基づき，書面交付請求をいただいた株主様に対して交付する書面には記載しておりません。なお，監査役および会計監査人は次の事項を含む監査対象書類を監査しております。

①事業報告の「取締役の職務の執行が法令および定款に適合することを確保するための体制その他業務の適正を確保するための体制ならびに当該体制の運用状況」

②連結計算書類の「連結株主資本等変動計算書」「連結計算書類の注記」

③計算書類の「株主資本等変動計算書」「計算書類の注記」

・電子提供措置事項に修正が生じた場合は，上記インターネット上の各ウェブサイトにその旨，修正前の事項および修正後の事項を掲載させていただきます。

・議事の資料として使用いたしますので，当日は本招集ご通知をお持ちくださいますようお願い申しあげます。

562　第6章　株主総会招集通知

議決権行使についてのご案内

　株主総会参考書類をご検討のうえ，議決権をご行使くださいますようお願い申しあげます。議決権は，以下の3つの方法によりご行使いただけます。

インターネット等による議決権行使

（イラスト）	次頁記載の「インターネットによる議決権行使の方法」に従って，以下の行使期限までに議案に対する賛否をご入力ください。 **行使期限** 令和6年6月20日（木曜日）午後5時30分入力完了分まで

書面による議決権行使

（イラスト）	本招集ご通知とあわせてお送りする議決権行使書用紙に議案に対する賛否をご表示のうえ，以下の行使期限までに到着するよう折り返しご送付ください。 ※郵便事情を考慮し，お早めにご投函ください。 **行使期限** 令和6年6月20日（木曜日）午後5時30分到着分まで

当日ご出席による議決権行使

（イラスト）	お手数ながら本招集ご通知とあわせてお送りする議決権行使書用紙を会場受付にご提出くださいますようお願い申しあげます。 **日　　時** 令和6年6月21日（金曜日）午前10時

機関投資家の皆様へ

株式会社ICJが運営する議決権電子行使プラットフォームを事前にお申し込みされた場合には，当該プラットフォームにより議決権をご行使いただけます。

Ⅳ　事例分析　563

2　宛　　名

宛名は「株主各位」とするのが一般的であるが「株主の皆様へ」としている事例もみられる。

3　招 集 者

招集者としては「代表取締役社長」または「取締役社長」としている事例が一般的である。

4　招集者の住所

〈事例〉　本店所在地と本社事務所の両方の住所を記載している事例

小野薬品工業（2024年3月期）

証券コード4528

2024年5月29日

株 　主 　各 　位

大阪市中央区道修町二丁目1番5号

〔本社事務所
大阪市中央区久太郎町一丁目8番2号〕

小 野 薬 品 工 業 株 式 会 社

代表取締役社長　　○○○○

第76回定時株主総会招集ご通知

拝啓　平素は格別のご高配を賜り厚くお礼申しあげます。

　さて，当社第76回定時株主総会を下記により開催いたしますので，ご案内申しあげます。

　本株主総会の招集に際しては電子提供措置をとっており，インターネット上の当社ウェブサイトに電子提供措置事項を掲載しております。

　当社ウェブサイト

　https://www.ono-pharma.com/ja/ir/stock/notification.html

〔二次元
コード〕

564　第6章　株主総会招集通知

電子提供措置事項は上記ウェブサイトのほか，下記のウェブサイトにも掲載しております。

株主総会資料掲載ウェブサイト

https://d.sokai.jp/4528/teiji/

<二次元
コード>

なお，当日ご出席いただくほか，インターネットまたは書面（郵送）により議決権を行使することができますので，お手数ながら後記の株主総会参考書類をご検討の上，2024年6月19日（水曜日）午後5時までに議決権を行使してくださいますようお願い申しあげます。

敬　具

記

1．日　　　時　　2024年6月20日（木曜日）午前10時（受付開始午前9時予定）

2．場　　　所　　大阪市北区天満橋一丁目8番50号帝国ホテル大阪3階孔雀の間

3．目的事項

　　報告事項　　1．第76期（2023年4月1日から2024年3月31日まで）事業報告の内容，連結計算書類の内容ならびに会計監査人および監査役会の連結計算書類監査結果報告の件

　　　　　　　　2．第76期（2023年4月1日から2024年3月31日まで）計算書類の内容報告の件

　　決議事項

　　第1号議案　剰余金の処分の件

　　第2号議案　取締役6名選任の件

　　第3号議案　監査役2名選任の件

4．議決権の行使についてのご案内

インターネットによる議決権行使

（イラスト）

3頁の「インターネットによる議決権行使のご案内」をご確認の上，議決権行使ウェブサイトにアクセスしていただき，行使期限までに賛否をご入力ください。

スマートフォンでの議決権行使は「スマート行使」をご利用ください。

行使期限2024年6月19日（水曜日）午後5時受付分まで

書面（郵送）による議決権行使

（イラスト）

同封の議決権行使書用紙に議案に対する賛否をご表示いただき，行使期限までに到着するようご返送ください。

行使期限2024年6月19日（水曜日）午後5時受付分まで

■書面（郵送）により議決権を行使された場合の議決権行使書用紙において，議案に対する賛否の表示がない場合は，賛成の意思表示があったものとしてお取扱いいたします。

■書面（郵送）とインターネットにより重複して議決権を行使された場合は，インターネットによるものを有効な議決権行使としてお取扱いいたします。

■インターネットにより複数回議決権を行使された場合は，最後に行われたものを有効な議決権行使としてお取扱いいたします。

以　上

◎　当日ご出席の際は，同封の議決権行使書用紙を会場受付にご提出くださいますようお願い申しあげます。

◎　電子提供措置事項のうち，本招集ご通知には，法令および当社定款第14条の規定に基づき，次の事項を記載しておりません。

・事業報告のうち「業務の適正を確保するための体制」

・連結計算書類のうち「連結持分変動計算書」および「連結注記表」

・計算書類のうち「株主資本等変動計算書」および「個別注記表」

なお，監査役が監査した事業報告は，本招集ご通知の記載内容と上記の事業報告の「業務の適正を確保するための体制」で構成されており，監査役およ

566 第6章 株主総会招集通知

び会計監査人が監査した連結計算書類および計算書類は，本招集ご通知の記載内容と上記の連結計算書類の「連結持分変動計算書」および「連結注記表」ならびに上記の計算書類の「株主資本等変動計算書」および「個別注記表」で構成されております。

◎ 電子提供措置事項に修正が生じた場合は，上記インターネット上の各ウェブサイトにその旨，修正前の事項および修正後の事項を掲載させていただきます。

5 標　題

標題は，「第○期定時株主総会招集ご通知」または「第○回定時株主総会招集ご通知」とするのが一般的である。

6 招集通知本文

拝啓で始まり敬具で終わる手紙形式で記載するのが一般的である。

7 招集日

年月日と曜日と開始時間を記載している例が一般的である。これにあわせて，前事業年度と開始時間や開催日が異なる旨を記載している事例などがある。

〈事例1〉　前事業年度と開始時間が変更となっている旨を記載している事例

メイテックグループホールディングス（2024年3月期）

証券コード　9744

2024年5月29日

（電子提供措置の開始日2024年5月28日）

株　主　各　位

本店所在地：神奈川県厚木市森の里青山15番1号

東京本社：東京都台東区上野一丁目1番10号

株式会社メイテックグループホールディングス

代表取締役社長　〇〇〇〇

第51回定時株主総会招集ご通知

拝啓　平素はご高配を賜り厚く御礼申しあげます。

　さて，当社第51回定時株主総会を下記の通り開催いたしますので，ご通知申しあげます。

　本株主総会の招集に際しては，株主総会参考書類等の内容である情報（電子提供措置事項）について電子提供措置をとっており，インターネット上の当社ウェブサイトに「第51回定時株主総会招集ご通知」として掲載しておりますので，以下の当社ウェブサイトにアクセスのうえ，ご確認くださいますようお願い申しあげます。

当社ウェブサイト：

https://www.meitecgroup-holdings.com/ja/ir/stock/general_meeting.html

　電子提供措置事項は，上記ウェブサイトのほか，東京証券取引所（東証）のウェブサイトにも掲載しておりますので，当社ウェブサイトが閲覧できない場合は，以下の東証ウェブサイト（東証上場会社情報サービス）にアクセスして，銘柄名（メイテックグループホールディングス）または証券コード（9744）を入力・検索し，「基本情報」，「縦覧書類／ＰＲ情報」を選択のうえ，ご確認くださいますようお願い申しあげます。

東証ウェブサイト：

https://www2.jpx.co.jp/tseHpFront/JJK010010Action.do?Show=Show

　なお，当日ご出席されない場合は，書面またはインターネットによって議決権を行使することができますので，お手数ながら株主総会参考書類をご検討のうえ，2024年6月19日（水曜日）午後6時までに議決権を行使していただきますようお願い申しあげます。

敬　具

記

1．日　　時　　2024年6月20日（木曜日）午前11時

　　　　　　　　（受付開始は，午前10時30分とさせていただきます。

　　　　　　　　午前10時30分以前はご入場いただけません。

568　第6章　株主総会招集通知

　　　　　　　　また，開催時刻が前回と異なりますので，お間違えのないよう
　　　　　　　　ご注意ください。）
2．場　　所　　東京都台東区上野一丁目1番10号　オリックス上野1丁目ビル
　　　　　　　　7階
　　　　　　　　株式会社メイテックグループホールディングス　東京本社
3．目的事項
　　報告事項　1．第51期（2023年4月1日から2024年3月31日まで）事業報告
　　　　　　　　　の内容，連結計算書類の内容並びに会計監査人及び監査等委
　　　　　　　　　員会の連結計算書類監査結果報告の件
　　　　　　　2．第51期（2023年4月1日から2024年3月31日まで）計算書類
　　　　　　　　　の内容報告の件

　　決議事項
　　第1号議案　剰余金の配当（第51期期末配当）の件
　　第2号議案　取締役（監査等委員である取締役を除く。）3名選任の件
　　第3号議案　監査等委員である取締役1名選任の件

　　　　　　　　　　　　　　　　　　　　　　　　　　　　　　　　以　上

〈事例2〉　前事業年度の総会日に応当する日と著しく離れた日である場合の理由
　　　　　を記載している事例

　　　　　　　　　　　　　　　　　　　　　　　ワールド（2024年2月期）

　　　　　　　　　　　　　　　　　　　　　　　　　　　証券コード3612
　　　　　　　　　　　　　　　　　　　　　　　　　　　2024年5月2日
　株　主　各　位
　　　　　　　　　　　　　　　　　　　神戸市中央区港島中町六丁目8番1

　　　　　　　　　　　　　　　　　株式会社ワールド

　　　　　　　　　　　　　　　　代表取締役　社長執行役員　○○○○

　　　　　　　　　　　　　第66回定時株主総会招集ご通知

拝啓　平素は格別のご高配を賜り，厚く御礼申しあげます。
　また，このたびの令和6年能登半島地震により被災された皆様には，心よりお

IV 事例分析　569

　見舞い申しあげますとともに，一日も早い復興をお祈り申しあげます。

　さて，当社第66回定時株主総会を下記のとおり開催いたしますので，ご通知申しあげます。

　本株主総会の招集に際しては，株主総会参考書類等の内容である情報（電子提供措置事項）について電子提供措置をとっており，インターネット上の以下の各ウェブサイトに掲載しておりますので，いずれかのウェブサイトにアクセスのうえ，ご確認くださいますようお願い申しあげます。

【当社ウェブサイト】　（二次元コード）

　https://corp.world.co.jp/ir/stock/meeting/

【株主総会資料　掲載ウェブサイト】　（二次元コード）

　https://d.sokai.jp/3612/teiji/

　当日ご出席されない場合は，インターネット等又は書面（郵送）によって議決権を行使することができますので，お手数ながら株主総会参考書類をご検討のうえ，2024年5月27日（月曜日）午後5時までに議決権を行使してくださいますようお願い申しあげます。

敬　具

記

１．日　　　時　2024年5月28日（火曜日）午前10時（午前9時開場予定）

　　　　　　　　（開催日が前回定時株主総会の日（2023年6月23日）に応当する日と離れていますのは，第66期より当社の事業年度の末日を3月31日から2月末日に変更したためであります。）

２．場　　　所　神戸市中央区港島中町六丁目8番1

　　　　　　　　ワールド本社ビル　26階

　　　　　　　　（末尾の株主総会会場ご案内略図をご参照ください。）

３．会議の目的事項

　　報告事項　　１．第66期（2023年4月1日から2024年2月29日まで）事業報告，連結計算書類並びに会計監査人及び監査等委員会の連結計算書類監査結果報告の件

570　第6章　株主総会招集通知

　　　　　　２．第66期（2023年４月１日から2024年２月29日まで）計算書
　　　　　　　　類報告の件

　　決議事項
　　第１号議案　剰余金の処分の件
　　第２号議案　取締役（監査等委員である者を除く。）６名選任の件
　　第３号議案　監査等委員である取締役１名選任の件
　　第４号議案　補欠の監査等委員である取締役１名選任の件

４．招集にあたっての決定事項（議決権行使についてのご案内）
　　⑴書面（郵送）により議決権を行使された場合の議決権行使書において，
　　　議案に対する賛否の表示がない場合は，賛成の表示があったものとして
　　　お取り扱いいたします。
　　⑵インターネット等により複数回，議決権を行使された場合は，最後に行
　　　われた議決権行使を有効なものとしてお取り扱いいたします。
　　⑶インターネット等と書面（郵送）により重複して議決権を行使された場
　　　合は，到着日時を問わず，インターネット等による議決権行使を有効な
　　　ものとしてお取り扱いいたします。

　　　　　　　　　　　　　　　　　　　　　　　　　　　　　以　上

8　開催場所

　開催場所として住所や施設の名称，会場の階数や会場名を記載したうえで末
尾に案内図を記載している例が一般的である。また，前事業年度と開催場所が
異なる旨を記載している例もみられる。

〈事例１〉　前事業年度と開催場所が異なる旨を記載している事例

　　　　　　　　　　　　　　　　　　　　コニカミノルタ（2024年３月期）

　　　　　　　　　　　　　　　　　　　　　　　（証券コード　4902）
　　　　　　　　　　　　　　　　　　　　　　　　2024年５月28日

株　主　各　位

　　　　　　　　　　　　　　　　　東京都千代田区丸の内二丁目７番２号

コニカミノルタ株式会社

取　　締　　役
代表執行役社長兼 CEO　〇〇〇〇

第120回　定時株主総会招集ご通知

拝啓　平素は格別のご高配を賜り，厚く御礼申し上げます。

　さて，当社第120回定時株主総会を下記のとおり開催いたしますので，ご通知申し上げます。

　なお，ご出席されない場合にも，書面またはインターネットにより議決権を行使することができます。議決権行使は株主の皆様の大切な権利ですので，株主総会参考書類をご検討の上，後記「議決権の行使等のご案内」をご参照いただき，2024年6月17日（月曜日）午後5時40分までに議決権をご行使いただきますようお願い申し上げます。また，総会の様子はインターネットで御覧いただくことができますので，こちらも是非ともご利用ください。

敬　具

記

1．日　時	2024年6月18日（火曜日）午前10時	
2．場　所	東京都千代田区丸の内三丁目5番1号　東京国際フォーラム　B棟5階　ホールB5 （前回と会場が異なっておりますので，お間違えのないようご注意ください）	
3．目的事項	**報告事項**	1．第120期（2023年4月1日から2024年3月31日まで）事業報告，連結計算書類並びに会計監査人及び監査委員会の連結計算書類監査結果報告の件
		2．第120期（2023年4月1日から2024年3月31日まで）計算書類報告の件
	決議事項	議案　取締役9名選任の件
4．議決権の行使等のご案内	［議決権の行使等のご案内］をご参照ください。	

以　上

572　第6章　株主総会招集通知

〈事例2〉　ハイブリッド型バーチャル株主総会（参加型）の実施にあたり，インターネットによる株主総会傍聴方法や事前質問受付方法の案内を記載している事例

東京エレクトロンデバイス（2024年3月期）

証券コード：2760

2024年5月29日

（電子提供措置の開始日　2024年5月22日）

株　主　各　位

神奈川県横浜市神奈川区金港町1番地4

東京エレクトロン デバイス株式会社

代表取締役社長　　○○○○

第39期定時株主総会招集ご通知

拝啓　平素は格別のご高配を賜り，厚く御礼申し上げます。

　さて，当社第39期定時株主総会を下記のとおり開催いたしますので，ご通知申し上げます。

　本総会の招集に際しては電子提供措置をとっており，インターネット上の下記ウェブサイトに「第39期定時株主総会招集ご通知」として電子提供措置事項を掲載しております。

　当社ウェブサイト

https://www.teldevice.co.jp/ir/kabunushi_soukai.html

〔二次元コード〕

　また，上記のほか，東京証券取引所（東証）のウェブサイトにも掲載しておりますので，以下の東証ウェブサイト（東証上場会社情報サービス）にアクセスして，証券コード（2760）を入力・検索し，「基本情報」「縦覧書類報/PR情報」を順に選択の上，ご覧ください。

　東証ウェブサイト（東証上場会社情報サービス）

https://www2.jpx.co.jp/tseHpFront/JJK010010Action.do?Show=Show

〔二次元コード〕

　なお，当日ご出席願えない場合は，書面又は電磁的方法（インターネット等）によって議決権を行使することができますので，後記株主総会参考書類をご検討

いただき，「議決権行使についてのご案内」をご参照の上，2024年6月18日（火曜日）午後5時30分までに議決権をご行使くださいますようお願い申し上げます。

敬　具

記

1．日　　　時　　2024年6月19日（水曜日）午前10時　（受付開始予定 午前9時）

2．場　　　所　　神奈川県横浜市西区北幸一丁目3番23号　横浜ベイシェラトン
　　　　　　　　　ホテル＆タワーズ　5階「日輪」（末尾の株主総会会場ご案内図
　　　　　　　　　をご参照ください。）

3．株主総会の目的事項

　報告事項

　　　1．第39期（自 2023年4月1日　至 2024年3月31日）事業報告，連結計
　　　　　算書類並びに会計監査人及び監査役会の連結計算書類監査結果報告の
　　　　　件

　　　2．第39期（自 2023年4月1日　至 2024年3月31日）計算書類報告の件

　決議事項

　　　第1号議案　定款一部変更の件

　　　第2号議案　取締役7名選任の件

　　　第3号議案　取締役賞与支給の件

以　　上

1．当日ご出席の際は，お手数ながら同封の議決権行使書用紙を会場受付にご提
　出ください。

2．本総会におきましては，「ハイブリッド参加型バーチャル株主総会」を導入
　しており，当日会場にご来場いただけない株主様も，インターネットの手段
　を用いて，株主総会当日の議事進行の様子をライブ配信でご確認いただくこ
　とができます。

　具体的な内容については，「ハイブリッド参加型バーチャル株主総会（ライ
　ブ配信）についてのご案内」にてご案内しておりますので，ご確認いただけ
　ますようお願い申し上げます。

3．書面交付請求をされた株主様へご送付している書類には，法令及び当社定款
　の規定に基づき，下記の事項を記載しておりません。

　・事業報告の「業務の適正を確保するための体制及び当該体制の運用状況」

574　第6章　株主総会招集通知

　　　・連結計算書類の「連結株主資本等変動計算書，連結注記表」
　　　・計算書類の「株主資本等変動計算書，個別注記表」
　　なお，ご送付している書面の項番の記載は電子提供措置事項と同一となって
　おりますので，ご了承ください。
4．電子提供措置事項に修正が生じた場合は，インターネット上の当社ウェブサ
　　イト及び東証ウェブサイトに修正後の事項を掲載させていただきます。
5．株主控室は取り止めとさせていただきます。
6．株主総会へご出席される株主様へのお土産のご用意はございません。
7．ライブ配信時には，会場でご出席される株主様のプライバシーに配慮し，議
　　長席及び役員席付近のみの撮影とさせていただきますが，やむを得ず株主様
　　が映り込んでしまう場合がございますので，あらかじめご了承ください。
8．本総会の決議結果につきましては，前ページに記載のインターネット上の当
　　社ウェブサイトに掲載させていただき，書面による決議通知はお送りいたし
　　ませんので，ご了承ください。

（中略）

ハイブリッド参加型バーチャル株主総会（ライブ配信）についてのご案内
■「ハイブリッド参加型バーチャル株主総会」の概要
　本総会におきましては，当日会場にご来場いただけない株主様も，インター
ネットの手段を用いた「バーチャル参加」の方法により，株主総会当日の議事進
行の様子をライブ配信でご確認いただくことができます。
　ただし，バーチャル参加いただく株主様は，会社法上，本総会に「出席」した
ものとは取り扱われません。そのため，ご質問や動議の提出，当日の議決権行使
ができないなど，当日会場にご来場いただき，本総会に出席いただいた場合とは
異なる取り扱いが生じますので，あらかじめご了承ください。
　また，通信環境の影響により，ライブ配信の画像や音声の乱れ，あるいは一時
断絶されるなどの通信障害が発生する可能性がございます。このような通信障害
の影響を懸念される株主様は，会場にて出席されることをご検討いただけますよ
うお願い申し上げます。
　なお，システム障害等の緊急の事態への対応等，ハイブリッド参加型バーチャ
ル株主総会の運営に変更が生じる場合には，インターネット上の当社ウェブサイ
ト（https://www.teldevice.co.jp）においてお知らせいたしますので，適宜ご確
認くださいますようお願い申し上げます。

IV　事例分析　575

■バーチャル参加に必要となる環境

　株主総会当日の議事進行の様子は，パソコン・スマートフォン等によりライブ配信でご確認いただくことができます。当社推奨の通信環境は次のとおりです。

【OS】Windows 10/11，Mac OS 最新版
【ブラウザ】
<Windows> Microsoft Edge，Mozilla Firefox，Google Chrome
<Mac OS> Safari
【モバイル端末】iPhone：iOS12 以上，iPad：iOS13 以上（Safari），Android 8 以上（Chrome）
【通信速度】5 Mbps（推奨）
【動作環境】
<PC> https://jp.vcube.com/support/virtual-shareholders-meeting/
　　　requirements/#vsm01
<モバイル端末> https://jp.vcube.com/support/virtual-shareholders-meeting/requirements/#vsm02

　バーチャル参加いただくにあたり，参加場所及び通信環境につきましては，株主様ご自身でご用意いただく必要がございます。バーチャル参加にあたっての通信料等は株主様のご負担となります。株主様がご利用のパソコン・タブレット・スマートフォン，インターネット環境の不具合や株主様の通信環境等を原因として，株主様がバーチャル参加できない場合もございますので，あらかじめご了承ください。

■バーチャル参加の方法

　バーチャル参加を希望される株主様は，議決権行使書用紙に記載の ID（株主番号9桁）及びパスワード（郵便番号7桁）を用いて，以下の URL により，バーチャル参加用の特設ページにアクセスいただき，当社所定のバーチャル参加システムにログインいただきますようお願い申し上げます。

<バーチャル参加用の特設ページ>
https://2760.ksoukai.jp

576　第6章　株主総会招集通知

※バーチャル参加される株主様は，事前に特設ページにアクセスいただき，ページ下部の「視聴確認用動画を再生する」より，視聴確認用のテストページが問題なく表示されるか，ご確認いただきますようお願い申し上げます。

［二次元コード］

■**事前質問の受付についてのご案内**
受付期間：2024年5月30日（木）午前9時～6月12日（水）午後5時30分
　ご質問は本総会の目的事項に関わる内容に限らせていただきます。株主様のご関心が特に高い事項については，株主総会当日に回答をさせていただく予定ですが，個別の回答はいたしかねますので，あらかじめご了承ください。

【受付方法】
・バーチャル参加用の特設ページより，議決権行使書用紙に記載のID・パスワードをご入力の上，ログインください。
・バーチャル参加用の特設ページにて「事前質問を行う」ボタンを押してください。
・必要事項をご入力の上，「申し込む」ボタンを押してください。

＊受付期間外になりますと事前質問の投稿はできなくなります。受付期間内でのお早めの送信をお願いいたします。
＊ご質問は1回の受付で1問のみとさせていただきます。

■**その他の注意事項**
① バーチャル参加いただく株主様は，当日議決権行使を行うことはできないため，前記でご案内した方法（書面又は電磁的方法（インターネット等））にて，事前に議決権を行使いただきますようお願い申し上げます。
② 当社は，ハイブリッド参加型バーチャル株主総会の開催にあたり，合理的な範囲で通信障害等への対策を行いますが，通信障害等により株主様が被った不利益に関し一切の責任を負いかねますので，あらかじめご了承ください。
③ バーチャル参加用のURL，ID及びパスワードを第三者に共有すること，株主総会の模様を録音，録画，公開等することは，禁止させていただきます。
④ 当社がやむを得ないと判断した場合，ハイブリッド参加型バーチャル株主総

会の内容を一部変更又は中止とさせていただく場合がございます。

■お問い合わせ先

　バーチャル参加に関してご不明な点がある場合は，電話によるお問い合わせにも対応しておりますので，議決権行使書用紙をお手元にご準備の上，以下にお問い合わせください。

　なお，以下の事項についてはご回答いたしかねますので，あらかじめご了承ください。

① 　インターネットへの接続方法，ご利用のパソコン・スマートフォン等の機能等に関するお問い合わせ

② 　株主総会当日において株主様側の通信環境等が問題と思われる原因での接続できない，遅延，音声トラブル等のトラブルに関するお問い合わせ

＜バーチャル株主総会一般に関するお問い合わせ＞

　三井住友信託銀行バーチャル株主総会サポート専用ダイヤル

　0120-782-041（受付：午前9時～午後5時。土日休日を除きます。）

＜システムに関する技術的なお問い合わせ＞

　株式会社ブイキューブ

　03-6833-6858（受付：6月19日（水）当日のみ午前9時～株主総会閉会時）

〈事例3〉　ハイブリッド型バーチャル株主総会（出席型）の実施にあたり，インターネットによる出席の方法や議決権行使方法等の案内を記載している事例

本田技研工業（2024年3月期）

（証券コード 7267）

2024年6月3日

（電子提供措置の開始日 2024年5月27日）

株　主　各　位

東京都港区南青山二丁目1番1号

本田技研工業株式会社

取締役 代表執行役社長　〇〇〇〇

第100回定時株主総会招集のご通知

578　第6章　株主総会招集通知

拝啓　平素より格別のご高配を賜り厚く御礼申しあげます。

　当社第100回定時株主総会を下記のとおり開催いたします。

　本株主総会の招集に際しては，電子提供措置をとっており，3頁記載のウェブサイトに電子提供措置事項を掲載しております。

　本株主総会は，当日会場で出席いただけない株主様も，「バーチャル出席のご案内」（6頁）に記載の方法により株主総会に出席いただける，ハイブリッド出席型バーチャル株主総会とします。

　なお，当日会場での出席を希望される場合，事前申し込みが必要となります。十分な座席数をご用意する予定ですが，万が一，定員に達した場合は抽選とさせていただきます。詳細は5頁をご参照ください。

　当日出席できない場合であっても，インターネットまたは書面による事前の議決権行使が可能です。電子提供措置事項に掲載の株主総会参考書類をご検討いただき，「議決権行使のご案内」（4頁）に記載の方法により，2024年6月18日（火曜日）午後6時までに議決権をご行使ください。

敬　具

記

日　　時　2024年6月19日（水曜日）午前10時（受付開始予定：午前9時）

場　　所　東京都新宿区西新宿八丁目17番3号　ベルサール新宿グランド
　　　　　1Fイベントホール
　　　　　※ 会場での出席は事前申し込みが必要となります（5頁参照）
　　　　　※ 会場が昨年と異なりますので，ご注意ください
　　　　　※ お土産の配布は行いません

目的事項
　報告事項　1．第100期（2023年4月1日から2024年3月31日まで）の事業報告，連結計算書類および計算書類の内容報告の件
　　　　　　2．第100期（2023年4月1日から2024年3月31日まで）の会計監査人および監査委員会の連結計算書類監査結果報告の件

　決議事項　議案　取締役12名選任の件

社外取締役候補者6名を含む以下12名の選任をお願いするものです。

▶📖詳細は，下記ウェブサイトをご参照ください。

候補者番号	氏名		候補者番号	氏名		候補者番号	氏名	
1	再任 ○○ ○○ 男性		5	再任 ○○ ○○ 非執行 女性		9	再任 ○○ ○○ 社外 独立 男性 非執行	
2	再任 ○○ ○○ 男性		6	新任 ○○ ○○ 非執行 男性		10	再任 ○○ ○○ 社外 独立 男性 非執行	
3	再任 ○○ ○○ 男性		7	再任 ○○ ○○ 社外 独立 男性 非執行		11	再任 ○○ ○○ 社外 独立 女性 非執行	
4	新任 ○○ ○○ 男性		8	再任 ○○ ○○ 社外 独立 男性 非執行		12	新任 ○○ ○○ 社外 独立 女性 非執行	

電子提供措置事項掲載ウェブサイト

当社ウェブサイト

https://global.honda/jp/investors/stock_bond/meeting.html

［二次元コード］

東京証券取引所ウェブサイト

https://www2.jpx.co.jp/tseHpFront/JJK010010Action.do?Show=Show
上記のウェブサイトにアクセスして，当社名（本田技研工業）または証券コード（7267）を入力・検索し，「基本情報」，「縦覧書類／PR情報」を順に選択の上，ご覧ください。

［二次元コード］

ネットで招集ウェブサイト

https://s.srdb.jp/7267/

パソコン・スマートフォン・タブレット端末から，招集のご通知の閲覧と議決権行使ができます。

［二次元コード］

以　上

ご留意いただきたい事項

■電子提供措置事項のうち，以下の項目につきましては，法令および当社定款第15条の規定に基づき，書面交付請求をいただいた株主様に対して交付する書面（交付書面）には記載しておりません。なお，監査委員会および会計監査人は，下記事項を含む監査対象書類を監査しております。

●事業報告：企業集団の現況に関する事項（対処すべき課題，財産及び損益の状況の推移，主要な事業内容，主要な拠点等，従業員の状況），会社の株式に関する事項（発行済株式の総数，株主数，大株主，当年度中に職務執行の対価として会社役員に交付した株式の状況），会社の新株予約権等に関する事項，会社役員に関する事項（社外役員の当年度における主な活動状況，責任限定契約の内容の概要，補償契約の内容の概要，役員等賠償責任保険契約の内容の概要），会計監査人の状況，会社の体制及び方針（業務の適正を確保するための体制，

業務の適正を確保するための体制の運用状況の概要，剰余金の配当等の決定に関する方針）
●連結計算書類：連結財政状態計算書，連結損益計算書，連結持分変動計算書，連結注記表
●計算書類：貸借対照表，損益計算書，株主資本等変動計算書，個別注記表
●監査報告：連結計算書類に係る会計監査人の監査報告，計算書類に係る会計監査人の監査報告，監査委員会の監査報告
■法令に基づき，交付書面の送付は，2024年3月31日までに書面交付請求の手続きを完了した株主様に限らせていただいております。
■電子提供措置事項に修正が生じた場合は，掲載している各ウェブサイトに修正内容を掲載いたします。

議決権行使のご案内

	インターネット（下記参照）抽選で電子ギフト有り	書面	株主総会に出席
行使方法	当社指定の議決権行使ウェブサイトにアクセスし，賛否をご入力ください。	同封の議決権行使用紙に賛否を記入し，切り取ってご返送ください。	バーチャル出席は6頁を参照ください。会場出席は同封の議決権行使用紙を会場受付にご提出ください。
行使期限	2024年6月18日（火）午後6時まで	2024年6月18日（火）午後6時到着分まで	開催日時 2024年6月19日（水）午前10時

議決権行使ウェブサイト
https://evote.tr.mufg.jp/

QRコードを読み取る方法

「ログインID」，「パスワード」を入力することなく議決権行使ウェブサイトにログインすることができます。議決権行使書用紙右下に記載のQRコードを読み取ってください。

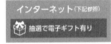
（イラスト）

(QRコードは，株式会社デンソーウェーブの登録商標です)

機関投資家の皆さまは，株式会社ICJが運営する議決権電子行使プラットフォームをご利用いただけます。

議決権行使の取り扱いについて

株主総会前日まで	株主総会当日にバーチャル出席	議決権の取り扱い
事前に議決権を行使した	議決権を行使した	株主総会当日の議決権行使が有効
事前に議決権を行使した	議決権を行使しなかった	事前の議決権行使が有効（インターネットと書面による方法の双方で事前に議決権行使された場合は，インターネットが有効）（インターネットによる方法で複数回議決権行使をされた場合は，最後に行われた議決権行使が有効）
事前に議決権を行使しなかった	議決権を行使した	株主総会当日の議決権行使が有効
事前に議決権を行使しなかった	議決権を行使しなかった	不行使

●議決権行使書面において，賛否のご表示のない場合は，賛成の意思表示があったものとしてお取り扱いします。
●株主総会当日にバーチャル出席をされて議決権行使したものの，賛否を選択しない議案があった場合は，当該議案は「棄権」としてお取り扱いします。
●事前に議決権を行使したものの，会場出席された場合は会場での議決権行使が有効となりますが，バーチャル出席においても議決権行使された場合は，バーチャル出席による議決権行使を有効なものとしてお取り扱いします。
●議決権の代理行使をされる場合は，議決権を有する株主様に限り，委任状等の代理権を証明する書面を当社にご提出いただいて，代理人として株主総会にご出席いただけます（会場での出席は事前申し込みが必要となります（5頁参照））。

システム等に関するお問い合わせ	三菱UFJ信託銀行株式会社 証券代行部（ヘルプデスク） 📞 0120-173-027 (受付時間 午前9時から午後9時まで 通話料無料)

Ⅳ　事例分析　581

(中略)

バーチャル出席のご案内

配信日時　**2024年6月19日(水)午前10時**
● 30分前からアクセス可能です。

(画像)
❶「当日ライブ視聴」をクリック
❷ 利用規約をご確認の上、「利用規約に同意する」にチェック
❸「視聴する」をクリック

ライブ中継をご視聴いただきながら、ご質問、議決権行使等が可能です。当日会場で出席いただく場合と同様、会社法上、株主総会に「出席」したものと取り扱われます。

動議について
● 動議を希望される場合は、株主総会の当日に議長が指定する時間内に、動議の提出をお願いします。
● 動議は、種類ごと一人1回のみ(200文字まで)とさせていただきます。また議長の議事整理により、決議事項の採決までの間にまとめて議場に諮らせていただく場合がございます。

株主総会の当日に議長が指定する時間内に下記の手順でご質問ください。
❶ (画像)
❷ ❶「質問タブ」をクリック
❸ ❷ カテゴリを選択
❹ ❸ ご質問を入力
❹ 内容をご確認の上、「送信」をクリック

● ご質問は、一人1問のみ(200文字まで)とさせていただきます。
● ご質問は、本株主総会の目的事項に関する質問であり、事前質問と重複しないものを中心に採り上げます。いただいたご質問のすべてに回答することはいたしかねる場合がある点、同種のご質問については、一つにまとめて回答する場合がある点、ご了承ください。

バーチャル出席での議決権行使方法

❶「議決権行使タブ」をクリック
❷「議決権行使」をクリック
❸「賛成」「反対」または、「全議案賛成」を選択
❹「議決権行使完了」をクリック

ご留意事項
● 当日の会場での発言は字幕でご確認いただけます。株主様専用ウェブサイトの当日ライブ視聴ページ内の「関連書類」よりご覧ください。
● 当社は、バーチャル株主総会の開催にあたり、合理的な範囲で通信障害等への対策を行いますが、通信障害等により審議への参加や議決権行使に支障が生じる場合がございます。当社は、このような通信障害によってバーチャル出席される株主様が被った不利益に関しては、一切責任を負いかねます(このような通信障害の影響を懸念される株主様は、会場での出席(事前申し込みが必要となります(5頁参照))をご検討ください)。
● 通信障害等その他の事情により、当社がやむを得ないと判断した場合、ハイブリッド出席型バーチャル株主総会の運営を一部変更、またはバーチャル株主総会を中止させていただくことがございます。その場合は、右記当社ウェブサイトにてお知らせします。▶ https://global.honda/jp/investors/stock_bond/meeting.html
● バーチャル出席に必要となる環境は右記ウェブサイトよりご確認ください。▶ https://www.tr.mufg.jp/daikou/pdf/faq.pdf
なお、必要となる通信機器類および通信費等、一切の費用については株主様のご負担とさせていただきます。

ライブ中継(動画プレイヤーの視聴不具合等)に関するお問い合わせ
株式会社Jストリーム　**0120-597-260**
(2024年6月19日(水)(株主総会当日)午前9時30分から株主総会終了まで)

〈事例4〉　場所の定めのない株主総会(バーチャルオンリー株主総会)の実施にあたり、株主が実際に来場する会場はないことや、オンラインでの出席方法等を記載している事例

LIXIL(2024年3月期)

(証券コード 5938)

招集ご通知　　　　　　　　　　2024年6月3日
(電子提供措置の開始日　2024年5月24日)

株主各位

東京都品川区西品川一丁目1番1号

大崎ガーデンタワー

株式会社LIXIL

取締役 代表執行役社長 兼 CEO ○○○○

第82回定時株主総会招集ご通知

拝啓　平素は格別のご高配を賜り，厚く御礼申し上げます。

さて，当社第82回定時株主総会を下記のとおり開催いたしますので，ご通知申し上げます。

なお，インターネットまたは書面（郵送）により事前に議決権を行使することができます。これらの方法による場合は，2024年6月18日（火曜日）午後5時20分までに議決権をご行使くださいますようお願いいたします。

敬　具

記

1．日　　　時　2024年6月19日（水曜日）午後1時（午後0時45分よりオンライン配信開始予定）

> 予備日時
>
> 通信障害等により，万一上記日時に開催出来なかった場合は，以下の日時に開催いたします。
>
> 詳細は当社ウェブサイト※に掲載いたします。
>
> 2024年6月21日（金曜日）午後1時（午後0時45分よりオンライン配信開始予定）

2．開催方法　　場所の定めのない株主総会（バーチャルオンリー株主総会）

> ・完全オンライン（インターネット上のみ）での開催となり，実際にご来場いただく会場はございませんので，オンライン上でのご出席をお願いいたします。
>
> ・ご出席方法は，本招集ご通知10ページをご覧ください。

3．目的事項　　報告事項　(1)　第82期（2023年4月1日から2024年3月31日まで）事業報告の内容，連結計算書類の内容ならびに会計監査人および監査委員会の連結計算書

類監査結果報告の件

　(2)　第82期（2023年4月1日から2024年3月31日まで）計算書類の内容報告の件

決議事項　議案　取締役10名選任の件

本株主総会の招集に際しては電子提供措置をとっており，株主総会参考書類等の内容である情報（電子提供措置事項）について，以下のウェブサイトに「第82回定時株主総会招集ご通知（交付書面）」，「第82期報告書（交付書面）」および「第82回定時株主総会電子提供措置事項のうち書面交付請求による交付書面に記載しない事項」として掲載しています。

＜※当社ウェブサイト＞

https://www.lixil.com/jp/investor/ir_event/meeting.html

（二次元コード）

＜東京証券取引所ウェブサイト＞

https://www2.jpx.co.jp/tseHpFront/JJK010010Action.do?Show=Show

（二次元コード）

上記の東京証券取引所のウェブサイト（東証上場会社情報サービス）にアクセスして，「銘柄名（会社名）」に「LIXIL」（全角もしくは半角）または「コード」に当社証券コード「5938」（半角）を入力・検索し，「基本情報」，「縦覧書類／PR情報」を選択のうえ，ご確認くださいますようお願いいたします。

以　上

当社ウェブサイトに掲載する事項のご案内

◎電子提供措置事項のうち，次の事項につきましては，法令および当社定款の規定に基づき，書面交付請求をいただいた株主様に対して交付する書面には記載していません。なお，監査委員会および会計監査人は次の事項を含む監査対象書類を監査しています。

・連結計算書類の連結注記表

・計算書類の個別注記表

◎政府等の発表その他の事情により，本株主総会の開催日時，開催方法，運営等に変更が生じるときは，当社ウェブサイト※に掲載いたします。

◎電子提供措置事項に修正が生じたときは，当社ウェブサイト※および上記の東京証券取引所ウェブサイトにその旨，修正前の事項および修正後の事項を掲載

いたします。
◎決議の結果につきましては、当社ウェブサイト※に掲載いたします。
◎当日の本株主総会の様子を後日当社ウェブサイト※にてオンデマンド配信いたします。

　※当社ウェブサイト https://www.lixil.com/jp/investor/ir_event/meeting.html

株主総会の流れ

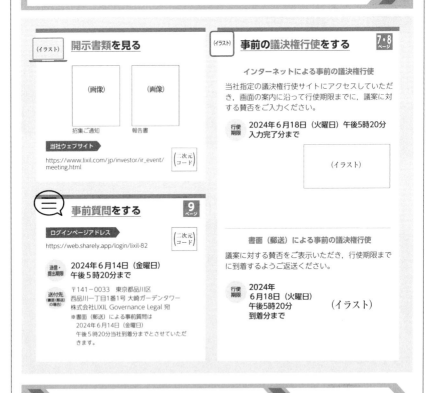

Ⅳ 事例分析 585

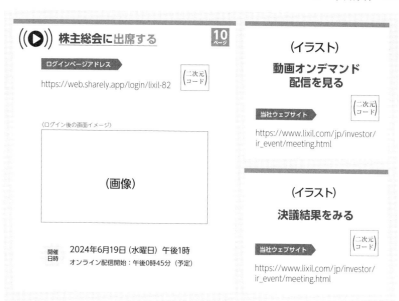

株主総会に出席する 10ページ

ログインページアドレス
https://web.sharely.app/login/lixil-82
(二次元コード)

〈ログイン後の画面イメージ〉

（画像）

開催日時　2024年6月19日（水曜日）午後1時
オンライン配信開始：午後0時45分（予定）

（イラスト）
動画オンデマンド配信を見る

当社ウェブサイト
https://www.lixil.com/jp/investor/ir_event/meeting.html
(二次元コード)

（イラスト）
決議結果をみる

当社ウェブサイト
https://www.lixil.com/jp/investor/ir_event/meeting.html
(二次元コード)

(イラスト) **事前の議決権行使をする**

下記の行使期限までに事前の議決権行使をお願いいたします

行使期限　**2024年6月18日（火曜日）午後5時20分まで**

株主総会にオンラインでご出席される株主様も，通信障害等に対する備えとして事前の議決権行使をお願いいたします。
なお，事前の議決権行使をされた株主様が，株主総会当日，オンラインでご出席され議決権行使をされた場合，事前の議決権行使の内容を取り消したうえで，株主総会当日の議決権行使の内容で集計させていただきます。

インターネットによる事前の議決権行使

当社指定の議決権行使サイトにアクセスしていただき，画面の案内に沿って行使期限までに，議案に対する賛否をご入力ください。

 行使期限　2024年6月18日（火曜日）午後5時20分入力完了分まで

複数回にわたり行使された場合の議決権の取り扱い
〈インターネットと書面（郵送）により重複して議決権を行使された場合〉
インターネットによる議決権行使の内容を有効なものとさせていただきます。
〈インターネットにより複数回にわたり議決権を行使された場合〉
最後に行使された内容を有効なものとさせていただきます。また，パソコンとスマートフォン等で重複して議決権を行使された場合も，最後に行使された内容を有効なものとさせていただきます。

（イラスト）

書面（郵送）による事前の議決権行使

議案に対する賛否をご表示いただき，行使期限までに到着するようご返送ください。

行使期限：2024年6月18日（火曜日）午後5時20分到着分まで

（イラスト）

（中略）

事前質問をする

事前のご質問をお送りいただく場合は，下記の送信・提出期限までにご質問をお送りください

送信・提出期限：**2024年6月14日（金曜日）午後5時20分まで**
※書面（郵送）による事前質問は2024年6月14日（金曜日）午後5時20分当社到着分までとさせていただきます。

事前質問をされる場合，インターネットまたは書面（郵送）の2つの方法があります。
株主総会にご出席の株主様は，株主総会当日，オンライン出席画面からもご質問をお送りいただくことができます。

インターネットによる事前質問の送信方法

1. 下記のアドレスまたはQRコードからバーチャル株主総会システム（Sharely）にアクセスしてください。
   アドレス：https://web.sharely.app/login/lixil-82
   （二次元コード）

2. 株主番号（数字8桁／半角），郵便番号（数字7桁／ハイフン不要／半角），保有議決権数（数字／半角）を入力し，ログインしてください。なお，保有議決権数は同封の議決権行使書に記載される「議決権の数」をさします。
   （画像）

3. 右記の画面が表示されますので，案内に沿ってお進みください。
   （画像）

4. ご質問内容をご記入のうえ，送信してください。
   送信1回につき1質問（300字以内，日本語または英語のみ），送信はお一人につき合計3回までとさせていただきます。規定回数を超えますと，送信ができなくなりますのでご注意ください。
   （画像）

書面（郵送）による事前質問の方法

右記の内容に沿って，提出期限までに送付先にお送りいただきますようお願いいたします。また，ご質問に加えて株主様のお名前および株主番号を必ずご記載ください。なお，書式は問いません。

質問要領：1問につき300字以内（日本語または英語のみ），合計3問までとさせていただきます。
ご質問は，本株主総会の目的事項に関するものに限らせていただきます。

送付先：〒141-0053
東京都品川区西品川一丁目1番1号 大崎ガーデンタワー
株式会社LIXIL Governance Legal 宛

提出期限：2024年6月14日（金曜日）午後5時20分必着
※ご留意点：書面の郵送費用につきましては株主様のご負担とさせていただきます。

株主総会に出席する（事前のお申込み不要）

株主総会当日，パソコン，スマートフォン等によりオンラインでご出席し，審議のご視聴，テキストメッセージによるご質問，議決権行使等をおこなうことができます。

Ⅳ　事例分析　587

1 当日は，下記のアドレスまたはQRコードからバーチャル総会システム（Sharely）にアクセスしてください。
（インターネットによる事前の議決権行使のアドレス，QRコードとは異なりますのでご注意ください）

▶アドレス◀
https://web.sharely.app/login/lixil-82

二次元コード

〈推奨環境〉
下記の環境を推奨いたします。
・OS：Windows 10，Windows 11，Mac OS 11，Mac OS 12，Mac OS 13，Android
・ブラウザ：Google Chrome，Firefox，Safari
※OS・ブラウザともにいずれも最新版
上記以外の環境（iOS，iPad OS等）でご利用の場合は，テスト視聴にて事前の動作の確認をお願いいたします。詳細は下記の「お願い」をご覧ください。また，上記にかかる費用，料金等は株主様のご負担となります。
事前のお申込みは不要ですが，当日はお早めにアクセスをお願いいたします。

2 下記「ログイン画面」で，案内に沿ってご入力ください。なお，保有議決権数は同封の議決権行使書に記載される「議決権の数」をさします。
（画面イメージは，ご使用の機器や仕様変更により実際の画面と異なる場合があります）

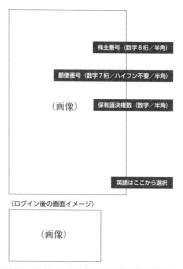

〈ログイン後の画面イメージ〉
（画像）

 お願い　テスト視聴にて事前の動作の確認をお願いいたします。
▶テスト視聴用URL◀ https://www.stream.co.jp/check/office/
※当日オンライン出席用URLとは異なりますのでご注意ください。

ご留意事項（必ずご確認ください）

1．ご質問の取り扱い方針について

当社は，バーチャルオンリー株主総会の実施にあたり，株主様からインターネットまたは書面（郵送）によりお送りいただくご質問を以下の方針に沿って取り扱います。

(1)事前のご質問につきましては，送信1回につき1質問（300字以内，日本語または英語のみ），送信はお一人につき合計3回まで（書面による場合を含めて合計3問まで）とさせていただきます。インターネットによる送信の場合，規定回数を超えますと，送信ができなくなりますのでご注意ください。

　　事前質問の受付期限：2024年6月14日（金曜日）午後5時20分まで
　　※書面（郵送）による場合は上記時間内に当社必着とさせていただきます。

(2)株主総会当日のご質問につきましては，当日議長が指定する方法に沿って，インターネットを通じておこなっていただきます。ご質問の送信は，送信1回につき1質問（300字以内，日本語または英語のみ），送信はお一人につき合計3回までとさせていただきます。インターネットによる事前のご質問同様，規定回数を超えますと，送信ができなくなりますのでご注意ください。

(3)事前または株主総会当日にいただいたご質問について，本株主総会開催中，それらの全てにご回答できない場合がございますが，ご回答できなかったご質問につきましては，本株主総会の目的事項に関連しないご質問を除き，原則として全てのご質問およびそれらに対する回答を後日当社ウェブサイト※に掲載いたします。ただし，未公開の重要事実に関するご質問，個人のプライバシーに関するご質問，誹謗中傷を含むご質問等にはお答えできかねます。なお，事前のご質問につきましては，ご質問とそれらに対する回答を株主総会前に当社ウェブサイト※に掲載させていただくことがあります。

(4)株主総会当日において，ご質問に対する回答が十分におこなわれ，本株主総会の目的事項に鑑み審議が尽くされたと判断した場合には，ご質問への回答を打ち切らせていただくことがあります。

588　第6章　株主総会招集通知

(5)複数の株主様から同様のご質問があった場合，株主総会当日または当社ウェブサイト※において，まとめてご回答させていただくことがあります。
※当社ウェブサイト：https://www.lixil.com/jp/investor/ir_event/meeting.html

２．事前の議決権行使の取り扱いについて
(1)インターネットと書面（郵送）により重複して議決権を行使された場合，インターネットによる議決権行使の内容を有効なものとさせていただきます。
(2)インターネットにより複数回にわたり議決権を行使された場合，最後に行使された内容を有効なものとさせていただきます。また，パソコンとスマートフォン等で重複して議決権を行使された場合も，最後に行使された内容を有効なものとさせていただきます。
※ご返送いただいた議決権行使書において，議案について賛否の表示がない場合は，賛成の意思表示があったものとして取り扱います。

３．当日の議決権行使の取り扱いについて
(1)株主総会当日の議決権行使は，議長が指定する時間まで行使していただくことができます。
(2)事前の議決権行使をされた株主様が，株主総会に出席され，議決権行使をされた場合，事前の議決権行使の内容を取り消したうえで，株主総会当日の議決権行使の内容で集計させていただきます。また，事前の議決権行使をされた株主様が，株主総会に出席され，議決権行使をされなかった場合，事前行使された内容で集計させていただきます。
(3)株主様が事前の議決権行使をされずに，株主総会当日にオンラインご出席用アドレス（本招集ご通知10ページ）にアクセス・ログインされたものの，議決権行使が確認できない場合は，欠席として取り扱います。

４．動議について
(1)動議は，株主総会当日の開会から閉会までの間，オンライン出席画面の「動議」ボタンから提出することができます（必要に応じ，動議の内容を確認させていただくことがあるため，必ず電話番号のご記入をお願いいたします）。また，送信1回につき1動議（300文字以内，日本語または英語のみ）とさせていただきます。
(2)動議が提出され採決される場合，オンライン出席画面の「動議」ボタンから投票をお願いいたします。
(3)動議は，議長の議事整理により，決議事項の採決までの間にまとめて議場に諮らせていただく場合があります。

５．本株主総会の議事に用いる通信方法および通信障害対策について
(1)本株主総会の議事における情報の送受信の方法は，インターネットによるものとします。
(2)当社は，バーチャルオンリー株主総会の実施にあたり，通信障害を予防する対策として，複数のバックアップ回線を用意するとともに，サーバー分散による負荷の軽減措置等通信障害対策措置が講じられた運営システムを選定しています。
(3)万一通信障害が発生した場合，原因に応じて，速やかにバックアップ回線に切り替える，運営システムの映像配信を切り替える等の対応を取るとともに，対応内容につき当社ウェブサイト※で周知いたします。また，必要に応じて問合せ窓口を設置し，当社ウェブサイト※で周知いたします。
(4)通信障害が発生した場合に備え，想定される通信障害の類型化と影響範囲の分析，類型別対応方法，対応項目，社内体制等を定めた対処マニュアルを準備し，状況に応じて迅速に対応することにより混乱を最小限に抑えます。
(5)上記の対応をおこなったにもかかわらず，本株主総会の開催自体ができない場合または議事の進行ができない場合に備え，以下の対応をおこないます。
　〈通信障害が，株主総会「開会前」に発生した場合に備えた対応〉
　・通信障害により株主総会が開会できなかった場合，以下の予備日時に株主総会を開催いたします。
　・詳細は，速やかに当社ウェブサイト※でご案内いたします。
　〈通信障害が，株主総会「開会後」に発生した場合に備えた対応〉
　・本株主総会の冒頭で，通信障害等により議事に著しい支障が生じた場合，議長が株主総会の延期または続行を決定することができる旨の決議をお諮りいたします。
　・上記の決議に基づき，議長が株主総会の延期または続行の決定をおこなった場合，以下の予備日時に延会または継続会を開催いたします。

> **予備日時**
> 2024年6月21日（金曜日）午後1時
> （午後0時45分よりオンライン配信開始予定）

　・詳細は，速やかに当社ウェブサイト※でご案内いたします。
※当社ウェブサイト：
https://www.lixil.com/jp/investor/ir_event/meeting.html

二次元コード

Ⅳ　事例分析　589

6．代理人によるご出席について

議決権を有する他の株主様1名を代理人として，議決権を行使することができます。代理人により株主総会にオンライン出席される場合，以下の書面のご提出が必要となりますので，提出期限までにお送りいただきますようお願いいたします。

必要書面：・委任状（委任される株主様のご署名または押印のあるもの）
　　　　　　・委任する株主様および委任された株主様の議決権行使書のコピー

送付先　：・電子メールの場合：corporatehoumu@lixil.com
　　　　　・郵送の場合：〒141－0033
　　　　　　　東京都品川区西品川一丁目1番1号 大崎ガーデンタワー
　　　　　　　株式会社 LIXIL Governance Legal 宛

提出期限：2024年6月12日（水曜日）午後5時20分必着

※提出期限までに必要書面が到達しなかった場合は，代理人による出席は認められませんので，ご了承をお願いいたします。

※必要書面に不備があった場合は，代理人による出席が認められないことがあります。

7．その他のご留意事項

(1)本株主総会に対応している言語は日本語となります。株主様の便宜のため，同時通訳による英語でのご視聴および議決権行使も可能ですが，日本語と英語の内容に齟齬が生じた場合は日本語の内容が優先するものとします。

(2)本株主総会への出席に必要となる通信機器類および一切の費用は株主様のご負担とさせていただきます。

(3)当社は通信障害について，上記「5．本株主総会の議事に用いる通信方法および通信障害対策について」のとおり合理的な対策を講じていますが，やむを得ない事情または株主様の通信環境等の影響により，配信映像や音声の乱れ，送受信のタイムラグまたは一時中断などの通信障害が発生する可能性があり，株主様が本株主総会に出席できない場合や議決権を行使できない場合等があります。これらの通信障害により株主様に発生した不利益等について，当社としては一切の責任を負いかねますので，ご了承をお願いいたします。

(4)本株主総会において，同一または類似の質問・動議等を繰り返し送信したり，不適切な内容を含む質問等を繰り返し送信する等，議事の進行やシステムの安定的な運営に支障があると議長が判断した場合は，当該株主様との通信を強制的に途絶させていただく場合があります。

(5)ログイン用の情報（株主番号，郵便番号，保有議決権数），インターネットを使用することに支障がある株主様用の電話会議システムのアクセス情報等を第三者に開示することは，固くお断りいたします。

(6)本株主総会の模様を録音，録画，撮影，公開，公衆配信等おこなうことは固くお断りいたします。

以上

インターネットを使用することに支障がある株主様

・電話会議システム（日本語のみ。通話料は株主様ご負担）で，音声により議事進行をお聴きいただけます。

・電話会議システムでは，株主総会でのご質問，議決権行使，動議の提出等はできません。書面（郵送）による事前の議決権行使およびご質問をご利用ください。

・電話会議システムのご利用を希望される株主様は，下記お問合せ先（ログイン情報について）に，お電話でご連絡いただきますようお願いいたします。

お問合せ先

ログイン情報について	ログイン後の操作，配信視聴について
三菱UFJ信託銀行株式会社　0120－858－696	Sharely株式会社　03－6683－7661
2024年5月27日（月曜日）～6月19日（水曜日）	2024年6月19日（水曜日）
午前9：00～午後5：00	正午～株主総会閉会まで
（平日のみ，株主総会閉会まで）	

9　招集の決定事項

　「招集にあたっての決定事項」等のタイトルで，代理人が出席する場合の取扱いなどを記載している例がみられる。

590　第6章　株主総会招集通知

〈事例1〉　代理人により議決権行使する場合の取扱いについて記載している事例

セイコーグループ（2024年3月期）

株　主　各　位　　　　　　　　　　　　　　　　　　　　　証券コード8050

2024年6月7日

（電子提供措置の開始日）2024年5月30日

東京都中央区銀座四丁目5番11号

セイコーグループ株式会社

代表取締役社長　　○○○○

第163回定時株主総会招集ご通知

拝啓　平素は格別のご高配を賜り，厚く御礼申し上げます。

　さて，当社第163回定時株主総会を下記により開催いたしますので，ご通知申し上げます。

　本株主総会の招集に際しては，株主総会参考書類等の内容である情報（電子提供措置事項）について電子提供措置をとっており，以下のインターネット上の各ウェブサイトに掲載しておりますので，いずれかのウェブサイトにアクセスのうえ，ご確認くださいますようお願い申し上げます。

当社ウェブサイト	https://www.seiko.co.jp/ir/library/meeting.html	二次元コード
東京証券取引所ウェブサイト（東証上場会社情報サービス）	https://www2.jpx.co.jp/tseHpFront/JJK010010Action.do?Show=Show 銘柄名（セイコーグループ）または証券コード（8050）を入力・検索し，「基本情報」，「縦覧書類／PR情報」を順に選択のうえ，ご確認ください。	二次元コード
ネットで招集	https://s.srdb.jp/8050/ 2024年6月5日(水)掲載開始を予定しています。	二次元コード

なお，議決権行使につきましては，お手数ながら後記の株主総会参考書類（5〜21頁）をご検討のうえ，「議決権行使についてのご案内」（4頁）に従いまして，2024年6月26日（水曜日）午後6時までに議決権をご行使くださいますようお願い申し上げます。

敬　具

記

1　日　　時　2024年6月27日（木曜日）午前10時

　　　　　　　（受付開始時刻は午前9時を予定しています。）

2　場　　所　東京都港区虎ノ門一丁目23番3号虎ノ門ヒルズ森タワー4階

　　　　　　　虎ノ門ヒルズフォーラム　　ホールB

3　目的事項　報告事項　2024年3月期（2023年4月1日から2024年3月31日まで）事業報告，計算書類，連結計算書類ならびに会計監査人および監査役会の連結計算書類監査結果報告の件

　　　　　　　決議事項　第1号議案　剰余金の配当の件

　　　　　　　　　　　　第2号議案　取締役10名選任の件

　　　　　　　　　　　　第3号議案　監査役3名選任の件

4　招集にあたっての決定事項

　(1)　代理人による議決権の行使は，議決権を有する他の株主さま1名への委任に限られます。

　　　この場合は，委任者である株主さまご本人および代理人の議決権行使書とともに，代理権を証明する書面（委任状等）を会場受付にご提出ください。

　(2)　議決権の不統一行使をされる場合は，株主総会の日の3日前までに，議決権の不統一行使を行う旨とその理由を書面または電磁的方法により当社にご通知ください。

以　上

◎電子提供措置事項のうち，次に掲げる事項については，法令および当社定款の規定に基づき，書面交付請求をいただいた株主さまに対して交付する書面には記載しておらず，上記インターネット上の各ウェブサイトに掲載しております。

①事業報告の「業務の適正を確保するための体制およびその運用状況の概要」

②連結計算書類の「連結株主資本等変動計算書」および「連結注記表」

③計算書類の「株主資本等変動計算書」および「個別注記表」

会計監査人および監査役は，①～③の事項を含む各監査対象書類を監査しております。

◎電子提供措置事項に修正が生じた場合は，上記インターネット上の各ウェブサイトにその旨，修正前の事項および修正後の事項を掲載いたします。

「事業報告」動画配信のご案内

株主総会開催に先立ち，事業報告に関する動画を配信いたします。

配信期間（予定）：2024年6月21日（金曜日）～9月30日（月曜日）

配信 URL：https://v.srdb.jp/8050/2024soukai_visual/

〔二次元コード〕

〈事例２〉　議決権行使が重複する場合の取扱いを記載している事例

清水建設（2024年3月期）

株主各位　　　　　　　　　　　　　　　　　（証券コード　1803）

2024年5月31日

東京都中央区京橋二丁目16番1号

清 水 建 設 株 式 会 社

取締役社長　　○○○○

第122期定時株主総会招集ご通知

拝啓　平素は格別のご支援を賜り厚く御礼申しあげます。

　さて，当社は第122期定時株主総会を下記のとおり開催いたしますので，ご案内申しあげます。

　なお，当日ご出席願えない場合は，あらかじめインターネット又は書面（郵送）によって議決権を行使することができますので，お手数ながら後記「株主総会参考書類」をご検討のうえ，2024年6月26日（水曜日）午後5時10分までに議決権を行使くださいますようお願い申しあげます。

敬　具

Ⅳ　事例分析　593

記

1	日　時		2024年6月27日（木曜日）午前10時
2	場　所		東京都中央区京橋二丁目16番1号 当社　本店（2階シミズホール）
3	株主総会の 目的事項	報告事項	第122期（2023年4月1日から2024年3月31日まで）における以下の事項 1．事業報告，連結計算書類及び当社計算書類の内容 2．会計監査人の連結計算書類及び当社計算書類 監査結果 3．監査役会の事業報告，当社計算書類，その附属明細書及び連結計算書類 監査結果
		決議事項	第1号議案　剰余金処分の件 第2号議案　取締役11名選任の件 第3号議案　監査役2名選任の件

4　議決権の行使に関する事項

株主様におかれましては，「株主総会参考書類」をご検討のうえ，議決権を行使していただきますようお願い申しあげます。議決権の行使には，以下の3つの方法がございます。

(イラスト) インターネット	(イラスト) 書面（郵送）	(イラスト) 株主総会にご出席
P.5 をご覧いただき，スマートフォン又はパソコン等から議決権行使ウェブサイトにアクセスし，議案に対する賛否をご入力ください。	同封の議決権行使書に議案に対する賛否をご表示いただき，ご返送ください。	当日ご出席の際は，同封の議決権行使書を会場受付にご提出ください。
行使期限	**行使期限**	**株主総会開催日時**
2024年6月26日（水曜日） 午後5時10分受付分まで	**2024年6月26日（水曜日）** 午後5時10分到着分まで	**2024年6月27日（木曜日）** 午前10時

1．インターネットと書面により重複して議決権を行使された場合は，インターネットによる議決権行使の内容を有効とさせていただきます。

2．書面により議決権を行使された場合において，議案に対する賛否の表示がない場合は，賛成の表示があったものとしてお取り扱いいたします。

3．代理人により議決権を行使される場合は，議決権を有する他の株主様1名を代理人として株主総会にご出席いただけます。なお，代理人によるご出席の場合は，本人及び代理人の議決権行使書とともに，委任状を会場受付にご提出ください。

594 第6章 株主総会招集通知

5 電子提供措置事項

本株主総会の招集に際しては，株主総会参考書類等の内容である情報（電子提供措置事項）について電子提供措置をとっており，インターネット上の各ウェブサイトに掲載しておりますので，以下のいずれかのウェブサイトにアクセスのうえ，ご確認くださいますようお願い申しあげます。

【当社ウェブサイト】

https://www.shimz.co.jp/company/ir/library/report/

（二次元コード）

【東京証券取引所ウェブサイト（東証上場会社情報サービス）】

https://www2.jpx.co.jp/tseHpFront/JJK010010Action.do?Show=Show

上記の東京証券取引所ウェブサイトにアクセスいただき，銘柄名（清水建設）又は証券コード（1803）を入力・検索し，「基本情報」，「縦覧書類／PR情報」を順に選択のうえ，「縦覧書類」にある「株主総会招集通知／株主総会資料」欄よりご確認ください。

（二次元コード）

以 上

- -

◎電子提供措置事項に修正が生じた場合は，上記の当社ウェブサイト及び東京証券取引所ウェブサイトに修正内容を掲載させていただきます。

10　会議の目的事項

報告事項と決議事項に区分して記載している例が一般的である。

11　その他記載事項

株主総会資料の電子提供制度が上場会社等に義務づけられたことに伴い，招集通知の発信日付の記載の下に，電子提供措置の開始日を記載する事例がみられる。さらに，電子提供措置事項のインターネット上の掲載については，複数の掲載場所（自社のホームページ等のウェブサイトに加え，その他の掲載場所）を招集通知に記載している事例が多い。また，議決権行使の方法や，イン

ターネットによる議決権行使の案内を図表を用いて詳細に記載している例がみられる。

　新型コロナウイルス感染症の国内での感染拡大が懸念される状況においては，感染拡大防止および株主の安全のため，株主総会の出席および当日の運営に関して，招集通知に注意事項や対策を記載している例がみられる。

〈事例1〉　招集通知に電子提供措置事項のインターネット上の掲載について，複数の掲載場所を記載するとともに，電子提供措置事項に修正が生じた場合について記載している事例

三井物産（2024年3月期）

〈証券コード　8031〉

（発信日）2024年5月28日

（電子提供措置の開始日）2024年5月16日

株　主　各　位

東京都千代田区大手町一丁目2番1号

三 井 物 産 株 式 会 社

代表取締役　○○○○○○○
社　　　　長　○○○○

第105回定時株主総会招集ご通知

拝啓　株主の皆様には格別のご高配を賜り厚く御礼申し上げます。

　さて，第105回定時株主総会を下記により開催しますので，ご通知申し上げます。

　本株主総会の招集に際しては，株主総会参考書類等の内容である情報（電子提供措置事項）について電子提供措置をとっており，インターネット上の当社ウェブサイトに「第105回定時株主総会招集ご通知」として掲載していますので，以下の当社ウェブサイトにアクセスの上，ご確認くださいますようお願い申し上げます。

　当社ウェブサイト

　https://www.mitsui.com/jp/ja/ir/information/general/index.html

　電子提供措置事項は，上記当社ウェブサイトのほか，以下のウェブサイトにも掲載しています。

二次元
コード

ウェブサイト名及び URL		アクセス方法
東証上場会社情報サービス（東京証券取引所）https://www2.jpx.co.jp/tseHpFront/JJK010010Action.do?Show=Show	二次元コード	銘柄名（三井物産）または証券コード（8031）を入力・検索し，基本情報，縦覧書類/PR情報をご選択下さい。
株主総会ポータル ®（三井住友信託銀行）https://www.soukai-portal.net	二次元コード	同封の議決権行使書用紙にある QR コード ® 読み取っていただくか，ウェブサイトにて ID・パスワードをご入力ください（詳細は，P.6に記載の「インターネットによる議決権行使方法のご案内」をご覧ください）。

　株主総会の議決権行使につきましては，議決権行使書またはインターネットによる方法もございます。書面または電磁的方法（インターネット）によって議決権を行使いただきます場合の行使期限は2024年6月18日（火曜日）午後5時30分までとなります（詳細は，P.5～7に記載の「書面または電磁的方法（インターネット）による議決権行使について」をご覧ください）。本年もインターネットによるライブ配信を行いますので，株主総会会場にご来場されない場合も株主総会の様子をご覧いただけます（詳細は，P.9に記載の「ライブ配信のご案内」をご覧ください）。なお，ライブ配信視聴は，会社法上の株主総会への出席ではありません。当日のインターネットによる議決権行使はできませんので，議決権は事前にご行使ください。また，①議決権の「スマート行使 ®」後のアンケート及び②ライブ配信のコメント欄を通じて，株主の皆様のご関心事項をお受けします（②については，事前及び当日いずれもご関心事項をお受けします）。上記にてお受けする事項のうち，株主の皆様にとって特にご関心の高い事項で，かつ，会場からのご質問と重複がないものにつきましては，株主総会の当日に回答させていただきます。

敬　具

記

１．日　　時　2024年6月19日（水曜日）午前10時（午前9時開場）

２．場　　所　東京都港区虎ノ門二丁目10番4号

The Okura Tokyo（オークラ東京）「平安の間」

3．会議の目的事項

　　報告事項　　1．第105期（2023年4月1日から2024年3月31日まで）
　　　　　　　　　　事業報告，連結計算書類並びに会計監査人及び監査役会の
　　　　　　　　　　連結計算書類監査結果報告の件
　　　　　　　　2．第105期（2023年4月1日から2024年3月31日まで）
　　　　　　　　　　計算書類報告の件

　　決議事項　　第1号議案　剰余金の配当の件
　　　　　　　　第2号議案　取締役12名選任の件
　　　　　　　　第3号議案　取締役及び監査役の報酬額改定の件

　　なお，議案の内容につきましては，P.10〜28の「株主総会参考書類」をご
　　参照ください。

4．招集にあたっての決定事項

　　⑴議決権行使書において，各議案に賛否の表示がない場合は，賛成の意思表
　　　示をされたものとして取り扱わせていただきます。

　　⑵議決権の重複行使について

　　　①インターネットにより複数回，議決権行使をされた場合は，最後に行わ
　　　　れたものを有効な議決権行使として取り扱わせていただきます。

　　　②インターネットと議決権行使書の双方で議決権を重複して行使された場
　　　　合，当社へ後に到着したものを有効な議決権行使として取り扱わせてい
　　　　ただきます。なお，双方が同日に到着した場合は，インターネットによ
　　　　る議決権行使を有効なものとして取り扱わせていただきます。

　※ご来場されました場合も，同封の議決権行使書用紙を会場受付にご提出いただ
　　けない場合は，ご入場ができませんので，あらかじめご了承のほどお願い申し
　　上げます。また，株主様は当社の議決権を有する他の株主様1名を代理人とし
　　て，その議決権を行使することもできます。代理人により議決権を行使される
　　場合は，議決権行使書用紙とともに，代理権を証明する書面を会場受付にご提
　　出ください。

5．記念品について

　　記念品の配布はございません。何卒ご理解くださいますようお願い申し上げ
　　ます。なお，議決権の「スマート行使 ®」後のアンケートにご回答いただ
　　いた株主様は景品の抽選にご参加いただけます。詳細は，P.8に記載の「『ス

マート行使®』」での議決権行使による景品抽選のご案内」をご覧ください。

以　上

◎本招集ご通知または電子提供措置事項に修正が生じた場合は，前記各ウェブサイトに，その旨，修正前の事項及び修正後の事項を掲載させていただきます。
◎電子提供措置事項のうち，下記の事項につきましては，法令及び当社定款の規定に基づき，本招集ご通知及び書面交付請求をいただいた株主様に対して交付する書面には記載せず，前記各ウェブサイトのみに掲載されています。なお，監査役及び会計監査人は下記の事項を含む監査対象書類を監査しています。

［事業報告］
会社の現況（事業内容，事業拠点，使用人の状況，借入先の状況），会社役員の状況（社外役員の状況），株式の状況，新株予約権等の状況，会計監査人の状況，業務の適正を確保するために必要な体制及び当該体制の運用状況

［連結計算書類］
連結持分変動計算書，連結包括利益計算書（ご参考），セグメント情報（ご参考），連結注記表

［計算書類］
株主資本等変動計算書，個別注記表

［ご参考］
株式の保有状況（補足情報），取締役・監査役の選任基準及び社外役員の独立性の基準

(注)「当社グループ」・「三井物産グループ」は，会社法施行規則第120条第2項における「企業集団」を表しています。

おからだの不自由な株主様，または障がいのある株主様へ

ご要望に応じて，車椅子のサポート，座席やお手洗いへの誘導等をお手伝いさせていただきますので，運営スタッフにお気軽にお知らせください。また，受付の筆談サポートや手話通訳者の待機もございます。

(イラスト)

〈事例2〉 新型コロナウイルス感染症の感染拡大防止のため，株主総会の出席および当日の運営に関して，招集通知に注意事項や対策を記載している事例

MARUWA（2024年3月期）

株 主 各 位　　　　　　　　　　　　　　　　　証券コード 5344

2024年5月30日

愛知県尾張旭市南本地ヶ原町三丁目83番地

株 式 会 社 MARUWA

代表取締役社長　　○○○○

第51期定時株主総会招集ご通知

拝啓　平素は格別のご高配を賜り，厚く御礼申しあげます。

　さて，当社第51期定時株主総会を下記のとおり開催いたしますので，ご通知申しあげます。

　本株主総会の招集に際しては，株主総会参考書類等の内容である情報（電子提供措置事項）について電子提供措置をとっており，インターネット上の以下の各ウェブサイトに掲載しておりますので，いずれかのウェブサイトにアクセスの上，ご確認くださいますようお願い申しあげます。

【当社ウェブサイト】

https://www.maruwa-g.com/

（上記ウェブサイトにアクセスいただき，メニューより「投資家情報」「株式情報」「株主総会」を順に選択いただき，ご確認ください。）

【株主総会資料　掲載ウェブサイト】

https://d.soukai.jp/5344/teiji/

【東京証券取引所ウェブサイト（東証上場会社情報サービス）】

https://www2.jpx.co.jp/tseHpFront/JJK010010Action.do?Show=Show

（上記の東証ウェブサイトにアクセスいただき，「銘柄名（会社名）」に「MARUWA」又は「コード」に当社証券コード「5344」を入力・検索し，「基

本情報」「縦覧書類 /PR 情報」を順に選択して，「縦覧書類」にある「株主総会
招集通知 / 株主総会資料」欄よりご確認ください。)

　なお，当日ご出席されない場合は，書面またはインターネットにより議決権
を行使することができますので，お手数ながら株主総会参考書類をご検討のう
え，2024年 6 月19日（水曜日）午後 5 時30分までに到着するよう，議決権行使書
用紙に賛否をご表示いただきご送付いただくか，当社の指定する議決権行使サイ
ト（https://www.web54.net/）より議決権を行使いただきますようお願い申し
あげます。

敬　具

記

1．日　　　時　2024年 6 月20日（木曜日）午前10時（受付開始：午前 9 時30分予
　　　　　　　　定）
2．場　　　所　愛知県名古屋市東区葵 3 -16-16　ホテルメルパルク名古屋　3 階
　　　　　　　　「カトレアの間」（末尾の「定時株主総会会場ご案内図」をご参照
　　　　　　　　ください。)
3．目的事項　報告事項　1．第51期（2023年 4 月 1 日から2024年 3 月31日ま
　　　　　　　　　　　　　　で）事業報告，連結計算書類並びに会計監査人及
　　　　　　　　　　　　　　び監査等委員会の連結計算書類監査結果報告の件
　　　　　　　　　　　　　2．第51期（2023年 4 月 1 日から2024年 3 月31日ま
　　　　　　　　　　　　　　で）計算書類報告の件
　　　　　　　　決議事項　第 1 号議案　剰余金の処分の件
　　　　　　　　　　　　　第 2 号議案　取締役（監査等委員である取締役を
　　　　　　　　　　　　　　除く。）4 名選任の件
　　　　　　　　　　　　　第 3 号議案　監査等委員である取締役 2 名選任の件

【インターネットによる議決権の行使についてのご案内】
「インターネットによる議決権行使の手順」4 ページから 5 ページをご参照くだ
さい。

以　上

◎当日ご出席の際は，お手数ながら議決権行使書用紙を会場受付にご提出くださ
　いますようお願い申しあげます。

◎議決権を有する他の株主1名の代理人として株主総会にご出席いただけますが，代理権を証明する書面のご提出が必要となりますので，ご了承ください。

◎書面（郵送）により議決権を行使された場合の議決権行使書において，議案に対する賛否の表示がない場合は，賛成の表示があったものとしてお取り扱いいたします。

◎当日の議事進行に関しては，日本語で行います。

◎電子提供措置事項に修正が生じた場合は，インターネット上の各ウェブサイトにおいて，その旨，修正前及び修正後の事項を掲載いたします。

◎書面交付請求をいただいた株主様には，電子提供措置事項を記載した書面をあわせてお送りいたしますが，当該書面は，法令及び当社定款第15条の規定に基づき，次に掲げる事項を除いております。

①連結計算書類の「連結注記表」

②計算書類の「個別注記表」

したがいまして，当該書面に記載している連結計算書類及び計算書類は，会計監査人が会計監査報告を，監査等委員会が監査報告を作成するに際して監査をした対象書類の一部であります。

〈株主様へのお願い〉

・株主総会当日までの感染拡大の状況や政府等の発表内容等により上記対応を更新する場合がございます。インターネット上の当社ウェブサイト「投資家情報」（https://www.maruwa-g.com/ir/）より，発信情報をご確認くださいますよう，併せてお願い申しあげます。

・株主総会へのご出席につきましては，開催日当日における新型コロナウイルス等の感染症の流行状況やご自身の体調等をご勘案のうえ，ご判断をいただけますようお願いいたします。

・行政の方針に従い，マスクの着用につきましては個人のご判断となりますが，新型コロナウイルスやインフルエンザ等の感染拡大状況により，引き続き会場内でのマスクの着用にご協力をお願いする場合がございます。

・併せて，当社の判断に基づき，株主総会会場において株主様の安全確保及び感染拡大防止のために必要な措置を講じる場合もございますので，ご協力のほどお願い申しあげます。

602 第6章 株主総会招集通知

12 招集通知の訂正

招集通知の訂正事例としては，正誤表スタイルの例や訂正前と訂正後で対比するスタイルの例などが事例として見受けられる。

〈事例〉 訂正前と訂正後を対比している事例

証券コード　○○○○

2024年○月○日

株　主　各　位

東京都○○区○○○丁目○番○号

株 式 会 社 ○ ○ ○ ○

代表取締役社長　○　○　○　○

「第○期定時株主総会招集ご通知」記載事項の一部訂正について

当社「第○期定時株主総会招集ご通知」の記載事項の一部に誤りがございましたので，ここに謹んでお詫び申し上げますとともに，下記のとおり訂正させていただきます。

記

1．訂正箇所

招集ご通知

2．会社の現況

(2) 新株予約権等の状況

第○回新株予約権　発行決議日（○ページ）

2．訂正内容（訂正箇所＿＿＿線で表示しております）

（訂 正 前）

	第○回新株予約権
発行決議日	20○○年○月○日

（訂 正 後）

	第○回新株予約権
発行決議日	20○○年○月○日

以　上

第7章

株主総会決議事項の
個別記載事項

606 第7章 株主総会決議事項の個別記載事項

Ⅰ 計算書類の承認

1 計算書類の承認

　取締役会設置会社のうち会計監査人設置会社においては，取締役会の承認を受けた計算書類に対し会計監査人から無限定適正意見の表明があり，監査役，監査役会，監査等委員会または監査委員会の監査報告に会計監査人の監査の方法または結果を相当でないと認める意見がなく（監査役会の監査報告に付記された各監査役の監査役監査報告の内容，監査等委員会の監査報告に付記された監査等委員の意見または監査委員会の監査報告に付記された監査委員の意見についても同様），かつ特定監査役が法定期限内に監査報告の内容を通知したときは，計算書類は定時株主総会の承認を得る必要はなく，単に内容を報告することとなっている（会社法439，会計規135）。会計監査人から計算書類について除外事項を付した限定付適正意見または不適正意見が表明された場合，または無限定適正意見を表明した会計監査人の監査を監査役，監査役会，監査等委員会または監査委員会が相当と認めなかった場合には，計算書類は，定時総会の承認を得る必要がある。

　会計監査人設置会社でない株式会社においては，計算書類は，定時総会の承認を要する（会社法438Ⅱ）。

2 記載例

〈「全国株懇連合会招集通知モデル」の記載例〉

●計算書類を承認議案として提出する場合の記載例

決　議　事　項
第1号議案　第○期（○年○月○日から○年○月○日まで）計算書類承認の
　　　　　　件
第2号議案　剰余金の処分の件

I 計算書類の承認　607

　取締役が計算関係書類の承認議案を提出する場合において，会計監査人が監査役と意見を異にするときはその意見の内容を，また取締役会の意見があるときはその意見の内容の概要を，それぞれ株主総会参考書類に記載しなければならない（会施規85）。

〈事例〉　計算書類の承認議案の事例

日ノ丸自動車（2024年3月期）

第1号議案　第134期（2023年4月1日から2024年3月31日まで）計算書類承認の件

　会社法第438条第2項に基づき，当社第134期の計算書類のご承認をお願いするものであります。

　議案の内容は，前記提供書面7頁から14頁までに記載のとおりであります。

　なお，取締役会といたしましては，計算書類が法令および定款に従い，会社の財産および損益の状況を正しく示しているものと判断しております。

608　第7章　株主総会決議事項の個別記載事項

Ⅱ ▎剰余金の処分

1　剰余金の処分の決議

　株式会社は，株主総会の決議によって，損失の処理，任意積立金の積立てその他の剰余金の処分（資本金，準備金の増加を伴うものおよび剰余金の配当その他株式会社の財産を処分するものを除く）をすることができる（会社法452前段）。この場合においては，当該剰余金の処分に係る，以下の事項を定めなければならない（会社法452後段，会計規153Ⅰ）。

(ⅰ)　増加する剰余金の項目

(ⅱ)　減少する剰余金の項目

(ⅲ)　処分する各剰余金の項目に係る額

　ただし，以下の場合には，株主総会の決議を経ないで剰余金の項目に係る額の増加または減少をさせることができる（会計規153Ⅱ）。

(ⅰ)　法令または定款の規定により剰余金の項目に係る額の増加または減少をすべき場合（この場合の法令とは，たとえば税法関係法令が考えられる）

(ⅱ)　会社法452条前段の株主総会の決議によりある剰余金の項目に係る額の増加または減少をさせた場合において，当該決議の定めるところに従い，同条前段の株主総会の決議を経ないで当該剰余金の項目に係る額の減少または増加をすべきとき

　また，剰余金の配当をしようとするときは，株主総会の決議によって，以下の事項を定めなければならない（会社法454）。

(ⅰ)　配当財産の種類および帳簿価額の総額

(ⅱ)　株主に対する配当財産の割当てに関する事項

(ⅲ)　当該剰余金の配当がその効力を生ずる日

　なお，次の要件を満たす場合には，定款の定めにより取締役会の決議によって剰余金の配当を実施することができ（会社法459Ⅰ④），さらに，定款の定めにより，株主総会の決議によらないことができる（会社法460Ⅰ）。

(ⅰ)　取締役会設置会社であること

（ⅱ）　会計監査人設置会社であること

（ⅲ）　取締役（監査等委員会設置会社にあっては，監査等委員である取締役以外の取締役）の任期の末日が選任後1年以内に終了する最終事業年度に関する定時株主総会の終結の日以前であること

（ⅳ）　監査役設置会社においては監査役会設置会社であること

2　記載例

〈「経団連ひな型」の記載例〉

第1号議案　剰余金の処分の件

　当期の期末配当につきましては，会社をとりまく環境が依然として厳しい折から，経営体質の改善と今後の事業展開等を勘案し，内部留保にも意を用い，次のとおりとさせていただきたいと存じます。内部留保金につきましては，企業価値向上のための投資等に活用し，将来の事業展開を通じて株主の皆様に還元させていただく所存です。

1．期末配当に関する事項

　(1)　配当財産の種類

　　　　金銭

　(2)　株主に対する配当財産の割当に関する事項及びその総額

　　　　当社普通株式1株につき金○円　総額○○○円

　(3)　剰余金の配当が効力を生じる日

　　　　○年○月○日

2．別途積立金の積立に関する事項

　(1)　増加する剰余金の項目及びその額

　　　　別途積立金　　　　　　　　　　　　　　○○○円

　(2)　減少する剰余金の項目及びその額

　　　　繰越利益剰余金　　　　　　　　　　　　○○○円

610　第7章　株主総会決議事項の個別記載事項

〈事例〉　剰余金の処分議案の事例

佐藤食品工業（2024年3月期）

第1号議案　剰余金の処分の件

　当社は，株主の皆様への積極的な利益還元を経営の最重要政策のひとつと認識しており，業績の見通し，財政状況，配当性向及び純資産配当率等を総合的に勘案して配当を実施することを基本方針としております。また，内部留保資金につきましては，財務体質の強化及び将来にわたる安定した株主利益確保のため，事業の拡大・合理化投資及び厳しい経営環境に勝ち残るための新技術の開発やさらなる品質向上のために有効活用していきたいと考えております。この基本方針に基づき，剰余金の処分につきましては，次のとおりとさせていただきたいと存じます。

1．期末配当に関する事項

　第70期の期末配当につきましては，1株につき22円とさせていただきたいと存じます。中間配当金として1株につき18円をお支払いしておりますので，年間配当金は1株につき40円となります。

　　(1)　配当財産の種類

　　　　金銭といたします。

　　(2)　株主に対する配当財産の割当てに関する事項及びその総額

　　　　当社普通株式1株につき22円とし，配当総額は89,448,216円となります。

　　(3)　剰余金の配当が効力を生じる日

　　　　2024年6月26日

2．その他の剰余金の処分に関する事項

　　(1)　増加する剰余金の項目及びその額

　　　　別途積立金　　　　　300,000,000円

　　(2)　減少する剰余金の項目及びその額

　　　　繰越利益剰余金　　　300,000,000円

　なお，議案の内容が剰余金の配当のみである場合には，「剰余金の配当」とすることも考えられる。

Ⅲ ┃ 定款の変更

1 定款変更の決議

　定款変更のための株主総会の決議は，原則として，当該株主総会において議決権を行使することができる株主の議決権の過半数（3分の1以上の割合を定款で定めた場合にあっては，その割合以上）を有する株主が出席し，出席した当該株主の議決権の3分の2（これを上回る割合を定款で定めた場合にあっては，その割合）以上に当たる多数によることが必要である（会社法309Ⅱ⑪）。ただし，定款変更にあたっては，株主総会決議の要件が加重されている場合や株主総会決議以外の手続が必要となる場合または株主総会決議を要しない場合等がある。その主なものは，以下のとおりである。

（1）　株主全員の同意が必要な場合
(ⅰ)株式の強制取得に関する定款規定の設定・変更（会社法110）
(ⅱ)ある種類の株式の全部の取得に関する定款規定の設定・変更（会社法111Ⅰ）
(ⅲ)特定の株主からの取得に関する定款規定（売主追加請求権の排除）の設定・変更（会社法164Ⅱ）

（2）　株主総会決議の要件が加重される場合
(ⅰ)発行する全株式を譲渡制限株式とする場合
　　当該株主総会において議決権を行使することができる株主の半数以上（これを上回る割合を定款で定めた場合にあっては，その割合以上）であって，当該株主の議決権の3分の2（これを上回る割合を定款で定めた場合はその割合）以上に当たる多数によることが必要（会社法309Ⅲ①）。
(ⅱ)剰余金の配当請求権等につき株主ごとに異なる取扱いを行う旨を定款で定める場合
　　総株主の半数以上（これを上回る割合を定款で定めた場合にあっては，その割合以上）であって，総株主の議決権の4分の3（これを上回る割合を

612　第7章　株主総会決議事項の個別記載事項

定款で定めた場合にあっては，その割合）以上に当たる多数によることが
必要（会社法309Ⅳ）。

（3）　種類株主総会決議を要する場合

(i)ある種類の株式の譲渡制限に関する定款規定の設定・変更

当該種類株主総会において議決権を行使することができる株主の半数以上
（これを上回る割合を定款で定めた場合にあっては，その割合以上）であっ
て，当該株主の議決権の3分の2（これを上回る割合を定款で定めた場合
にあっては，その割合）以上に当たる多数によることが必要（会社法324Ⅲ
①）。

(ii)ある種類の株式の株主総会決議による全部取得に関する定款規定の設定・
変更

当該種類株主総会において議決権を行使することができる株主の議決権の
過半数（3分の1以上の割合を定款で定めた場合にあっては，その割合以
上）を有する株主が出席し，出席した当該株主の議決権の3分の2（これ
を上回る割合を定款で定めた場合にあっては，その割合）以上に当たる多
数によることが必要（会社法324Ⅱ①）。

(iii)種類株主に損害を及ぼすおそれのある定款変更

同上（会社法324Ⅱ④）。

（4）　株主総会決議によらないで定款変更を行うことができる場合

(i)株式分割の際の発行可能株式総数の変更（会社法184Ⅱ）

(ii)単元株式数の設定（会社法191，195Ⅰ）

定款の変更については，会社法の施行があった場合のように，施行後の会
社法規定に合致させるためにすべての会社が一斉に行う場合もあるが，通
常は個々の会社の必要に応じ，定款の記載事項の全分野が定款変更の対象
となっている。したがって，定款変更に関する議案の要領の記載は多岐に
わたっている。

Ⅲ 定款の変更 613

2 記 載 例

〈「全国株懇連合会株主総会参考書類モデル」の記載例〉

第1号議案 定款一部変更の件

(1) 提案の理由

今後の事業展開に備えるため事業目的を追加いたしたいと存じます。

(2) 変更の内容

現行定款の一部を次の変更案（変更部分は下線で示す。）のとおり改めたいと存じます。

現 行 定 款	変 更 案
（目的） 第○条　当会社は，次の事業を営むことを目的とする。 　1　…………… 　2　…………… 　　　　　　（新設） 　<u>3</u>　前各号に付帯関連する一切の事業	（目的） 第○条　当会社は，次の事業を営むことを目的とする。 　1　…………… 　2　…………… 　<u>3</u>　…………… 　4　前各号に付帯関連する一切の事業

［補足説明］

（第1号議案）

1. 定款変更議案の記載としては，現行定款と変更案を新旧対照表の形式で記載し，変更部分，追加部分にはアンダーラインを引くのが一般的である。また，「提案の理由」を記載する（施行規則73条1項2号）。

（1） 商号変更

商号は，定款の絶対的記載事項（会社法27②）である。

商号変更の理由は，

(i) ブランド名と商号を一致させる

(ii) 業容の変化に合った商号とする

(iii) 純粋持株会社への移行に伴う

(iv) 合併に伴う

614　第7章　株主総会決議事項の個別記載事項

等としている例がみられる。

　商号の英文名は，登記事項ではないが定款で英文名を定めるのが一般的であり，商号変更に伴い英文名も変更されている。

　商号変更の場合，商号変更のための準備期間が必要なため，適用時期の附則を設けることになるが，この附則を経過期間等の経過後削除することをあらかじめ定めている例がみられる（附則については，不要となった時点で無効となるとの考え方もあるが，一般的には，他の定款変更の際にあわせて削除する）。

〈事例〉　商号変更に係る定款変更議案の事例

三井住友トラスト・ホールディングス（2024年3月期）

第2号議案　商号変更に係る定款一部変更の件

　現行定款の一部を次のとおり変更いたしたいと存じます。

1．提案の理由

　　当グループは，2024年4月にグループ創業100年を迎えました（1924年4月に三井信託株式会社，1925年9月に住友信託株式会社，1962年8月に中央信託銀行株式会社が創業）。信託の受託者精神に立脚し，各時代におけるお客さまのニーズや社会の要請に応じて，「信託の力」で新たな価値創出に果敢に「挑戦」し，我が国の発展に貢献する「開拓」の姿勢は，創業以来，いつの時代も変わりません。

　　私たちを取り巻く環境が急激に変化する中，健全で豊かな未来創りを目指した創業の原点に立ち返り，「託された未来をひらく」存在として，これまで以上にグループが一体となって新たな「挑戦」と「開拓」に取り組み，全てのステークホルダーのWell-being向上に貢献する企業となるため，グループ創業100年にあたり，商号変更を行うものであります。

　　なお，本件については，2024年10月1日付で効力を発生する旨の附則を設け，同日をもって本附則を削除するものといたします。

2．変更の内容

　　変更の内容は，次のとおりであります。

（下線は変更部分を示します。）

Ⅲ　定款の変更　615

現　行　定　款	変　更　案
第1章　総則	第1章　総則
第1条（商号） 　当会社は，<u>三井住友トラスト・ホールディングス株式会社</u>と称し，英文では，<u>Sumitomo Mitsui Trust Holdings, Inc.</u> と表示する。	第1条（商号） 　当会社は，<u>三井住友トラストグループ株式会社</u>と称し，英文では，<u>Sumitomo Mitsui Trust Group, Inc.</u> と表示する。
（新設）	<u>附則</u> <u>第1条</u> 　<u>定款第1条（商号）の変更は，2024年10月1日付で効力を生ずるものとする。なお，本附則は，定款第1条の変更の効力発生日経過後にこれを削除する。</u>

（2）　本店所在地の変更

　本店の所在地は，定款の絶対的記載事項になっている（会社法27③）。本店の所在地の定款への記載は，最小行政単位となっているため，同一区内または同一市町村内以外へ本店を移転した場合は，定款変更が必要となる。

〈事例〉　本店所在地変更に係る定款変更議案の事例

システムズ・デザイン（2024年3月期）

第2号議案　定款一部変更の件
1．提案の理由
　　本社移転に伴い，現行定款第3条（本店の所在地）を東京都杉並区から東京都新宿区に変更するものであります。
　　当社は中期経営計画の基本方針の一つに「社員の働きがいを高める」を掲げ，諸施策を実施してまいりました。本社移転により，多様な人材が活躍でき，誰もが働きやすい職場環境の整備をいたします。また，部門間のコミュニケーション活性化，生産性の向上，帰属意識の向上および社員の満足度の向上につ

616　第7章　株主総会決議事項の個別記載事項

なげ，働きがいを高めるとともに，優秀な人材の確保を実現し，事業の持続的
な成長を目指してまいります。

　　なお，本変更につきましては，2024年12月末日までに開催される取締役会に
おいて決定する本店移転日をもって効力を生ずるものとし，その旨を附則で規
定するものであります。

２．変更の内容
　　変更の内容は，次のとおりであります。

（下線部分は変更箇所を示しております。）

現　行　定　款	変　更　案
（本店の所在地） 第3条　当会社は，本店を東京都杉並区に置く。 （新　設）	（本店の所在地） 第3条　当会社は，本店を東京都新宿区に置く。 附　則　定款第3条（本店の所在地）の変更は，2024年12月末日までに開催される取締役会において決定する本店移転日をもって，その効力を生ずるものとする。なお，本附則は，本店移転の効力発生日経過後，これを削除する。

（3）　会社の目的の変更

会社の目的は，定款の絶対的記載事項となっている（会社法27①）。

多角化により新規事業を営む場合には，会社の目的を追加しなければならな
いことはいうまでもないが，事業再編に伴い会社の目的を減らすケースもある。

〈事例〉　会社の目的変更に係る定款変更議案の事例

沖縄セルラー電話（2024年3月期）

第2号議案　定款一部変更の件
当社定款につきまして，以下のとおり変更いたしたいと存じます。

Ⅲ　定款の変更　617

1．提案の理由

　当社グループの事業拡大に向けて，事業内容の明確化を図るとともに，事業領域の多様化に備えるため，現行定款第2条（目的）に事業目的の追加及び変更を行うものであります。

2．変更の内容

　変更の内容は，次のとおりであります。

（下線部分は変更箇所を示しております。）

現行定款	変更案
（目的） 第2条　当会社は，次の事業を営むことを目的とする。 　⑴～⑶　［条文省略］ 　⑷　電気通信のシステムに関するコンサルティング業務 　⑸～⑹　［条文省略］ 　　　　［第20号から移動］	（目的） 第2条　当会社は，次の事業を営むことを目的とする。 　⑴～⑶　［現行通り］ 　　　　［削　　除］ 　⑷～⑸　［現行通り］ 　⑹　海底ケーブル及びこれに付帯する設備の運用，保守，販売，賃貸及びこれらの請負
［第21号から移動］	⑺　データセンターの運用及び賃貸に関する事業
［新　　設］	⑻　電気通信工事，土木工事，建築工事の設計，施工，監理及びこれらの請負
［新　　設］	⑼　前各号に関連するコンサルティング及びシステム・エンジニアリング
［新　　設］	⑽　通信回線を利用した事務連絡代行，受注等取次・代行業務，通訳，会議サービス及び文書翻訳事業
⑺～⑽　［条文省略］ 　⑾　インターネットによる広告代理業 　⑿～⒃　［条文省略］ 　　　　［新　　設］	⑾～⒁　［現行通り］ 　⒂　広告業 　⒃～⒇　［現行通り］ 　㉑　労働者派遣業

618　第7章　株主総会決議事項の個別記載事項

［新　　設］	⒇ 幼児教育，通信教育等に関わる教育・学習支援サービスの企画，制作，販売及び実施
［新　　設］	⒇ 学習塾，プログラミングスクールその他各種教室の経営
⒄〜⒆［条文省略］	⒇〜㉖［現行通り］
⒇〜㉑［条文省略］	［第6号及び第7号へ移動］
㉒〜㉕［条文省略］	㉗〜㉚［現行通り］

（4）　異なる種類の株式に係る規定の新設

　株式会社は，剰余金の配当，残余財産の分配，株主総会において議決権を行使することができる事項等について，内容の異なる2以上の種類の株式を発行する場合には，その内容および発行可能種類株式総数を定款で定めなければならない（会社法108Ⅱ）。

〈事例〉　異なる種類の株式の発行に係る定款変更議案の事例

福島銀行（2024年3月期）

第2号議案　定款一部変更の件

1．変更の目的

　当行を取り巻く市場環境等に応じて，地域社会において継続的かつ円滑に金融仲介機能を発揮していくため，今後の中長期的な資本政策及び財務戦略上の柔軟性，機動性の確保の観点から，将来的な資本戦略の選択肢の一つとして，以下のとおり，新たな種類の株式としてのB種優先株式の発行を可能にするために諸規定の追加を行うものです。

　なお，B種優先株式の内容の一部については，定款では要綱のみを定め，詳細については取締役会で定めることとしております。

⑴　新たな株式の種類としてB種優先株式を追加するため，現行定款第5条にB種優先株式の発行可能種類株式総数を新たに追加するとともに，普通株式の交付と引換えの取得に備えて普通株式の発行可能種類株式総数を増加させ，発行可能株式総数も増加させるものであります。

Ⅲ　定款の変更　619

(2)　変更案第2章の3においてB種優先株式に関する規定を追加するとともに，その他所要の変更を行うものであります。

2．変更の内容
　変更の内容は次のとおりであります。

（下線は変更箇所を示します。）

現 行 定 款	変 更 案
第2章　株式	第2章　株式
第5条（発行可能株式総数・発行可能種類株式総数） 　　当銀行の発行可能株式総数は9千万株とし，普通株式の発行可能種類株式総数は9千万株，A種優先株式の発行可能種類株式総数は9千万株とする。	第5条（発行可能株式総数・発行可能種類株式総数） 　　当銀行の発行可能株式総数は112百万株とする。 2　当銀行の発行可能種類株式総数は普通株式112百万株，A種優先株式90百万株，B種優先株式10百万株とする。
第7条（単元株式数） 　　当銀行の普通株式およびA種優先株式の単元株式数は，それぞれ，100株とする。	第7条（単元株式数） 　　当銀行の全ての種類の株式の単元株式数は，それぞれ，100株とする。
＜新設＞	第2章の3　B種優先株式
＜新設＞	第12条の10（B種優先配当金） 　　当銀行は，第50条に定める剰余金の配当をするときは，当該剰余金の配当に係る基準日の最終の株主名簿に記載または記録されたB種優先株式を有する株主（以下「B種優先株主」という。）またはB種優先株式の登録株式質権者（以下「B種優先登録株式質権者」という。）に対し，普通株式を有

620　第7章　株主総会決議事項の個別記載事項

	する株主（以下「普通株主」という。）および普通株式の登録株式質権者（以下「普通登録株式質権者」という。）に先立ち，B種優先株式1株につき，B種優先株式1株当たりの払込金額相当額（ただし，B種優先株式につき，株式の分割，株式無償割当て，株式の併合またはこれに類する事由があった場合には，適切に調整される。）に，B種優先株式の発行に先立って取締役会の決議によって定める配当年率を乗じて算出した額の金銭（以下「B種優先配当金」という。）の配当をする。配当年率は8％を上限とする。ただし，当該基準日の属する事業年度においてB種優先株主またはB種優先登録株式質権者に対して第12条の11に定めるB種優先中間配当金を支払ったときは，その額を控除した額とする。
＜新設＞	第12条の13（B種優先株主の議決権） 　B種優先株主は，全ての事項につき株主総会において議決権を行使することができない。
＜新設＞	第12条の17（種類株主総会） 　当銀行が会社法第322条第1項各号に掲げる行為をする場合には，法令に別段の定めがある場合を除き，B種優先株主を構成員とする種類株主総会の決議を要しない。

（5）　取締役・監査役の員数の変更

取締役会設置会社の取締役の員数は，3名以上と定められており（会社法331Ⅴ），監査役会設置会社の監査役の員数は，3名以上で，そのうち半数以上は，社外監査役でなければならない（会社法335Ⅲ）。監査等委員会設置会社においては，監査等委員である取締役は，3名以上で，その過半数は，社外取締役でなければならない（会社法331Ⅵ）。取締役会を設置しない非公開会社においては，取締役の員数は1名で足りる（会社法326Ⅰ）。取締役および監査役の員数は法令上明確なため，定款において員数を定める必要は必ずしもないが，定款において取締役および監査役の員数の上限を「（○○名以内）」と定めるのが一般的である。

定款で定めた取締役および監査役の員数（上限）について，会社の規模の拡大や合併等によって増員が必要となった場合には，定款の変更が必要となる。

また，執行役員制度の導入等により，取締役の員数を減少させる事例もみられる。

〈事例〉　取締役員数の変更に係る定款変更議案の事例

オリエンタルコンサルタンツホールディングス（2023年9月期）

第1号議案　定款一部変更の件

1．提案の理由

　取締役会の監督機能の強化及び経営体制の一層の充実を図ることを目的として，取締役の増員が可能となるよう，現行定款第20条の取締役の員数を7名以内から9名以内に変更するものであります。

2．変更の内容

　変更の内容は次のとおりであります。

　（下線は変更部分を示します。）

現行定款	変更案
第4章　取締役及び取締役会 （取締役の員数） 第20条　当会社の取締役は7名以内とする。	第4章　取締役及び取締役会 （取締役の員数） 第20条　当会社の取締役は9名以内とする。

622　第7章　株主総会決議事項の個別記載事項

（6）　取締役・監査役の任期の変更

　取締役の任期は，選任後2年以内に終了する事業年度のうち最終のものに関する定時株主総会の終結の時まで(会社法332Ⅰ)であるが，非公開会社においては，定款をもって選任後10年以内に終了する事業年度のうち最終のものに関する定時株主総会の終結の時までに伸長することができる(会社法332Ⅱ)。監査等委員会設置会社および指名委員会等設置会社の取締役の任期は，選任後1年以内に終了する事業年度に関する定時株主総会の終結の時までである（会社法332Ⅲ，332Ⅵ）。

　監査役の任期は，選任後4年以内に終了する事業年度のうち最終のものに関する定時株主総会の終結の時まで(会社法336Ⅰ)であるが，非公開会社においては，定款をもって選任後10年以内に終了する事業年度のうち最終のものに関する定時株主総会の終結の時までに伸長することができる（会社法336Ⅱ）。

　最近では経営責任を明確にするために，取締役の任期を1年とする事例がみられる。

〈事例〉　取締役の任期の変更に係る定款変更議案の事例

岡谷電機産業（2024年3月期）

第2号議案　定款一部変更の件

定款一部変更する理由は次のとおりです。

⑴　取締役任期の変更

　　当社は，事業環境の変化に機動的に対応できる経営体制を構築するとともに，株主の皆様からの信任の機会を増やし，取締役の経営責任を明確にするため，当社定款第20条（取締役の任期）に定める取締役の任期を2年から1年に短縮するものであります。

現行定款	変更案
第1条～第19条　（条文省略） （取締役の任期） 第20条　取締役の任期は，選任後2年以内に終了する事業年度のうち最終のものに関する定時株主総会の終結の時までとする。	第1条～第19条　（現行どおり） （取締役の任期） 第20条　取締役の任期は，選任後1年以内に終了する事業年度のうち最終のものに関する定時株主総会の終結の時までとする。

Ⅲ 定款の変更 623

②増員または補欠として選任 された取締役の任期は，他の 在任取締役の任期の満了する 時までとする。	②増員または補欠として選任 された取締役の任期は，他の 在任取締役の任期の満了する 時までとする。
第21条〜第47条 （条文省略）	第21条〜第47条 （現行どおり）

（7） 役付取締役の新設または廃止

　取締役会設置会社の取締役は，代表取締役とそれ以外の取締役に分かれる（会社法362Ⅲ）が，代表取締役か否かの区分とは別に定款でもって会長，社長，副社長，専務取締役，常務取締役等のいわゆる役付取締役を設けるのが通常である。

　従来から設置された役付取締役に，名誉会長，副会長等を追加または廃止する場合には定款変更が必要となる。

〈事例〉 役付取締役の変更に係る定款変更議案の事例

エージーピー（2024年3月期）

第2号議案　定款一部変更の件

　1．提案の理由

　　　当社は，コーポレートガバナンスの更なる強化のため，執行役員制度を導入して業務執行とこれに対する監督の分離を図っております。業務執行体制の柔軟性を確保するとともに，業務執行の中核を担う人材を取締役以外の者を含めて広く募ることができるようにするため，定款における役付取締役の定めについて，社長以外の役付を廃止するものであります。

　　　既に，2024年4月から，当社は経営課題への迅速かつ的確な対応を行うことを目的に，ガバナンス体制の更なる向上とスピード感を持った経営が実践できるよう，CxO（Chief Officer）制度を導入し，業務執行の中核を担うメンバーに，業界外での経営経験や専門性を具備した取締役以外の人材を起用しております。

　　　なお，最高執行責任者である社長については，これまでどおり，取締役から選定します。

624　第7章　株主総会決議事項の個別記載事項

　　2．変更の内容
　　　　変更の内容は次のとおりであります。

　　　　　　　　　　　　　　（下線部は変更箇所を示しております。）

現　行　定　款	変　更　案
（代表取締役および役付取締役） 第22条 取締役会は，その決議によって，取締役の中より社長1名を選定し，必要に応じ，会長1名，副社長，専務取締役，常務取締役若干名を選定することができる。	（代表取締役および役付取締役） 第22条 取締役会は，その決議によって，取締役の中より社長1名を選定することができる。

（8）　取締役会の招集者の変更

　取締役会の招集者は，定款または取締役会によって定めることができる（会社法366）。なお，株主総会も同様に，招集する取締役（会社法296Ⅲ）を定めるケースがみられる。

〈事例〉　取締役会の招集者の変更に係る定款変更議案の事例

　　　　　　　　　　　　　　　　　　　　　　　FUJI（2024年3月期）

第2号議案　定款一部変更の件
　1．提案の理由
　　　取締役会の柔軟な運営を可能とすること並びに意思決定の客観性及び透明性の向上を図ることを目的として，現行定款第24条に定める取締役会の招集者および議長を，予め取締役会の決議をもって定めた取締役に変更するものであります。

　2．変更の内容
　　　変更の内容は，次のとおりであります。

　　　　　　　　　　　　　　（下線部分は変更箇所を示しております。）

Ⅲ　定款の変更　625

現 行 定 款	変 更 案
（取締役会の招集者および議長） 第24条　取締役会は，法令に別段の定めがある場合のほか，取締役会長がこれを招集し，その議長となる。 ２．取締役会長が欠員または事故あるときは，取締役社長がこれにあたり，取締役社長に事故あるときは，予め取締役会の決議をもって定めた順序により他の取締役がこれにあたる。	（取締役会の招集者および議長） 第24条　取締役会は，法令に別段の定めがある場合のほか，予め取締役会の決議をもって定めた取締役がこれを招集し，その議長となる。 ２．前項の取締役に事故あるときは，予め取締役会の決議をもって定めた順序により他の取締役がこれにあたる。

（9）　責任限定契約の締結

　株式会社は，非業務執行（業務執行取締役等であるものを除く）取締役，会計参与，監査役または会計監査人（以下「非業務執行取締役等」という）の任務懈怠責任について，当該非業務執行取締役等が職務を行うにつき善意でかつ重大な過失がないときは，定款で定めた額の範囲内であらかじめ株式会社が定めた額と最低責任限度額とのいずれか高い額を限度とする旨の契約を非業務執行取締役等と締結することができる旨を定款で定めることができる（会社法427Ⅰ）。

〈事例〉　非業務執行取締役および監査役との責任限定契約に係る定款変更議案の事例

ローツェ（2024年２月期）

第２号議案　定款一部変更の件
　1．提案の理由
　　　業務執行取締役等でない取締役及び監査役として有用な人材を確保し，それぞれが期待される役割を十分に発揮できるような環境を整えるため，会社法に基づき，業務執行取締役等でない取締役及び監査役の責任をあらかじめ限定する契約の締結が可能となるよう，規定を新設するものであります。
　　　なお，変更案第30条の新設につきましては，各監査役の同意を得ておりま

626 第7章 株主総会決議事項の個別記載事項

す。

2．変更の内容

変更の内容は，次のとおりであります。

（下線部分は変更箇所を示しております。）

現 行 定 款	変 更 案
第4章　取締役及び取締役会	第4章　取締役及び取締役会
＜新設＞	（取締役との責任限定契約） 第30条　当会社は，会社法第427条第1項の規定により，取締役（業務執行取締役等であるものを除く。）との間に，任務を怠ったことによる損害賠償責任を限定する契約を締結することができる。ただし，当該契約に基づく損害賠償責任の限度額は，法令が規定する額とする。
第5章　監査役及び監査役会	第5章　監査役及び監査役会
第30条〜第38条（条文省略）	第31条〜第39条（現行どおり）
＜新設＞	（監査役との責任限定契約） 第40条　当会社は，会社法第427条第1項の規定により，監査役との間に，任務を怠ったことによる損害賠償責任を限定する契約を締結することができる。ただし，当該契約に基づく損害賠償責任の限度額は，法令が規定する額とする。
第39条〜第44条（条文省略）	第41条〜第46条（現行どおり）

Ⅲ　定款の変更　627

(10)　買収防衛策の導入

　いわゆる買収防衛策の導入にあたっては，株主意思の確認方法の1つとして，買収防衛策の基本方針を決定することができる旨を定款に規定し，具体的な基本方針の内容を決定するための議案を株主総会で承認する方法が考えられる。

　また，近年では買収防衛策をめぐる環境変化や法整備の状況などを踏まえて，買収防衛策を廃止する定款変更議案がみられる。

　なお，定款の記載を経ずに，株主総会の決議により買収防衛策を決定する場合については，本章「ⅩⅣ　その他の決議　8　買収防衛策の導入」を参照されたい。

〈事例〉　買収防衛策の廃止に係る定款変更議案の事例

関東電化工業（2024年3月期）

第1号議案　定款一部変更の件

　1．変更の理由

　⑵　当社は，当社の企業価値ひいては株主共同の利益の中長期的な確保・向上を目的として2006年6月29日開催の定時株主総会において「当社株券等の大規模買付行為への対応方針（買収防衛策）」（以下「当該対応方針」という。）を決議し，その後5回にわたり，基本的内容を維持したまま，株主の皆様にご承認をいただき，現在まで継続しております。

　　当社は，当該対応方針の有効期限を迎えるにあたり，その取扱いについて，国内外の機関投資家をはじめとする株主の皆様からのご意見や買収防衛策の最近の動向，当社を取り巻く経営環境の変化等を踏まえ慎重に検討を重ねてまいりましたが，2024年5月15日開催の取締役会にて，当該対応方針を継続せず，その有効期限である本定時株主総会の終結の時をもって廃止することを決議いたしました。

　　これに伴い，現行定款第17条（買収防衛策の導入）を削除するものです。

628 第7章 株主総会決議事項の個別記載事項

2．変更の内容

変更の内容は次のとおりであります。

（下線は変更部分を示します。）

現 行 定 款	変 更 案
（買収防衛策の導入） 第17条　買収防衛策の導入は，株主総会において決定する。 2　前項に定める買収防衛策の導入とは，当会社の財務および事業の方針の決定を支配する者の在り方に関する基本方針に照らして，不適切な者によって当会社の財務および事業の方針の決定が支配されることを防止するために，当会社の発行する株式その他の権利の買付行為に関して，当該買付けを行う者が遵守すべき手続きを当会社が定めることをいう。 3　第1項にかかわらず，当会社の発行する株式その他の権利の買付行為により，株主全体の利益が著しく損なわれることが明らかであるときには，取締役会は，株主全体の利益が損なわれることを防止するための措置を講じることができる。	（削　除）

(11)　剰余金の配当の決定機関の変更および配当基準日の追加

株式会社は，その株主（当該株式会社を除く）に対し，株主総会の普通決議により剰余金の配当をすることができる（会社法453，454 I）が，会社法459条に定める要件を満たせば，定款に定めることにより，取締役会の決議により実施することができる。

Ⅲ　定款の変更　629

〈事例〉　剰余金の配当の決定機関の変更および配当基準日の追加等に係る定款変更議案の事例

セントケア・ホールディング（2024年3月期）

第2号議案　定款一部変更の件

1．提案の理由

(2)　機動的な資本政策および配当政策の遂行を可能とするため，会社法第459条第1項の規定に基づき剰余金の配当等を取締役会決議により行うことが可能となるよう，定款変更案の通り第46条（剰余金の配当等の決定機関）および第47条（剰余金の配当の基準日）を新設し，併せて内容が重複する現行定款第8条（自己の株式の取得），第47条（期末配当金）および第48条（中間配当金）を削除するほか，条文の新設および削除に伴い，条数の変更を行うものです。

2．変更の内容

変更の内容は，次のとおりであります。

（下線部分は変更箇所を示しております。）

現 行 定 款	変 更 案
（自己の株式の取得） 第8条　当会社は，会社法第165条第2項の規定により，取締役会の決議によって市場取引等により自己の株式を取得することができる。	（削　　除）
（期末配当金） 第47条　当会社は株主総会の決議によって，毎年3月31日の最終の株主名簿に記載又は記録された株主又は登録株式質権者に対し，金銭による剰余金の配当（以下「期末配当金」という。）を支払う。	（削　　除）

630　第7章　株主総会決議事項の個別記載事項

（新　　設）	（剰余金の配当等の決定機関） 第46条　当会社は，剰余金の配当等会社法第459条第1項各号に定める事項については，法令に別段の定めのある場合を除き，取締役会の決議によって定めることができる。
（新　　設）	（剰余金の配当の基準日） 第47条　当会社の期末配当の基準日は，毎年3月31日とする。 　②　当会社の中間配当を行う場合の基準日は，毎年9月30日とする。 　③　前2項のほか，基準日を定めて剰余金の配当をすることができる。
（中間配当金） 第48条　当会社は，取締役会の決議によって，毎年9月30日の最終の株主名簿に記載又は記録された株主又は登録株式質権者に対し，会社法第454条第5項に定める剰余金の配当（以下「中間配当金」という。）を支払うことができる。	（削　　除）

(12)　株主総会資料の電子提供制度に係る定款変更

　書面交付請求をした株主に交付する書面記載事項を限定する定款規定の新設（会社法325の5Ⅲ）やインターネット開示に関する定款規定の削除については株主総会決議が必要である。

　　　　　　　　　　　　　　　　　　　　　　Ⅲ　定款の変更　631

〈事例〉　株主総会資料の電子提供制度導入に伴う定款変更議案の事例

　　　　　　　　　　　　　はるやまホールディングス（2023年3月期）

第1号議案　定款一部変更の件

1．変更の理由

　　「会社法の一部を改正する法律」（令和元年法律第70号）附則第1条ただし書
　きに規定する改正規定が2022年9月1日に施行され，株主総会資料の電子提供
　制度が導入されたことに伴い，次のとおり変更するものであります。

　⑴　変更案第17条第1項は，株主総会参考書類等の内容である情報について，
　　　電子提供措置をとる旨を定めるものであります。

　⑵　変更案第17条第2項は，書面交付請求をした株主に交付する書面に記載す
　　　る事項の範囲を限定するための規定を設けるものであります。

　⑶　株主総会参考書類等のインターネット開示とみなし提供に関する規定（現
　　　行定款第17条）は不要となるため，これを削除するものであります。

2．変更の内容

　　変更の内容は次のとおりであります。

　　　　　　　　　　　　　　　　（下線部分は変更箇所を示しております。）

現　行　定　款	変　更　案
（株主総会参考書類等のインターネット開示とみなし提供） 第17条　　当会社は，株主総会の招集に際し，株主総会参考書類，事業報告，計算書類，及び連結計算書類に記載又は表示をすべき事項に係る情報を，法務省令に定めるところに従いインターネットを利用する方法で開示することにより，株主に対して提供したものとみなすことができる。	（削　　　除）
（新　　設）	（電子提供措置等）

	第17条　当会社は，株主総会の招集に際し，株主総会参考書類等の内容である情報について，電子提供措置をとるものとする。 　2．　当会社は，電子提供措置をとる事項のうち法務省令で定めるものの全部又は一部について，議決権の基準日までに書面交付請求した株主に対して交付する書面に記載しないことができる。

(13)　場所の定めのない株主総会に関する定款変更

　「産業競争力強化法等の一部を改正する等の法律」（令和3年法律70号）が2021年6月16日に施行され，上場会社において，定款に定めることにより一定の条件のもと，場所の定めのない株主総会（いわゆるバーチャルオンリー株主総会）の開催が可能となった（詳細については，「第6章　株主総会招集通知　Ⅰ　株主総会の招集権者　1　一般　（2）　開催場所」を参照されたい）。

　バーチャルオンリー株主総会は，(ⅰ)遠隔地の株主を含む多くの株主が出席しやすく，(ⅱ)物理的な会場の確保が不要で運営コストの低減を図ることができ，また，(ⅲ)株主や取締役等が一堂に会する必要がなく感染症等のリスクの低減を図ることができる。

　このように，株主総会の活性化・効率化・円滑化につながることから，株主の利益の確保に配慮しつつ，産業競争力を強化する観点から，本制度において，バーチャルオンリー株主総会の開催を可能としている。

　バーチャルオンリー株主総会を開催するには，株主総会を「場所の定めのない株主総会」とすることができる旨の定款の定めが必要となる。

　〈事例〉　場所の定めのない株主総会に関する定款変更議案の事例

　　　　　　　　　　　　　　　　　　　　インフォマート（2023年12月期）

III 定款の変更　633

第2号議案　定款一部変更の件

　「産業競争力強化法等の一部を改正する等の法律」（令和3年法律第70号）の施行により，上場会社が経済産業大臣及び法務大臣の確認を受けることを条件に，場所の定めのない株主総会（いわゆるバーチャルオンリー株主総会）を開催することが認められました。

　当社は，感染症拡大又は自然災害を含む大規模災害の発生等により，場所の定めのある株主総会を開催することが，株主の皆様の利益にも照らして適切でないと取締役会が決定したときには，場所の定めのない株主総会を開催することができるよう，現行定款第12条第2項に場所の定めのない株主総会の開催に関する規定を追加するものであります。

　なお，本定款一部変更が，経済産業省令・法務省令で定める要件に該当することについて，2023年8月31日付の経済産業大臣及び法務大臣の確認書を受領しております。

　変更内容は，次のとおりであります。

（下線部分は変更箇所を示しています）

現行定款	変更案
（株主総会の招集） 第12条　当会社の定時株主総会は，毎年3月にこれを招集し，臨時株主総会は，必要がある場合に随時これを招集する。	（株主総会の招集） 第12条　当会社の定時株主総会は，毎年3月にこれを招集し，臨時株主総会は，必要がある場合に随時これを招集する。
（新設）	2　当会社は，感染症拡大や大規模災害の発生等により，場所の定めのある株主総会を開催することが，株主の利益にも照らして適切でないと取締役会が決定したときには，株主総会を場所の定めのない株主総会とすることができる。

634　第7章　株主総会決議事項の個別記載事項

Ⅳ ▎ 準備金の額の減少

1 準備金の額の減少の決議

　準備金の額の減少の決議は，株主総会の普通決議による（会社法448Ⅰ）が，以下の要件を満たす場合には，定款の定めにより取締役会の決議によることができ（会社法459Ⅰ②），さらに，定款の定めにより，株主総会の決議によらないことができる（会社法460Ⅰ）。

(ⅰ)　取締役会設置会社であること

(ⅱ)　会計監査人設置会社であること

(ⅲ)　取締役（監査等委員会設置会社にあっては，監査等委員である取締役以外の取締役）の任期の末日が選任後1年以内に終了する最終事業年度に関する定時株主総会の終結の日以前であること

(ⅳ)　監査役設置会社においては監査役会設置会社であること

　また，株式発行と同時に行う準備金の額の減少で準備金減少後の準備金の額が当該日前の準備金の額を下回らない場合には，取締役の決定（取締役会設置会社にあっては取締役会の決議）による（会社法448Ⅲ）。

2 記載例

〈記載例〉

第〇号議案　準備金の額の減少の件

　会社法第448条第1項の規定に基づき，資本準備金の取崩しを行い，次期の配当に備えるものであります。

　1．減少する準備金の額

　　　資本準備金〇〇,〇〇〇千円のうち，〇,〇〇〇千円

　2．準備金の額の減少が効力を生ずる日

　　　〇年〇月〇日

準備金の額の減少をしようとするときは，株主総会の決議によって次に掲げ

る事項を定める必要がある（会社法448Ⅰ）。
- （ⅰ）　減少する準備金の額
- （ⅱ）　減少する準備金の額の全部または一部を資本金とするときは，その旨および資本金とする額
- （ⅲ）　準備金の額の減少がその効力を生ずる日

〈事例〉　資本準備金の額の減少議案の事例

堺化学工業（2024年3月期）

第1号議案　資本準備金の額の減少の件

1．準備金の額の減少の理由

　　今後の機動的な資本政策に備えるとともに，財務戦略上の弾力性を確保するため，会社法第448条第1項の規定に基づき，資本準備金の額を減少し，その他資本剰余金に振り替えたいと存じます。

2．準備金の額の減少の内容

　（1）　減少する資本準備金の額

　　　資本準備金16,311,931,134円のうち8,311,931,134円を減少し，その減少額全額をその他資本剰余金に振り替え，減少後の資本準備金の額を8,000,000,000円といたします。

　（2）　資本準備金の額の減少が効力を生ずる日

　　　2024年8月1日

636 第7章 株主総会決議事項の個別記載事項

V 取締役の選任

1 取締役の選任決議

　定時総会において任期が満了する取締役がいる場合，取締役を定款で定めた員数の範囲内において増員する等の場合，取締役の選任議案が株主総会の会議の目的とされる。取締役の選任を株主総会の会議の目的とする場合には，取締役会の決議によって，選任すべき取締役の員数およびその候補者の氏名を決定する必要がある。

　取締役の候補者は，取締役の欠格事由（会社法331 I）に該当しない者を決定する必要がある。

　選任する取締役の任期は，定款所定の任期となるが，増員または補欠の取締役について任期の短縮規定がある場合には，短縮された任期となる。したがって，重任と補欠の取締役を同時に選任する場合は，補欠に該当する候補者を決定しておかなければならない。

　取締役の選任は，株主総会の決議によるが，取締役の選任に関する議案の決議は，議決権を行使することができる株主の議決権の過半数（3分の1以上の割合を定款で定めた場合にあっては，その割合以上）を有する株主が出席し，出席した当該株主の議決権の過半数（これを上回る割合を定款で定めた場合にあっては，その割合以上）をもって行わなければならない（会社法341）。また，複数の取締役を選任する場合は，累積投票によることができる（会社法342 I）。

　なお，種類株式を発行している場合には，各種類株主総会によって，それぞれ取締役を選任することが可能になっている。

2 記載例

取締役の選任に関する議案は，以下のように記載される。

> 　第○号議案　取締役○名選任の件

累積投票によるか否かを株主が判断できるよう人数を記載する必要がある

　　　　　　　　　　　　　　　　　　　　　　Ⅴ　取締役の選任　637

（累積投票制度を採用していない会社も人数を慣行的に記載している）。

　なお，合併等に際し，あらかじめ合併期日に就任する取締役を選任しておく
場合は就任の日を記載しておく。

　取締役の選任に関する参考書類のひな型および具体的な事例は，以下のとお
りである。

〈「全国株懇連合会株主総会参考書類モデル」の記載例〉

第2号議案　取締役○名選任の件

　取締役全員（○名）は，本総会の終結の時をもって任期満了となりますので，
取締役○名の選任をお願いいたしたいと存じます。

　取締役候補者は，次のとおりであります。

候補者番号	氏　　名 （生年月日）	略歴，地位，担当および重要な兼職の状況	所有する当社の株式の数
1	ふ　り　が　な ○　○　○　○ （○年○月○日生）	○年○月　当社入社 ○年○月　当社○○部長 ○年○月　当社取締役 ○年○月　当社常務取締役 　　　　　（経理・総務担当） 　　　　　現在に至る （重要な兼職の状況） ○○株式会社代表取締役副社長	○○○株

選任理由
　　○○○○氏を取締役候補者とした理由は，・・・・・・・です。

候補者番号	氏　　名 （生年月日）	略歴，地位，担当および重要な兼職の状況	所有する当社の株式の数
※2	ふ　り　が　な △　△　△　△ （○年○月○日生）	○年○月　○○株式会社入社 ○年○月　同社○○部長 ○年○月　同社代表取締役社長 　　　　　現在に至る （重要な兼職の状況） ○○株式会社代表取締役社長	○○○株

選任理由および期待される役割の概要
　　△△△△氏を社外取締役候補者とした理由は・・・・です。
　　△△△△氏には・・・・や・・・・といった経験を生かし，当社において，主に

638 第7章 株主総会決議事項の個別記載事項

・・・・を果たしていただくことを期待しております。

（以下，省略）

(注) 1. 候補者と当社との間に特別の利害関係はありません。

2. △△△△氏は社外取締役候補者であり，当社は，同氏との間で会社法第427条第1項の規定により，任務を怠ったことによる損害賠償責任を限定する契約を締結する予定です。ただし，当該契約に基づく責任の限度額は○○万円以上であらかじめ定めた金額または法令が規定する額のいずれか高い額とします。

3. ○○○○氏は，当社と会社法第430条の2第1項に規定する補償契約を締結しており，同項第1号の費用および同項第2号の損失を法令の定める範囲内において当社が補償することとしております。また，当社は，△△△△氏との間で，同内容の補償契約を締結する予定です。

4. 当社は，会社法第430条の3第1項に規定する役員等賠償責任保険契約を保険会社との間で締結し，被保険者が負担することになる・・・・の損害を当該保険契約により填補することとしております。候補者は，当該保険契約の被保険者に含められることとなります。

5. 当社は△△△△氏を○○証券取引所に独立役員として届け出ております。

6. ※は新任の社外取締役候補者であります。

［補足説明］

（第2号議案）

1. 取締役の選任議案については，株主総会参考書類に次の事項を記載しなければならない（施行規則74条1項・2項）。ただし，非公開会社は(4)以下の記載を要しない。

(1) 候補者の氏名，生年月日および略歴

(2) 就任の承諾を得ていないときは，その旨

候補者の氏名，生年月日の記載は当然であり，候補者が取締役にふさわしい資格を備えているかを判断するために略歴を記載することも重要である。略歴については，入社年次，歴任した重要な役職名およびその就任年月などを記載するのが一般的である。就任承諾については取締役候補者とした際に，速やかに就任承諾を得ておくことが通常なので，就任承諾を得ていない旨の記載が見られることは少ないが，株主提案の場合は重要な情報となると考え

られる。

(3) 当該候補者と会社法427条1項の責任限定契約を締結しているときまたは当該契約を締結する予定があるときは，その契約の内容の概要

(4) 当該候補者と補償契約を締結しているときまたは補償契約を締結する予定があるときは，その補償契約の内容の概要

(5) 当該候補者を被保険者とする役員等賠償責任保険契約を締結しているときまたは当該役員等賠償責任保険契約を締結する予定があるときは，その役員等賠償責任保険契約の内容の概要

　本モデルでは，役員等賠償責任保険契約の内容の概要として，会社が契約当事者として保険会社と締結している旨，被保険者，填補される損害の範囲を記載している。保険会社の主な免責事由，特約条項等に言及する場合には事業報告の「被保険者である役員等の職務の執行の適正性が損なわれないようにするための措置」の記載を参照することが考えられる。

(6) 候補者の有する当該株式会社の株式の数（種類株式発行会社にあっては，株式の種類および種類ごとの数）

　持株数は，会社への関与の程度を明らかにする情報の一つなので候補者が実質的に所有する株式数を記載するべきであると考えられる（弥永真生「コンメンタール会社法施行規則・電子公告規則」（商事法務2016）376頁，中村直人編「株主総会ハンドブック（第4版）」（商事法務2016）249頁）。なお，種類株式発行会社にあっては，株式の種類および種類ごとの数を記載する。

(7) 候補者が取締役に就任した場合において施行規則121条8号に定める重要な兼職に該当する事実があることとなるときは，その事実

　株主総会参考書類作成時において確認できた兼職のうち，重要なものを事業報告における「会社役員に関する事項」と同様に開示する。作成時に兼職の事実があっても，就任時には兼職がなくなることが明らかである場合は，開示する必要はない。

　他の法人等の代表者であれば通常は重要な兼職状況として開示を要すると考えられる。その候補者がどの程度会社の取締役等として職務に専念できるかを判断する材料となるとともに，利益相反が生ずる可能性を判断するためである。

　一方，例えば単に名誉職的な意味で他の法人等の代表となっているような場合には，重要でないものと判断して，その事実の記載を省略することが可

能であろう。

(8) 候補者と会社との間に特別の利害関係があるときは，その事実の概要

特別の利害関係については，その者が取締役になったときに，職務遂行に影響を及ぼすおそれのある重要な事実を記載すると考えられる。たとえば，競業会社の役員であるとか，会社との間に重要な取引関係・貸借関係・係争等があることなどである。

(9) 候補者が現に当該会社の取締役であるときは，当該会社における地位および担当

なお，当該会社における地位および担当を事業報告に記載しているときは，株主総会参考書類にはその旨の記載をして，株主総会参考書類における記載を省略することも考えられる。

2. 当該会社が公開会社であり，かつ，他の者の子会社等であるときは，次の記載が必要である（施行規則74条3項）。子会社等とは，子会社のほか，会社以外の者が経営を支配している場合（施行規則3条の2に該当するいわゆるオーナーがいる場合）を含む被支配法人の概念である（会社法2条3号の2）。

(1) 候補者が現に当該他の者（自然人である者に限る。）であるときは，その旨

オーナー自身が取締役候補者となる場合はその旨の記載を要する。

(2) 候補者が現に当該他の者（当該他の者の子会社等を含む。）の業務執行者である場合は，当該他の者における地位および担当

業務執行者とは業務執行取締役，執行役および使用人等であり（施行規則2条3項6号），親会社など当該他の者の業務執行者を取締役候補者とする場合には，当該他の者での地位および担当を記載することが必要である。

(3) 候補者が過去10年間に当該他の者（当該他の者の子会社等を含む。）の業務執行者であったことを当該会社が知っている場合には，当該他の者における地位および担当

すでに親会社など当該他の者の業務執行者ではない場合でも，過去10年間に当該他の者の業務執行者であったことを当該会社が知っていた場合には，当該他の者における地位および担当を記載する。

3. 社外取締役候補者の場合，以下の記載事項を追加することになる。ただし，非公開会社は(4)から(8)までの記載を要しない（施行規則74条4項）。

(1) 当該候補者が社外取締役候補者である旨

(2) 当該候補者を社外取締役候補者とした理由

V　取締役の選任　641

(3)　当該候補者が社外取締役（社外役員に限る。以下３.において同じ。）に選任された場合に果たすことが期待される役割の概要

　　本モデルでは，各候補者の略歴欄に個別に記載する方法を採用しているが，複数の社外取締役候補者がいる場合は，注記として記載する方法を採用し，社外取締役候補者の各人に期待される役割について他の候補者との比較でどういう強みが期待されているのか，会社全体として，社外取締役らに期待している各役割が，会社全体でどのようにバランスを図られているのか等の視点を株主に提供することも考えられる。

(4)　当該候補者が現に当該会社の社外取締役である場合において，当該候補者が最後に選任された後在任中に，当該会社において法令または定款に違反する事実その他不当な業務の執行が行われた事実（重要でないものを除く。）があるときは，その事実ならびに当該事実の発生の予防のために当該候補者が行った行為および当該事実の発生後の対応として行った行為の概要

　　これは当該会社で在任中に法令定款違反等があった場合にその事実と，当該事実と当該候補者の関わりを開示させるもので，社外取締役が法令定款違反等を予防するなどの活動をとるべきことは，最低限の職務であるが故に設けられた項目であると考えられる。開示すべき重要な法令定款違反等の事実における重要性の判断については，事案に即して判断することとなろう。

(5)　当該候補者が過去５年間に他の会社の取締役，執行役または監査役に就任していた場合において，その在任中に，当該他の会社において法令または定款に違反する事実その他不当な業務の執行が行われた事実があることを当該会社が知っているときは，その事実（重要でないものを除き，当該候補者が当該他の会社における社外取締役または監査役であったときは，当該事実の発生の予防のために当該候補者が行った行為および当該事実の発生後の対応として行った行為の概要を含む。）

　　当該候補者が他の会社の取締役等であった場合の記載事項で，内容的には上記(4)と同様であるが，法令定款違反等の事実については当該会社が知っているもので重要なものについて記載することになる。

(6)　当該候補者が過去に社外取締役または社外監査役となること以外の方法で会社の経営に関与していない者であるときは，当該経営に関与したことがない候補者であっても社外取締役としての職務を適切に遂行することができるものと当該会社が判断した理由

642 第7章 株主総会決議事項の個別記載事項

経営に関与したことがない候補者とは，学者や弁護士などを指すものと考えられるが，その場合には，特にその者を社外取締役候補者とした理由を記載することになる。

(7) 当該候補者が次のいずれかに該当することを当該会社が知っているときは，その旨

① 過去に当該会社またはその子会社の業務執行者または役員（業務執行者を除く。③および⑤において同じ。）であったことがあること。

② 当該会社の親会社等（自然人である者に限る。）であり，または過去10年間に当該会社の親会社等（自然人である者に限る。）であったことがあること。

親会社等とは，親会社のほか，法人以外の者で経営を支配している者として施行規則第3条の2に該当するものをいう（会社法2条4号の2）。

③ 特定関係事業者の業務執行者もしくは役員であり，または過去10年間に当該会社の特定関係事業者の業務執行者もしくは役員であったことがあること。

④ 当該会社またはその特定関係事業者から多額の金銭その他の財産（取締役等の報酬等を除く。）を受ける予定があり，または過去2年間に受けていたこと。

⑤ 次に掲げる者の配偶者，3親等以内の親族その他これに準ずるものであること（重要でないものを除く。）。

　ⅰ） 当該会社の親会社等（自然人である者に限る。）

　ⅱ） 当該会社または当該会社の特定関係事業者の業務執行者または役員

⑥ 過去2年間に合併等により他の会社がその事業に関して有する権利義務を当該会社が承継または譲受けをした場合において，当該合併等の直前に当該会社の社外取締役または監査役でなく，かつ，当該他の会社の業務執行者であったこと。

特定関係事業者とは，ⅰ）当該会社に親会社等がある場合は当該親会社等ならびに当該親会社等の子会社等および関連会社，ⅱ）当該会社に親会社等がない場合は当該会社の子会社および関連会社，ⅲ）当該会社の主要な取引先をいう（施行規則2条3項19号）。これは社外取締役候補者と当該会社との利害関係を明確にするための開示である。

(8) 当該候補者が現に当該会社の社外取締役または監査役であるときは，これ

らの役員に就任してからの年数

　在任年数についても社外取締役の適性を判断するために必要な情報として，記載が必要である。

(9)　前各号に掲げる事項に関する記載についての当該候補者の意見があるときは，その意見の内容

　社外取締役候補者から意見がある場合には，この項目に記載することができる。

「取締役全員（○名）は，本総会の終結の時をもって任期満了となりますので」の部分が「提案の理由」にあたる。

（以下略）

　2020年11月27日付「会社法施行規則等の一部を改正する省令」（法務省令52号）において，取締役の選任議案の記載事項として，役員等の責任を追及する訴えが提起された場合等に，株式会社が費用や賠償金を補償する補償契約（会社法430の2）や，株式会社が役員等を被保険者とする役員等賠償責任保険契約（会社法430の3）に関する事項が追加されている。また，取締役候補者と親会社等の関係に関する記載事項が拡充されたほか，社外取締役候補者に期待される役割を記載することとされている（会施規74）。

〈事例〉　取締役の選任議案の事例

ケアネット（2023年12月期）

第2号議案　取締役2名選任の件

　取締役○○○○氏は本総会終結の時をもって任期満了となります。

　また，取締役◇◇◇◇氏は2024年2月14日付で辞任により退任いたしました。つきましては，取締役2名の選任をお願いするものであります。

　なお，本議案が原案通り承認された場合，社外取締役3名を東京証券取引所の定める独立役員とする予定であり，当社の取締役の2分の1以上が独立役員となります。

　取締役候補者は，次のとおりであります。

644　第 7 章　株主総会決議事項の個別記載事項

候補者番号	ふりがな 氏　名 生年月日	略歴，当社における地位及び担当 （重要な兼職の状況）	所有する 当社の 株式の数
1	○○○○ ○○○○ ○○ ○○ （○○○○年 ○月○日生） 再任	2004年 4 月　最高裁判所司法研修所　入所 2005年10月　第一東京弁護士会登録 　　　　　　　TMI 総合法律事務所勤務 2009年 1 月　公正取引委員会審査局勤務 2011年 4 月　TMI 総合法律事務所復帰 2015年 9 月　ロンドンのシモンズ・アンド・シモンズ 　　　　　　　法律事務所勤務 2015年11月　ロンドン大学ユニバーシティ・カレッジ・ 　　　　　　　ロンドン卒業（LL.M. in Competition 　　　　　　　Law) 2016年 6 月　TMI 総合法律事務所復帰 2018年 1 月　同事務所パートナー就任（現任） 2020年 4 月　東京学芸大学客員准教授 2022年 3 月　当社　社外取締役（現任） 2022年 4 月　東京学芸大学客員教授（現任）	－株

(社外取締役候補者とした理由及び期待される役割の概要)
○○○○氏は，弁護士として培ってきた企業法務・コンプライアンス・リスクマネジメントに関する知見を活かし，ガバナンスの観点から取締役会の監査・監督の強化に寄与いただけること，また，指名報酬委員として当社の役員候補者の選定や役員報酬等の決定に対し，客観的・中立的立場で関与していただけることを期待し，引き続き選任をお願いするものであります。
　なお，同氏は，社外役員となること以外の方法で会社の経営に関与された経験はありませんが，上記の理由により社外取締役としての職務を適切に遂行できるものと判断しております。
　また，同氏は，現在当社の社外取締役でありますが，その在任期間は本総会終結の時をもって 2 年となります。

候補者番号	ふりがな 氏　名 生年月日	略歴，当社における地位及び担当 （重要な兼職の状況）	所有する 当社の 株式の数
2	□□□□ □□□□ □□ □□ （○○○○年 ○月○日生） 新任	1982年 4 月　杏林製薬株式会社　入社 1991年 6 月　日本アップジョン株式会社 　　　　　　　（現　ファイザー株式会社）入社 2003年 2 月　同社　眼科領域営業統括部長 2003年12月　アボットジャパン株式会社 　　　　　　　（現　アボットジャパン合同会社) 　　　　　　　入社 　　　　　　　マーケティング本部長 2004年 5 月　ノボノルディスクファーマ株式会 　　　　　　　社　入社　マーケティング部長 2006年12月　バクスター株式会社　入社 　　　　　　　バイオサイエンス営業本部長 2007年10月　万有製薬株式会社 　　　　　　　（現　MSD 株式会社）入社 　　　　　　　ワクチン事業本部長 2012年 6 月　アラガンジャパン株式会社　入社 　　　　　　　エステティック事業部長	－株

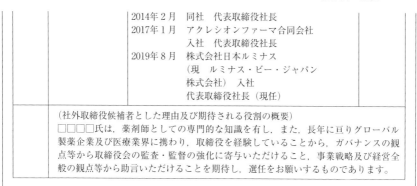

(注) 1. 各候補者と当社との間には特別の利害関係はありません。
2. ○○○○氏及び□□□□氏は,社外取締役候補者であります。
3. 当社は○○○○氏を東京証券取引所の定めに基づく独立役員として届け出ております。同氏が再任された場合は,当社は引き続き同氏を独立役員とする予定であります。また,□□□□氏は,東京証券取引所の定めに基づく独立役員の要件を満たしており,同氏が社外取締役に選任された場合には,独立役員として届け出る予定であります。
4. 当社は,○○○○氏との間で会社法第427条第1項の規定に基づき,同法第423条第1項の損害賠償責任を限定する契約を締結しております。当該契約に基づく損害賠償責任の限度額は,会社法第425条第1項が定める額としており,○○○○氏の再任が承認された場合は,同氏との当該契約を継続する予定です。また,当該責任限定が認められるのは,その職務を行うにつき,善意でありかつ重大な過失がないときに限られております。また,□□□□氏の選任が承認された場合には,同様の責任限定契約を締結する予定であります。
5. 当社は保険会社との間で,当社の全ての取締役,監査役を被保険者とする,会社法第430条の3第1項に規定する役員等賠償責任保険契約を締結しており,保険料は全額当社が負担しております。
当該保険契約の内容の概要は,被保険者である対象役員が,その職務の執行に関し責任を負うこと又は責任の追及に係る請求を受け取ることによって生じることのある損害を当該保険契約により保険会社が補填するものです。各候補者が取締役に選任され就任した場合は,当該保険契約の被保険者に含められることになります。また,当該保険契約は1年ごとに契約更新するものであり,次回更新時においても同内容での更新を予定しております。

Ⅵ 監査役の選任

1 監査役の選任決議

　定時総会において任期満了となる監査役がいる場合，期中において監査役が欠員となり仮監査役がいる場合，監査役の増員を行う場合には，監査役の選任議案が株主総会の目的とされる。

　監査役の候補者は，取締役と同様に欠格事由（会社法335Ⅰ）に該当しない者であるほか，株式会社もしくはその子会社の取締役もしくは支配人その他の使用人または当該子会社の会計参与（会計参与が法人であるときは，その職務を行うべき社員）もしくは執行役を兼業できないことになっている（会社法335Ⅱ）。

　監査役の任期は就任後4年内の最終の決算期に関する定時総会の終結の時まで（公開会社でない株式会社においては，10年以内に伸長することが可能）となっている（会社法336Ⅰ，Ⅱ）。なお，定款でもって補欠の監査役の任期を短縮できる（会社法336Ⅲ）。

　取締役は，監査役の選任に関する議案を株主総会に提出するには，監査役（監査役が2人以上ある場合にあっては，その過半数。監査役会設置会社においては監査役会）の同意を得なければならず（会社法343Ⅰ，Ⅲ），また，監査役（監査役会設置会社においては監査役会）は，取締役に対し，監査役の選任を株主総会の目的とすることまたは監査役の選任に関する議案を株主総会に提出することを請求することができる（会社法343Ⅱ）。

2 記載例

　監査役の選任に関する議案は，以下のように記載される。

第○号議案　監査役○名選任の件

　監査役の選任に関する参考書類のひな型および具体的な事例は，以下のとおりである。

Ⅵ　監査役の選任　647

〈「全国株懇連合会株主総会参考書類モデル」の記載例〉

第３号議案　監査役○名選任の件

　監査役全員（○名）は，本総会の終結の時をもって任期満了となりますので，監査役○名の選任をお願いいたしたいと存じます。

　なお，本議案に関しましては，監査役会の同意を得ております。

　監査役候補者は，次のとおりであります。

候補者番号	氏　名 （生年月日）	略歴，地位および重要な兼職の状況	所有する当社の株式の数
1	ふ　り　が　な ○　○　○　○ （○年○月○日生）	○年○月　　当社入社 ○年○月　　当社○○部長 ○年○月　　当社取締役 ○年○月　　当社常勤監査役 　　　　　　現在に至る	○○○株

選任理由
　　○○○○氏を監査役候補者とした理由は，…………です。

候補者番号	氏　名 （生年月日）	略歴，地位および重要な兼職の状況	所有する当社の株式の数
※2	ふ　り　が　な △　△　△　△ （○年○月○日生）	○年○月　　○○株式会社入社 ○年○月　　同社○○部長 ○年○月　　同社代表取締役社長 　　　　　　現在に至る （重要な兼職の状況） ○○株式会社代表取締役社長	○○○株

選任理由
　　△△△△氏を社外監査役候補者とした理由は…………です。

(以下，省略)

(注)　1.　候補者と当社との間に特別の利害関係はありません。

　　　2.　△△△△氏は社外監査役候補者であり，当社は，同氏との間で会社法第427条第１項の規定により，任務を怠ったことによる損害賠償責任を限定する契約を締結する予定です。ただし，当該契約に基づく責任の限度額は○○万円以上であらかじめ定めた金額または法令が規定する額のいずれか高い額とします。

　　　3.　○○○○氏は，当社と会社法第430条の２第１項に規定する補償契約を締結しており，同項第１号の費用および同項第２号の損失を法令

648 第7章 株主総会決議事項の個別記載事項

の定める範囲内において当社が補償することとしております。また，当社は，△△△△氏との間で同内容の補償契約を締結する予定です。

4. 当社は，会社法第430条の3第1項に規定する役員等賠償責任保険契約を保険会社との間で締結し，被保険者が負担することになる・・・・の損害を当該保険契約により塡補することとしております。候補者は，当該保険契約の被保険者に含められることとなります。

5. 当社は△△△△氏を○○証券取引所に独立役員として届け出ております。

6. ※は新任の社外監査役候補者であります。

［補足説明］

（第3号議案）

1. 監査役の選任議案については，株主総会参考書類に次の事項を記載しなければならない（施行規則76条1項，2項）。基本的には前述の取締役選任議案に準じた内容を記載する。ただし，非公開会社は(9)以下の記載を要しない。

(1) 候補者の氏名，生年月日および略歴

(2) 当該会社との間に特別の利害関係があるときは，その事実の概要

(3) 就任の承諾を得ていないときは，その旨

(4) 監査役の選任議案が監査役会の請求により提出されたものであるときは，その旨

    会社法では，監査役会が監査役の選任議案を請求することができるので（会社法343条2項・3項），株主総会参考書類についてもそれに対応した規定となっている。

(5) 監査役の選任について，その他の監査役に意見があるときは，その意見の内容の概要

    監査役は，株主総会において，監査役の選任もしくは解任又は辞任について意見を述べることができるが（会社法345条4項で準用する同条1項），監査役選任議案について意見がある場合は株主総会参考書類においても開示するものである（監査役の解任議案については施行規則80条）。

(6) 当該候補者と会社法第427条第1項の責任限定契約を締結しているときまたは当該契約を締結する予定があるときには，その契約の内容の概要

(7) 当該候補者と補償契約を締結しているときまたは補償契約を締結する予定があるときは，その補償契約の内容の概要

(8) 当該候補者を被保険者とする役員等賠償責任保険契約を締結しているとき
または当該役員等賠償責任保険契約を締結する予定があるときは，その役員
等賠償責任保険契約の内容の概要

(9) 候補者の有する当該会社の株式の数（種類株式発行会社にあっては，株式
の種類および種類ごとの数）

(10) 候補者が監査役に就任した場合において施行規則121条8号に定める重要
な兼職に該当する事実があることとなるときは，その事実
取締役の選任議案の場合と同様である。

(11) 候補者が現に当該会社の監査役であるときは，当該会社における地位

2. 当該会社が公開会社であり，かつ，他の者の子会社等であるときは，次の記
載が必要である（施行規則76条3項）。

(1) 候補者が現に当該他の者（自然人に限る。）であるときは，その旨

(2) 候補者が現に当該他の者（当該他の者の子会社等を含む。）の業務執行者で
ある場合は，当該他の者における地位および担当

(3) 候補者が過去10年間に当該他の者（当該他の者の子会社等を含む。）の業務
執行者であったことを当該会社が知っている場合には，当該他の者における
地位および担当

3. 社外監査役候補者の場合，以下の記載事項を追加することになる。ただし，
非公開会社は(3)から(7)までの記載を要しない（施行規則76条4項）。

(1) 当該候補者が社外監査役候補者である旨

(2) 当該候補者を社外監査役候補者とした理由

(3) 当該候補者が現に当該会社の社外監査役である場合において，当該候補者
が最後に選任された後在任中に当該会社において法令または定款に違反する
事実その他不正な業務の執行が行われた事実（重要でないものを除く。）があ
るときは，その事実ならびに当該事実の発生の予防のために当該候補者が行
った行為および当該事実の発生後の対応として行った行為の概要

(4) 当該候補者が過去5年間に他の会社の取締役，執行役または監査役に就任
していた場合において，その在任中に，当該他の会社において法令または定
款に違反する事実その他不正な業務の執行が行われた事実があることを当該
会社が知っているときは，その事実（重要でないものを除き，当該候補者が
当該他の会社における社外取締役または監査役であったときは，当該事実の
発生の予防のために当該候補者が行った行為および当該事実の発生後の対応

として行った行為の概要を含む。）

(5) 当該候補者が過去に社外取締役または社外監査役となること以外の方法で会社の経営に関与していない者であるときは，当該経営に関与したことがない候補者であっても，社外監査役としての職務を適切に遂行することができるものと当該会社が判断した理由

(6) 当該候補者が次のいずれかに該当することを当該会社が知っているときは，その旨

① 過去に当該会社またはその子会社の業務執行者または役員（業務執行者を除く。③および⑤において同じ。）であったことがあること。

② 当該会社の親会社等（自然人である者に限る。）であり，または過去10年間に当該会社の親会社等（自然人である者に限る。）であったことがあること。

③ 特定関係事業者の業務執行者もしくは役員であり，または過去10年間に当該会社の特定関係事業者の業務執行者もしくは役員であったことがあること。

④ 当該会社またはその特定関係事業者から多額の金銭その他の財産（監査役としての報酬等を除く。）を受ける予定があり，または過去2年間に受けていたこと。

⑤ 次に掲げる者の配偶者，3親等以内の親族その他これに準ずるものであること（重要でないものを除く。）。

　ⅰ）当該会社の親会社等（自然人である者に限る。）

　ⅱ）当該会社または当該会社の特定関係事業者の業務執行者または役員

⑥ 過去2年間に合併等により他の会社がその事業に関して有する権利義務を当該会社が承継または譲受けをした場合において，当該合併等の直前に当該会社の社外監査役でなく，かつ，当該他の会社の業務執行者であったこと。

(7) 当該候補者が現に当該会社の監査役であるときは，監査役に就任してからの年数

(8) 前各号に掲げる事項に関する記載についての当該候補者の意見があるときは，その意見の内容

「監査役全員（○名）は，本総会の終結の時をもって任期満了となりますので」の部分が「提案の理由」にあたる。

Ⅵ　監査役の選任　651

（以下略）

第4号議案　補欠監査役1名選任の件

　監査役が法令に定める員数を欠くことになる場合に備え，あらかじめ補欠監査役1名の選任をお願いするものであります。

　なお，本議案に関しましては，監査役会の同意を得ております。

　補欠監査役の候補者は，次のとおりであります。

氏　　名 （生年月日）	略歴および重要な兼職の状況	所有する当社の 株式の数
ふ　り　が　な ○　○　○　○ （○年○月○日生）	○年○月　○○株式会社入社 ○年○月　同社○○部長 ○年○月　同社代表取締役社長 　　　　現在に至る （重要な兼職の状況） ○○株式会社代表取締役社長	○○○株

（注）　1.　候補者と当社との間に特別の利害関係はありません。

　　　　2.　○○○○氏は，補欠の社外監査役候補者であり，就任した場合，○○証券取引所に独立役員として届け出る予定です。

　　　　3.　○○○○氏を社外監査役の補欠として選任する理由は………です。

　　　　4.　○○○○氏が就任した場合は，当社は，同氏との間で会社法第427条第1項の規定により，任務を怠ったことによる損害賠償責任を限定する契約を締結する予定です。ただし，当該契約に基づく責任の限度額は○○万円以上であらかじめ定めた金額または法令が規定する額のいずれか高い額とします。

　　　　5.　○○○○氏が就任した場合は，当社は，同氏との間で会社法第430条の2第1項第1号の費用および同項第2号の損失を法令の定める範囲内において当社が補償する旨の同項に規定する補償契約を締結する予定です。

　　　　6.　当社は，会社法第430条の3第1項に規定する役員等賠償責任保険契約を保険会社との間で締結し，被保険者が負担することになる・・・・の損害を当該保険契約により填補することとしております。○○○○氏が就任した場合，同氏は当該保険契約の被保険者に含められることとなります。

652　第7章　株主総会決議事項の個別記載事項

［補足説明］

（第4号議案）

　補欠監査役の選任については，会社法329条3項に定めが置かれ，その選任決議に際しての具体的な決定事項は施行規則96条2項に次のとおり規定されている。

(1)　当該候補者が補欠の監査役である旨

(2)　当該候補者を補欠の社外監査役として選任するときは，その旨

(3)　当該候補者を一人または二人以上の特定の監査役の補欠の監査役として選任するときは，その旨および当該特定の監査役の氏名

　　　この場合には次の記載をすることが考えられる。

　　　　「監査役が法令に定める員数を欠くことになる場合に備え，監査役A氏の補欠の監査役として○○○○氏を，社外監査役B氏およびC氏の補欠の社外監査役として△△△△氏を選任することをお願いするものであります。…」

(4)　同一の監査役（二以上の監査役の補欠として選任した場合にあっては，当該二以上の監査役）につき二人以上の補欠の監査役を選任するときは，当該補欠の監査役相互間の優先順位

　　　この場合には次の記載をすることが考えられる。

　　　　「なお，○○○○氏および△△△△氏の選任をご承認いただいた場合の，両氏相互間における監査役への就任の優先順位は，○○○○氏を第1順位，△△△△氏を第2順位といたします。本議案に関しましては…」

(5)　補欠の監査役について，就任前にその選任の取消しを行う場合があるときは，その旨および取消しを行うための手続き

　　　定款に補欠監査役の選任決議が効力を有する期間を定めている場合は，その間に補欠候補者が辞退をしたり，就任に差し障るような事態が生じたりすることも勘案し，次のような記載をすることが考えられる。

　　　　「なお，○○○○氏の選任の効力は就任前に限り，監査役会の同意を得て，取締役会の決議により，その選任を取り消すことができるものとさせていただきます。」

　なお，補欠の予選であっても，監査役候補者としての開示事項，社外監査役の候補者であれば社外監査役の選任に関する開示事項の株主総会参考書類による開示が必要となる（施行規則76条。第3号議案参照）。

　「監査役が法令に定める員数を欠くことになる場合に備え」の部分が「提案の理由」にあたる。

VI　監査役の選任　653

　なお，2020年11月27日付「会社法施行規則等の一部を改正する省令」（法務省令52号）において，監査役の選任議案の記載事項として，補償契約（会社法430の2）および役員等賠償責任保険契約（会社法430の3）に関する事項が追加されているほか，監査役候補者と親会社等の関係に関する記載事項が拡充されている（会施規76）。

〈事例〉　監査役の選任議案の事例

東海理化電機製作所（2024年3月期）

第2号議案　監査役2名選任の件

　監査役○○○○氏は，本定時株主総会終結の時をもって4年間の任期満了となり，また，監査役◇◇◇◇氏は，本定時株主総会終結の時をもって辞任されます。つきましては，監査役2名の選任をお願いいたしたいと存じます。

　なお，本議案の本定時株主総会への提出につきましては，あらかじめ監査役会の同意を得ております。

　監査役候補者は次のとおりであります。

（写真）	候補者番号 1	□□□□　□□□□（○○○○年○月○日生）　新任
	略歴，地位	
	1985年4月	当社入社
	2009年6月	当社スイッチ事業部スイッチ技術部長
	2013年6月	当社執行役員
	2017年6月	当社常務取締役，常務執行役員
	2018年6月	当社取締役（2020年6月退任）
所有する当社 株式の数 20,000株	2020年1月	当社執行役員，現在に至る

監査役候補者とした理由

　□□□□氏は，当社において設計・技術開発部門を中心に従事し，当社の製品開発に関する幅広い経験と実績を有しております。その豊富な経験と知見，見識を当社の監査に反映していただきたく，監査役として選任をお願いするものであります。

654　第7章　株主総会決議事項の個別記載事項

	候補者番号 2	○○○○　○○○○ ○○　○○（○○○○年○月○日生）　再任
		社外監査役

（写真）

略歴，地位	
1993年4月	トヨタ自動車株式会社入社
2019年1月	同社先進ボデー開発部長
2019年7月	同社クルマ開発センターボデー開発部長，現在に至る
2020年6月	当社社外監査役，現在に至る

所有する当社
株式の数
0株

重要な兼職の状況　トヨタ自動車株式会社　クルマ開発センター
　　　　　　　　　　　　　ボデー開発部長

社外監査役候補者とした理由

　○○○○氏は，直接会社の経営に関与した経験はありませんが，トヨタ自動車株式会社において長年にわたり車の内装に関わる開発や設計の分野に携わっており，当該分野における専門的な経験と知見，見識を有しております。その豊富な経験と知見，見識を当社の監査に反映していただきたく，社外監査役として選任をお願いするものであります。

(注)1．○○○○氏は，トヨタ自動車株式会社（特定関係事業者）の業務執行者であります。また同氏は，同社より過去2年間に報酬等を受けており，今後も受ける予定です。他の候補者と当社との間に特別の利害関係はありません。

　2．○○○○氏は，社外監査役候補者であります。

　3．○○○○氏の社外監査役就任期間は，本定時株主総会終結の時をもって4年となります。

　4．当社は，保険会社との間で，監査役を被保険者として，会社法第430条の3第1項に規定する役員等賠償責任保険契約を締結しており，監査役の職務の遂行に伴う行為に起因して損害賠償請求された場合に負担する損害賠償金，訴訟費用等を当該保険契約より補償することとしております。ただし，被保険者の行為に法令違反があった場合は，補償対象外となっております。なお，保険料は当社が全額負担しており，当該保険契約を任期途中に同内容で更新することを予定しております。

　5．当社と○○○○氏は，会社法第427条第1項の規定に基づき，同法第423条第1項の損害賠償責任を限定する契約を締結しており，当該契約に基づく賠償責任限度額は，同法第425条第1項に定める最低責任限度額であります。同氏が再任された場合，当社は同氏との間で，当該契約を継続する予定であります。

Ⅶ ┃ 取締役または監査役の解任

1 取締役または監査役の解任の決議

取締役または監査役は，いつでも株主総会の普通決議で解任することができる（会社法339，341）。

なお，取締役については，取締役がその職務の遂行に関し不正の行為または法令もしくは定款に違反する重要なる事実があるにもかかわらず株主総会において解任議案が否決された場合は，発行済株式総数の100分の3以上を所有する株主（公開会社の場合は6カ月（これを下回る期間を定款で定めた場合にはその期間）前から引き続き所有する株主）は，30日以内に当該取締役の解任を裁判所に請求できることになっている（会社法854）。

2 記 載 例

取締役または監査役の解任議案は，以下のように記載される。

> 第○号議案　取締役○○○○解任の件
> 第○号議案　監査役○○○○解任の件

議決権を有する株主の数が1,000人以上の大会社の招集通知に添付する参考書類には，取締役または監査役の解任について，以下の事項を記載する必要がある（会施規78，80）。

(i) 取締役または監査役の氏名

(ii) 解任の理由

(iii) 監査役が，監査役の解任について意見があるときは，その要旨

656　第7章　株主総会決議事項の個別記載事項

〈事例〉　取締役の解任議案の事例

第○号議案　○○○○および□□□□の取締役解任の件
　以下の当社取締役を，取締役から解任することをお願いするものであります。

候補者番号	氏　　　名
1	○　○　○　○
2	□　□　□　□

　解任の理由は，以下のとおりであります。

Ⅷ 会計監査人の選任

1 会計監査人の選任の決議

　監査等委員会設置会社および指名委員会等設置会社ならびに大会社（最終の貸借対照表の資本金5億円以上または最終の貸借対照表の負債の合計金額200億円以上の株式会社（会社法2⑥））は，会計監査人を置かなければならない（会社法327Ⅴ，328Ⅰ，Ⅱ）。また，それ以外の株式会社でも，株主総会の決議によって会計監査人を選任することができる（会社法329Ⅰ）。

　監査役設置会社においては，株主総会に提出する会計監査人の選任に関する議案の内容は監査役（監査役が2人以上ある場合にあっては，その過半数。監査役会設置会社においては監査役会）が決定する（会社法344）。

　会計監査人は，公認会計士または監査法人でなければならず（会社法337Ⅰ），その任期は選任後1年以内に終了する事業年度のうち最終のものに関する定時株主総会の終結の時まで（会社法338Ⅰ）であるが，当該定時株主総会において別段の決議がなされなかった場合には，当該定時株主総会において再任されたものとみなされる（会社法338Ⅱ）。

2 記 載 例

　会計監査人の選任議案は，以下のように記載される。

```
　第○号議案　会計監査人選任の件
```

追加の場合

```
　第○号議案　会計監査人1名追加選任の件
```

　会計監査人の選任に関する参考書類のひな型および具体的な事例は，以下のとおりである。

658　第7章　株主総会決議事項の個別記載事項

〈「全国株懇連合会株主総会参考書類モデル」の記載例〉

第5号議案　会計監査人選任の件

　現会計監査人○○監査法人は，本総会の終結の時をもって任期満了により退任されますので，改めて会計監査人の選任をお願いいたしたいと存じます。

　なお，本議案に関しましては，監査役会の決定に基づいております。

　会計監査人候補者は，次のとおりであります。

名　　　称	○○監査法人
主たる事務所の所在場所	○○市○○区△△丁目○番○号
沿　　　革	○年○月に○○監査法人として設立される。
概　　　要	

(注)　○○監査法人を会計監査人候補者とした理由は，・・・・・・・・・・・・・です。

［補足説明］

（第5号議案）

　会計監査人の選任議案については次のとおりである（施行規則77条）。

(1)　次に掲げる区分に応じて定められた事項

　①　候補者が公認会計士である場合

　　　氏名，事務所の所在場所，生年月日および略歴

　②　候補者が監査法人である場合

　　　名称，主たる事務所の所在場所および沿革

　　いずれも会計監査人の選任議案において一般的な記載事項である。

(2)　就任の承諾を得ていないときは，その旨

　　実際に就任承諾を得ていない場合というのは稀であろうが，株主提案の場合においては重要な情報となる。

(3)　監査役会が当該候補者を会計監査人の候補者とした理由

　　株主総会に提出する会計監査人の選任および解任ならびに不再任に関する議案の内容は，監査役会が決定することから（会社法344条1項・3項），その決定に際して候補者とした理由を確認し記載する必要がある。

(4)　会計監査人の選任もしくは解任または辞任について，会計監査人の意見があるときは，その意見の内容の概要

　　会計監査人は，株主総会において，会計監査人の選任，解任もしくは不再任または辞任について意見を述べることができるが（会社法354条5項で準用する同条1項），会計監査人選任議案について意見がある場合は株主総会

参考書類においても開示するものである（会計監査人の解任または不再任の議案については施行規則81条）。

(5) 当該候補者と会社法427条1項の責任限定契約を締結しているときまたは当該契約を締結する予定があるときは，その契約の内容の概要

(6) 当該候補者と補償契約を締結しているときまたは補償契約を締結する予定があるときは，その補償契約の内容の概要

(7) 当該候補者を被保険者とする役員賠償責任保険契約を締結しているときまたは当該役員等賠償責任保険契約を締結する予定があるときは，その役員等賠償責任保険契約の内容の概要

(8) 当該候補者が現に業務の停止の処分を受け，その停止の期間を経過しない者であるときは，当該処分に係る事項

　会社法では業務停止に関する欠格事由は公認会計士法の規定により計算書類について監査することができない者とされている（会社法337条3項1号）。当該候補者が業務停止を受けている者であるかどうかについて開示をするものである。

(9) 当該候補者が過去2年間に業務の停止の処分を受けた者である場合における当該処分に係る事項のうち，当該会社が株主総会参考書類に記載することが適切であるものと判断した事項

　上記(8)と同様に会計監査人候補者の業務停止処分に関する記載である。（公開会社で次の場合にはその記載が必要となる。）

(10) 当該候補者が次の区分に応じそれぞれ定める者から多額の金銭その他の財産上の利益（これらの者から受ける会計監査人（法以外の法令の規定によるこれに相当するものを含む。）としての報酬等および公認会計士法2条1項に規定する業務の対価を除く）を受ける予定があるときまたは過去2年間に受けていたときは，その内容

　① 当該会社に親会社等がある場合　当該会社，当該親会社等または当該親会社等の子会社等もしくは関連会社

　② 当該会社に親会社等がない場合　当該会社または当該会社の子会社もしくは関連会社

　会計監査人候補者が多額のコンサルタント報酬等を受ける予定がある場合や受けていたときに記載する。

　「現会計監査人○○監査法人は，本総会の終結の時をもって任期満了により退任されますので」の部分が「提案の理由」にあたる。

660　第7章　株主総会決議事項の個別記載事項

　なお，2020年11月27日付「会社法施行規則等の一部を改正する省令」（法務省令52号）において，会計監査人の選任議案の記載事項として，補償契約（会社法430の2）および役員等賠償責任保険契約（会社法430の3）に関する事項が追加されている（会施規77）。

〈事例〉　会計監査人の選任議案の事例

ツルハホールディングス（2024年5月期）

第4号議案　会計監査人選任の件

　当社の会計監査人である有限責任 あずさ監査法人は，本総会終結の時をもって，任期満了により退任されますので，新たに会計監査人の選任をお願いいたしたいと存じます。

　なお，本議案に関しましては，監査等委員会の決定に基づいております。

　また，監査等委員会が有限責任監査法人トーマツを会計監査人の候補者とした理由は，現会計監査人の監査継続年数等を考慮し，有限責任監査法人トーマツを起用することにより新たな視点での監査が期待できることに加えて，有限責任監査法人トーマツにおいても，グローバルでの監査体制，専門性，独立性，品質管理体制等について監査が適正に行われる体制が備わっており，当社の会計監査人として適任であると判断したためであります。

　会計監査人候補者は，次のとおりであります。

（2024年6月30日現在）

名　　　称	有限責任監査法人トーマツ	
事　務　所	主たる事務所	東京都千代田区丸の内三丁目2番3号 丸の内二重橋ビルディング
	その他の事務所	札幌，仙台，新潟，さいたま，横浜，長野，北陸，静岡，名古屋，京都，大阪，神戸，広島，高松，福岡，那覇
沿　　革	1968年5月　　等松・青木監査法人設立 1975年5月　　トウシュ ロス インターナショナル（TRI）へ加盟 1986年10月　　監査法人サンワ事務所（1973年6月設立）と合併し，法人名称を「サンワ・等松青木監査法人」に変更 1988年4月　　監査法人丸の内会計事務所（1968年12月設立）と合併 1988年10月　　監査法人西方会計士事務所（1969年8月設立）及び監査法人札幌第一会計（1976年4月設立）と合併	

Ⅷ　会計監査人の選任　661

	1990年2月　TRI がデロイト ハスキンズ アンド セルズ インターナショナルと合併（1月）し「デロイト ロス トーマツ インターナショナル（現 デロイト トウシュ トーマツ リミテッド（DTTL））」となったことに伴い，監査法人三田会計社（1985年6月設立）と合併し，名称を「監査法人トーマツ」に変更 2001年4月　サンアイ監査法人（1983年5月設立）と合併 2002年7月　監査法人誠和会計事務所（1974年12月設立）と合併 2009年7月　有限責任監査法人へ移行し，法人名称を「有限責任監査法人トーマツ（英文名称：Deloitte Touche Tohmatsu LLC）」に変更　現在に至る
概　　　要	資　本　金　1,138百万円 構　成　人　員　社員（公認会計士）　　　　　　　　　　486名 　　　　　　　　特定社員　　　　　　　　　　　　　　 59名 　　　　　　　　職員（公認会計士）　　　　　　　　 2,586名 　　　　　　　　（公認会計士試験合格者等（会計士補を含む）） 　　　　　　　　　　　　　　　　　　　　　　　　 1,176名 　　　　　　　　（その他専門職）　　　　　　　　　 3,142名 　　　　　　　　（事務職）　　　　　　　　　　　　　 85名 　　　　　　　　合　計　　　　　　　　　　　　　 7,534名 監査関与会社　3,244社

（注）　有限責任監査法人トーマツが選任された場合，当社は同法人との間で会社法第427条第1項の規定に基づき，同法第423条第1項の損害賠償責任を限定する契約を締結する予定であります。当該契約に基づく損害賠償責任の限度額は，会社法第425条第1項に定める最低責任限度額といたします。

以　上

Ⅸ 会計監査人の解任もしくは不再任

1 会計監査人の解任もしくは不再任決議

会計監査人は，株主総会の決議で解任もしくは不再任とすることができる。

監査役設置会社においては，株主総会に提出する会計監査人の解任もしくは不再任に関する議案の内容は監査役（監査役が2人以上ある場合にあっては，その過半数。監査役会設置会社においては監査役会）が決定する（会社法344）。

監査役（監査役会設置会社においては監査役会。監査等委員会設置会社においては，監査等委員会。指名委員会等設置会社においては監査委員会）は，会計監査人が以下のいずれかに該当するときは，解任することができる（会社法340Ⅰ，Ⅳ，Ⅴ，Ⅵ）。

(ⅰ) 職務上の義務に違反し，または職務を怠ったとき

(ⅱ) 会計監査人としてふさわしくない非行があったとき

(ⅲ) 心身の故障のため，職務の執行に支障があり，またはこれに堪えないとき

この解任は，監査役が2人以上ある場合には，監査役（監査等委員会設置会社においては，監査等委員。指名委員会等設置会社においては，監査委員会の委員）の全員の同意によって行わなければならない（会社法340Ⅱ，Ⅳ，Ⅴ，Ⅵ）。

会計監査人を解任したときは，監査役（監査役が2人以上ある場合にあっては，監査役の互選によって定めた監査役。監査役会設置会社においては，監査役会が選定した監査役。監査等委員会設置会社においては，監査等委員が選定した監査等委員。指名委員会等設置会社においては，監査委員会が選定した監査委員会の委員）は，解任後最初に招集される株主総会（臨時総会を含む）において，解任した旨および解任の理由を報告しなければならない（会社法340Ⅲ，Ⅳ，Ⅴ，Ⅵ）。

2　記 載 例

会計監査人の解任もしくは不再任議案は，以下のように記載される。

> （解任の場合）
>
> 　　第○号議案　　会計監査人解任の件
>
> （不再任の場合）
>
> 　　第○号議案　　会計監査人不再任の件
>
> （会計監査人が複数いる場合で1名不再任にする場合）
>
> 　　第○号議案　　会計監査人○○不再任の件

　会計監査人の解任または不再任の議案を提出する場合には，株主総会参考書類に，以下の事項を記載する必要がある（会施規81）。

　(i)　会計監査人の氏名または名称

　(ii)　解任または不再任の理由

　(iii)　会計監査人の意見があるときは，その要旨

X ｜ 取締役・監査役に対する退職慰労金贈呈

1 取締役・監査役に対する退職慰労金贈呈の決議

　取締役または監査役に対し退職慰労金を贈呈する場合は，株主総会の決議が必要である（会社法361, 387）。取締役または監査役に対する退職慰労金は，任期満了等による退任と，死亡による退任とがあるが，いずれも株主総会の決議事項である。

　取締役に対する退職慰労金は，任期満了等による退任または死亡による退任の場合のほか，取締役を退任し監査役に就任した場合にも支給している会社がある。また，法人税の取扱いで認められている分掌変更（常勤取締役が非常勤取締役になり，報酬が2分の1未満となった場合）となった在任中の取締役に慰労金を支給している会社もある。

　取締役または監査役に対する退職慰労金贈呈の決議は，前回の株主総会後に退任した取締役または監査役のほか，招集する定時株主総会終了時に任期満了となり再選されない取締役または監査役を含めることができる。また，赤字を計上していた過去に退任した取締役および監査役に対し，退職慰労金を支給する決議を行っている例もあり，決議の時期については必ずしも統一されているわけではない。

　決議する退職慰労金または弔慰金の額については，具体的な支給金額を決議しているケースはごく少数であり，大部分の会社は，内規等一定の基準に従うことを条件に，取締役会または監査役の協議に一任している。

2 記載例

　取締役・監査役に対する退職慰労金贈呈の議案は，以下のように記載される。

> 第〇号議案　退任取締役及び退任監査役に対し退職慰労金贈呈の件

　また，死亡により退任した場合に弔慰金を支給するとする場合は，以下のように記載する。なお，死亡により退任した場合にも退職慰労金を支給するとす

る会社もみられる。

> 第○号議案　故取締役○○○○氏に対し，弔慰金贈呈の件

　株主総会参考書類には，議案のほか，対象となる取締役または監査役の略歴を記載することが義務づけられている（会施規82Ⅰ④，82の2Ⅰ④，84Ⅰ④）。なお，決定する退職慰労金の額を役員退職慰労金に係る内規等の一定の基準に従い決定することを取締役，または監査役その他の第三者に一任する場合は，その基準の内容も参考書類に記載する必要があることになっている（会施規82Ⅱ，82の2Ⅱ，84Ⅱ）。ただし，各株主が当該基準を知ることができるようにするための適切な措置を講じている場合には，参考書類への記載の必要がない（会施規82Ⅱただし書，82の2Ⅱただし書，84Ⅱただし書）。

　なお，監査役に対する退職慰労金の贈呈について，監査役の意見があるときは，その要旨を参考書類に記載することになっている（会施規84Ⅰ⑤）。

　取締役・監査役に対する退職慰労金贈呈に関する具体的な事例は，以下のとおりである。

〈事例〉　退任取締役および退任監査役に対する退職慰労金の支給議案の事例

澤藤電機（2024年3月期）

> 第5号議案　退任取締役及び退任監査役に対し退職慰労金贈呈の件
> 　取締役○○○○氏，◇◇◇◇氏は，本総会終結の時をもって任期満了により退任され，また，監査役□□□□氏は，本総会終結の時をもって辞任されます。それぞれ在任中の功労に報いるため，当社の定める一定の基準に従い相当額の範囲内において退職慰労金を贈呈することといたしたく存じます。
> 　なお，その具体的な金額，贈呈の時期，方法等は退任取締役については取締役会に，退任監査役については監査役の協議にそれぞれご一任願いたいと存じます。
> 　本議案は，当社において予め取締役会で定められた取締役の個人別の報酬等の内容に係る決定方針及び社内規定に沿って，役員報酬案検討委員会の審議を経て取締役会で決定しており，相当であると判断しております。
> 　当社の取締役の個人別の報酬等の内容にかかる決定方針は事業報告25頁④ア．に記載のとおりであります。

666　第7章　株主総会決議事項の個別記載事項

退任取締役及び退任監査役の略歴は，次のとおりであります。

氏　名	略　歴
○○○○	2022年6月　当社取締役 現在にいたる
◇◇◇◇	2015年6月　当社社外取締役 現在にいたる
□□□□	2023年6月　当社社外監査役 現在にいたる

XI ┃ 役員賞与の支給

1 役員賞与の支給の決議

会社法では，役員賞与の支給については，株主総会の決議（会社法361Ⅰ）または報酬委員会の決定（会社法404Ⅲ）により定められる。役員賞与の支給については，役員賞与支給議案として決議するケースと従来の役員報酬枠の中で支給するケースが考えられる。

2 記　載　例

役員賞与の支給の議案は，以下のように記載される。

> 第○号議案　役員賞与の支給の件

役員賞与の支給の具体的な事例は，以下のとおりである。

〈事例〉　役員賞与の支給議案の事例

カルビー（2024年3月期）

> **第5号議案** 役員賞与支給の件
>
> 　当期末時点の取締役3名（うち社外取締役0名）に対して，当期の業績等を勘案し，役員賞与総額64百万円を支給いたしたいと存じます。当社ではコミットメント＆アカウンタビリティーに基づき，取締役の個人別の報酬等の内容に係る決定方針を定めており，その概要は，事業報告「Ⅲ．会社役員に関する事項」に記載のとおりでありますが，本事案に基づく役員賞与支給は，当該方針に沿うものであります。
>
> 　また，当社の経営状況を適切に示している指標として連結業績指標（売上高，営業利益，親会社株主に帰属する当期純利益）を採用し，取締役会の承認によって決議された規程に基づいて算出した支給金額を，客観的な立場の社外取締役が過半数を占める任意の報酬委員会に答申して，取締役会において決定しました。2024年3月期における連結業績指標（売上高，営業利益，親会社株主に帰属する

当期純利益）は事業報告「Ⅰ．当社グループの現況に関する事項」に記載のとおりであり，当該役員賞与支給額は相当なものであると判断しております。なお，各取締役に対する金額は，取締役会にご一任願いたいと存じます。

Ⅻ ┃ 取締役・監査役の報酬改定

1 取締役・監査役の報酬改定の決議

　取締役または監査役と会社の関係は，民法上の委任または準委任の関係のため，特約のない限り無報酬とされている（民法648Ⅰ）。したがって，会社が取締役または監査役に報酬を支給する場合は，定款に報酬額またはその算定方法等を定めるか（定款に定めている例はほとんどないと思われる），株主総会の決議で定めることになっている（会社法361Ⅰ，387Ⅰ）。

　株主総会で報酬の額を決議する場合には，取締役と監査役の額を別個に定める必要があるが，報酬の額は，取締役または監査役の各個人別に決議する必要はなく，取締役または監査役に対する報酬の総額を限度額として定めればよいことになっている。

　また，使用人兼務取締役の場合，取締役としての報酬についてのみ株主総会の決議の対象とすることができ，報酬の額に使用人兼務取締役の使用人分給与を含まないこととして報酬の額を定めるのが一般的である。この点，判例では，取締役の報酬枠を定める株主総会において，当該報酬枠に使用人分給与が含まれないことを明示し，かつ，使用人分給与の体系が明確に確立されており，これにより使用人分給与が支給される場合，株主総会で定めた報酬とは別に使用人分給与を支給することが認められるとされている（最高裁昭和60年3月26日判決）。

　なお，「会社法の一部を改正する法律」（令和元年法律70号）において，取締役の報酬を決定する手続の透明性を向上させ，業績等に連動した報酬等をより適切かつ円滑に付与することができるようにするため，以下の見直しがなされている（2021年3月1日施行）。

　⒤　上場会社等の取締役会は，定款の定めや株主総会の決議により取締役の個人別の報酬等の内容が具体的に定められない場合には，その内容についての決定方針を定め，その概要等を開示しなければならない（会社法361Ⅶ）。

　⒥　取締役の報酬等として当該株式会社の株式または新株予約権を付与しよ

670 第7章 株主総会決議事項の個別記載事項

うとする場合には，定款または株主総会の決議により，当該株式または新株予約権の数の上限を定めなければならない（会社法361 I ③④）。

(iii) 上場会社が取締役の報酬として株式を発行する場合には，出資の履行を要しない（会社法202の2 I・Ⅱ，236Ⅲ・Ⅳ，361 I，409Ⅲ③④⑤）。

2 記載例

取締役・監査役の報酬改定の議案は，以下のように記載される。

> 第○号議案　取締役及び監査役報酬改定の件

なお，取締役または監査役のいずれかのみの報酬を改定する場合は，「取締役（または監査役）報酬改定の件」となるが，取締役と監査役の両方の報酬を改定する場合に，2つの議案にする必要はない。

株主総会参考書類には，議案のほか，報酬額算定の基準および改定の理由を記載しなければならない（会施規82 I ①②，84 I ①②）。なお，議案が報酬の総額を定める場合には，取締役または監査役の員数もあわせて記載しなければならない（会施規82 I ③，84 I ③）。

また，株式会社が公開会社であり，かつ，取締役の一部が社外取締役であるときは，報酬額算定の基準，改定の理由および議案が報酬の総額を定める場合における取締役の員数については，社外取締役に関するものを区別して記載しなければならない（会施規82Ⅲ）。

監査役の報酬の改定についての議案について監査役の意見があるときは，その要旨を参考書類に記載することになっている（会施規84 I ⑤）。

取締役・監査役の報酬改定に関する参考書類のひな型および具体的な事例は，以下のとおりである。

〈「全国株懇連合会株主総会参考書類モデル」の記載例〉

> 第6号議案　取締役の報酬額改定の件
> 当社の取締役の報酬額は，○年○月○日開催の第○回定時株主総会において年額○○○円以内（うち社外取締役分は○○○円以内）とご決議いただき今日に至

XII 取締役・監査役の報酬改定　671

っております。

　今般,・・・・・・・・・・＜会社法361条４項で求められる相当とする理由を記載する＞,取締役の報酬額を年額○○○円以内（うち社外取締役分は年額○○○円以内）と改めさせていただきたいと存じます。

　なお,取締役の報酬額には,従来どおり使用人兼務取締役の使用人分給与は含まないものといたしたいと存じます。

　現在の取締役は○名（うち社外取締役○名）でありますが,第○号議案が原案どおり承認可決されますと,取締役は○名（うち社外取締役○名）となります。

［補足説明］

（第６号議案）

　取締役の報酬議案についての一般的な記載事項は次のとおりである（施行規則82条）。

　公開会社では,報酬額算定の基準等下記(1)～(3)の社外取締役に関するものは,社外取締役以外の取締役と区別して記載しなければならない（施行規則82条３項）。

(1) 報酬額算定の基準

　取締役の報酬については,定款で定めない限り,次に掲げる事項を総会で決議することが必要である。また,株主総会参考書類には,報酬額等会社法361条１項各号に掲げる事項の算定の基準を記載しなければならない。これは,算定の基準が示されることによって,株主が議案の合理性を判断できると期待されるからで,算定の基準としては,基本となる額,役職や勤続年数による加算の方法などを示すべきであるとされる。

　（会社法361条１項各号に掲げる事項）

　一　確定金額報酬の場合　その額

　二　不確定金額報酬の場合　その具体的な算定方法

　三　報酬等のうち募集株式の場合　当該募集株式の数（種類株式発行会社にあっては募集株式の種類及び種類ごとの数）の上限その他法務省令で定める事項

　四　報酬等のうち募集新株予約権の場合　当該募集新株予約権の数の上限その他法務省令で定める事項

　五　報酬等のうち次のイまたはロに掲げるものと引換えにする払込みに充てるための金銭の場合

672 第7章 株主総会決議事項の個別記載事項

　　イ　募集株式　取締役が引き受ける当該募集株式の数（種類株式発行会
　　　社にあっては募集株式の種類及び種類ごとの数）の上限その他法務省
　　　令で定める事項
　　ロ　募集新株予約権　取締役が引き受ける当該募集新株予約権の数の上
　　　限その他法務省令で定める事項
　六　非金銭報酬（三，四を除く。）の場合　その具体的な内容

(2)　報酬額等の変更の理由
　　報酬額等会社法361条1項各号に掲げる事項を変更するものであるときは，
　その変更の理由を記載する必要がある。これは，株主が改定議案を判断する
　に際して，改定の理由が重要な判断材料になると考えられるからである。

(3)　議案が二以上の取締役についての定めであるときは，当該定めに係る取締
　役の員数
　　この場合の員数の記載は，定款所定の員数ではなく，実際の員数を記載す
　ることになる。これにより株主は，実際の報酬水準が妥当なものであるかど
　うか判断できることになる。

(4)　相当とする理由（会社法361条4項，施行規則73条1項2号）
　　取締役の報酬等の会社法361条1項各号に掲げる事項を定め，またはこれ
　を改定する議案を上程する場合，当該株主総会において，当該事項を相当と
　する理由を説明しなければならず（会社法361条4項），株主総会参考書類に
　もこれを記載しなければならない（施行規則73条1項2号）。
　　「相当とする理由」の説明は，会社法361条1項各号に掲げる事項について
　の定めまたはその改定の内容を示すのみでは，そのような定めまたはその改
　定が必要かつ合理的であるかどうかを株主が適切に判断できないことから求
　められている。
　　また，上程する議案が承認可決された後に予定している取締役の個人別の
　報酬等の内容についての決定に関する方針（会社法361条7項。以下「報酬等
　の決定方針」という。）は，株主が賛否を判断するうえで重要な情報であり，
　議案の内容の合理性や相当性を基礎づけるものであることから，「相当とす
　る理由」として株主総会において説明することが考えられる（「相当とする理
　由」を説明するに当たり，報酬等の決定方針の説明が必須ということではな
　く，報酬等の決定方針を説明することが報酬等の相当性を基礎づけるものと
　して有用である場合には説明が求められることに留意されたい。）。

XII 取締役・監査役の報酬改定 673

　　なお，本モデルでは，提案の理由，⑵の報酬額等の変更の理由は，相当と
　する理由とまとめて記載することを想定している。

■報酬等の決定方針の変更が予定されている場合の記載例
第6号議案　取締役の報酬額改定の件
　当社の取締役の報酬額は，○年○月○日開催の第○回定時株主総会において年
額○○○円以内（うち社外取締役分は○○○円以内）とご決議いただき今日に至
っております。
　今般，・・・・・・・・・＜会社法361条4項で求められる相当とする理由を記
載する＞，取締役の報酬額を年額○○○円以内（うち社外取締役分は年額○○○
円以内）と改めさせていただきたいと存じます。
　本議案をご承認いただいた場合，ご承認いただいた内容とも整合するよう，本
総会終結後の取締役会において，事業報告○頁に記載の取締役の報酬等の内容に
係る決定方針のうち，・・・・・・・・・について・・・・・・・・・に変更する
ことを予定しております。
　本報酬額改定は，当該変更後の方針に沿って取締役の個人別の報酬等の内容を
定めるために必要かつ相当な内容であると判断しております。
　なお，従来どおり使用人兼務取締役の使用人分給与は含まないものといたした
いと存じます。
　現在の取締役は○名（うち社外取締役○名）でありますが，第○号議案が原案
どおり承認可決されますと，取締役は○名（うち社外取締役○名）となります。

674　第7章　株主総会決議事項の個別記載事項

〈事例〉　取締役および監査役の報酬額改定議案の事例

小松製作所（2024年3月期）

第4号議案　取締役および監査役の報酬額改定の件

　当社では，2018年6月19日開催の第149回定時株主総会において，取締役の報酬額は，年額15億円以内（うち社外取締役分は年額1億円以内），監査役の報酬額は，年額2億円以内とそれぞれ承認されています。

　このたび，取締役の報酬額につきまして，経営戦略上必要な人材の確保およびグローバルに取締役の多様性を確保する必要性等も勘案し，年額20億円以内（うち社外取締役分は年額2億円以内）といたしたいと存じます。

　なお，社外取締役につきましては，引き続き固定報酬である基本報酬のみを支給いたします。

　取締役の基本報酬および現金賞与につきましては，上記報酬額の範囲で，報酬諮問委員会の答申を踏まえ，取締役会にて決定するものといたします。

　また，監査役の報酬額につきましても，多様な人材の確保の必要性等を勘案し，取締役報酬額の改定に合わせて，年額2億5千万円以内といたしたいと存じます。監査役につきましては，引き続き固定報酬である基本報酬のみを支給いたします。

　各監査役の基本報酬につきましては，上記報酬額の範囲で，報酬諮問委員会の答申を踏まえ，監査役の協議により決定するものといたします。

　本議案は，当社の事業規模，役員報酬体系やその支給水準，現在の役員の員数および今後の動向等を総合的に勘案しつつ，報酬諮問委員会の審議を経て取締役会で決定しており，相当であるものと判断しております。

　現在の取締役は9名（うち社外取締役4名）でありますが，第2号議案「取締役9名選任の件」が原案どおり承認可決されますと，取締役の員数は引き続き9名（うち社外取締役4名）となります。また，現在の監査役は5名でありますが，第3号議案「監査役1名選任の件」が原案どおり承認可決されますと，監査役の員数は引き続き5名となります。

　なお，当社の取締役の報酬額には，従来どおり，使用人兼務取締役の使用人分の給与は含まれないものといたします。

XⅢ ┃ 新株予約権の付与

1 新株予約権の付与の決議

　株式会社が新株予約権を発行するときは，その内容を定め（会社法236Ⅰ），募集事項を決定（会社法238Ⅰ）しなければならない。これらは，株主総会決議によって決定される（会社法238Ⅱ）が，株主総会の決議によって，一定の範囲で取締役（取締役会設置会社にあっては，取締役会）に委任することができる（会社法239Ⅰ）。

　また，ストック・オプション目的での新株予約権の付与は，「職務執行の対価」として交付されるものと考えられるため，取締役に対して発行する場合には会社法361条1項による報酬等の決議が必要となる。

2 記載例

〈事例〉　ストック・オプションとしての新株予約権発行議案の事例

コーエーテクモホールディングス（2024年3月期）

第3号議案　ストック・オプションとして新株予約権を発行する件

　会社法第236条，第238条及び第239条の規定に基づき，以下の要領により当社グループの業績向上に対する意欲や士気を高めるため，当社取締役及び従業員並びに当社子会社の取締役及び従業員に対し，ストック・オプションとして発行する新株予約権の募集事項の決定を当社取締役会に委任することにつき，ご承認をお願いするものであります。

　なお，当社取締役に対する新株予約権付与は，会社法第361条第1項第4号の報酬等に該当いたします。当社の取締役の報酬額は，令和3年6月17日開催の第12回定時株主総会において，年額1,100百万円以内（うち社外取締役分100百万円以内。ただし，使用人分の給与は含まない）とする旨ご承認いただいておりますが，当該取締役の報酬額とは別枠で，当社取締役に対する報酬として新株予約権を付与することについても，併せてご承認をお願いするものであります。

　また，現在の取締役の員数は12名（うち社外取締役5名）であり，第2号議案

676　第7章　株主総会決議事項の個別記載事項

「取締役12名選任の件」が原案どおり承認可決されますと，対象となりうる取締役の員数は12名（うち社外取締役5名）となります。

1．特に有利な条件をもって新株予約権を発行する理由

　　当社グループの業績向上に対する意欲や士気を高めることを目的として，当社取締役及び従業員並びに当社子会社の取締役及び従業員に対し，新株予約権を発行するものであります。

　　また，当社取締役に対し新株予約権を付与することについては，ストック・オプションの目的で付与するものであり，取締役の報酬等として相当であると存じます。

2．新株予約権の払込金額

　　金銭の払込みを要しないものとする。

3．新株予約権の割当日

　　当社取締役会に委任するものとする。

4．新株予約権の内容

　⑴　新株予約権の目的となる株式の種類及び数

　　　当社普通株式1,500,000株を上限とし，このうち，当社取締役に付与する新株予約権は130,000株（うち社外取締役分40,000株）を上限とする。

　⑵　新株予約権の総数

　　　15,000個を上限とし，このうち，当社取締役に付与する新株予約権は1,300個（うち社外取締役分400個）を上限とする。なお，新株予約権1個当たりの目的となる株式の数（以下，「付与株式数」という。）は100株とする。ただし，上記⑴に定める株式の数の調整を行った場合は，同様の調整を行う。

　⑶　新株予約権の行使に際して出資される財産の価額

　　　新株予約権の行使に際して出資される財産の価額は，新株予約権の行使により交付を受けることができる株式1株当たりの払込金額（以下，「行使価額」という。）に付与株式数を乗じた金額とし，行使価額は，新株予約権を割り当てる日（以下，「割当日」という。）の属する月の前月各日（取引が成立していない日を除く。）の東京証券取引所における当社普通株式の普通取引の終値の平均値に1.05を乗じた金額とし，1円未満の端数は切り上げる。ただし，当該金額が割当日の終値（取引が成立しない場合はその前日の終

値）を下回る場合は，割当日の終値とする。

(4) 新株予約権を行使することができる期間

　新株予約権の割当決議日の翌日から2年を経過した日より3年間とする。ただし，行使期間の最終日が会社の休日にあたるときは，その前営業日を最終日とする。

(5) 新株予約権の行使により株式を発行する場合における増加する資本金及び資本準備金に関する事項

　① 新株予約権の行使により株式を発行する場合における増加する資本金の額は，会社計算規則第17条第1項に従い算出される資本金等増加限度額の2分の1の金額とし，計算の結果1円未満の端数が生じたときは，その端数を切り上げる。

　② 新株予約権の行使により株式を発行する場合において増加する資本準備金の額は，上記①の資本金等増加限度額から上記①に定める増加する資本金の額を減じた金額とする。

(6) 新株予約権の行使の条件

　① 新株予約権者は，権利行使時において，当社又は当社の関係会社の取締役，監査役若しくは従業員の地位にあることを要する。ただし，取締役，監査役が任期満了により退任した場合，又は従業員が定年により退職した場合，また，当社取締役会が正当な理由があると認めた場合はこの限りではない。

　② 新株予約権者が死亡した場合は，相続人がこれを行使することができる。かかる相続人による新株予約権の行使の条件は，下記③の契約に定めるところによる。

　③ その他権利行使の条件は，取締役会決議に基づき，当社と新株予約権者との間で締結する「新株予約権割当契約」に定めるところによる。

(7) 新株予約権の取得の条件

　① 当社は，新株予約権者が上記(6)による新株予約権の行使の条件に該当しなくなった場合は，当該新株予約権を無償で取得することができる。

　② 当社は，当社が消滅会社となる合併契約承認の議案が当社株主総会で承認された場合又は当社が完全子会社となる株式交換契約書承認の議案若しくは株式移転計画承認の議案が当社株主総会で承認された場合は，当社は

678　第7章　株主総会決議事項の個別記載事項

　　　新株予約権を無償で取得することができる。

　(8)　新株予約権の譲渡制限

　　　譲渡による新株予約権の取得については，当社取締役会の承認を必要とする。

　(9)　組織再編を実施する際の新株予約権の取扱い

　〰〰〰〰〰〰〰〰〰〰〰〰〰〰〰〰〰〰〰〰〰〰〰〰〰〰〰〰〰〰〰〰

　(10)　新株予約権の行使により発生する端株の切捨て

　　　新株予約権者に交付する株式の数に1株に満たない端数がある場合には，これを切り捨てる。

　(11)　新株予約権のその他の内容

　　　新株予約権に関するその他の内容については，その他の募集事項と併せて，別途開催される取締役会の決議において定める。

5．取締役の報酬等の具体的な算定方法

　　当社の取締役の報酬等として発行する新株予約権の額は，割当日における新株予約権1個当たりの公正価額に，割当日において在任する取締役に割り当てる新株予約権の総数（1,300個を上限）を乗じた額とする。新株予約権の公正価額は，割当日において適用すべき諸条件を基にブラック・ショールズ・モデルを用いて算定する。

以　上

XIV ┃ その他の決議

1 資本金の額の減少

　資本金の額の減少の決議は，原則として，株主総会の特別決議によることが必要である（会社法447 I，309 II ⑨）が，定時総会における欠損てん補の場合で当該欠損てん補により剰余金が生じない場合には，普通決議で足りる（会社法309 II ⑨）。また，株式発行と同時に行う資本金の額の減少で資本金減少後の資本金の額が当該日前の資本金の額を下回らない場合には，取締役の決定（取締役会設置会社にあっては取締役会の決議）によることとなる（会社法447 III）。

　資本金の額の減少の承認に関する議案は，以下のように記載される。

> 第〇号議案　　資本金の額の減少の件
> 　議案の要領は後記〇頁に記載のとおりであります。

　議案の要領としては，(i)減少する資本金の額，(ii)減少する資本金の額の全部または一部を準備金とするときは，その旨および準備金とする額，および(iii)資本金の額の減少の効力発生日等について記載することが考えられる。

　資本金の額の減少に関する参考書類の具体的な事例は，以下のとおりである。

〈事例〉　資本金の額の減少議案の事例

クラシコム（2023年7月期）

> **第1号議案　資本金の額の減少の件**
> 1．資本金の額の減少の理由
> 　　当社は，資本政策・株主還元の柔軟性を確保することを目的とし，会社法第447条第1項の規定に基づき資本金の額を減少し，その他資本剰余金へ振り替えるものであります。なお，本件は発行済株式総数は変更せず，資本金の額のみ減少いたします。株主の皆様のご所有株式数に影響を与えるものではありません。

680　第7章　株主総会決議事項の個別記載事項

2．資本金の額の減少の内容

(1)　減少する資本金の額

　　当社の資本金の額432,841,280円のうち332,841,280円を減少し，その他資本剰余金に振り替え，減少後の資本金の額を100,000,000円といたします。

(2)　資本金の額の減少の方法

　　払い戻しを行わない無償減資とし，発行済株式総数の変更は行いません。資本金の額のみを減少し，減少する資本金の額332,841,280円をその他資本剰余金に振り替えます。

(3)　資本金の額の減少の効力発生日

　　資本金の額の減少の効力発生日は，債権者異議申述期間後の2023年12月15日（予定）といたしたいと存じます。

2　合併契約の承認

　合併契約の承認は，合併の相手会社との間で締結された合併契約書を承認するものである。合併契約書は，合併当事会社双方の株主総会において合併契約書の承認決議が得られることを契約の効力発生の条件として締結される。

　合併契約書の承認は，原則としてすべての会社において招集通知に合併契約書の要領の記載または記録が要求され，その承認決議は特別決議によることになっている（会社法309Ⅱ⑫）。ただし，いわゆる簡易合併の場合には，存続会社における合併契約承認総会は不要となる（会社法796Ⅱ）。

　また，吸収合併存続会社が消滅会社の特別支配会社（総株主の議決権の10分の9（これを上回る割合を定款で定めた場合はその割合）以上を有している会社）である場合には，消滅会社における株主総会の決議は不要である（会社法784Ⅰ，796Ⅰ，468Ⅰ）。

　合併契約の承認に関する議案は，以下のように記載される。

　第○号議案　当社と○○○○株式会社との合併契約書承認の件

　　　　　　　合併契約書の内容は後記参考書類○頁に記載のとおりであります。

XIV その他の決議 681

　合併契約の承認に関する議案について，株主総会参考書類には，合併を行う
理由，合併契約の内容の概要等を記載しなければならない（会施規86，89）。
　合併契約の承認に関する参考書類の具体的な事例は，以下のとおりである。
近年は，完全子会社を吸収合併する事例がみられる。

〈事例〉　合併契約の承認議案の事例

幸楽苑ホールディングス（2024年3月期）

第1号議案　吸収合併契約承認の件

1．吸収合併を行う理由

　これまで当社グループでは経営資源の有効活用及び業務の効率化を目的に，広
告代理店事業を行う連結子会社株式会社スクリーンを吸収合併し，グループ事業
の選択と集中を目的に保険代理店事業を行う連結子会社株式会社デン・ホケンの
保険代理店事業譲渡を行ってまいりました。

　このように本業である飲食事業に経営資源を集中してまいりましたが，新型コ
ロナウイルス感染症拡大に伴う政府による新型コロナウイルス感染拡大防止の取
り組み（3密の回避など）などにより，当社グループのビジネス環境は厳しい状
況に陥りました。当社グループではコロナ禍における難局を乗り越えるべく，改
めて当社の原点に立ち返り，魅力ある商品作りと店舗QSC（クオリティ・サー
ビス・クリンリネス）レベル向上を務めております。

　こうした中，当社グループの人材交流の活性化及び，事業施策を店舗へ即応さ
せるためには，グループの組織体制見直し及び，意思決定の迅速化が必要である
と判断いたしました。当社の完全子会社である幸楽苑を当社に吸収合併し，経営
体制を一体化することで，経営の効率化を推進し企業価値向上を進めていく所存
です。

　つきましては，2024年10月1日（予定）をもって，当社の完全子会社である株
式会社幸楽苑を，当社に吸収合併することにつき，ご承認をお願いするものであ
ります。

2．吸収合併契約の内容の概要

　本合併契約の内容は以下のとおりです。

682　第7章　株主総会決議事項の個別記載事項

合併契約書（写）

3．会社法施行規則第191条に定める内容の概要
　(1)　対価の定めの相当性に関する事項
　　　　当社は，株式会社幸楽苑の発行済株式の全てを保有しているため，本合併
　　　に関して，株式その他の金銭等の交付及び割当ては行いません。

　(2)　新株予約権の定めの相当性に関する事項
　　　　該当事項はありません。

　(3)　吸収合併消滅会社の最終事業年度に係る計算書類等の内容
　　　　株式会社幸楽苑の最終事業年度に係る計算書類等の内容は，下記4のとお
　　　りです。なお，書類交付請求された株主様へご送付している書面には，法令
　　　及び定款の定めにより，交付書類から省略しています。

　(4)　吸収合併消滅会社の最終事業年度の末日後または成立の日後に生じた重要
　　　な財産の処分，重大な債務の負担その他の会社財産の状況に重要な影響を与
　　　える事象の内容
　　　　該当事項はありません。

　(5)　吸収合併存続会社の最終事業年度の末日後に生じた重要な財産の処分，重
　　　大な債務の負担その他の会社財産の状況に重要な影響を与える事象の内容
　　　　該当事項はありません。

3　会社分割計画書または会社分割契約書の承認決議

　会社分割には，新設分割と吸収分割（新株発行方式と自己株式方式に区分さ
れる）がある。新設分割とは，1または2以上の株式会社または合同会社がそ
の事業に関して有する権利義務の全部または一部を分割により設立する会社に
承継させることをいい（会社法2③），吸収分割とは，株式会社または合同会社
がその事業に関して有する権利義務の全部または一部を分割後他の会社に承継

させることをいう（会社法2⑳）。

　会社が新設分割をするためには，分割会社は新設分割計画を作成しなければならない（会社法762）が，その新設分割計画には，以下の事項を定めなければならない（会社法763）。

(ⅰ)　新設分割設立会社の目的，商号，本店所在地および発行可能株式総数

(ⅱ)　その他定款で定める事項

(ⅲ)　設立時取締役の氏名

(ⅳ)　会計参与，監査役および会計監査人の氏名または名称

(ⅴ)　分割により承継する権利義務に関する事項

(ⅵ)　分割に際して交付する新設会社の株式の数等

(ⅶ)　分割会社の新株予約権者に交付する新設会社の新株予約権に関する事項

(ⅷ)　新設分割と同時に行う剰余金の配当等

　また，会社が吸収分割を行うには，その双方の会社において分割契約を締結しなければならない（会社法757）が，その吸収分割契約には，以下の事項を定めなければならない（会社法758）。

(ⅰ)　両当事会社の商号および住所

(ⅱ)　分割により承継する権利義務に関する事項

(ⅲ)　分割に際して承継する分割会社または分割承継会社の株式に関する事項

(ⅳ)　分割に際して交付する金銭等に関する事項

(ⅴ)　分割会社の新株予約権者に交付する分割承継会社の新株予約権に関する事項

(ⅵ)　吸収分割の効力発生日

(ⅶ)　吸収分割と同時に行う剰余金の配当等

　ただし，物的分割の場合で，分割会社が承継させる資産の帳簿価額が総資産の5分の1（これを下回る割合を分割会社の定款で定めた場合はその割合）を超えない場合には，株主総会の承認は要せず，取締役会の決議のみで足りる（簡易分割，会社法784Ⅱ，805）。また，承継会社が分割に際して，(ⅰ)分割会社に交付する株式の数に1株当たり純資産の額を乗じた金額，(ⅱ)分割会社に交付する社債，新株予約権または新株予約権付社債の帳簿価額の合計額，および，(ⅲ)分割会社に交付する株式等以外の財産の帳簿価額の合計額が，承継会社の純資

684　第7章　株主総会決議事項の個別記載事項

産の額の5分の1（これを下回る割合を承継会社の定款で定めた場合はその割合）を超えない場合にも同様に株主総会の承認は不要となる（会社法796Ⅱ）。

　分割計画書の承認に関する議案について，株主総会参考書類には，当該新設分割を行う理由，新設分割計画の内容の概要等を記載しなければならない（会施規90）。また，分割契約書の承認に関する議案については，当該吸収分割を行う理由，吸収分割契約の内容の概要等を記載することとされている（会施規87）。

〈事例〉　吸収分割契約の承認議案の事例

テンポイノベーション（2024年3月期）

> **第2号議案　吸収分割契約承認の件**
> 　当社と，当社の完全子会社である株式会社テンポイノベーション分割準備会社は，2024年10月1日を効力発生日として，当社の店舗転貸借事業を株式会社テンポイノベーション分割準備会社に承継させることに合意し，2024年5月17日付で，当社を分割会社，株式会社テンポイノベーション分割準備会社を承継会社とする吸収分割契約を締結いたしました。本議案は，当該吸収分割契約につき，ご承認をお願いするものであります。
>
> 　1．吸収分割を行う理由
> 　当社グループは，「貢献創造」を企業理念を掲げ，東京を中心とした首都圏1都3県で，飲食店向けの店舗転貸借事業を軸として，店舗物件を中心とした収益物件の買取販売を行う不動産売買事業，及び事業用不動産の家賃保証を行う家賃保証事業を展開しております。
> 　当社グループでは，経営資源配分の最適化ならびに次世代の経営人材育成を推進する観点，およびそれぞれの事業により集中することで事業拡大を進めるべく，成長フェーズの異なる各事業に対して機動的な意思決定や経営状況の変化への柔軟な対応を図ることができる体制の構築を目指して，持株会社体制へ移行することといたしました。本件吸収分割は，かかる持株会社体制への移行の一環として行うものであります。
> 　持株会社体制への移行により，持株会社となる当社はグループ全体の経営を統括し，各子会社は事業の推進に集中することで，当社グループの企業価値の最大化を目指してまいります。

2．吸収分割契約の内容の概要

吸収分割契約書（写）

~~~~~~

（別紙）（第2条関連）：承継する資産・債務，権利・義務の明細

~~~~~~

3．会社法施行規則第183条に定める内容の概要

⑴　対価の相当性に関する事項

　　株式会社テンポイノベーション分割準備会社は当社の完全子会社であり，当社は同社の全株式を保有しているため，本件分割に伴い株式会社テンポイノベーション分割準備会社に対し，対価の交付はいたしません。

　　また，以上により，当社の資本金及び準備金の額は増加いたしません。

⑵　新株予約権の定めの相当性に関する事項

　　該当事項はありません。

⑶　株式会社テンポイノベーション分割準備会社における最終事業年度に係る計算書類等

　　別紙のとおりです。

⑷　吸収分割当事会社における最終事業年度の末日後に生じた重要な財産の処分等に関する事項

　①当社

　　該当事項はありません。

　②株式会社テンポイノベーション分割準備会社

　　該当事項はありません。

4　株式交換契約の承認決議

　株式会社は，他の会社の発行済株式の全部を取得する会社（株式交換完全親会社）となるために，株式交換を行うことができる（会社法767）。

686　第7章　株主総会決議事項の個別記載事項

　株式会社が株式交換を行うには，株式交換契約書について株主総会の承認を得る必要がある（会社法309Ⅱ⑫）。

　株式交換契約の承認に関する議案について，株主総会参考書類には，当該株式交換を行う理由，株式交換契約の内容の概要等を記載しなければならない（会施規88）。

〈事例〉　株式交換契約の承認議案の事例（完全子会社となる事例）

ユナイテッド・スーパーマーケット・ホールディングス（2024年2月期）

第3号議案　当社と株式会社いなげやとの株式交換契約承認の件

　当社及び株式会社いなげや（以下「いなげや」）は，2024年4月18日付の両社の取締役会決議により，当社を株式交換完全親会社，いなげやを株式交換完全子会社とする株式交換（以下「本株式交換」）を実施することを決定し，同日付で，両社間で株式交換契約（以下「本株式交換契約」）を締結するとともに，当社，株式会社マルエツ（以下「マルエツ」），株式会社カスミ（以下「カスミ」），マックスバリュ関東株式会社（以下「MV関東」），いなげや，及びイオン株式会社（以下「イオン」）は，当社によるいなげやの経営統合に関する経営統合契約（以下「本経営統合契約」）を締結いたしました。

　つきましては本株式交換契約のご承認をお願いするものであります。

　本株式交換は，当社については，本定時株主総会及び2024年6月26日開催予定のいなげや定時株主総会の決議による本株式交換契約の承認を得た上で，2024年11月30日を効力発生日として行われる予定です。

　本株式交換を行う理由，本株式交換契約の内容の概要等，その他本議案に関する事項は，次のとおりであります。

1．本株式交換を行なう理由
〜〜
〜〜

2．本株式交換契約の内容の概要
　本株式交換契約の内容は以下のとおりであります。

株式交換契約書（写）

3．会社法施行規則第193条（第5号及び第6号を除く。）に掲げる事項の内容の概要

(1) 交換対価の相当性に関する事項

(2) 当社の資本金及び準備金の額の相当性に関する事項

　　本株式交換により増加すべき当社の資本金及び準備金の額は会社計算規則第39条に定めるところに従い当社が別途定める金額といたします。かかる取扱いについては，当社の資本政策その他の事情を総合的に考慮・検討し，法令の範囲内で決定するものであり，相当であると判断しております。

4．本株式交換に係る新株予約権の定めの相当性に関する事項

　　該当事項はありません。

5．いなげやに関する事項

　①最終事業年度に係る計算書類等

　　法令及び当社定款第16条の規定により，当社ウェブサイト（https://www.usmh.co.jp/ir/shareholders）に掲載しております。

　②最終事業年度末日後に生じた重要な財産の処分，重大な債務の負担その他会社財産の状況に重要な影響を与える事象の内容

6．当社において最終事業年度末日後に生じた重要な財産の処分，重大な債務の負担その他の会社財産の状況に重要な影響を与え得る事象の内容

　　当社は，2024年4月18日付の取締役会決議により，当社を株式交換完全親会社，いなげやを株式交換完全子会社とする本株式交換を実施することを決定し，同日付で，本株式交換契約を締結いたしました。本株式交換契約の内容は，上記「2．本株式交換契約の内容の概要」に記載のとおりです。

688 第7章 株主総会決議事項の個別記載事項

5 株式移転による完全親会社設立の承認決議

　会社は，完全親会社を設立するために，株式移転を行うことができる（会社法772 I）。株式移転によって完全子会社となる会社の株主が保有するその会社の株式は，株式移転によって設立する完全親会社に移転し，その完全子会社となる会社の株主は，その完全親会社が株式移転に際して発行する株式の割当てを受けることにより，その完全親会社の株主となる（会社法774 I，II）。

　会社が株式移転を行うには，株式移転計画を作成し株主総会の特別決議による承認を得る必要がある（会社法309 II ⑫，772）。

　株主総会参考書類には，当該株式移転を行う理由，株式移転計画の内容の概要，設立する完全親会社の取締役となる者の氏名，生年月日および略歴等を記載しなければならない（会施規91）。

〈事例〉　株式移転による完全親会社設立の承認議案の事例（共同株式移転の事例）

愛知銀行（2022年3月期）

第2号議案　株式会社中京銀行との株式移転計画承認の件

　株式会社愛知銀行（以下「当行」といいます。）と株式会社中京銀行（以下「中京銀行」といい，中京銀行と当行を総称して「両行」といいます。）は，2021年12月10日に両行間で締結した基本合意書（以下「本基本合意書」といいます。）に基づき，2022年5月11日に開催したそれぞれの取締役会において，共同株式移転の方式により2022年10月3日をもって両行の完全親会社となる「株式会社あいちフィナンシャルグループ」（以下「共同持株会社」といいます。）を設立すること（以下「本株式移転」といいます。），ならびに共同持株会社の概要及び本株式移転の条件等について決議し，2022年5月11日付で，両行間で経営統合契約書（以下「本経営統合契約書」といいます。）を締結するとともに，株式移転計画書（以下「本株式移転計画」といいます。）を共同で作成いたしました。

~~~~~~

　本議案は，本株式移転計画についてご承認を賜りたく，これを上程させていただくものであります。

　本株式移転を行う理由，本株式移転計画の内容の概要その他本議案に関する事

項は以下のとおりであります。

1．株式移転を行う理由
~~~~~~
~~~~~~
2．株式移転計画の内容の概要
　本株式移転計画の内容の概要は，次に掲げる「株式移転計画書（写)」に記載のとおりであります。
~~~~~~
~~~~~~

株式移転計画書（写)

　株式会社愛知銀行（以下「甲」という。）及び株式会社中京銀行（以下「乙」という。）は，共同株式移転の方法による株式移転を行うことにつき合意したので，以下のとおり共同して株式移転計画書（以下「本計画」という。）を作成する。
~~~~~~

　以上，本計画の成立を証するため，本書2通を作成し，甲乙記名押印の上，各1通を保有する。

2022年5月11日

　　　　　　　　　　　　甲：愛知県名古屋市中区栄三丁目14番12号
　　　　　　　　　　　　　　株式会社　愛知銀行
　　　　　　　　　　　　　　取締役頭取　　　○○○○　　　　　　印

　　　　　　　　　　　　乙：愛知県名古屋市中区栄三丁目33番13号
　　　　　　　　　　　　　　株式会社　中京銀行
　　　　　　　　　　　　　　取締役頭取　　　□□□□　　　　　　印

　　　　　　　　　　　　　　　　　　　　　　　　　　　　別紙1

<div align="center">株式会社あいちフィナンシャルグループ　定　款</div>

~~~~~~

3．会社法第773条第1項第5号及び第6号に掲げる事項についての定めの相当性に関する事項

690 第7章 株主総会決議事項の個別記載事項

(1) 株式移転対価の総数及び割当ての相当性に関する事項

　両行は，本株式移転による共同持株会社の設立に際し，両行のそれぞれの株主に対し割当交付する共同持株会社の普通株式の割当比率（以下「株式移転比率」といいます。）を以下のとおり決定し，これを相当であると判断いたしました。

① 本株式移転に係る割当ての内容（株式移転比率）

会社名	当行	中京銀行
株式移転比率	3.33	1

(2) 本株式移転に係る割当ての内容の根拠等

① 割当ての内容の根拠及び理由

② 算定に関する事項

③ 共同持株会社の上場申請等に関する取扱い

　両行は，新たに設立する共同持株会社の株式について，東京証券取引所プライム市場及び名古屋証券取引所プレミア市場に新規上場申請を行う予定です。上場日は，2022年10月3日を予定しております。

　また，両行は，本株式移転により共同持株会社の子会社となりますので，共同持株会社の上場に先立ち，2022年9月29日にそれぞれ東京証券取引所及び名古屋証券取引所を上場廃止となる予定です。

　なお，共同持株会社の株式上場日及び両行の上場廃止日につきましては，東京証券取引所及び名古屋証券取引所の規則に従って決定されることとなります。

④ 公正性を担保するための措置

　当行は，本株式移転の公正性を担保するために，以下の措置を講じております。

ア 独立した第三者算定機関からの株式移転比率算定書等の取得

イ 独立した法律事務所からの助言

他方，中京銀行は，本株式移転の公正性を担保するために，以下の措置を講じております。

⑤ 利益相反を回避するための措置

本株式移転にあたって，当行と中京銀行との間には特段の利益相反関係は存しないことから，両行は，特別な措置は講じておりません。

(3) 共同持株会社の資本金及び準備金の額に関する事項

両行は，本株式移転による共同持株会社の設立に際し，共同持株会社の資本金及び準備金の額を以下のとおり決定いたしました。

① 資 本 金 の 額　　20,000,000,000円
② 資本準備金の額　　　5,000,000,000円
③ 利益準備金の額　　　　　　　　0円

これらの資本金及び準備金の額につきましては，共同持株会社の規模その他の諸事情を総合的に勘案・検討し，両行が協議の上，会社計算規則第52条の規定の範囲内で決定したものであります。

4．会社法第773条第1項第9号及び第10号に掲げる事項についての定めの相当性に関する事項

5．中京銀行に関する事項

6．当行において最終事業年度の末日後に生じた会社財産の状況に重要な影響を与える事象の内容

該当事項はありません。

7．株式移転設立完全親会社の取締役となる者についての会社法施行規則第74条に規定する事項

共同持株会社の取締役（監査等委員である取締役を除く。）となる者は，次のとおりであります。

692　第7章　株主総会決議事項の個別記載事項

8　共同持株会社の監査等委員である取締役となる者についての会社法施行規則第74条の3に規定する事項

　　共同持株会社の監査等委員である取締役となる者は，次のとおりであります。

9．共同持株会社の会計監査人となる者についての会社法施行規則第77条に規定する事項

　　共同持株会社の会計監査人となる者は，以下のとおりであります。

6　事業の譲渡・譲受け等の決議

　株式会社が以下の行為を行う場合には，その効力発生日の前日までに，株主総会の特別決議による当該行為に係る契約の承認が必要である（会社法467 I ①〜⑤，309 II ⑪）。

(i)　事業の全部の譲渡

(ii)　事業の重要な一部の譲渡（譲渡資産の帳簿価額が当該株式会社の総資産の5分の1（これを下回る割合を定款で定めた場合には，その割合）を超えないものを除く）

(iii)　その子会社の株式または持分の全部または一部の譲渡（次の(イ)，(ロ)いずれにも該当する場合における譲渡に限る）

　(イ)　当該譲渡により譲り渡す株式または持分の帳簿価額が当該株式会社の総資産額として法務省令で定める方法により算定される額の5分の1（これを下回る割合を定款で定めた場合にあっては，その割合）を超えるとき

　(ロ)　当該株式会社が，効力発生日において当該子会社の議決権の総数の過半数の議決権を有しないとき

(iv)　他の会社の事業の全部の譲受け

(v)　事業の全部の賃貸，事業の全部の経営の委任，他人と事業上の損益の全部を共通にする契約その他これらに準ずる契約の締結，変更または解約

XIV その他の決議　693

(vi)　当該株式会社の成立後２年以内におけるその成立前から存在する財産で，その事業のために継続して使用するものの取得（ただし，取得対価の帳簿価額の合計額が，当該株式会社の純資産額の５分の１（これを下回る割合を定款で定めた場合にはその割合）を超えない場合を除く）

　事業の全部または重要な一部の譲渡は，会社が営んでいる事業の一部を子会社または合弁会社等に移管する場合に実施されることがある。

　他の会社の事業全部の譲受けについても，子会社を設立して開始した新規事業が軌道に乗った段階で，親会社が事業の譲受けを行うケースがある。

　なお，事業譲渡等に係る契約の相手方が当該事業譲渡等をする株式会社の特別支配会社（総株主の議決権の10分の９（これを上回る割合を定款で定めた場合は，その割合）以上を有する株式会社等）である場合には，株主総会の承認は必要とされない（会社法468Ｉ）。

　事業譲渡等の承認に関する議案は，以下のように記載する。

　第○号議案　　事業の一部譲渡の件
又は
　第○号議案　　○○株式会社に対し事業の一部譲渡の件
　議案の要領は，後記参考書類（○頁から○○頁）に記載のとおりであります。

　事業の譲受けの場合は，以下のように記載する。

　第○号議案　　○○株式会社からその事業の全部譲受けの件
　議案の内容は添付書類○頁記載のとおりであります。

　取締役が事業譲渡等に係る契約の承認に関する議案を提出する場合には，株主総会参考書類には，以下の事項を記載しなければならない（会施規92）。

(i)　当該事業譲渡等を行う理由

(ii)　当該事業譲渡等に係る契約の内容の概要

(iii)　当該契約に基づき当該株式会社が受け取る対価または契約の相手方に交付する対価の算定の相当性に関する事項の概要

694　第7章　株主総会決議事項の個別記載事項

7　自己株式の取得

　株式会社が株主との合意により自己株式を有償で取得する場合には，あらかじめ株主総会において会社が取得する自己株式の数および交付する金銭等の内容および総額等について普通決議をなす必要があるが，当該決議に基づく株式の取得期間は1年を超えてはならないものとされる（会社法156Ⅰ）。

〈事例〉　自己株式の取得議案の事例

小泉産業（2024年3月期）

第5号議案　自己株式取得の件
　当社の資本効率の向上を図るとともに，企業環境の変化に対応した機動的な資本政策を遂行することが可能となるように，会社法第156条の規定に基づき，下記のとおり自己株式を取得することといたしたいと存じます。
　⑴　取得する株式の数
　　　　普通株式200万株を限度とします。
　⑵　株式を取得するのと引換えに交付する金銭等の内容及びその総額
　　　　金銭とし，総額金2億円を限度とします。
　⑶　株式を取得することができる期間
　　　　本株主総会終結の日の翌日から1年間

8　買収防衛策の導入

　いわゆる買収防衛策を取締役会の決議だけで導入することも，特に会社法に違反するものではないが，買収防衛策自体が株主の株式売却の機会を阻害することもあり得ることから，その導入に際しては，株主総会において，何らかの方法で株主意思の確認をすることが望ましいと考えられる。また，買収防衛策の有効期限到来時に，継続の是非について株主意思の確認をすることも同様である。

　なお，定款により買収防衛策を決定する場合については，本章「Ⅲ　定款の変更　2　記載例　⑽　買収防衛策の導入」を参照されたい。

〈事例〉 買収防衛策の継続承認議案の事例

ビリングシステム（2023年12月期）

第3号議案 当社株券等の大量買付行為に関する対応策（買収防衛策）の継続の件

当社は，2021年3月8日開催の当社取締役会において，当社の財務及び事業の方針の決定を支配する者の在り方に関する基本方針（会社法施行規則第118条第3号本文に規定されるものをいい，以下，「基本方針」といいます。）に照らして不適切な者によって当社の財務及び事業の方針の決定が支配されることを防止するための取組み（会社法施行規則第118条第3号ロ(2)）の一つとして，「当社株券等の大量買付行為への対応策（買収防衛策）」の更新を決議し，2021年3月25日開催の当社第21回定時株主総会において株主の皆様のご承認をいただき継続（以下，当該継続後の対応策を「現プラン」といいます。）しておりますが，その有効期間は2024年3月26日開催予定の当社第24回定時株主総会（以下，「本定時株主総会」といいます。）終結の時までとなっております。

当社は，現プランの継続後も，買収防衛策をめぐる社会環境等の動向を踏まえ，当社の企業価値の向上ひいては株主の皆様の共同の利益の確保・向上のための当社の取組みについて引き続き検討を行ってまいりましたが，その有効期間満了に先立ち，2024年2月22日開催の当社取締役会において，本定時株主総会における株主の皆様のご承認が得られることを条件として更新する（以下「本更新」といい，更新後のプランを「本プラン」といいます。）ことを決議いたしました。つきましては，本プランの継続導入をお願いいたしたいと存じます。

なお，本プランの継続にあたり，形式的な文言の修正を行っておりますが，内容を実質的に変更している箇所はございません。

なお，本プランの継続が決議されました2024年2月22日開催の当社取締役会においては，出席した社外監査役である当社監査役のいずれも，本プランの運用が適切に行われることを条件として，本プランの内容に賛同する旨の意見を述べております。

また，2023年12月31日現在における当社の大株主の状況は，別紙1のとおりであります。現在のところ，当社は，当社株券等の大量の買付けに関する提案を一切受けておりません。

696 第7章 株主総会決議事項の個別記載事項

XV 株主提案による議案

1 株主提案による議案

株主提案権は，株主総会への参加を促し形骸化している株主総会の活性化を期待したもので，取締役会設置会社における株主提案権の行使は，6カ月前より引き続き総株主の議決権の100分の1以上または300個以上の議決権を有する株主に認められる（会社法303Ⅱ）が，この要件は，複数の株主で充足することができる。なお，株式継続保有期間，議決権保有は，定款によりその要件を緩和することができる。また，株式継続保有期間に関する要件は，公開会社でない取締役会設置会社には適用されない（会社法303Ⅲ）。

株主提案権を行使し得る前述の要件を備えた株主は，株主総会の会日の8週間前（定款の定めにより短縮可能）に書面によって，一定の事項を総会の会議の目的とすべきことを請求することができる（会社法303Ⅱ）。総会の会議の目的とすることが請求できる一定の事項は，当該株主が議決権を行使することができる事項に限られる。さらに株主提案を行う株主は，書面をもって株主提案に係る議案の要領を招集通知に記載することを請求できることになっている（会社法305Ⅰ）。ただし，「会社法の一部を改正する法律」（令和元年法律70号）により，株主提案権の濫用的な行使を制限するための措置として，株主が同一の株主総会において提出することができる議案の数を10までとする上限が設けられた（会社法305Ⅳ，Ⅴ）。

株主提案の場合，単に会議の目的とすることを請求するのみでは提案としての意味をなさないため議案の要領を招集通知に記載することが同時に要求されることとなる。特に定款変更等，議案の要領を招集通知に添付することが必要な議案については，株主提案の場合も必ず議案の要領を招集通知に記載することが必要である。

株主提案権の行使があった場合にあっても，以下の場合は，株主提案の議案を会議の目的とする必要はないことになっている（会社法305Ⅵ）。

（i）提案された議案が法令もしくは定款に違反したものであるとき

XV 株主提案による議案 697

(ⅱ) 提案された議案と同一議案につき，総会において議決権の10分の１（これを下回る割合を定款で定めた場合にあっては，その割合）以上の賛成を得られずに否決されたことがある場合，その総会日より３年を経過していないとき

株主提案による議案がある場合，株主から請求のあった議案および議案の要領を招集通知に記載する。

参考書類に株主提案の議案について，以下の事項を記載し，招集通知に添付することが必要である（会施規93Ⅰ）。

(ⅰ) 議案が株主の提出に係るものである旨

(ⅱ) 議案に対する取締役（取締役会設置会社である場合は，取締役会）の意見があるときは，その意見の内容

(ⅲ) 株主から提案に際して提案理由が通知されているときは，当該理由またはその要旨。ただし，提案理由が明らかに虚偽である場合または専ら人の名誉を侵害し，もしくは侮辱する目的であると認められる場合は，記載の必要はない。

(ⅳ) 議案が取締役，会計参与，監査役または会計監査人の選任に関するものである場合，候補者の氏名，略歴等会社提案と同内容の事項が提案に際して提出されているときは，その内容。ただし，明らかに虚偽である場合は記載の必要はない。

2 記 載 例

株主提案の議案のある場合の会議の目的事項の記載は，以下のように記載する。

決議事項
〈会社提案（第１号議案）〉
　第１号議案　○○○○の件
〈株主提案（第２号議案）〉
　第２号議案　定款一部変更の件
　議案の要領は後記〈議決権の行使についての参考書類〉○頁の記載のとおりであります。

698 第7章 株主総会決議事項の個別記載事項

参考書類には，以下のように記載する。

---

2 議案及び参考書類

〈会社提案（第1号議案）〉

　第1号議案　○○○○の件

　（議案作成の方針）

〈株主提案（第2号議案）〉

　第2号議案は，株主提案によるものであります。

　　提案株主の議決権の数　　○○○株

　　第2号議案　定款一部変更の件

　　（提案の内容――定款変更案）

　　（提案の理由――400字以内）

　　（取締役会の意見）

　株主提案の場合の，参考書類のひな型および具体的な事例は，以下のとおりである。

〈「全国株懇連合会株主総会参考書類モデル」の記載例〉

（株主提案）

　第7号議案から第8号議案までは株主提案によるものであります。

第7号議案　取締役○名選任の件

　（1）提案の内容

　　　取締役候補者は次のとおりであります。

氏　　　名 （生年月日）	略歴，地位，担当および重要な兼職の状況	所有する当社の株式の数
ふ　り　が　な ○　○　○　○ （○年○月○日生）	○年○月　○○大学卒業 ○年○月　○○株式会社入社 ○年○月　同社取締役 ○年○月　○○株式会社設立 　　　　　代表取締役 （重要な兼職の状況） ○○株式会社代表取締役	○，○○○株

（社外取締役候補者に関する事項）

　　（省略）

　（2）提案の理由

XV　株主提案による議案　699

（省　　　略）

(3)　取締役会の意見

　　当社の取締役会としては，会社提案の取締役候補者を選任していただくことが，将来の経営体制を勘案しても，最適であると考えます。

　　したがいまして，本議案には反対いたします。

第8号議案　取締役○○○○解任の件

(1)　解任の理由

（省　　　略）

(2)　取締役会の意見

（省　　　略）

　したがいまして，本議案には反対いたします。

［補足説明］

（株主提案）

1．株主提案の場合には次の事項を記載する（施行規則93条1項各号）。

(1)　議案が株主の提出に係るものである旨

(2)　議案に対する取締役会の意見があるときは，その意見の内容

(3)　株主が株主提案権に基づいて提案の理由を通知したときは，その理由

(4)　株主が株主提案権に基づいて以下の選任議案を提案し法令に定められた事項を通知したときは，その内容

　　対象となる選任議案：取締役・会計参与・監査役・会計監査人の選任議案

(5)　株主が株主提案権に基づいて①全部取得条項付種類株式の取得または②株式併合に関する議案を提案し，法令に定められた事項を通知したときは，その内容

(6)　二以上の株主から同一の趣旨の提案の理由が提出されている場合には，二以上の株主から同一の趣旨の提案があった旨

2．上記1．(3)から(5)については，全部を記載することが適切でない程度の多数の文字，記号その他のものをもって構成されている場合（会社が適切であるとして定めた分量を超える場合を含む。）は，その概要を記載することでよいとされている（施行規則93条1項柱書）。従来の実務の取扱いを勘案し，会社が定める分量として「400字以内」と決定しておくことも考えられる。

700　第7章　株主総会決議事項の個別記載事項

3．二以上の株主から同一の趣旨の提案があった場合には，その議案およびこれに対する取締役会の意見の内容は，各別に記載する必要はなく，二以上の株主から同一の趣旨の提案があった旨を記載したうえで，まとめて記載することができる（施行規則93条2項）。また，二以上の株主から同一の趣旨の提案の理由が提出されている場合も同様に，各別の記載を要しない（同条3項）。

XVI ┃ 追加的記載事項

会社が任意に記載している事項に，以下のような事例がある。
- 当期のトピックス
- ソルベンシー・マージン比率（損害保険業）
- インターネット議決権行使のご利用のご案内

〈「全国株懇連合会招集通知モデル」の記載例〉

⑻　その他の記載事項
　①　証券コード
　　　株主の便宜を図るため，招集通知に自社の証券コードを記載することが一般的である。記載場所としては，狭義の招集通知の発信日付の上あるいは招集者の下に記すことが考えられる。
　②　総会出席の際のお願い
　　　狭義の招集通知の末尾には，（お願い）と見出しを付して，株主総会に出席の際には同封の議決権行使書用紙（委任状勧誘会社においては委任状用紙）を会場受付に提出していただきたい旨を記載するのが一般的である。総会当日に議決権行使書用紙を持参して貰うことで，受付に際しての出席資格の確認を円滑に行うことができる。
　③　株主総会参考書類等の記載事項の修正方法
　　　招集通知発出後に株主総会参考書類ならびに事業報告，計算書類および連結計算書類の記載事項について修正すべき事情が生じた場合に備えて，修正後の事項を株主に周知させる方法を招集通知と併せて通知することが認められている（施行規則65条3項，133条6項，計算規則133条7項，134条7項）。修正事項が発生した場合，対応の便宜性，迅速性の観点から，インターネット上に開示することが考えられるが，その場合は，その旨と当該ウェブサイトのアドレスを通知することになる。記載場所としては，狭義の招集通知の末尾が考えられる。総会出席の際のお願いと併記する場合は，（お願い）の見出しは削除する。
　④　事業報告，計算書類および連結計算書類のインターネット開示
　　　事業報告，計算書類および連結計算書類の株主への提供に際し，定款にそ

702　第7章　株主総会決議事項の個別記載事項

の旨の定めを設ければ，事業報告の一部，株主資本等変動計算書，個別注記表および連結計算書類については，インターネット開示することにより株主に提供したものとみなされるが，その場合には，株主に対してアドレスを通知しなければならない（施行規則133条3項・4項，計算規則133条4項・5項，134条4項・5項）。この場合の記載場所としては，前述のとおり，株主総会参考書類のインターネット開示と併せて招集通知に記載することになろう。

⑤　インターネットによる議決権行使の案内

　インターネットによる議決権行使をできることとした場合，招集通知には，その旨の記載と併せて，インターネットによる議決権行使に際しての案内文書を添付するのが一般的である。案内文書には，指定された議決権行使ウェブサイトにアクセスできるようアドレスを記載し，議決権行使をする際には，同封の議決権行使書用紙等に表示された議決権行使番号やパスワードが必要である旨の説明がなされる。

　本モデルでは，書面投票と電子投票とで重複行使された場合の取り扱い（施行規則63条4号ロ）として電子投票を優先する旨を記載しているが，後達優先とする場合にはその旨を記載する。

　なお，議決権電子行使プラットフォームの利用を認める場合には，機関投資家に対して議決権電子行使プラットフォームから電磁的方法による議決権行使を行うことが可能である旨記載する。

⑥　株主懇談会等の案内

　株主総会終了後に，株主と経営陣との交流を図る場として株主懇談会を開催する事例も見受けられる。株主懇談会を開催する場合は，招集通知にその旨の案内を記載することになるが，「招集通知本文」や「お願い」事項として記載することが考えられる。

　なお，出席要請については，感染症対策の観点から，その要否を慎重に判断する必要がある。

●招集通知本文中に記載する例

第○回定時株主総会招集ご通知

拝啓　平素は格別のご高配を賜り，厚くお礼申しあげます。

　さて，当社第○回定時株主総会を下記により開催いたしますので，ご出席くださいますようご通知申しあげます。

また，株主総会終了後，株主懇談会を開催いたしますので，併せてご出席
　くださいますようご案内申しあげます。

● お願い事項として記載する例

（お願い）　当日ご出席の際は，お手数ながら同封の議決権行使書用紙を会場
　　　　　　受付にご提出くださいますようお願い申しあげます。
　　　　　　　　また，株主総会終了後，同会場において株主懇談会を開催いたし
　　　　　　ますので，引き続いてご参加くださいますようご案内申しあげます。

　⑦　クールビズ対応・節電対応
　　　環境への配慮の観点から，役員や会場係員が軽装（クールビズ）で対応す
　る場合，招集通知にその旨を記載し，株主に対しても軽装での来場を促すこ
　とが考えられる。
　●会社がクールビズで対応することおよび軽装での来場を促す記載例
　○　当日は節電への協力のため，役員および会場係員は軽装（クールビズ）
　　にてご対応させていただきますので，ご了承くださいますようお願い申し
　　あげます。株主の皆様におかれましても軽装にてご出席ください。
　⑧　その他来場にあたっての留意事項
　　　来場に際して，会社側として株主に伝えておくべき事項を記載しておくこ
　とが考えられる。例えば，当日はお土産の配布がないこと，感染症拡大防止
　のためマスク着用等の対応をお願いしたいこと，座席数減少により入場をお
　断りする場合があること，当日の対応につき会社のウェブサイトを確認して
　欲しいことなどがあげられる。

　事業報告の一部，株主資本等変動計算書，個別注記表および連結計算書類に
ついてインターネット開示を行う場合には，開示事項に応じて，監査役等や会
計監査人の監査の対象に含まれている旨を記載することが望ましい。
　また，以上のほか，新型コロナウイルス感染症の感染拡大以降，株主総会の
出席および当日の運営に関して，注意事項や対策を記載する事例がみられる。
詳細は，「第6章　株主総会招集通知　Ⅳ　事例分析」を参照されたい。

付録

事例・記載例一覧

706　付録　事例・記載例一覧

第1章　2025年3月期決算に向けた 近時の開示トピックス

		社名	決算期	開始頁
Ⅱ　サステナビリティ情報の開示の動向				
3　今後のサステナビリティ情報の開示の方向性				
(2)　事業報告における今後のサステナビリティ情報の開示				
事例	2050年に向けた長期ビジョンと中期経営計画の取組みを関連付けて，脱炭素社会への実現への挑戦や女性活躍推進などに関して具体的な指標や目標とともに記載している事例	双日	2024年3月期	28

第3章 計算関係書類

		社名	決算期	開始頁
Ⅰ	**計算書類**			
1	**貸借対照表**			
	「経団連ひな型」の記載例	—	—	59
事例1	一般的な事例	大同メタル工業	2024年3月期	63
事例2	2期併記で記載している事例	三菱製鋼	2024年3月期	65
2	**損益計算書**			
	「経団連ひな型」の記載例	—	—	66
事例1	一般的な事例	ロック・フィールド	2024年4月期	69
事例2	売上を項目ごとに区分している事例	昭和リース	2024年3月期	70
事例3	売上高以外の科目を使用している事例	ANAホールディングス	2024年3月期	71
事例4	2期併記で記載している事例	サンゲツ	2024年3月期	72
3	**株主資本等変動計算書**			
	株主資本等変動計算書適用指針の様式例① 純資産の各項目を横に並べる様式例	—	—	76
	株主資本等変動計算書適用指針の様式例② 純資産の各項目を縦に並べる様式例	—	—	77
	「経団連ひな型」の記載例①	—		79
	「経団連ひな型」の記載例② 遡及処理を行った場合の記載例	—		81
事例1	一般的な事例	ZOZO	2024年3月期	84
事例2	新株の発行の記載がある事例	たけびし	2024年3月期	85
事例3	会計方針の変更による累積的影響額を区分表示している事例	かどや製油	2024年3月期	86
事例4	欠損填補の記載がある事例	X社	2023年6月期	87
事例5	株式報酬の記載がある事例	ダイセル	2024年3月期	88
4	**注記表**			
(1)	継続企業の前提に関する注記	（「Ⅲ　連結計算書類　4　連結注記表　(1)継続企業の前提に関する注記」を参照）		
(2)	重要な会計方針に係る事項に関する注記			
①	資産の評価基準および評価方法			
(a)	有価証券およびデリバティブ			

				92
	「経団連ひな型」の記載例	—	—	92
(b)	棚卸資産			
	「経団連ひな型」の記載例	—	—	92
②	固定資産の減価償却の方法			
	「経団連ひな型」の記載例	—	—	93
③	引当金の計上基準			
(a)	貸倒引当金			
	「経団連ひな型」の記載例	—	—	93
(b)	退職給付引当金			
	「経団連ひな型」の記載例	—	—	94
事例1	一般的な事例	ZOZO	2024年3月期	95
事例2	数理計算上の差異を一括費用処理している事例	パソナグループ	2024年5月期	95
事例3	前払年金費用について記載している事例	三菱マテリアル	2024年3月期	96
事例4	簡便法を採用している事例	オプテックスグループ	2023年12月期	96
(c)	役員退職慰労引当金			
	「経団連ひな型」の記載例	—	—	96
④	収益および費用の計上基準			
	「経団連ひな型」の記載例	—	—	98
⑤	その他計算書類作成のための基本となる重要な事項			
(a)	繰延資産の処理方法			
	「経団連ひな型」の記載例	—	—	98
(b)	ヘッジ会計の方法			
	「経団連ひな型」の記載例	—	—	99
(c)	リース取引の処理方法			
	「経団連ひな型」の記載例	—	—	99
(d)	退職給付に係る会計処理			
事例	退職給付に係る会計処理について記載している事例	ローム	2024年3月期	100
(3)	会計方針の変更等に関する注記 （「Ⅲ　連結計算書類　4　連結注記表」(3)〜(7)を参照）			
(4)	貸借対照表に関する注記			
①	担保に供している資産および担保に係る債務			
	「経団連ひな型」の記載例	—	—	101
②	資産から直接控除した引当金			

				709
	「経団連ひな型」の記載例	—	—	102
③	資産から直接控除した減価償却累計額			
	「経団連ひな型」の記載例			102
④	減損損失累計額の表示			
	「経団連ひな型」の記載例	—	—	102
⑤	保証債務等			
	「経団連ひな型」の記載例	—	—	102
⑥	関係会社に対する金銭債権・債務			
	「経団連ひな型」の記載例	—	—	103
事例 1	一般的な事例	日本郵船	2024年 3 月期	103
事例 2	科目ごとに記載している事例	KH ネオケム	2023年12月期	104
⑦	取締役，監査役および執行役に対する金銭債権・債務			
	「経団連ひな型」の記載例	—	—	105
事例	一般的な事例	ヤクルト本社	2024年 3 月期	105
⑧	親会社株式			
	「経団連ひな型」の記載例	—	—	105
事例	一般的な事例	北國銀行	2024年 3 月期	105
⑨	土地の再評価			
	「経団連ひな型」の記載例	—	—	105
⑩	契約資産等の残高の注記			
事例	契約資産と顧客との契約から生じた債権のそれぞれについて，貸借対照表において区分して表示せず，残高を注記する事例	学情	2023年10月期	106
(5)	**損益計算書に関する注記**			
①	関係会社との取引高			
	「経団連ひな型」の記載例	—	—	107
事例 1	一般的な事例①	ゼンリン	2024年 3 月期	107
事例 2	一般的な事例②	りそなホールディングス	2024年 3 月期	107
事例 3	科目ごとに記載している事例	メディアスホールディングス	2024年 6 月期	107
②	顧客との契約から生じる収益			
事例	顧客との契約から生じる収益について，それ以外の収益と区分して損益計算書に表示せず，収益認識に関する注記を参照する事例	大本組	2024年 3 月期	108

710　付録　事例・記載例一覧

(6)	株主資本等変動計算書に関する注記			
	「経団連ひな型」の記載例	—	—	109
事例	連結注記表を作成しているため項目を省略している事例	テレビ東京ホールディングス	2024年3月期	109
(7)	税効果会計に関する注記			
	「経団連ひな型」の記載例①	—	—	110
	「経団連ひな型」の記載例②	—	—	111
事例1	発生の原因別に内訳を記載している事例	オイシックス・ラ・大地	2024年3月期	111
事例2	負担率に差異がある場合の項目別内訳を記載している事例	ダイセル	2024年3月期	112
事例3	主な内訳のみを文章にて記載している事例	西部ガスホールディングス	2024年3月期	113
(8)	リースにより使用する固定資産に関する注記			
	「経団連ひな型」の記載例①	—	—	115
	「経団連ひな型」の記載例②	—	—	115
事例1	概要のみを記載している事例	ワタミ	2024年3月期	116
事例2	取得原価相当額等の金額を記載している事例	大黒天物産	2024年5月期	116
(9)	金融商品に関する注記 （「Ⅲ　連結計算書類　4　連結注記表　⑽金融商品に関する注記」を参照）			
(10)	賃貸等不動産に関する注記 （「Ⅲ　連結計算書類　4　連結注記表　⑾賃貸等不動産に関する注記」を参照）			
(11)	持分法損益等に関する注記			
	「経団連ひな型」の記載例	—	—	119
事例	一般的な事例	エニグモ	2024年1月期	119
(12)	関連当事者との取引に関する注記			
	「経団連ひな型」の記載例	—	—	123
事例1	「親会社及び法人主要株主等」について記載している事例	雪印メグミルク	2024年3月期	125
事例2	「子会社及び関連会社等」について記載している事例	ダイセル	2024年3月期	126
事例3	「兄弟会社等」について記載している事例	東京センチュリー	2024年3月期	127
事例4	「役員及び個人主要株主等」について記載している事例	A社	2023年10月期	127
事例5	引当金の繰入額等を記載している事例	日本碍子	2024年3月期	128

事例6	「親会社に関する情報」を記載している事例	セブン銀行	2024年3月期	129
事例7	「重要な関連会社に関する情報」を記載している事例	ジャパンフーズ	2024年3月期	129

(13)	1株当たり情報に関する注記	（「Ⅲ　連結計算書類　4　連結注記表　(12)1株当たり情報に関する注記」を参照）		
	「経団連ひな型」の記載例①	—	—	130
	「経団連ひな型」の記載例②	—	—	130

(14)	重要な後発事象に関する注記	（「Ⅲ　連結計算書類　4　連結注記表　(13)重要な後発事象に関する注記」を参照）		

(15)	連結配当規制適用会社に関する注記			
	「経団連ひな型」の記載例	—	—	131
事例	連結配当規制適用会社に関する注記を記載している事例	ZOZO	2024年3月期	132

(16)	収益認識に関する注記			
	「経団連ひな型」の記載例	—	—	138
事例	連結計算書類を作成しているため，個別注記表において(ⅰ)収益の分解情報および(ⅲ)当該事業年度および翌事業年度以降の収益の金額を理解するための情報の記載を要さず，(ⅱ)収益を理解するための基礎となる情報については連結注記表に記載すべき事項と同一である事例	三菱製鋼	2024年3月期	138

(17)	その他の注記	（「Ⅲ　連結計算書類　4　連結注記表　(15)その他の注記」を参照）		

Ⅱ　計算書類に係る附属明細書

2　計算書類に係る附属明細書の記載事項

(1)	有形固定資産および無形固定資産の明細			
	「経団連ひな型」の記載例　帳簿価額による記載	—	—	145
記載例1	帳簿価額による記載	—	—	145
記載例2	取得原価による記載	—	—	146

(2)	引当金の明細			
	「経団連ひな型」の記載例	—	—	147
記載例1	当期減少額の欄を区分する記載	—	—	148
記載例2	当期減少額の欄を区分しない記載	—	—	148

712　付録　事例・記載例一覧

(3)　販売費及び一般管理費の明細				
	「経団連ひな型」の記載例	—	—	149
記載例	—	—	—	149
Ⅲ　連結計算書類				
1　連結貸借対照表				
	「経団連ひな型」の記載例	—	—	151
事例1	一般的な事例	伊藤園	2024年4月期	154
事例2	2期併記で記載している事例	ハリマ化成グループ	2024年3月期	156
2　連結損益計算書				
	「経団連ひな型」の記載例	—	—	157
事例1	一般的な事例	大戸屋ホールディングス	2024年3月期	159
事例2	2期併記で記載している事例	キヤノンマーケティングジャパン	2023年12月期	160
3　連結株主資本等変動計算書				
	株主資本等変動計算書適用指針の様式例①　純資産の各項目を横に並べる様式例	—	—	163
	株主資本等変動計算書適用指針の様式例②　純資産の各項目を縦に並べる様式例	—	—	164
	「経団連ひな型」の記載例①	—	—	166
	「経団連ひな型」の記載例②　遡及処理を行った場合の記載例	—	—	168
事例1	一般的な事例（横に並べる様式）	トレンドマイクロ	2023年12月期	170
事例2	遡及処理を行っている事例	レゾナック・ホールディングス	2023年12月期	171
事例3	連結子会社の決算期変更がある事例	グローリー	2024年3月期	172
4　連結注記表				
(1)　継続企業の前提に関する注記				
事例1	重要な営業損失について記載している事例	—	—	175
事例2	債務超過について記載している事例	—	—	177
事例3	財務制限条項に抵触している旨を記載している事例	—	—	178
(2)　連結計算書類作成のための基本となる重要な事項に関する注記等				
①　連結の範囲に関する事項				
	「経団連ひな型」の記載例①	—	—	182

				713
	「経団連ひな型」の記載例②	—	—	183
事例1	一般的な事例	アスクル	2024年5月期	185
事例2	議決権の過半数を自己の計算において所有している会社等のうち子会社としなかった会社がある事例①	TOPPANホールディングス	2024年3月期	185
事例3	議決権の過半数を自己の計算において所有している会社等のうち子会社としなかった会社がある事例②	セレンディップ・ホールディングス	2024年3月期	186
事例4	開示対象特別目的会社がある場合	鹿島建設	2024年3月期	186
事例5	連結子会社の事業年度等に関する事項を記載している事例	日本ケミコン	2024年3月期	188
事例6	連結決算日の変更に関する事項を記載している事例	ギガプライズ	2024年4月期	188
事例7	連結子会社の事業年度等に関する事項—連結子会社の仮決算を行う方法に変更してその影響を利益剰余金で調整している事例	フタバ産業	2024年3月期	188
② 持分法の適用に関する事項				
	「経団連ひな型」の記載例	—	—	189
事例1	一般的な事例	三菱マテリアル	2024年3月期	190
事例2	議決権の100分の20以上，100分の50以下を自己の計算において所有している会社等のうち関連会社としなかった会社がある事例	大和証券グループ本社	2024年3月期	191
事例3	持分法の適用の手続について特に記載すべき事項がある事例	イエローハット	2024年3月期	191
③ 会計方針に関する事項				
(a) 資産の評価基準および評価方法				
(i) 有価証券およびデリバティブ				
	「経団連ひな型」の記載例	—	—	193
事例1	一般的な事例	ベネッセホールディングス	2024年3月期	193
事例2	子会社株式および関連会社株式について記載している事例	DCMホールディングス	2024年2月期	194
(ii) 棚卸資産				
	「経団連ひな型」の記載例	—	—	195
事例1	一般的な事例	GMB	2024年3月期	195
事例2	建設業の記載事例	清水建設	2024年3月期	195

714　付録　事例・記載例一覧

事例 3	支払利息を原価算入している事例	長谷工コーポレーション	2024年 3 月期	196
(b)　固定資産の減価償却の方法				
	「経団連ひな型」の記載例	—	—	196
	通常の賃貸借取引に係る方法に準じた会計処理を適用している場合の「経団連ひな型」の記載例	—	—	197
	有形固定資産の主な耐用年数の「経団連ひな型」の記載例	—	—	197
	無形固定資産の主な耐用年数の「経団連ひな型」の記載例	—	—	198
事例 1	一般的な事例	石原ケミカル	2024年 3 月期	198
事例 2	貸手側のリース資産の減価償却の方法を記載している事例	イチネンホールディングス	2024年 3 月期	199
事例 3	定率法／定額法以外の減価償却の方法を記載している事例	住友大阪セメント	2024年 3 月期	200
(c)　引当金の計上基準				
（ⅰ）　貸倒引当金				
	「経団連ひな型」の記載例	—	—	201
事例 1	一般的な事例	アルプス物流	2024年 3 月期	201
事例 2	その他の事例	リコーリース	2024年 3 月期	202
（ⅱ）　賞与引当金				
事例 1	一般的な事例①	バッファロー	2024年 3 月期	202
事例 2	一般的な事例②	テクノ菱和	2024年 3 月期	203
（ⅲ）　役員賞与引当金				
事例 1	一般的な事例	アインホールディングス	2024年 4 月期	203
事例 2	執行役員についても記載している事例	三菱 HC キャピタル	2024年 3 月期	203
（ⅳ）　役員退職慰労引当金				
	「経団連ひな型」の記載例	—	—	206
事例 1	一般的な事例	東海理化電機製作所	2024年 3 月期	206
事例 2	役員退職慰労金制度を廃止した事例（未払金として計上される事例）	日東富士製粉	2024年 3 月期	206
事例 3	役員退職慰労金制度を廃止した事例（役員退職慰労引当金として計上される事例）	アルインコ	2024年 3 月期	207
事例 4	執行役員分について記載のある事例	博報堂 DY ホールディングス	2024年 3 月期	207

(v) 製品保証引当金（完成工事補償引当金等を含む）				
事例1	製品保証引当金について記載している事例	アズビル	2024年3月期	208
事例2	完成工事補償引当金について記載している事例	新日本空調	2024年3月期	208
(vi) 修繕引当金（特別修繕引当金を含む）				
事例1	修繕引当金について記載している事例	KHネオケム	2023年12月期	209
事例2	特別修繕引当金について記載している事例	日鉄鉱業	2024年3月期	209
(vii) 債務保証損失引当金				
事例	債務保証損失引当金について記載している事例	山陽特殊製鋼	2024年3月期	209
(viii) 工事損失引当金				
事例	受注工事について設定している事例	大成建設	2024年3月期	210
(ix) その他の引当金				
事例1	関係会社整理損失引当金について記載している事例	田辺工業	2024年3月期	210
事例2	関係会社事業損失引当金について記載している事例	コクヨ	2023年12月期	211
事例3	株主優待引当金について記載している事例	サンリオ	2024年3月期	211
事例4	店舗閉鎖損失引当金について記載している事例	ルネサンス	2024年3月期	211
事例5	訴訟損失引当金について記載している事例	日本国土開発	2024年5月期	211
事例6	環境対策引当金について記載している事例	東洋紡	2024年3月期	212
事例7	株式給付引当金について記載している事例	サガミホールディングス	2024年3月期	212
(d) その他連結計算書類の作成のための基本となる重要な事項				
(i) 収益および費用の計上基準				
	「経団連ひな型」の記載例	—	—	213
事例1	出荷基準等の取扱い（収益認識適用指針98項）を適用している事例	ニトリホールディングス	2024年3月期	213
事例2	期間がごく短い工事契約および受注制作のソフトウェアに関する取扱い（収益認識適用指針95項）を適用している事例	日神グループホールディングス	2024年3月期	214

716　付録　事例・記載例一覧

事例 3	ファイナンス・リース取引について記載している事例	安藤・間	2024年3月期	215
(ⅱ)	繰延資産の処理方法			
	「経団連ひな型」の記載例	—	—	216
事例 1	支出時に全額費用処理している事例	北越工業	2024年3月期	216
事例 2	定額法により償却している事例	東京センチュリー	2024年3月期	216
(ⅲ)	ヘッジ会計の方法			
	「経団連ひな型」の記載例	—	—	217
事例 1	ヘッジ会計の方法のみを記載している事例	東日本旅客鉄道	2024年3月期	217
事例 2	財務諸表等規則ガイドラインに準じた記載の事例（ヘッジ有効性の評価の方法について記載している場合）	紀文食品	2024年3月期	217
(ⅳ)	退職給付に係る負債の処理方法			
	「経団連ひな型」の記載例	—	—	218
事例 1	一般的な事例	福山通運	2024年3月期	219
事例 2	数理計算上の差異を一括費用処理している事例	日本リーテック	2024年3月期	220
事例 3	簡便法の採用について記載のある事例	ハウスコム	2024年3月期	220
(ⅴ)	外貨建資産負債の換算基準			
事例	一般的な事例	横河電機	2024年3月期	222
(ⅵ)	消費税等の会計処理			
事例	控除対象外消費税等その他の記載事例	三協立山	2024年5月期	223
(ⅶ)	リース取引の処理方法			
事例	リース取引の処理方法の記載事例	ハーモニック・ドライブ・システムズ	2024年3月期	223
(ⅷ)	その他			
事例 1	のれんの償却方法および償却期間の注記を記載している事例	ティーガイア	2024年3月期	223
事例 2	識別可能資産の減価償却の方法を記載している事例	タカラバイオ	2024年3月期	224
事例 3	グループ通算制度の適用を記載している事例	積水化学工業	2024年3月期	224
事例 4	関連する会計基準等の定めが明らかでない場合に採用した会計処理を記載している事例	ミライト・ワン	2024年3月期	225
④	連結の範囲または持分法の適用の範囲の変更に関する注記			
事例 1	連結の範囲の変更がある事例	沖電気工業	2024年3月期	225

事例2	持分法の適用の範囲の変更がある事例	東急	2024年3月期	226
(3)	**会計方針の変更に関する注記**			
	「経団連ひな型」の記載例	—	—	227
事例1	棚卸資産の評価方法を変更した事例	中国工業	2024年3月期	228
事例2	有形固定資産の減価償却の方法を変更した事例	富士電機	2024年3月期	228
(4)	**表示方法の変更に関する注記**			
	「経団連ひな型」の記載例	—	—	229
事例	一般的な事例	ゼンリン	2024年3月期	229
(5)	**会計上の見積りに関する注記**			
事例	一般的な事例	アイカ工業	2024年3月期	230
(6)	**会計上の見積りの変更に関する注記**			
	「経団連ひな型」の記載例	—	—	232
事例1	固定資産の耐用年数を変更した事例	イオン九州	2024年2月期	232
事例2	退職給付に係る会計処理の数理計算上の差異の費用処理年数を変更した事例	山陽特殊製鋼	2024年3月期	232
事例3	資産除去債務の見積りを変更した事例	幸楽苑ホールディングス	2024年3月期	233
(7)	**誤謬の訂正に関する注記**			
記載例	誤謬の訂正に関する注記の記載例	—	—	233
(8)	**連結貸借対照表に関する注記**			
①	**担保に供している資産および担保に係る債務**			
	「経団連ひな型」の記載例	—	—	235
事例1	一般的な事例	阪急阪神ホールディングス	2024年3月期	235
事例2	工場財団設定分について記載している事例	チッソ	2024年3月期	236
②	**資産から直接控除した引当金**			
	「経団連ひな型」の記載例	—	—	237
事例	一般的な事例	日本エコシステム	2023年9月期	237
③	**資産から直接控除した減価償却累計額**			
	「経団連ひな型」の記載例	—	—	238
事例1	一般的な事例	キャリアリンク	2024年3月期	238
事例2	各資産について一括した減価償却累計額を開示した事例	ラクーンホールディングス	2024年4月期	238
④	**減損損失累計額の表示**			

718　付録　事例・記載例一覧

	「経団連ひな型」の記載例	—	—	239
事例	一般的な事例	明電舎	2024年3月期	239

⑤　保証債務等

	「経団連ひな型」の記載例	—	—	239
事例	一般的な事例	中山製鋼所	2024年3月期	240

⑥　土地の再評価

	「経団連ひな型」の記載例	—	—	240
事例	一般的な事例	サカイ引越センター	2024年3月期	241

(9)　連結株主資本等変動計算書に関する注記

	「経団連ひな型」の記載例	—	—	242
事例1	一般的な事例	ゼビオホールディングス	2024年3月期	243
事例2	自己株式に関する事項を記載している事例	サカタインクス	2023年12月期	244

(10)　金融商品に関する注記

①　金融商品の状況に関する事項

	「経団連ひな型」の記載例	—	—	245
事例	一般的な事例	東急不動産ホールディングス	2024年3月期	246

②　金融商品の時価等に関する事項

	「経団連ひな型」の記載例	—	—	246
事例1	一般的な事例	不二製油グループ本社	2024年3月期	247
事例2	売掛金の時価を帳簿価額と近似しているものとせず開示している事例	新東工業	2024年3月期	247

③　金融商品の時価の適切な区分ごとの内訳等に関する事項

	「経団連ひな型」の記載例	—	—	249
事例1	レベルごとの時価の合計額と，時価の算定に用いた評価技法およびインプットを注記している事例	ヒガシマル	2024年3月期	250
事例2	金融商品時価開示適用指針5-2項(4)に定められた注記をしている事例	セコム	2024年3月期	252

(11)　賃貸等不動産に関する注記

	「経団連ひな型」の記載例	—	—	257
事例	賃貸等不動産の連結貸借対照表の期中増減額を記載している事例	イエローハット	2024年3月期	257

					719
⑿	**１株当たり情報に関する注記**				
	「経団連ひな型」の記載例①	—	—	259
	「経団連ひな型」の記載例②	—	—	259
事例 1	一般的な事例	住江織物	2024 年 5 月期	259
事例 2	潜在株式調整後１株当たり当期純利益を記載している事例	大紀アルミニウム工業所	2024 年 3 月期	259
事例 3	算定上の基礎を記載している事例	アルプス物流	2024 年 3 月期	260
事例 4	期中に株式の分割をした事例	ヤクルト本社	2024 年 3 月期	261
⒀	**重要な後発事象に関する注記**				
	「経団連ひな型」の記載例	—	—	270
事例 1	重要な合併の事例	川本産業	2024 年 3 月期	270
事例 2	重要な会社分割の事例	スカパー JSAT ホールディングス	2024 年 3 月期	271
事例 3	重要な資産の譲渡の事例	レゾナック・ホールディングス	2023 年 12 月期	272
事例 4	重要な新株の発行の事例	ソラコム	2024 年 3 月期	273
事例 5	重要な新株予約権の発行の事例	瑞光	2024 年 2 月期	274
事例 6	重要な自己株式の取得の事例	イリソ電子工業	2024 年 3 月期	276
事例 7	重要な自己株式の消却の事例	ヨータイ	2024 年 3 月期	277
事例 8	重要な株式分割の事例	コスモス薬品	2024 年 5 月期	277
事例 9	多額な社債の発行の事例	マルハニチロ	2024 年 3 月期	278
事例 10	株式取得による重要な買収の事例	リゾートトラスト	2024 年 3 月期	279
⒁	**収益認識に関する注記**				
①	**収益の分解情報**				
事例	財またはサービスの種類および地理的区分で収益を分解している事例	三菱製鋼	2024 年 3 月期	282
②	**収益を理解するための基礎となる情報**				
事例	重要な会計方針に係る事項を参照せず、注記を行っている事例	プラス	2024 年 7 月期	283
③	**当年度および翌年度以降の収益の金額を理解するための情報**				
事例	実務上の便法（収益認識会計基準80-22項⑴）を適用している事例	日本道路	2024 年 3 月期	285
⒂	**その他の注記**				
	「経団連ひな型」の記載例	—	—	288
①	**退職給付に関する注記**				
事例	退職給付に関する注記をしている事例	森永製菓	2024 年 3 月期	289

720 付録　事例・記載例一覧

②	減損損失に関する注記			
事例	減損損失に関する注記をしている事例	大王製紙	2024年3月期	292

③	企業結合・事業分離に関する注記			
事例1	取得による企業結合の事例	森下仁丹	2024年3月期	293
事例2	取得による企業結合の事例（追加取得）	ウィザス	2024年3月期	294
事例3	企業結合に係る暫定的な会計処理の確定の事例	メディパルホールディングス	2024年3月期	296
事例4	事業分離の事例	SBテクノロジー	2024年3月期	296

④	資産除去債務に関する注記			
事例	資産除去債務に関する注記をしている事例	AOKIホールディングス	2024年3月期	299

⑤	圧縮記帳			
事例	国庫補助金等により取得した固定資産の圧縮記帳について記載している事例	岩谷産業	2024年3月期	300

⑥	その他			
事例1	期末日が休日の場合の手形の処理について記載している事例①	小森コーポレーション	2024年3月期	300
事例2	期末日が休日の場合の手形の処理について記載している事例②	ナカバヤシ	2024年3月期	301
事例3	棚卸資産と工事損失引当金の表示について記載している事例	古河機械金属	2024年3月期	301
事例4	財務制限条項について記載している事例	エノモト	2024年3月期	301
事例5	コミットメントライン契約（財務制限条項を含む）について記載している事例	アステナホールディングス	2023年11月期	302
事例6	研究開発費について記載している事例	内外テック	2024年3月期	302
事例7	科目の内訳を説明している事例①	NTN	2024年3月期	302
事例8	科目の内訳を説明している事例②	ミツウロコグループホールディングス	2024年3月期	303
事例9	従業員等に信託を通じて自社の株式を交付する取引について記載している事例	ホソカワミクロン	2023年9月期	303
事例10	ストック・オプションに関する注記をしている事例	北洋銀行	2024年3月期	304

5	連結包括利益計算書および連結キャッシュ・フロー計算書			
事例1	参考資料として連結包括利益計算書を開示している事例	森永乳業	2024年3月期	307

				721
事例2	参考資料として連結キャッシュ・フロー計算書を開示している事例	東京精密	2024年3月期	308

Ⅳ　臨時計算書類

参考資料1	臨時計算書類の例示	―	―	315

Ⅴ　監査報告書

1　会計監査人の監査報告書

監基報700実務指針1号「監査報告書の文例」

文例11	計算書類	―	―	336
文例12	連結計算書類	―	―	343
文例13	連結計算書類	―	―	347
文例14	連結計算書類	―	―	347
文例15	臨時計算書類	―	―	349

①　計算書類

事例1	無限定適正意見の事例	ヤマトホールディングス	2024年3月期	352
事例2	継続企業の前提に関する重要な不確実性が認められ，計算書類における注記が適切な場合の事例	A社	2023年12月期	356
事例3	強調事項（会計方針の変更）の記載がある事例	ニチコン	2024年3月期	356
事例4	強調事項（重要な後発事象）の記載がある事例	協和キリン	2023年12月期	357

②　連結計算書類

事例1	無限定適正意見の事例	ヤマトホールディングス	2024年3月期	357
事例2	強調事項（誤謬の訂正）の記載がある事例	A社	2024年3月期	360
事例3	強調事項（追加情報）の記載がある事例	B社	2024年3月期	361
事例4	会社法上の会計監査人の監査報告書にKAMの記載がある事例	三菱UFJフィナンシャル・グループ	2024年3月期	361
事例5	指定国際会計基準による無限定適正意見の事例	ニコン	2024年3月期	366

2　監査役の監査報告

（公社）日本監査役協会「監査役（会）監査報告のひな型」

	監査報告書	―	―	378

722　付録　事例・記載例一覧

	連結計算書類に係る監査報告書	—	—	390
事例1	指摘事項がない場合の事例	ヤマトホールディングス	2024年3月期	393
事例2	会計監査人の監査報告日以降の後発事象を記載している事例	りそなホールディングス	2024年3月期	395
事例3	監査の結果に財務報告に係る内部統制についての記載がある事例	エーザイ	2024年3月期	396
事例4	監査の結果に会社の財務および事業の方針の決定を支配する者の在り方に関する基本方針についての記載がある事例	キーコーヒー	2024年3月期	396
事例5	会計監査人の「職務の遂行が適正に行われることを確保するための体制」や監査上の主要な検討事項についての記載がある事例	ローム	2024年3月期	396
事例6	期中で就任した監査等委員について記載のある事例	フジ・メディア・ホールディングス	2024年3月期	397
事例7	監査役の意見が付記されている事例	X社	2022年12月期	397
事例8	監査等委員会の監査報告の事例	アキレス	2024年3月期	400
事例9	監査役会による監査報告（指定国際会計基準）の事例	小野薬品工業	2024年3月期	402

第5章　事業報告

		社名	決算期	開始頁
Ⅱ	**事業報告の記載に関する一般的留意事項**			
4	**記載項目の配列**			
	「経団連ひな型」の記載例	—	—	454
Ⅲ	**事例分析**			
1	**当連結会計年度の事業の状況**			
(1)	**事業の経過およびその成果**			
事例	一般的な事例	ヤクルト本社	2024年3月期	459
(2)	**設備投資の状況および資金調達の状況**			
(i)	**資金調達**			
	「経団連ひな型」の記載例①	—	—	463
	「経団連ひな型」の記載例②	—	—	463
(ii)	**設備投資**			
	「経団連ひな型」の記載例①	—	—	463
	「経団連ひな型」の記載例②	—	—	463
事例1	設備投資の総額を記載したうえで，その主なものを挙げている事例	PEGASUS	2024年3月期	464
事例2	設備投資の状況および資金調達の状況をまとめて記載している事例	愛三工業	2024年3月期	464
事例3	設備投資をセグメント別に記載している事例	パソナグループ	2024年5月期	464
(3)	**事業の譲渡・合併等の組織再編行為等**			
	「経団連ひな型」の記載例	—	—	465
事例1	「重要な企業再編等の状況」を記載している事例	ユーグレナ	2023年12月期	466
事例2	「他の会社の株式その他の持分または新株予約権等の取得または処分の状況」を記載している事例	電気興業	2024年3月期	466
(4)	**対処すべき課題**			
事例1	総括的な記載をしている事例	ビーアールホールディングス	2024年3月期	467
事例2	課題ごとに記載している事例	日本国土開発	2024年5月期	468
2	**財産および損益の状況の推移**			

	「経団連ひな型」の記載例①	—	—	471
	「経団連ひな型」の記載例②	—	—	472
事例1	一般的な事例	シーティーエス	2024年3月期	472
事例2	受注高の推移についても記載している事例	横河電機	2024年3月期	473
事例3	会計方針の変更を脚注で記載している事例	古河電気工業	2024年3月期	473
3	**重要な親会社および子会社の状況**			
	「経団連ひな型」の記載例	—	—	474
事例1	一般的な事例	九州旅客鉄道	2024年3月期	475
事例2	「企業結合等の状況」を区分して記載している事例	三菱HCキャピタル	2024年3月期	475
4	**主要な事業内容**			
事例1	事業内容を文章で記載している事例	ビューティガレージ	2024年4月期	476
事例2	部門別に事業内容を記載している事例	エイベックス	2024年3月期	477
事例3	事業ごとに主要製品を記載している事例	ロック・フィールド	2024年4月期	477
5	**主要な事業所**			
	「経団連ひな型」の記載例①	—	—	479
	「経団連ひな型」の記載例②	—	—	479
事例1	一般的な事例	タクミナ	2024年3月期	479
事例2	都道府県別店舗数も記載している事例	大戸屋ホールディングス	2024年3月期	480
6	**従業員の状況**			
	「経団連ひな型」の記載例	—	—	481
事例	一般的な事例	TOA	2024年3月期	481
7	**主要な借入先**			
	「経団連ひな型」の記載例	—	—	482
事例	一般的な事例	エスクリ	2024年3月期	482
8	**その他企業集団の現況に関する重要な事項**			
事例1	買収契約締結について記載している事例	小野薬品工業	2024年3月期	483
事例2	重要な訴訟案件等について記載している事例	A社	2024年3月期	484
9	**株式に関する事項**			
	「経団連ひな型」の記載例	—	—	484

事例 1	一般的な事例	レアジョブ	2024年3月期	485
事例 2	株式分布状況を記載している事例	セリア	2024年3月期	487

10 新株予約権等に関する事項

	「経団連ひな型」の記載例	—	—	488
事例	発行決議日ごとに区分して記載している事例	カチタス	2024年3月期	489

11 会社役員に関する事項

	「経団連ひな型」の記載例	—	—	491
事例	一般的な事例	日本KFCホールディングス	2024年3月期	494

12 社外役員に関する事項

	「経団連ひな型」の記載例	—	—	501

13 会計監査人の状況

	「経団連ひな型」の記載例	—	—	502
事例 1	一般的な事例	アクシアル リテイリング	2024年3月期	503
事例 2	連結子会社の監査を記載している事例	伊藤忠商事	2024年3月期	504

14 会社の体制および方針

	「経団連ひな型」の記載例—剰余金の配当等の方針—	—	—	506
事例 1	会社の体制および方針として業務の適正を確保するための体制について記載している事例	日本製粉グループ本社	2024年3月期	506
事例 2	会社の体制および方針として「会社の支配に関する基本方針」を記載している事例	京三製作所	2024年3月期	513
事例 3	会社の体制および方針として「剰余金の配当等の決定に関する方針」を記載している事例	フジシールインターナショナル	2024年3月期	517

726　付録　事例・記載例一覧

第6章　株主総会招集通知

		社名	決算期	開始頁
Ⅰ　株主総会の招集権者				
1　一　般				
(5)　インターネット等による議決権行使（電磁的な方法による議決権行使）				
	「経団連ひな型」の記載例	—	—	528
Ⅳ　事例分析				
1　招集通知の事例				
	「経団連ひな型」の記載例	—	—	554
	全国株懇連合会「電子提供制度における招集通知モデル」（電子提供措置事項の一部を含んだ一体型アクセス通知）の記載例	—	—	556
事例	一般的な事例（招集通知に電子提供措置事項（会社法298条1項の記載部分）を一体として記載した事例）	東海旅客鉄道	2024年3月期	559
2　宛　名				563
3　招集者				563
4　招集者の住所				
事例	本店所在地と本社事務所の両方の住所を記載している事例	小野薬品工業	2024年3月期	563
5　標　題				566
6　招集通知本文				566
7　招集日				566
事例1	前事業年度と開始時間が変更となっている旨を記載している事例	メイテックグループホールディングス	2024年3月期	566
事例2	前事業年度の総会日に応当する日と著しく離れた日である場合の理由を記載している事例	ワールド	2024年2月期	568
8　開催場所				
事例1	前事業年度と開催場所が異なる旨を記載している事例	コニカミノルタ	2024年3月期	570

事例2	ハイブリッド型バーチャル株主総会（参加型）の実施にあたり，インターネットによる株主総会傍聴方法や事前質問受付方法の案内を記載している事例	東京エレクトロンデバイス	2024年3月期	572
事例3	ハイブリッド型バーチャル株主総会（出席型）の実施にあたり，インターネットによる出席の方法や議決権行使方法等の案内を記載している事例	本田技研工業	2024年3月期	577
事例4	場所の定めのない株主総会（バーチャルオンリー株主総会）の実施にあたり，株主が実際に来場する会場はないことや，オンラインでの出席方法等を記載している事例	LIXIL	2024年3月期	581

9　招集の決定事項

事例1	代理人により議決権行使する場合の取扱いについて記載している事例	セイコーグループ	2024年3月期	590
事例2	議決権行使が重複する場合の取扱いを記載している事例	清水建設	2024年3月期	592

10　会議の目的事項　594

11　その他記載事項

事例1	招集通知に電子提供措置事項のインターネット上の掲載について，複数の掲載場所を記載するとともに，電子提供措置事項に修正が生じた場合について記載している事例	三井物産	2024年3月期	595
事例2	新型コロナウイルス感染症の感染拡大防止のため，株主総会の出席および当日の運営に関して，招集通知に注意事項や対策を記載している事例	MARUWA	2024年3月期	599

12　招集通知の訂正

事例	訂正前と訂正後を対比している事例	—	—	602

728　付録　事例・記載例一覧

第7章　株主総会決議事項の個別記載事項

		社名	決算期	開始頁
Ⅰ　計算書類の承認				
	「全国株懇連合会招集通知モデル」の記載例	—	—	606
事例	計算書類の承認議案の事例	日ノ丸自動車	2024年3月期	607
Ⅱ　剰余金の処分				
	「経団連ひな型」の記載例	—	—	609
事例	剰余金の処分議案の事例	佐藤食品工業	2024年3月期	610
Ⅲ　定款の変更				
	「全国株懇連合会株主総会参考書類モデル」の記載例	—	—	613
(1)　商号変更				
事例	商号変更に係る定款変更議案の事例	三井住友トラスト・ホールディングス	2024年3月期	614
(2)　本店所在地の変更				
事例	本店所在地変更に係る定款変更議案の事例	システムズ・デザイン	2024年3月期	615
(3)　会社の目的の変更				
事例	会社の目的変更に係る定款変更議案の事例	沖縄セルラー電話	2024年3月期	616
(4)　異なる種類の株式に係る規定の新設				
事例	異なる種類の株式の発行に係る定款変更議案の事例	福島銀行	2024年3月期	618
(5)　取締役・監査役の員数の変更				
事例	取締役員数の変更に係る定款変更議案の事例	オリエンタルコンサルタンツホールディングス	2023年9月期	621
(6)　取締役・監査役の任期の変更				
事例	取締役の任期の変更に係る定款変更議案の事例	岡谷電機産業	2024年3月期	622
(7)　役付取締役の新設または廃止				
事例	役付取締役の変更に係る定款変更議案の事例	エージーピー	2024年3月期	623
(8)　取締役会の招集者の変更				

事例	取締役会の招集者の変更に係る定款変更議案の事例	FUJI	2024年3月期	624
⑼	**責任限定契約の締結**			
事例	非業務執行取締役および監査役との責任限定契約に係る定款変更議案の事例	ローツェ	2024年2月期	625
⑽	**買収防衛策の導入**			
事例	買収防衛策の廃止に係る定款変更議案の事例	関東電化工業	2024年3月期	627
⑾	**剰余金の配当の決定機関の変更および配当基準日の追加**			
事例	剰余金の配当の決定機関の変更および配当基準日の追加等に係る定款変更議案の事例	セントケア・ホールディング	2024年3月期	629
⑿	**株主総会資料の電子提供制度に係る定款変更**			
事例	株主総会資料の電子提供制度導入に伴う定款変更議案の事例	はるやまホールディングス	2023年3月期	631
⒀	**場所の定めのない株主総会に関する定款変更**			
事例	場所の定めのない株主総会に関する定款変更議案の事例	インフォマート	2023年12月期	632
Ⅳ	**準備金の額の減少**			**634**
事例	資本準備金の額の減少議案の事例	堺化学工業	2024年3月期	635
Ⅴ	**取締役の選任**			**636**
	「全国株懇連合会株主総会参考書類モデル」の記載例	—	—	637
事例	取締役の選任議案の事例	ケアネット	2023年12月期	643
Ⅵ	**監査役の選任**			**646**
	「全国株懇連合会株主総会参考書類モデル」の記載例	—	—	647
事例	監査役の選任議案の事例	東海理化電機製作所	2024年3月期	653
Ⅶ	**取締役または監査役の解任**			**655**
事例	取締役の解任議案の事例	—	—	656
Ⅷ	**会計監査人の選任**			**657**
	「全国株懇連合会株主総会参考書類モデル」の記載例	—	—	658
事例	会計監査人の選任議案の事例	ツルハホールディングス	2024年5月期	660

IX	会計監査人の解任もしくは不再任			662
X	取締役・監査役に対する退職慰労金贈呈			664
事例	退任取締役および退任監査役に対する退職慰労金の支給議案の事例	澤藤電機	2024年3月期	665
XI	役員賞与の支給			667
事例	役員賞与の支給議案の事例	カルビー	2024年3月期	667
XII	取締役・監査役の報酬改定			669
	「全国株懇連合会株主総会参考書類モデル」の記載例	—	—	670
事例	取締役および監査役の報酬額改定議案の事例	小松製作所	2024年3月期	674
XIII	新株予約権の付与			
事例	ストック・オプションとしての新株予約権発行議案の事例	コーエーテクモホールディングス	2024年3月期	675
XIV	その他の決議			
1	資本金の額の減少			679
事例	資本金の額の減少議案の事例	クラシコム	2023年7月期	679
2	合併契約の承認			680
事例	合併契約の承認議案の事例	幸楽苑ホールディングス	2024年3月期	681
3	会社分割計画書または会社分割契約書の承認決議			
事例	吸収分割契約の承認議案の事例	テンポイノベーション	2024年3月期	684
4	株式交換契約の承認決議			
事例	株式交換契約の承認議案の事例（完全子会社となる事例）	ユナイテッド・スーパーマーケット・ホールディングス	2024年2月期	686
5	株式移転による完全親会社設立の承認決議			
事例	株式移転による完全親会社設立の承認議案の事例（共同株式移転の事例）	愛知銀行	2022年3月期	688
6	事業の譲渡・譲受け等の決議			692
7	自己株式の取得			
事例	自己株式の取得議案の事例	小泉産業	2024年3月期	694
8	買収防衛策の導入			

事例	買収防衛策の継続承認議案の事例	ビリングシステム	2023年12月期	695
XV	**株主提案による議案**			**696**
	「全国株懇連合会株主総会参考書類モデル」の記載例	—	—	698
XVI	**追加的記載事項**			
	「全国株懇連合会招集通知モデル」の記載例	—	—	701

■執筆担当者

有限責任監査法人トーマツの公認会計士（五十音順）

鴨川慶寿	木村寛人	後藤悠介
佐藤勇介	清水恭子	平井雅和
村松駿一	本村彩子	森本　匠
横山　玲		

〈著者紹介〉

有限責任監査法人トーマツ

有限責任監査法人トーマツは，デロイト トーマツ グループの主要法人として，監査・保証業務，リスクアドバイザリーを提供しています。日本で最大級の監査法人であり，国内約30の都市に約3,000名の公認会計士を含む約8,100名の専門家を擁し，大規模多国籍企業や主要な日本企業をクライアントとしています。

デロイト トーマツ グループは，日本におけるデロイト アジア パシフィック リミテッドおよびデロイトネットワークのメンバーであるデロイト トーマツ合同会社ならびにそのグループ法人（有限責任監査法人トーマツ，デロイト トーマツ リスクアドバイザリー合同会社，デロイト トーマツ コンサルティング合同会社，デロイト トーマツ ファイナンシャルアドバイザリー合同会社，デロイト トーマツ税理士法人，DT弁護士法人およびデロイトトーマツ グループ合同会社を含む）の総称です。デロイト トーマツ グループは，日本で最大級のプロフェッショナルグループのひとつであり，各法人がそれぞれの適用法令に従い，監査・保証業務，リスクアドバイザリー，コンサルティング，ファイナンシャルアドバイザリー，税務，法務等を提供しています。また，国内約30都市に約2万人の専門家を擁し，多国籍企業や主要な日本企業をクライアントとしています。詳細はデロイト トーマツ グループWebサイト（www.deloitte.com/jp）をご覧ください。

Deloitte（デロイト）とは，デロイト トウシュ トーマツ リミテッド（"DTTL"），そのグローバルネットワーク組織を構成するメンバーファームおよびそれらの関係法人（総称して"デロイトネットワーク"）のひとつまたは複数を指します。DTTL（または"DeloitteGlobal"）ならびに各メンバーファームおよび関係法人はそれぞれ法的に独立した別個の組織体であり，第三者に関して相互に義務を課しまたは拘束させることはありません。DTTLおよびDTTLの各メンバーファームならびに関係法人は，自らの作為および不作為についてのみ責任を負い，互いに他のファームまたは関係法人の作為および不作為について責任を負うものではありません。DTTLはクライアントへのサービス提供を行いません。詳細はwww.deloitte.com/jp/aboutをご覧ください。

デロイト アジア パシフィック リミテッドはDTTLのメンバーファームであり，保証有限責任会社です。デロイト アジア パシフィック リミテッドのメンバーおよびそれらの関係法人は，それぞれ法的に独立した別個の組織体であり，アジア パシフィックにおける100を超える都市（オークランド，バンコク，北京，ベンガルール，ハノイ，香港，ジャカルタ，クアラルンプール，マニラ，メルボルン，ムンバイ，ニューデリー，大阪，ソウル，上海，シンガポール，シドニー，台北，東京を含む）にてサービスを提供しています。

会社法計算書類作成ハンドブック〈第19版〉

2007年 3 月10日	第 1 版第 1 刷発行	
2007年 4 月25日	第 1 版第 2 刷発行	
2008年 2 月15日	第 2 版第 1 刷発行	
2008年 5 月25日	第 2 版第 2 刷発行	
2009年 2 月20日	第 3 版第 1 刷発行	
2010年 3 月20日	第 4 版第 1 刷発行	
2011年 3 月10日	第 5 版第 1 刷発行	
2012年 3 月30日	第 6 版第 1 刷発行	
2013年 3 月 1 日	第 7 版第 1 刷発行	
2014年 3 月 1 日	第 8 版第 1 刷発行	
2015年 2 月 5 日	第 9 版第 1 刷発行	
2016年 3 月 1 日	第10版第 1 刷発行	
2017年 3 月 1 日	第11版第 1 刷発行	
2018年 3 月 1 日	第12版第 1 刷発行	
2019年 3 月 1 日	第13版第 1 刷発行	
2020年 3 月 1 日	第14版第 1 刷発行	
2021年 3 月31日	第15版第 1 刷発行	
2022年 3 月15日	第16版第 1 刷発行	
2023年 3 月30日	第17版第 1 刷発行	
2024年 3 月10日	第18版第 1 刷発行	
2025年 3 月 1 日	第19版第 1 刷発行	

著　者　有限責任監査法人トーマツ

発行者　山　本　　　継

発行所　㈱中央経済社

発売元　㈱中央経済グループ
　　　　パブリッシング

〒101-0051　東京都千代田区神田神保町1-35
　　　　電　話 03（3293）3371（編集代表）
　　　　　　　 03（3293）3381（営業代表）
　　　　https://www.chuokeizai.co.jp

© 2025. For information, contact Deloitte Touche Tohmatsu LLC.
Printed in Japan

印刷／文唱堂印刷㈱
製本／誠　製　本㈱

＊頁の「欠落」や「順序違い」などがありましたらお取り替えいたしますので発売元まで
　ご送付ください。（送料小社負担）

ISBN978-4-502-52541-4 C3034

JCOPY〈出版者著作権管理機構委託出版物〉本書を無断で複写複製（コピー）することは，著
作権法上の例外を除き，禁じられています。本書をコピーされる場合は事前に出版者著作権管
理機構（JCOPY）の許諾を受けてください。
JCOPY〈https://www.jcopy.or.jp　e メール：info @ jcopy.or.jp〉

■好評発売中■

バリューチェーン別
製造業の会計・監査
実務ハンドブック

有限責任監査法人トーマツ【著】

本体価格 4,950 円（税込）・Ａ５判・400 頁

（本書の内容）
　製造業の財務報告を価値創造プロセスごとに解説するとともに税務、内部統制、監査の留意点も記載。収益認識やＩＦＲＳ適用、ステークホルダーへの開示の論点についても詳解。

（本書の構成）
第１章　製造業のバリューチェーン、法規制・監査制度
第２章　バリューチェーン別にみた製造業の実務論点
　　　　　会計処理、税務、業務フロー・内部統制、監査
第３章　製造業の収益認識
　　　　　会計処理、税務、業務フロー・内部統制、監査
第４章　製造業の IFRS 適用
　　　　　事例分析および主要論点
第５章　財務情報・記述情報等の開示

中央経済社